职业技术·职业资格培训教材

电工

DIANGONG

(二级 一级)下册

主　编　王照清

副主编　沈倪勇

编　者　柴敬镛　仲葆文

主　审　袁如红

中国劳动社会保障出版社

图书在版编目(CIP)数据

电工：二级 一级. 下册/人力资源和社会保障部教材办公室组织编写. -- 北京：中国劳动社会保障出版社，2018

职业技术·职业资格培训教材

ISBN 978-7-5167-3336-3

Ⅰ. ①电… Ⅱ. ①人… Ⅲ. ①电工技术-技术培训-教材 Ⅳ. ①TM

中国版本图书馆 CIP 数据核字(2018)第 080795 号

中国劳动社会保障出版社出版发行

（北京市惠新东街 1 号 邮政编码：100029）

*

三河市华骏印务包装有限公司印刷装订 新华书店经销

787 毫米×1092 毫米 16 开本 29 印张 1 插页 603 千字

2018 年 6 月第 1 版 2018 年 6 月第 1 次印刷

定价：68.00 元

读者服务部电话：（010） 64929211/84209101/64921644

营销中心电话：（010） 64962347

出版社网址：http://www.class.com.cn

内容简介

本教材由人力资源和社会保障部教材办公室依据上海电工（二级一级）职业技能鉴定细目组织编写。教材从强化培养操作技能，掌握实用技术的角度出发，较好地体现了当前最新的实用知识与操作技术，对于提高从业人员基本素质，掌握电工的核心知识与技能有直接的帮助和指导作用。

本教材在编写中根据本职业的工作特点，以能力培养为根本出发点，采用模块化的编写方式。本教材分为上、中、下三册，主要内容包括：电子技术、电力电子技术、可编程序控制器应用技术、电气自动控制技术、综合应用案例 5 篇共 33 章。

下册内容分为 2 篇共 12 章，第 4 篇电气自动控制技术部分包括电气自动控制技术基础，单闭环直流调速系统，转速、电流双闭环直流调速系统，可逆直流调速系统，交流调压调速系统和串级调速系统，异步电动机变频调速系统，通用变频器及其应用，电气自动控制技术技能操作实例；第 5 篇综合应用案例部分包括设计带有校时功能的数字时钟，同步电动机晶闸管励磁系统案例，转速、电流双闭环直流调速系统案例，变频调控水泵恒压供水系统案例。

本教材除了讲述必要的理论知识外，还重点分析了操作技能实例。每章后均附有思考题或技能测试题，教材最后附有技能考核模拟试卷，供读者检验学习效果使用。

本教材由王照清担任主编，沈倪勇担任副主编。本教材编写的具体分工为：第 1 篇电子技术第 1～6 章由上海电机学院柴敬镛编写，第 2 篇电力电子技术第 7～12 章由上海理工大学沈倪勇编写，第 3 篇可编程序控制器应用技术第 13～21 章由上海电机学院仲葆文编写，第 4 篇第 22～29 章由宝钢集团王照清编写（其中第 29 章第 6 节由上海电机学院仲葆文编写），第 5 篇综合应用案例第 30～33 章由上海电机学院仲葆文编写。全书由袁如红审定。

本教材可作为电工（二级　一级）职业技能培训与鉴定考核教材，也可供全国中高等职业院校相关专业师生参考使用，以及供本职业从业人员培训使用。

目　录

第4篇　电气自动控制技术

第 5 篇　综合应用案例

第 4 篇

电气自动控制技术

引 导 语

随着科学技术的发展，尤其是微电子、电力电子、计算机技术的发展，以及生产设备与过程自动化程度的提高，电气自动控制技术发展迅速，知识更新的速度很快。电气自动控制系统种类很多，本篇主要介绍实际应用较广泛的直流调速系统和交流调速系统等，其中电气自动控制技术基础内容是为了更好地学习电气自动控制技术，尤其是为学员学习直流调速系统和交流调速系统打下基础。直流调速系统主要讲述单闭环、双闭环和可逆调速系统，其中也对全数字直流调速装置进行简单的介绍，为学员今后涉及这一新技术应用打下基础。在交流调速系统中，简单讲述交流调压调速系统和串级调速系统，主要讲述交流变频调速系统，重点讲述通用变频器及其应用。本篇内容在介绍理论知识的基础上，专门设立了电气自动控制技术技能操作实例章，对由直流可逆调速系统、通用变频器组成的交流变频调速系统的应用技能进行介绍，为学员更快、更好地学好电气自动控制技术，进入实际应用打下良好的基础。

第 22 章

电气自动控制技术基础

为了更好地学习电气自动控制技术，尤其是为学员学习直流调速系统和交流调速系统打下基础，本章首先讲述电力拖动系统的运动方程式和生产机械的负载特性，这是分析电力拖动系统稳态和动态工作的基本知识。接着，本章讲述他励直流电动机的调速方法、晶闸管-电动机（V－M）系统和调速系统主要性能指标，这是分析调速系统，尤其是直流调速系统的基础。最后，本章简要讲述自动控制系统的基本概念、传递函数、结构图，这是分析电气自动控制技术，尤其是直流调速系统动态性能的基本知识。

第 1 节　电力拖动系统的运动方程式

电力拖动系统是一个运动体，它包含电动机和由电动机拖动的生产机械（也称电动机的负载）两大部分。为了分析电力拖动系统，有必要先说明电动机和生产机械之间的关系。电动机和生产机械一般通过机械传动装置互相连接，这种机械传动装置简单的可以是联轴节，复杂的可以是一个变速箱。以电动机为主体的电力拖动装置常被看作是一种旋转运动系统，这种运动系统的运动规律可以用运动方程式的实用形式来描述，即：

$$T_e - T_L = \frac{GD^2}{375} \times \frac{dn}{dt} \tag{22—1}$$

式中　T_e——电动机转矩，N·m；

T_L——负载转矩，N·m；

GD^2——折算到电动机轴上的飞轮惯量，$N \cdot m^2$；

n——电动机转速，r/min；

t——时间，min；

375——经换算出现的具有一定量纲的常数。

式（22—1）实际上可以看作转矩平衡方程式，等式右边两项可写为：

$$T_e - T_L = T_d \tag{22—2}$$

式中　T_d——动态转矩，N·m。

因此，该旋转运动方程式可改写为：

$$T_d = \frac{GD^2}{375} \times \frac{dn}{dt} \tag{22—3}$$

由式（22—3）可知，T_d 与旋转系统的飞轮惯量 GD^2 和旋转加速度$\frac{dn}{dt}$的乘积成正比，它们常用来分析电力拖动系统的各种运动状态。现以图 22—1a 所示的单轴拖动系统为例进行分析说明。

为了便于分析说明，首先对拖动系统的转矩和转速的正方向进行规定，如图 22—1b 所示。当拖动系统顺时针运转时，转速为正方向（$+n$），电动机转矩 T_e 的方向与转速方向相同也为正方向（$+T_e$）。负载转矩 T_L 也称为静阻转矩，它常以阻碍或反抗系统运行的形式出现，所以规定 T_L 与$+n$ 方向相反。

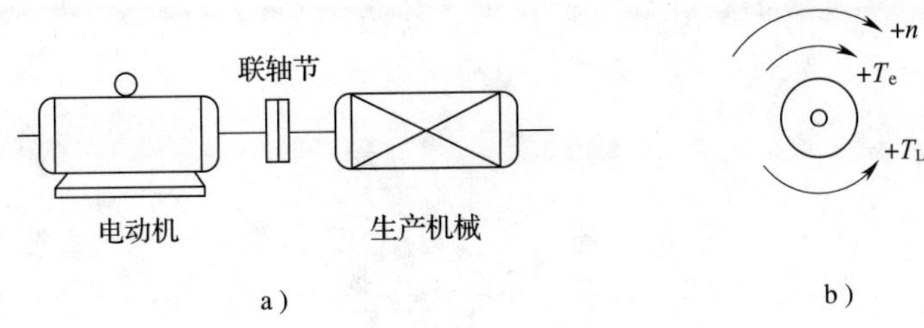

a)　　b)

图 22—1　单轴拖动系统的工作

a）电力拖动示意图　b）旋转运动分析

由式（22—3）分析可知，电力拖动系统有 3 种运动状态。

（1）动态转矩 $T_d=0$，即 $T_e=T_L$ 时，$\frac{dn}{dt}=0$。此时，系统处于电动机转矩与负载转矩平衡的工作状态，即稳态（静态）工作状态，也就是说系统处于稳速运行状态。另外，在 $T_e=T_L$时，系统还可能处于停止工作状态，即 $n=0$。

（2）动态转矩 $T_d>0$，即 $T_e>T_L$ 时，$\frac{dn}{dt}>0$。此时，由于电动机转矩大于负载转矩，使系统处于加速运行的动态运行状态。

（3）动态转矩 $T_d<0$，即 $T_e<T_L$ 时，$\frac{dn}{dt}<0$。此时，由于电动机转矩小于负载转矩，使系统处于减速运行的动态运行状态。

今后在分析电力拖动系统工作状态时，将经常使用电力拖动系统运动方程，但在使用时必须注意，上述分析说明是建立在单轴拖动系统的基础上，而实际的拖动系统通常是多轴拖动系统，如图 22—2a 所示。这时，应将实际的多轴拖动系统等效简化为单轴拖动系统（见图 22—2b），才能使用电力拖动系统运动方程。

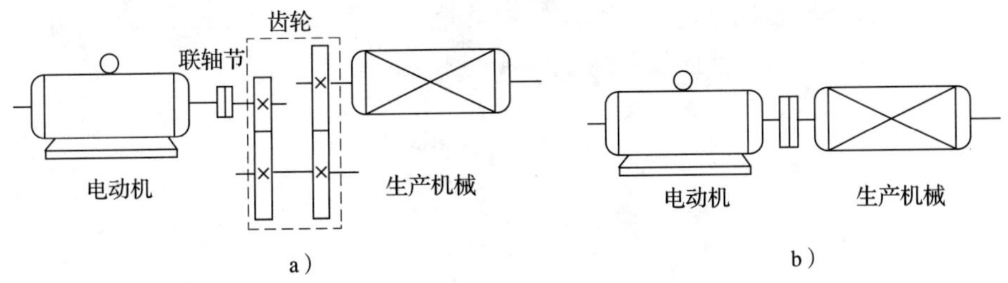

a)　　b)

图 22—2　多轴拖动系统的等效简化

a）多轴拖动系统　b）单轴拖动系统

第 2 节　生产机械的负载特性

生产机械的负载特性是指负载转矩与转速之间的关系，即 $n=f(T_L)$。生产机械的种类很多，性能和工艺要求各有所异，其负载特性也各有不同。为了便于分析，需要找出一些共同特性，对生产机械负载进行大致分类。在实际工作中，生产机械负载大致分为 3 类，即恒转矩负载、风机和水泵类负载、恒功率负载。

一、恒转矩负载

负载转矩与转速无关，在任何转速下负载转矩 T_L 总保持恒定或基本恒定，此类生产机械负载称为恒转矩负载。恒转矩负载又可分为位能性恒转矩负载和反抗性恒转矩负载两类。

1. 位能性恒转矩负载

位能性恒转矩负载具有负载转矩的大小和方向都不随转速变化，即负载转矩与转速无关的特性。在实际生产中，许多生产机械都具有这类特性。例如，电梯卷扬轴上（相当于电动机轴上）的负载转矩随电梯的载重质量而变化，但其大小和方向都不随转速变化，即负载转矩与转速无关。在转速为零时，负载转矩仍然存在，大小和方向都不变。又如，起重机卷扬轴上（相当于电动机轴上）的负载转矩随起重质量而变化，但其大小和方向都不随转速变化，即与转速无关。在起重机提升重物时，重物作用在卷扬轴上的负载转矩相当于阻转矩，其方向与转速方向相反；而在起重机下放重物时，重物作用在卷扬轴上的负载转矩起原动力作用，相当于负载释放位能协助起重机运行。所以，重物作用在卷扬轴上的负载转矩总是与重物下放的方向一致而与转速方向无关。这类生产机械在运行时，总会产生位能的变化。位能性恒转矩负载特性曲线和运动分析如图 22—3 所示。

2. 反抗性恒转矩负载

反抗性恒转矩负载也称为反应性恒转矩负载，反抗性恒转矩负载具有负载转矩的大小与转速无关，但方向却随转速方向变化的特性。它的负载转矩方向总是与其运动方向相反，总是对运动起阻碍作用。在实际生产中，许多生产机械都具有这类特性。例如，传送带的负载转矩随传送物质量变化，但不随转速变化。当传送带反转时，负载转矩的方向也反向。反抗性恒转矩负载特性曲线和运动分析如图 22—4 所示。

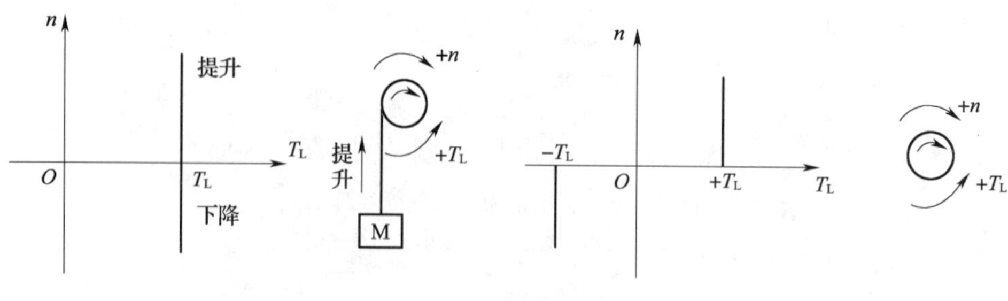

图 22—3 位能性恒转矩负载特性曲线和运动分析

图 22—4 反抗性恒转矩负载特性曲线和运动分析

二、风机和水泵类负载

风机和水泵类负载也称为二次方转矩负载。在离心式风机、水泵中，其叶轮在空气或液体中转动，其负载转矩 T_L 基本与转速的二次方成正比。风机和水泵类负载特性曲线如图 22—5 所示。这类负载所需的功率 P_L 基本与转速的三次方成正比。

三、恒功率负载

在实际生产中，有些生产机械，如金属切削机床的主轴和轧钢、造纸生产线的卷取机等，要求转矩与转速成反比，转速高时要求转矩减小，转矩大时要求转速降低。由于机械功率等于转矩与转速的乘积，这类负载的机械功率基本不变，因而称为恒功率负载。恒功率负载特性曲线如图 22—6 所示。

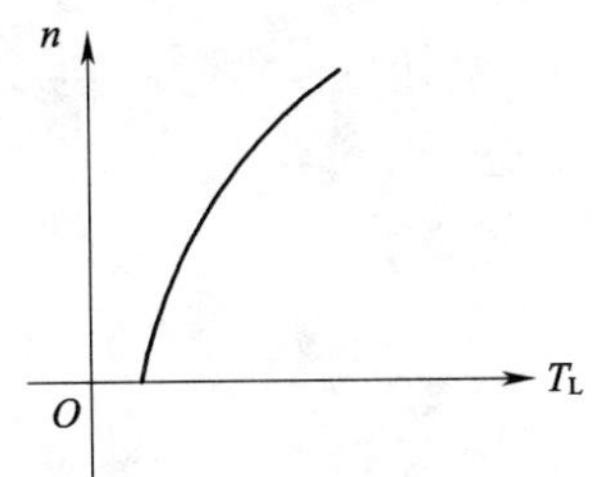

图 22—5　风机和水泵类负载特性曲线

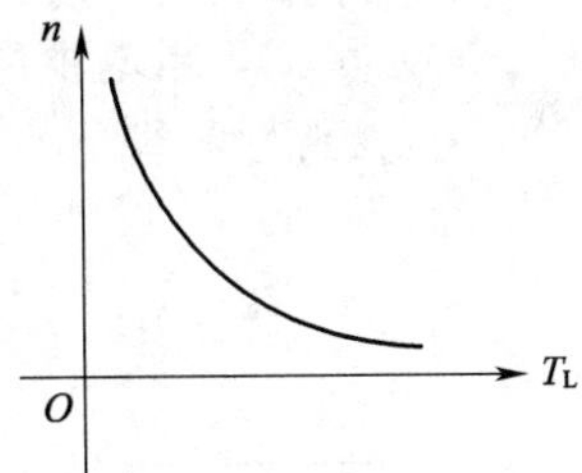

图 22—6　恒功率负载特性曲线

但是，分析恒功率负载时应注意，恒功率运行仅仅是它们工作的需要，而不是自然的负载特性。它们自然的负载特性并不具有恒功率的特点，如上面提到的金属切削机床的主轴，在进刀量确定时，其负载转矩不随转速变化，因而并不具有恒功率的特点。

第 3 节　直流电动机调速方法

直流调速系统大多采用他励直流电动机，他励直流电动机的转速为：

$$n=\frac{U_d-I_d(R_a+R_{ad})}{K_e\Phi}=\frac{U_d}{K_e\Phi}-\frac{R_a+R_{ad}}{K_e\Phi}I_d=n_0-\Delta n \tag{22—4}$$

式中　n——电动机转速，r/min；

n_0——电动机理想空载转速，r/min；

U_d——电动机电枢电压，V；

I_d——电动机电枢电流，A；

R_a——电动机电枢电阻，Ω；

R_{ad}——电动机电枢回路串联附加电阻，Ω；

K_e——电动机的电势常数（由电动机结构决定）；

Φ——电动机的励磁磁通，Wb；

Δn——转速降，r/min。

由式（22—4）可知，直流电动机的调速方法有如下 3 种。

一、调压调速

在电动机励磁磁通为额定值、电动机电枢回路不串联附加电阻的情况下，改变电动机电枢电压 U_d 实现调速的方法称为调压调速。由式（22—4）可知，改变电动机电枢电压 U_d，理想空载转速 n_0 也随之改变。由于受电动机绝缘性能等因素的影响，电动机电枢电压只能小于额定电压 U_N，因而这种调速方法只能在电动机额定转速以下调速。此时，机械特性方程式为：

$$n=\frac{U_d-I_dR_a}{K_e\Phi}=\frac{U_d}{K_e\Phi}-\frac{R_a}{K_e\Phi}I_d=\frac{U_d}{C_e}-\frac{R_a}{C_e}I_d=n_0-\Delta n \quad (22—5)$$

式中　C_e——电动机在额定磁通下的电动势转速比，$C_e=K_e\Phi$，V · min/r。

由式（22—5）可知，当电枢电流（即负载电流）I_d 不变时，转速降 Δn 不变，机械特性硬度不变，机械特性曲线是一簇以 U_d 为参数的平行线，如图 22—7 所示。

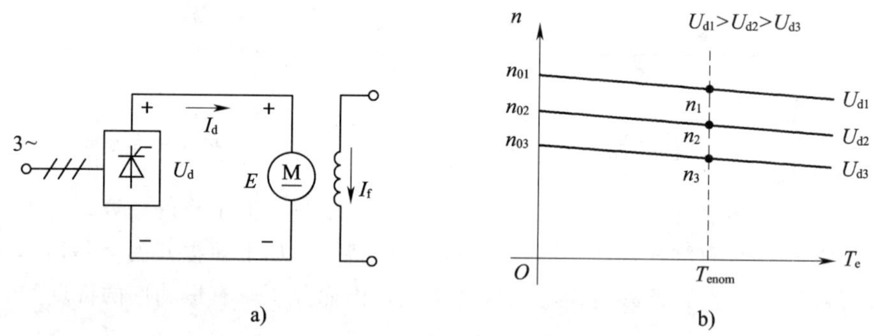

图 22—7　直流电动机调压调速电路及其机械特性曲线

a）调压调速电路　b）特性曲线

在磁通恒定时，调压调速属于恒转矩调速。调压调速在整个调速范围内可平滑无级调速，机械特性硬度较好，调速范围较宽，是直流电动机的主要调速方法，应用广泛。本教材所讨论的直流电动机调速系统都是建立在调压调速系统基础上的。

二、调磁调速

调磁调速是在电动机电枢电压 U_d 不变（一般为额定值）、电动机电枢回路不串联附加电阻的情况下，改变电动机励磁磁通 Φ 以实现调速的方法。通常通过改变电动机励磁回路的励磁电压大小（或改变串联附加电阻大小）来改变励磁电流大小，从而改变励磁磁通大小，以实现调速的目的。由于直流电动机额定运行时磁路系统已接近饱和，增加磁通的余地很小，因而改变磁通的调速方式主要是通过降低磁通 Φ 来加速，所以调磁调速本质上是弱磁调速。由式（22—4）可知，理想空载转速 n_0 与磁通 Φ 成反比，降低磁通 Φ，理想空载转速 n_0 升高，转速降 Δn 增大，机械特性变软。调磁调速的机械特性曲线如图 22—8 所示。

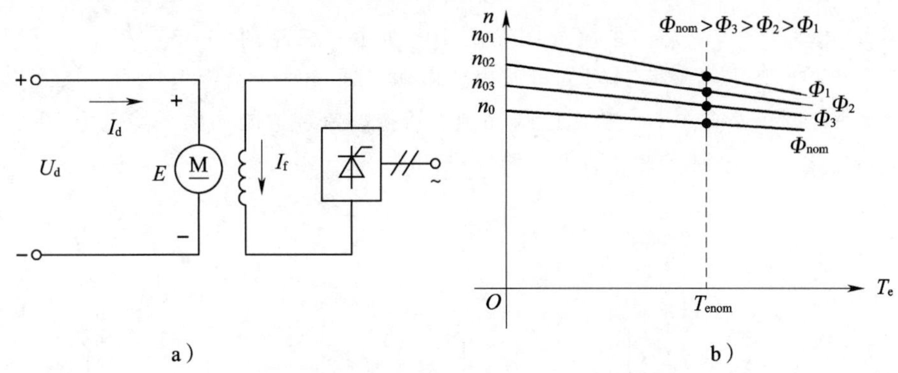

图 22—8 调磁调速电路及其机械特性曲线

a）调磁调速电路 b）特性曲线

调磁调速属于恒功率调速，其调速范围不大。实际应用中一般采用调压调速与调磁调速互相配合构成的调压、调磁复合调速系统。额定转速以下采用调压调速，额定转速以上采用调磁调速。

三、调电阻调速

在电动机电枢电压 U_d 和励磁磁通 Φ 不变（一般为额定值）的情况下，改变电动机电枢回路串联附加电阻以实现调速的方法称为调电阻调速。由式（22—4）可知，电动机理想空载转速 n_0 与电枢回路串联附加电阻大小无关。当电枢回路串联附加电阻增大时，在一定负载电流 I_d 下，转速降 Δn 增大，电动机转速降低以实现调速目的。调电阻调速的机械特性曲线如图 22—9 所示。

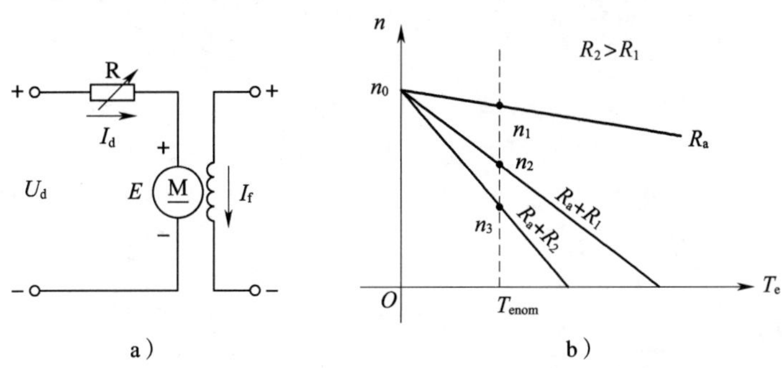

图 22—9 调电阻调速电路及其机械特性曲线

a）调电阻调速电路 b）特性曲线

调电阻调速是有级调速，机械特性软，转速受负载影响大，但该调速方法使调速电阻长期运行，损耗大、效率低、经济性差，目前已很少采用。

第 4 节　晶闸管-电动机系统及其机械特性

晶闸管-电动机（V-M）系统如图 22—10a 所示。在晶闸管-电动机（V-M）系统中，晶闸管可控整流装置是带内阻的可调直流电源，通过改变给定电压 U_n^* 来改变触发器 GT 输出脉冲控制角 α 的大小，从而改变晶闸管可控整流装置的输出平均电压 U_{do}，进而改变电动机电枢电压，达到直流电动机的调速目的。

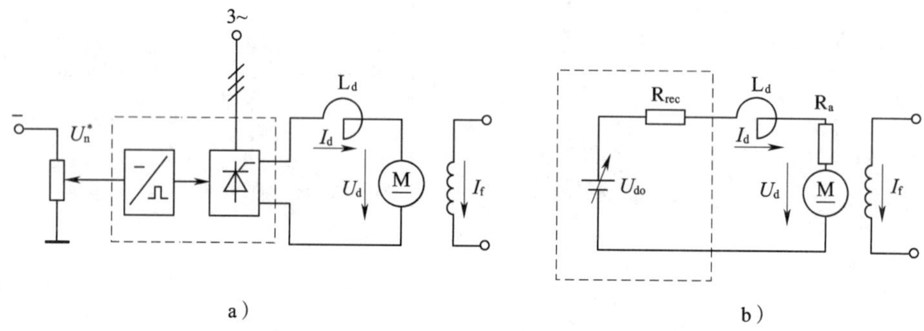

图 22—10　晶闸管-电动机（V-M）系统及其等效电路

a）电路图　b）等效电路

在晶闸管-电动机系统中，当主回路串联了电感量足够大的电抗器且电动机负载电流 I_d 足够大时，主回路电流是连续的。当电动机空载或轻载时，即电动机负载电流 I_d 较小时，主回路电流将产生电流断续的特殊现象。主回路电流连续与断续对晶闸管-电动机系统的机械特性将产生很大影响，现以主回路电流连续为条件分析晶闸管-电动机系统的开环机械特性。由电力电子技术可知，晶闸管整流装置是带内阻的可调直流电源，图 22—10a 所示的晶闸管-电动机系统可等效为图 22—10b 所示的电路，图中 U_{do} 为晶闸管整流装置输出电压，R_{rec} 为晶闸管整流装置的等效内阻。当晶闸管整流装置为三相半波、三相全控桥等整流电路时，其电压为：

$$U_{do}=U_{dom}\cos\alpha \tag{22—6}$$

式（22—6）中 U_{dom} 为 $\alpha=0°$ 时直流输出电压，该值与整流电路的形式和整流电路的交流电压有关。三相全控桥电路中 $U_{dom}=2.34U_{2\Phi}$，三相半波电路中 $U_{dom}=1.17U_{2\Phi}$。晶闸管整流装置的等效内阻的值 R_{rec} 为：

$$R_{rec}=R_T+\frac{m}{2\pi}X_T$$

式中　R_T——整流变压器电阻，Ω；

$\frac{m}{2\pi}X_T$——整流变压器漏抗 X_T 引起的换相重叠角所对应的等效电阻，Ω；

m——与整流电路的形式有关的常数，三相半波电路中 m 为 3，三相全控桥电路中 m 为 6。

在图 22—10b 中有如下关系式：

$$U_d = E_d + I_d R_a$$
$$U_d = U_{do} - I_d R_{rec} = U_{dom}\cos\alpha - I_d R_{rec}$$
$$E_d = K_e \Phi n \tag{22—7}$$

式中 R_a——电动机电枢电阻，Ω；

E_d——电动机电枢反电势，V；

n——电动机转速，r/min；

Φ——电动机励磁磁通，Wb；

I_d——电动机电枢电流，A；

K_e——电动机电势常数。

整理后可得到晶闸管-电动机系统的开环机械特性：

$$n = \frac{U_{dom}\cos\alpha}{K_e \Phi} - \frac{R_a + R_{rec}}{K_e \Phi} I_d = n_0 - \Delta n \tag{22—8}$$

式中 n_0——电动机的理想空载转速，r/min；

Δn——转速降，r/min。

改变 U_n^*，控制角 α 也改变，由式（22—8）可知，改变控制角 α（即改变给定电压 U_n^*），可得到不同的机械特性曲线 $n=f$（I_d），如图 22—11 所示。图中虚线部分是假设主回路电流 I_d 连续时画出的，这些机械特性曲线斜率相同，相互平行，但 $\alpha_3>\alpha_2>\alpha_1$，相对应 $U_{d1}>U_{d2}>U_{d3}$，当电流 I_d 相同时，$n_1>n_2>n_3$，但 $\Delta n_1=\Delta n_2=\Delta n_3$。当控制角 α 一定（即给定电压 U_n^*一定）时，$n=f$（I_d）为一条倾斜的直线。当电流 I_d 增大时，电阻压降增大，转速降 Δn 增大，转速 n 下降。转速降 Δn 的大小与主回路总电阻（$R_{rec}+R_a$）和负载电流的大小有关。

当主回路电流 I_d 断续时，上述 $n=f$（I_d）方程式便不再适用，此时机械特性曲线如图 22—11 中实线所示。由图可看出电流断续时机械特性具有两个特点：一是理想空载转速 n_0 升高，如 α_1 对应的机械特性曲线，电流断续时的理想空载转速 n_0高于电流连续时的理想空载转速n_{01}'；二是电流断续时，电动机的机械特性显著变软。

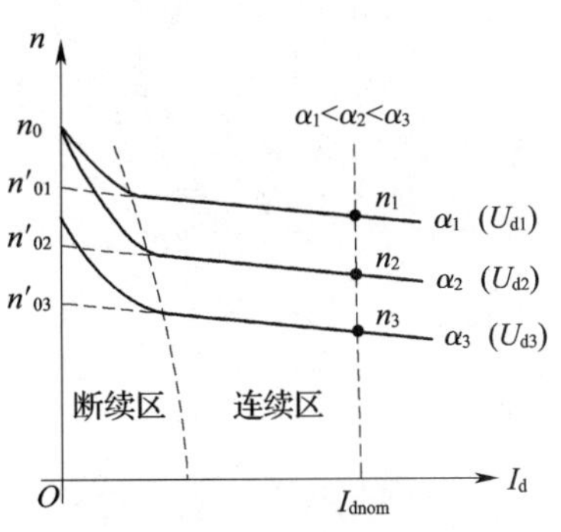

图 22—11 晶闸管-电动机系统的开环机械特性

在实际应用中，当主回路串入的电抗器电感量足够大、电动机有一定负载电流、电动机工作在电流连续区间时，通常可以按电流连续情况分析晶闸管-电动机直流调速系统的机械特性。

第5节 调速系统主要性能指标

调速系统主要性能指标是衡量调速性能好坏的标准，也是调速系统设计和实际运行中考核的主要指标。调速系统主要性能指标包括静态性能指标和动态性能指标两部分。

一、静态性能指标

静态性能指标也称为稳态性能指标，静态性能指标是调速系统稳定运行时的性能指标。静态性能指标有调速范围、静差率等。

1. 调速范围 D

调速范围 D 是指电动机在额定负载下，电动机的最高转速 n_{max} 与最低转速 n_{min} 之比，即：

$$D=\frac{n_{max}}{n_{min}} \tag{22—9}$$

对于少数负载很轻的生产机械（如精密机床），最高转速 n_{max} 和最低转速 n_{min} 时的负载可另行规定。

2. 静差率 s

静差率 s 指电动机在某一转速下运行时，负载由理想空载增加到额定负载时所产生的转速降 Δn_{nom} 与理想空载转速 n_0 之比，常用百分数表示，即：

$$s=\frac{\Delta n_{nom}}{n_0}\times 100\%=\frac{n_0-n_{nom}}{n_0}\times 100\% \tag{22—10}$$

由式（22—10）可知，静差率 s、机械特性硬度和理想空载转速 n_0 有关。机械特性越硬，静差率 s 越小。同样硬度的机械特性，理想空载转速越低，静差率 s 越大。在调压调速系统中，同一电动机在不同转速下运行时，其额定转速降 Δn_{nom} 是相同的，但理想空载转速 n_0 不同，因而电动机在不同转速运行时静差率不同。

高速时静差率 s 小，低速时静差率 s 大，所以对调速系统所提出的静差率要求主要是最低速时静差率的要求。如果最低速时系统的静差率能满足要求，那么高速时就不成问题了。

3. 调压调速系统中 D，s，Δn_{nom} 之间的关系

在调压调速系统中，n_{max} 就是电动机的额定转速，即：

$$n_{max}=n_{nom}$$

$$n_{min}=n_{0min}-\Delta n_{nom}$$

$$D=\frac{n_{max}}{n_{min}}=\frac{n_{nom}}{n_{0min}-\Delta n_{nom}}$$

$$s=\frac{\Delta n_{nom}}{n_{0min}}$$

$$n_{0min}=\frac{\Delta n_{nom}}{s}$$

所以：

$$D=\frac{n_{max}}{n_{min}}=\frac{n_{nom}}{n_{0min}-\Delta n_{nom}}=\frac{n_{nom}}{\frac{\Delta n_{nom}}{s}-\Delta n_{nom}}=\frac{n_{nom}s}{\Delta n_{nom}(1-s)} \qquad (22—11)$$

式（22—11）表示调速范围 D、静差率 s 和静态转速降 Δn_{nom} 三者之间的关系。n_{nom} 可由电动机出厂数据给出，D 和 s 由生产实际要求确定，当系统的机械特性硬度一定（即 Δn_{nom} 一定）时，若要求静差率 s 小，那么调速范围 D 也小；反之，若要求 D 和 s 一定，那么静态转速降 Δn_{nom} 就必须小于某一值。

例 22—1 已知某一龙门刨床工作台直流调压调速系统，直流电动机参数为 $P_{nom}=60$ kW，$U_{nom}=220$ V，$I_{nom}=305$ A，$n_{nom}=1\ 000$ r/min。电枢电阻 $R_a=0.05\ \Omega$，要求的调速范围 $D=20$。试求：

（1）高速和最低转速时静差率 s_1，s_2。

（2）静差率 $s\leqslant5\%$ 时，对应的转速降 Δn_{nom}。

解：

（1）高速和最低转速时静差率 s_1，s_2。

C_e 为电动机在额定磁通下的电动势转速比，可由电动机出厂铭牌数据求出：

$$C_e=\frac{U_{nom}-I_{nom}R_a}{n_{nom}}=\frac{220-305\times0.05}{1\ 000}\approx0.2(\text{V}\cdot\text{min/r})$$

额定负载下电枢电阻 R_a 引起的转速降为：

$$\Delta n_{nom}=\frac{I_{nom}R_a}{C_e}=\frac{305\times0.05}{0.2}=76.25(\text{r/min})$$

最低转速时静差率 s_2 为：

$$s_2=\frac{\Delta n_{nom}}{n_{02}}\times100\%=\frac{\Delta n_{nom}}{n_{min}+\Delta n_{nom}}\times100\%$$

$$=\frac{\Delta n_{nom}}{\frac{1\ 000}{20}+\Delta n_{nom}}\times100\%$$

$$=\frac{76.25}{50+76.25}\times100\%\approx60.4\%$$

高速时静差率 s_1 为：

$$s_1=\frac{\Delta n_{nom}}{n_{01}}\times100\%=\frac{\Delta n_{nom}}{n_{max}+\Delta n_{nom}}\times100\%$$

$$=\frac{76.25}{1\ 000+76.25}\times100\%\approx7\%$$

（2）$D=20$，$s\leqslant5\%$ 时，对应的转速降为：

$$\Delta n_{nom}=\frac{n_{nom}\cdot s}{D(1-s)}=\frac{1\ 000\times0.05}{20(1-0.05)}\approx2.63(\text{r/min})$$

由以上计算可知，最低转速时静差率 s_2 远远大于高速（额定转速）时静差率 s_1，只要最低转速时静差率满足要求，高速时静差率肯定满足要求。如果系统要满足 $D=20$，$s\leqslant 5\%$ 的要求，必须采用闭环控制系统，使 Δn_{nom} 从 76.25 r/min 减小到 2.63 r/min。

二、动态性能指标

动态性能指标是调速系统在动态过程中的性能指标。调速系统的动态性能指标可分为跟随性能指标和抗扰性能指标。

1. 跟随性能指标

对调速系统来说，一般在阶跃给定信号作用下，系统输出量在零初始条件下的过渡过程表示系统对给定输入的典型跟随过程，如图 22—12 所示。具体的跟随性能指标有上升时间 t_r、超调量 σ 和调节时间 t_s。

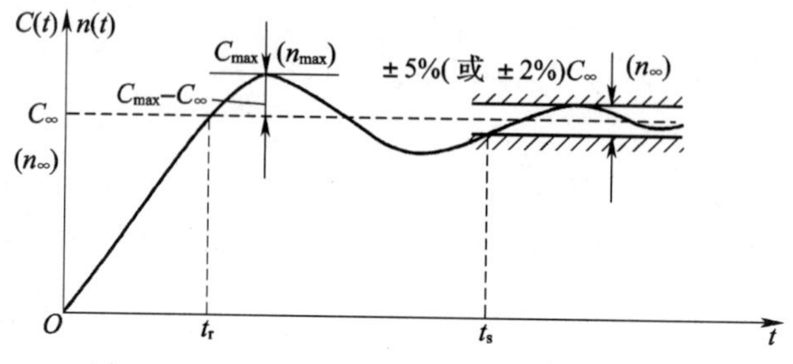

图 22—12　典型阶跃响应曲线和跟随性能指标

（1）上升时间 t_r。在阶跃响应跟随过程中，输出量（转速）从零开始第一次上升到稳态值 C_∞（稳态转速给定值 n_∞）所经历的时间称为上升时间，如图 22—12 所示。上升时间 t_r 反映系统动态响应的快速性。

（2）调节时间 t_s（也称为过渡过程时间）。在阶跃响应跟随过程中，输出量（转速）进入并且不再超出其稳态值（稳态转速给定值 n_∞）$\pm 5\%$（或 $\pm 2\%$）的允许误差范围所需的最小时间称为调节时间，如图 22—12 所示。t_s 用来表示整个系统调节过程的快慢，t_s 越小表示整个系统调节过程越快。

（3）超调量 σ。在阶跃响应跟随过程中，系统输出量（转速）超过其稳态值的最大偏差与稳态值之比称为超调量，通常用百分数表示。

$$\sigma=\frac{C_{max}-C_\infty}{C_\infty}\times 100\% \quad 或 \quad \sigma=\frac{n_{max}-n_\infty}{n_\infty}\times 100\% \qquad (22—12)$$

超调量 σ 用来反映系统的相对稳定性，超调量 σ 小表示系统的相对稳定性好。

在实际应用中，快速性和稳定性两者往往相互矛盾，减少了超调量 σ，就导致 t_s 增大，也就延长了过渡过程；反之，加快过渡过程，减小 t_s，却又增加了超调量 σ，具体应根据工艺的要求选择合适的性能指标。

2. 抗扰性能指标

对调速系统来说，一般以系统稳定运行时突加一个使输出量（转速）降低的阶跃扰动作用后的系统过渡过程作为典型的抗扰过程，如图 22—13 所示。抗扰性能指标有动态降落 ΔC_{max}（动态转速降 Δn_{max}）、恢复时间 t_v 等。

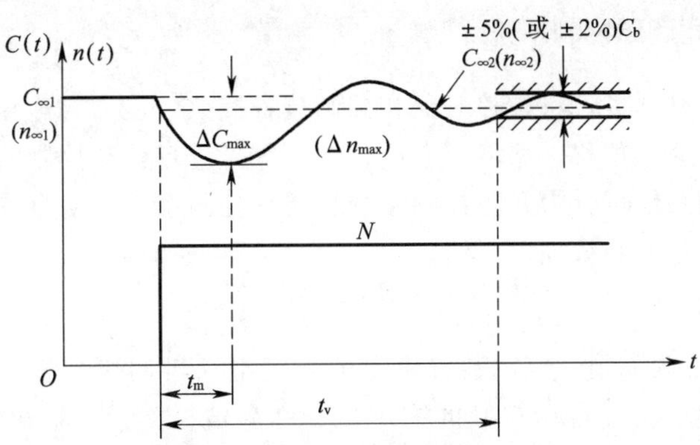

图 22—13 突加阶跃扰动的过渡过程和抗扰性能指标

（1）动态降落 ΔC_{max}。系统稳定运行时，在突加一个阶跃扰动后，系统过渡过程所引起输出（转速）的最大降落值 ΔC_{max}（最大转速降 Δn_{max}）称为动态降落 ΔC_{max}（动态转速降 Δn_{max}），如图 22—13 所示。常用它对输出（转速）原稳态值的百分数表示。

$$\Delta C_{max} = \frac{\Delta C_{max}}{C_{\infty 1}} \times 100\% \quad 或 \quad \Delta n_{max} = \frac{\Delta n_{max}}{n_{\infty 1}} \times 100\% \qquad (22—13)$$

对调速系统来说，动态降落 ΔC_{max} 常称为动态转速降 Δn_{max}。

（2）恢复时间 t_v。从突加阶跃扰动开始到系统输出（转速）恢复至与新稳态值 $C_{\infty 2}$ 之差进入某基准值 C_b 的±5%（或±2%）范围之内所需的时间称为恢复时间，如图 22—13 所示。基准值 C_b 应该根据具体系统而定。一般来说，系统动态降落 ΔC_{max}（动态转速降 Δn_{max}）越小，恢复时间 t_v 越小，系统的抗扰能力越强。

第 6 节　自动控制系统的基本概念

自动控制技术的应用，能够提高产品质量和增加产品数量，提高生产劳动率，降低成本，改善劳动条件，减轻劳动强度。所以，随着计算机技术的发展和应用，自动控制技术的应用范围越来越广泛，已扩展到生物、医学、环境、经济管理等现代社会生活的各个领域，自动控制已成为现代社会生活不可缺少的重要组成部分。

自动控制是指在没有人直接参与的情况下，利用控制装置使被控对象（如机器、设备、生产过程等）自动地按照预定的规律变化和运行。尽管自动控制系统种类繁多，但是它们的基本原理是相同的。自动控制理论是研究自动控制共同规律的技术科学，它可分为经典控制理论和现代控制理论。经典控制理论建立在传递函数概念的基础上，主要研究单输入、单输出、线性定常控制系统的分析和设计问题。现代控制理论建立在状态变量概念的基础上，主要研究具有高性能、高精度的多变量、变参数系统的最优控制问题。本篇主要讲述直流调速系统和交流调速系统，它们可以纳入单输入、单输出的控制系统范畴，因而一般采用经典控制理论进行分析。

一、开环控制系统和闭环控制系统

为了实现各种控制任务，将被控对象和控制装置按照一定方式连接，对被控对象一个或多个物理量（如转速、位移、温度、电流、电压等）进行自动控制的整个系统称为自动控制系统。自动控制系统可分为开环控制系统、闭环控制系统和复合控制系统。现着重对开环控制系统和闭环控制系统加以介绍。

1. 开环控制系统

如图 22—14 所示为晶闸管整流装置供电的直流电动机调速系统。图中，电动机是被控对象，转速 n 是要求实现自动控制的物理量，称为被控制量（输出量），转速给定 U_n^* 是系统输入量。当系统输入端给定一个电压 U_n^*（输入量）时，电动机就有对应一个转速 n（输出量）。当给定电压 U_n^* 增大时，通过触发器 GT 使晶闸管整流装置的控制角 α 减小，晶闸管整流装置输出电压 U_d 增大，电动机的转速 n 升高。为了清楚地说明系统各元器件之间的信号传递作用关系，常用系统框图来表示控制系统，如图 22—15 所示。

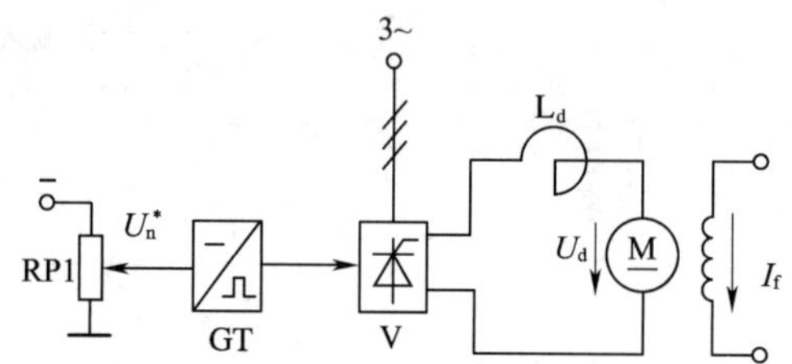

图 22—14　晶闸管整流装置供电的直流电动机控制系统

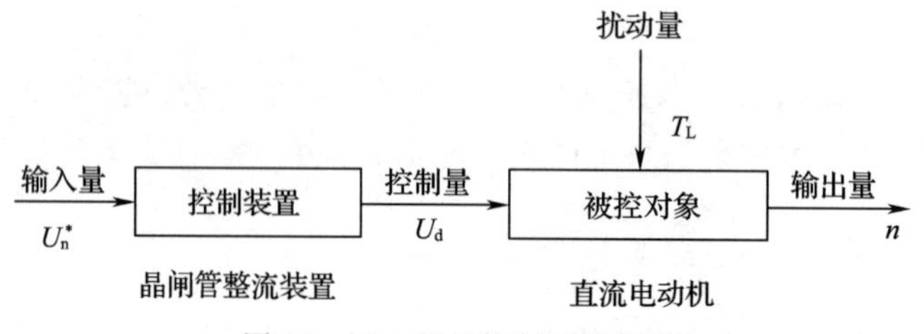

图 22—15　开环控制系统框图

图 22—15 中作用于系统输入端的量 U_n^* 称为输入量，作用于被控对象（电动机）的量 U_d 称为控制量，转速 n 是要求控制的输出量，也称为被控量。作用于被控对象（电动机）的负载转矩 T_L 称为扰动量。从理论上来说，所有使被控制量（即转速 n）偏离希望值（给定值）的因素都是扰动，如电源电压的波动、电动机励磁电流的变化等因素在转速给定值 U_n^* 不变时，都将引起被控制量（转速 n）变化。各种扰动分为主扰动和次扰动，系统分析时主要考虑主扰动。对于图 22—14 所示的直流电动机调速系统，电动机负载转矩 T_L 为主扰动。上述控制系统输出量（被控制量）只能受控于输入量，输出量不返送到输入端参与控制的系统称为开环控制系统。开环控制系统可以按给定量控制方式组成系统，也可以按扰动控制方式组成系统。按给定量控制的开环控制系统，如图 22—15 所示。

按扰动控制的开环控制系统，用仪器仪表来测量扰动，使系统按照扰动进行控制，以减小或抵消扰动对输出量的影响，这种开环控制系统也称为前馈控制系统。前馈控制系统是利用可测量的扰动量产生的一种补偿作用，能针对干扰迅速调整控制量，使被控制量及时得到调整，提高抗扰动性能和控制精度。

按给定量控制的开环控制系统结构简单、调整方便、成本低，但控制系统抗扰动性能差、控制精度低，往往不能满足生产要求。如图 22—14 所示的电动机开环调速系统，在刨床加工零件时，由于加工过程中负载转矩的变化而产生不同的转速降，从而引起转速波动，造成刨床加工精度差，不能满足生产要求。为了提高抗扰动性能和控制精度，可采用闭环控制系统。

2. 闭环控制系统

闭环控制系统又称反馈控制系统。图 22—16 为晶闸管整流装置供电的直流电动机闭环调速系统。

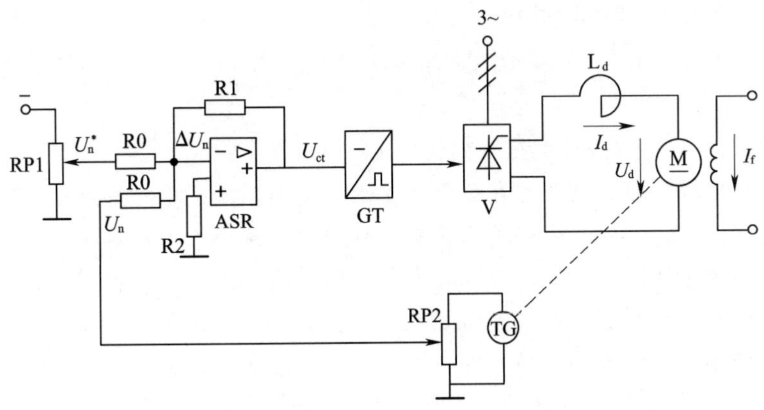

图 22—16　晶闸管整流装置供电的直流电动机闭环调速系统

测速发电机 TG 与电动机 M 同轴连接，并从测速发电机 TG 引出转速负反馈电压 U_n，此电压正比于电动机转速 n。该转速反馈电压 U_n 与给定电压 U_n^* 进行比较，其差值 $\Delta U_n = U_n^* - U_n$ 经调节放大器后输出控制电压 U_{ct}，经触发器 GT 控制晶闸管整流装置输出电压 U_d，从而控制电动机转速 n。当负载增加时，电动机因负载增加而转速 n 下降，则转速反馈电压 U_n 减小，由于转速给定电压 U_n^* 不变，偏差 $\Delta U_n = U_n^* - U_n$ 增大，通过调节放大器，使晶闸管变流器输出电压 U_d 增大，从而使电动机的转速 n 回升，使转速 n 与转速给定值趋于一致。该调节过程为：负载（T_L）$\uparrow \rightarrow n \downarrow \rightarrow U_n \downarrow \rightarrow \Delta U_n \uparrow \rightarrow U_{ct} \uparrow \rightarrow U_d \uparrow \rightarrow n \uparrow$。由此分析可知，当 U_n^* 不变而电动机转速 n 由于某种原因产生变化时，可通过转速负反馈自动调节电动机转速 n 以维持系统稳定，从而提高控制精度。闭环控制系统框图如图 22—17 所示。

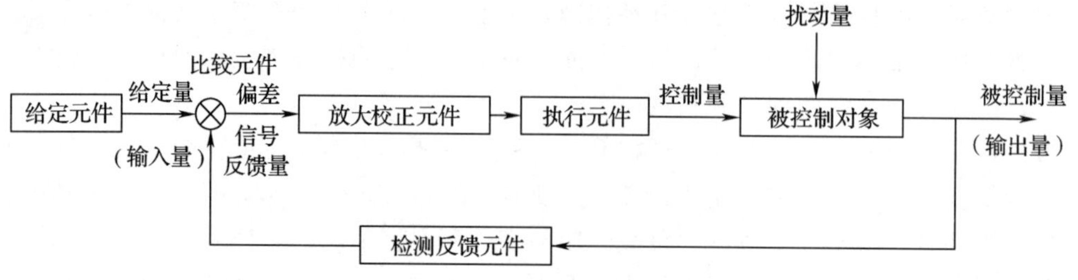

图 22—17　闭环控制系统框图

比较开环控制系统框图和闭环控制系统框图可以发现，闭环控制系统与开环控制系统最大的差别在于，闭环控制系统存在从被控制量（转速 n）经过检测反馈元件（测速发电机）到系统输入端的通道，这条通道称为反馈通道。闭环控制系统具有以下 3 个重要功能：

（1）测量被控制量（如转速 n）。

（2）将被控制量（如转速 n）测量所得的反馈量（如 U_n）与给定量 U_n^* 进行比较得到偏差 ΔU_n。

（3）根据偏差 ΔU_n 对被控制量（如转速 n）进行调节。

综上所述，闭环控制系统建立在负反馈基础上，当系统不论哪种原因使被控制量偏离希望值而出现偏差时，都会产生一个相应的控制作用去减小或消除这个偏差，使被控制量与希望值趋于一致，所以闭环控制系统具有良好的抗扰动能力（这种扰动无论是来自系统外部的扰动，还是来自系统内部的参数变化），有较高的控制精度，在实际应用中得到广泛应用。但这种系统需要检测反馈元件，因此使用元件多、线路复杂、调整复杂。

由图 22—17 可知，闭环控制系统一般由给定元件、比较元件、放大校正元件、执行元件、被控对象、检测反馈元件组成。图中“⨂”代表比较元件，它将检测反馈元件检测到的被控制量的反馈量与给定量进行比较。一般情况下，“－”表示给定量与反馈量极性相反，即负反馈；“＋”表示给定量与反馈量极性相同，即正反馈。信号从输入端沿箭头方向达到输出端的传输通道称为前向通道，系统输出量经检测元件反馈到输入端的传输通道称为反馈通道。

给定元件的作用是给出与希望的被控制量相对应的系统输入量（又称给定量），如图 22—16 中的给定电位器 RP1。

比较元件的作用是把检测反馈元件检测到的被控制量实际值的反馈量与给定元件给出的给定量进行比较，求出它们之间的偏差信号。

放大校正元件的作用是对偏差信号进行放大与运算，并校正、输出一个按一定规律变化的控制信号，以提高系统的稳态性能和动态性能。放大校正元件可由运算放大器、电阻、电容组成。

执行元件的作用是根据放大校正元件的输出信号产生一个具有一定功率并能够由被控对象接受的控制量，使被控制量与希望值趋于一致。

被控对象是指自动控制系统中需要进行控制的设备或装置，它接收控制量，输出被控制量，如图 22—16 中的电动机。

检测反馈元件的作用是对被控制量进行检测并输出反馈量。如果这个物理量是非电量，一般要转化为电量。图 22—16 中测速发电机是用于测量电动机转速并将反馈量转换为直流电压的。

二、自动控制系统的分类

自动控制系统有多种分类方法，如按控制系统结构特点、给定量特点、被控制量特点等分类。

1. 按控制系统结构特点分类

（1）闭环控制系统（反馈控制系统）。闭环控制系统是按偏差进行控制的，具有抑制内外扰动对被控制量产生影响的能力，有较高的控制精度。闭环控制系统是自动控制系统中最基本、最常用的一种控制系统。

（2）开环控制系统。开环控制系统不存在被控制量的反馈，系统的输出量不会对系统的控制作用发生影响。开环控制系统可以按给定量控制方式组成系统，也可以按扰动控制方式组成系统。按扰动控制的开环控制系统（前馈控制系统）利用可测量的扰动量产生一种补偿作用，这种补偿作用能针对扰动迅速调整控制量，使被控制量及时得到调整，从而使系统抗扰动性能和控制精度提高。前馈控制系统的主要缺点是没有被控制量的反馈，在存在其他扰动或测量仪表有误差的情况下，被控制量的误差可能越来越大，因而前馈控制往往作为改善闭环控制系统性能的一种手段构成复合控制系统。

（3）复合控制系统。复合控制系统是既有前馈控制又有反馈控制的控制系统。

2. 按输入量（给定量）特点分类

（1）定值控制系统。定值控制系统又称为恒值控制系统。恒值控制系统是应用最广泛的自动控制系统，如自动调速系统和恒温、恒压自动控制系统。在这种自动控制系统中，被控制量（如转速、温度、压力、流量等）要求维持在某一恒定值。定值控制系统的输入量在正常运行时基本是不变的，有时根据需要也可以从某一值变为另一值。这种系统的基本任务是克服各种扰动影响，使输出的被控制量保持在给定的希望值上。

（2）随动系统。随动系统的输入量是预先未知的随时间任意变化或按一定规律变化的，系统的任务是克服一切扰动保证输出的被控制量以一定精度随输入量变化而变化。如武器的瞄准装置、雷达的跟踪系统、机床仿形控制等都属于随动系统。

（3）程序控制系统。程序控制系统的输入量是按预先编制的程序变化的，要求被控制量迅速、准确地随输入量变化。例如，加热炉的温度控制，炉温是根据预先编制的程序进行自动升温、恒温、降温等自动控制的。

3. 按输出量（被控制量）特点分类

（1）连续控制系统。连续控制系统中，其输出量是输入量的连续函数，需要定量地控制被控制量，其被控制量可以连续地被调整。

（2）断续控制系统。断续控制系统中，其被控制量是开关量（如电量有或无、正转或反转、启动或停止等）。该系统按照预先确定的时间顺序或根据一定的逻辑关系所要求的顺序进行控制。

4. 其他分类方式

（1）自动控制系统按被控制量名称来分，可分为电压控制系统、速度控制系统、温度控制系统、压力控制系统等。

（2）自动控制系统按控制系统回路个数来分，可分为单回路控制系统、多回路控制系统。

（3）自动控制系统按控制系统组成元件的特性来分，可分为线性控制系统、非线性控制系统。

三、对自动控制系统性能的基本要求

对自动控制系统性能的基本要求可以归纳为“稳”“准”“快”3 个字，具体为系统的稳定性能、系统的稳态性能、系统的动态性能。

1. 系统的稳定性能

对自动控制系统来说，当输入给定量发生变化或受到扰动作用时，一定会离开原稳定状态，即输出量将会偏离原来的稳定值。如果能通过系统的调节作用，跟随给定量建立新稳定状态或恢复原稳定状态，则称系统是稳定的，否则是不稳定的。例如，自动控制系统在某一扰动作用下，输出量将会偏离原来的稳定值，如果能通过系统的调节作用，使输出量回到（或接近）原来的稳定值稳定下来，则表示该系统是稳定的，如图 22—18a 所示。如果系统输出量不能回到（或接近）原来的稳定值并稳定下来，而出现发散的不稳定现象，则表示该系统是不稳定的，如图 22—18b 所示。

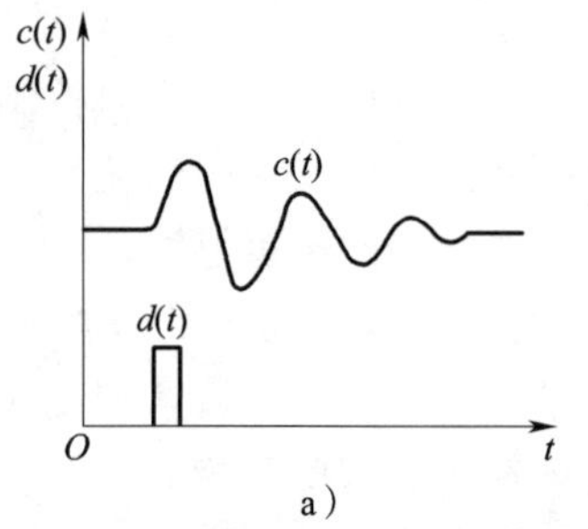

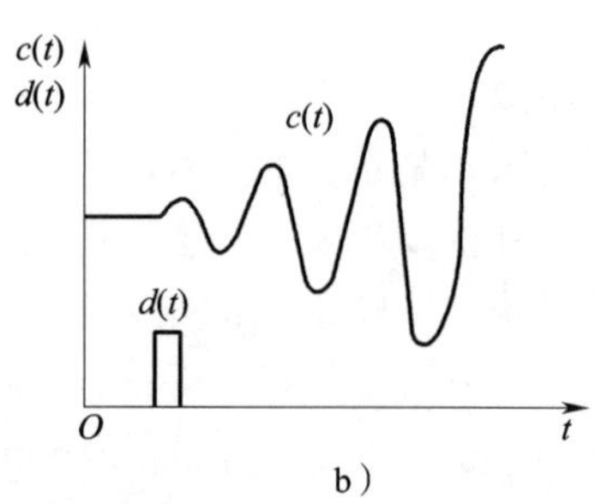

图 22—18 控制系统的稳定性
a）稳定系统 b）不稳定系统

不稳定的自动控制系统不但不能完成正常的控制任务，甚至会损坏设备，造成事故。因此，对任何自动控制系统，首要条件是系统具有稳定性能，即系统能够稳定工作。

2. 系统的稳（静）态性能

当系统从一个稳态过渡到另一个稳态，或系统受到扰动作用又重新进入平衡稳定状态后，系统可能出现偏差，这种偏差称为稳态误差。系统的稳态误差越小，则系统的稳态精度越高。根据稳态误差的情况，自动控制系统分为无静差系统和有静差系统。稳态误差为零的系统称为无静差系统；稳态误差不为零的系统称为有静差系统。

3. 系统的动态性能

系统从一个稳态过渡到另一个稳态，或系统受到扰动作用又重新进入平衡状态需要一段时间，即需要经历动态过渡过程。常用动态性能指标来表示系统动态过渡过程的动态性能的好坏。现以系统对突加阶跃给定信号的动态响应曲线来介绍系统的动态性能指标。系统对突加阶跃给定信号的动态响应曲线如图 22—19 所示。

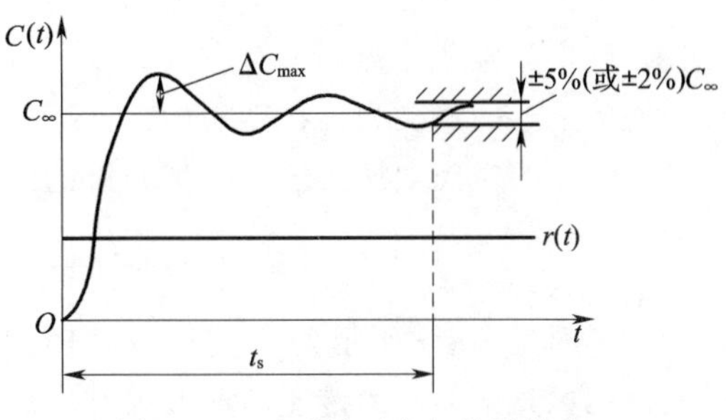

图 22—19　系统对突加阶跃给定信号的动态响应曲线

突加阶跃给定信号时的动态性能指标一般用最大超调量 σ、调节时间 t_s 和振荡次数 N 来表示。

（1）最大超调量 σ。最大超调量是输出量和稳态值的最大偏差 ΔC_{max} 与稳态值 C_∞ 之比，常用百分数表示，即 $\sigma=\frac{\Delta C_{max}}{C_\infty}\times 100\%$。

最大超调量反映系统的相对稳定性和系统的动态精度。超调量越小，则系统的相对稳定性越好，说明系统过渡过程比较平稳。

（2）调节时间 t_s。调节时间 t_s 是系统在阶跃给定量作用下，系统输出动态响应曲线与其稳态值之差达到并且不再超过规定的误差范围（±5%或±2%）所需的时间。调节时间 t_s 反映了系统的快速性，调节时间 t_s 越小，系统的快速性越好。

（3）振荡次数 N。振荡次数是指系统在调节时间 t_s 范围内，输出信号在稳态值上下振荡的次数。振荡次数 N 也反映了系统的稳定性能，振荡次数越少，系统的稳定性能越好。

在上述指标中，稳态误差反映了系统的稳态准确度，最大超调量和振荡次数反映了系统的稳定性能，调节时间反映了系统的快速性。一般来说，希望稳态误差小一点，最大超调量小一点，振荡次数少一点，调节时间短一点。总之，希望系统达到“稳”“准”“快”的要求。实际控制系统对这些动态性能指标的要求各有不同，需要根据具体控制对象的要求进行选择。

第 7 节　自动控制系统的数学模型和传递函数的概念

一、自动控制系统的数学模型

深入分析自动控制系统，除了定性分析自动控制系统各元件（环节）的功能和工作原理、各元件（环节）之间的相互关系，以及自动控制系统的整体工作原理外，还需要定量分析自动控制系统的静（稳）态性能和动态性能。描述自动控制系统性能的数学表达式称为自动控制系统的数学模型，经典控制理论中常用的数学模型有微分方程、传递函数和动态结构图等形式。

传递函数是在拉氏变换基础上引入的描述线性定常系统（或元件）输入、输出关系的函数，它是和微分方程一一对应的另一种数学模型。

传递函数的定义为：在零初始条件下，线性定常系统输出量 $c(t)$ 的拉氏变换式与输入量 $r(t)$ 的拉氏变换式之比。该系统的传递函数记为 $G(s)$，即：

$$G(s)=\frac{L[c(t)]}{L[r(t)]}=\frac{C(s)}{R(s)} \tag{22—14}$$

现以图 22—20 所示的比例积分（PI）调节器为例，讨论比例积分调节器的传递函数推导方法。

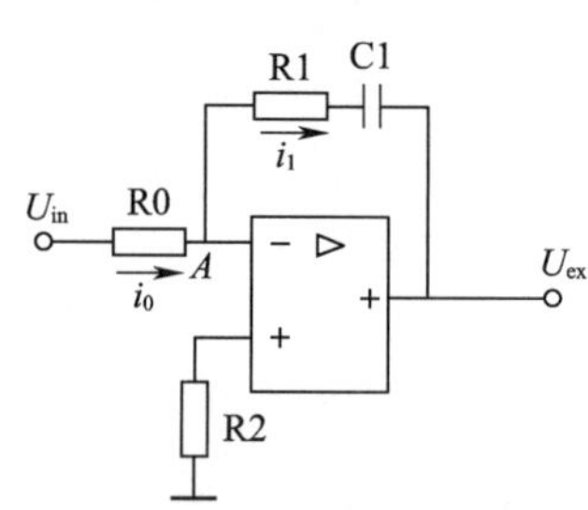

图 22—20　比例积分（PI）调节器

由于 A 点是“虚地”，$U_A=0$，因此可以写出下列关系式：

$$i_0=i_1=\frac{U_{in}}{R_0}$$

$$U_{ex}=-R_1 i_1-\frac{1}{C_1}\int i_1\,dt=-\frac{R_1}{R_0}U_{in}-\frac{1}{R_0C_1}\int U_{in}\,dt$$

$$=-K_{pi}U_{in}-\frac{1}{\tau}\int U_{in}\,dt \tag{22—15}$$

式中　K_{pi}——PI 调节器比例部分的放大系数，$K_{pi}=\dfrac{R_1}{R_0}$；

τ——PI 调节器的积分时间常数，$\tau=R_0C_1$。

在零初始条件下，对上式两侧进行拉氏变换，可得到 PI 调节器的传递函数：

$$W_{pi}(s)=\frac{U_{ex}(s)}{U_{in}(s)}=\frac{R_1}{R_0}+\frac{1}{R_0C_1}\frac{1}{s}$$

$$=K_{pi}+\frac{1}{\tau s}=\frac{K_{pi}\tau s+1}{\tau s}$$

令 $\tau_1=K_{pi}\tau$，则 PI 调节器的传递函数可写为：

$$W_{pi}(s)=\frac{K_{pi}\tau s+1}{\tau s}=K_{pi}\frac{\tau_1 s+1}{\tau_1 s} \tag{22—16}$$

式中　τ_1——PI 调节器的超前时间常数，$\tau_1=K_{pi}\tau=R_1C_1$。

二、典型环节的传递函数

在分析自动控制系统时，会发现组成自动控制系统的元件在结构、工作原理等方面是多种多样的。但是，在分析元件的动态性能时，只要它们的数学模型在形式上是相同的，其动态性能也必然存在内在联系，因而可以把它们归为一类。自动控制系统可由若干个典型环节按一定方式组合而成，典型环节常用功能框图表示，常用的典型环节主要有下面几种。

1. 比例环节

比例环节是自动控制系统中常见的环节，如调速系统中采用的比例放大器、测速发电机等。比例环节的微分方程式为：

$$c(t) = Kr(t) \tag{22—17}$$

传递函数为：

$$G(s) = K \tag{22—18}$$

比例环节的功能框图和阶跃响应曲线如图 22—21 所示。比例环节的特点是具有瞬时响应能力。

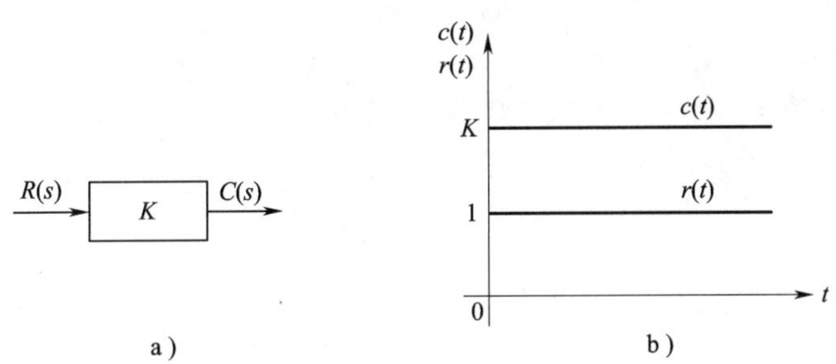

图 22—21　比例环节的功能框图和阶跃响应

a）功能框图　b）阶跃响应

2. 积分环节

积分环节是自动控制系统中经常遇到的，如纯电容电路、调速系统中采用的积分调节器等。积分环节的微分方程式为：

$$c(t) = \frac{1}{\tau}\int_0^t r(t)\mathrm{d}t \tag{22—19}$$

传递函数为：

$$G(s) = \frac{1}{\tau s} \tag{22—20}$$

式中　τ——积分时间常数。

积分环节的功能框图和阶跃响应如图 22—22 所示。

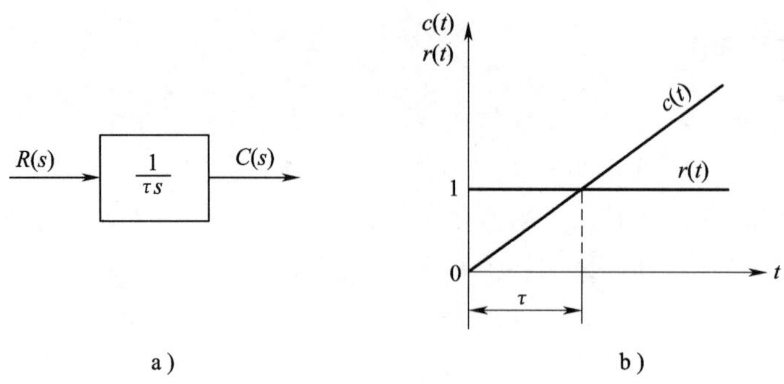

a)　　b)

图 22—22　积分环节的功能框图和阶跃响应

a）功能框图　b）阶跃响应

3. 微分环节

微分环节有理想微分环节和比例微分环节。

（1）理想微分环节的微分方程式为：

$$c(t) = \tau_d \frac{dr(t)}{dt} \qquad (22—21)$$

传递函数为：

$$G(s) = \tau_d s \qquad (22—22)$$

式中　τ_d——微分时间常数。

理想微分环节的功能框图和阶跃响应如图 22—23 所示。

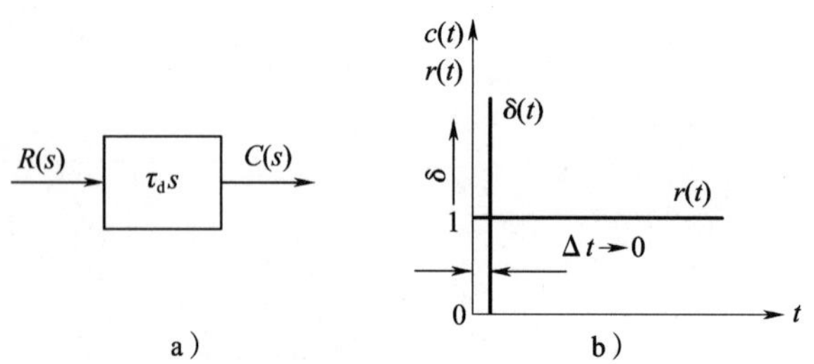

a)　　b)

图 22—23　理想微分环节的功能框图和阶跃响应

a）功能框图　b）阶跃响应

理想微分环节的输入、输出关系与积分环节正好相反，传递函数互为倒数。

（2）比例微分环节的微分方程式为：

$$c(t) = \tau_d \frac{dr(t)}{dt} + r(t) \qquad (22—23)$$

传递函数为：

$$G(s) = \tau_d s + 1 \qquad (22—24)$$

比例微分环节的传递函数与惯性环节互为倒数。比例微分环节的功能框图和阶跃响应如图 22—24 所示。比例微分环节的阶跃响应为比例环节与微分环节阶跃响应的叠加。

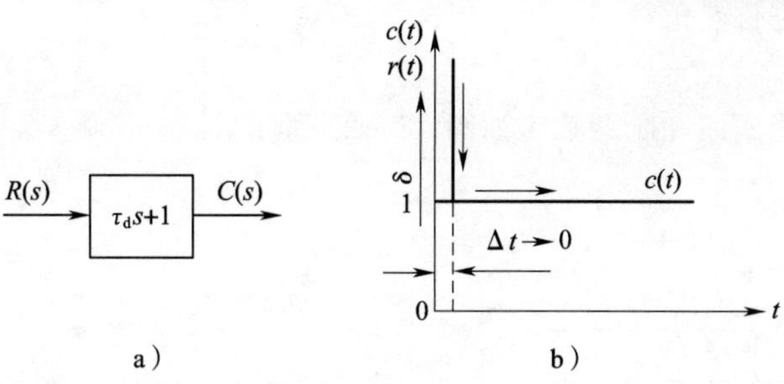

图 22—24 比例微分环节的功能框图和阶跃响应

a）功能框图 b）阶跃响应

4. 惯性环节

惯性环节的微分方程式为：

$$\tau \frac{\mathrm{d}c(t)}{\mathrm{d}t} + c(t) = r(t) \tag{22—25}$$

式中 τ——惯性时间常数。

传递函数为：

$$G(s) = \frac{1}{\tau s + 1} \tag{22—26}$$

惯性环节的功能框图和阶跃响应如图 22—25 所示。图 22—25 中，时间常数 τ_1 小于时间常数 τ_2。

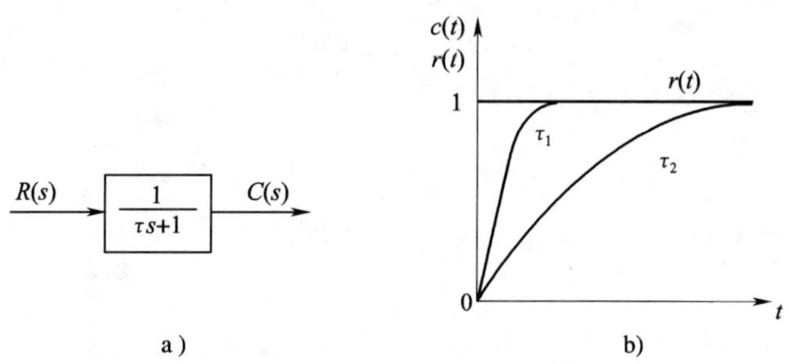

图 22—25 惯性环节的功能框图和阶跃响应

a）功能框图 b）阶跃响应

5. 振荡环节

振荡环节的微分方程式为：

$$\tau^2 \frac{\mathrm{d}^2 c(t)}{\mathrm{d}t^2} + 2\tau\xi \frac{\mathrm{d}c(t)}{\mathrm{d}t} + c(t) = r(t) \tag{22—27}$$

传递函数为：

$$G(s) = \frac{1}{\tau^2 s^2 + 2\xi\tau s + 1} = \frac{\omega_{\mathrm{n}}^2}{s^2 + 2\xi\omega_{\mathrm{n}} s + \omega_{\mathrm{n}}^2} \tag{22—28}$$

式中　ω_n——无阻尼自然角频率，$\omega_n = 1/\tau$，rad/s；

ξ——阻尼比。

振荡环节的功能框图和阶跃响应如图 22—26 所示。

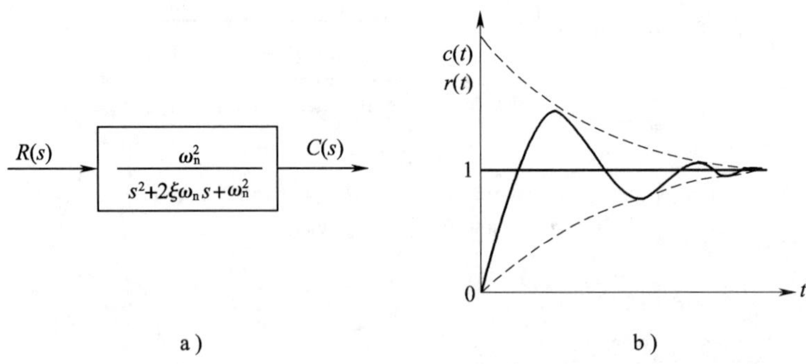

图 22—26　振荡环节的功能框图和阶跃响应

a）功能框图　b）阶跃响应

6. 延迟环节

延迟环节又称为纯滞后环节。延迟环节在自动控制系统中经常遇到，如调速系统中采用的晶闸管整流电路。延迟环节的微分方程式为：

$$c(t) = r(t - \tau_D) \tag{22—29}$$

式中　τ_D——延迟时间常数。

传递函数为：

$$G(s) = e^{-\tau_D s} \tag{22—30}$$

当 τ_D 很小时，延迟环节的传递函数近似为：

$$G(s) \approx \frac{1}{\tau_D s + 1}$$

延迟环节的功能框图和阶跃响应如图 22—27 所示。

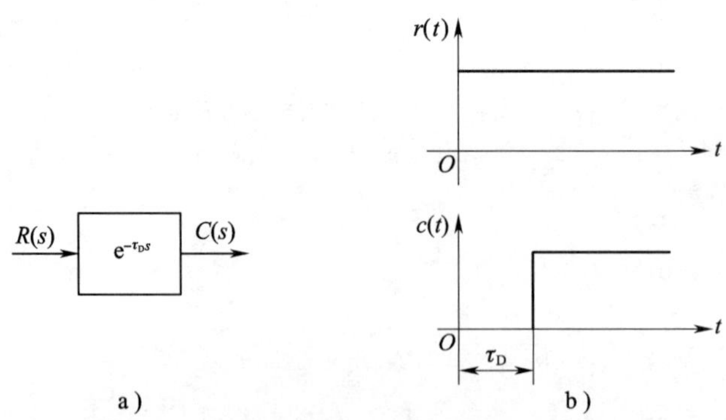

图 22—27　延迟环节的功能框图和阶跃响应

a）功能框图　b）阶跃响应

第 8 节　自动控制系统的静态结构图和动态结构图

自动控制系统常用结构图表示系统中各元件（环节）之间和各作用量之间的相互关系，具有简明、直观和运算方便的特点。结构图分为静态结构图和动态结构图。

一、静态结构图

静态结构图也称稳态结构图，用来描述系统中各元件（环节）之间和各作用量之间的静态关系。现以图 22—28 所示的转速负反馈调速系统为例，说明静态结构图。

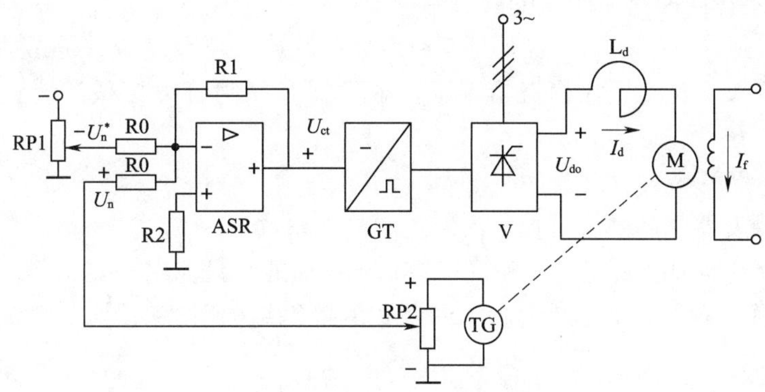

图 22—28　转速负反馈调速系统

转速负反馈调速系统可以分为比例调节器（放大器）、触发器和晶闸管可控整流装置、直流电动机、测速发电机等环节。系统中各元件（环节）用框图表示，图中填入各元件的静态关系式，用箭头和字母标明其输入量和输出量，按照信号的传递方向把各个框图依次连接起来，便构成了系统静态结构图。

现对比例调节器、触发器和晶闸管可控整流装置、直流电动机和测速发电动机等环节的静态结构图加以说明。

1. 比例调节器的静态结构图

比例调节器（放大器）原理图如图 22—29a 所示。

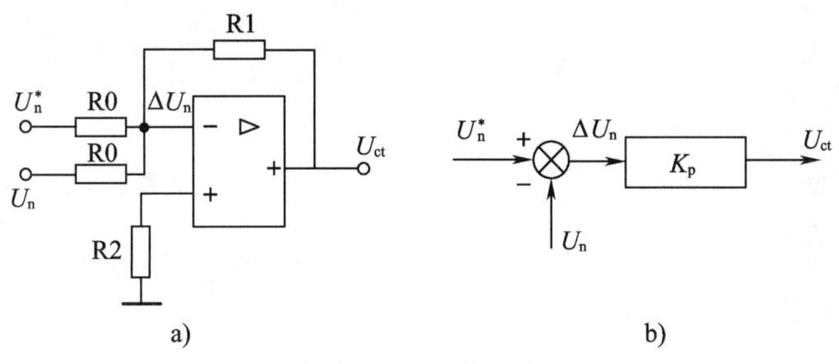

图 22—29　比例调节器和其静态结构图

a）原理图　b）结构图

比例调节器的输入量 U_n^*，U_n 与输出量 U_{ct} 的关系为：

$$U_{ct}=\frac{R_1}{R_0}U_n^*-\frac{R_1}{R_0}U_n=\frac{R_1}{R_0}(U_n^*-U_n)=K_p(U_n^*-U_n)=K_p\Delta U_n \qquad (22—31)$$

式中　K_p——比例调节器的放大系数。

这里要说明的是，运算放大器一般采用反相输入，输出电压 U_{ct} 和输入电压 ΔU_n（即 $U_n^*-U_n$）的极性是相反的。为了计算和分析方便，反相的关系只在具体电路的极性中考虑，式（22—31）中未考虑，即省略负号。由式（22—31）可绘出其静态结构图，如图 22—29b 所示。

2. 触发器和晶闸管可控整流装置的静态结构图

触发器和晶闸管可控整流装置是具有滞后关系的放大环节。滞后是指动态过程中输出量变化滞后于输入量变化。在稳态情况下，触发器和晶闸管可控整流装置是一个放大环节，即：

$$U_{do}=K_sU_{ct} \qquad (22—32)$$

式中　K_s——触发器和晶闸管可控整流装置的放大系数。

实际上，触发器和晶闸管可控整流装置是非线性的，只能在一定工作范围内近似成线性环节，K_s 看作常数。由式（22—32）可绘出其静态结构图，如图 22—30 所示。

3. 直流电动机的静态结构图

稳态时电动机电枢回路有：

$$U_{do}=E+I_dR_\Sigma=C_en+I_dR_\Sigma$$

由此可得到：

$$n=\frac{1}{C_e}(U_{do}-I_dR_\Sigma) \qquad (22—33)$$

式中　U_{do}——晶闸管可控整流装置的输出电压，即直流电动机环节的输入量，V；

n——直流电动机的输出量，r/min；

R_Σ——电枢电路的总电阻，Ω。

由式（22—33）可绘出其静态结构图，如图 22—31 所示。

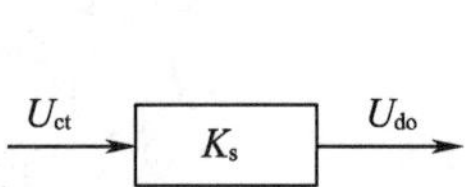

图 22—30　触发器和晶闸管可控整流装置的静态结构图

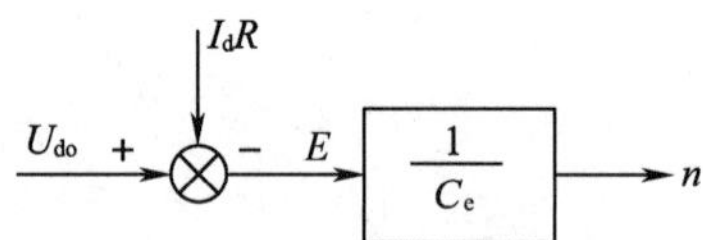

图 22—31　直流电动机的静态结构图

4. 测速发电机反馈环节的静态结构图

测速发电机是放大环节。转速负反馈电压 U_n 和转速 n 的关系为：

$$U_n=\alpha n \qquad (22—34)$$

式中　α——转速反馈系数，V·min/r。

由式（22—34）可绘出其静态结构图，如图 22—32 所示。

综上所述，转速负反馈调速系统的静态结构图如图 22—33 所示。图中用框图表示元件（环节），用箭头和字母符号标明各环节输入量和输出量，箭头方向表示控制作用的方向，箭头指向框图表示输入量，箭头向外表示输出量。几个作用量的“和”或“差”用符号⊗表示，箭头向里表示输入量，箭头向外表示输出量。如果两个输入量相减，则一个输入量标“＋”，另一个输入量标“－”；如果两个输入量相加，则两个输入量都标“＋”。框图中表示该元件（环节）输出与输入的静态关系式，输入量乘以框图中静态关系式就等于输出量。

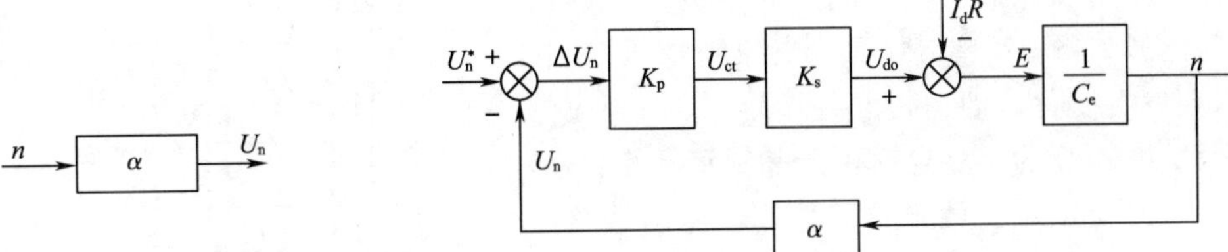

图 22—32　测速发电动机反馈环节的静态结构图

图 22—33　转速负反馈调速系统的静态结构图

二、动态结构图

将系统中所有环节用框图表示，框图中标明该环节的传递函数，以箭头和字母符号标明其输入量和输出量，按照信号的传递方向把各个框图依次连接起来便构成了系统动态结构图。绘制动态结构图之前，要先求出各个环节的传递函数，然后从给定信号开始，自左向右，根据相互作用的次序，依次画出各个环节的框图，使它们符合各作用量间的关系。反馈环节一般画在下面（有时也可画在上面）。图中还要用文字符号标明作用量和中间变量。

现对比例调节器（放大器）、晶闸管触发器和整流装置、直流电动机、测速发电机等环节的传递函数和动态结构图，以及转速负反馈调速系统的动态结构图进行说明。

1. 比例调节器的传递函数和动态结构图

由比例调节器的静态结构图可知，比例调节器的输入量 U_n^*，U_n 与输出量 U_{ct} 的关系见式（22—31）。在零初始条件下，对该式进行拉氏变换，可得到比例调节器的传递函数为：

$$\frac{U_{ct}(s)}{\Delta U_n(s)}=K_p \qquad (22—35)$$

比例调节器的动态结构图如图 22—34 所示。图中给定量 U_n^* 和反馈量 U_n 的叠加点称为比较点，给定量 U_n^* 和反馈量 U_n 极性相反表示负反馈。比例调节器

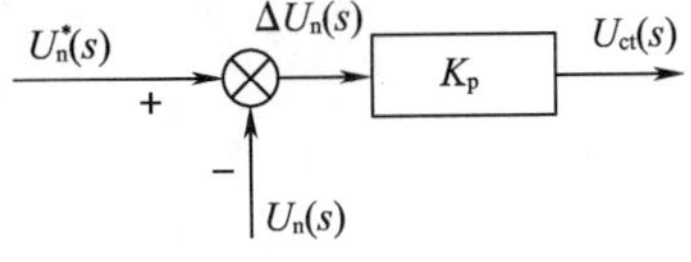

图 22—34　比例调节器动态结构图

的输出量对输入量的变化都能瞬时响应。

2. 晶闸管触发器和整流装置的传递函数和动态结构图

这一环节的输入量是触发器的移相控制电压 U_{ct}，输出量是整流装置的理想空载整流平均电压 U_{do}。为了分析方便，将输入量（移相控制电压 U_{ct}）与输出量（理想空载整流平均电压 U_{do}）视为线性关系，晶闸管触发器和整流装置的放大系数见式（22—32），$K_s=\frac{U_{do}}{U_{ct}}$。这时晶闸管触发器和整流装置在动态下可以看作具有纯滞后的放大环节，其滞后作用是由晶闸管整流装置的失控时间引起的。

现以单相桥式全控整流装置电阻性负载为例，分析滞后作用和滞后时间。晶闸管整流装置的失控时间波形如图 22—35 所示，当控制电压 U_{ct} 在 ωt_2 时刻发生变化，即由 U_{ct1} 突降为 U_{ct2}，相应的控制角 α 从 α_1 变为 α_2。这时由于晶闸管已经导通，控制电压的变化对它就不再起作用，晶闸管整流装置的 U_{do} 也不会立即改变，要等到下一个自然换相点以后才能起作用，整流装置的 U_{do} 才会改变，由 U_{do1} 变为 U_{do2}。整流装置 U_{do} 的改变相对于控制电压 U_{ct} 的改变滞后一段时间 T_s，这段时间便是滞后时间，即晶闸管整流装置的失控时间。

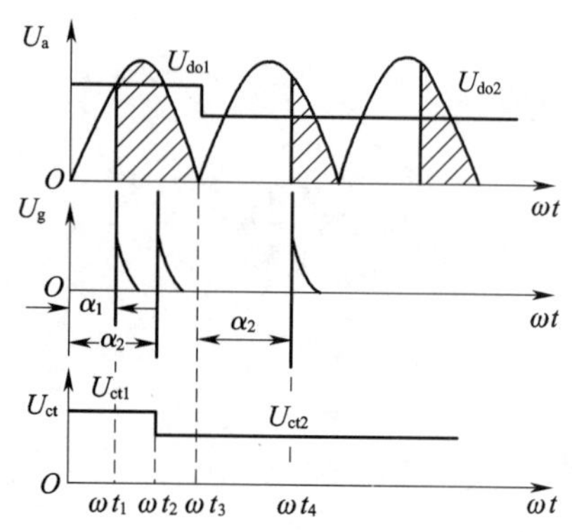

图 22—35 晶闸管整流装置的失控时间波形

晶闸管整流装置的失控时间是随机的，它的大小与控制电压 U_{ct} 变化的时间有关，最大的失控时间就是两个自然换相点之间的时间，与整流电路形式和交流电源的频率有关，即：

$$T_{smax}=\frac{1}{mf} \qquad (22—36)$$

式中 T_{smax}——最大失控时间，ms；
m——1 个周期内整流电压的波头数；
f——交流电源的频率，Hz。

一般情况，失控时间 T_s 可以认为是常数，可取其统计平均值，即 $T_s=\frac{1}{2}T_{smax}$。表 22—1 中列出各种整流电路的失控时间。

表 22—1 各种整流电路的失控时间

整流电路形式	最大失控时间 T_{smax}（ms）	平均失控时间 T_s（ms）
单相半波	20	10
单相桥式（全波）	10	5
三相半波	6.67	3.33
三相桥式	3.33	1.67

因为晶闸管触发器和整流装置是纯滞后环节，其传递函数为：

$$\frac{U_{do}(s)}{U_{ct}(s)}=K_s e^{-T_s s} \tag{22—37}$$

考虑到 T_s 很小，晶闸管触发器和整流装置的传递函数可近似为一阶惯性环节，即$\frac{U_{do}(s)}{U_{ct}(s)}\approx\frac{K_s}{T_s s+1}$。其动态结构图如图 22—36 所示。

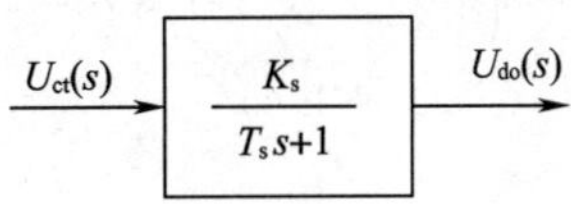

图 22—36　晶闸管触发器和整流装置的动态结构图

3. 直流电动机的传递函数和动态结构图

直流电动机回路的等效电路如图 22—37 所示。

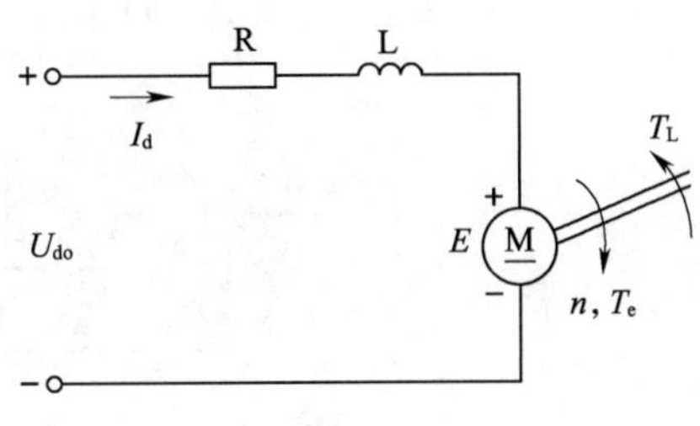

图 22—37　直流电动机回路的等效电路

在额定磁通和电枢电流连续的条件下，电动机电枢回路的电压平衡方程式为：

$$U_{do}-E=I_d R_\Sigma+L\frac{dI_d}{dt}=R_\Sigma\left(I_d+T_L\frac{dI_d}{dt}\right) \tag{22—38}$$

式中　R_Σ——电枢回路总电阻，Ω；

L——电枢回路总电感，H；

T_L——电枢回路电磁时间常数，$T_L=\frac{L}{R_\Sigma}$；

E——电动机电枢反电势，V。

在零初始条件下，对等式两边进行拉氏变换，整理得到整流电压与电枢电流之间的传递函数为：

$$\frac{I_d(s)}{U_{do}(s)-E(s)}=\frac{1/R_\Sigma}{T_L s+1} \tag{22—39}$$

其动态结构图如图 22—38a 所示。

另外，电动机转矩与转速之间的关系，即转矩平衡方程式为：

$$T_e-T_L=\frac{GD^2}{375}\frac{dn}{dt} \tag{22—40}$$

式中　T_e——额定励磁下的电磁转矩，$T_e=C_m I_d$，N·m；

T_L——包括电动机空载转矩在内的负载转矩，N·m；

GD^2——系统运动部分折算到电动机轴上的总飞轮惯量，N·m^2。

对应负载转矩的负载电流 I_{dL} 为：

$$I_{dL}=\frac{T_L}{C_m} \tag{22—41}$$

整理可得到电流与电动势间的传递函数为：

$$\frac{E(s)}{I_d(s)-I_{dL}(s)}=\frac{R_\Sigma}{T_m s} \tag{22—42}$$

式中　T_m——拖动系统机电时间常数，$T_m=\dfrac{GD^2R_\Sigma}{375C_eC_m}$。

其动态结构图如图 22—38b 所示。

将图 22—38a 和图 22—38b 的动态结构图合在一起，并考虑到 $n=E/C_e$，即可得到额定励磁下直流电动机的动态结构图，如图 22—38c 所示。

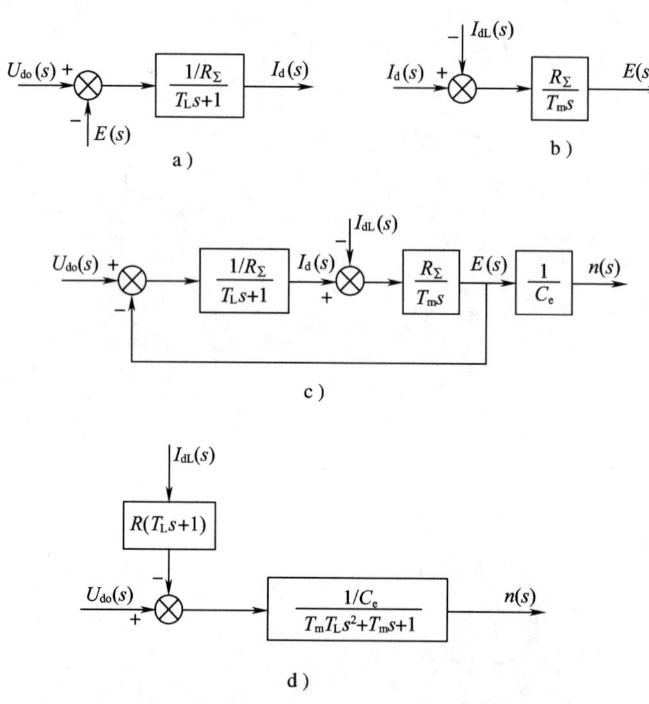

图 22—38　额定励磁下直流电动机的动态结构图

图 22—38c 的动态结构图有两个输入量，一个是理想空载整流平均电压 U_{do}，另一个是扰动量（负载电流 I_{dL}）。如果结构图不需要把电流 I_d 表现出来，可将扰动量（负载电流 I_{dL}）的综合点前移，进行等效变换，其动态结构图如图 22—38d 所示。

4. 测速发电机反馈环节的传递函数和动态结构图

测速发电机一般与直流电动机同轴安装，其输出电压与电动机转速成比例关系。测速发电机的输出电压通过电位器分压后作为系统的转速反馈电压 U_n。测速发电机反馈环节的输入量为转速 n，输出量为转速反馈电压 U_n，它的响应可以认为是瞬时的，是一个比例环节。它的传递函数为：

$$\frac{U_n(s)}{n(s)}=\alpha \tag{22—43}$$

其动态结构图如图 22—39 所示。

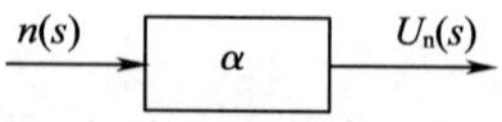

$n(s)$ → α → $U_n(s)$

图 22—39　测速发电机反馈环节的动态结构图

5. 转速负反馈调速系统的动态结构图

在推导出调速系统各环节的传递函数和动态结构图的基础上，按系统各环节的相互连接情况，即可画出转速负反馈调速系统的动态结构图，如图 22—40 所示。

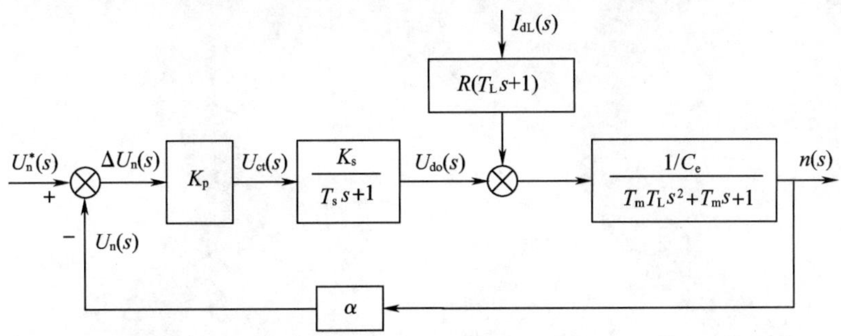

图 22—40　转速负反馈调速系统的动态结构图

静态结构图和动态结构图的区别是：在静态结构图中，框图中填入的是输出量和输入量的静态关系式；而在动态结构图中，框图中填入的是描写该环节输入量和输出量动态关系的传递函数。

思　考　题

1. 试用电力拖动系统的运动方程式，分析说明电力拖动系统的工作状态。

2. 生产机械的负载特性有哪几种？各有哪些特点？

3. 直流电动机有哪几种调速方法？各有哪些特点？各适用于什么负载？

4. 调速系统静态性能指标有哪些？若调速系统测得的最高转速为 $n_{max}=1\ 500$ r/min，额定负载时的转速降为 $\Delta n_{nom}=15$ r/min，最低转速为 $n_{min}=100$ r/min，且额定转速降不变，试问该系统达到的调速范围是多大？系统允许的静差率是多少？

5. 调速系统动态性能指标有哪些？试具体说明。

6. 什么是开环控制系统和闭环控制系统？各有哪些特点？

7. 什么是静（稳）态结构图和动态结构图？试画出转速负反馈调速系统静（稳）态结构图和动态结构图。

第 23 章

单闭环直流调速系统

长期以来，由于直流电动机具有良好的启动性能、制动性能和调速性能，因而在电气自动控制系统中应用广泛。近年来交流调速系统发展很快，应用也越来越广泛。但是，直流调速控制系统在理论上和实践上都比较成熟，就其反馈闭环控制的工作原理来看，它又是交流调速控制系统的分析基础，所以应该重点掌握直流调速系统。

在直流调速系统中主要采用调压调速方法，本章以调压调速系统为例进行分析说明。单闭环直流调速系统是整个直流调速系统的基础知识。本章讲述：转速负反馈有静差调速系统的组成、工作原理、静特性分析，以及反馈闭环控制的基本规律；转速负反馈直流调速系统的稳态参数计算，以及电流截止负反馈、电压负反馈和电流正反馈的应用；转速负反馈无静差直流调速系统组成、工作原理，以及积分控制规律和比例积分控制规律。

第 1 节　转速负反馈有静差直流调速系统

一、转速负反馈有静差直流调速系统的组成和工作原理

1. 系统的组成

转速负反馈有静差直流调速系统的电路图如图 23—1 所示。

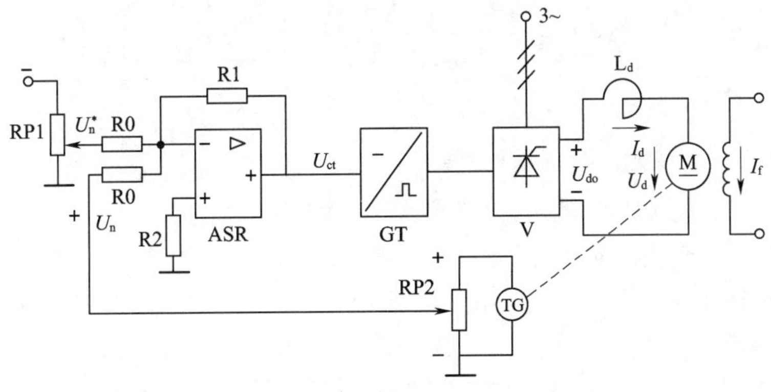

图 23—1　转速负反馈有静差直流调速系统

测速发电机 TG 与电动机 M 同轴连接（或经齿轮连接），其输出电压与电动机转速成正比。该电压经分压器 RP2 分压取出与转速 n 成正比的转速反馈电压 U_n。该转速反馈电压 U_n 与转速给定电压 U_n^* 相比较后，得到的偏差 ΔU_n 经过转速调节器 ASR 放大后产生触发器移相控制电压 U_{ct}，从而控制晶闸管变流器输出电压 U_{do}，用来控制电动机转速 n。本闭环调速系统只有 1 个转速反馈环，故称为单闭环调速系统。

转速给定电位器 RP1 一般由稳压电源供电，以保证转速给定电压 U_n^* 的精度。电位器 RP2 是为了调整转速反馈系数 α 而设置。

在该系统中，转速调节器 ASR 采用比例调节器（简称 P 调节器，也可称为比例放大器），一般采用反相输入。比例调节器电路及其输入与输出特性曲线如图 23—2 所示。图中

R0 为输入电阻，R1 为反馈电阻，R2 为同相输入端的平衡电阻，其阻值一般等于反相输入端各电阻的并联值，即 $R_2=\frac{R_0R_1}{R_0+R_1}$。在计算与分析运算放大器的放大倍数与调节器时常采用“虚地”原理。由于放大器的开环放大倍数很大（$1\times10^5\sim1\times10^8$），其输出电压一般都在十几伏以下，因而可以认为 A 点的电位近似等于零，常把 A 点称为“虚地”。同时，由于放大器的输入电阻较高，流入放大器的电流近似为零。此时，$i_0=\frac{U_{in}}{R_0}$，$i_1=\frac{-U_{ex}}{R_1}$，$i_0=i_1$，所以有：

$$U_{ex}=-\frac{R_1}{R_0}U_{in}=-K_pU_{in} \tag{23—1}$$

式中　K_p——放大倍数，$K_p=\frac{R_1}{R_0}$。

上式中的负号表示输出电压 U_{ex} 和输入电压 U_{in} 是反相关系。

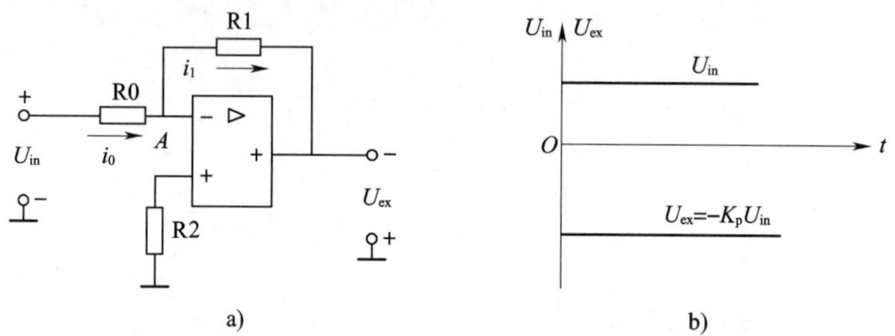

图 23—2　比例调节器电路图及其输出与输入特性曲线

a）电路图　b）特性曲线

由上式可知，改变 R_1 或 R_0 的大小可以改变放大倍数 K_p。

比例调节器的输出与输入特性如图 23—2b 所示，当输入电压 U_{in} 是阶跃函数时，输出电压 U_{ex} 也是阶跃函数。

在调速系统中，调节放大器经常需要对多个信号（如给定信号 U_n^* 与反馈信号 U_n）进行综合运算，如图 23—3 所示。

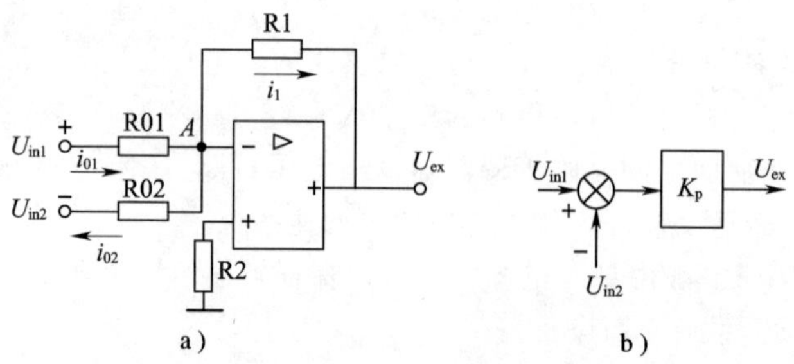

图 23—3　综合多个信号的比例调节器电路图及其结构图

a）电路图　b）结构图

在图 23—3a 中，当输入信号 U_{in1}（如给定信号 U_n^*）和输入信号 U_{in2}（如反馈信号 U_n）两者极性相反时，由于 A 点为“虚地”，可得：

$$U_{ex}=-\left(\frac{R_1}{R_{01}}U_{in1}-\frac{R_1}{R_{02}}U_{in2}\right)=-(K_{p1}U_{in1}-K_{p2}U_{in2}) \tag{23—2}$$

比例系数（放大倍数）K_{p1}，K_{p2} 是可调的，只要改变 R_{01}，R_{02} 的大小即可。一般为了调整和计算方便，将它们取为相同的阻值，即 $R_{01}=R_{02}=R_0$。这时式（23—2）可写为：

$$U_{ex}=-\frac{R_1}{R_0}(U_{in1}-U_{in2})=-K_p(U_{in1}-U_{in2}) \tag{23—3}$$

由图 23—3a 可知，加在比例调节器输入端的输入信号 U_{in1} 和 U_{in2} 是电流叠加并联输入，各输入信号是共地的形式，不仅调整方便，而且引起干扰的可能性较小。综合多个信号的比例调节器的结构图如图 23—3b 所示。

2. 系统的工作原理和静特性

现分析说明调速系统对应于某一转速 n，转速给定电压 U_n^* 是固定不变的。U_n^* 和转速反馈信号 U_n 的偏差信号 $\Delta U_n=U_n^*-U_n$。该偏差信号 ΔU_n 经过转速调节器 ASR 放大后去控制触发脉冲移相角，调节晶闸管整流器输出电压 U_{do} 和电动机转速 n。设调速系统在负载 T_{L1} 时（相对应的电枢电流为 I_{d1}），电动机以转速 n_1 稳定运行，此时转速给定电压为 U_{n1}^*，转速反馈电压为 U_{n1}，偏差信号 $\Delta U_n=U_{n1}^*-U_{n1}$，经过转速调节器 ASR 放大后输出电压为 U_{ct1}，晶闸管整流器的控制角为 α_1，晶闸管整流器输出电压为 U_{do1}，电动机工作在图 23—4 中机械特性①的 A 点上。当电动机负载 T_L 增加为 T_{L2} 时（相对应的电枢电流为 I_{d2}），电枢回路电压降 I_dR_Σ 增大，电动机转速降 $\Delta n=\dfrac{I_dR_\Sigma}{C_e}$ 也增大，从而使电动机转速 n 下降，偏离转速 n_1。此时测速发电机输出电压和转速反馈电压 U_n 也相应减小，由于转速给定电压是不变的，仍为 U_{n1}^*，使偏差信号 ΔU_n 增大，通过转速调节器 ASR 自动调节，其输出电压 U_{ct} 增大，使晶闸管整流器的控制角从 α_1 变为 α_2，晶闸管整流器输出电压从 U_{do1} 增大为 U_{do2}，于是电动机工作在对应于 U_{do2} 的机械特性②上，转速 n 便相应自动回升，最后电动机稳定工作在图 23—4 中机械特性②的 B 点上，维持转速近似不变。系统自动调节过程可简述为：$T_L\uparrow\rightarrow I_d\uparrow\rightarrow I_dR_\Sigma\uparrow\rightarrow n\downarrow\rightarrow U_n\downarrow\rightarrow\Delta U_n\uparrow\rightarrow U_{ct}\uparrow\rightarrow\alpha\downarrow\rightarrow U_{do}\uparrow\rightarrow n\uparrow$。

同理，随着负载 T_L 增加（相对应的电枢电流为 I_{d3}，I_{d4}）经过转速负反馈闭环系统的自动调节作用，电动机相应地工作在机械特性③和④上，稳定在机械特性③和④的 C 点、D 点上。

A，B，C，D 这些工作点连接起来形成的直线称为闭环调速系统的静特性曲线。闭环调速系统静特性表示闭环调速系统电动机的转速与负载电流（或转矩）的稳态关系。由图 23—4 可知，闭环调速系统静特性比开环调速系统机械特性硬得多。虽然闭环系统静特性和开环系统机械特性都表示电动机的转速与负载电流（或转矩）的关系，但两者是不同的，开环系统的机械特性是对应某一电压 U_{do} 的固有特性，而闭环调速系统静特性是表示闭环系统电动机转速与电流（或转矩）的静态关系，不能反映动态过程。当负载电流突然增大时，如图 23—4 所示，负载电流由 I_{d1} 突增到 I_{d2} 时，转速 n 先从 A 点沿着机械特性①

下降，然后随着 U_{do1} 增大为 U_{do2}，转速 n 再回升到 B 点稳定运行，整个动态过程不是沿着静特性 AB 直线变化的。

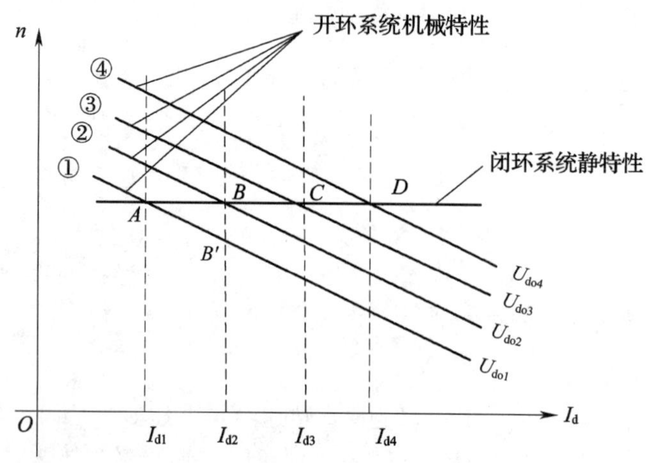

图 23—4　闭环调速系统静特性和开环系统机械特性的关系

闭环调速系统的工作情况与开环调速系统有本质的不同。图 23—4 中各机械特性斜线表示开环调速系统在不同 U_{do} 下的机械特性。在开环调速系统中，当负载为 T_{L1}（相对应的电枢电流为 I_{d1}）时，晶闸管整流器输出电压为 U_{do1}，电动机工作在图 23—4 中机械特性①的 A 点上。当电动机负载 T_L 增大为 T_{L2} 时（相对应的电枢电流为 I_{d2}），由于转速给定电压 U_n^* 不变，晶闸管变流器输出电压 U_{do1} 也不变，但电枢电流 I_d 增大，电枢回路压降增大，电动机转速将由 A 点沿着机械特性①下降至 B' 点，转速只能相应下降。但在闭环调速系统中有转速反馈装置，转速稍有降落，转速反馈电压 U_n 就相应减小，使偏差电压 ΔU_n 增大，通过转速调节器 ASR 自动调节，提高晶闸管整流器的输出电压 U_{do}，使系统工作在新的机械特性上，并使电动机转速有所回升。由上述分析可知，闭环调速系统能够减小稳态转速降是因为它的自动调节作用，即随着负载的变化自动调节晶闸管整流器输出电压。

在调速系统调节过程中，电动机内部将相应地也有一个自动调节过程。在电动机稳定运行时，电动机的电磁转矩 T_e 与负载转矩 T_L 相等，处于平衡状态。当负载转矩 T_L 发生变化时，原平衡状态将会被破坏，使电动机的转速发生变化，电动机内部将会有一个自动调节过程以达到新的平衡状态。负载转矩 T_L 增大时，电动机内部自动调节过程为：$T_L\uparrow \rightarrow T_e < T_L \rightarrow n\downarrow \rightarrow E=C_e n\downarrow \rightarrow I_d=\dfrac{U_d-E}{R_\Sigma}\uparrow \rightarrow T_e=C_m I_d\uparrow \rightarrow T_e=T_L$，以达到新的平衡状态。

二、转速负反馈有静差调速系统的静特性分析

1. 系统的静特性方程与稳态结构图

对调速系统来说，转速给定电压不变时，除了上面分析负载变化所引起的电动机转速

变化外，还有其他许多扰动引起电动机转速的变化。例如，交流电源电压的变化、电动机励磁电流变化等，所有这些扰动和负载变化一样，都会影响转速变化。对于转速负反馈调速系统来说，各种扰动可以被转速检测装置检测出来，再通过闭环反馈控制减小它们对转速的影响。也就是说，在闭环系统中包围在系统前向通道中的各种扰动（如负载变化、交流电压波动、电动机励磁电流变化等）对被调量（如转速）都有强烈的抑制作用。但是，对于转速负反馈调速系统来说，转速给定电压 U_n^* 的波动和测速发电机的励磁变化会引起转速反馈电压 U_n 变化，闭环系统对这种给定量和检测装置的扰动就无能为力了。为了使系统有较高的调速精度，必须提高转速给定电源和转速检测装置的精度。

为了分析方便，假定系统中所有环节都工作在线性范围内，即各环节（如调节放大器、触发器、晶闸管变流器、测速发电机等）的输入、输出关系都是线性的，并忽略直流电源和电位器的内阻；同时假定晶闸管-电动机（V－M）系统的电动机工作在电流连续段，即工作在 V－M 系统开环机械特性的连续段。

对于图 23—1 中的转速负反馈有静差调速系统来说，各环节的静（稳）态关系如下：

（1）比例放大器

$$U_{ct} = K_p(U_n^* - U_n) = K_p \Delta U_n \qquad (23—4)$$

式中 K_p——比例放大器的电压放大系数，$K_p=\dfrac{R_1}{R_0}$；

ΔU_n——偏差电压，V。

（2）触发器与晶闸管整流器

$$U_{do} = K_s U_{ct} \qquad (23—5)$$

式中 K_s——触发器与晶闸管整流器的电压放大倍数。

（3）V－M 系统开环机械特性

$$n = \frac{U_{do} - I_d R_\Sigma}{C_e} \qquad (23—6)$$

式中 R_Σ——电枢回路总电阻，$R_\Sigma=R_{rec}+R_a$，Ω；

R_{rec}——晶闸管整流器的内阻，Ω；

R_a——电枢回路电阻，Ω。

（4）测速发电机

$$U_n = \alpha n \qquad (23—7)$$

式中 α——转速反馈系数，V·min/r。

从上述 4 个关系式中消去中间变量并整理后，即可求出转速负反馈单闭环调速系统的静特性方程式：

$$n = \frac{K_p K_s U_n^*}{C_e(1+K)} - \frac{R_\Sigma}{C_e(1+K)} I_d = n_{0cl} - \Delta n_{cl} \qquad (23—8)$$

式中 K——闭环系统的开环放大系数，$K=K_p K_s \alpha / C_e$；

n_{0cl}——闭环系统的理想空载转速，r/min；

Δn_{cl}——闭环系统的静态速降，r/min。

K 相当于在测速发电机输出端把反馈回路断开，从比例放大器输入到测速发电机输出各环节放大系数的乘积，其中电动机环节的放大系数为$\frac{1}{C_e}$。

根据上述各环节的稳态关系，可以画出转速负反馈调速系统的稳态结构图，如图 23—5 所示。图中各方框内的符号代表该环节的放大系数。通过图 23—5 所示的稳态结构图也可以方便地推导出转速负反馈单闭环调速系统的静特性方程式。

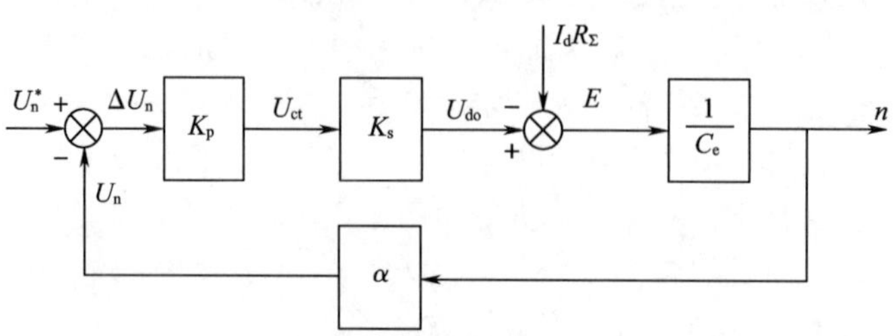

图 23—5 转速负反馈调速系统的稳态结构图

2. 闭环调速系统静特性和开环调速系统机械特性的比较

在图 23—1 所示的转速负反馈有静差调速系统中，当断开转速反馈回路时，形成开环调速系统，其机械特性为：

$$n = \frac{K_p K_s U_n^*}{C_e} - \frac{R_\Sigma}{C_e} I_d = n_{0op} - \Delta n_{op} \tag{23—9}$$

式中 n_{0op}——开环调速系统的理想空载转速，r/min；

Δn_{op}——开环调速系统的静态速降，r/min。

闭环调速系统静特性和开环调速系统机械特性的两个方程式相比较，可得出以下结论：

（1）闭环调速系统静特性比开环调速系统机械特性硬得多。在相同负载条件下，两者的静态转速降分别为：

$$\Delta n_{cl} = \frac{R_\Sigma I_d}{C_e(1+K)} \tag{23—10}$$

$$\Delta n_{op} = \frac{R_\Sigma I_d}{C_e} \tag{23—11}$$

显然，闭环调速系统的静态转速降 Δn_{cl} 仅为开环调速系统静态转速降 Δn_{op} 的$\frac{1}{1+K}$倍，即：

$$\Delta n_{cl} = \frac{\Delta n_{op}}{1+K} \tag{23—12}$$

（2）闭环调速系统的静差率比开环调速系统的静差率小得多。当闭环调速系统的理想空载转速 n_{0cl} 和开环调速系统的理想空载转速 n_{0op} 相同时，闭环调速系统和开环调速系统的静差率分别为：

$$s_{cl} = \frac{\Delta n_{cl}}{n_{0cl}} \tag{23—13}$$

$$s_{op} = \frac{\Delta n_{op}}{n_{0op}} \tag{23—14}$$

显然，闭环调速系统的静差率 s_{cl} 仅为开环调速系统静差率 s_{op} 的 $\frac{1}{1+K}$ 倍，即：

$$s_{cl} = \frac{s_{op}}{1+K} \tag{23—15}$$

（3）在要求相同的静差率 s 时，闭环调速系统的调速范围比开环调速系统的调速范围大得多。当系统的最高转速为电动机的额定转速 n_{nom}，且所要求的静差率为 s 时，闭环调速系统和开环调速系统的调速范围分别为：

$$D_{cl} = \frac{n_{nom}s}{\Delta n_{cl}(1-s)} \tag{23—16}$$

$$D_{op} = \frac{n_{nom}s}{\Delta n_{op}(1-s)} \tag{23—17}$$

显然，闭环调速系统的调速范围可达到开环调速系统调速范围的 $1+K$ 倍，即：

$$D_{cl} = (1+K)D_{op} \tag{23—18}$$

由上面分析可知，采用闭环控制系统后，调速性能明显提高，而提高的程度则与闭环系统的开环放大系数 K 有关。由闭环系统的开环放大系数 $K=K_pK_s\alpha/C_e$ 表达式可见，如果要增大 K，则必须增大 K_p，因此必须设置放大器。

三、反馈闭环控制的基本规律

转速负反馈调速系统是一种基本的反馈闭环控制系统。它具有下面所述的 4 个基本特征，也是反馈闭环控制的基本规律。

1. 采用比例调节器的反馈闭环控制系统的被调量有静差

采用比例调节器的反馈闭环控制系统是有静差系统，被调量有静差。静差的大小与闭环系统的开环放大系数 K 有关，K 越大，静特性越硬，稳态转速降越小。然而，采用放大系数为 K_p 的比例调节器，稳态转速降只能减小，不能消除。

由式（23—10）可知，如果 $K=\infty$，则理论上有 $\Delta n_{cl}=0$，可实现转速的无静差控制。但在实际系统中 K 不可能无穷大，况且 K 过大将导致系统不稳定。

从控制作用来分析，比例调节器的输出电压 U_{ct} 与偏差信号 ΔU_n 成正比，如实现无静差，则偏差信号 $\Delta U_n=0$，比例调节器的输出电压 $U_{ct}=0$，调速系统电动机将停止工作。实际上，这种系统是以偏差存在为前提的，正是由于偏差 Δn 的存在产生 ΔU_n，才能实现控制作用，因此采用比例调节器的反馈控制系统是有静差系统。

2. 被调量紧紧跟随给定量而变化

转速负反馈调速系统中，改变转速给定电压 U_n^* 就可改变电动机的转速，即电动机的转速紧紧跟随转速给定电压 U_n^* 而变化。因此，对于反馈控制系统，被调量紧紧跟随给定量而变化。

3. 具有良好的抗扰性能

闭环反馈调速系统对于被负反馈环包围的前向通道（也称主通道）中的各种扰动作用，都能有效地加以抑制。

除给定信号外，作用在控制系统上的一切能够引起被调量变化的因素都称为扰动作用。对于调速系统来说，负载变化是主要扰动作用。此外，交流电源电压波动、电动机励磁电流变化、放大器的放大倍数变化、由温度变化引起电枢回路电阻变化等因素和负载变化一样，都会影响被调量转速的变化，因而都是扰动作用，如图 23—6 所示。

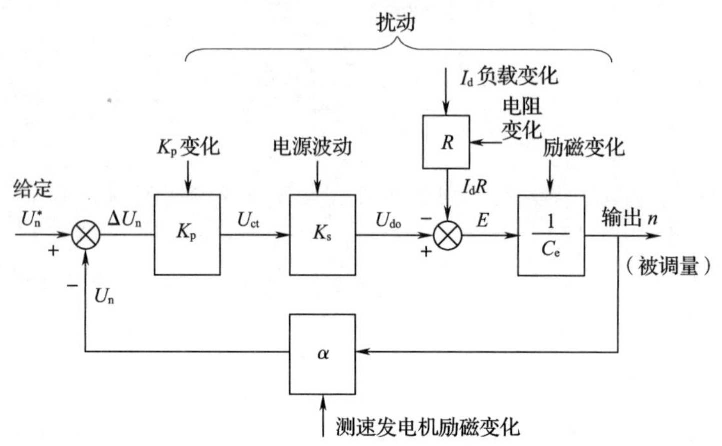

图 23—6　闭环调速系统的抗扰作用

由图 23—6 可知，作用在前向通道上的任意一种扰动作用，如负载扰动、交流电源电压波动、电动机励磁电流变化、放大器放大倍数变化等扰动，对被调量转速的影响都可通过反馈控制作用而被抑制。

4. 系统的精度取决于给定电源和检测反馈元件的精度

由于被调量转速随给定量变化，如果给定电源发生波动，则被调量转速也要跟着波动。反馈控制系统无法鉴别出是正常的调节给定电压 U_n^* 波动，还是给定电源波动。同样，当实际转速并没有变化，而由于测速发电机励磁变化引起转速反馈电压 U_n 变化时，通过反馈控制系统的调节作用反而会使电动机转速偏离应保持的数值。此外，测速发电机电压中的换向纹波，以及由于安装不良造成的定子与转子偏心等因素，都会给系统带来周期性干扰。反馈控制系统对给定电压和检测反馈元件的扰动无能为力，因此系统的精度取决于给定电源和检测反馈元件的精度。高精度的控制系统需要高精度的给定电源和检测反馈元件。

四、转速负反馈直流调速系统稳态参数计算

例 23—1　转速负反馈有静差直流调速系统如图 23—1 所示，已知电动机额定数据 $P_{nom}=2.5$ kW，$U_{nom}=220$ V，$I_{nom}=15$ A，$n_{nom}=1\ 500$ r/min，电枢电阻 $R_a=2\ \Omega$。晶闸管整流装置采用单相桥式全控整流电路，触发器与晶闸管整流装置放大系数 $K_s=40$，晶

闸管整流装置的内阻 $R_{rec}=2\ \Omega$（包括平波电抗器电阻）。生产机械要求调速范围 $D=20$，静差率 $s\leqslant 10\%$。

根据以上数据和稳态要求计算如下参数：

(1) 计算开环系统的稳态转速降。

(2) 根据调速要求计算所允许的稳态转速降。

(3) 当给定电压 $U_n^*=10\ \text{V}$，$I_d=I_{nom}$时，转速 $n=1\ 000\ \text{r/min}$，求转速反馈系数 α。

(4) 计算比例放大器的放大系数和参数。

解：(1) 开环系统的稳态转速降 Δn_{op}

$$C_e=\frac{U_{nom}-I_{nom}R_a}{n_{nom}}=\frac{220-15\times 2}{1\ 500}=\frac{190}{1\ 500}\approx 0.127(\text{V}\cdot\text{min/r})$$

$$\Delta n_{op}=\frac{I_{nom}R_\Sigma}{C_e}=\frac{15\times(2+2)}{0.127}=\frac{60}{0.127}\approx 472.4(\text{r/min})$$

(2) 根据调速要求所允许的稳态转速降 Δn_{cl}

$$\Delta n_{cl}=\frac{n_{nom}s}{D(1-s)}=\frac{1\ 500\times 0.1}{20\times(1-0.1)}=\frac{150}{18}\approx 8.33(\text{r/min})$$

(3) 转速反馈系数 α。由于偏差电压 ΔU 近似等于零，则 $U_n^*\approx U_n=\alpha n$，即：

$$\alpha=\frac{U_n}{n}=\frac{10}{1\ 000}=0.01(\text{V}\cdot\text{min/r})$$

(4) 所需放大器的放大倍数 K_p。根据调速要求所允许的稳态转速降 Δn_{cl}可求出系统的开环放大系数：

$$K=\frac{I_{nom}R_\Sigma}{C_e\Delta n_{cl}}-1=\frac{15\times 4}{0.127\times 8.33}-1\approx\frac{60}{1.06}-1\approx 55.6$$

$$K_p=\frac{KC_e}{K_s\alpha}=\frac{55.6\times 0.127}{40\times 0.01}\approx 18$$

现取比例放大器的输入电阻 $R_0=20\ \text{k}\Omega$，则：

$$R_1=K_pR_0=18\times 20=360(\text{k}\Omega)$$

五、限流保护-电流截止负反馈的应用

以上所述的转速负反馈单闭环直流调速系统虽然解决了转速调节问题，但存在突加给定启动时主电路电流过大等问题。当系统突加给定电压 U_n^* 启动时，由于机械惯性，电动机转速不可能立即建立，转速反馈电压 $U_n=0$，使转速调节器 ASR 输入偏差信号电压 $\Delta U_n=U_n^*$。由于调节器和晶闸管整流器的电气惯性都很小，这么大的 ΔU_n 必然使晶闸管整流器输出很大的电压，而电动机在机械惯性的影响下从零开始逐渐加速，电动机反电动势从零开始逐渐建立。由于电动机的电枢电流 $I_d=\dfrac{U_d-E}{R_\Sigma}$，这样就使电动机主电路有很大的冲击电流，远远超过其允许值。这不仅影响直流电动机换向，可能还会损坏晶闸管，损坏电动机，因此必须采取措施限制系统启动时的冲击电流。

另外，有些生产机械（如挖土机）工作时可能会遇到坚硬的石头，那么它的电动机可能会遇到堵转的情况，由于转速负反馈调速系统的静特性很硬，如果没有限制电流措施，电动机的电枢电流将大大超过允许值。

为了解决上述电流过大的问题，系统必须设有限制电枢电流过大的保护环节。根据反馈控制原理，要维持某被调物理量基本不变，就应该引入该物理量的负反馈以调节控制系统的工作。现在要想限制电流并保持电流基本不变，就应该引入电流负反馈。但是在转速负反馈单闭环直流调速系统中，如果始终存在电流负反馈，将会使静特性变软，进而影响调速精度，为此应使电流负反馈在系统正常运行时，即主电路电流小于一定值（电动机的允许电流值）时不起作用，而在主电路电流大于一定值（电动机的允许电流值）时才起作用，将电枢电流限制在允许值范围内，具有这样特性的电流负反馈称为电流截止负反馈。为了实现电流截止负反馈，必须在系统中设置电流截止负反馈环节。电流截止负反馈环节包括电流检测和反映电流允许值的比较电压两部分电路，如图 23—7 所示。图 23—7a 电路采用独立直流电源作为比较电压。

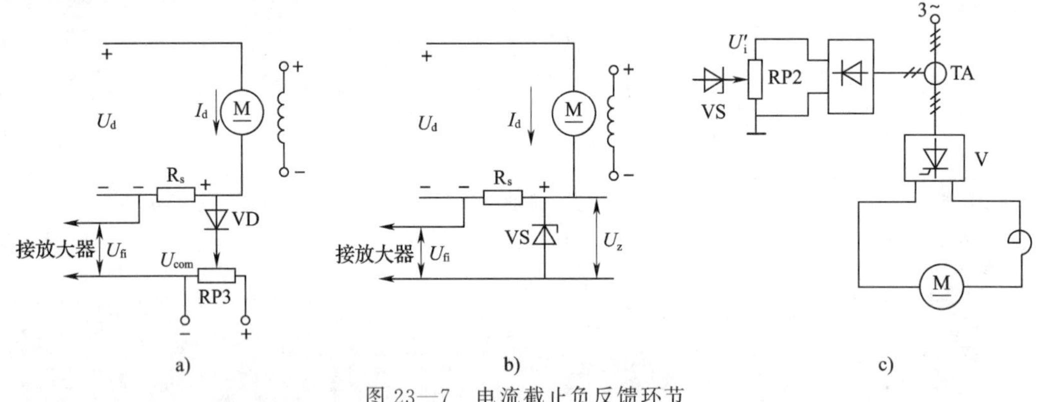

图 23—7　电流截止负反馈环节

a）采用独立直流电源作为比较电压的电路　b）采用稳压二极管作为比较电压的电路

c）采用交流电流互感器和稳压二极管的电路

图 23—7b 电路利用稳压二极管 VS 的稳压电压 U_z 作为比较电压，线路简单，但不能平滑调节截止电流值。为了解决这个缺点，具体应用中可在电阻 R_s 两端并联电位器，再由电位器中心端接至稳压管 VS，此时调节电位器就可以调节截止电流。

图 23—7a、图 23—7b 电路中的电流反馈信号都是从串入电动机电枢回路的电阻 R_s 上取出，因而控制电路与主电路没有电气隔离，不够安全。在图 23—7c 所示的电路中，采用交流电流互感器和整流电路取出的负载电流信号经电位器 RP2 分压后与稳压管 VS 的稳压电压 U_z 相比较。当 $U'_i < U_z$ 时，电流负反馈不起作用；当 $U'_i > U_z$ 时电流负反馈起作用。

带电流截止负反馈的转速负反馈直流调速系统如图 23—8 所示，电流反馈信号从串入电动机电枢回路的采样电阻 R_s 上取出，采样电阻 R_s 上电压 I_dR_s 的大小就反映电枢电流 I_d 的大小。采用独立直流电源 U_{com} 作为与 I_dR_s 相比较的比较电压，电流反馈电压 I_dR_s 经二极管 VD 与比较电压 U_{com} 反极性串联后再加到放大器的输入端，它们的差值 $U_i = I_dR_s -$

U_{com}。在正常工作情况下，由于主回路电枢电流较小，此时 $I_dR_s \leqslant U_{com}$，二极管 VD 因承受反向电压而截止，电流截止负反馈环节被断开，整个系统与没有电流截止负反馈环节一样。此时系统相当于转速负反馈的单闭环调速系统，静特性很硬，系统的静特性曲线如图 23—9 中直线段 n_0A 所示。当主回路电枢电流过大，增大到某一值时，即 $I_dR_s > U_{com}$，二极管 VD 导通，电流截止负反馈环节起作用，电流负反馈信号电压 $U_i = I_dR_s - U_{com}$ 加到转速调节器 ASR 输入端。此时偏差电压 $\Delta U_n = U_n^* - U_n - U_i$，$U_i$ 随 I_d 的增大而增大，使 ΔU_n 减小，使转速调节器输出电压 U_{ct} 减小，因而晶闸管整流装置输出电压 U_{do} 也随之减小，从而抑制电枢电流 I_d 增大。当电枢电流 I_d 继续增大时，电流反馈电压 U_i 增大，使 ΔU_n 减小，晶闸管整流装置输出电压 U_{do} 也随之减小，这样就限制了电枢电流 I_d 的进一步增大。这时，由于 U_{do} 下降和 I_dR_Σ 增大，由 $n = \dfrac{U_{do} - I_dR_\Sigma}{C_e}$ 可知，电动机转速将迅速下降，直到电动机堵转，从而使静特性出现很陡的下垂特性，如图 23—9 中直线段 AB 所示。这样的两段式静特性常被称为挖土机特性。

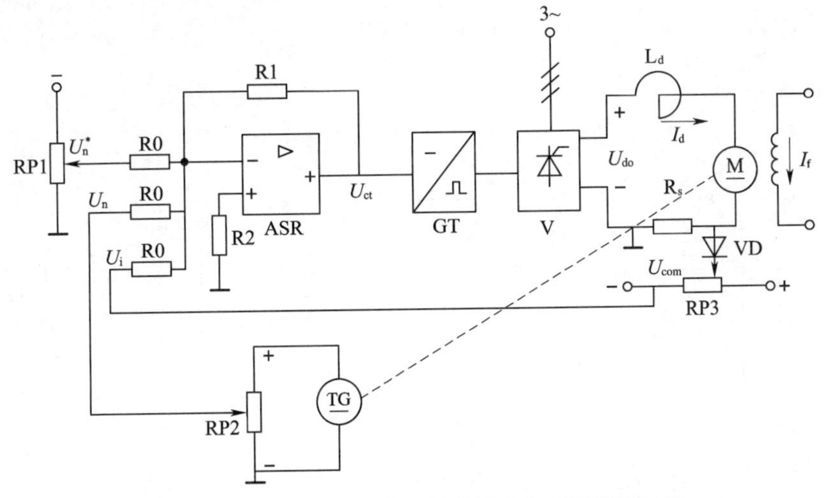

图 23—8　带电流截止负反馈的转速负反馈调速系统

图 23—9 中 I_{dcr} 为临界截止电流，I_{dbl} 为堵转电流。显然，这一线路中临界截止电流 $I_{dcr} \approx \dfrac{U_{com}}{R_s}$，调节比较电压 U_{com} 的大小可改变临界截止电流 I_{dcr} 的大小，从而实现系统对电流截止负反馈的控制要求。U_{com} 是由一个独立的直流电源经电位器 RP3 提供的，其大小可用电位器 RP3 调节。一般取 $I_{dcr} =$（1.1～1.2）I_{nom}。当电动机堵转时，输出电压 $U_d = I_{dbl}R_\Sigma$，I_{dbl} 应小于电动机的允许最大电流，即 $I_{dbl} \leqslant$（1.5～2.0）I_{nom}。

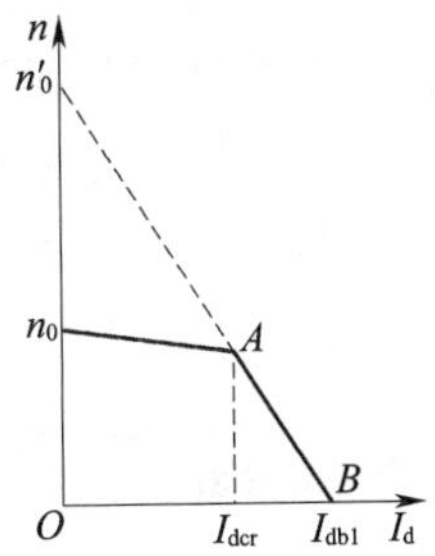

图 23—9　带电流截止负反馈的转速负反馈调速系统的静特性

六、电压负反馈和电流正反馈在调速系统中的应用

转速负反馈调速系统必须配备（如测速发电机等）转速检测装置，这不仅增加了系统的总投资，而且增加了系统的维护工作量，因此在调速性能指标要求不高的场合，可采用电压负反馈或带电流正反馈的电压负反馈直流调速系统。现简单介绍其工作原理和应用。

1. 电压负反馈直流调速系统

如果忽略电枢电阻压降，则直流电动机的转速近似和电动机电枢电压成正比，所以可以采用电枢电压负反馈代替转速负反馈，从而组成电压负反馈直流调速系统，如图 23—10 所示。电压负反馈信号 U_u 由并接在电动机电枢两端的电位器 RP2 组成分压器取出，$U_u=\frac{R_1}{R_1+R_2}\times U_d=\gamma U_d$，$\gamma$ 称为电压反馈系数。U_u 与转速给定电压相比较后将偏差电压 ΔU 送至电压调节器 AVR 输入端，电压调节器 AVR 的输出电压作为触发器移相控制电压，从而控制晶闸管整流器的输出电压 U_{do} 和电动机电枢电压 U_d，以达到控制电动机转速的目的。

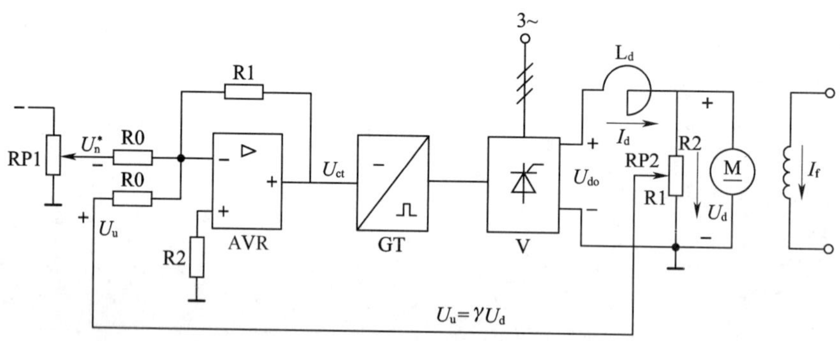

图 23—10　电压负反馈直流调速系统

电压负反馈直流调速系统的稳态结构图如图 23—11 所示。电压负反馈取自电动机电枢电压 U_d，因而可把电枢回路总电阻 R_Σ 分成 R_{rec} 和 R_a 两部分，即：

$$R_\Sigma=R_{rec}+R_a \tag{23—19}$$

式中　R_{rec}——晶闸管整流器内阻（包括平波电抗器电阻），Ω；

R_a——电动机电枢电阻，Ω。

由此可得：

$$U_{do}-I_dR_{rec}=U_d$$

$$U_d-I_dR_a=E \tag{23—20}$$

利用稳态结构图，可推导出电压负反馈直流调速系统的静特性方程式为：

$$n=\frac{K_pK_sU_n^*}{C_e(1+K)}-\frac{R_{rec}I_d}{C_e(1+K)}-\frac{R_aI_d}{C_e} \tag{23—21}$$

其中，$K=\gamma K_pK_s$。

由式（23—21）可知，电压负反馈把被反馈环包围的晶闸管整流器内阻 R_{rec} 的电压降 $R_{rec}I_d$ 所引起的稳（静）态转速降减小到 $\frac{1}{1+K}$，而没有被反馈环包围的电动机电枢电阻 R_a 的电压降所引起的稳（静）态转速降 $\frac{R_aI_d}{C_e}$ 却不能减小，仍和开环系统一样。当电动机负载电流增加时，晶闸管整流器内阻 R_{rec} 的电压降 $R_{rec}I_d$ 增大，使电动机电枢电压 U_d 减小，反馈电压 U_u 减小，电压调节器输入偏差电压 ΔU 增大，电压调节器输出电压 U_{ct} 增大，晶闸管整流器输出电压 U_{do} 增大以补偿主回路中 R_{rec} 的电阻压降，使电动机电枢电压 U_d 增大，维持电枢电压 U_d 基本不变，从而补偿晶闸管整流器内阻 R_{rec} 的电压降 $R_{rec}I_d$ 引起的稳（静）态转速降。

由上述分析可知，电压负反馈能克服主回路中 R_{rec} 的电阻压降 $R_{rec}I_d$ 引起的转速降，然而对于主回路中电枢电阻 R_a 的电阻压降 I_dR_a 引起的转速降，电压负反馈是无能为力的。

从系统的稳态结构图 23—11 和静特性方程式（23—21）中可以看出，电压负反馈把负反馈环包围的晶闸管变流器内阻压降 I_dR_{rec} 引起的转速降减小到 1/（1+K），而电枢电阻 R_a 的压降 I_dR_a 由于不在负反馈环包围之内，其引起的转速降 I_dR_a/C_e 仍和开环系统一样。同理，该系统对电动机励磁电流的扰动也是无能为力的。因此，电压负反馈调速系统的性能指标比转速负反馈调速系统差一些，但该系统不需要测速发电机等转速检测装置，结构简单，所以在调速性能指标要求不高的场合，仍然有一定的应用。实际应用中，为了尽量减小转速降，电压负反馈的引出线应尽可能地靠近电动机电枢两端。

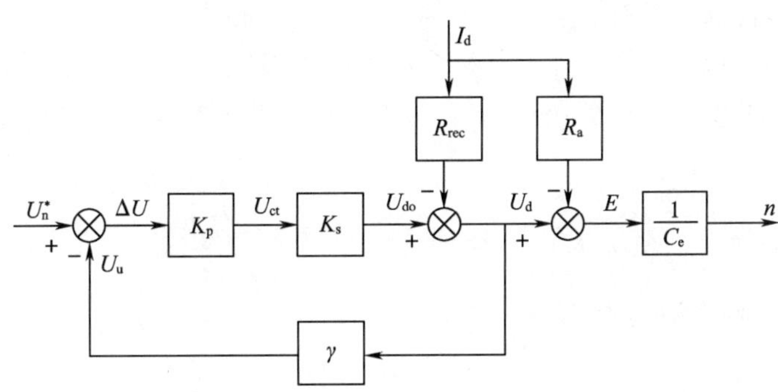

图 23—11　电压负反馈直流调速系统的稳态结构图

2. 带电流正反馈的电压负反馈直流调速系统

电压负反馈调速系统对于电动机电枢电阻压降 I_dR_a 引起的转速降，不能进行补偿。为了提高电压负反馈调速系统的静特性硬度，减小静态转速降，可在原电压负反馈系统中加入电流正反馈环节，组成如图 23—12 所示的带电流正反馈的电压负反馈调速系统。

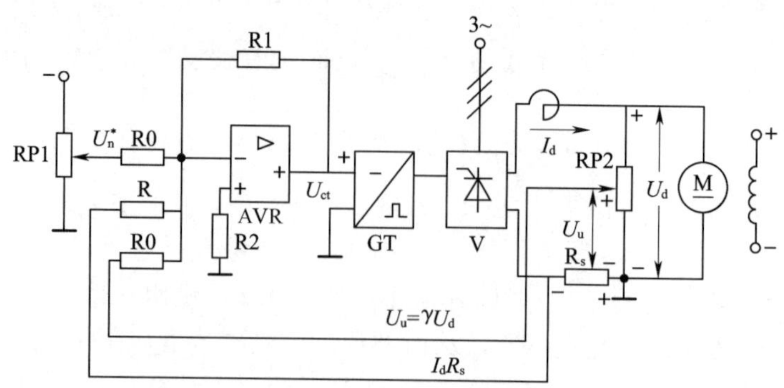

图 23—12 带电流正反馈的电压负反馈调速系统

图 23—12 中电流正反馈信号从主回路串联电阻 R_s 上取得，此信号 U_i（I_dR_s）能反映主回路电流大小，它加在调节器的输入端，其极性与转速给定电压相同。调节器的输入信号有转速给定电压 U_n^*、电压负反馈电压 U_u 和电流正反馈电压 U_i，三者综合以后输入偏差电压为 $\Delta U=U_n^*-U_u+U_i$。该系统中电压负反馈的工作原理如上所述，现只分析电流正反馈的工作原理，当负载电流增大时，电流正反馈电压 U_i 随之增大，调节器输入电压 ΔU 增大，其输出电压 U_{ct}增大，晶闸管变流器输出电压 U_{do}相应增大，其增量 ΔU_{do}用以补偿电动机电枢电阻压降引起的转速降，从而使系统的静特性硬度增大，减小静态转速降。上述调节过程可以表示为：$I_d\uparrow\rightarrow I_dR_s\uparrow\rightarrow U_i\uparrow\rightarrow\Delta U\uparrow\rightarrow U_{ct}\uparrow\rightarrow U_{do}\uparrow\rightarrow U_d\uparrow$。

电流正反馈和电压负反馈是性质完全不同的两种控制作用。电压负反馈是被控制量的负反馈，属于反馈控制，具有反馈控制规律；而电流正反馈不属于反馈控制，而是扰动量的补偿控制，因而电流正反馈的作用又称为电流补偿控制。

带电流正反馈的电压负反馈调速系统的稳态结构图如图 23—13 所示，其调速系统的静特性方程式为：

$$n=\frac{K_pK_sU_n^*}{C_e(1+K)}-\frac{(R_{rec}+R_s)I_d}{C_e(1+K)}+\frac{K_pK_s\beta I_d}{C_e(1+K)}-\frac{R_aI_d}{C_e}\tag{23—22}$$

式中 β——电流反馈系数，$\beta=\frac{R_0}{R}R_s$，Ω。

其中，$K=\gamma K_pK_s$。

从理论上分析，可适当选择参数，使电流正反馈作用产生的转速升高，以完全补偿主回路电压降引起的转速降，但实际上很难实现。因为在运行过程中电阻值会因为发热而变化，有可能造成电流正反馈作用过强，形成过补偿状态，使系统的静特性上翘，导致系统不稳定。因此，为了保证系统的稳定性，一般总是将电流正反馈调整得弱一些，使它处于欠补偿状态。

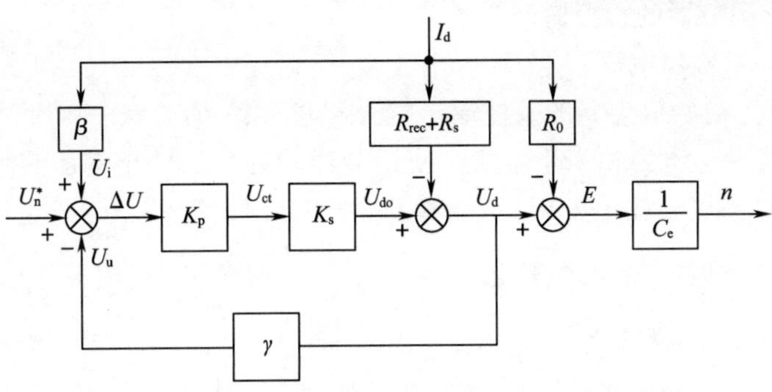

图 23—13 稳态结构图

第 2 节 转速负反馈无静差直流调速系统

图 23—1 所示的转速负反馈调速系统中，转速调节器采用比例调节器，系统是依靠给定量与反馈量的偏差进行工作的，是一种有静差的调速系统。这种调速系统在稳态时，反馈量与给定量不相等，存在偏差 ΔU，$\Delta U_n=U_n^*-U_n$。因为这种调速系统是以偏差 $\Delta U\neq 0$ 为前提工作的，是通过偏差 ΔU 的变化来进行调节的，系统的反馈量只能减小偏差 ΔU 的变化而不能消除偏差，即偏差 ΔU 始终存在，不能为零。假如偏差 $\Delta U=0$，则转速调节器（比例调节器）ASR 的输出电压 $U_{ct}=K_p\Delta U=0$，晶闸管变流器输出电压 $U_{do}=0$，电动机也将不可能运行，系统无法正常运行。为了实现无静差调速，转速调节器应采用积分调节器或比例积分调节器等。

一、积分调节器和积分控制规律

积分调节器（简称 I 调节器）的电路图如图 23—14a 所示。由图可以看出，积分调节器是将比例调节器中反馈电阻 R1 换成电容 C，同理 A 点为“虚地”，其特性方程式为：

$$U_{ex}=U_C=-\frac{1}{C}\int i_1\,dt=-\frac{1}{C}\int\frac{U_{in}}{R_0}dt=-\frac{1}{R_0C}\int U_{in}\,dt=-\frac{1}{\tau}\int U_{in}\,dt \qquad (23—23)$$

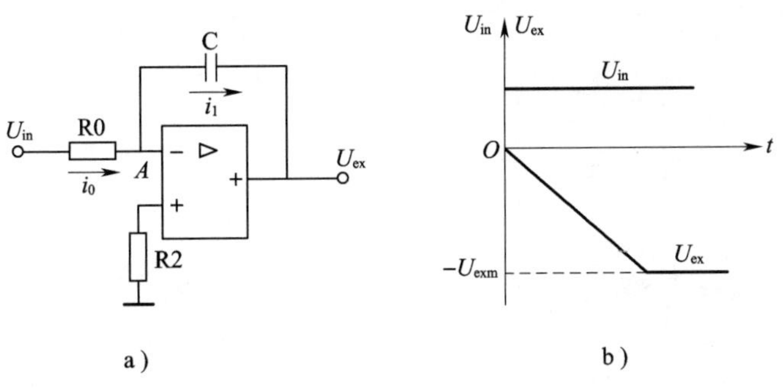

图 23—14 积分调节器的电路图及其输入、输出特性曲线

a）电路图 b）特性曲线

式中　τ——积分调节器的积分时间常数，$\tau=R_0C$。

上式中负号表示输出电压U_{ex}与输入电压U_{in}反相。

在输出电压U_{ex}初始值为零的条件下，当输入电压U_{in}为阶跃电压时，在突加瞬间，由于电容电压不能突变，电容相当于短路，使调节器一开始的输出电压U_{ex}为零，然后以一定的电流对电容C充电，输出电压U_{ex}和输入电压U_{in}对时间的积分成正比，输出电压U_{ex}随时间线性增加。此时，输出电压为$U_{ex}=\frac{1}{\tau}U_{in}t$。积分调节器的输入与输出特性如图23—14b所示。积分调节器具有以下几个特点。

（1）积累作用。只要输入电压U_{in}存在，即使很小，由于积分作用，输出电压U_{ex}也会一直积分到饱和值（或限幅值）为止，如图23—14b所示。

（2）记忆保持作用。在积分过程中，当输入电压U_{in}突然变为零时，其输出电压U_{ex}并不是零，而是保持为输入电压U_{in}为零前的那个瞬间的输出值。这是积分调节器和比例调节器明显的不同之处。

（3）延缓作用。当输入电压U_{in}突变时，输出电压U_{ex}从零开始增大，而不能突变。输出电压U_{ex}和输入电压U_{in}对时间的积分成正比，输出电压U_{ex}增大的快慢，即上升斜率的大小与输入电压U_{in}、积分时间常数τ的大小有关。当输入电压U_{in}相同时，积分时间常数τ大，则输出电压U_{ex}增大慢、上升斜率小。当积分时间常数τ相同时，输入电压U_{in}越大，则输出电压U_{ex}增大越快、上升斜率越大。

在转速负反馈调速系统中，当转速调节器采用积分调节器时，积分调节器具有积累作用和记忆保持作用。当输入有偏差电压，即$\Delta U_n\neq0$时，其输出电压就要变化；当$\Delta U_n=0$时，输出电压U_{ex}并不为零，而是一个恒定值，使系统在偏差电压为零时保持恒速运行，从而实现无静差调速。但是，由于积分调节器的延缓作用使响应速度较慢，在实际系统中很少单独使用。

二、比例积分调节器和比例积分控制规律

比例积分调节器（简称PI调节器）的电路图如图23—15a所示。图中A点为“虚地”，其特性方程式为：

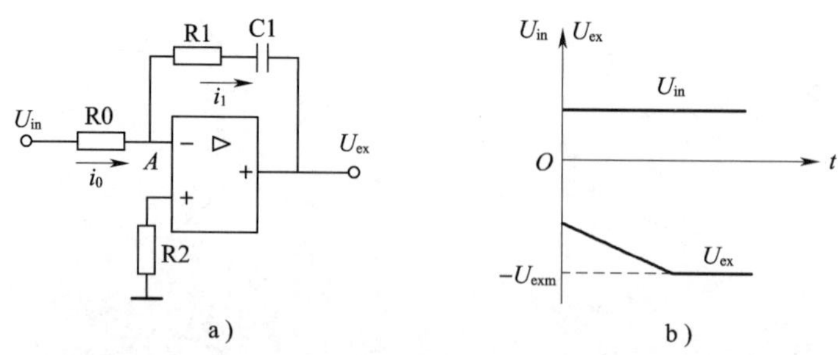

图23—15　比例积分调节器的电路图及其输入、输出特性曲线

a）电路图　b）特性曲线

$$U_{ex}=-\left(R_1 i_1+\frac{1}{C_1}\int i_1 \mathrm{d}t\right)=-\left(\frac{R_1}{R_0}U_{in}+\frac{1}{R_0 C_1}\int U_{in}\mathrm{d}t\right)$$
$$=-\left(K_{pi}U_{in}+\frac{1}{\tau}\int U_{in}\mathrm{d}t\right) \quad (23—24)$$

式中　K_{pi}——PI 调节器的比例系数，$K_{pi}=\frac{R_1}{R_0}$；

τ——PI 调节器的积分时间常数，$\tau=R_0C_1$。

上式中负号表示输出电压 U_{ex} 与输入电压 U_{in} 反相。

由式（23－24）可见，PI 调节器的输出电压 U_{ex} 由两部分组成。第一部分 $K_{pi}U_{in}$ 是比例部分，第二部分 $\frac{1}{\tau}\int U_{in}dt$ 是积分部分。在输出电压 U_{ex} 为零初始状态和阶跃输入电压为 U_{in} 时，PI 调节器的输入与输出特性如图 23—15b 所示。当 $t=0$ 时突加 U_{in}，电容 C1 相当于瞬间短路，反馈回路只有电阻 R1，此时相当于放大系数为 $K_p=\frac{R_1}{R_0}$ 的 P 调节器，输出电压 $U_{ex}=-K_pU_{in}$。此后，随着电容 C1 被充电开始积分，输出电压 U_{ex} 不断线性增大，直到稳态。稳态时，C1 两端电压等于 U_{ex}，R1 已不起作用，和积分调节器一样，稳态等效放大倍数很大。只要输入电压 U_{in} 继续存在，U_{ex} 就一直增大直到饱和值（或限幅值）为止。

由此分析可知，PI 调节器具有比例调节器的快速性、积分调节器的积累性和记忆保持性等特点，比例部分能快速响应控制作用，积分部分则实现稳态无静差。PI 调节器具有动态等效放大系数小、静态等效放大系数大的特点，保证了系统的稳态无静差和动态快速性、稳定性。所以，PI 调节器在调速系统和其他控制系统中得到广泛应用。

PI 调节器的传递函数为：

$$W_{pi}(s)=\frac{U_{ex}(s)}{U_{in}(s)}=K_{pi}+\frac{1}{\tau s}=\frac{K_{pi}\tau s+1}{\tau s} \quad (23—25)$$

令 $\tau_1=K_{pi}\tau$，则 PI 调节器的传递函数可改写为：

$$W_{pi}(s)=K_{pi}\frac{\tau_1 s+1}{\tau_1 s} \quad (23—26)$$

式中　τ_1——PI 调节器的超前时间常数，$\tau_1=R_1C_1$。

三、调节放大器的输出限幅电路

在控制系统中，调节器的输出电压经常需要限制在规定范围内，故需要设置输出限幅电路，使调节器具有如图 23—16 所示的限幅特性。现介绍几种常用的输出限幅电路。

1. 输出外限幅电路

二极管钳位输出限幅电路如图 23—17 所示。图中，R 是限幅的限流电阻，由正电

源、二极管 VD1 和电位器 RP1 组成正向限幅环节，正向限幅电压 $+U_{exm}=U_M+\Delta U$，U_M 是电位器 RP1 中间滑动端的电位，ΔU 是二极管压降。由负电源、二极管 VD2 和电位器 RP2 组成负向限幅环节，负向限幅电压 $|-U_{exm}|=|U_N|+\Delta U$，$U_N$ 是电位器 RP2 中间滑动端的电位。调节电位器 RP1，RP2 可以任意改变正向、反向限幅值。采用这种输出外限幅电路对于运算放大器本身来说，它的输出电压 U_{ex} 没有限幅，仅是将多余电压加在电阻 R 上。

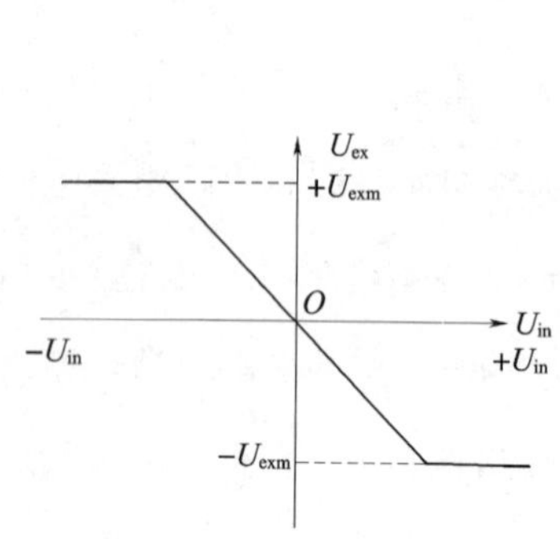

图 23—16　调节器的限幅特性

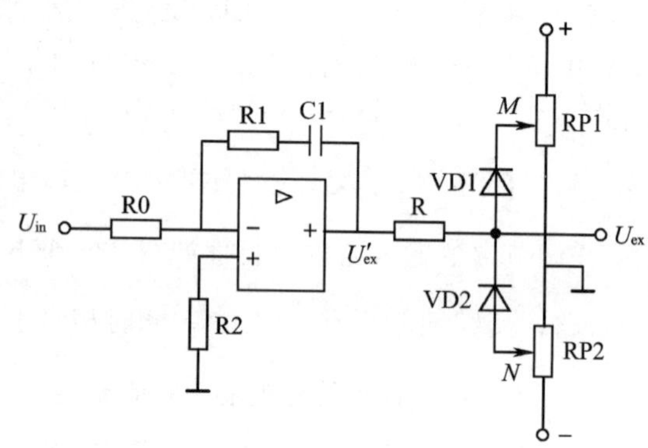

图 23—17　二极管钳位输出限幅电路

2. 反馈限幅电路

二极管钳位反馈限幅电路如图 23—18 所示。图中，负电源、二极管 VD2、电位器 RP2 组成正向限幅环节，正电源、二极管 VD1、电位器 RP1 组成负向限幅环节，调节 RP2 和 RP1 可以任意改变正向、反向限幅电压。现以正向限幅电压为例，说明反馈限幅环节的工作原理。当输出电压 U_{ex} 为正，但未超过正向限幅值 $+U_{exm}$，即 $U_{ex}<+U_{exm}$ 时，N 点电位为负，使二极管 VD2 受反压不导通，反馈限幅环节不起作用。当输出电压 U_{ex} 超过正向限幅值 $+U_{exm}$ 时，N 点电位大于 A 点"虚地"电位，二极管 VD2 导通产生强烈的负反馈使输出电压 U_{ex} 基本保持为 $+U_{exm}$ 不变，N 点电位基本等于 A 点"虚地"电位。同理，当输出电压 U_{ex} 达到负向限幅电压 $-U_{exm}$ 时，M 点电位小于 A 点"虚地"电位，二极管 VD1 导通产生强烈的负反馈，使输出电压 U_{ex} 基本保持为 $-U_{exm}$ 不变，M 点电位基本等于 A 点"虚地"电位。虽然从电路表面上看，图 23—18 所示的二极管反馈限幅电路与图 23—17 所示的二极管钳位的输出限幅电路相似，但工作原理大不相同，前者是反馈限幅，后者是输出限幅，应用时应注意。

在实际应用中，还可采用如图 23—19 所示的稳压管钳位反馈限幅电路，其工作原理与二极管钳位反馈限幅电路相同。正向限幅值 $+U_{exm}$ 等于稳压管 VS1 的稳压值，反向限幅值 $-U_{exm}$ 等于稳压管 VS2 的稳压值。该电路简单，但限幅值调整不方便，需要更换稳压管。

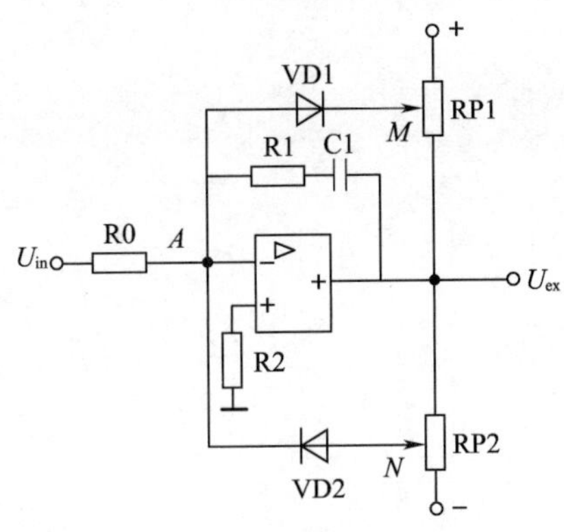

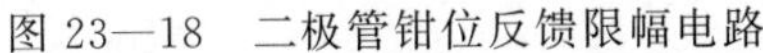
图 23—18 二极管钳位反馈限幅电路

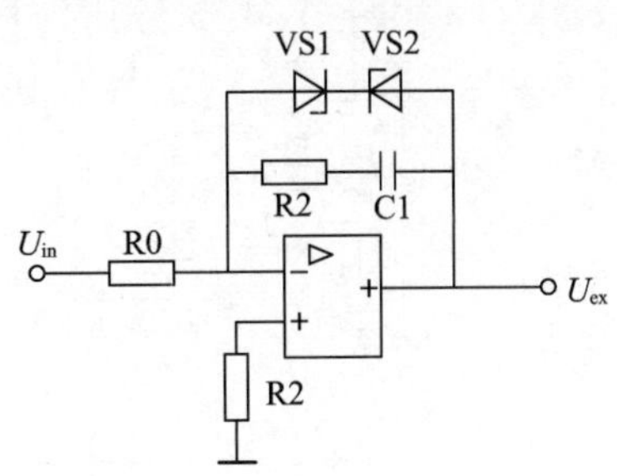

图 23—19 稳压管钳位反馈限幅电路

四、采用 PI 调节器的转速负反馈无静差直流调速系统

当转速负反馈直流调速系统中转速调节器采用积分调节器或比例积分调节器时，由于积分调节器或比例积分调节器具有积分控制作用，不仅依靠 ΔU 本身，还能依靠偏差 ΔU 的积累进行调节。当系统给定量和反馈量一出现 ΔU 时就进行调节，以消除偏差直到 $\Delta U=0$。但由于积分控制作用，有相应的输出（不像比例调节器，当 ΔU 为零时，其输出也为零），从而使调速系统在稳态时实现无静差，所以转速调节器采用积分调节器或比例积分调节器的调速系统是无静差系统。

虽然转速调节器 ASR 采用积分调节器的调速系统是无静差系统，在稳态时没有静差，但它的动态响应速度很慢。当实际转速 n 偏离给定转速时，在转速调节器 ASR 的输入端虽然能立即产生偏差电压 ΔU，但是转速调节器 ASR 的输出电压不是迅速地紧跟输入信号变化，而随时间线性增大（或减小），它的动态响应速度很慢。因而实际应用中转速调节器 ASR 很少采用积分调节器，都是采用比例积分调节器。如图 23—20 所示为带电流截止负反馈的转速负反馈无静差调速系统。该系统转速调节器 ASR 采用比例积分调节器以实现稳态无静差，并采用电流截止负反馈以限制动态过程中的冲击电流。

由于系统无静差，PI 调节器的综合输入电压 $\Delta U_n=U_n^*-U_n=0$，给定电压与反馈电压相等，即 $U_n^*=U_n=\alpha n$。因此，稳态时电动机转速 $n=\dfrac{U_n^*}{\alpha}$。在转速反馈系数 α 一定的情况下，电动机转速只随给定电压变化。转速反馈系数 α 可根据下式计算：

$$\alpha=\frac{U_{nmax}^*}{n_{max}} \tag{23—27}$$

式中 n_{max}——电动机的最高转速，r/min；

U_{nmax}^*——相对应的转速给定电压的最大值，V。

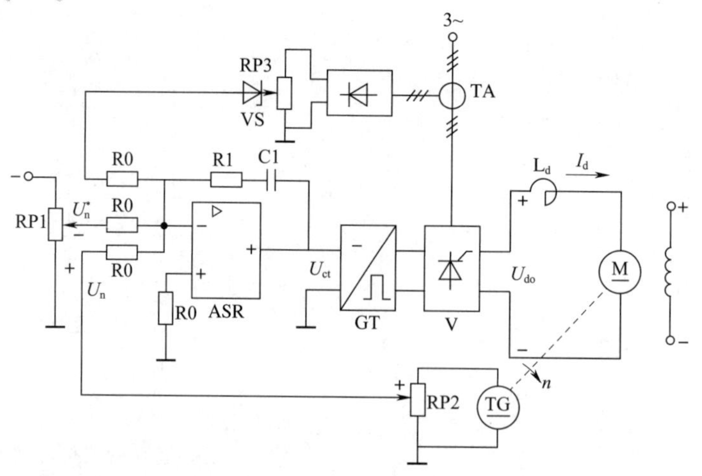

图 23—20　带电流截止负反馈的转速负反馈无静差调速系统

现分析系统正常运行负载变化时调速系统抗扰的调节过程。

稳态时，对应于转速给定电压 U_{n1}^* 和负载转矩 T_{L1}，电动机稳态转速为 n_1，电动机的电流为 I_{d1}。此时转速反馈电压为 U_{n1}，转速调节器 ASR 的输入偏差电压 $\Delta U=U_{n1}^*-U_{n1}=0$（即 $U_{n1}^*=U_{n1}$），而 ASR 的输出电压由于积分作用保持为 U_{ct1}，使晶闸管变流器输出电压为 U_{do1}，以维持电动机以转速给定 n_1 运转。

当负载转矩在某一瞬间突然由 T_{L1} 增大到 T_{L2} 时，负载转矩大于电动机的电磁转矩而造成电动机转速开始下降，于是转速偏离给定值 n_1 产生转速偏差 Δn，使转速调节器 ASR 输入偏差电压 $\Delta U=U_{n1}^*-U_{n1}>0$，于是通过转速调节器 ASR 产生调节作用消除偏差。为了分析方便，先分别考虑转速调节器 ASR 的“比例”与“积分”两部分的调节作用，然后再叠加起来，分析总的调节过程。

首先考虑转速调节器 ASR 比例部分的调节作用。当 $\Delta U>0$ 后，比例部分立即输出 $K_p\Delta U$，它使晶闸管变流器输出电压增加 ΔU_{do1}，如图 23—21e 中曲线①所示，其大小

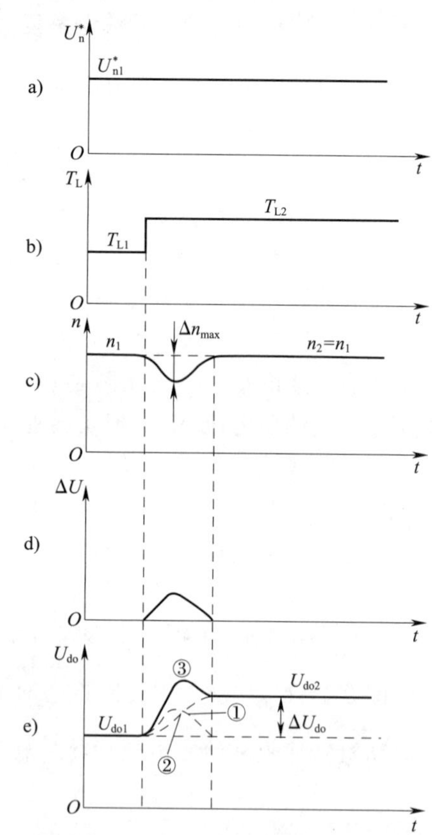

图 23—21　负载变化时调速系统抗扰调节过程的波形图

a）U_n^* 波形　b）T_L 波形　c）n 波形　d）ΔU 波形　e）U_{do} 波形

与转速偏差 Δn 成正比，Δn 越大，ΔU_{do1} 也越大，因而调节作用也越强，使转速缓慢下降直到回升，如图 23—21c 所示。随着转速 n 回升，Δn 逐渐减小，ΔU_{do1} 也逐渐减小，比例部分的调节作用也逐渐减小。

转速调节器 ASR 的积分调节作用主要体现在调节过程的最后阶段，积分部分的输出电压等于偏差电压 ΔU 的积分，它使晶闸管变流器输出电压增加 ΔU_{do2}，如图 23—21e 中曲线②所示。ΔU_{do2} 的增长速度与偏差电压 ΔU 成正比，开始阶段 Δn 很小，ΔU 也小，ΔU_{do2} 增长很慢；当 Δn 最大时，ΔU 也最大，ΔU_{do2} 增长最快；在调节末期 Δn 又减小，ΔU 也减小，ΔU_{do2} 的增长速度也随之减小；当 $\Delta n=0$ 时，ΔU_{do2} 不再继续增长而保持此时的数值不变。

转速调节器 ASR 的总调节作用综合比例作用和积分作用，总 ΔU_{do} 变化曲线为图 23—21e 中曲线①和曲线②的叠加，即曲线③。在整个调节过程的开始和中间阶段，比例调节起主要作用，它首先快速阻止转速继续下降，随后使转速迅速回升，随着转速回升到接近原转速 n_1，比例调节作用越来越小。在调节过程的后期阶段，积分调节起主要作用，依靠它来最后消除转速偏差，因为只有当转速偏差消除时，即 $n=n_1$，$\Delta n=0$，$U_n=U_n^*$，$\Delta U=0$ 时，积分调节作用才会停止。由图 23—21e 可见，在调节过程中，晶闸管变流器输出电压 U_{do} 等于调节过程开始时的 U_{do1} 加上曲线③所示的电压增量 ΔU_{do}，ΔU_{do} 为比例部分与积分部分的电压增量 ΔU_{do1} 与 ΔU_{do2} 之和。在调节过程结束时，晶闸管变流器输出电压 U_{do} 由 U_{do1} 增加为 U_{do2}，增加部分的电压 ΔU_{do} 正好补偿由于负载增加而引起的主回路电阻压降的增加部分 $\Delta I_d R_\Sigma$，电动机转速又回升到原来的给定转速 n_1，转速调节器 ASR 的输入偏差电压 $\Delta U=0$，而转速调节器 ASR 的输出电压由于积分作用稳定为 U_{ct2}（$U_{ct2}>U_{ct1}$），它使晶闸管变流器输出电压 U_{do1} 稳定为 U_{do2}，从而使转速回到原来的稳定转速 n_1 上，使系统实现无静差调节。电动机的负载转矩增量越大，晶闸管变流器输出电压 U_{do} 增量也越大。

由图 23—21 可知，无静差调速系统只是在静（稳）态下是无差的，而在动态过程中是有差的。

思 考 题

1. 在某转速负反馈单闭环调速系统中，电动机参数 $P_{nom}=2.2$ kW，$U_{nom}=220$ V，$I_{nom}=12.5$ A，$n_{nom}=1\,500$ r/min，$R_a=2$ Ω，整流装置内阻 $R_s=1$ Ω，$K_s=30$，要求调速范围 $D=20$，静差率 $s\leqslant10\%$。

（1）画出系统静态结构图。

（2）若采用开环系统能否满足要求？

（3）当给定电压 $U_n^*=10$ V，转速 $n=1\,000$ r/min 时，求转速反馈系数 α。

（4）放大器的放大倍数 K_p 为多大时才能满足要求？

2. 简述转速负反馈单闭环调速系统的主要特点。

3. 在转速负反馈单闭环调速系统中，改变给定电压能否改变电动机的转速，为什么？如果给定电压不变，调整转速反馈电压的分压比是否能够改变电动机转速，为什么？

4. 在转速负反馈单闭环调速系统中，当负载转矩、电网电压、电动机励磁电流、测速发电机励磁电流等发生变化时，系统有无克服这些扰动的能力？为什么？

5. 在电压负反馈调速系统中，当负载转矩、电网电压、电动机电枢电阻、电动机励磁电流、测速发电机励磁电流等发生变化时，系统有无克服这些扰动的能力？为什么？

6. 比例调节器、积分调节器和比例积分调节器各有哪些特点？试画出各自的输入与输出特性曲线。

7. 为什么采用比例积分调节器的调速系统是无静差调速系统？

第 24 章

转速、电流双闭环直流调速系统

在前面讨论的单闭环直流调速系统中，转速调节器采用 PI 调节器后既能保证系统的稳定性，又能做到无静差，系统中加入电流截止负反馈后可限制主回路的电流冲击，但却不具备控制电动机动态过程中电流（转矩）的能力，因而单闭环直流调速系统的动态性能不够理想。为了解决单闭环直流调速系统的上述问题，人们设计出转速、电流双闭环直流调速系统。

第 1 节　转速、电流双闭环调速系统的组成和工作原理

一、单闭环调速系统存在的问题

1. 最佳过渡过程的基本概念

在实际生产中，有许多生产机械，如龙门刨床、冶金系统的可逆轧机和压下装置、工作辊道等，由于工艺要求经常使电动机处于正、反转的启动和制动过渡过程。这类生产机械对调速系统的控制要求是尽可能缩短启动、制动过渡过程，保证系统快速性，提高生产率。正、反转的转速波形如图 24—1 所示。

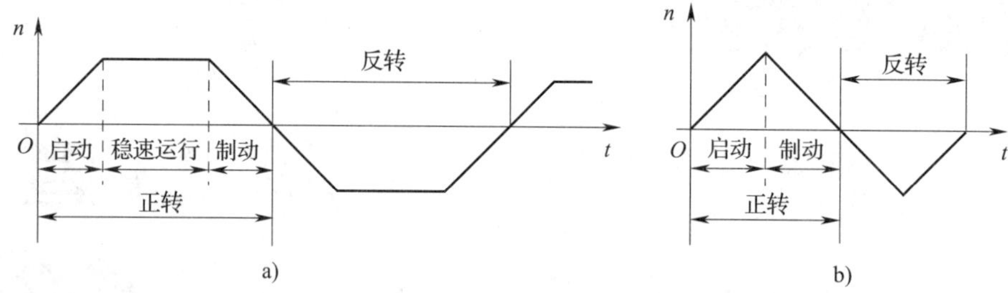

图 24—1　正、反转的转速波形

a）梯形　b）三角形

为了提高生产率，要求系统的启动、制动过渡过程越短越好，因此时间最短的过渡过程是最佳过渡过程。

在启动、制动过程中，为了实现快速启动、制动，获得最短的启动、制动时间，就需要较大的启动、制动转矩，也就需要较大的启动、制动电流。但是，这个启动、制动电流必须在电动机和可控整流电源所允许的范围内。因此，可以充分利用电动机的过载能力，把电流 I_d 限制在最大允许电流 I_{dm} 上，使整个启动、制动过程中保持最大允许电流 I_{dm} 不变，使电动机在最大允许动态转矩下启动、制动，以实现最短的系统启动、制动时间。实际工作中，这种启动、制动过程称为最佳启动、制动过程，也称为最佳过渡过程。

现以电动机最大允许电流 I_{dm} 为约束条件，对最佳启动过程进行具体分析。

根据系统的运动方程式可得：

$$T_d = T_{em} - T_L = \frac{GD^2}{375}\frac{dn}{dt} \tag{24—1}$$

式中　T_{em}——电动机最大转矩，N·m；

T_L——负载转矩，N·m；

T_d——系统动态转矩，N·m。

同时有：

$$T_d=T_{em}-T_L=C_m(I_{dm}-I_{dL})$$

所以，在启动过程中，电动机的加速度为：

$$\frac{dn}{dt}=\frac{375}{GD^2}(T_{em}-T_L)=\frac{375C_m}{GD^2}(I_{dm}-I_{dL}) \tag{24—2}$$

上式又可写为：

$$\frac{dn}{dt}=\frac{375C_mC_e}{GD^2R_\Sigma}\frac{R_\Sigma}{C_e}(I_{dm}-I_{dL}) \tag{24—3}$$

令 $T_m=\frac{GD^2R_\Sigma}{375C_eC_m}$，式（24—3）可写为：

$$\frac{dn}{dt}=\frac{R_\Sigma}{T_mC_e}(I_{dm}-I_{dL}) \tag{24—4}$$

式中　T_m——系统的机电时间常数；

R_Σ——电枢回路总电阻，Ω。

由式（24—4）可知，当负载电流 I_{dL}不变时，电动机以恒定的最大允许电流启动，其加速度为常数，而且达到最大加速度启动，启动时间最短。这种启动过程称为最佳启动过程。在启动过程中转速 n 线性上升，即：

$$n=\frac{R_\Sigma}{T_mC_e}(I_{dm}-I_{dL})t \tag{24—5}$$

当转速上升到给定值 n 时，应立即停止加速，即$\frac{dn}{dt}=0$，也就是使动态电流 $I_{dm}-I_{dL}=0$，电动机电流从 I_{dm}立即下降到 I_{dL}。理想最佳启动过程中转速、电流与电压的变化曲线如图 24—2 所示。这种理想最佳启动过程是以最大允许电流 I_{dmax}为约束条件的最短时间控制，或称为时间最优控制。

为了实现理想最佳启动过程中转速、电流的变化规律，必须控制整流电压 U_{do}按一定规律变化。忽略主电路电感影响，启动过程中的主电路电压平衡方程式为：

$$U_{do}=E+I_{dm}R_\Sigma=C_en+I_{dm}R_\Sigma \tag{24—6}$$

式（24—6）可改写为：

$$U_{do}=C_en+I_{dm}R_\Sigma=\frac{R_\Sigma(I_{dm}-I_{dL})}{T_m}t+I_{dm}R_\Sigma \tag{24—7}$$

由此可见，整流电压在启动时，应以初始值 $I_{dm}R_\Sigma$ 为起点，并按线性规律随时间增大。当转速达到给定转速 n^* 时，应立即停止加速，电枢电流应等于 I_{dL}，此时整流电压 U_{do}突变为 $U_{do}=C_en^*+I_{dL}R_\Sigma$，其转速、电流与电压变化曲线如图 24—2 所示。

需要说明的是，上述分析忽略了主电路的电感，而电枢电流是可以突变的，所以称为理想最佳启动过渡过程。实际上，主电路的电感是不可忽略的，由于电感的作用，电流不能突变，实际的启动过渡过程只能尽可能接近上述理想最佳启动过渡过程。

2. 单闭环调速系统存在的问题

在单闭环无静差调速系统中，转速调节器采用 PI 调节器既能保证系统的稳定性，又能做到无静差。为了限制主回路的电流冲击，系统中还加入电流截止负反馈。但是，系统的动态性能还是不够理想，这是因为电流截止负反馈只能限制电动机的最大动态电流，而不能保证动态电流保持为最大电流不变。例如，在启动过程中，启动电流在较短的时间内增大为最大值 I_{dm}，而其他时间均小于此值，使启动过程变长。单闭环调速系统启动过程的转速、电流波形如图 24—3 所示。

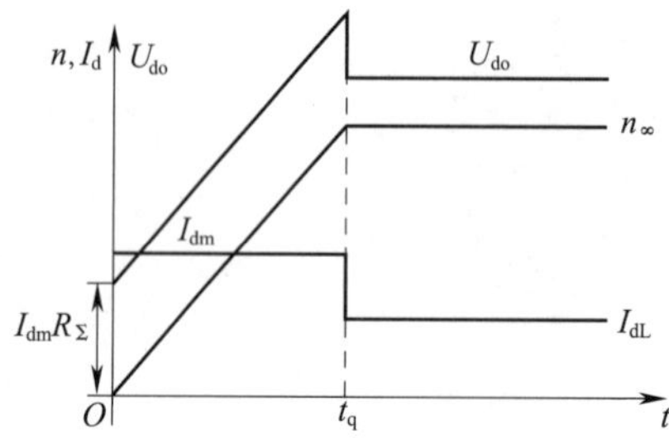

图 24—2 理想最佳启动过程中转速、电流与电压变化曲线

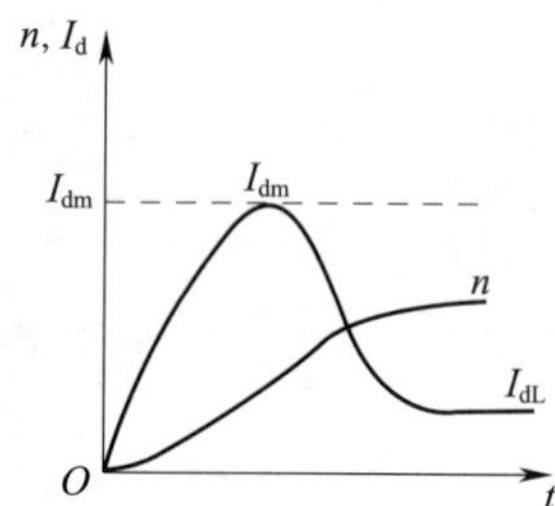

图 24—3 单闭环调速系统启动过程的转速、电流波形

对于龙门刨床、可逆轧机等经常处于正、反转启动和制动运行的生产机械来说，单闭环调速系统难以满足系统快速启动、制动的要求。

二、转速、电流双闭环调速系统的组成和工作原理

为了在允许条件下实现最佳启动、制动过程，关键是要获得一段使电流保持为最大值 I_{dm}的恒流过程。根据反馈控制规律可知，采用某一物理量的负反馈就可以保持该量基本不变，显然采用电流负反馈就可以得到近似的恒流过程。在单闭环无静差调速系统中，PI 调节器作为转速调节器用来控制电动机转速无静差，如果再将电流负反馈信号作为该 PI 调节器的输入端，势必使该 PI 调节器难以胜任对电动机转速的稳态值控制和对电动机电流的动态值控制。因此，为了实现在启动过程中只有电流负反馈，且电流保持为最大值 I_{dm} 不变，从而实现转速 n 以最大加速度线性增长，电流负反馈和转速负反馈不能同时加到同一 PI 调节器的输入端。调速系统到达稳态转速后，为了使电流负反馈不再起主要作用，而靠转速负反馈起主要作用，以实现最终的转速调节，必须在控制系统中另设一个控制电流的调节器——电流调节器，电流调节器也采用 PI 调节器，从而形成转速、电流双闭环调速系统。

该系统设置 2 个调节器，即转速调节器和电流调节器，分别调节转速和电流，两者之间实行串级控制，如图 24—4 所示。由图可知，转速调节器的输出作为电流调节器的输入，再用电流调节器的输出去控制晶闸管整流装置的触发器，从而控制晶闸管整流装置的输出电压。从闭环控制的结构上看，电流环处在转速环之内，故电流环又称内环，转速环

又称外环，这样就形成了转速、电流双闭环调速系统。为了获得良好的静、动态性能，系统的转速调节器 ASR 和电流调节器 ACR 一般都采用带限幅电路的 PI 调节器，其电路图如图 24—5 所示。

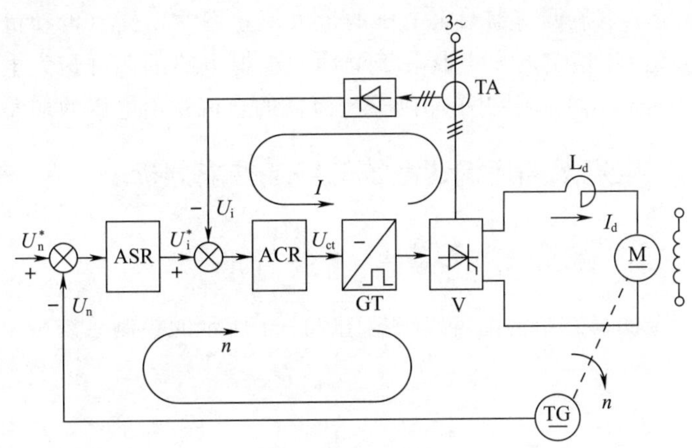

图 24—4　转速、电流双闭环调速系统

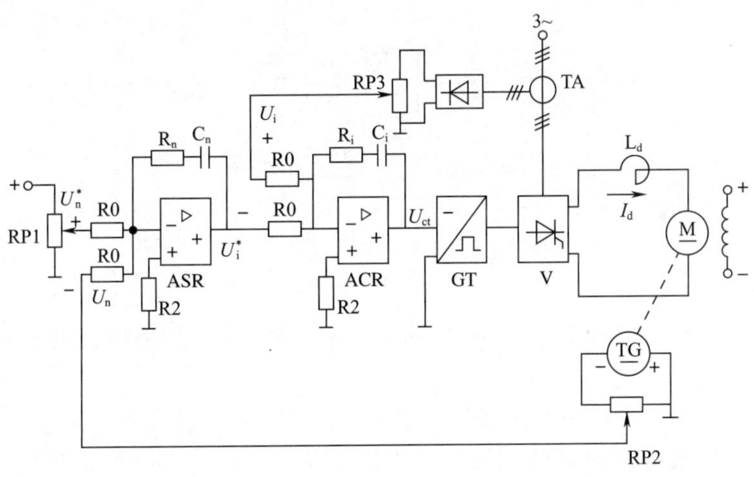

图 24—5　转速、电流双闭环调速系统电路图

在图 24—5 中，转速调节器 ASR 和电流调节器 ACR 的输入、输出电压极性根据触发器对控制电压的要求而定。图中是按照触发器 GT 的控制电压 U_{ct} 为正电压来考虑的，同时由于运算放大器的倒相作用，转速调节器 ASR 输入的转速给定电压 U_n^* 采用正电压，而它的输出电压 U_i^* 为负电压，电流负反馈电压 U_i 为正电压。转速给定电压 U_n^* 与转速负反馈电压 U_n 比较后，得到转速偏差信号 $\Delta U_n = U_n^* - U_n$，并送至转速调节器 ASR 输入端，转速调节器 ASR 的输出电压 U_i^* 作为电流调节器 ACR 的电流给定信号，与电流负反馈电压 U_i 比较后，得到电流偏差信号 ΔU_i 送电流调节器 ACR 的输入端，电流调节器的输出电

压 U_{ct} 作为触发器 GT 的控制电压，用以改变晶闸管变流器的控制角 α，以相应改变晶闸管变流器的直流输出电压，保证电动机在给定转速下运行。

转速调节器 ASR 和电流调节器 ACR 都带有限幅电路。转速调节器 ASR 的输出限幅电压是 U_{im}^*，它决定了电流调节器给定电压的最大值，即主回路（电动机电枢电路）的最大电流，故其限幅值 U_{im}^* 整定的大小取决于电动机电枢电路的允许最大电流值。电流调节器的输出限幅电压是 U_{ctm}，它限制了晶闸管变流器的直流输出电压的最大值。

第 2 节　转速、电流双闭环调速系统的静态性能分析

一、转速、电流双闭环调速系统的静特性与稳态结构图

双闭环调速系统的稳态结构图可以根据图 24—4 所示的控制系统画出，如图 24—6 所示。

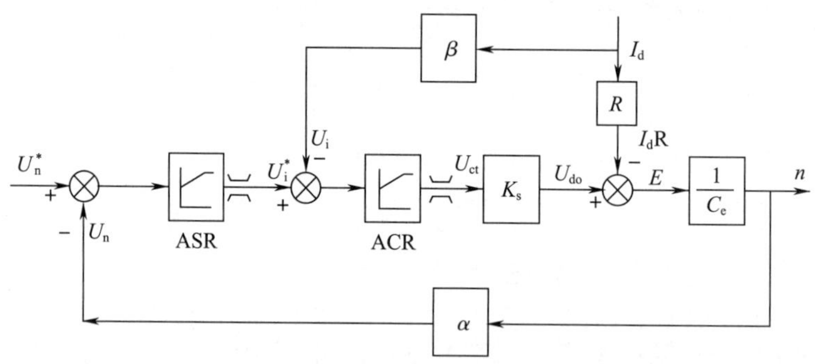

图 24—6　双闭环调速系统的稳态结构图

双闭环调速系统的转速调节器 ASR 和电流调节器 ACR 均采用带限幅电路的 PI 调节器，故为无静差调速系统。

在分析转速、电流双闭环调速系统的静特性时，关键要掌握带限幅电路的 PI 调节器的稳态特征。它一般存在两种状态：一是不饱和状态，此时调节器输出电压未达到限幅值，调节器起调节作用，稳态输入偏差电压为零；二是饱和状态，此时调节器输出电压达到限幅值，输入量变化不再影响输出，此状态相当于使该调节环开环，只有当输入信号反向时才能使调节器退出饱和状态，重新起调节作用。

对于转速、电流双闭环调速系统来说，正常运行时电流调节器是不会达到饱和状态的，而转速调节器根据运行状况不同，有不饱和与饱和两种状态。因此，分析静特性时，可分为转速调节器不饱和与饱和两种状态进行分析。

1. 转速调节器不饱和时

双闭环调速系统在稳定运行（$I_d < I_{dm}$）时，2 个调节器都不饱和，它们的输入偏差电压均为零，即：

(1) ASR 的输入偏差电压

$$\Delta U_n = U_n^* - U_n = U_n^* - \alpha n \tag{24—8}$$

(2) ACR 的输入偏差电压

$$\Delta U_i = U_i^* - U_i = U_i^* - \beta I_d \tag{24—9}$$

由式(24—8)可得到:

$$n = \frac{U_n^*}{\alpha} = n_0 \tag{24—10}$$

式(24—10)为双闭环系统的静特性方程式,从中可得到如图 24—7 所示的静特性曲线的水平线段 n_0A。由图可知,当 ASR 不饱和时,静特性是很硬的,转速是无静差的。当转速反馈系数 α 一定时,转速只与给定电压 U_n^*有关。

2. 转速调节器饱和时

当电动机发生严重过载或堵转时,$I_d \geqslant I_{dm}$,ASR 输出达到限幅值 U_{im}^*,转速环呈开环状态,转速的变化对系统不再产生影响。此时,双闭环系统变成一个恒值电流单闭环调节系统,从而获得极好的下垂特性,如图 24—7 中的线段 AB。

稳态时有:

$$I_d = \frac{U_{im}}{\beta} = I_{dm} \tag{24—11}$$

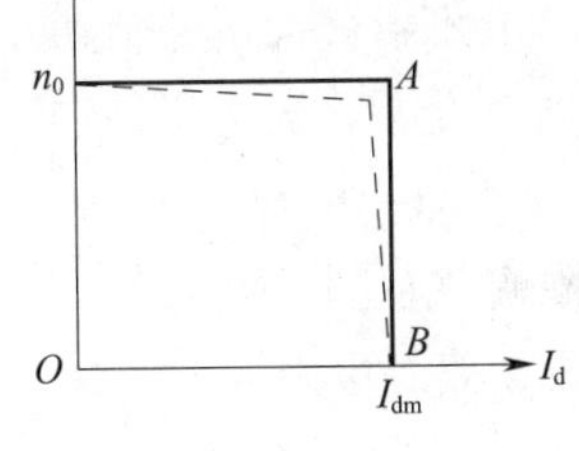

图 24—7　双闭环调速系统的静特性曲线

式(24—11)中最大电流 I_{dm}取决于电动机的允许过载能力和拖动系统允许的最大加速度。

双闭环调速系统的静特性在负载电流 $I_d < I_{dm}$时,表现为转速无静差,这时转速调节器和转速负反馈起主要调节作用,电流调节器和电流负反馈使电流 I_d 随给定 U_i^*而变,协助转速调节器,起从属作用。在负载电流达到 I_{dm}后,转速调节器饱和,电流调节器和电流负反馈起主要调节作用,系统表现为电流无静差。显然,双闭环调速系统的静特性比带电流截止负反馈的单闭环调速系统的静特性好,这就是采用 2 个 PI 调节器分别形成内、外 2 个闭环的效果。实际上,由于 PI 调节器的静态放大系数不是无穷大,双闭环系统的实际静特性与上述静特性略有差异,如图 24—7 中虚线所示。

二、转速、电流双闭环调速系统的稳态参数计算

由图 24—6 可知,转速、电流双闭环调速系统在稳态工作时,当 2 个调节器都不饱和时,各变量之间有下列关系:

$$U_n^* = U_n = \alpha n = \alpha n_0 \tag{24—12}$$

$$U_i^* = U_i = \beta I_d = \beta I_{dL} \tag{24—13}$$

$$U_{ct} = \frac{U_{do}}{K_s} = \frac{C_e n + I_d R_\Sigma}{K_s} = \frac{C_e U_n^*/\alpha + I_{dL} R_\Sigma}{K_s} \tag{24—14}$$

在稳态工作时,转速 n 由给定电压 U_n^*决定,转速调节器 ASR 的输出电压 U_i^*由负载

电流 I_{dL} 决定，而控制电压 U_{ct} 同时取决于 n 和 I_d（或 I_{dL}）。

转速、电流双闭环调速系统可根据转速调节器、电流调节器的给定与反馈值计算有关的反馈系数。转速反馈系数为：

$$\alpha = \frac{U_{nm}^*}{n_{max}} \tag{24—15}$$

式中 U_{nm}^*——最大转速给定电压，V；

n_{max}——电动机的最高转速，r/min。

电流反馈系数为：

$$\beta = \frac{U_{im}^*}{I_{dm}} \tag{24—16}$$

式中 U_{im}^*——ASR 的输出电压限幅值，V；

I_{dm}——最大电流值，A。

上式中最大电流值由设计者选定，取决于电动机的允许过载能力和拖动系统允许的最大加速度。一般 $I_{dm}=(1.5\sim2.0)\ I_{nom}$。

例 24—1 某一转速、电流双闭环调速系统的最大转速给定电压 U_{nm}^* 和转速调节器的输出限幅值 U_{im}^* 均为 10 V。电动机额定参数为：$U_{nom}=220$ V，$I_{nom}=15$ A，$n_{nom}=1\ 000$ r/min，电枢回路总电阻 $R_\Sigma=1\ \Omega$，电枢回路最大电流 $I_{dm}=30$ A，晶闸管整流装置放大系数 $K_s=30$，ASR，ACR 均采用 PI 调节器。试求：

（1）转速反馈系数 α 和电流反馈系数 β。

（2）堵转时，U_{do}，U_i^*，U_{ct}，U_i，U_n 各量的值。

解：（1）$\alpha=\frac{U_{nm}^*}{n_{nom}}=\frac{10}{1\ 000}=0.01$（V·min/r）

$$\beta=\frac{U_{im}}{I_{dm}}=\frac{10}{30}\approx0.33\ (\text{V/A})$$

（2）堵转时

$$U_{do}=C_e n+I_{dm}R_\Sigma=30\times1=30\ (\text{V})$$

$$U_i^*=U_{im}^*=10(\text{V})$$

$$U_{ct}=\frac{U_{do}}{K_s}=\frac{30}{30}=1(\text{V})$$

$$U_i=U_{im}^*=10(\text{V})$$

$$U_n=0(\text{V})$$

第 3 节　转速、电流双闭环调速系统的动态性能分析

对转速、电流双闭环调速系统的动态性能分析可以从两个方面考虑：一是分析突加给定时的启动过程；二是分析系统的抗扰性能。

在单闭环调速系统动态结构图的基础上，考虑双闭环调速系统控制的结构，画出双闭

环调速系统的动态结构图，如图 24—8 所示。图中 $W_{ASR}(s)$ 和 $W_{ACR}(s)$ 分别表示转速调节器和电流调节器的传递函数。

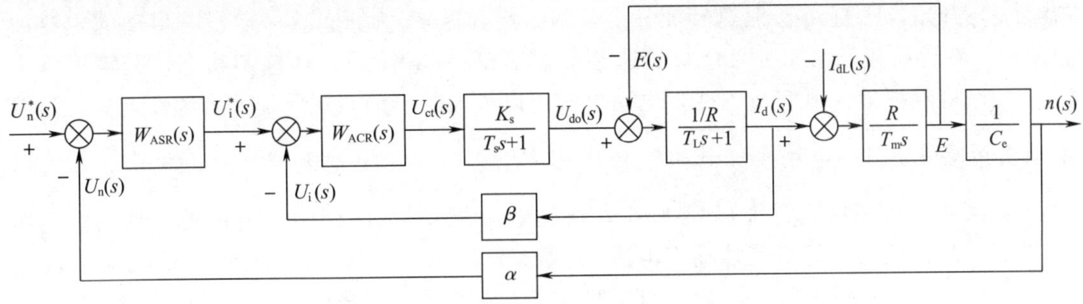

图 24—8　转速、电流双闭环调速系统的动态结构图

一、突加给定时的启动过程

1. 突加给定时的启动过程分析

转速、电流双闭环调速系统突加给定电压 U_n^* 由静止状态启动时，启动过程中转速和电流波形如图 24—9 所示。整个启动过程分为 3 个阶段，在图中分别标以Ⅰ，Ⅱ，Ⅲ。

（1）第Ⅰ阶段为电流上升阶段（$0\sim t_1$）。系统突加转速给定电压 U_n^* 后，由于电动机的机电惯性较大，转速 n 上升和转速反馈电压 U_n 增大较慢，只有当 $I_d>I_{dL}$ 时（图 24—9 中 A 点为 $I_d=I_{dL}$），转速 n 才从零开始逐步上升，转速负反馈电压 U_n 也只能从零开始逐步增大，因而偏差信号 $\Delta U_n=U_n^*-U_n$ 的数值较大，使转速调节器 ASR 的输出电压 U_i^* 很快达到限幅值 U_{im}^*。这个电压 U_{im}^* 加到电流调节器 ACR 输入端，作为最大的电流给定值，使 ACR 的输出电压 U_{ct} 增大。ACR 的输出电压 U_{ct} 首先依靠比例部分 $K_p\Delta U_i=K_p(U_{im}^*-U_i)$ 的作用迅速增大，强迫电枢电流迅速增大。由于转速调节器 ASR 是 PI 调节器，只要 $\Delta U_n\geqslant 0$，其输出电压 U_i^* 将一直保持 U_{im}^* 不变。也就是说，电动机的转速 n 未超过给定转速 n^* 时，转速调节器输出电压将一直保持 U_{im}^* 不变，相当于 ASR 处于开环状态，不起调节作用。由于转速调节器 ASR 的输出电压 U_i 是电流调节器 ACR 的电流给定电压，所以在 $n\leqslant n^*$ 的时间内，电流调节器 ACR 一直得到最大电流给定电压 U_{im}^*。在启动瞬间，由于电感作用，电枢电流 I_d 不能突变，电流偏差信号 ΔU_i 较大，使电流调节器 ACR 的输出电压 U_{ct} 迅速增大，晶闸管变流器输出电压 U_{do} 也迅速增大，电枢电流 I_d 迅速从零开始增大，直到 I_{dm}；当电枢电流 $I_d>I_{dL}$ 时，

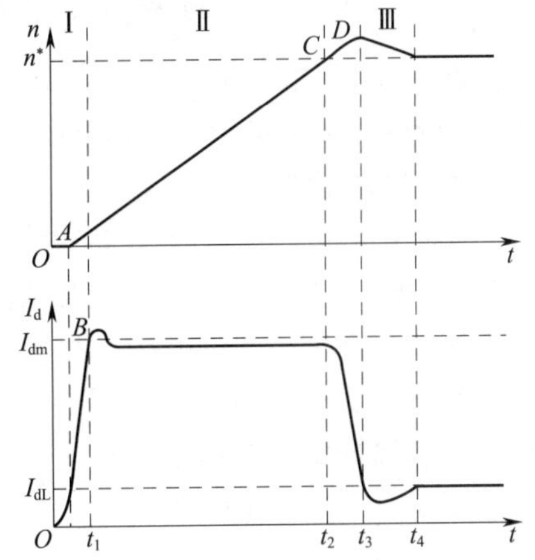

图 24—9　转速、电流双闭环调速系统突加给定电压时的启动过程中转速和电流波形

电动机开始启动，随着电枢电流 I_d 增大，转速也逐渐升高。

（2）第Ⅱ阶段为恒流升速阶段（$t_1 \sim t_2$）。从 t_1 时刻电流上升到最大值 I_{dm}（B 点为 $I_d = I_{dm}$）开始，一直到 t_2 时刻转速 n 上升到给定转速 n^* 为止，这一阶段是启动的主要加速阶段。在此阶段，由于 $n < n^*$，转速调节器 ASR 一直保持开环饱和状态，其输出电压 U_i^* 一直保持限幅最大值 U_{im}^* 不变，电动机转速以最大的启动转矩等加速度线性上升。随着电动机转速 n 上升，电动机反电动势 E 也相应增大。由于电枢电流 $I_d = \frac{U_{do} - E}{R_\Sigma}$，$E$ 的增大使 I_d 减小，电流反馈电压 U_i 也减小，通过电流调节器 ACR 的调节作用使其输出电压 U_{ct} 增大，从而使晶闸管变流器输出电压 U_{do} 增大，力图使电流 I_d 又回到最大值 I_{dm}。随着转速 n 上升，电流调节器 ACR 就一直按照上述调节规律，力图使电流 I_d 保持为最大值 I_{dm}，此时控制系统表现为恒值电流单闭环调节系统，电动机转速以最大启动转矩等加速度线性上升。从 t_1 到 t_2 的过程中，U_i^*，I_d，U_i 基本不变，U_{ct}，U_{do}，n，U_n 线性上升。由以上分析可知，本阶段速度调节器 ASR 一直处于饱和（限幅）状态，转速环相当于开环状态，而电流调节器 ACR 的作用是力图使 I_d 保持为 I_{dm}，系统表现为恒值电流单闭环调节系统。

（3）第Ⅲ阶段为转速调节阶段（$t_2 \sim t_4$）。当电动机转速 n 经过恒流升速阶段达到给定转速 n^*（C 点为 $n = n^*$）以后，就进入启动的最后阶段，即转速调节阶段。在 t_2 时，转速 n 上升到给定转速 n^* 时，$n = n^*$，$\Delta U_n = 0$，转速调节器 ASR 的输出电压 U_i^* 仍然不变，电流仍然保持为 I_{dm}，故电动机仍在最大电流下加速，使转速超调，即 $n > n^*$，$\Delta U_n < 0$，转速调节器 ASR 输入端出现负偏差电压，使转速调节器 ASR 退出饱和限幅而起调节作用。由于转速调节器 ASR 退出饱和，其输出电压 U_i^*（即电流给定值）立即从限幅值 U_{im}^* 降下来，使电流调节器 ACR 的输出电压 U_{ct} 减小，晶闸管变流器输出电压 U_{do} 也减小，从而使电动机电流从 I_{dm} 下降。电动机的加速转矩和加速度减小，当 $I_d > I_{dL}$ 时，电动机转速 n 仍继续上升。在 $t_2 \sim t_3$ 阶段转速 n 继续上升、转速反馈电压 U_n 继续增大，而 U_i^*，U_{ct}，U_{do}，I_d，U_i 等都减小。t_3 时（D 点），$I_d = I_{dL}$，转矩 $T_e = T_{dL}$，则 $\frac{dn}{dt} = 0$，转速 n 到达峰值。此后，当 $I_d < I_{dL}$ 时，电动机转矩小于负载转矩，使电动机在负载转矩阻力作用下减速，直到 t_4 时开始稳定运行状态，此时 $n = n^*$。$t_3 \sim t_4$ 阶段取决于系统的动态性能，转速 n 可能在给定值 n^* 上下做数次振荡后进入稳定状态，在此过程中对应电流 I_d 也有相应的数次振荡。由以上分析可知，本阶段转速调节器 ASR 和电流调节器 ACR 同时起调节作用，由于转速环是外环，转速调节器 ASR 的输出是电流调节器 ACR 的电流给定，ASR 起主导作用，ACR 的作用是力图使电流 I_d 随电流给定变化，因而电流环是一个电流随动系统。

综上所述，突加给定的启动过程中，第Ⅰ，Ⅱ阶段转速调节器 ASR 处于饱和限幅状态，转速环相当于开环运行，不起调节作用，而仅由电流调节器 ACR 起恒流调节作用，电动机以最大允许电流等加速启动。在启动过程第Ⅲ阶段，转速调节器 ASR 才退出饱和限幅状态，参与转速调节作用。

2. 突加给定时的启动过程特点

转速、电流双闭环调速系统突加给定时启动过程具有以下 3 个特点：

（1）饱和非线性控制。在系统突加给定的启动过程第Ⅰ，Ⅱ阶段，转速调节器 ASR 处于饱和限幅状态，转速环相当于开环运行，不参与工作，而仅由电流调节器 ACR 起恒流调节作用，系统表现为恒值电流单闭环调节系统；在启动过程第Ⅲ阶段，转速调节器 ASR 才退出饱和限幅状态，参与转速调节作用，转速环闭环运行，系统表现为无静差调速系统。在整个启动过程中，转速调节器 ASR 分别处于饱和限幅状态和线性调节状态，即具有饱和非线性控制的特点。

（2）转速超调。在系统突加给定的启动过程第Ⅰ，Ⅱ阶段，转速调节器 ASR 处于饱和限幅状态，要使转速调节器 ASR 退出饱和限幅状态，必须使转速调节器 ASR 的输入偏差 ΔU_n 为负值，所以转速必然超调才可能有 $\Delta U_n = U_n^* - U_n < 0$。

（3）准时间最优控制。在系统突加给定的启动过程第Ⅰ，Ⅱ阶段，转速调节器 ASR 处于饱和限幅状态，转速环相当于开环运行，不起调节作用，而仅由电流调节器 ACR 起恒流调节作用，电动机以最大允许电流等加速启动，但启动过程与前面所说的理想启动过程相比尚有些差距，主要表现为启动过程第Ⅰ，Ⅲ阶段的电流不是最大允许电流，因此只能称为准时间最优控制。

二、转速、电流双闭环调速系统的动态抗扰性能

1. 抗负载扰动

负载扰动即拖动系统负载转矩变化，相当于电动机负载电流变化。由如图 24—8 所示的转速、电流双闭环调速系统的动态结构图可知，负载电流作用在电流环之后，它将直接引起转速的变化，只能通过转速调节器 ASR 来产生抗扰作用。它的动态调节过程与单闭环调速系统负载变化时的动态调节过程相似。突加负载时，双闭环调速系统的动态调节过程可分为 3 个阶段，其波形曲线如图 24—10 所示。

（1）转速下降阶段。t_0 时刻以前，系统已在转速 n_1 情况下稳定运行，电动机的电磁转矩 T_e 等于负载转矩 T_{L1}；t_0 时刻负载转矩突然由 T_{L1} 增大到 T_{L2}，打破原来的 $T_e = T_{L1}$ 平衡状态，$T_e < T_{L2}$，$dn/dt < 0$，电动机转速下降，$n < n_1$，$\Delta U_n = U_n^* - U_n > 0$，ASR 的输出电压 U_i^* 开始增大，ACR 的输出 U_{ct} 和晶闸管变流器输出电压 U_{do} 也增大，使 I_d，T_e 增大；当 $T_e = T_{L2}$ 时，$dn/dt = 0$，转速 n 不再下降。

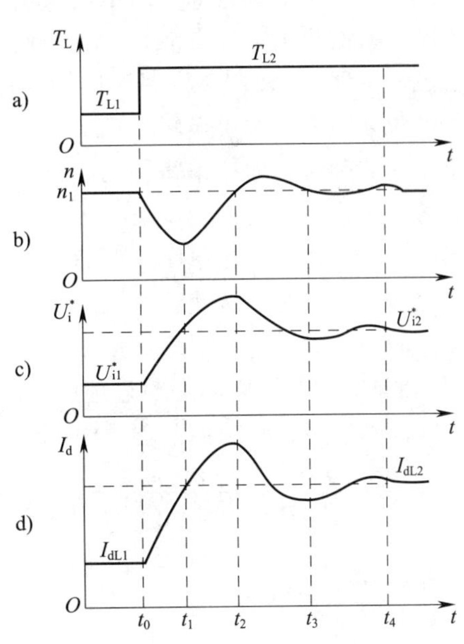

图 24—10 突加负载时，双闭环调速系统的动态调节过程

a）T_L 波形 b）n 波形

c）U_i^* 波形 d）I_d 波形

(2) 转速回升阶段。由于转速 n 仍小于 n_1，且 $\Delta U_n = U_n^* - U_n > 0$，ASR 输出电压 U_i^* 继续增大，U_{ct}，U_{do}，I_d，T_e 也继续增大；当 $T_e > T_{L2}$ 时，$dn/dt > 0$，使电动机的转速回升。

(3) 转速调节阶段。t_2 时刻，$n = n_1$，$U_n^* = U_n$，$\Delta U_n = 0$，但由于 I_d 仍大于 I_{dL2}，且 $T_e > T_{L2}$，电动机继续加速，使转速超调。此时 $n > n_1$，$U_n > U_n^*$ 使 $\Delta U < 0$，ASR 输出电压 U_i^* 开始减小，从而使 U_{ct}，U_{do}，I_d，T_e 减小，$T_e < T_{L2}$ 使电动机转速又下降，经过数次的振荡后，系统进入新的稳定运行状态，此时 $T_e = T_{L2}$，$n = n_1$。

由以上分析可知，双闭环系统在突加负载时，转速调节器 ASR 和电流调节器 ACR 均参与调节作用，但转速调节器 ASR 起主导作用，ASR 的输出电压 U_i^* 增大，使 ACR 输出电压 U_{ct} 和晶闸管变流器输出电压 U_{do} 相应增大，以补偿主回路中负载电流增大所引起的电压降，保证在新的稳定状态时，电动机的转速仍能维持原来的给定转速 n_1。突加负载的动态过程和突加给定的动态过程不同，一般情况下突加负载的调节过程是线性调节过程，不存在 ASR 饱和状态。

2. 抗电网电压扰动

由图 24—8 的转速、电流双闭环调速系统的动态结构图可知，电网电压扰动被包围在电流环内。当电网电压波动时，可以通过电流负反馈和电流调节器得到及时调节，不必等到转速变化才调节。例如，当电网电压减小时，晶闸管变流器输出电压 U_{do} 也会随之减小，由于电动机的机电惯性缘故，首先引起电枢电流 I_d 减小，电流负反馈电压 U_i 也减小，通过电流调节器 ACR 调节作用，使晶闸管变流器的输出电压 U_{do} 增大，维持电枢电流不变。由于电流环的惯性远小于转速环的惯性，整个调节过程很快，使电动机转速几乎不受电网电压波动的影响；而在单闭环调速系统中只有 1 个转速环，当电网电压波动使转速变化时才能通过转速调节器进行调节。因此，在转速、电流双闭环调速系统中，由电网电压波动引起的动态转速降要比单闭环调速系统小得多。

综上所述，对于转速、电流双闭环调速系统来说，扰动对系统的影响与扰动的作用点有关。例如，电网电压扰动作用于电流内环的前向通道（主通道）中，可以通过电流调节器 ACR 及时调节，将不会明显地影响转速；负载扰动作用于转速外环的前向通道（主通道）中，必须通过转速调节器 ASR 调节才能克服扰动引起的影响。

第 4 节　转速、电流双闭环调速系统中的调节器

一、调节器的作用

根据上述有关转速、电流双闭环调速系统分析，可以得出转速调节器 ASR 和电流调节器 ACR 的作用。

1. 转速调节器的作用

(1) 使转速 n 随转速给定电压 U_n^* 变化，保证稳态无静差。

(2) 对负载变化起抗扰作用。

(3) 其输出限幅值决定电动机允许的最大电流。

2. 电流调节器的作用

(1) 启动过程保证电动机获得允许最大电流。

(2) 在转速调节过程中，使电流随其给定电压 U_i^* 变化。

(3) 对电网电压波动起到及时抗扰作用。

(4) 当电动机过载甚至堵转时，限制电枢电流的最大值，从而起到快速的安全保护作用，并在故障消失后系统能够自动恢复正常工作。

二、调节器设计的一般问题

在转速、电流双闭环调速系统的设计中，晶闸管整流装置、整流变压器、平波电抗器等参数可以按照负载的工艺要求来设计和选择，转速反馈系数和电流反馈系数可以通过转速、电流双闭环调速系统的稳态参数计算得出。在转速、电流双闭环调速系统中，转速调节器和电流调节器的设计一般根据生产工艺对调速系统的静态与动态性能指标要求进行，具体为选择调节器结构形式，并计算调节器相应的参数（如电阻值和电容值），以满足调速系统的静态与动态性能指标要求。

在转速、电流双闭环调速系统中，电流环是内环，转速环是外环，因而在设计调节器时，先设计内环（即电流调节器），然后再设计外环（即转速调节器）。具体而言，就是把整个电流环当作转速调节系统中的1个环节。

思 考 题

1. 在转速、电流双闭环直流调速系统中，设转速反馈系数为 α，电流反馈系数为 β，触发器和整流装置的电压放大倍数为 K_s，主电路总电阻为 R。试求：

(1) 系统稳态工作，且速度调节器 ASR、电流调节器 ACR 均不饱和时，U_n^*，U_i^*，U_{ct}，α，β 各个参数的表达式。

(2) 在系统稳态工作时，若转速反馈接线突然断了，则此时系统将会出现什么现象？请予以分析。

(3) 在系统工作时，电动机突然发生堵转，此时电动机是否会因电枢电流过大而烧毁，为什么？

(4) 当系统突加给定启动时，试画出系统的 $n=f(t)$ 和 $I_d=f(t)$ 波形，并说明在启动过程中 ASR 和 ACR 两个调节器的实际工作过程。

(5) 若要改变双闭环系统的转速可调节什么参数？改变转速调节器的放大倍数或晶闸管装置的放大倍数是否可行，为什么？

2. 在转速、电流双闭环直流调速系统中，速度调节器 ASR 有哪些作用？其输出限幅值应按什么要求来整定？电流调节器 ACR 有哪些作用？其限幅值应如何整定？

3. 简述转速、电流双闭环直流调速系统突加给定时启动过程的主要特点。

4. 在转速、电流双闭环调速系统中，出现电网波动或者负载扰动时，哪个调节器起主要作用？请分别简述它们自动调节的过程。

5. 转速、电流双闭环直流调速系统稳态运行时，ASR 和 ACR 两个调节器的输入偏差（给定与反馈之差）是多少？分别写出 ASR 和 ACR 两个调节器输出电压的表达式。

6. 某转速、电流双闭环直流调速系统中 ASR 和 ACR 均采用 PI 调节器，试问：

(1) 在调试中怎样做到 $U_{im}^{*}=6$ V 时，$I_{dm}=20$ A。

(2) 当 $U_{nm}^{*}=10$ V 时，$n=1\ 200$ r/min。现欲使 $U_{n}^{*}=8$ V 时，仍保持 $n=1\ 200$ r/min，此时应调节什么参数？

(3) 当给定电压 U_{n}^{*} 保持恒定，若增大转速反馈系数 α，则系统稳定后转速反馈电压 U_{n} 是否改变，为什么？

(4) 若转速反馈信号极性接反了，会产生怎样的后果？

(5) 在双闭环直流调速系统中，给定电源和测速发电机的精度误差是否会影响系统的稳态精度，为什么？

第 25 章

可逆直流调速系统

前面所述的晶闸管不可逆直流调速系统，仅仅适用于不要求改变电动机旋转方向和对停车的快速性无特殊要求的生产设备。但是，在实际生产中有些生产设备却要求电动机既能正转又能反转，在减速和停车时，要有电气制动以缩短制动时间。这些生产设备的电气传动系统必须采用可逆调速系统。本章首先讲述晶闸管-电动机（V－M）系统的可逆电路和晶闸管-电动机电枢反并联可逆系统的工作状态，着重讲述如何实现电动机的发电回馈制动；其次分析电枢反并联可逆系统中环流及有环流可逆调速系统的工作原理，重点分析逻辑无环流可逆调速系统电路组成、工作原理、工作过程及其实际应用中的改进；最后以实际工程中应用较多的全数字直流调速装置为例，讲述全数字直流调速系统。

第 1 节　晶闸管-电动机系统的可逆电路

要改变直流电动机的转向，就必须改变电动机的电磁转矩方向。由他励直流电动机的转矩公式 $T_e = K_M \Phi I_d$ 可知，改变电磁转矩 T_e 的方向有两种方法：一是改变电动机电枢电流 I_d 的方向，即改变电枢供电电压 U_d 的极性；二是改变电动机的磁通方向，即改变励磁电流的方向，也就是改变励磁绕组供电电压的极性。根据上述两种方法，晶闸管可逆直流调速系统的电路形式有两种：一种是电枢可逆电路，另一种是磁场可逆电路。

一、电枢可逆电路

1. 接触器切换电枢可逆电路

接触器切换电枢可逆电路如图 25—1 所示。由图可知，这种电路只用一组晶闸管变流器，利用正、反向接触器来改变电动机电枢电流的方向，从而实现电动机正向与反向运转。当正向接触器（KMF）闭合时（此时反向接触器 KMR 断开），电动机电枢电压 A 点为正，B 点为负，电枢电流 I_d 的方向如图中实线所示，电动机正转。当 KMR 闭合时（此时 KMF 断开），电动机电枢电压 A 点为负，B 点为正，电枢电流 I_d 的方向如图中虚线所示，电动机反转。

这种可逆电路比较简单、经济，是有触点切换的可逆电路，但由于接触器触点的机械寿命限制及其动作时间长等原因，仅适用于不要求频繁、快速正、反转的可逆调速系统。

2. 两组晶闸管变流器组成的电枢可逆电路

两组晶闸管变流器组成的电枢可逆电路如图 25—2 所示。由图可知，这种电路有两组晶闸管变流器 VF，VR。正向晶闸管变流器（VF）为电动机提供正向电枢电流，如图中实线所示，实现电动机正转。反向晶闸管变流器（VR）为电动机提供反向电枢电流，如图中虚线所示，实现电动机反转。

两组晶闸管变流器组成的电枢可逆电路又有两种连接方式。一种为反并联连接方式，如图 25—3 所示。由图可知，两组晶闸管变流器的交流电源由同一个交流电源供给。

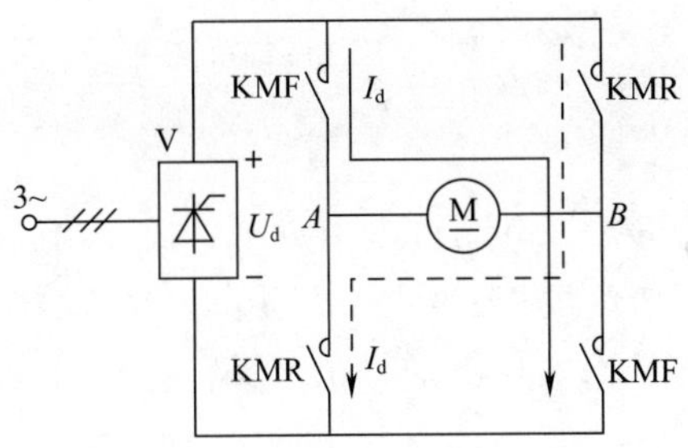

图 25—1　接触器切换电枢可逆电路

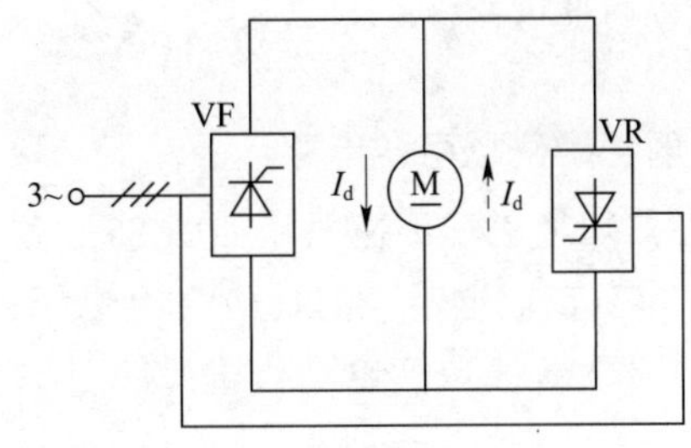

图 25—2　两组晶闸管变流器组成的电枢可逆电路

另一种为交叉连接方式，如图 25—4 所示。由图可知，两组晶闸管变流器的交流电源分别由两个独立的交流电源供电，即由整流变压器的两个副绕组或两台整流变压器供电。

上述两种连接方式中，电枢反并联可逆电路应用更加广泛。两组晶闸管变流器组成的电枢可逆电路是无触点切换可逆电路，切换速度快，适用于要求频繁、快速正、反转的可逆调速系统。

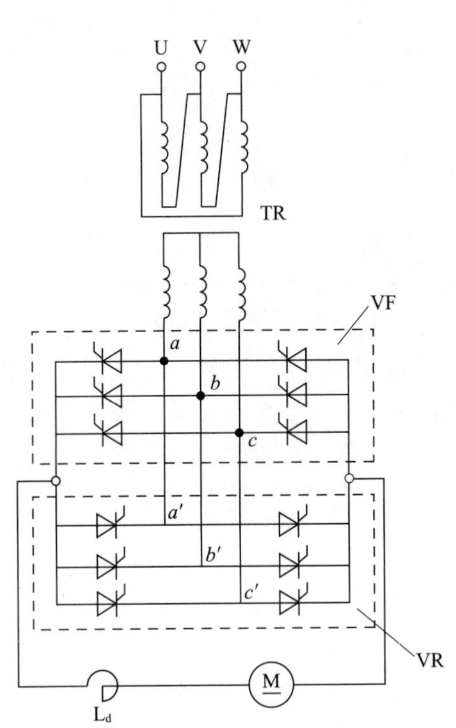

图 25—3　两组晶闸管变流器组成的电枢反并联连接电枢可逆电路

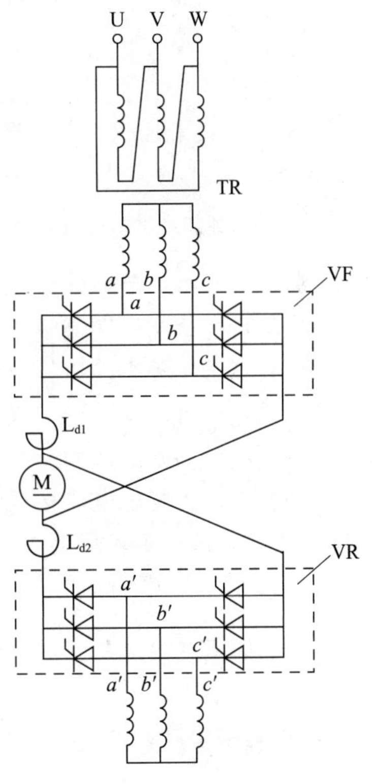

图 25—4　两组晶闸管变流器组成的交叉连接电枢可逆电路

二、磁场可逆电路

1. 接触器切换磁场可逆电路

接触器切换磁场可逆电路如图 25—5 所示。由图可知，电动机电枢只用一组晶闸管变流器 V1 供电，而电动机的励磁绕组也用一组晶闸管变流器 V2 供电，采用正、反向接触器 KMF，KMR 来改变电动机励磁绕组中电流方向，从而实现电动机正、反转。

2. 两组晶闸管变流器组成的磁场可逆电路

两组晶闸管变流器组成的磁场可逆电路如图 25—6 所示。由图可知，电动机电枢只用一组晶闸管变流器 V1 供电，而电动机的励磁绕组用两组晶闸管变流器 VF，VR 供电，正向晶闸管变流器 VF 提供正向励磁电流，反向晶闸管变流器 VR 提供反向励磁电流，从而实现电动机正、反转。

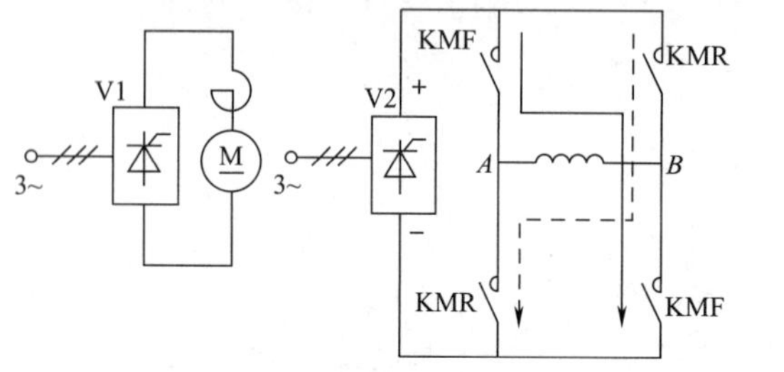

图 25—5　接触器切换磁场可逆电路

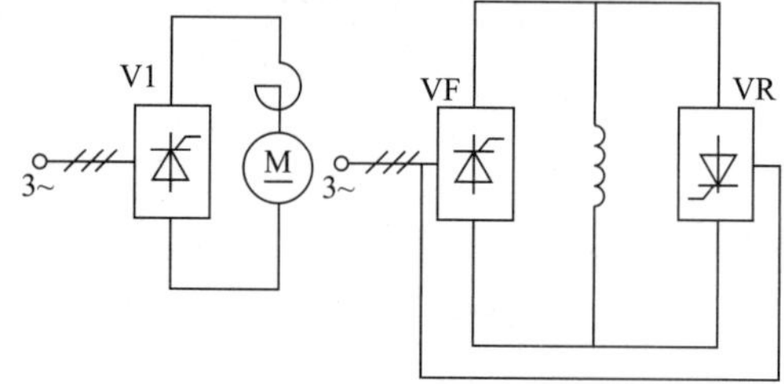

图 25—6　两组晶闸管变流器组成的磁场可逆电路

磁场可逆电路与电枢可逆电路相比较，电动机励磁功率小，一般为电动机额定功率的 1%～5%，磁场可逆电路所需晶闸管变流器容量也较小，对于大功率的电动机来说，磁场可逆电路方案投资费用较小，比较经济。但是，由于电动机励磁绕组电感大，励磁电流的反向过程要比电枢电流的反向过程慢得多，因此磁场可逆电路快速性比电枢可逆电路快速性差得多。为了加快励磁电流的反向过程，常采用强迫励磁方法。此外，必须保证在励磁电流的切换过程中，当励磁电流接近于零时，电动机电枢电流也要相应为零，以防止产生“失磁飞车”现象，因而磁场可逆电路的控制系统比较复杂。磁场可逆电路适用于电动机容量大，且对快速性要求不高的可逆场合。

第 2 节　晶闸管-电动机系统的工作状态分析

一、电动机和晶闸管装置的工作状态

1. 电动机的工作状态

电动机无论正转还是反转，都有 2 种工作状态。

（1）电动工作状态。此时电动机的电磁转矩 T_e 与转速 n 方向相同，电动机将电网供给的电能转换成机械能。在磁通恒定的调压调速系统中，电动机的电磁转矩 T_e 和电枢电流 I_d 方向相同，电动机的转速 n 和反电动势 E 方向相同，因而也可用电枢电流 I_d 和反电动势 E 的相对方向来判别电动机的电动工作状态和制动工作状态。

（2）制动工作状态。此时电动机的电磁转矩 T_e 与转速 n 方向相反，电动机将机械能转换为电能。如果将此电能返送给电网，那么这种制动就称为回馈制动（或发电回馈制动）。除了回馈制动方法外，还有反接制动和能耗制动两种方法。

2. 晶闸管装置的工作状态

晶闸管装置也有两种工作状态。

（1）整流工作状态。此时晶闸管变流器的控制角 $\alpha<90°$，整流电压 U_d 与电枢电流 I_d 方向一致，电源输出能量。

（2）逆变工作状态。此时晶闸管变流器的控制角 $\alpha>90°$（即 $\beta<90°$），整流电压 U_d 与电枢电流 I_d 方向相反，电源吸收能量。

二、晶闸管-电动机系统拖动位能性负载的工作状态分析

晶闸管三相桥式全控电路供电的卷扬机 V－M 调速系统提升重物示意图如图 25—7 所示。当卷扬机提升重物时，晶闸管装置的控制角 $\alpha<90°$，晶闸管装置直流侧输出的平均电压 U_{do} 为正值，且 $U_{do}>E$，所以能输出整流电流 I_d，使电动机产生电磁转矩而将重物提升。这时电能从交流电网经晶闸管装置传输给电动机，再转换为机械能传输给负载。此时晶闸管装置处于整流工作状态，电动机处于正转电动工作状态，即工作在第Ⅰ象限，改变晶闸管装置的控制角 α 大小就可以调节卷扬机提升重物的转速。

当卷扬机下放重物时，为了防止重物由于自重而产生自由落体现象，电动机必须产生与转速相反的制动转矩，使重物能够按要求的转速稳定下降。在重物的作用下，电动机将被拉向反转，其反电动势 E 方向与正向电动工作状态时相反，如图 25—8 所示。此时晶闸管装置的控制角 $\alpha>90°$（即 $\beta<90°$），晶闸管装置直流侧输出平均电压的极性反向，当 $|E|>|U_{do}|$ 时，将产生电流 I_d 和电磁转矩 T_e，I_d 和 T_e 的方向仍和提升重物时一样，但由于此时电动机的转速已反向，电磁转矩 T_e 已成为制动转矩。此时晶闸管装置处于逆变工作状态，电动机处于反转制动工作状态，即工作在第Ⅳ象限，改变晶闸管装置的控制角 α（逆变角 β）大小，就可以调节卷扬机下放重物的转速。这时电动机相当于 1 台由重物拖动的发电机，将重物的位能转换为电能，通过晶闸管装置返送到交流电网。卷扬机位能性负载特性与电动机机械特性曲线如图 25—9 所示。

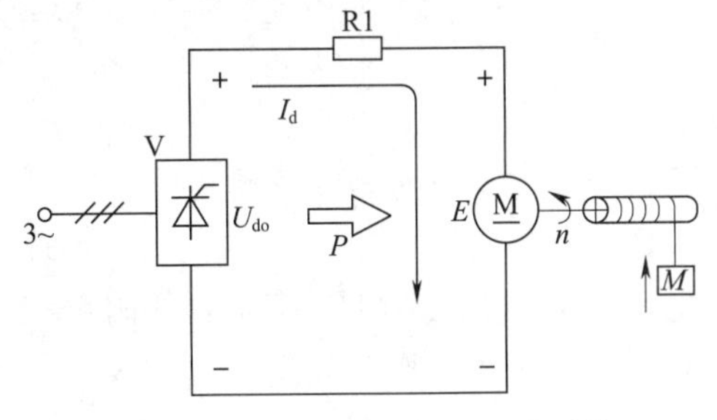

图 25—7　卷扬机 V－M 调速系统提升重物示意图

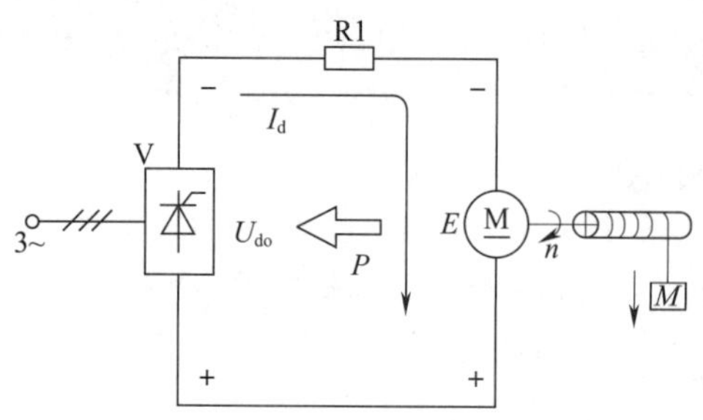

图 25—8 卷扬机 V－M 调速系统放下重物示意图

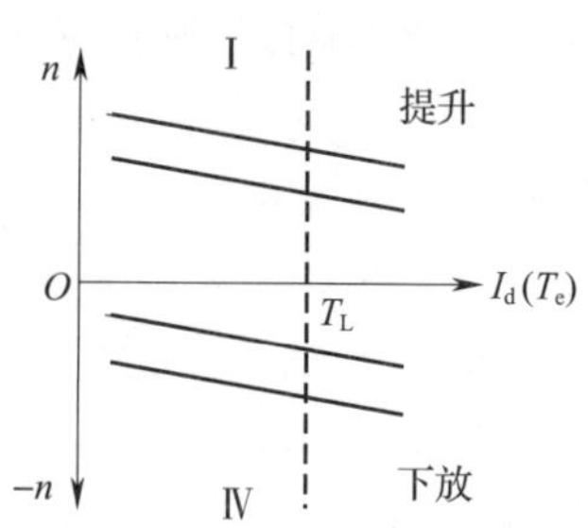

图 25—9 卷扬机位能性负载特性与电动机机械特性曲线

由上述分析可知，由单组晶闸管装置组成的 V－M 系统带位能性负载时可以实现电动机的正、反转运行，电动机分别工作在正转电动状态和反转制动状态，即第Ⅰ象限和第Ⅳ象限。同一套晶闸管装置既可以工作在整流状态，也可以工作在逆变状态，两种状态的电流方向不变，而晶闸管装置直流侧输出的平均电压极性相反，因此能在整流状态中输出电能，而在逆变状态中吸收电能。

三、晶闸管-电动机电枢反并联可逆系统的工作状态分析

1. 电动机的发电回馈制动及其实现

许多生产机械，如龙门刨床的工作台、轧钢机械等，都要求做频繁的、快速的正反向可逆工作，这就需要这些机械具有快速减速或快速停车的功能，经济有效的办法就是采用发电回馈制动，即让电动机处于发电回馈制动工作状态，它能将制动期间释放出来的机械能转换为电能通过晶闸管装置返送到电网。

实现回馈制动，从电动机方面来看，要么改变转速的方向，要么改变电磁转矩（即电枢电流）的方向。而负载在减速制动过程中，转速方向不变，所以要实现回馈制动，必须设法改变电动机电磁转矩的方向，即改变电枢电流的方向。显然，由单组晶闸管装置组成的 V－M 系统，由于晶闸管具有单向导电性，不可能改变电枢电流方向，因而不可能实现回馈制动。如图 25—10 所示，两组晶闸管装置组成的 V－M 可逆电路就能方便地实现回馈制动。

例如，电动机原来以转速 n_1 正向稳定运行，即工作在第Ⅰ象限。此时，正向组晶闸管 VF 工作在整流状态，输出上正下负的整流电压 U_{dof}，电动机处于正转电动运行状态，反电动势 E 的极性为上正下负，如图 25—10 所示。这时 $U_{dof}>E$，电动机吸收能量，将电能转换为机械动能拖动负载。

当电动机从正转 n_1 运行快速停车时，通过控制电路使正向组晶闸管 VF 不工作，而使反向组晶闸管 VR 工作在逆变状态，输出上正下负的逆变电压 U_{dor}，由于电动机的转速方

向未改变，因而反电动势 E 极性也不改变，仍为上正下负，如图 25—11 所示。当 $E>U_{dor}$ 时，便将产生反向电流 $-I_d$，电动机处于发电回馈制动状态，电动机将机械动能转换为电能，并通过反向组晶闸管 VR 回馈到电网，从而实现回馈制动。此时电动机工作在正向制动状态，即工作在第Ⅱ象限。

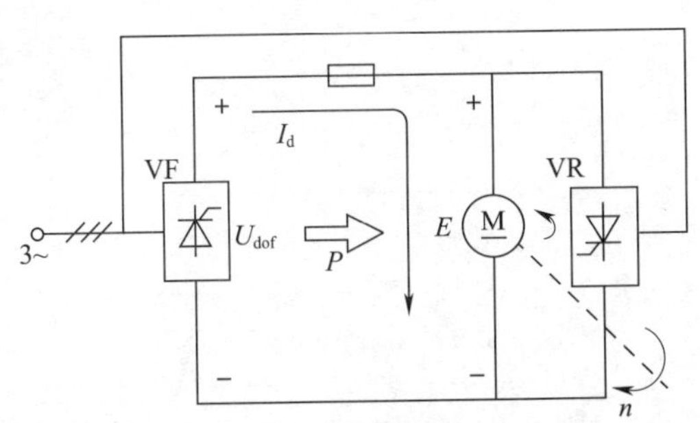

图 25—10　两组晶闸管装置组成的 V－M 可逆电路（正组整流、电动状态）

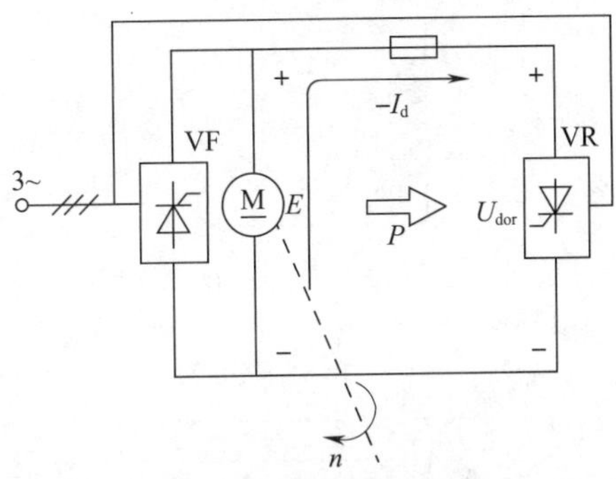

图 25—11　两组晶闸管装置组成的 V－M 可逆电路（反组逆变、回馈制动）

同理分析可知，当电动机以转速 $-n_1$ 反向稳定运行，即工作在第Ⅲ象限时，反向组晶闸管 VR 工作在整流状态，电动机处于反转电动运行状态。当电动机从反转 $-n_1$ 运行快速停车时，通过控制电路使反向组晶闸管 VR 不工作，进而使正向组晶闸管 VF 工作在逆变状态，电动机处于发电回馈制动状态，电动机将机械动能转换为电能，并通过正向组晶闸管 VF 回馈到电网，从而实现回馈制动。此时，电动机工作在反向制动状态，即工作在第Ⅳ象限。

由上述分析可知，对于用两组晶闸管组成的可逆系统来说，在正转运行时可利用反向组晶闸管实现回馈制动，在反转运行时同样可以利用正向组晶闸管实现回馈制动。

2. 电枢反并联可逆系统的四象限运行工作状态分析

有些生产设备，如龙门刨床工作台，工作时需做往复直线运动。正向运行时进行零件切削加工，反向运行时不进行切削，只使工件快速退回，准备下一次的切削，在整个工作过程中需要频繁正、反转运行，这就要求电动机在四个象限内都能工作。电枢反并联可逆系统四象限运行图如图 25—12 所示。

由图 25—12 可知，当系统在第Ⅰ象限运行时，正向组晶闸管 VF 的控制角 $\alpha<90°$，工作在整流状态，电动机处于正转电动运行状态。交流电能通过正向组晶闸管 VF 转换为直流电能，并供给电动机，电动机将电能转换为机械能带动负载。

当系统在第Ⅱ象限运行时，反向组晶闸管 VR 的控制角 $\alpha>90°$（即 $\beta<90°$），处于逆变状态，电动机仍正转，但电流反向，电动机处于回馈制动状态。机械能通过电动机转换为电能，再经反向组晶闸管 VR 转换为交流电能返送到交流电网。

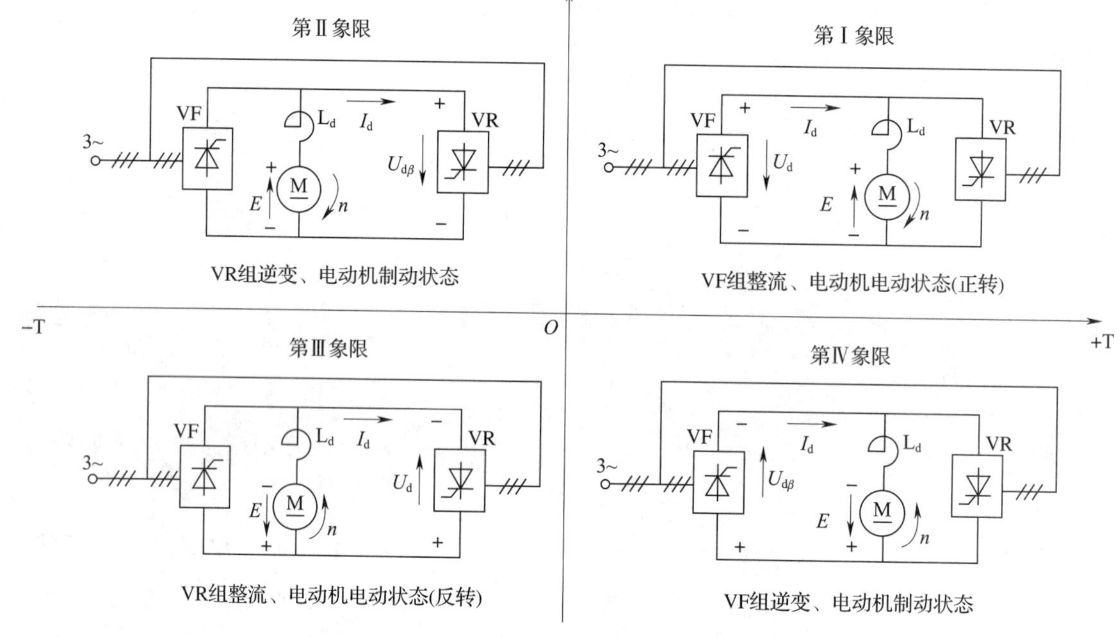

图 25—12　电枢反并联可逆系统的四象限运行图

系统在第Ⅲ象限运行时，晶闸管 VR 的控制角 $\alpha<90°$，工作在整流状态，电动机处于反转电动运行状态。交流电能通过反向组晶闸管 VR 转换为直流电能供给电动机，电动机的电能转换为机械能带动负载。

系统在第Ⅳ象限运行时，正向组晶闸管 VF 的控制角 $\alpha>90°$（即 $\beta<90°$），工作在逆变状态，电动机仍反转，但电流反向，电动机处于回馈制动状态。机械能通过电动机转换为电能，再经正向组晶闸管 VF 转换为交流电能返送到交流电网。

由上述分析可知，电动机从正转到反转是由第Ⅰ象限经第Ⅱ象限到第Ⅲ象限，电动机从反转到正转是由第Ⅲ象限经第Ⅳ象限到第Ⅰ象限。电动机从正转到停止是由第Ⅰ象限到第Ⅱ象限，电动机从反转到停止是由第Ⅲ象限到第Ⅳ象限。

有些生产设备仅是单方向运行，电动机并不要求反转，但要求快速减速和快速停车，即需要快速回馈制动，此时仍需采用两组晶闸管变流器组成的可逆系统。在这种场合下，正向组晶闸管 VF 工作在整流状态，电动机在第Ⅰ象限运行，工作在电动状态。当要快速减速或快速停车时，反向组晶闸管 VR 处于逆变状态，电动机工作在发电回馈制动状态，电动机在第Ⅱ象限运行。

综上所述，电枢反并联可逆系统的四象限运行工作状态见表 25—1。

表 25—1　　　电枢反并联可逆系统的四象限运行工作状态

V－M系统的工作状态	正向运行	正向制动	反向运行	反向制动
电动机旋转方向	＋	＋	－	－
电磁转矩极性	＋	－	－	＋
电枢电流极性	＋	－	－	＋
电枢电压极性	＋	＋	－	－
电动机运行状态	电动	发电回馈制动	电动	发电回馈制动
晶闸管工作的组别和状态	正组、整流	反组、逆变	反组、整流	正组、逆变
机械特性所在象限	Ⅰ	Ⅱ	Ⅲ	Ⅳ

注：表中各量的极性均以正向电动运行为“＋”。

第 3 节　电枢反并联可逆系统中的环流分析

一、环流及其种类

采用两组晶闸管组成的电枢反并联或交叉连接的可逆系统，能很好地解决电动机频繁正、反转运行和回馈制动中电能的回馈通道等问题，但是仍存在一个重要问题——环流问题。环流是指不流过电动机或其他负载，而直接在两组晶闸管变流器之间流通的短路电流，如图 25—13 中电枢反并联可逆电路中的环流 I_c。

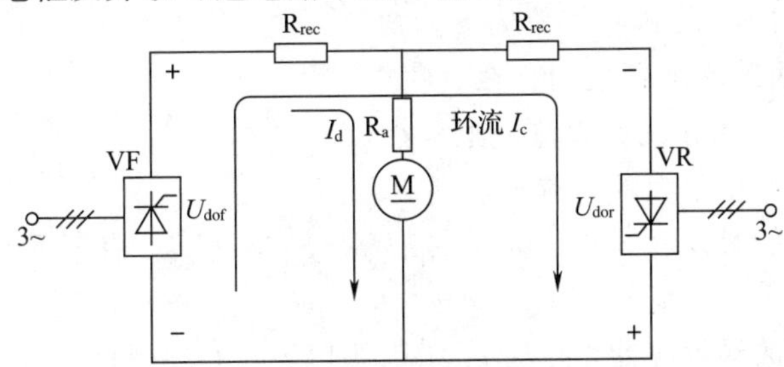

图 25—13　电枢反并联可逆电路中的环流

环流对系统主要有两方面影响：一方面，环流的存在会显著地增加晶闸管和变压器的负担，消耗无用功率，环流太大甚至会导致晶闸管损坏，因此必须加以抑制；另一方面，通过适当地控制，可以利用环流作为晶闸管的基本负载电流，即使在电动机空载或轻载时，由于环流的存在可使晶闸管装置继续工作在电流连续区，避免了电流断续引起的非线性对系统动态、稳态性能的不利影响。而且在可逆系统中存在小量环流，可以实现电流的无间断反向，从而加快反向时的过渡过程。

环流分为静态环流和动态环流两类。

第一类，静态环流。静态环流是指晶闸管装置在某一控制角下稳定工作时，可逆系统中所出现的环流。静态环流又分为直流平均环流和瞬时脉动环流。

第二类，动态环流。动态环流是指在系统稳态运行时不存在，而只在系统处于过渡过程时出现的环流。

在可逆系统中，正确处理环流问题是可逆系统的重要问题。环流不仅影响可逆系统的安全，还影响可逆系统的性能。根据环流的有无，可逆调速系统分为有环流可逆调速系统和无环流可逆调速系统。

现以电枢反并联可逆电路为例，分析静态环流的产生及其抑制措施。

二、直流平均环流的产生和配合控制

1. 直流平均环流的产生

由如图 25—13 所示的电枢反并联可逆电路可知，如果正向组晶闸管 VF 和反向组晶闸管 VR 同时处于整流状态，正向组晶闸管 VF 输出电压 U_{dof} 和反向组晶闸管 VR 输出电压 U_{dor} 形成顺极性串联，这将在两组晶闸管装置中产生很大的短路电流。因而，电枢反并联可逆电路中两组晶闸管不能同时处于整流状态。

假设正向组晶闸管 VF 处于整流状态，即 $\alpha_f<90°$，对于三相全控桥整流电路来说，其输出电压 $U_{dof}=2.34U_{2\Phi}\cos\alpha_f$；反向组晶闸管 VR 处于逆变状态，即 $\beta_r<90°$，则其输出电压 $U_{dor}=2.34U_{2\Phi}\cos\beta_r$，$U_{dof}$ 和 U_{dor} 极性如图 25—14 所示。

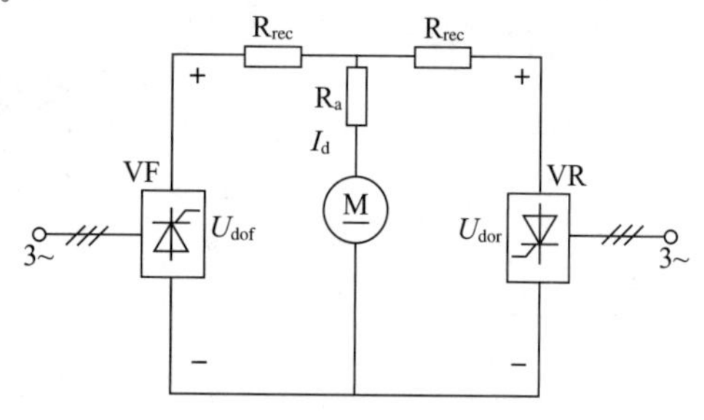

图 25—14　电枢反并联可逆电路中直流平均环流的产生和配合控制

如果两组晶闸管的触发脉冲相位为 $\alpha_f<\beta_r$，则 $U_{dof}>U_{dor}$。此时两组晶闸管之间存在直流电压差 $\Delta U_d=U_{dof}-U_{dor}$，由于回路直流电阻很小，将在两组晶闸管之间产生很大的直流平均环流。

如果两组晶闸管的触发脉冲相位为 $\alpha_f=\beta_r$，则 $U_{dof}=U_{dor}$。此时两组晶闸管之间无直流电压差，因而无直流平均环流。

如果两组晶闸管的触发脉冲相位为 $\alpha_f>\beta_r$，则 $U_{dof}<U_{dor}$。此时两组晶闸管之间虽然存在反向直流电压差 $\Delta U_d=U_{dor}-U_{dof}$，但由于正向组晶闸管 VF 具有单向导电性，所以也不产生直流平均环流。

同理，如果反向组晶闸管 VR 处于整流状态、正向组晶闸管 VF 处于逆变状态，同样可分析得到：当 $\alpha_r<\beta_f$ 时，有直流平均环流；当 $\alpha_r\geqslant\beta_f$ 时，无直流平均环流。

由上述分析可得到一个结论：当 $\alpha<\beta$ 时，有直流平均环流；当 $\alpha\geqslant\beta$ 时，无直流平均环流。因此，在采用两组晶闸管组成的可逆系统中，消除直流平均环流的条件是 $\alpha\geqslant\beta$。

2. 配合控制及其实现

在电枢反并联可逆系统中，按照 $\alpha=\beta$ 的条件来控制两组晶闸管的触发脉冲相位，即可消除直流平均环流，这就是 $\alpha=\beta$ 工作制配合控制。$\alpha=\beta$ 工作制配合控制的电枢反并联可逆电路如图 25—15 所示。

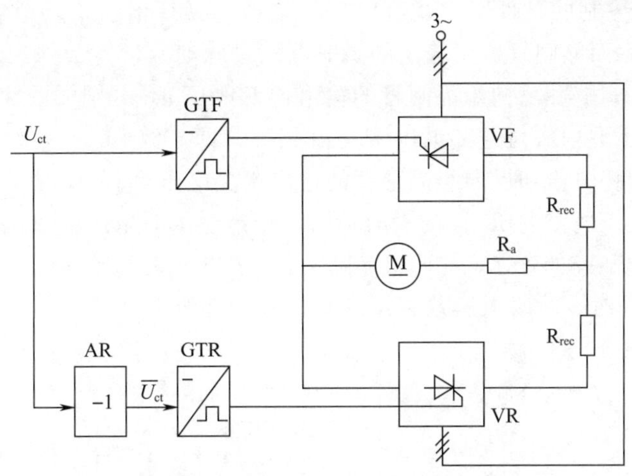

图 25—15　$\alpha=\beta$ 工作制配合控制的电枢反并联可逆电路

由图可知，此电路用同一控制电压 U_{ct} 去控制两组触发器，其中正向组触发器 GTF 由控制电压 U_{ct} 直接控制，而反向组触发器 GTR 由反相器 AR 的输出电压 $\overline{U}_{ct}$ 控制。反相器 AR 的放大系数为 -1，其输出电压 $\overline{U}_{ct}=-U_{ct}$。

当两组触发器的同步信号为锯齿波时，其移相控制特性如图 25—16 所示。考虑到控制电压 $U_{ct}=0$ 时，晶闸管装置输出电压 U_{do} 应等于零，因而两组触发器的控制角 α_f 和 α_r 都调整为 90°。当 U_{ct} 增大，即 $U_{ct}>0$ 时，正向组触发器 GTF 的控制角 α_f 减小，使 $\alpha_f<90°$，正向组晶闸管 VF 工作在整流状态，整流电压 U_{dof} 增大；而反向组触发器 GTR 的控制角 α_r 增大，使 $\alpha_r>90°$（或逆变角 β_r 减小，使 $\beta_r<90°$），反向组晶闸管 VR 工作在逆变状态，逆变电压 U_{dor} 增大。由于 $\overline{U}_{ct}=-U_{ct}$，所以在 U_{ct} 移相控制过程中一直保持 $\alpha_f=\beta_r$ 工作制，则 $U_{dof}=-U_{dor}$。为了防止晶闸管装置在逆变工作时因逆变角 β 太小而发生逆变颠覆故障，必须在控制电路中设置限制最小逆变角 β_{min} 环节，对此一般可在前级放大器（如电流调节器 ACR）上采取输出电压 U_{ctm} 限幅措施。限幅值 U_{ctm} 可按需要选取，通常取最小逆变角 $\beta_{min}=30°$，相应最小控制角 $\alpha_{min}=30°$。

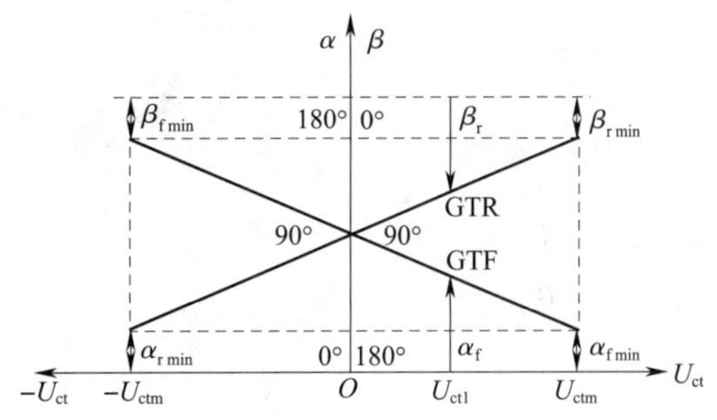

图 25—16　触发器的移相控制特性

三、瞬时脉动环流的产生及其抑制

1. 瞬时脉动环流的产生

现以图 25—17 所示的三相半波反并联可逆电路为例，分析说明瞬时脉动环流的产生。

在 $\alpha=\beta$ 工作制配合控制的条件下，整流电压平均值与逆变电压平均值始终相等，因而没有直流平均环流。然而晶闸管装置输出的瞬时电压是脉动的，当 $\alpha_f=\beta_r=60°$时，正向组晶闸管的输出整流电压 u_{dof}和反向组晶闸管的输出逆变电压 u_{dor}分别如图 25—17b 和 25—17c 所示。虽然整流电压平均值与逆变电压平均值相等，即 $U_{dof}=U_{dor}$，然而正向组晶闸管的输出整流电压 u_{dof}的瞬时值和反向组晶闸管的输出逆变电压 u_{dor}的瞬时值并不相等。当整流电压 u_{dof}的瞬时值大于逆变电压 u_{dor}的瞬时值时，便产生瞬时电压差 Δu_{do}，如图 25—17d 所示。由于这个瞬时电压差的存在，在两组晶闸管之间产生瞬时脉动环流 i_{cp}，如图 25—17a 所示。当控制角 α 不同时，瞬时电压差 Δu_{do}和瞬时脉动环流 i_{cp}也不同。

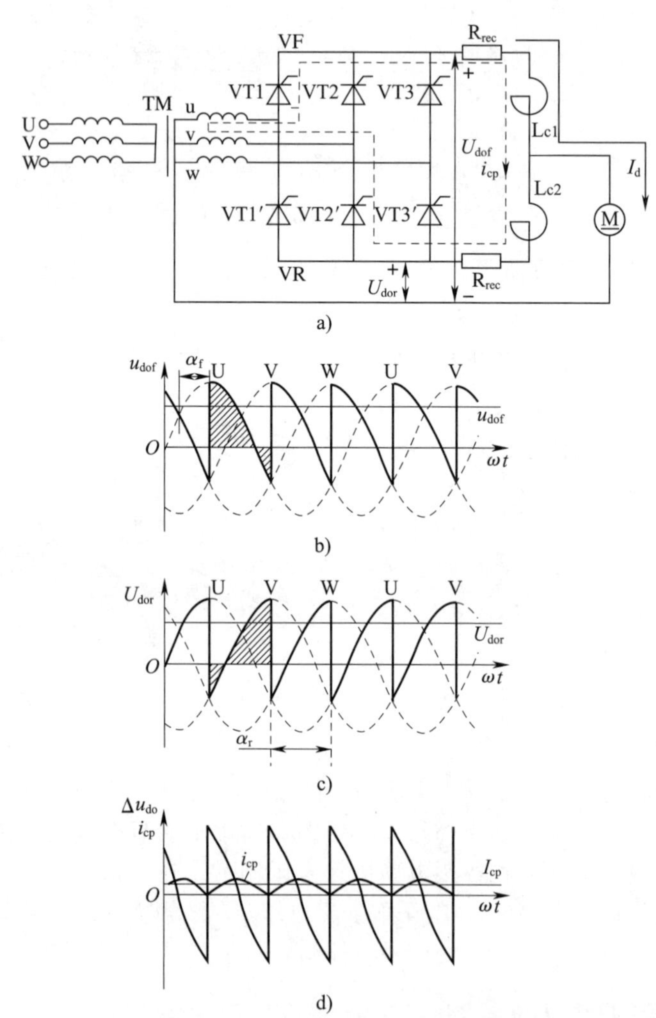

图 25—17　$\alpha=\beta$ 工作制配合控制的三相半波反并联可逆电路的瞬时脉动环流

a）电路　b）u_{dof}　c）u_{dor}　d）Δu_{do} 和 i_{cp}

2. 瞬时脉动环流的抑制

直流平均环流可采用 $\alpha \geq \beta$ 配合控制消除，但瞬时脉动环流却始终存在，必须采取措施加以限制。由于环流回路本身的阻抗小，因而在环流回路中串入电抗器以抑制瞬时脉动环流。该电抗器称为环流电抗器或均衡电抗器，如图 25—17a 中的 L_{c1} 和 L_{c2}。三相半波反并联可逆电路设置了 2 个环流电抗器，这是由于当一组晶闸管（如正向组晶闸管 VF）工作在整流状态时，L_{c1} 上除流过瞬时脉动环流外，还流过电动机负载电流，使 L_{c1} 饱和，因而电感量大为降低，失去限制瞬时脉动环流的作用。只有在逆变回路中，L_{c2} 由于没有电动机负载电流流过，才真正起到限制瞬时脉动环流的作用。

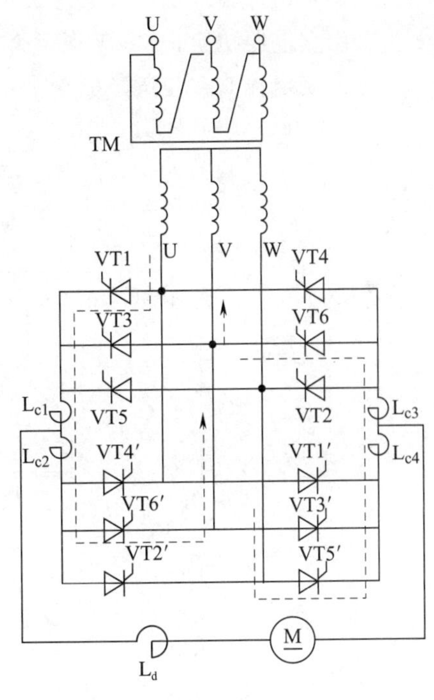

图 25—18　三相桥式反并联可逆电路的环流

三相桥式反并联可逆电路的环流有两条环流通道，一条环流通道由正向组 VF 中的晶闸管 VT1，VT3，VT5 和反向组 VR 中的晶闸管 VT4′，VT6′，VT2′构成；另一条环流通道由正向组 VF 中的晶闸管 VT4，VT6，VT2 和反向组 VR 中的晶闸管 VT1′，VT3′，VT5′构成。因此，三相桥式反并联可逆电路要设置 4 个环流电抗器，如图 25—18 所示。

第 4 节　有环流可逆调速系统

有环流可逆调速系统根据系统对环流的控制分为自然环流（$\alpha=\beta$ 工作制配合控制）可逆调速系统和可控环流可逆调速系统。现以自然环流（$\alpha=\beta$ 工作制配合控制）可逆调速系统为例进行分析说明。

一、有环流可逆调速系统的组成及其工作原理

$\alpha=\beta$ 工作制配合控制的有环流可逆调速系统原理图如图 25—19 所示。主电路采用三相桥式反并联可逆电路，由于有两条环流通路，因此设置了 4 个环流电抗器 L_{c1}，L_{c2}，L_{c3}，L_{c4}。在电枢回路中还设置了平波电抗器 L_d。控制线路采用典型的转速电流双闭环系统，转速调节器 ASR 和电流调节器 ACR 都采用有限幅输出的 PI 调节器。转速调节器 ASR 的限幅用以限制最大电枢电流，电流调节器 ACR 的限幅用以限制最小逆变角 β_{min} 和最小控制角 α_{min}。正向组触发器 GTF 由电流调节器 ACR 输出 U_{ct} 控制，反向组触发器 GTR 由反相器 AR 输出 $\bar{U}_{ct}$ 控制，$\bar{U}_{ct}=-U_{ct}$，用以保证在任何控制角时都保持 $\alpha=\beta$ 的配合关系。转速反馈信号来自测速发电机，它能反映电动机正、反转时的正负极性，电流反

馈信号采用霍尔电流变换器，直接检测电枢回路的直流电流，以便能正确反映电流反馈的极性，以满足电流负反馈的要求。为了适应系统正、反向运行的需要，系统的转速给定电压 U_n^* 采用继电器切换，KF 触点闭合，转速给定电压 U_n^* 为正，电动机正转；KR 触点闭合，转速给定电压 U_n^* 为负，电动机反转。

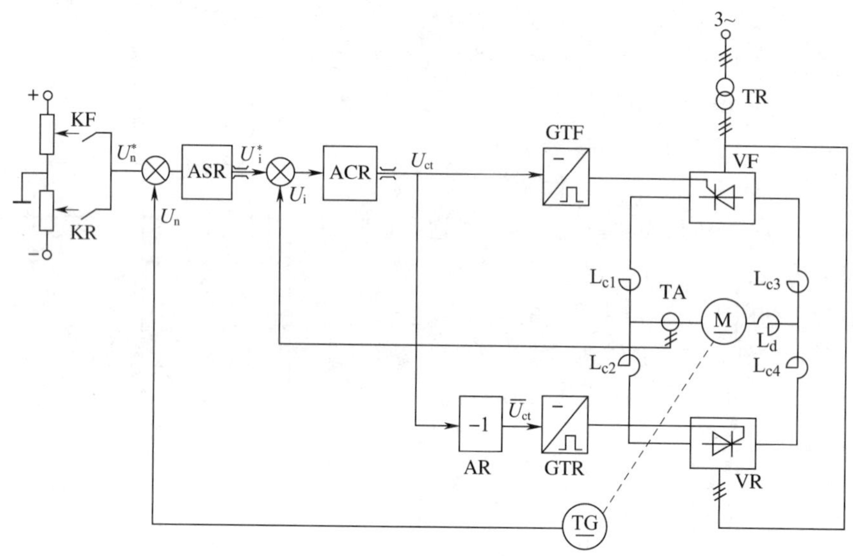

图 25—19　$\alpha=\beta$ 工作制配合控制的有环流可逆调速系统原理图

正向运行时，正向继电器 KF 接通，转速给定电压 U_n^*为正，经过转速调节器 ASR 和电流调节器 ACR 输出的移相控制电压 U_{ct}为正，正向组触发器 GTF 输出的触发脉冲控制角$\alpha_f<90°$，正向组晶闸管 VF 处于整流状态，输出整流电压为 U_{dof}，电动机正向运行，电动机的反电动势为 E。移相控制电压 U_{ct}经过反相器 AR 输出控制电压$\overline{U}_{ct}$为负，反向组触发器 GTR 输出的触发脉冲控制角 $\alpha_r>90°$，反向组晶闸管 VR 处于待逆变状态，逆变电压为 U_{dor}，且 $U_{dof}=U_{dor}$。所谓“待逆变状态”，是指该组晶闸管在逆变角控制下等待工作，除流过环流外，并不流过负载电流，也就没有电能回馈电网。

同理，反向运行时，反向继电器 KR 接通，转速给定电压 U_n^* 为负，反向组晶闸管 VR 处于整流状态，正向组晶闸管 VF 处于待逆变状态，电动机反向运行。

由上述分析可知，当一组晶闸管处于整流状态时，另一组晶闸管便处于待逆变状态。如电动机正向运行时，正向组晶闸管 VF 处于整流状态，反向组晶闸管 VR 处于待逆变状态，当需要电动机回馈制动时，只要改变控制角，就能同时减小 U_{dof} 和 U_{dor}。当电动机的反电动势 $E>|U_{dor}|$时，反向组晶闸管 VR 将流过反向电流，从待逆变状态转变为有源逆变状态，使电动机产生回馈制动，将能量回馈电网。正向组晶闸管 VF 从整流状态转变为待整流状态。所谓“待整流状态”，是指该组晶闸管在控制角控制下等待工作，除流过环流外，并不流过负载电流，也就没有从电网供给电能。因此，在 $\alpha=\beta$ 配合控制的有环流

调速系统中，负载电流可以按正、反两个方向平滑过渡，在任何时刻，总是一组晶闸管在工作，另一组晶闸管处于待工作状态。

二、有环流可逆调速系统的工作过程

有环流可逆调速系统的启动过程与转速、电流双闭环不可逆调速系统相同，但制动过程有其自身的特点。正向运行转向反向运行的过程由正向制动过程与反向启动过程两部分组成，所以只需重点分析它的制动过程。现以正向制动停车为例，分析说明正向制动过程。

1. 正向运行过程

系统处于正向稳定运行时，转速给定电压 U_n^* 为正，转速反馈电压 U_n 为负，转速调节器 ASR 的输出 U_i^*为负，电流反馈电压 U_i 为正，电流调节器 ACR 的输出 U_{ct}为正，正向组晶闸管 VF 处于整流状态，输出整流电压为 U_{dof}，反向组晶闸管 VR 处于待逆变状态，逆变电压为 U_{dor}。电动机的负载电流 I_d 由正向组晶闸管 VF 供给，$U_{dof}>E$，电动机的反电动势 E 与 I_d 方向相反，交流电能通过正向组晶闸管 VF 转变为直流电能供给电动机，电动机处于正向电动运行状态。

2. 正向制动停车过程

正向制动停车过程可分为本组逆变阶段和它组制动阶段两个阶段。

（1）本组逆变阶段。发出停车指令后，如正向继电器 KF 断开，转速给定电压 U_n^* 突变为零，转速调节器 ASR 的输入偏差为负 $\Delta U_n=-U_n$，则转速调节器 ASR 的输出 U_i^*跃变为正限幅值$+U_{i\max}^*$，这时电枢电流方向还没有改变，电流反馈电压 U_i 仍为正，电流调节器 ACR 的输入信号 $\Delta U_i=U_{i\max}^*+U_i$，电流调节器 ACR 的输出 U_{ct} 跃变为负限幅值$-U_{ctmax}$。这样使正向组晶闸管 VF 由原来的整流状态很快转变为 $\beta_f=\beta_{min}$的逆变状态，而反向组晶闸管 VR 由待逆变状态转变为待整流状态。由于正向组晶闸管 VF 由原来的整流状态转变为逆变状态，U_{dof}的极性反向，U_{dof}和 E 都与电枢电流 I_d 方向相反，迫使 I_d 迅速减小，在主电路电感 L 两端产生很大的感应电压 $L\dfrac{\mathrm{d}I_d}{\mathrm{d}t}$，其极性与 E 相反。这时，$L\dfrac{\mathrm{d}I_d}{\mathrm{d}t}-E>U_{dof}=U_{dor}$，由电感 L 释放的磁场能量维持正向电流，大部分能量通过正向组晶闸管 VF 回馈电网。由于这一阶段投入逆变工作的仍是原来处于整流状态的正向组晶闸管 VF，所以称为本组逆变阶段。在本组逆变阶段中，主要特点是电流降落，由于电流快速减小，本组逆变阶段时间很短，转速来不及产生明显的变化。

（2）它组制动阶段。当电枢电流 I_d 减小为零时，本组逆变结束，转到反向组晶闸管 VR 工作。I_d 反向后，系统从本组逆变阶段转变为它组制动阶段。它组制动阶段一般可分为它组建流子阶段、它组逆变子阶段、反向减流子阶段 3 个子阶段。

在它组建流子阶段，反向组晶闸管 VR 由待整流状态进入整流状态，在反向组晶闸管 VR 整流电压 U_{dor}和反电动势 E 的共同作用下，反向电枢电流 I_d 快速增大，电动机处于反接制动状态。当反向电枢电流 I_d 达到$-I_{dmax}$并略有超调时，电流调节器 ACR 输入偏差信

号 ΔU_{i} 变负，输出电压 U_{ct} 从饱和值 $-U_{ctmax}$ 退出，由负变正，然后再增大，使反向组晶闸管 VR 回到逆变状态，而正向组晶闸管 VF 变为待整流状态，此时进入它组逆变子阶段。在电流调节器 ACR 的作用下，力图维持最大反向电流 I_{dmax}，使电动机回馈制动，把动能转换为电能，并通过反向组晶闸管 VR 回馈电网。它组逆变子阶段是制动过程的主要阶段，所占时间最长。在它组逆变子阶段中，U_{dor}，E，n 这几个物理量同步线性衰减，由于要克服 R_{rec} 和 R_{a} 上的电压降，故总是 $E>U_{dor}$ 才能维持 $-I_{dmax}$ 基本恒定。当 $U_{dor}=0$ 时，E 仍继续减小，这时就无法维持 $-I_{dmax}$ 不变，于是电流衰减，进入反向减流子阶段。在这一阶段，电感上的感应电压 $L\frac{dI_{d}}{dt}$ 维持着反向电流，释放出储存的磁能，并与电动机释放出来的动能一起通过反向组晶闸管 VR 回馈电网。

由上述分析可知，正向制动过程主要是通过反向组逆变回馈制动，使电动机的转速下降为零。

第 5 节　逻辑无环流可逆调速系统

电枢反并联可逆系统根据有无环流可分为有环流可逆系统和无环流可逆系统。虽然有环流可逆调速系统具有反向快、过渡平滑等优点，但是需要设置几个环流电抗器，会增加系统的成本、装置的体积和功率损耗。因此，当生产工艺过程对系统过渡特性的平滑性要求不是很高时，特别是对于大功率可逆调速系统来说，希望能够省去几个环流电抗器时，常采用无环流可逆调速系统。实现无环流的基本原理是，当可逆系统中一组晶闸管工作时（不论是工作在整流状态还是逆变状态），采取一定方法使另一组晶闸管处于完全阻断状态，以确保两组晶闸管不同时工作，从根本上切断环流的通路。按实现无环流的方式不同，无环流可逆调速系统又分为逻辑无环流可逆调速系统和错位无环流可逆调速系统两类。

逻辑无环流可逆调速系统是当一组晶闸管工作时，用逻辑电路封锁另一组晶闸管的触发脉冲，使它完全处于阻断状态，确保两组晶闸管不同时工作，从根本上切断环流的通路。

错位无环流可逆调速系统是当一组晶闸管工作时，并不封锁另一组晶闸管的触发脉冲，而是巧妙地错开触发脉冲相位。当触发脉冲到来时，它的晶闸管却处于反向状态，不能导通，从而也不可能产生环流。

在实际应用中，逻辑无环流可逆调速系统是应用广泛的一种可逆调速系统。

一、逻辑无环流可逆调速系统的组成

逻辑无环流可逆调速系统的工作原理图如图 25—20 所示。主电路采用两组晶闸管 VF 与 VR 反并联线路，由于没有环流，不用再设置环流电抗器，但为了抑制电枢电流的脉动和保证电流的连续，设置了平波电抗器 L_{d}。控制线路采用前面所介绍的典型转速、电流双闭环系统。该线路设置了 2 个电流调节器，ACR1 用来控制正向组触发器 GTF，ACR2

控制反向组触发器 GTR，ACR1 的给定信号 U_i^*经反相器 AR 反相后作为 ACR2 的给定信号 $\bar{U}_i^*$，这样可使电流反馈信号 U_i 的极性在正、反转时都不必改变，从而可采用不反映极性的交流互感器和整流器组成的电流检测器。该系统设置了无环流逻辑控制器 DLC，对正、反向组晶闸管触发脉冲实施封锁和开放控制，从而实现无环流。由于主电路不设环流电抗器，一旦出现环流将造成严重的短路事故，所以对系统工作时的可靠性要求特别高。因此，在逻辑无环流可逆系统中无环流逻辑控制器 DLC 是系统的关键部件，必须保证其可靠工作。它按照系统的工作状态，指挥系统进行自动切换，或者允许正向组发出触发脉冲从而封锁反向组触发脉冲，或者允许反向组发出触发脉冲从而封锁正向组触发脉冲。6
在任何时候，绝对不容许两组晶闸管同时开放，以确保主电路不产生环流。正、反向组晶闸管触发脉冲的零位仍整定在 $\alpha_{f0}=\alpha_{r0}=90°$时，工作时移相方法和 $\alpha=\beta$ 工作制配合控制的自然环流可逆系统一样，只是用无环流逻辑控制器 DLC 来控制两组触发脉冲封锁和开放。

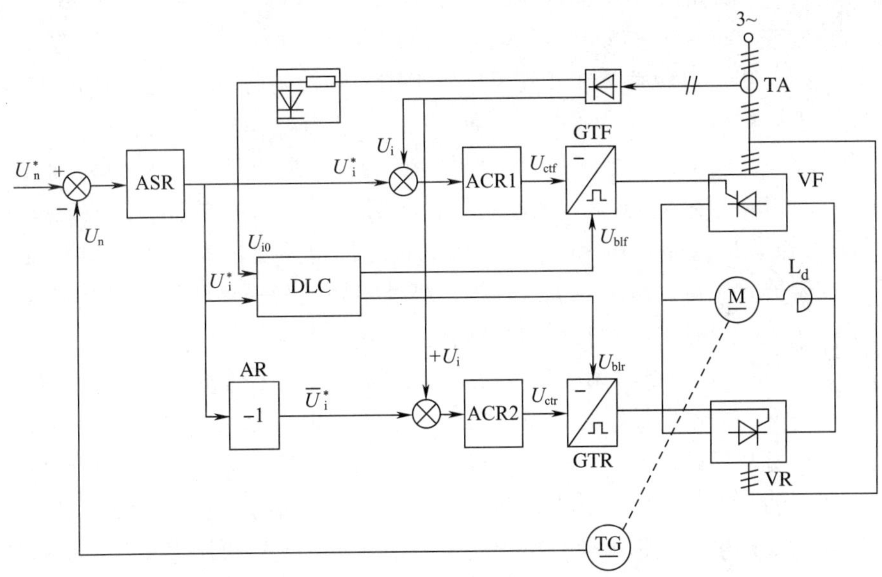

图 25—20 逻辑无环流可逆调速系统的工作原理图

二、可逆系统对无环流逻辑控制器的基本要求

无环流逻辑控制器的任务是：根据可逆系统运行状态正确选择两组晶闸管中哪一组晶闸管触发脉冲开放工作，在正向组晶闸管 VF 触发脉冲开放工作时封锁反向组晶闸管 VR 触发脉冲，或者在反向组晶闸管 VR 触发脉冲开放工作时封锁正向组晶闸管 VF 触发脉冲。两组晶闸管触发脉冲绝对不允许同时开放。

无环流逻辑控制器的核心问题是：根据什么条件来选择两组晶闸管中哪一组触发脉冲开放而导通工作、哪一组触发脉冲封锁而关断，以及在何种许可条件下两组晶闸管触发脉冲进行切换。因此，要分析可逆系统中各种工作运行状态与对应晶闸管变流器工作状态的关系。由本章第 2 节可知每组晶闸管变流器都有整流和逆变两种工作状态。但由于晶闸管单向导电性，无论晶闸管变流器处于何种工作状态，其主电路的电流（电枢电流）方向都是一样的。例如，正向组晶闸管变流器导通工作时，主电路的电流（电枢电流）方向为正；反向组晶闸管变流器导通工作时，主电路的电流（电枢电流）方向为负。当系统中电动机正转和反向制动时，系统分别运行在第Ⅰ象限和第Ⅳ象限，它们的共同点是主电路的电流（电枢电流）方向为正，电磁转矩方向为正（在电动机磁通方向不变时，电磁转矩方向同电流方向）。这时，正向组晶闸管 VF 分别工作在整流与逆变状态，而反向组晶闸管 VR 处于待工作状态。

当电动机反转和正向制动时，系统分别运行在第Ⅲ象限和第Ⅱ象限，它们的共同点是主电路电流（电枢电流）方向为负，电磁转矩方向为负（在电动机磁通方向不变时，电磁转矩方向同电流方向）。反向组晶闸管 VR 分别工作在整流与逆变状态，而正向组晶闸管 VR 处于待工作状态。由上述分析可知，根据系统中主电路的电流（电枢电流）方向（即电磁转矩方向）可以判断出两组晶闸管所处的状态（工作状态或待工作状态），因而无环流逻辑控制器应该根据系统中主电路的电流（电枢电流）方向（即电磁转矩方向）要求在两组晶闸管中选择哪一组触发脉冲开放而导通工作，哪一组触发脉冲封锁而关断。具体来说，当系统要求电枢电流（电磁转矩）方向为正时，无环流逻辑控制器应开放正向组晶闸管 VF 的触发脉冲，使正向组晶闸管 VF 工作，而封锁反向组晶闸管 VR 触发脉冲；反之，当系统要求电枢电流（电磁转矩）方向为负时，无环流逻辑控制器应开放反向组晶闸管 VR 触发脉冲，使反向组晶闸管 VR 工作，而封锁正向组晶闸管 VF 触发脉冲。由此可见，无环流逻辑控制器首先可用电枢电流（转矩）极性鉴别信号选择两组晶闸管中哪一组触发脉冲开放工作，哪一组触发脉冲封锁而关断。

如图 25—20 所示，由逻辑无环流可逆调速系统的工作原理图可知，转速调节器 ASR 的输出 U_i^* 就是电流给定信号，它的极性反映了系统电枢电流（电磁转矩）的极性。如果在电动机正转运行和反向制动时，U_i^* 均为负，U_i^* 的极性正好反映了系统要产生正电枢电流（电磁转矩）的要求；反之，在电动机反转运行和正向制动时，U_i^* 均为正，U_i^* 的极性正好反映了系统要产生负电枢电流（电磁转矩）的要求，所以可用电流给定信号 U_i^* 作为无环流逻辑控制器 DLC 的控制信号之一，即逻辑切换申请指令。DLC 首先应鉴别 U_i^* 的极性，当 U_i^* 由负变正时，先封锁正向组晶闸管 VF（$U_{blf}=0$）触发脉冲，然后开放反向组晶闸管 VR（$U_{blr}=1$）触发脉冲；反之，当 U_i^* 由正变负时，先封锁反向组晶闸管 VR（$U_{blr}=0$）触发脉冲，然后开放正向组晶闸管 VF（$U_{blf}=1$）触发脉冲。

然而，仅用电流给定信号 U_i^* 控制 DLC 还不够。因为 U_i^* 的极性改变只是说明正、反向两组晶闸管有切换的要求，U_i^* 的极性改变只是逻辑切换的必要条件，不是充分条件。例如，系统正向制动时，U_i^* 极性由负变正标志着制动过程的开始；但是在电枢电流尚未反向以前，仍须保持正向组晶闸管 VF 开放，以便进行本组逆变，使电枢电流下降。如果在本组逆变过程还未结束时，就根据 U_i^* 极性改变而去封锁正向组晶闸管 VF 触发脉冲，将会引起逆变颠覆造成严重事故。因此，只有在实际电流减小到零之后，才能封锁原工作组晶闸管（正向组晶闸管）的触发脉冲。因而，逻辑控制器 DLC 还需要另一个控制信号——零电流检测信号。零电流检测信号是逻辑切换许可指令，是逻辑切换的充分条件。逻辑控制器 DLC 只有在逻辑切换的必要条件和充分条件都满足，并经过必要的逻辑判断后才能发出切换指令。

为了保证系统工作可靠，在逻辑切换指令发出后并不能立即执行，还需经过封锁延时 t_{d1} 才允许封锁原工作组晶闸管的触发脉冲；再经过开放延时 t_{d2} 才允许开放待工作组晶闸管的触发脉冲。

1．封锁延时 t_{d1}

封锁延时 t_{d1} 是指从发出切换指令到真正封锁原工作组晶闸管的触发脉冲所等待的时间。因为在可逆系统进入制动前，电枢电流是以脉动状态按指数规律衰减，电流未减小为零以前，其瞬时值是脉动的，如图 25—21 所示。图中 I_0 为零电流检测器的最小动作电流值，U_Z 为零电流检测器的输出信号，U_{blf} 为封锁正向组触发器的信号。当电流瞬时脉动值小于零电流检测器最小动作电流值 I_0 时，零电流检测器就发出零电流信号，而此时原工作组晶闸管仍有一定大小的电流在流通。在未设置封锁延时 t_{d1} 的情况下，就根据检测到的零电流信号去封锁原工作组晶闸管的触发脉冲，势必使正处于逆变状态的该工作组发生逆变颠覆事故，如图 25—21a 所示。设置封锁延时 t_{d1} 之后，检测到的零电流信号需要等待一段时间 t_{d1}，若仍不超过 I_0，则说明电流确实减小为零，这时就可以发出封锁原工作组晶闸管的触发脉冲，如图 25—21b 所示。对于三相桥式电路来说，一般取封锁延时 t_{d1} 为 2～3 ms。

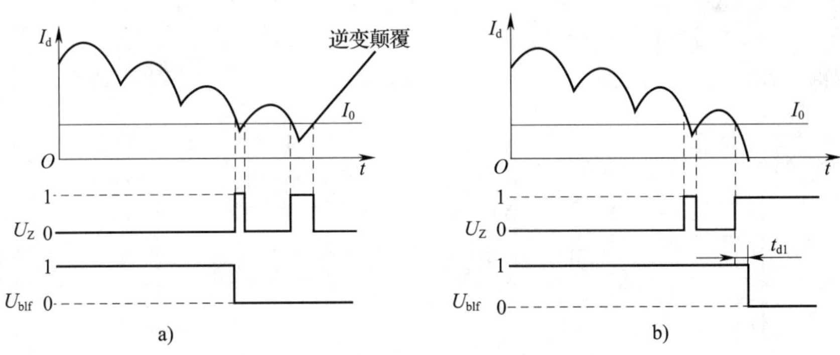

图 25—21　零电流检测器和封锁延时的作用波形

a）无封锁延时　b）设置封锁延时

2．开放延时 t_{d2}

开放延时 t_{d2} 是指从封锁原工作组晶闸管的触发脉冲到开放另一组晶闸管的触发脉冲所等待的时间。因为在封锁原工作组晶闸管的触发脉冲时，已被触发导通的晶闸管要等到电流为零时才真正关断，而且关断之后还需要一段恢复阻断能力的时间。如果在这之前就开放另一组晶闸管，仍可能造成两组晶闸管同时导通，形成环流短路事故。为防止这种事故发生，在发出封锁本组晶闸管的触发脉冲信号之后，必须等待一段时间 t_{d2} 后，才允许开放另一组晶闸管的触发脉冲。对于三相桥式电路来说，一般取开放延时 t_{d2} 为 5～7 ms。

此外，在无环流逻辑控制器 DLC 中还必须设置输出联锁保护电路，使其输出信号 U_{blf} 和 U_{blr} 不可能同时为“1”状态，以确保两组晶闸管的触发脉冲不能同时开放。

综上所述，可逆系统对无环流逻辑控制器 DLC 的基本要求如下：

(1) 在任何情况下，绝对不允许同时开放正、反向两组晶闸管变流器的触发脉冲，必须是一组晶闸管变流器的触发脉冲开放工作，同时另一组晶闸管变流器的触发脉冲封锁关断。

(2) 逻辑控制器由电流给定信号 U_i^* 的极性（转矩极性）信号和零电流检测信号 U_{i0} 共同发出逻辑切换指令。转矩变极性信号是逻辑切换的申请指令，零电流检测信号是逻辑切换的许可指令。当转矩极性信号 U_i^* 改变极性时，必须等到有零电流检测信号后，才能发出逻辑切换指令。

(3) 为了系统工作可靠，在发出逻辑切换指令后，必须先经过封锁延时 t_{d1} 才能封锁原工作组晶闸管的触发脉冲，再经过开放延时 t_{d2} 后，才能开放另一组待工作晶闸管的触发脉冲。

三、无环流逻辑控制器的组成及其工作原理

无环流逻辑控制器 DLC 的原理图如图 25—22 所示。DLC 可分为电平检测、逻辑判断、延时电路和输出联锁保护 4 个部分，采用集成运算放大器和具有高抗干扰能力的高阈值逻辑（HTL）与非门电路组成。HTL 与非门电路是在 DTL（二极管-晶体管逻辑）电路的基础上发展起来的。HTL 与非门电路的电源电压采用 15 V，与 DTL，TTL（晶体管-晶体管逻辑）电路相比，抗干扰能力强。

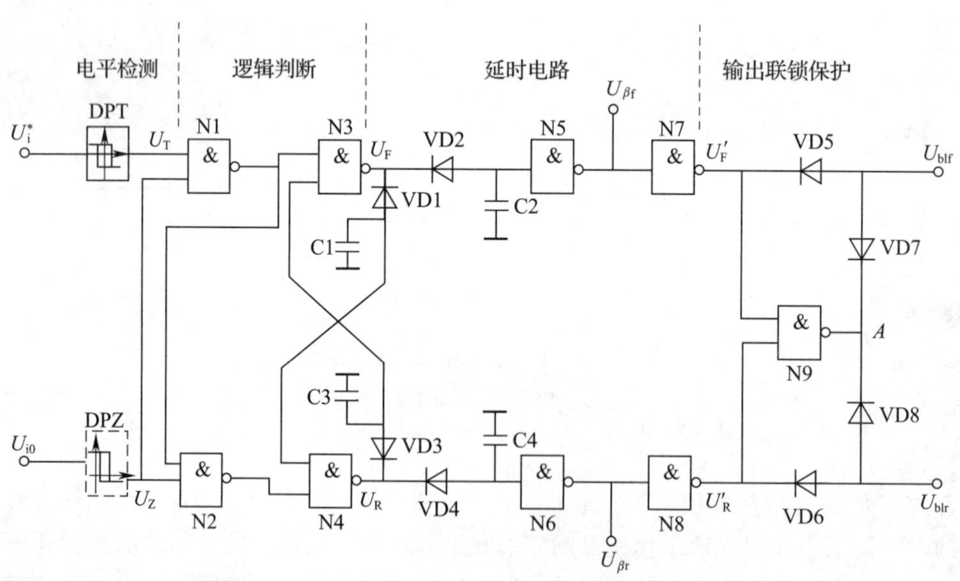

图 25—22　无环流逻辑控制器 DLC 的原理图

其输入端有两个输入信号，分别为反映转矩极性变化的电流给定信号 U_i^* 和零电流检测信号 U_{i0}；输出端有两个输出信号，一个是封锁正向组触发脉冲信号 U_{blf}，另一个是封锁反向组触发脉冲信号 U_{blr}。这两个输出信号采用“1”和“0”数字信号，其中“1”表示开放，“0”表示封锁。

1. 电平检测电路

电平检测电路的作用是将控制系统中连续变化的模拟量，如电流给定信号 U_i^* 和零电流检测信号 U_{i0} 变换成“1”或“0”两种状态的数字量。本电平检测电路设有转矩极性鉴别器 DPT 和零电流检测器 DPZ 两个电平检测器。

（1）电平检测器。电平检测器实际上是 1 个模数转换电路，一般可由带正反馈的运算放大器组成，如图 25—23a 所示。

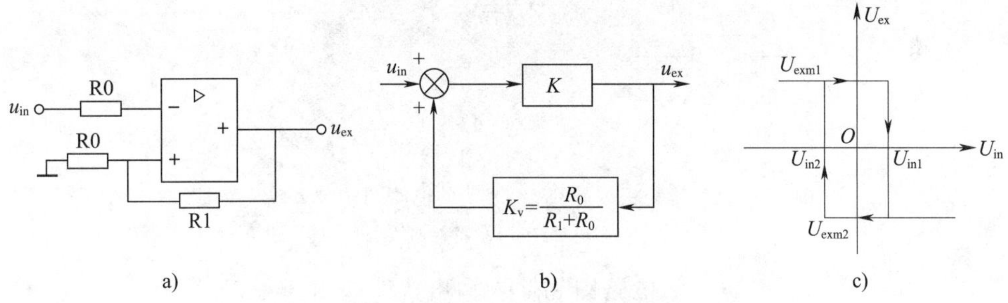

图 25—23　由带正反馈的运算放大器组成的电平检测器及其回环继电特性

a）电路图　b）结构图　c）特性曲线

从图 25—23b 所示的结构图可得到电平检测器的闭环放大倍数为：

$$K_{cl}=\frac{U_{ex}}{U_{in}}=\frac{K}{1-KK_v} \tag{25—1}$$

式中　K——运算放大器开环放大倍数；

K_v——正反馈系数。

$$K_v=\frac{R_0}{R_0+R_1} \tag{25—2}$$

当 K 一定时，若 $KK_v>1$，则放大器工作在具有回环特性的继电状态，如图 25—23c 所示。

回环宽度的计算公式为：

$$U=U_{in1}-U_{in2}=K_vU_{exm1}-K_vU_{exm2}=K_v(U_{exm1}-U_{exm2}) \tag{25—3}$$

式中　U_{in1}，U_{in2}——输出由正翻转到负、由负翻转到正所需的最小输入电压，V；

U_{exm1}，U_{exm2}——正向和负向饱和的输出电压，V。

由式（25—2）可知，R_1 越小，K_v 越大，正反馈越强，回环宽度越大。

（2）转矩极性鉴别器。DPT 的电路图和输入输出特性如图 25—24 所示。由图可知，电流给定信号U_i^*是转矩极性鉴别器 DPT 的输入信号，它是左右对称的。其输出端是转矩极性信号U_T，为数字量“1”或“0”状态。“1”状态表示正向转矩，对应于运算放大器正向饱和值；“0”状态表示负向转矩，对应于运算放大器负向饱和值（图中为−0.6 V）。转矩极性鉴别器 DPT 的回环宽度一般调整为 0.2 V，回环宽度太大，切换动作迟钝，容易产生超调；回环宽度太小，降低了抗干扰能力，切换动作太频繁，容易发生误动作。

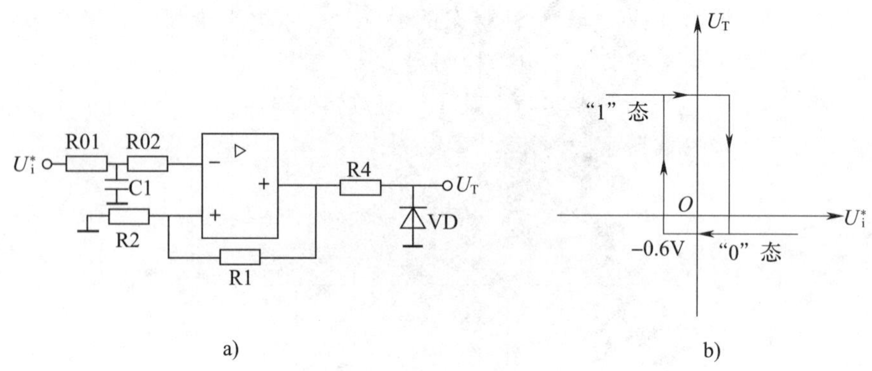

图 25—24　转矩极性鉴别器 DPT 的电路图和输入输出特性

a）电路图　b）特性曲线

（3）零电流检测器。DPZ 的电路图和输入输出特性如图 25—25 所示。其输入信号是电流互感器和整流器组成的电流检测电路中二极管两端输出的零电流信号U_{i0}，主电路有电流时U_{i0}约为+0.6 V，零电流检测器 DPZ 输出U_Z为“0”；主电路电流接近零时，U_{i0}减小为+0.2 V 左右，零电流检测器 DPZ 输出U_Z为“1”。“0”状态表示主电路有电流，对应于运算放大器负向饱和值（图中为−0.6 V）；“1”状态表示主电路无电流即零电流，对应于运算放大器正向饱和值。由图可知，零电流检测器 DPZ 的回环特性偏在纵轴右侧，因此在输入端增设负偏置电路将特性向右偏移。

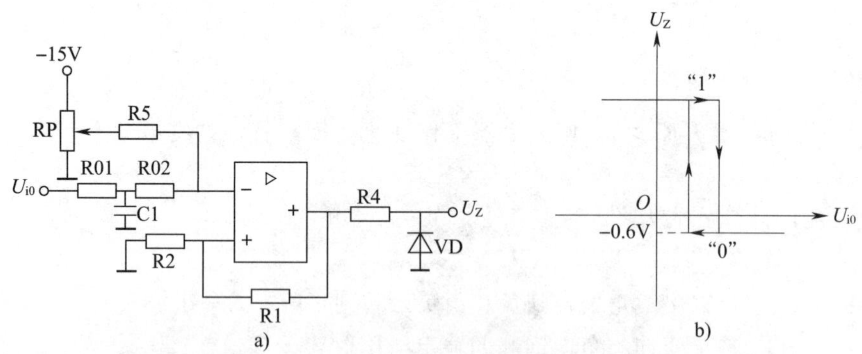

图 25—25　零电流检测器 DPZ 的电路图和输入输出特性

a）电路图　b）特性曲线

2. 逻辑判断电路

逻辑判断电路的任务是根据转矩极性鉴别器输出 U_T 和零电流检测器输出 U_Z 的状态，正确地发出逻辑切换信号 U_F 和 U_R，封锁原工作组晶闸管的触发脉冲，开放另一组晶闸管的触发脉冲。U_F 和 U_R 均有“1”和“0”两种状态，究竟用“1”还是“0”去封锁触发脉冲，取决于触发器中晶体管的类型。本电路中，“0”表示封锁触发脉冲，“1”表示开放触发脉冲。

可逆系统各种运行状态下逻辑判断电路各量之间的逻辑关系见表 25—2。

表 25—2　　可逆系统各种运行状态下逻辑判断电路各量之间的逻辑关系

运行状态		转矩（电流给定）极性		电枢电流 I_d	逻辑电路输入		逻辑电路输出	
		T_e	U_i'		U_T	U_Z	U_F	U_R
正向启动		+	−	0	1	1	1	0
		+	−	有	1	0	1	0
正向运行		+	−	有	1	0	1	0
正向制动	本组逆变	−	+	有	0	0	1	0
	本组逆变结束	−	+	0	0	1	0	1
	它组制动	−	+	有（制动电流）	0	0	0	1
反向启动		−	+	0	0	1	0	1
		−	+	有	0	0	0	1
反向运行		−	+	有	0	0	0	1
反向制动	本组逆变	+	−	有	1	0	0	1
	本组逆变结束	+	−	0	1	1	1	0
	它组制动	+	−	有（制动电流）	1	0	1	0

3. 延时电路

延时电路的作用是在逻辑判断电路发出逻辑切换指令 U_F 和 U_R 后设置封锁延时 t_{d1} 和开放延时 t_{d2} 两段时间延时。

延时电路采用 HTL 与非门输入端加接二极管 VD 和电容 C 组成，如图 25—26 所示。

当延时电路输入电压 U_{in} 由“0”变“1”时，由于二极管 VD 的隔离作用，+15 V 电源经过内部电阻 R 向电容 C 充电，待电容 C 电压增大到 HTL 与非门的开门电平时，输出才由“1”变“0”，这就使与非门的输出由“1”变为“0”的动作获得延时。电容 C 充电到开门电平的时间，即为延时时间，改

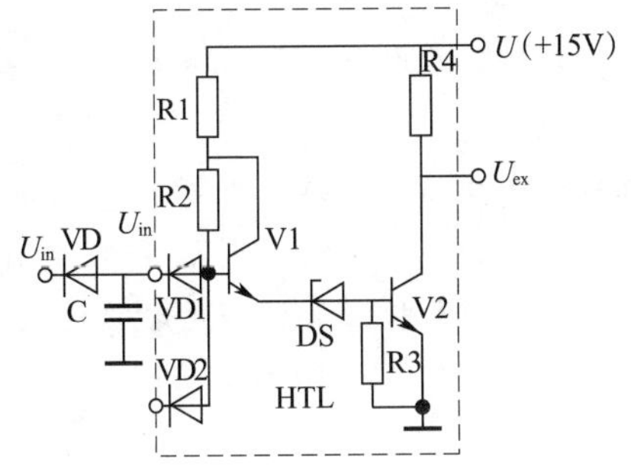

图 25—26　HTL 与非门组成的延时电路

变电容 C 的大小就可以调节延时时间的大小。延时时间为：

$$t = RC\ln\frac{U}{U-U_{H}} \tag{25—4}$$

式中 R——充电回路电阻（利用 HTL 与非门内电阻，一般为 8.2 kΩ），kΩ；

C——外接电容，F；

U——电源电压（HTL 与非门采用 15 V），V；

U_{H}——电容充电到 HTL 与非门的开门电平（一般为 8.5 V），V。

当延时电路输入电压 U_{in} 由“1”变“0”时，电容 C 通过二极管 VD 放电，由于放电回路时间常数很小，所以与非门输出由“0”变“1”，无延时。

在图 25—22 所示的无环流逻辑控制器 DLC 的原理图中，VD1（VD3），C1（C3）组成封锁延时电路，VD2（VD4），C2（C4）组成开放延时电路。

4. 联锁保护输出电路

联锁保护输出电路是 DLC 的输出部分，实际上是多“1”联锁保护电路。系统正常工作时，逻辑判断与延时电路的两个输出信号 U'_{F} 和 U'_{R} 总是一个为“1”，而另一个为“0”。这时保护电路的与非门输出 A 点电位始终为“1”，则实际的输出脉冲封锁信号 U_{blf} 和 U_{blr} 与 U'_{F} 和 U'_{R} 的状态完全相同，使一组晶闸管开放、另一组晶闸管封锁。如果电路发生故障，两个输出信号 U'_{F} 和 U'_{R} 同时为“1”时，保护电路的与非门输出 A 点电位立即变为“0”，将输出的脉冲封锁信号 U_{blf} 和 U_{blr} 都钳位为“0”，使两组晶闸管脉冲同时封锁。如果无环流逻辑控制器 DLC 未设置多“1”联锁保护输出电路，当电路发生故障时，两个输出信号 U'_{F} 和 U'_{R} 同时为“1”，将造成两组晶闸管同时开放，从而导致电源短路。为了避免这种事故发生，设置了多“1”联锁保护输出电路。

四、逻辑无环流可逆调速系统的工作过程

现以图 25—20 所示的逻辑无环流可逆调速系统为例，分析逻辑无环流可逆调速系统从正向启动运行到反向运行的工作过程。逻辑无环流可逆调速系统从正向启动运行到反向运行时 I_{d}，n 的波形图如图 25—27 所示。

1. 停车状态

停车状态时，转速给定电压 U^{*}_{n} 为零，系统主回路电流为零。此时，逻辑无环流可逆调速系统的工作状态根据可逆调速系统停车前的工作情况进行分析。如果可逆调速系统原来通电工作，再进入停车状态，此时无环流逻辑控制器 DLC 的输出将维持停车前的工作状态。例如，停车前无环流逻辑控制器 DLC 的输出 U_{blf} 为“1”，U_{blr} 为“0”，正向组晶闸管 VF 的触发脉冲处于开放状态，反向组晶闸管 VR 的触发脉冲处于封锁状态，则停车时仍保持这种状态。如果可逆调速系统原来是停电的不工作状态，现要通电工作，此时可逆调速系统停车时工作状态可能与上述停车状态有所不同。由于 DLC 中转矩极性鉴别器 DPT 输入与输出具有对称的回环继电特性，通电时 DLC 的输出 U_{T} 为“1”或“0”是

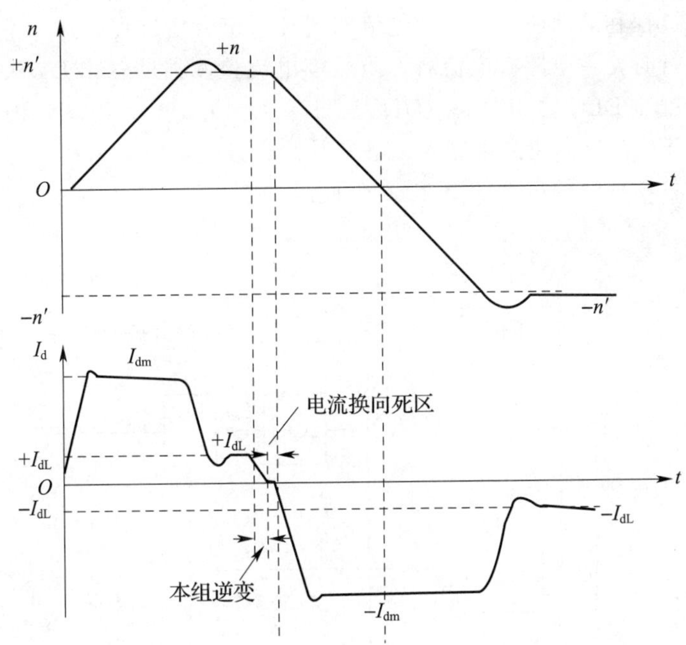

图 25—27　逻辑无环流可逆调速系统从正向启动运行到反向运行时 n，I_d 的波形图

随机的，即有可能是“1”，也可能是“0”。因此无环流逻辑控制器 DLC 输出也有两种可能状态：一是 U_{blf} 为“1”、U_{blr} 为“0”，对应的正向组晶闸管 VF 触发脉冲处于开放状态、反向组晶闸管 VR 触发脉冲处于封锁状态；二是 U_{blf} 为“0”、U_{blr} 为“1”，对应的反向组晶闸管 VR 触发脉冲处于开放状态、正向组晶闸管 VF 触发脉冲处于封锁状态。

2．正向启动到稳定运行

当正向启动的可逆调速系统停车时，如果无环流逻辑控制器 DLC 输出状态对应的正向组晶闸管 VF 触发脉冲处于开放状态，则正向启动时无环流逻辑控制器 DLC 输出不必进行逻辑切换。当正向启动的可逆调速系统停车时，如果无环流逻辑控制器 DLC 输出状态对应的反向组晶闸管 VR 触发脉冲处于开放状态，则正向启动时无环流逻辑控制器 DLC 输出需要进行逻辑切换，以使正向组晶闸管 VF 触发脉冲处于开放状态，才能正向启动。现以可逆调速系统停车时，无环流逻辑控制器 DLC 输出状态对应的正向组晶闸管 VF 触发脉冲处于开放状态为例，进行正向启动到稳定运行的分析。

正向启动时，在阶跃的转速给定电压 $+U_n^*$ 作用下，由于此时电动机转速还未建立，速度调节器 ASR 输出负限幅值电压为 $-U_{i\,max}^*$，所以 DLC 中的转矩极性鉴别器输出 U_T 为“1”。由于主电路电流为零，零电流检测器的输出 U_Z 为“1”，无环流逻辑控制器 DLC 输出 U_{blf} 仍为“1”、U_{blr} 为“0”，正向组晶闸管 VF 触发脉冲开放，反向组晶闸管 VR 触发脉冲封锁。速度调节器 ASR 的输出 $U_{i\,max}^*$ 经过电流调节器 ACR1，使 ACR1 的输出电压 U_{ctf} 为正，使正向组晶闸管 VF 的控制角 $\alpha<90°$，工作在整流状态，电动机开始正向启动直至稳定运行。其启动过程和前面所述的转速电流双闭环系统启动过程一样，不再重复。在电动机启动和稳定运行时，主电路有电流后，虽然零电流检测器的输出 U_Z 从“1”变为“0”，但无环流逻辑控制器 DLC 输出状态（U_{blf} 为“1”，U_{blr} 为“0”）不变，仍然是正向组晶闸管 VF 触发脉冲开放、反向组晶闸管 VR 触发脉冲封锁。当电动机稳定运行时，系统主电路和控制电路中各物理量的极性如图 25—28 所示。

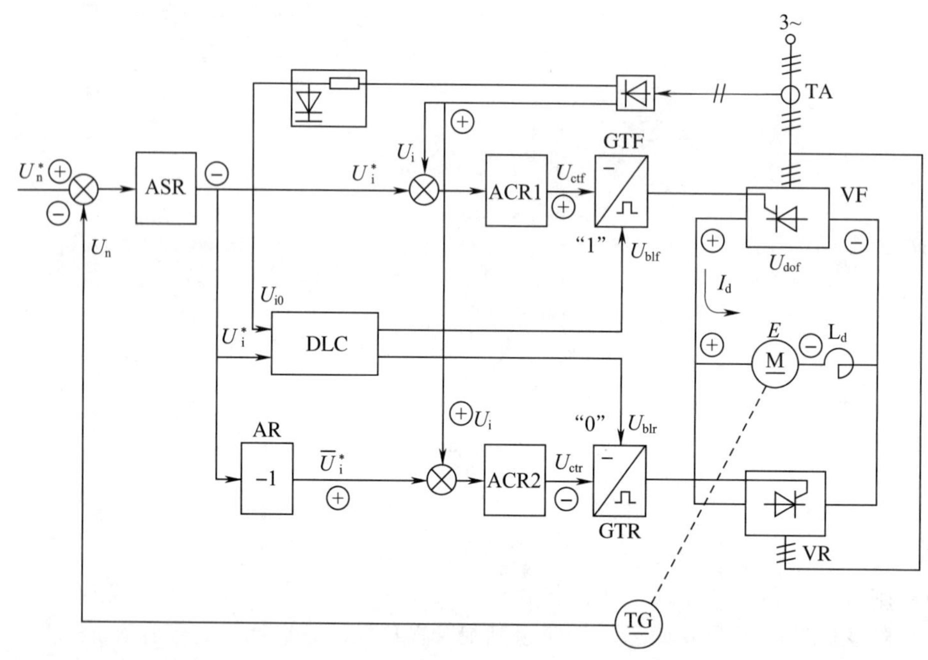

图 25—28　逻辑无环流可逆调速系统（正向运行）

3. 正向稳定运行到反向稳定运行

正向稳定运行到反向稳定运行的反转过程是由正向制动过程和反向启动过程两个部分组成的。正向制动过程分成本组逆变阶段和它组制动阶段两个阶段。反向启动过程和上面分析的正向启动过程相似。现对正向制动过程的两个阶段做进一步分析。

（1）本组逆变阶段。发出反转指令后，转速给定电压 U_n^* 突变为负，由于转速负反馈电压 U_n 极性仍为负，此时在 $-U_n^*$ 和转速负反馈信号 $-U_n$ 的作用下，转速调节器 ASR 很快进入正饱和限幅工作，其输出由 $-U_i^*$ 变为 $+U_{im}^*$，无环流逻辑控制器 DLC 中 DPT 的输出 U_T 立即由“1”变为“0”，发出切换申请指令信号。但由于这时主电路电流还未减小为零，DPZ 的输出仍为“0”，所以无环流逻辑控制器 DLC 的输出保持不变。另外，由于这时电枢电流的方向还没有改变，电流反馈电压 U_i 的极性仍为正，所以电流调节器 ACR1 在 $+U_{im}^*$ 和电流反馈电压 U_i 的作用下，电流调节器 ACR1 很快进入负饱和限幅工作，其输

出 U_{ctf} 变为 $-U_{ctm}$，使正向组晶闸管 VF 由整流状态很快变为 $\beta=\beta_{min}$ 的逆变状态，电枢电流 I_d 迅速减小，并在系统电感 L_d 两端产生很大的感应电势 $L\frac{dI_d}{dt}$，其极性如图 25—29 所示。由电感 L_d 中所存储的磁能转化为电能，以维持正向电流，直至电流衰减为零。在这一阶段中，投入逆变工作的仍是原来处于整流状态的正向组晶闸管 VF，故称为本组逆变阶段。这一阶段系统主电路和控制电路中各物理量的极性如图 25—29 所示。

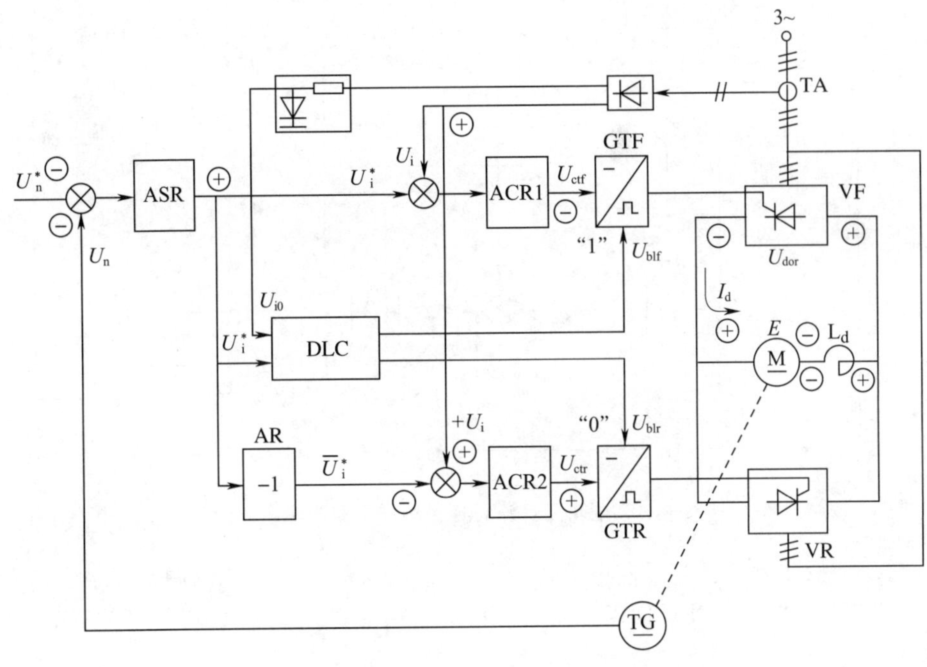

图 25—29　逻辑无环流可逆系统的本组逆变阶段

在这一阶段，正向组晶闸管 VF 处于有源逆变状态，电动机仍为电动工作状态，由于电流迅速减小，所以这个阶段所占时间很短，电动机的转速还来不及产生明显的变化，主要是电流降落。

（2）它组制动阶段。当主回路电流 I_d 减小为零后，本组逆变阶段结束，进入它组制动阶段，它组制动阶段主要是转速降落。它组制动阶段可分为它组建流子阶段、它组逆变子阶段等过程。

1）它组建流子阶段。当主回路电流 I_d 减小为零后，零电流检测器 DPZ 的输出由“0”变为“1”，发出逻辑切换许可指令，经过封锁延时 t_{d1} 与开放延时 t_{d2} 后，无环流逻辑控制器 DLC 输出 U_{blf} 为“0”、U_{blr} 为“1”，使正向组晶闸管 VF 触发脉冲封锁、反向组晶闸管 VR 触发脉冲开放工作。此时，电流调节器 ACR2 的输出为“+”，反向组晶闸管 VR 工作在 $\alpha<90°$ 的整流状态，在整流电压 U_{dor} 和电动机反电动势 E 的共同作用下，很快地建立起

反向电流直至$-I_{dm}$。在这个子阶段中，反向组晶闸管 VR 处于整流状态，电动机处于反接制动状态。这一阶段各物理量的极性如图 25—30 所示。

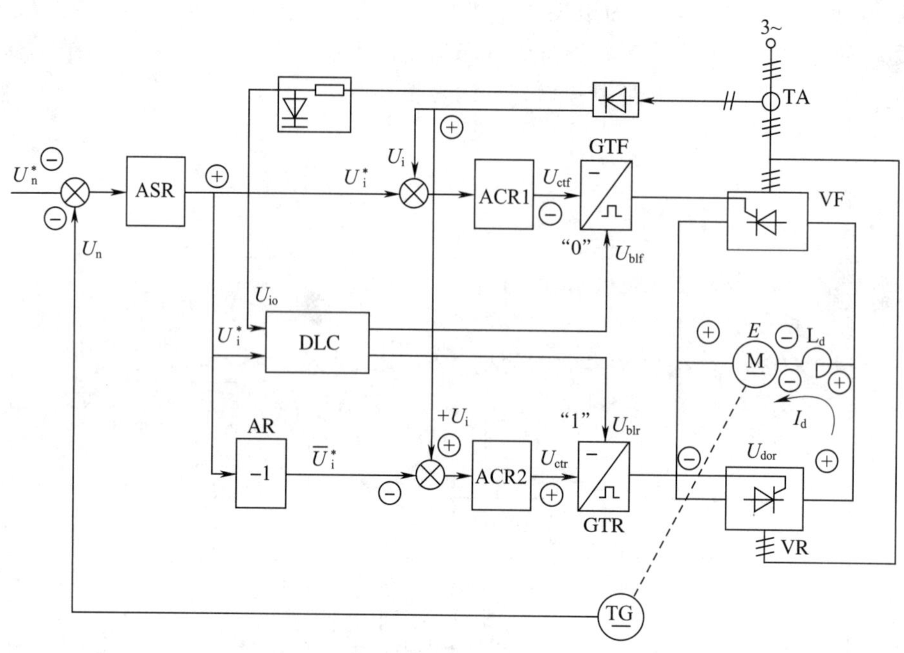

图 25—30 逻辑无环流可逆系统的它组建流子阶段

2）它组逆变子阶段。当反向电流达到$-I_{dm}$并略有超调后，电流调节器 ACR2 的输出U_{ctr}由“+”变为“−”，使反向组晶闸管 VR 进入逆变状态。在电流调节器 ACR2 的调节作用下，力图维持最大反向电流$-I_{dm}$，使电动机转速迅速下降。在转速下降过程中，电动机把拖动装置所释放的机械动能转换为电能，并通过反向组晶闸管 VR 逆变回馈至电网。在这个子阶段中，反向组晶闸管 VR 处于逆变工作状态，电动机处于回馈制动状态，回馈制动是制动过程的主要阶段，所占时间也长。这一阶段各物理量的极性如图 25—31 所示。

当电动机转速制动到零时，反向电流仍保持为$-I_{dm}$，由于转速给定电压U_n^*为“−”值，电流调节器 ACR2 的输出U_{ctr}由“−”变为“+”，反向组晶闸管 VR 从逆变工作状态进入整流工作状态，电动机仍以最大反向电流$-I_{dm}$恒流加速直至反向稳定运行。反向启动至稳定运行的过程和前面介绍的正向启动至稳定运行的过程相类似，这里不再详细讨论。

如果是正向制动停车，此时转速给定电压U_n^*为“0”。当电动机转速制动到零时，由于反向电流仍保持为$-I_{dm}$，所以电动机继续减速并略有反转，出现了转速的超调，转速反馈电压U_n改变极性，转速调节器 ASR 退出饱和，输出电压减小，使电枢电流由$-I_{dm}$迅速减小，通过系统调节作用，最后使转速为“0”。

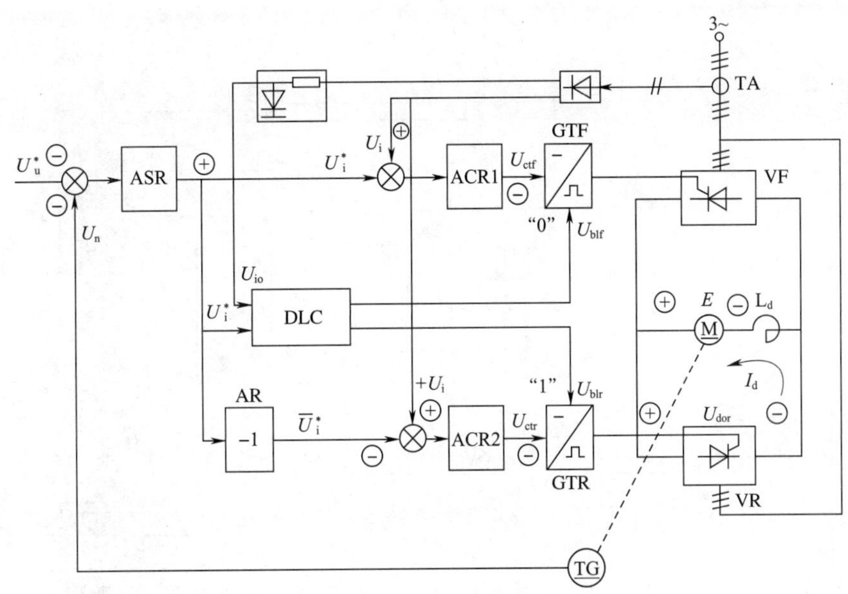

图 25—31　逻辑无环流可逆系统的它组逆变子阶段

五、逻辑无环流可逆调速系统的改进

1. 增设“推 β”环节

由上述逻辑无环流可逆调速系统正向制动过程的分析可知，在本组（正向组晶闸管 VF）逆变阶段结束后，其反向组晶闸管 VR（待工作组）的触发脉冲在 $\alpha<90°$ 位置，因此在它组制动建流子阶段，反向组晶闸管 VR 是在整流状态投入工作的，此时反向组晶闸管 VR 的整流电压 U_{dor} 和电动机反电动势 E 同极性相加，电动机进入反接制动状态，造成较大的反向冲击电流。正是这个冲击电流的反馈作用，才把反向组晶闸管 VR 从整流状态“推到”逆变状态，从而进入它组逆变子阶段，电动机进入回馈制动状态。因而，图 25—20 所示的逻辑无环流可逆系统存在一个问题——在电流换向时会有较大的反向电流冲击。为了避免换向时的电流冲击，可以增设“推 β”环节，使反向组晶闸管 VR 在逆变状态投入工作，使它组制动阶段一开始就进入它组逆变回馈制动子阶段，避开了电动机的反接制动，反向组晶闸管 VR 的逆变电压 U_{dor} 和电动机反电动势 E 极性相反，从而避免了换向时的电流冲击。增设“推 β”环节的逻辑无环流可逆系统电路如图 25—32 所示。

“推 β”环节的工作原理如下：利用无环流逻辑控制器 DLC 输出一个“推 β”信号 U_{β}，如图 25—32 中的 $U_{\beta f}$ 或 $U_{\beta r}$，人为地加入电流调节器 ACR1 或 ACR2 的输入端，将投入工作的晶闸管组触发脉冲推到 β_{min} 位置，使投入工作的晶闸管组在逆变状态，使它组制动阶段一开始就进入它组逆变子阶段，避开了电动机反接制动，从而减小换向时的冲击电流。

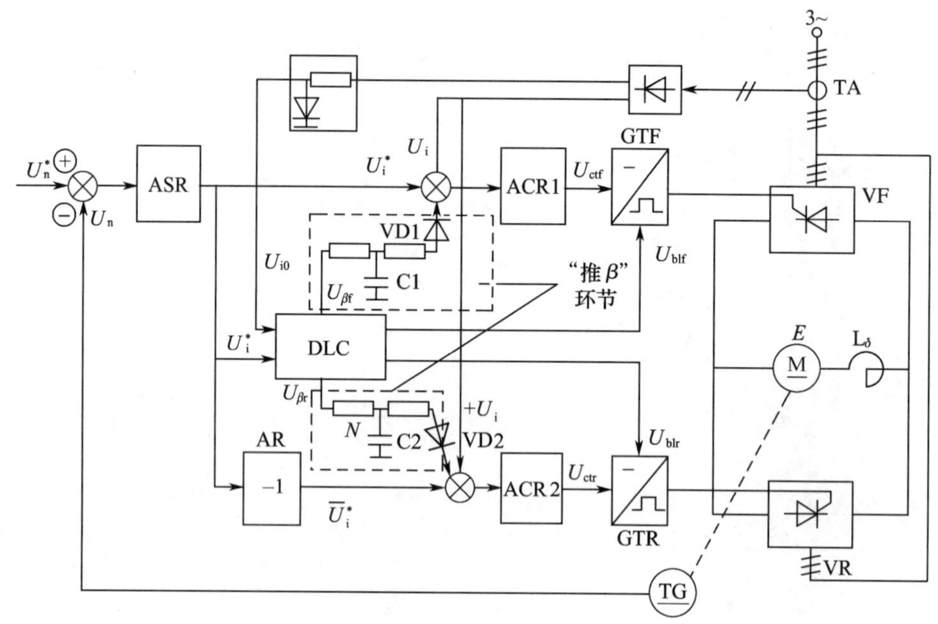

图 25—32 增设“推 β”环节的逻辑无环流可逆系统电路图

现以正向制动时的工作状态来具体说明“推 β”环节的工作过程。电动机正向运行时，正向组晶闸管 VF 处于整流工作状态，$U_{\beta f}$为“0”，并不影响 ACR1 的工作；而 $U_{\beta r}$为“1”（即正电压），使 ACR2 输出为负限幅值，将反向组晶闸管 VR 的触发脉冲推到 β_{min}位置。但此时 U_{blr}为“0”，反向组晶闸管 VR 的触发脉冲被 U_{blr}封锁。当 DLC 发出逻辑切换指令后，U_{blr}为“1”，反向组晶闸管 VR 的触发脉冲被开放，而 $U_{\beta r}$由“1”变为“0”，但由于它接有阻容电路，N 点电位便由“1”延时变为“0”。这样就使反向组晶闸管 VR 开放时的控制角仍处于 β_{min}位置，从而使反向组晶闸管 VR 是在逆变状态投入工作的。随着电容放电，反向组晶闸管 VR 开放时的控制角由 β_{min}点往前移动（向增大方向移动），反向组晶闸管待逆变电压减小，当它低于电动机反电动势后，才真正开始逆变，电枢电流逐步建立，电动机实现回馈制动，从而避免了由于反接制动造成的冲击电流。

增设“推 β”环节后，虽然避免了冲击电流，但是却加大了电流换向死区，尤其是电动机低速制动时，电流换向死区长达几十甚至一百多毫秒。因为由电动机切换前转速所决定的反电动势一般都低于 β_{min}所对应的最大逆变电压，所以切换后并不能立即产生制动电流实现回馈制动，必须等控制角由 β_{min}点往前移动到所对应的逆变电压低于电动机反电动势以后，才能产生制动电流，从而加大了电流换向死区。

如果想要减小电流换向死区，可采用“有切换准备”的逻辑无环流可逆调速系统。其基本工作原理是：让待逆变工作晶闸管组的逆变角 β 在切换前不是等在 β_{min}位置，而是等在与原整流工作组晶闸管的控制角 α 基本相等的位置，即等在与电动机反电动势相适应的位置。当待逆变工作组晶闸管投入工作时，其逆变电压的大小和电动机反电动势基本相等，很快产生制动电流，从而实现回馈制动，减小电流换向死区。

2. 逻辑选触无环流可逆调速系统

上面介绍的逻辑无环流可逆调速系统中采用 2 个电流调节器和 2 套触发器分别控制正、反向组晶闸管。实际上，任何时刻只有一组晶闸管在工作，另一组晶闸管由于触发脉冲被封锁而处于阻断状态，这时它的电流调节器和触发器是闲置着的。在实际生产中，广泛采用具有“推 β”环节的逻辑选触无环流可逆调速系统，其电路图如图 25—33 所示。该系统采用 1 个电流调节器和 1 套触发器，无环流逻辑控制器 DLC 控制电子模拟开关 SAF（SAF1，SAF2）和 SAR（SAR1，SAR2）实现电流给定信号 U_i^*的选择和正、反向组晶闸管触发脉冲的开放或封锁，完成系统各种工作状态的转换。

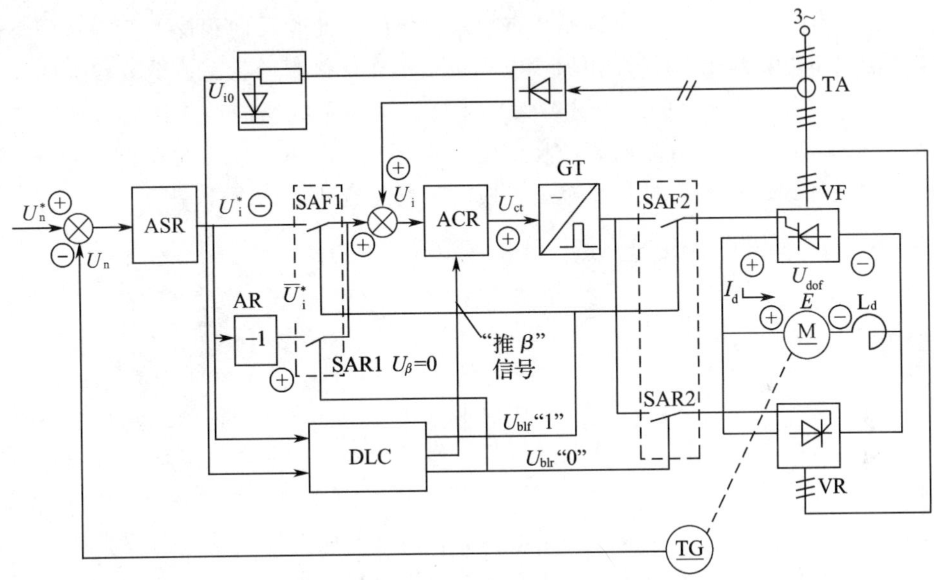

图 25—33　具有“推 β”环节的逻辑选触无环流可逆调速系统电路图

现以系统从正向启动到稳定运行为例，说明系统的工作情况。正向启动时，在阶跃的转速给定电压$+U_n^*$作用下，由于此时电动机转速还未建立，速度调节器 ASR 的输出负限幅值电压为$-U_{i\max}^*$，所以 DLC 中的转矩极性鉴别器的输出 U_T 为“1”。由于主电路电流为零，零电流检测器的输出 U_Z 为“1”，无环流逻辑控制器 DLC 的输出 U_{blf}为“1”、U_{blr}为“0”，此时电子模拟开关 SAF1 和 SAF2 闭合，SAR1 和 SAR2 断开。速度调节器 ASR 的输出电压$-U_{i\max}^*$经 SAF1 进入电流调节器 ACR，输出移相控制电压 U_{ct}的极性为正，触发器 GT 输出的触发脉冲由 90°迅速前移，并且经 SAF2 加到正向组晶闸管 VF，使正向组晶闸管 VF 工作在整流状态，电动机正向启动直至稳定运行。其启动过程和前面所述的转速电流双闭环系统启动过程一样，不再重复。在电动机启动和稳定运行时，主电路有电流，虽然零电流检测器的输出 U_Z 从“1”变为“0”，但无环流逻辑控制器 DLC 的输出状态（U_{blf}为“1”，U_{blr}为“0”）不变，电子模拟开关 SAF1 和 SAF2 闭合，SAR1 和 SAR2 断开状态仍不变。电动机正向运行时系统主电路和控制电路中各物理量的极性如图 25—33 所示。对于具有“推 β”环节的逻辑选触无环流可逆调速系统的其他工作状态，读者可结合图 25—33 的系统电路图自行分析。

这里要注意，图 25—33 中设有“推 β”环节，推 β 信号为 U_β，由于该直流调速系统采用 1 个电流调节器 ACR，因而推 β 信号 U_β 只有 1 个，推 β 信号 U_β 也是由无环流逻辑控制器 DLC 控制的。当 U_{blf} 和 U_{blr} 均为“0”时，推 β 信号 U_β 为“1”，其他状态推 β 信号 U_β 为“0”。从正向运行到反向运行的工作过程中，具有“推 β”环节的逻辑选触无环流可逆调速系统和无“推 β”环节的逻辑选触无环流可逆调速系统的主要区别在于，正向制动阶段中它组制动建流子阶段不同。在它组制动建流子阶段，无“推 β”环节的逻辑选触无环流可逆调速系统反向组晶闸管 VR 是在整流状态投入工作的，此时反向组晶闸管 VR 的整流电压 U_{dor} 和电动机反电动势 E 同极性相加，电动机工作在反接制动状态，造成较大的反向冲击电流；而具有“推 β”环节的逻辑选触无环流可逆调速系统反向组晶闸管 VR 是在逆变状态投入工作的，此时反向组晶闸管 VR 的逆变电压 U_{dor} 和电动机反电动势 E 极性相反，使电动机工作在回馈制动状态，从而避免了换向时的电流冲击。

第 6 节　全数字直流调速系统

一、概述

传统的晶闸管调速系统的控制系统采用模拟电子电路组成，即为模拟式控制系统。模拟式控制系统的硬件设备复杂、安装调试困难、稳定性相对较差，故障率相对较高。近几年来，随着超大规模集成电路的微处理器和计算机技术的发展，在调速传动控制系统中，带微处理器的全数字调速系统已成为发展的趋势。传统的模拟控制系统已逐步被带微处理器的全数字控制系统所取代，全数字调速系统的应用也越来越广泛。

所谓的全数字调速系统，就是采用微型计算机技术，由计算机软件程序构成的全数字式控制系统，用来实现数字式给定、数字式比较、数字式调节、数字式触发、逻辑控制等各种控制功能。

全数字调速系统与传统的模拟式调速系统相比较，全数字调速系统具有下列优点：

1. 系统由微处理器和计算机应用软件程序构成，一般可在不变更硬件的情况下，通过在应用软件程序中适当地修改程序（参数）实现各种调节和控制功能，因而具有较大的灵活性。正是由于该系统具有较大的灵活性，所以设备的通用性强，易于实现设备的标准化。

2. 可用应用软件程序实现系统的优化、状态监控、自诊断、故障报警等各种功能，调试和维护方便、性能好、可靠性高、故障率低。

3. 系统具有强大的通信功能，可与上一级计算机等进行通信联网，以方便实现生产过程的自动化。

目前，国内外生产与应用的全数字直流调速装置品种较多，如西门子公司的 SIMOREG DC Master 6RA70 系列、欧姆公司的 590 系列、安萨尔多公司的 SPDM 系列、GE（通用电气）公司的 DC1000（DC2000）系列等全数字直流调速装置。现以西门子公司的 SIMOREG DC Master 6RA70 系列全数字直流调速装置为例，加以介绍。

二、SIMOREG DC Master 6RA70 系列全数字直流调速装置

1. 概述

SIMOREG DC Master 6RA70 系列全数字直流调速装置为三相交流电源直接供电的全数字控制装置，用于可调速直流电动机电枢和励磁供电。单台装置输出额定电枢电流为 15～2 200 A，并可通过并联 SIMOREG 整流装置进行扩展，输出额定电枢电流可达 12 000 A。励磁电路最大可以提供 85 A 的电流（此电流取决于电枢额定电流）。根据不同的应用场合，可选择单象限或四象限调速装置。

全数字直流调速装置的电枢和励磁回路的调节和传动控制功能由 2 台高效能的微处理器（C163 和 C167）承担，在不变更硬件的情况下，在软件中通过参数构成的程序模块可以实现各种调节和传动控制功能。装置具有很强的通信能力，支持 Profibus（过程现场总线）。装置本身带有参数设置单元，不需要其他任何附加设备便可完成参数的设置。根据不同的应用场合，给定值和反馈值可选择为数字量或模拟量。

6RA70 系列调速装置的特点是体积小、结构紧凑。该装置的门内装有 1 个电子箱，箱内装入调节板，还可装用于技术扩展和串行接口的附加板。所有装置在门内都配备 1 个简易操作面板（PMU）。PMU 的 5 个七段数码管和 3 个发光二极管用于状态显示，3 个按键用于参数设置。此外，PMU 还有 X300 插头，此插头带有 RS232 或 RS485 标准的 USS（通用串行接口协议）接口。借助 PMU 可以完成运行要求的所有参数的设置和调整，以及实测值的显示。除了简易操作面板 PMU 外，还可采用舒适型操作控制面板（OPIS）。OPIS 提供一个 4 ×16 字符的 LCD（液晶显示器）以简单文字显示参数名称，可以选择德语、英语、法语、西班牙语和意大利语作为显示语种。为了方便下载参数到其他装置，OPIS 可以存储参数组。

通过基本单元上的串行接口和适当的软件，标准的计算机也可以对调速装置进行参数设置。这个计算机接口可用在启动、停机维护和运行诊断过程中。

6RA70 系列全数字直流调速装置（3AC 400 V，15～125 A，4Q）的技术规格见表 25—3。

2. 6RA70 系列全数字直流调速装置的组成

6RA70 系列全数字直流调速装置的接线框图如图 25—34 所示。该图为其产品原图，图中的图形符号和项目代号均未按现行国家标准修改。

表 25—3　6RA70 全数字直流调速装置（3AC 400 V，15～125 A，4Q）的技术规格

订货号	6RA70□□−6DV62				
	13	18	25	28	31
电枢额定电压（V）	3AC 400（−20%～+15%）				
电枢额定输入电流（A）	13	25	50	75	104
电子电路电源额定供电电压（V）	2AC 380（−25%）～460（+15%），I_n=1 A 或 1AC 190（−25%）～230（+15%），I_n=2 A （−35%，1 min）				
励磁额定电压（V）	2AC 400（−20%～+10%）				
额定频率（Hz）	45～65				
额定直流电压（V）	420				
额定直流电流（A）	15	30	60	90	125
过载能力	最大为额定电流的 180%				
额定输出（kW）	6.3	12.6	25	38	52.5
额定直流电流下的功耗（约）（W）	117	163	240	312	400
励磁额定直流电压（V）	最大 325				
励磁额定直流电流（A）	3	5	10		
运行环境温度（℃）	0～45 自冷				
存储和运输温度（℃）	−25～+70				
安装海拔高度（m）	额定直流电流下≤1 000				
控制精度	Än 为 0.006%的电动机额定转速，是对于脉冲编码器和数字给定而言 Än 为 0.1%的电动机额定转速，是对于模拟测速发电机和模拟给定而言				
环境等级 DIN IEC721−3−3	3K3				
防护等级 DIN 40050；IEC 144	IP00				
外形尺寸（H×W×D）（mm）	385×265×239		385×265×283		
质量（约）（kg）	11	11	14	14	16

（1）晶闸管整流器功率部分。6RA70 系列直流调速装置的功率部分由电枢主电路和励磁主电路组成。电枢主电路单象限工作装置的电枢回路晶闸管整流器为 1 组三相桥式全控整流电路，四象限工作装置的电枢回路晶闸管整流器为 2 组三相桥式全控整流电路组成的无环流反并联可逆电路。励磁回路晶闸管整流器采用单相半控桥式整流电路。额定电流 15～850 A（在 400 V 电源电压时为 1 200 A）的整流器。电枢和励磁回路的功率单元采用独立晶闸管模块结构，其散热器是绝缘的。对于高于上述额定电流的整流器，电枢回路的功率单元为平板式晶闸管和散热器组成的晶闸管组件，其外部是带电的。额定电流≤125 A 的装置为自然风冷，额定电流≥210 A 的装置为强迫风冷（风机）。

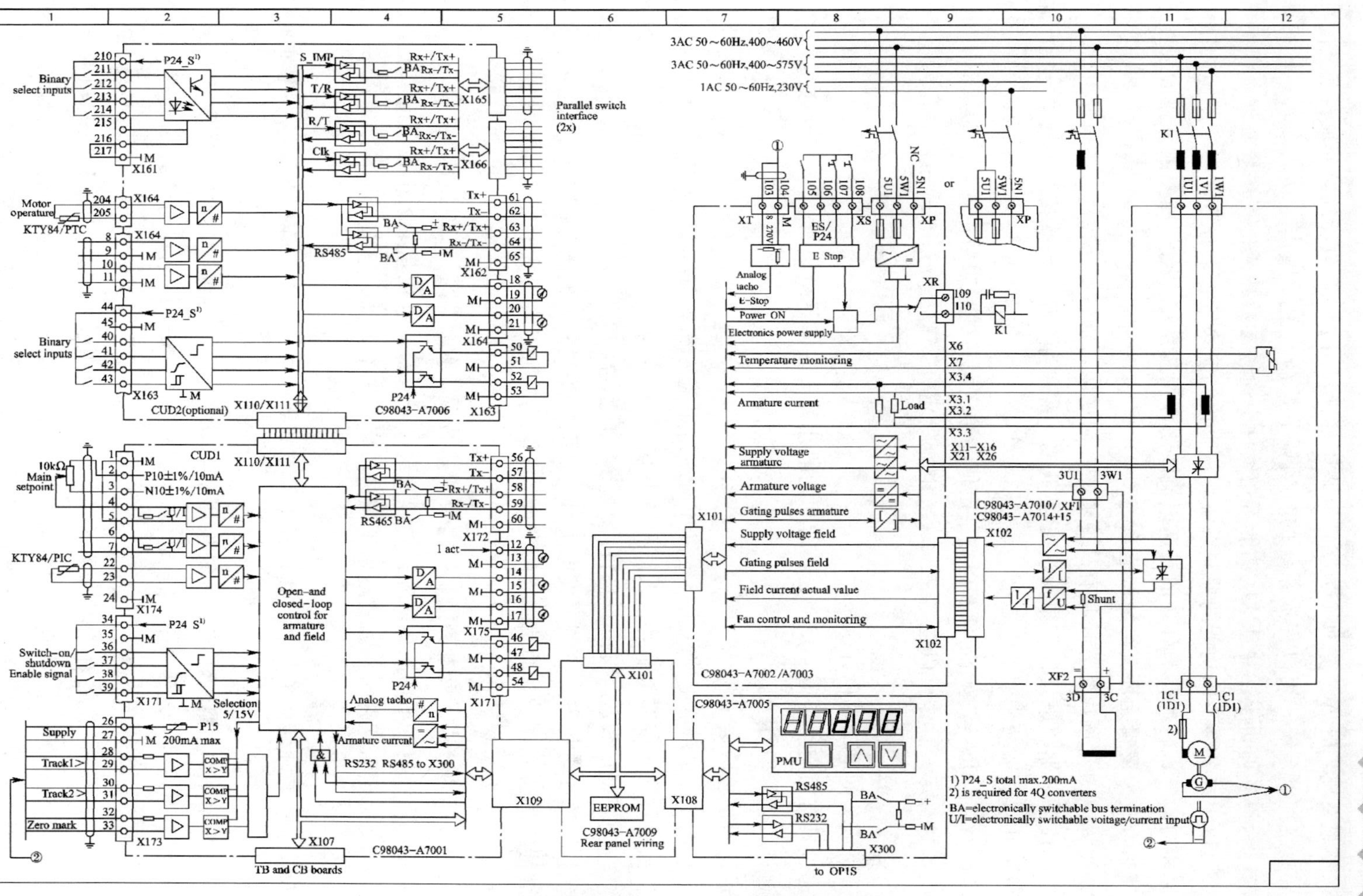

图 25—34　6RA70 系列全数字直流调速装置的接线框图(设备原图)

（2）控制系统。6RA70 系列全数字直流调速装置采用 2 台高效能的微处理器及其附加电路组成数字控制系统，用以完成系统的自动调节控制、逻辑操作、故障诊断、运行状态、故障显示等各种功能，并且这些功能可在软件中通过参数构成的程序块实现，因而应用灵活，可以组成各种不同功能的控制系统。从直流调速系统控制原理来说，基本的结构是以电流环为内环、转速环为外环的转速电流双闭环调速系统。对于四象限工作的装置来说，其控制方式为逻辑无环流可逆调速系统。

6RA70 系列直流调速装置还具有高速弱磁控制功能，励磁回路控制系统由反电势调节器、励磁电流调节器、触发器等单元组成。6RA70 系列直流调速装置控制系统中电枢回路主要有以下几点调节功能。

1）转速给定值。转速给定值和附加给定值的给定源可通过参数设置自由选择。

①模拟量给定。具体可以是 0～±10 V 电压给定，或者是 0～±20 mA（一般是 4～20 mA）电流给定。

②通过内装的电动电位计给定。

③通过具有固定给定值、点动、爬行功能的开关量连接器给定。

④通过装置的串行接口给定。

⑤通过附加板给定。

一般情况下 100％给定值（主给定值和附加给定值之和）对应电动机最大转速。给定值可由参数设置或连接器限制其最大值和最小值。

2）转速实际值。转速实际值可通过参数设置自由选择以下方式。

①模拟测速发电机方式。测速发电机对应最大转速的输出电压允许在 8～270 V 。

②脉冲编码器方式。脉冲编码器的类型、每转的脉冲数和最大转速由参数设置。测速脉冲的最高频率为 300 kHz。

③反电势控制方式。反电势控制不需要测速装置，仅需测量 SIMOREG 的输出电压，测出的电枢电压经电动机内阻压降补偿处理（$I \times R$ 补偿）。补偿量的大小在电流调节器优化过程中自动确定。这种工作方式适用于调速精度要求不太高，且电动机在基速以下工作的应用场合。

④自由选择转速实际值信号。在这种工作方式下，可任选 1 个连接器编号作为转速实际值信号。

3）斜坡函数发生器。斜坡函数发生器基本功能相当于给定积分器，将阶跃变化的给定值输入变为随时间连续变化的给定值，加速时间、减速时间等均可通过参数分别设置。

4）转速调节器。在带有电流内环的转速调节系统中，转速调节器比较转速给定值与转速实际值（反馈值），依据它们之间的差值输出相应的电流给定值至电流调节器。转速调节器是带有可选择的 D 部分的 PI 调节器。调节器的参数可分别设置。

5）转矩限幅器与电流限幅器。通过有关参数设置，转速调节器的输出可为转矩（或电流）给定值。当处于转矩控制时，速度调节器输出为转矩给定值，转速调节器的输出用磁通 Φ 计算后，作为电流给定值进入电流限幅器。转矩控制模式主要用于弱磁情况，以使最大转矩限幅与转速无关，可以通过参数分别设置正、负转矩极限。经转矩限幅器之后的电流限幅器是用来保护晶闸管整流装置和电动机的。可以通过参数分别设置电流限幅器的正、负电流极限值（设置最大电动机电流）。

6）电流调节器和预控制器。电流实际值通过三相交流侧的电流互感器检测，经负载电阻、整流，再经模拟/数字变换后输送至电流调节器。电流限幅器的输出为电流给定值，电流调节器比较电流给定值和电流反馈值，依据它们之间的差值输出相应的电压至触发器，同时作用于触发器的还有预控制器。电流调节器是具有相互独立设置的 P 放大器和积分时间的 PI 调节器。电流调节器根据应用需要可以设置为 P 调节器或 I 调节器。PI 调节器的 P，I 等参数可分别设置。

电流调节回路的预控制器用于调节系统的动态响应，用来确保在电流连续和断续工作状态或转矩改变符号时，所要求的控制角能够快速变化，预控制和电流给定值与电动机的反电势有关。

7）触发器。触发器能形成与电源电压同步的功率部分晶闸管的触发脉冲，同步信号取自功率部分。触发脉冲的控制角由电流调节器和预控制器的输出值决定，可以通过参数设置控制角极限。在 45 ～ 65 Hz 频率范围内，触发器自动适应电源频率。

3．6RA70 系列直流调速装置端子功能与接线

6RA70 系列调速装置原理接线图如图 25—34 所示。根据端子功能可分为电枢回路、励磁回路、冷却风机回路、控制电源回路、控制和调节回路 5 个部分。

（1）电枢回路端子功能与接线

1）电枢回路交流电源输入端。1U1，1V1，1W1 三相交流电源电压根据装置规格型号不同而有所不同。

2）电枢回路直流输出端。1C1，1D1 接直流电动机电枢回路，电枢回路额定直流输出电压根据装置规格不同而有所不同。

（2）励磁回路端子功能与接线

1）励磁回路交流电源输入端。3U1，3W1 励磁回路的额定交流电源电压为 2AC 400V。

2）励磁回路直流输出端。3C，3D 接直流电动机励磁回路，励磁回路最大直流输出电压为 325 V。

（3）冷却风机回路端子功能与接线（对于强迫风冷整流器）

1）进线电压 400 V，采用 4U1，4V1，4W1，3AC 400 V。

2）进线电压 230 V，采用 4U1，4N1，1AC 230 V。

(4) 控制电源回路端子功能与接线

1) 进线电压 400 V，采用 5U1 和 5W1 端子，2AC 380 V。

2) 进线电压 230 V，采用 5U1 和 5W1 端子连接 5N1，1AC 230 V。

(5) 控制和调节回路端子功能与接线

1) 给定值输入、模拟量输入、基准电压端子的功能

- 基准电压端子。①端为参考点 M，②端为 P10（+10 V），③端为 N10（−10 V）。
- 主给定值输入端。④端为主给定值“+”端，⑤端为主给定值“−”端。
- 可设置的模拟量输入端。⑥⑦端、⑧⑨端、⑩⑪端分别为可设置模拟量输入①②③的输入端。其中⑥端为模拟量①输入“+”端，⑦端为模拟量①输入“−”端。⑨⑪端为模拟量地 M。

2) 模拟测速发电机输入端。⑩③～⑩④端分别为模拟测速发电机输入端，输入电压为 8～270 V，其中⑩④端为模拟测速发电机模拟量地 M。

3) 脉冲编码器输入端。㉖端为直流电源（+13.7～+15.2 V），㉗端为脉冲编码器地 M，㉘㉙端、㉚㉛端、㉜㉝端分别为通道 1、通道 2、零标志输入端，其中㉘㉚㉜端为“+”端，㉙㉛㉝端为“−”端。

4) 模拟量输出端

- 电流实际值模拟量输出端。⑫⑬端，其中⑬端为模拟量地 M。0～±10 V 对应 0～±200%额定电流，最大负载 2 mA。
- 可设置的模拟量输出端。⑭⑮端、⑯⑰端、⑱⑲端、⑳㉑端分别为模拟量 CH1～CH4 通道输出端。其中⑮⑰⑲㉑端为模拟量地 M。0～±10 V，最大负载 2 mA。

5) 开关量输入端

- ㉞端（㊹⑳⑩端）为直流 DC 24 V 电源，㉟端（㊺㉑⑤㉑⑥㉑⑦端）为地 M。
- ㊲端为电源的接通/断开控制端，高电平信号时接通，低电平信号时断开。
- ㊳端为运行使能控制端，高电平信号时调节器使能，低电平信号时调节器禁止。
- ㊱～㊸端分别为可设置开关量输入端①～⑥端的输入端。
- ㉑①～㉑④端为开关量输入端。

6) 开关量输出端

- 可设置开关量输出端。㊻㊼端、㊽㊹端、㊿㉛端、㉜㉝端分别为可设置开关量输出端①～④端的输出端，其中㊼㉛㉝㊹端为地 M。
- 开关量输出端。⑩⑨⑪⓪端为控制主回路进线接触器用继电器的常开触点。

7) 安全停车（E-Stop）控制端。⑩⑤～⑩⑧端是安全停车控制端，其中⑩⑥端是安全停车用 DC 24V 电源输出端。

8) 温度传感器输入端。㉒㉓端、⑳④⑳⑤端为电动机温度传感器输入端，其中㉔⑳⑤端为“−”端。

4. 操作控制面板

6RA70 系列直流调速装置运行前，要根据工艺要求对参数进行设置。该装置参数的设置可通过装置的参数设置单元进行。装置的参数设置单元可分为两种：一种为简易操作面板 PMU，在 6RA70 系列装置都已配备；另一种为舒适型操作面板 OPIS，OPIS 舒适型操作面板功能比 PMU 简易操作面板强，可作为选件供选择使用。

现以简易操作面板 PMU 为例加以说明。简易操作面板 PMU 由 5 个七段数码显示管、3 个发光二极管（LED）和下面 3 个按键组成，如图 25—35 所示。

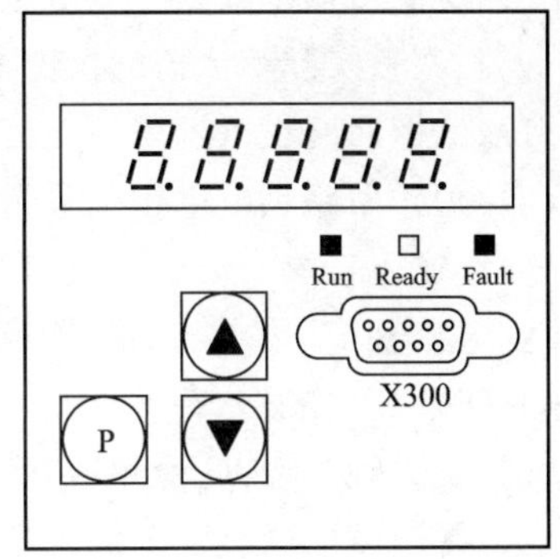

图 25—35　简易操作面板 PMU

（1）按键的功能

1）P 键（切换键）。用于参数编号和参数值显示之间的转换。在变址参数时，完成参数号（参数方式）、参数值（数值方式）和变址号（变址方式）之间的转换。还用于应答现有故障信息，P 键和上升键将故障和报警信息切换到背景，P 键和下降键将故障和报警信息从背景切换到 PMU 的前景显示板上。

2）上升键（▲）。在参数方式时，按此键可选择一个更高的参数号，当已显示最高的参数号时，再次按下此键，将返回到参数区域的另一端（即最大编号与最小编号相邻）。在数值方式时，按此键可增加所设置参数的数值。在变址方式时，按此键可增加变址值（只对变址参数）。如果同时按下上升键与下降键，可加速一个调整过程。

3）下降键（▼）。在参数方式时，按此键可选择一个较低的参数号，当已显示最低的参数号时，再次按下此键，将返回到参数区域的另一端（即最小编号与最大编号相邻）。在数值方式，按此键可减小所设置参数的数值。在变址方式时，按此键可减小变址值（只对变址参数）。

（2）发光二极管（LED）的功能

1）准备（Ready，黄色）：准备运行，在“等待允许运行”状态亮。

2）运行（Run，绿色）：在“允许运行”状态亮。

3）故障（Fault，红色）：在“出现故障信号”状态亮，在“报警信号”状态闪亮。

（3）7 段数码显示管的功能。5 个 7 段数码管用明了的形式显示被显示量。

5. 6RA70 系列直流调速装置参数设置与运行

启动该系统的基本操作步骤如下：

（1）选取访问授权参数。例如，用参数 P051 设置，装置的参数只能在参数 P051 设置的授权修改范围内改变参数，如 P051＝40，参数可以改变。又如，用参数 P052 来选择要显示参数，如 P052＝3，可显示所有参数。

（2）调整整流器的额定电流

1）整流器额定电枢直流电流可通过设置参数 P076.001（百分数）来调整。

2）整流器额定励磁直流电流可通过设置参数 P076.002（百分数）来调整。

(3) 调整实际整流器的供电电压

1）电枢回路供电电压用参数 P078.001（单位为 V）来设置。

2）励磁回路供电电压用参数 P078.002（单位为 V）来设置。

(4) 输入直流电动机的数据。根据电动机铭牌数据输入下列有关参数，如 P100 为电枢额定电流（A），P101 为电枢额定电压（V），P102 为励磁额定电流（A），P114 为电动机热时间常数（min）等。

(5) 选择实际速度检测数据

1）使用模拟测速发电机。参数 P083＝1，速度实际值由“主实际值”通道提供。模拟测速发电机输出接在⑩③端与⑩④端上。用参数 P741 设置最高转速时，测速发电机输出电压为－270～＋270 V。

2）使用脉冲编码器。参数 P083＝2 时，速度实际值由脉冲编码器提供。用参数 P140 选择脉冲编码器类型，用参数 P141 设置脉冲编码器的脉冲数（脉冲数/r），用参数 P142 设置脉冲编码器的信号电压，用参数 P143 设置脉冲编码器的最大运行速度（r/min）。

3）无测速发电机运行（EMF 控制，电动势控制）。参数 P083＝3 时，速度实际值由“EMF 实际值”通道提供。用参数 P115 设置最高转速时的 EMF。

(6) 选择有关励磁数据

1）励磁减弱。用参数 P081 选择。如 P081＝0，无弱磁功能。

2）励磁控制。用参数 P082 选择。如 P082＝1，励磁回路与主回路接触器一起接通，即主回路接触器接通/断开时，励磁脉冲使能/禁止；如 P082＝2，在达到运行状态 o7 或更高时，在 P258 参数化的延时到达后，由 P257 设置的停机励磁自动接入。

(7) 基本工艺功能的选择

1）电流限幅。用参数 P171，P172 分别设置转矩方向Ⅰ、转矩方向Ⅱ的电动机电流限幅值（为 P100 的百分数）。

2）转矩限幅。用参数 P180，P181 分别设置转矩方向Ⅰ、转矩方向Ⅱ的转矩限幅值（为电动机额定转矩的百分数）。

(8) 斜坡函数发生器。用参数 P303，P304，P305，P306 等分别设置加速时间、减速时间、下过渡圆弧、上过渡圆弧等（单位为 s）。

(9) 系统最优化运行。用参数 P051 选择优化运行。如 P051＝25 时，为电枢、励磁预控制和电流调节器的优化运行（持续时间约 40 s），相关参数自动设置；如 P051＝26 时，为转速调节器的优化运行（持续时间约 6 s），相关参数自动设置。

(10) 最高转速的校准和可能的精密调整。在优化运行已经执行后，进行最高转速的校准工作。优化运行不能对每种应用都提供最优结果，在某些情况下需要手动再优化。

(11) 系统试运行。

6. 部分常用参数

6RA70 系列全数字直流调速装置的部分常用参数见表 25—4。

表 25—4　部分常用参数

参数号	说　明	值范围 (单位) 步长	变址数 工厂设置 类型	可见更改 (存取/状态)
P050	语种：在选件 OPIS 操作面板上和在 Drive-Monitor 服务程序的简单文本中显示的语种 0：德语 1：英语 2：西班牙语 3：法语 4：意大利语	0～4 1	变址：无 FS=0 类型：O2	P052=3 P051≥0 在线
P051	键参数 0：无访问权 21：将所有参数复位到它们的缺省值（工厂设置） 25：对于预控制和电流调节器的优化运行（电枢和励磁） 26：速度调节器优化运行 27：励磁减弱优化运行 28：摩擦和转动惯量补偿的优化运行 29：具有摆动机构的传动系统的速度调节器的优化运行 40：对于授权服务人员的参数值访问权	见左栏	变址：无 FS=40 类型：O2	P052=3 P051≥0 在线
P052	显示参数的选择 0：只显示那些不被初始工厂设置的参数 1：只显示简单应用的参数 3：显示所有使用的参数	0，1，3	变址：无 FS=3 类型：O2	P052=3 P051≥0 在线

续表

参数号	说明	值范围 (单位) 步长	变址数 工厂设置 类型	可见更改 (存取/状态)
P076	整流器额定直流电流减少 i001：整流器额定直流电流减少（电枢） i002：整流器额定直流电流减少（励磁） 为了达到整流器与电动机之间的精密匹配，整流器额定直流电流减小到在这里输入的数值 装置额定直流电流值在参数 r072.002 中表明可以设置以下数值：10.0%，20.0%，33.3%，40.0%，50.0%，60.0%，66.6%，70.0%，80.0%，90.0%和 100.0% 注意：如果在参数 P067 中选择的负载级导致整流器额定直流电流减小，则两个参数设置的较低值有效	见左栏	变址：2 FS=100.0 类型：O2	P052=3 P051=40 离线
P078	整流器额定电源电压的衰减 i001：电枢额定输入电压 i002：励磁额定输入电压 实际应用到功率单元的供电系统额定电压值必须在这个参数中设置 这个设置作为低电压、过电压和相电压故障监控功能的参考值	i001：10～r071 i002：10～r074 (V) 1 V	变址：2 FS= i001：r071 i002：400 V 类型：O2	P052=3 P051=40 离线
P081	依赖于 EMF 的励磁减弱 0：无与速度或 EMF 有关的励磁减弱运行（恒定输入 100%的额定电动机励磁电流，作为内部励磁电流给定） 1：由内部闭环 EMF 控制的励磁减弱运行	0～1 1	变址：无 FS=0 类型：L2	P052=3 P051=40 离线

续表

参数号	说　明	值范围 （单位） 步长	变址数 工厂设置 类型	可见更改 （存取/状态）
P082	励磁的运行模式 0：不使用励磁（如对于永磁电动机），励磁触发脉冲禁止 1：励磁由进线接触器转换，如果电枢和励磁功率部件的电源同时接通或断开（励磁触发脉冲与进线接触器接通/断开同时使能/禁止，励磁电流按励磁时间常数衰减），则必须选择这个设置 2：在整流器已经达到运行状态 o7 或更高时，达到在参数 P258 中设置的时间以后，在 P257 中设置的停机励磁自动接入 3：励磁持续有效	0～24 1	变址：无 FS=2 类型：O2	P052=3 P051=40 离线
P083	速度实际值的选择 0：速度实际值尚未选择（固定值 0%） 1：速度实际值由“主实际值”通道（K0013）提供（端子 XT.103，XT.104） 2：速度实际值由“脉冲编码器来的实际速度”通道（K0040）提供 3：速度实际值由“实际 EMF”通道（K0287）提供，但是由 P115 加权（无测速发电机运行） 4：速度实际值自由连接	0～4 1	变址：4 FS=0 类型：O2	P052=3 P051=40 离线
P100	电动机电枢额定电流（根据电动机铭牌） 0.0 参数尚未设置	0.0～6 553.0 （A） 0.1 A	变址：4 FS=0.0 类型：O2	P052=3 P051=40 离线
P101	电动机电枢额定电压（根据电动机铭牌）	10～2 000 （V） 1 V	变址：4 FS=400 类型：O2	P052=3 P051=40 离线
P102	电动机额定励磁电流（根据电动机铭牌）	0.00～600.00 （A） 0.01 A	变址：4 FS=0.00 类型：O2	P052=3 P051=40 离线
P114	电动机热时间常数	0.0～80.0 （min） 0.1 min	变址：4 FS=10.0 类型：O2	P052=3 P051=40 在线

续表

参数号	说 明	值范围 (单位) 步长	变址数 工厂设置 类型	可见更改 (存取/状态)
P115	在无测速发电机运行中，最大速度时的EMF 这个参数用于调整以内部实际EMF值作为速度实际值应用的速度，P115决定了对应于P078.001百分数的最大速度时的EMF值	1.00～140.00 (%的P078.001) 0.01%	变址：4 FS=100.00 类型：O2	P052=3 P051=40 在线
P140	脉冲编码器类型的选择 0：无编码器/“以脉冲编码器作为速度检测”功能未选择 1：脉冲编码器类型1 2：脉冲编码器类型1a 3：脉冲编码器类型2 4：脉冲编码器类型3	0～4 1	变址：无 FS=0 类型：O2	P052=3 P051=40 离线
P141	脉冲编码器的脉冲数	1～32 767 (脉冲数/r) 1脉冲数/r	变址：无 FS=500 类型：O2	P052=3 P051=40 离线
P142	脉冲编码器信号电压的匹配 0：脉冲编码器输出5 V信号 1：脉冲编码器输出15 V信号 内部工作点同输入脉冲编码器信号电压相匹配	0～1 1	变址：无 FS=1 类型：O2	P052=3 P051=40 离线
P143	脉冲编码器运行的最高转速	1～6 500.0 (r/min) 0.1 r/min	变址：4 FS=500.0 类型：O4	P052=3 P051=40 在线
P171	转矩方向Ⅰ的系统电流限幅	0.0～300.0 (%的P100) 0.1%的P100	变址：4 FS=100.00 类型：O2	P052=3 P051=40 在线
P172	转矩方向Ⅱ的系统电流限幅	−300.0～0.0 (%的P100) 0.1%的P100	变址：4 FS=−100.00 类型：O2	P052=3 P051=40 在线
P180	正转矩限幅1	−300.00～300.00 (%) 0.01%的电动机额定转矩	变址：4 FS=300.00 类型：O2	P052=3 P051=40 在线

续表

参数号	说　明	值范围 (单位) 步长	变址数 工厂设置 类型	可见更改 (存取/状态)
P181	负转矩限幅 1	−300.00～300.00 (%) 0.01%的电动机额定转矩	变址：4 FS=−300.00 类型：O2	P052=3 P051=40 在线
P200	速度调节器实际值的滤波时间	0～10 000 (ms) 1 ms	变址：4 FS=0 类型：O2	P052=3 P051=40 在线
P303	斜坡上升时间 1	0.00～650.00 (s) 0.01 s	变址：4 FS=10.00 类型：O2	P052=3 P051=40 在线
P304	斜坡下降时间 1	0.00～650.00 (s) 0.01 s	变址：4 FS=10.00 类型：O2	P052=3 P051=40 在线
P305	下过渡圆弧 1	0.00～100.00 (s) 0.01 s	变址：4 FS=0.00 类型：O2	P052=3 P051=40 在线
P306	上过渡圆弧 1	0.00～100.00 (s) 0.01 s	变址：4 FS=0.00 类型：O2	P052=3 P051=40 在线
P401～P411	固定值 K401～K411 应用到连接器 K0401～K0411	−199.99～199.99 (%) 0.01%	变址：4 FS=0.00 类型：I2	P052=3 P051=40 在线
P430	固定给定值接入的源控制固定给定值接入的开关量连接器的选择	所有开关量连接器号 1	变址：8 FS=0 类型：L2	P052=3 P051=40 离线
P431	固定给定值的源作为固定给定值接入的连接器的选择	所有连接器号 1	变址：8 FS=0 类型：L2	P052=3 P051=40 离线
P671	控制字 1 的源，位 11 0：正旋转方向禁止 1：正旋转方向使能	所有开关量连接器号 1	变址：2 FS=1 类型：L2	P052=3 P051=40 离线
P672	控制字 1 的源，位 12 0：负旋转方向禁止 1：负旋转方向使能	所有开关量连接器号 1	变址：2 FS=1 类型：L2	P052=3 P051=40 离线

续表

参数号	说　明	值范围 （单位） 步长	变址数 工厂设置 类型	可见更改 （存取/状态）
P741	“主实际值”在 n_{max}（最高速度下的测速发电机电压）时输入电压的额定值，当P083＝1时，这个参数决定了最高速度	－270.00～270.00 （V） 0.01 V	变址：4 FS＝60.00 类型：I2	P052＝3 P051＝40 在线
P750	在模拟量输出1的输出值的源选择应用到模拟量输出值的连接器 0：连接器K0000 1：连接器K0001	所有连接器号 1	变址：无 FS＝0 类型：L2	P052＝3 P051＝40 在线

思考题

1. 两组晶闸管供电的可逆线路中有哪几种环流？环流是如何产生的？环流对系统有何利弊？在直流可逆系统中，为什么要控制 $\alpha=\beta$，系统中如何实现？

2. 根据逻辑无环流可逆直流调速系统电路图，试问：

(1) 无环流逻辑控制器DLC由哪几部分电路组成？各电路的作用是什么？

(2) 无环流逻辑控制器为什么必须设置封锁延时和开放延时？延时过大或过小对系统运行有何影响？

(3) 在逻辑无环流可逆系统中，转矩极性鉴别器的回环宽度大小对系统将会产生什么影响？

(4) 试画出系统从突加正向给定启动运行，然后再切换到反向运行时的 $n=f(t)$，$I_d=f(t)$ 波形图。

3. 简述逻辑无环流可逆直流调速系统中的无环流逻辑控制器电路的组成和工作原理。

4. 简述逻辑无环流可逆直流调速系统从正向运行到停车的工作过程。

5. 在逻辑无环流可逆直流调速系统中，为什么要采用“推 β”环节措施？请说明它的工作原理。

6. 简述逻辑选触无环流可逆直流调速系统从正向稳定运行到反向稳定运行的工作过程。

7. 逻辑无环流可逆直流调速系统有无“推 β”环节时，系统制动过程是否相同？试分析说明。

第 26 章

交流调压调速系统和串级调速系统

过去，由于直流电动机具有良好的启动、制动性能，在冶金轧机、机床、造纸、电梯等调速控制应用方面，直流电动机及其调速系统占据了主导地位。但直流电动机存在结构复杂、成本高、故障多、维护困难等缺点，而交流电动机（特别是笼型电动机）具有结构简单、成本低、可靠性高、维护方便等特点。近年来，随着电力电子技术、自动控制技术、计算机应用技术、半导体集成制造工艺的发展，交流调速系统得到了迅速的发展和广泛的应用。本章首先讲述交流异步电动机的调速方法和类型；其次简述交流调压调速系统的组成和工作原理；最后讲述绕线转子异步电动机串级调速系统的工作原理，以及低同步晶闸管串级调速系统的组成、工作原理及其应用中的几个问题。

第1节　交流异步电动机的调速方法

众所周知，交流异步电动机的转速表达式为：

$$n = n_0(1-s) = \frac{60f_1}{p_n}(1-s) \tag{26—1}$$

式中　n——异步电动机的转子转速，r/min；

n_0——异步电动机的同步转速，r/min；

s——转差率；

f_1——定子供电电源的频率，Hz；

p_n——异步电动机的极对数。

一、按交流异步电动机的参数（变量）分类

1. 改变极对数 p_n 调速——变极调速

变极调速是一种有级调速方法，一般只有2～3挡转速，但这种调速方法简单、效率高。

2. 改变定子供电电源频率 f_1 调速——变频调速

变频调速是一种无级调速方法，这种调速方法性能好、效率高、应用广泛。

3. 改变转差率 s 调速

改变转差率 s 调速的具体方法有3种。

（1）改变电动机定子电压调速——调压调速。调压调速是一种简单、可靠、价格较便宜的调速方法，但效率较低。调压调速常采用晶闸管组成的交流调压调速系统。

（2）改变绕线转子异步电动机转子回路电阻调速——改变电阻调速。改变电阻调速是一种有级调速方法，简单、可靠、价格便宜，但效率也较低。

（3）改变绕线转子异步电动机转子回路附加电动势调速——串级调速。串级调速是通过改变电动机转子回路附加电动势相位和幅值大小，以改变转差率来实现无级调速的一种方法。常采用晶闸管组成的串级调速系统将转差功率回馈交流电网，这是一种经济、高效

的调速方法。

4. 电磁转差离合器调速

由不调速的异步电动机和电磁转差离合器组成电磁调速电动机，通过改变电磁转差离合器的励磁电流大小就可以改变电磁调速电动机的转速。这种调速方法控制简单、价格比较便宜、可靠性高、维修容易，但低速运行时损耗大、效率低，一般应用在从几千瓦到几十千瓦范围的中、小功率调速系统中。

二、按交流异步电动机的转差功率处理情况分类

按照交流异步电动机的工作原理，从定子传入转子的电磁功率 P 可分为两部分：一部分是拖动负载的有效功率 P_m；另一部分是转差功率 P_s，它与转差率 s 成正比。从能量转换的角度来看，调速时转差功率是否增大，是消耗掉还是得到回收，是评价交流调速系统效率高低的一种标志。从这种观点出发，异步电动机的调速系统可分为以下 3 种。

1. 转差功率 P_s 消耗型调速系统

这类调速系统将全部转差功率 P_s 都转换为热能的形式消耗。上面所述的调压调速、电磁转差离合器调速和改变电阻调速都属于这一类。这类调速系统通过增加转差功率的消耗来换取转速的降低（恒转矩负载时），因此它的效率最低，且越向下调速，效率越低。但是这类调速系统结构简单，所以还有一定的应用场合。

2. 转差功率 P_s 回馈型调速系统

这类调速系统将小部分转差功率转换成热能的形式消耗，而将大部分转差功率通过变流装置回馈电网或转换为机械能予以利用。转速越低，回收的功率也越多。上面所述的串级调速属于这一类。这类调速系统的效率明显高于转差功率 P_s 消耗型调速系统。

3. 转差功率 P_s 不变型调速系统

这类调速系统的转差功率中的转子铜耗无论转速高低都基本不变，即转差功率的消耗基本不变，因此效率最高。上面所述的变极调速和变频调速属于这一类。其中，变极调速是有级调速，应用场合有限；而变频调速是无级调速，性能好、应用广泛。

第 2 节　交流调压调速系统

一、交流调压调速工作原理

异步电动机的机械特性方程式为：

$$T_e = \frac{3p_n U_1^2 R_2'/s}{\omega_1 \left[\left(R_1 + \frac{R_2'}{s} \right)^2 + \omega_1^2 (L_{l1} + L_{l2}')^2 \right]} \qquad (26—2)$$

式中　p_n——电动机的极对数；

U_1——电动机的定子电压，V；

ω_1——电动机的供电角频率，rad/s；

s——转差率；

R_1，R'_2——定子每相电阻和折算到定子侧的转子每相电阻，Ω；

L_{l1}，L'_{l2}——定子每相漏感和折算到定子侧的转子每相漏感，H。

由上式可知，当转差率 s（或转速）一定时，电磁转矩 T_e 与定子电压 U_1 的平方成正比。一般异步电动机在不同定子电压下的机械特性如图 26—1 所示。可见，电动机的同步转速 n_0 与定子电压无关，临界最大转差率 s_m 也与定子电压无关。随着定子电压的降低，最大转矩 T_{emax} 与定子电压的平方成正比降低。当带恒转矩负载 T_L 工作时，电动机变电压时的稳定工作点为 A，B，C 点，转差率 s 的变化范围为 $0\sim s_m$，其调速范围较小。而对于风机和水泵类负载来说，电动机变电压时的稳定工作点为 D，E，F 点，其调速范围较大。

为了能在带恒转矩负载 T_L 工作时扩大调速范围，并使电动机能在低速下稳定运行又不致过热，就要求电动机转子绕组有较高的电阻。对于笼型异步电动机，可以将电动机转子的笼型由铸铝材料改为电阻率较大的黄铜条，如力矩电动机（JLT）。交流调压调速系统常采用力矩电动机，这种电动机的转子绕组具有较高的电阻，即使在堵转工作时，也不致烧坏电动机。高转子电阻电动机（如力矩电动机）在不同定子电压下的机械特性如图 26—2 所示。可见，当带恒转矩负载 T_L 工作时，其调速范围增大，但是机械特性变软，负载变化时的静差率变大。

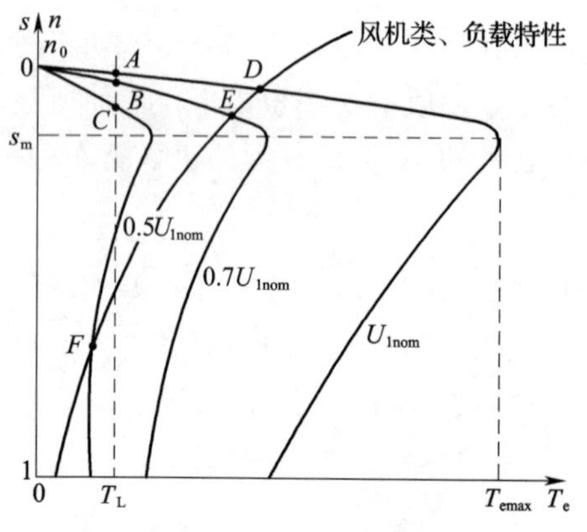

图 26—1　异步电动机在不同定子电压下的机械特性

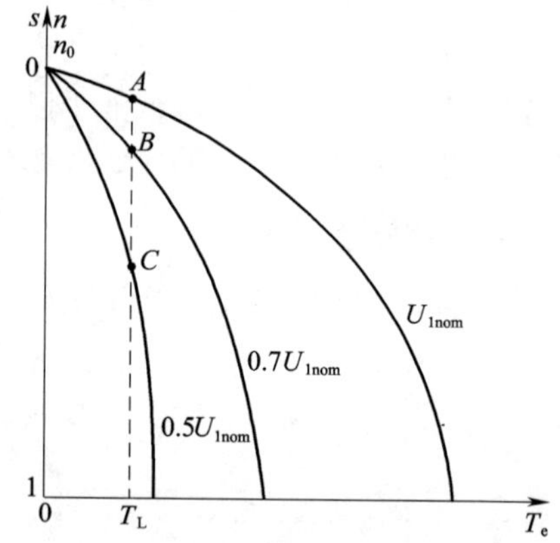

图 26—2　高转子电阻电动机在不同定子电压下的机械特性

二、闭环控制的交流调压调速系统

交流调压调速系统一般由 3 部分构成：交流调压器、异步电动机和控制器。交流调压器可采用自耦变压器、饱和电抗器和晶闸管交流调压器，如图 26—3 所示。目前一般采用晶闸管交流调压器，采用 3 对反并联的晶闸管或 3 个双向晶闸管组成，如图 26—3c 所示。

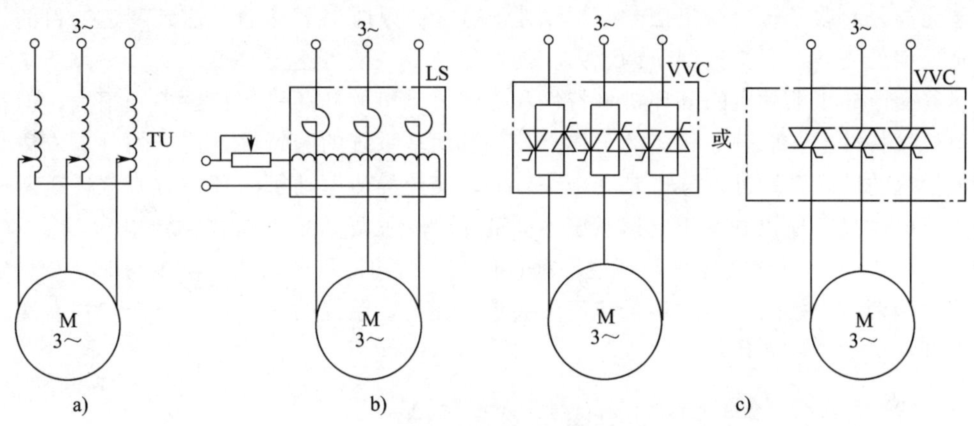

图 26—3　交流调压器

a）自耦变压器　b）饱和电抗器　c）晶闸管交流调压器

采用一般异步电动机调压调速时，调速范围不大，并且低速时运行稳定性差。采用高转子电阻的异步电动机（如力矩电动机）时，虽然可以增大调速范围，但是机械特性变软，负载变化时的静差率很大，开环控制很难解决这个问题。对于恒转矩负载，调速范围要求在大于 2 的场合，往往采用带转速负反馈的闭环控制系统，如图 26—4a 所示。

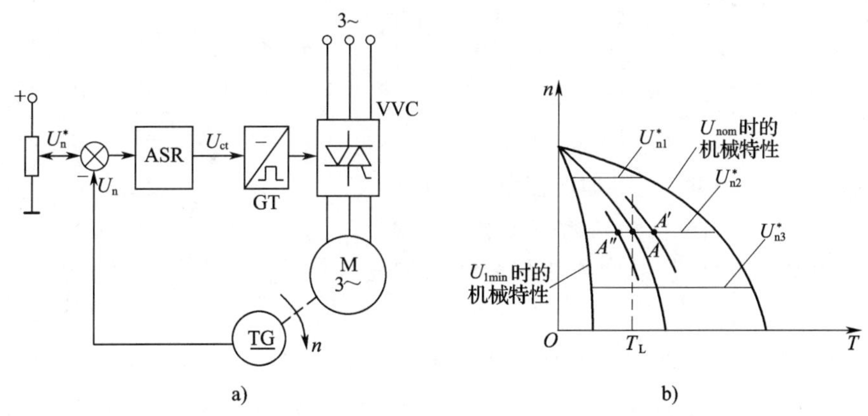

图 26—4　带转速负反馈的闭环控制交流调压调速系统

a）电路图　b）静特性

带转速负反馈的闭环控制交流调压调速系统的静特性如图 26—4b 所示。如果系统带负载 T_L 在某一条机械特性上 A 点运行，当负载增大引起转速下降时，通过反馈控制作用使定子电压提高，从而在右边新的一条机械特性上 A' 点运行；同理，当负载降低时，通过反馈控制作用使定子电压降低，从而在左边新的一条机械特性上 A''点运行。按照反馈控制规律，将 A''，A'，A 点连接起来便是系统的静特性。虽然交流力矩电动机的机械特性很软，但系统放大系数决定的闭环系统静特性却可以很硬。如果采用 PI 调节器，仍可以做到无静差。改变转速给定信号 U_n^*，则静特性平行地上下移动，达到调速的目的。带转速负反馈的闭环控制交流调压调速系统的调速范围一般可达 10∶1。

尽管交流异步电动机的开环机械特性和直流电动机的开环机械特性差别很大，但在不同开环机械特性上各取一个相应的工作点得到其闭环系统的静特性，这样的分析方法与对两种电动机的闭环系统进行分析是完全一致的。交流异步电动机闭环控制交流调压调速系统和直流电动机闭环控制调压调速系统不同的是：交流异步电动机在额定电压 U_{1N}下的机械特性和 U_{1min}下的机械特性是闭环系统静特性左右两边的极限。当负载变化时，如果定子电压调节到两边的极限时，闭环系统便失去控制能力，系统的工作点只能沿着左右两边的极限按开环机械特性变化。

第 3 节　绕线转子异步电动机串级调速系统

一、串级调速的基本原理

绕线转子异步电动机的调速以往采用较多的是在转子回路中串联附加电阻，当改变串联附加电阻值时，就可以改变转子电流，从而改变电动机的电磁转矩以实现调速。这种调速方法虽然简单方便，但是属于有级调速，调速性能差、效率低，尤其是低速时电能损耗更大、效率更低。对于大、中容量的绕线转子异步电动机，若要求长期较低速运行，不宜采用这种低效率的调速方法。为了改变转子电流，除了在转子回路中串联附加电阻外，还可以在转子回路中串入与转子电动势同频率的附加电动势，通过改变串联附加电动势幅值和相位来实现调速，如图 26—5 所示。

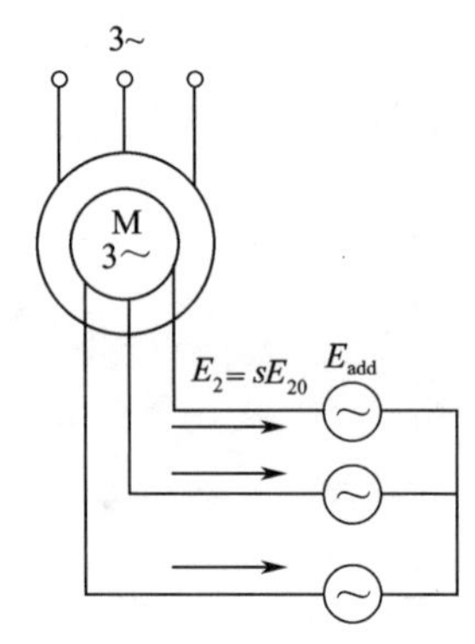

图 26—5　绕线转子异步电动机串级调速的基本工作原理示意图

利用这种调速方法，可以使电动机在低速运行时，转子的转差功率 P_s 只有一小部分在转子绕组本身的电阻上被消耗掉，而大部分被回馈到电网，这样就能使电动机在低速运行时仍具有较高的效率。这种在绕线转子异步电动机转子回路中串入附加电动势的调速方法称为串级调速。串级调速完全克服了转子回路串联附加电阻调速方法的缺点，并具有高效率、无级平滑调速、低速机械特性硬等优点。

为什么在转子回路中改变附加电动势幅值和相位就能调节电动机的转速呢？当电动机转子回路串入的附加电动势 E_{add}相位与转子电动势 sE_{20}的相位相反（相差 180°）时，电动机从额定转速向下调速，称为低同步串级调速。现以低同步串级调速为例，对串级调速的工作原理做进一步的分析。

当异步电动机运行时，其转子电动势为：

$$E_2 = sE_{20} \quad (26—3)$$

式中 s——转差率；

E_{20}——绕线转子异步电动机静止时的开路电动势（转子额定电压），V。

由式（26—3）可知，转子电动势 E_2 与转差率 s 成正比，且它的频率 f_2 也与转差率 s 成正比，即 $f_2=sf_1$。

当转子回路中串入的附加电动势为 E_{add}时，转子电流为：

$$I_2 = \frac{sE_{20} - E_{add}}{\sqrt{R_2^2 + (sX_{20})^2}} \quad (26—4)$$

式中 X_{20}——绕线转子异步电动机静止时转子绕组的感抗。

由式（26—4）可知，由于反相位附加电动势 E_{add}的串入，引起转子电流 I_2 减小，而电动机的电磁转矩 T_e 随转子电流 I_2 的减小也相应减小，从而使电动机的电磁转矩 T_e 小于负载转矩，稳定运行条件被破坏，迫使电动机减速。随着转速降低，转差率 s 增大，转子电流 I_2 增大，电动机的电磁转矩 T_e 也相应增大。直到电动机减速至某一转速、电动机的电磁转矩 T_e 增大到与负载转矩相等时，减速过程才结束，电动机在这一转速下稳定运行。串入与转子电动势相位相反的附加电动势 E_{add}幅值越大，电动机稳定转速越低。这是低同步串级调速的工作原理。

串级调速还可以向高于同步转速方向调速，只要使串入转子回路的附加电动势 E_{add}相位与转子电动势 sE_2 的相位相同即可。

二、低同步晶闸管串级调速系统

1. 低同步晶闸管串级调速系统的工作原理

在实际应用中，要在电动机转子回路中引入与转子电动势同频率的可控交流附加电动势 E_{add}是相当复杂的，因为转子电动势 E_2 的频率随转速而变化，所以可控交流附加电动势 E_{add}的频率也必须随转速而变化。因此，人们采用将转子电动势整流为直流，然后引入一个直流附加电动势的方法，通过改变直流附加电动势的幅值大小来调节电动机的转速。按照这种方法组成的低同步晶闸管串级调速系统电路图如图 26—6 所示。

在图 26—6 中，M 为绕线转子异步电动机，不可控整流器 UR 采用三相桥式电路，它将转子电动势 sE_{20}整流为直流电动势 U_d。TI 为逆变变压器，晶闸管有源逆变器 UI 采用三相桥式电路，它的输出逆变电压 $U_{d\beta}$作为调速所需的可控直流附加电动势，改变逆变角 β 就可改变输出逆变电压 $U_{d\beta}$，相当于改变直流附加电动势，实现串级调速。晶闸管有源逆变器 UI 除了提供可控直流附加电动势外，还将经 UR 整流后输出的异步电动机转差功率变换为交流功率回馈到交流电网。

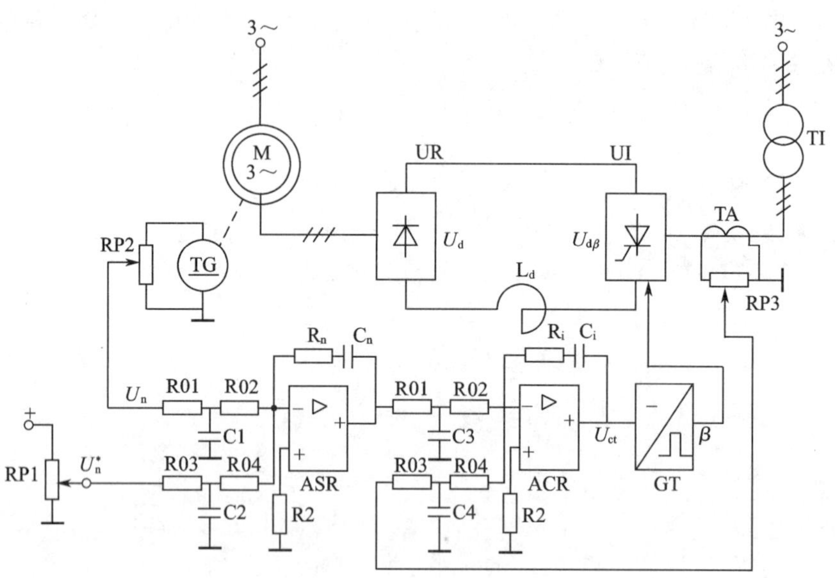

图 26—6　低同步晶闸管串级调速系统电路图

U_d 是转子电势经整流后的直流电压，其值为：

$$U_d = 1.35\ sE_{20} \tag{26—5}$$

当逆变变压器 TI 二次线电压为 U_{21}时，则逆变电压 $U_{d\beta}$值为：

$$U_{d\beta} = 1.35\ U_{21}\cos\beta \tag{26—6}$$

当电动机转速稳定时，忽略电动机转子绕组、逆变变压器漏抗和直流回路电阻的影响时，则整流电压 U_d 与逆变电压 $U_{d\beta}$大小相等、方向相反，即：

$$1.35\ sE_{20} = 1.35\ U_{21}\cos\beta$$

所以

$$s = \frac{U_{21}\cos\beta}{E_{20}} \tag{26—7}$$

式（26—7）说明，改变逆变角 β 的大小即可改变电动机的转差率 s，以实现调速。

串级调速系统的工作过程大致如下：当异步电动机带恒转矩负载在某一转速稳定运行时，有 $U_d=U_{d\beta}$。当 β 角增大时，逆变电压 $U_{d\beta}$相应减小，但电动机受机械惯性作用影响，转速不会立即变化，转子电动势 E_2 即整流电压 U_d 仍保持不变。根据 $I_d=\frac{U_d-U_{d\beta}}{R_\Sigma}$可知，$I_d$ 相应增大，电动机转子电流 I_2 也相应增大，电动机产生的电磁转矩大于负载转矩，使转速升高。随着转速升高，转差率 s 减小，U_d 减小，I_d 相应减小，直到 $U_d=U_{d\beta}$时，电动机又以较高的转速稳定运行。反之，β 角减小时，电动机转速下降。当 $\beta=90°$时，$U_d=0$ V，相当于转子电路经二极管整流桥短接，电动机运行接近自然特性，转速最高（但总是低于同步转速）。

该串级调速系统的控制电路与上面所述的直流调速系统一样，一般采用转速、电流双闭环控制系统。直流测速发电机和分压电位器 RP2 提供转速反馈信号，用交流互感器 TA 检测逆变器交流电流信号，提供电流反馈信号，转速调节器 ASR 和电流调节器 ACR 采用 PI 调节器。当电流调节器 ACR 输出 U_{ct} 为零时，将晶闸管有源逆变器 UI 的触发脉冲逆变角 β 整定为最小值 β_{min}（一般取 β_{min} 为 30°～35°），以防止逆变失败。随着电流调节器 ACR 输出 U_{ct} 的增加，逆变角 β 增大，向90°方向变化。由于采用转速、电流双闭环控制系统，该串级调速系统在升速过程中能实现恒流升速，具有良好的加速性能，在电网电压波动时，电流环和电流调节器能及时调节转子电流，以保持所需的电磁转矩。低同步晶闸管串级调速系统与不可逆直流调速系统一样，在减速过程中依靠负载转矩的作用自由降速。

2. 低同步晶闸管串级调速系统应用中的几个问题

（1）装置容量和应用场合。晶闸管串级调速系统的最大特点在于调速装置仅是传递电动机的转差功率，不需要传递电动机全部的传动功率，因而调速装置容量与电动机调速范围有关，电动机要求的调速范围越小，串级调速装置的容量也越小。例如，当电动机要求的调速范围为 3∶1 时，串级调速装置容量约为电动机容量的 1/3。故串级调速系统适用于要求调速范围不大的中、大功率的绕线转子异步电动机调速，其调速范围一般为同步转速的 70%～100%或 50%～100%。在实际应用中，低同步晶闸管串级调速系统经常应用于中、大容量的风机、水泵调速。

（2）串级调速系统的功率因数。功率因数低是串级调速系统的主要缺点，即使在系统高速满载运行时，其功率因数也只有 0.65 左右，低速时功率因数更低。串级调速系统的功率因数与系统中的绕线转子异步电动机、不可控整流器、晶闸管有源逆变器等部分有关，串级调速系统功率因数低的主要原因有以下几点。

1）在一定逆变角下，串级调速系统从交流电网吸收的总有功功率等于电动机吸收的有功功率与有源逆变器回馈至交流电网的有功功率之差，而其总无功功率等于电动机吸收的无功功率与有源逆变器吸收的无功功率之和。在低速时，所吸收的无功功率虽然有所减小，但从电网吸收的有功功率也减小，致使系统在低速时功率因数很低。

2）由于在串级调速系统中，转子不可控整流器在整流过程中存在换相重叠角、延迟换相等现象，致使电动机的功率因数降低。

3）晶闸管有源逆变器采用移相控制来改变输出逆变电压，致使其输入电流与电压不同相，消耗了无功功率。

在串级调速系统的实际应用中，要注意功率因数低的问题，必要时应采取一些改善串级调速系统功率因数的措施，如采用斩波控制的串级调速系统。斩波控制的串级调速系统与上述串级调速系统的不同在于：前者在电动机转子不可控整流器与晶闸管有源逆变器之间加入直流斩波器，将逆变器逆变角 β 固定在 β_{min}，从而提高了功率因数。

（3）晶闸管串级调速系统的启动与停车控制。晶闸管串级调速系统的启动有直接启动和间接启动两种方法。

1）直接启动法。直接启动法就是利用串级调速装置直接启动。启动时，先将晶闸管有源逆变器的逆变角 β 置于 β_{min}，再逐渐增大逆变角 β，使逆变电压减小，电动机升速到所需要的转速。这种方法表面上看简单，但它存在一个很大的问题。因为采用直接启动法时，串级调速系统要从零速开始启动，因而串级调速装置电压高、容量大，与电动机容量大致相等。因此，对于要求调速范围不大的中、大功率的绕线式异步电动机调速系统来说，采用直接启动法，必须增加串级调速装置的容量和电压，而这是极其不经济的，所以很少采用直接启动法，通常采用间接启动法。

2）间接启动法。间接启动法就是电动机先采用转子回路串电阻或频敏变阻器启动，待电动机升速到一定转速后，串级调速装置才投入运行。对于要求调速范围不大的中、大功率的绕线转子异步电动机调速系统来说，常采用这种方法启动。

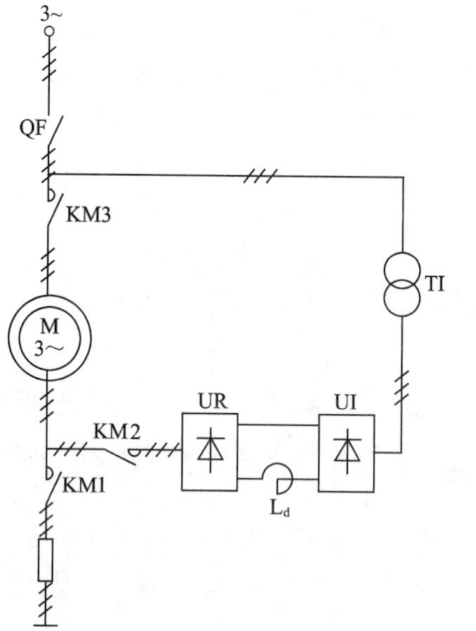

图 26—7　晶闸管串级调速系统的间接启动控制电路图

现以实际应用较多的间接启动法为例，说明晶闸管串级调速系统的启动与停车控制。晶闸管串级调速系统的间接启动控制电路图如图 26—7 所示。

晶闸管串级调速系统的启动过程如下：

①先合上电源总断路器 QF，使逆变变压器 TI、晶闸管有源逆变器 UI 通电，同时使晶闸管有源逆变器 UI 在 β_{min} 下等待工作。

②接通接触器 KM1，使电动机转子回路接入启动电阻或频敏变阻器，再接通接触器 KM3，使电动机定子回路通电，之后电动机以转子回路串电阻或频敏变阻器启动。

③电动机以转子回路串电阻或频敏变阻器启动到最高转速时，接通接触器 KM2，将电动机转子回路接到晶闸管串级调速装置，同时断开接触器 KM1，断开启动电阻或频敏变阻器。

④调节转速给定电位器（也就是调节逆变角 β），使电动机从最高转速慢慢降低到工艺所要求的转速运行。

间接启动法简单、可靠，但电动机的工作转速要通过降速才能得到，这对于有些生产设备来说是不允许的。这时可对上面所述的间接启动法进行改进，在晶闸管串级调速系统中增加 1 个 s_{max} 检测单元。在电动机以转子回路串电阻或频敏变阻器启动过程中，该检测单元检测电动机转速（转差率 s），当电动机升速到所设计转速（对应所设计的转差率 s_{max}）时，接通接触器 KM2，将电动机转子回路接到晶闸管串级调速装置，同时断开接触器 KM1、断开启动电阻或频敏变阻器。此后，电动机就可以采用晶闸管串级调速装置加速到所需的转速运行。

思 考 题

1. 交流电动机有哪些调速方法？各有什么特点？
2. 交流调压调速适用于哪些场合？为什么？
3. 简述绕线转子异步电动机串级调速系统的工作原理。
4. 简述晶闸管串级调速系统的组成和工作过程。
5. 晶闸管串级调速系统应用中应注意哪些问题？
6. 晶闸管串级调速系统的启动有哪几种方法？简述间接启动法的启动过程。

第 27 章

异步电动机变频调速系统

异步电动机变频调速系统属于转差功率不变型调速系统，是异步电动机各种调速方法中调速性能最好、效率最高的一种调速方法，因而在实际生产中得到广泛应用。本章首先讲述变频调速的基本工作原理、变频调速的基本控制方式和机械特性、调速用静止式变频器类型和特点，其次讲述正弦波脉宽调制型（SPWM）变频器，最后简述典型的交流变频调速系统，包括转速开环、恒压频比控制的交流变频调速系统，转速闭环、转差频率控制的交流变频调速系统、矢量控制的交流变频调速系统。

第 1 节　变频调速的基本工作原理

异步电动机的转速表达式为：

$$n = \frac{60 f_1}{p_n}(1 - s) = n_0(1 - s) \tag{27—1}$$

由式（27—1）可知，只要改变异步电动机定子的电源频率 f_1，就可以改变异步电动机的同步转速 n_0，从而改变异步电动机的转速 n，这就是变频调速的基本工作原理。

由电动机工作原理可知，三相异步电动机中存在下列关系：

$$E_q = 4.44 f_1 N_1 k_{N1} \Phi_m$$

如果忽略定子阻抗压降，则有：

$$U_1 \approx E_q = 4.44 f_1 N_1 k_{N1} \Phi_m \tag{27—2}$$

式中 U_1——定子电压，V；

E_q——气隙磁通在定子每相绕组中感应电动势的有效值，V；

f_1——定子的电源频率，Hz；

N_1——定子每相绕组串联匝数；

k_{N1}——基波绕组系数；

Φ_m——每极气隙磁通量，wb。

由式（27—2）可知，如果定子电压 U_1 保持不变，只改变定子电源频率 f_1 调速，则 Φ_m 将增大。由于电动机设计时，Φ_m 一般选择在定子铁心的临界饱和点，因而减小 f_1，Φ_m 增大将会使铁心饱和，从而使励磁电流急剧升高，导致铁心损耗急剧增加，严重时会因定子铁心过热而损坏电动机；反之，增加 f_1，则 Φ_m 将减小，Φ_m 的减小导致电动机输出转矩 T_e 减小，使电动机拖动能力降低。对于恒转矩负载来说，严重时会使电动机发生堵转。因此，要求在改变频率 f_1 的同时改变定子电压 U_1，以保持磁通 Φ_m 基本不变，即异步电动机变频调速必须对电压和频率进行协调控制。

第 2 节　变频调速的基本控制方式和机械特性

一、变频调速的基本控制方式

基频是指电动机铭牌上的额定频率 f_{1N}，我国为工频 50 Hz。

1. 基频以下调速控制方式

由式（27—2）可知，如要保持 Φ_m 不变，当频率 f_1 从额定值 f_{1N} 向下调节时，应同时减小 E_q，使 $\frac{E_q}{f_1}$ 为常数，即采用恒定电动势频比的控制方式，但感应电动势 E_q 难以直接控制。一般电动机定子阻抗很小，当感应电动势 E_q 较大时，可以忽略定子阻抗压降，近似认为 $U_1 \approx E_q$，取 $\frac{U_1}{f_1}$ 为常数，即采用恒压频比的控制方式。由于在低频时，U_1 和 E_q 都较小，定子阻抗压降所占的比例比较大，不能忽略，因而必须对 U_1 进行定子阻抗压降补偿，人为地把电压 U_1 提高一些，尽可能保持磁通 Φ_m 基本不变，如图 27—1 中特性曲线 b 所示。无定子阻抗压降补偿的恒压频比的控制特性如图 27—1 中特性曲线 a 所示。对于不同的电动机参数，其补偿程度也不同，目前各厂商生产的变频器都设置了不同的补偿控制特性，供选择使用。

2. 基频以上调速控制方式

在基频以上调速时，可以从 f_{1N} 向上调节，如要保持 Φ_m 恒定，必须在频率 f_1 升高的同时增大 U_1，但电压 U_1 一般不能超过电动机的额定电压 U_{1N}，最大只能保持为电动机的额定电压 U_{1N}。所以在基频以上调速时，只能放弃保持磁通 Φ_m 恒值的要求，使磁通 Φ_m 与频率成反比降低，相当于直流电动机弱磁升速的情况。把基频以下和基频以上两种情况结合起来，可以得到异步电动机变频调速控制特性，如图 27—2 所示。因此，在基频以下调速属于恒转矩调速，在基频以上调速属于恒功率调速。

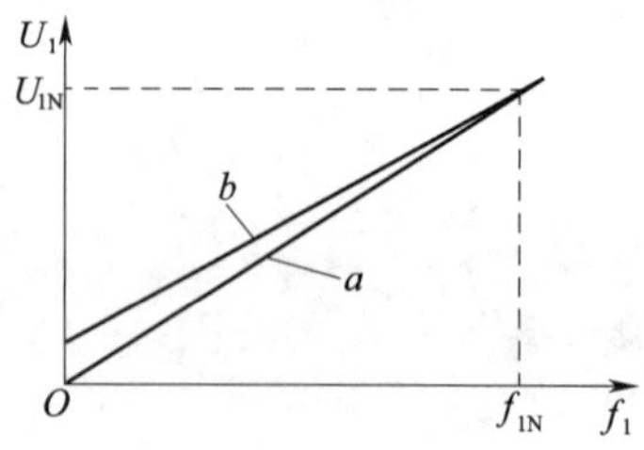

图 27—1　恒压频比的控制特性

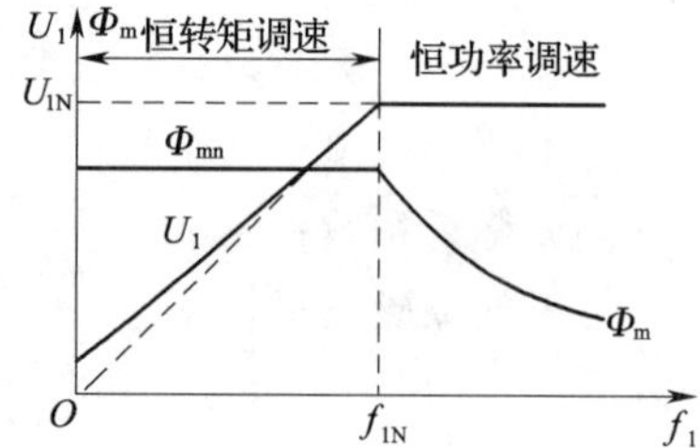

图 27—2　异步电动机变频调速的控制特性

二、变频调速的机械特性

1. 异步电动机恒压、恒频时的机械特性

当定子电压 U_1 和角频率 ω_1 都为恒定值时，异步电动机的电磁转矩 T_e 为：

$$T_e = \frac{P_m}{\Omega_1} = \frac{3p_n}{\omega_1} I'^2_2 \frac{R'_2}{s} = 3p_n \left(\frac{U_1}{\omega_1}\right)^2 \frac{s\omega_1 R'_2}{(sR_1 + R'_2)^2 + s^2\omega_1^2 (L_{l1} + L_{l2})^2} \tag{27—3}$$

式中　P_m——电磁功率，W；

ω_1——电源角频率，rad/s；

Ω_1——同步机械角速度，rad/s；

p_n——极对数；

U_1——定子电压，V；

R_1、R_2'——定子每相电阻和折合到定子侧的转子每相电阻，Ω；

L_{l1}、L_{l2}'——定子每相漏感和折合到定子侧的转子每相漏感，H。

当 s 很小时，可忽略上式分母中的含 s 项，转矩近似与 s 成正比，这时机械特性 $T_e = f\ (s)$ 是一段直线，如图 27—3 所示。当 s 接近 1 时，可忽略式 (27—3) 分母中的 R_2'，转矩近似与 s 成反比，这时机械特性 $T_e = f\ (s)$ 是一段双曲线，如图 27—3 所示。

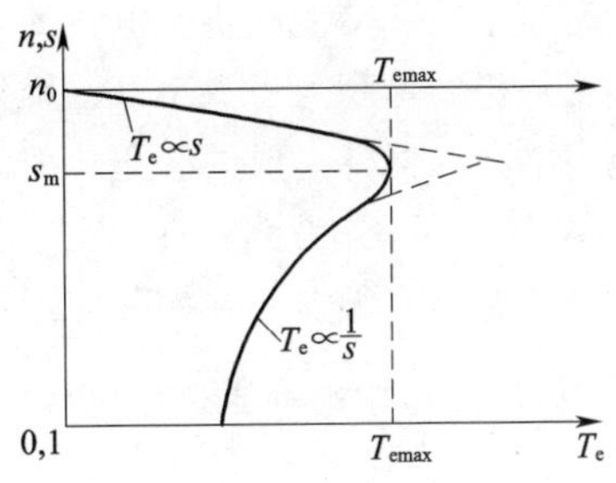

图 27—3　恒压、恒频时异步电动机的机械特性

2. 变频调速的机械特性

（1）基频以下变频调速的机械特性。现以恒压频比控制为例，说明基频以下变频调速的机械特性。恒压频比控制 $U_1/f_1(\omega)$ 为恒值的机械特性，如图 27—4 所示。该特性基本是上下平移的，硬度较好，但最大转矩 T_{emax} 随着 f_1 降低而减小。当频率很低时，最大转矩 T_{emax} 很小，将限制变频调速系统的带负载能力，为此需要采用定子阻抗压降补偿，适当增大电压 U_1，以增强带负载能力。

（2）基频以上变频调速的机械特性。基频以上变频调速的机械特性如图 27—5 所示。当角频率 ω_1 提高时，同步转速 n_0 随之提高，最大转矩 T_{emax} 减小，机械特性上移。该机械特性基本也是上下平移的。

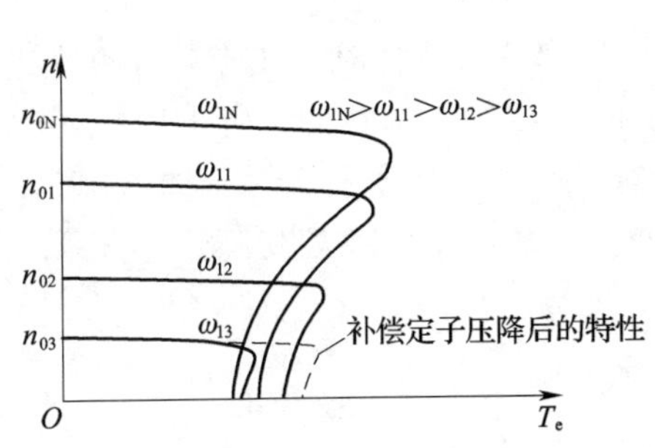

图 27—4　恒压频比控制变频调速的机械特性

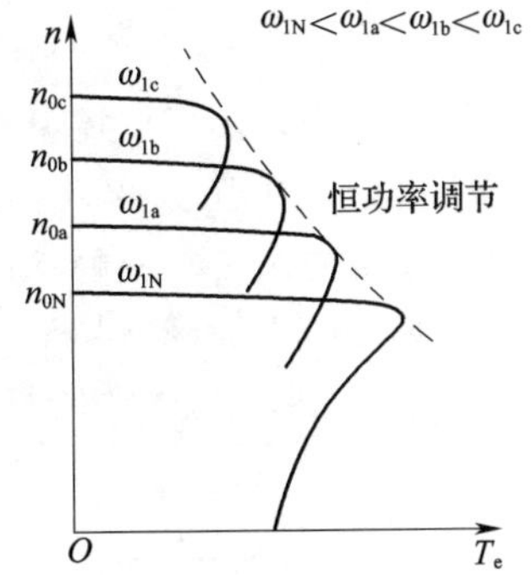

图 27—5　基频以上变频调速的机械特性

第 3 节　调速用静止式变频器的类型和特点

由上述分析可知，异步电动机为实现变频调速必须得到能够同时变电压、变频率（以下简称变压、变频）的交流电源，而电网提供的是恒压、恒频的交流电源，所以必须设置专门的变频器（又称为 VVVF），把恒压、恒频的电源变换为变压、变频的交流电源供给异步电

动机。以前一般采用旋转式变频机组，即由直流电动机拖动交流同步发电机，调节直流电动机的转速来改变交流同步发电机的输出电压和频率，从而实现异步电动机变频调速。这种旋转式变频机组体积大、效率低、维护困难。随着电力电子技术迅速发展，旋转式变频机组已被电力电子元器件组成的静止式变频器替代，静止式变频器已得到广泛应用。静止式变频器从整体结构上可分为交—直—交变频器和交—交变频器；而从电源性质上分为电压源型变频器和电流源型变频器。在实际应用中，大部分的变频器都为交—直—交电压源型变频器。

一、交—直—交变频器

交—直—交变频器先将恒压、恒频的交流电通过整流器变换为直流电，再通过无源逆变器将直流电变换为变压和变频的交流电，如图 27—6 所示。由于这类变频器在恒压、恒频的交流电源和输出的变压、变频的交流电源之间有一个中间直流环节，在变压、变频的过程中经历了电能的两次变换，所以又称为间接变频器。

交—直—交变频器有不同的电路和控制方式。例如，早期的交—直—交变频器由晶闸管组成，整流器为可控整流器，起到整流和变压的功能，逆变器为三相六拍逆变器，起到逆变和变频的功能，其系统框图如图 27—7 所示。

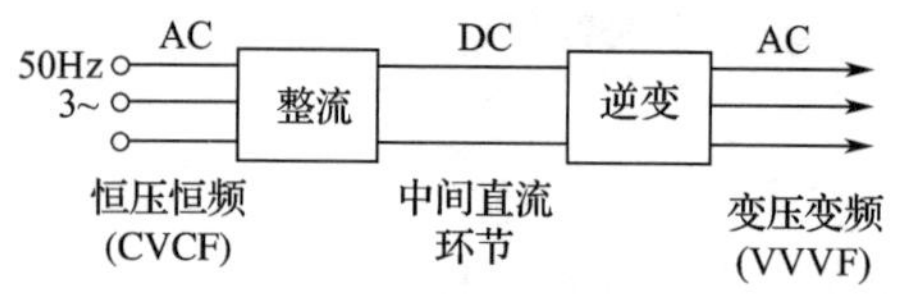

图 27—6　交—直—交变频器结构图

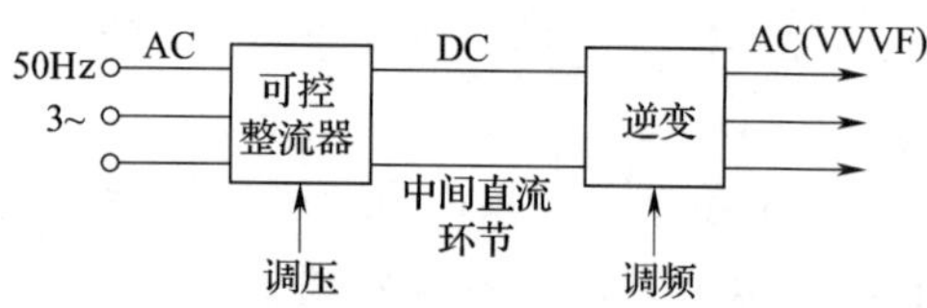

图 27—7　可控整流器调压、三相六拍逆变器调频的交—直—交变频器系统框图

这种变频器由于采用了可控整流器，当电压和频率调得较低时，交流电网侧的功率因数较低，其输出环节采用三相六拍逆变器，输出的谐波较大。目前，应用最广泛的交—直—交变频器是由二极管组成的不可控整流器、全控型电力电子元器件（如 IGBT，绝缘栅双极型晶体管）组成的脉宽调制（PWM）逆变器构成的 PWM 型变频器，其系统框图如图 27—8 所示。其中 PWM 逆变器同时起变压、变频的作用。

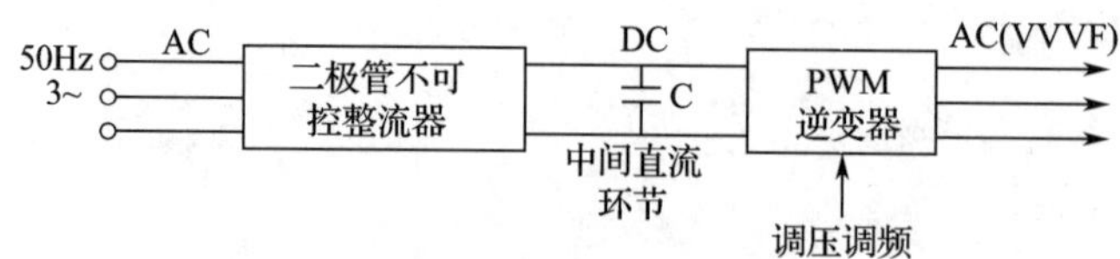

图 27—8　交—直—交 PWM 型变频器系统框图

二、交—交变频器

交—交变频器是将恒压、恒频的交流电不经过其他中间环节而直接变换为变压、变频的

交流电的变频器，所以又称为直接变频器，如图 27—9 所示。

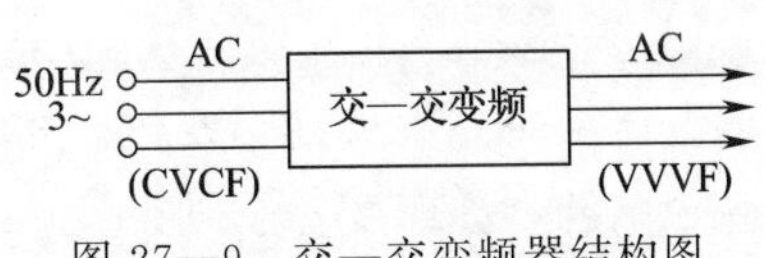

图 27—9　交—交变频器结构图

变频调速用的三相交—交变频器由六组三相桥式晶闸管可控整流电路组成，每两组可控整流电路以反并联接线方式连接供给电动机的一相绕组，其主电路接线图如图 27—10 所示。

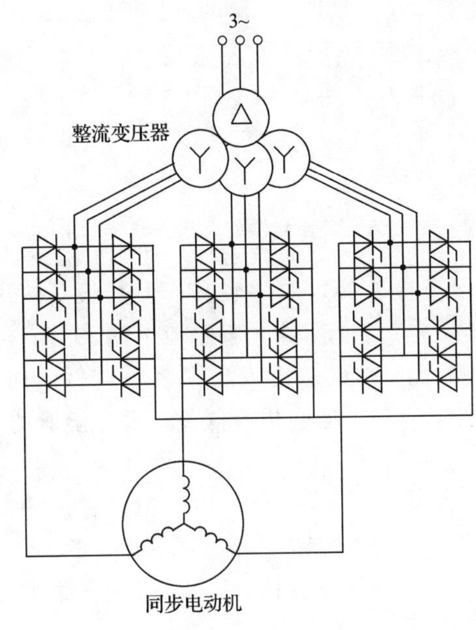

图 27—10　变频调速用的三相交—交变频器主电路接线图

交—交变频器输出的每一相都相当于一套由正、反两组晶闸管可控整流电路反并联组成的直流可逆调速线路，其电路图如图 27—11a 所示。

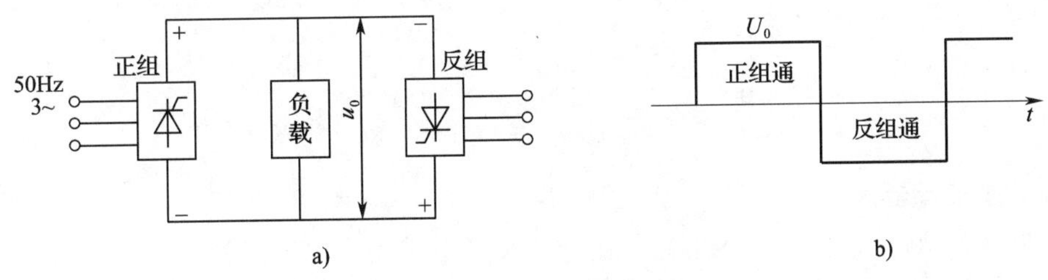

图 27—11　单相输出交—交变频器电路和输出电压波形
a）电路图　b）波形图

负载由正组与反组晶闸管可控整流电路轮流供电，当正组、反组按一定周期相互切换时，在负载上就可获得交—交变频器的输出电压 u_0。u_0 的频率取决于正组、反组晶闸管可控整流电路的切换频率，u_0 的幅值取决于正组、反组晶闸管可控整流电路的控制角 α，如果控制角 α 一直不变，则输出平均电压是方波，如图 27—11b 所示。如果设法使控制角

α 在正组导通的半个周期中从 90°逐渐减小到 0°，然后再逐渐增大到 90°，这样必然使输出平均电压由小到大再到小变化，当控制角 α 按正弦规律变化时，半个周期中的输出平均电压为正弦波，如图 27—12 所示。

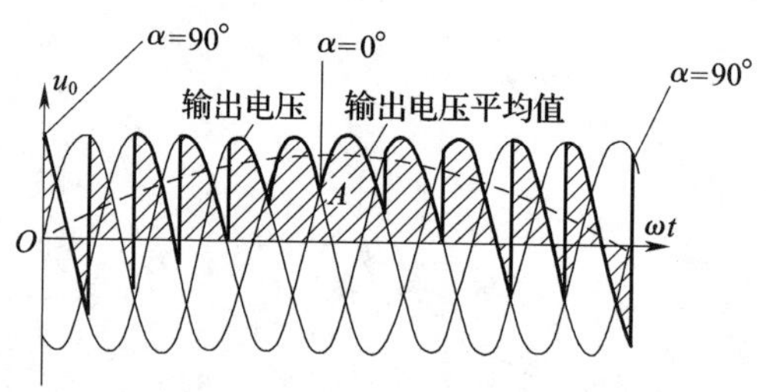

图 27—12　交—交变频器的单相正弦波输出电压波形

这种交—交变频器由于直接变换，效率较高，但其最高输出频率不超过电网频率的 1/2，其主电路使用晶闸管数量多，如每组可控整流电路采用三相桥式电路，则需要 36 个晶闸管。此外，交—交变频器的缺点是输入功率因数较低，谐波电流含量较大。因此，交—交变频器主要用于轧机主传动、球磨机等低速、大容量拖动场合。

三、电压源型变频器和电流源型变频器

在交—直—交变频器中，根据主回路中间直流环节的直流电源性质可分为电压源型变频器和电流源型变频器两大类。电压源型和电流源型变频器如图 27—13 所示。

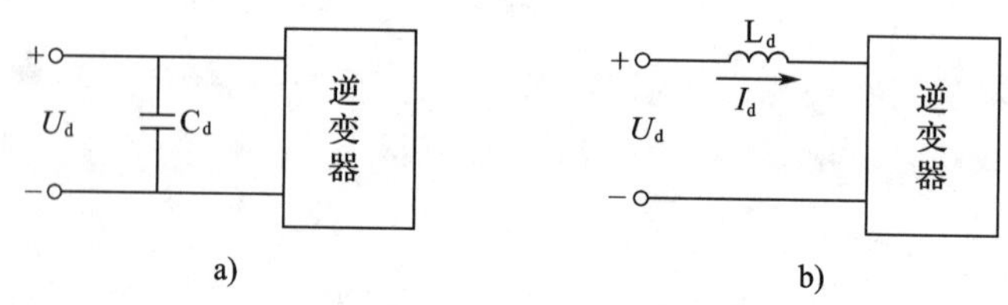

图 27—13　电压源型和电流源型变频器

a）电压源型　b）电流源型

1. 电压源型变频器

在图 27—13a 中，变频器主电路的中间直流环节采用大电容滤波，整流器输出电压经大电容的滤波作用后，直流侧电压波形比较平直。此时，可认为是内抗阻小的电压源，逆变器输出交流电压波形为矩形波或阶梯波。通常把具有这种直流电源性质的交—直—交变频器称为电压源型变频器，简称为电压型变频器。

在变频调速系统中，变频器的负载是异步电动机，属于感性负载。在变频器与电动机之间，除了有功功率的传递外，还存在无功功率的交换。电压源型变频器中间直流环节储能元器件采用大电容，电容除了滤波外，还起无功能量缓冲作用。

2. 电流源型变频器

在图 27—13b 中，变频器主电路的中间直流环节采用大电感滤波，大电感的滤波作用使直流侧电流波形比较平直。此时，变频器可认为是内阻抗很大的电流源，逆变器输出交流电流波形为矩形波或阶梯波。通常把具有这种直流电源性质的交—直—交变频器称为电流源型变频器，简称为电流型变频器。电流型变频器主电路的中间直流环节的储能元件采用大电感，电感除了滤波外，还起无功能量缓冲作用。

3. 交—直—交电压源型变频器和电流源型变频器的性能比较

电压源型变频器和电流源型变频器在主电路上的区别是中间直流滤波环节不同，这也造成两类变频器具有完全不同的性能。

采用电流源型变频器给异步电动机供电的电流源型变频调速系统最大特点是容易实现回馈制动，从而实现变频调速电动机的四象限运行，适用于需要快速制动和频繁正、反转的生产机械。电流源型交—直—交变频器供电的变频调速系统的电动和回馈制动状态如图 27—14 所示。

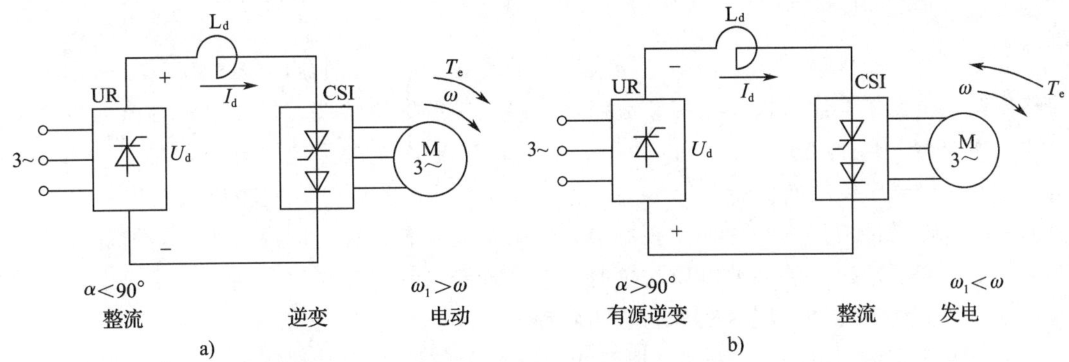

图 27—14　电流源型交—直—交变频器供电的变频调速系统的电动和回馈制动状态

a）电动运行状态　b）回馈制动状态

图 27—14a 表示电流源型交—直—交变频器供电的变频调速系统在电动运行状态时，其主电路的工作状态。可控整流器 UR 工作在整流状态（控制角 $\alpha<90°$），直流回路电压 U_d 的极性为上正下负，电流 I_d 由 U_d 的正端经大电感 L_d 流入逆变器 CSI，CSI 工作在逆变状态。此时，变频器输出电压的角频率 $\omega_1>\omega$，电动机以角频率 ω 运行，电能由交流电网经变频器传送给电动机，电动机处于电动运行状态。当电动机要减速停车时，可降低变频器的输出角频率，使 $\omega_1<\omega$，异步电动机进入发电状态，同时使可控整流器 UR 的控制角 $\alpha>90°$，UR 进入有源逆变状态，直流回路电压 U_d 立即反向，由于大电感 L_d 的作用，直流 I_d 方向不变。于是逆变器 CSI 变为整流器，可控整流器 UR 变为逆变器，电动机把机械能转换为电能回馈给交流电网，电动机处于回馈制动状态，如图 27—14b 所示。

采用电压源型变频器给异步电动机供电的电压源型变频调速系统要实现回馈制动却比较困难。因为电压源型变频器采用大电容滤波，由于大电容的电压极性不能迅速反向，而且电流受元器件单向导电性的制约也不能反向，所以在原装置上无法实现回馈制动。当变频调速系统需要制动时，可以在变频器中间直流电路上并联能耗制动电路，将电动机在发电制动状态反送到中间直流电路的能量消耗在制动电阻上，实现能耗制动；或者在输入可控整流器 UR 上反并联一个可控整流器，使它工作在有源逆变状态，将电动机在发电制动状态反送到中间直流电路的能量回馈到交流电网，实现回馈制动。

由于电流源型变频器的直流电压极性可以迅速改变，所以由它供电的变频调速系统的动态响应比较快，而电压源型变频器由于采用大电容滤波，使直流侧的电压不能快速响应，所以由它供电的变频调速系统的动态响应则要差一些。

电压源型变频器适用于多台电动机同步运行时的供电电源，或单台电动机调速但不要求快速启动、制动的场合。电流源型变频器不适用于多台电动机运行，反而适用于单台电动机调速且要求快速启动、制动、频繁可逆运行的场合。

第 4 节　正弦波脉宽调制型（SPWM）变频器

一、SPWM 变频器的概念

在交—直—交变频器中，当前应用最广泛的是 SPWM 变频器，如图 27—15 所示。它的整流器是由二极管组成的不可控整流器，输出电压经电容滤波后形成恒定幅值的直流电压加在逆变器 UI 上，逆变器 UI 的功率开关元器件采用全控型电力电子元器件（如 IGBT），按一定规律控制逆变器 UI 的功率开关元器件导通或断开，使输出端获得一系列宽度不等的矩形脉冲波形。在这种变频器中，采用脉宽调制方法，即通过改变矩形脉冲的宽度来改变逆变器输出交流基波电压的幅值，通过改变调制周期来改变逆变器输出电压基波的频率，从而在逆变器上同时实现调压和调频的功能。

SPWM 波形是脉冲宽度按正弦规律变化并与正弦波等效的一系列等幅不等宽的矩形脉冲波形，如图 27—16 所示。

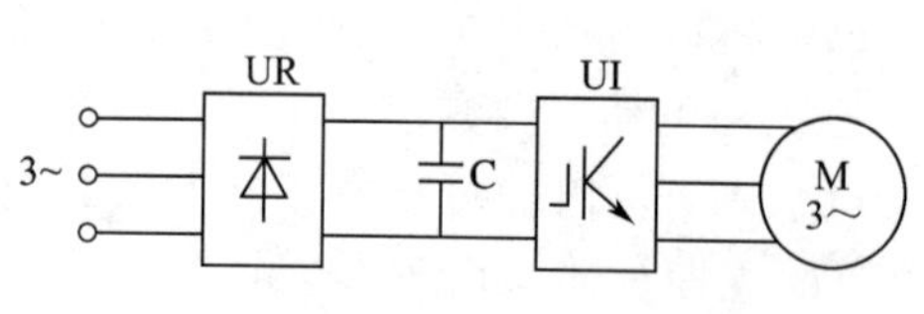

图 27—15　SPWM 变频器结构图

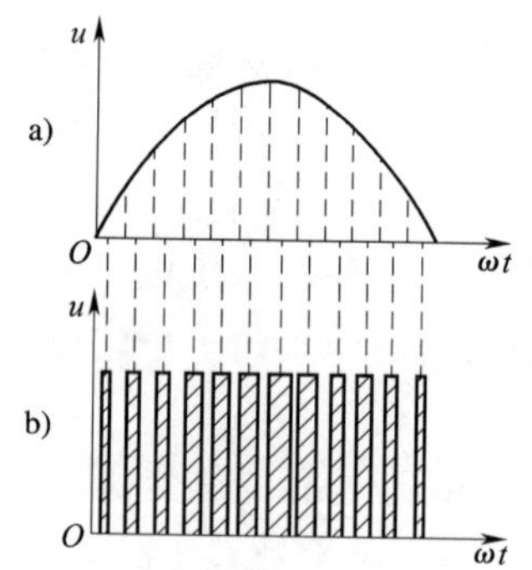

图 27—16　与正弦波等效的一系列等幅不等宽的矩形脉冲波形

a）正弦波　b）等效的 SPWM 波

如果把1个正弦半波波形分成 N 等份（在图27—16中 $N=12$），然后把每一等份的正弦曲线与横轴所包围的面积都用1个与此面积相等的矩形脉冲来代替，并使矩形脉冲的幅值不变，各矩形脉冲的中点和相应正弦波每一等份的中点重合，就可得到与正弦波的半周等效的一系列等幅不等宽的矩形脉冲波形，即SPWM波形。对于正弦波的负半周，也可以用同样的方法得到相应的一系列等幅不等宽的矩形脉冲波形。

可见，图27—16b中与正弦波等效的矩形脉冲波就是所需要的变频器输出波形。通常将输出为SPWM波的变频器称为SPWM变频器。由于各矩形脉冲的幅值相等，所以逆变器可由恒定的直流电源供电，因而这种SPWM变频器中的整流器可采用二极管组成的不可控整流器。

SPWM波形各脉冲的宽度和间隔可以严格地用计算方法求出，再按照计算结果控制逆变器中各功率开关元器件的导通和断开，就可以在逆变器的输出得到系统所需要的与正弦波等效的SPWM波形。在传统的模拟控制系统中，常采用调制的方法，就是把所需要的波形（如正弦波）作为调制波，采用等腰三角波作为载波。当三角载波与正弦调制波相交时，在交点时刻控制逆变器中开关元件的通断，就可以得到一组等幅而脉冲宽度正比于正弦调制波的矩形脉冲波（SPWM波）输出。

二、SPWM变频器的工作原理

图27—17a为SPWM变频器的主电路，整流器采用二极管组成的三相桥式不可控

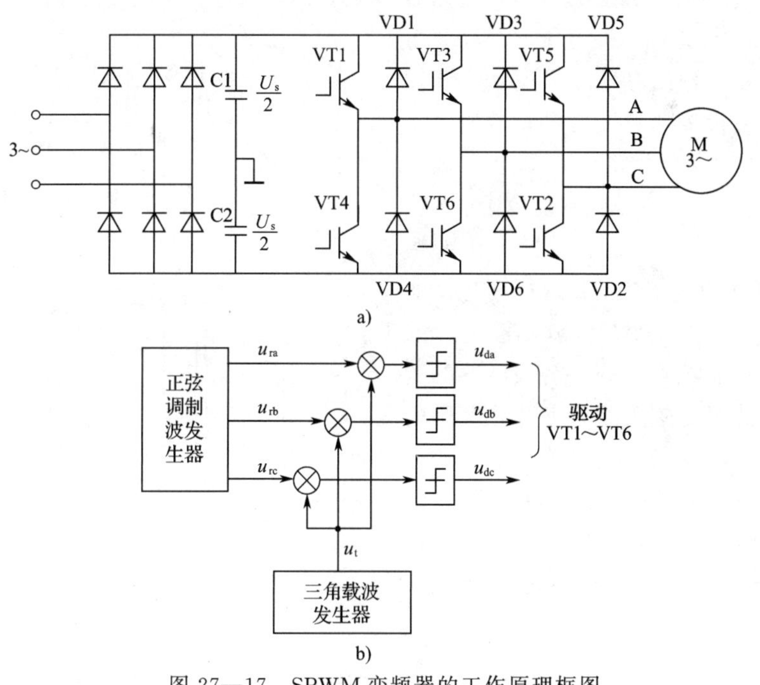

图27—17　SPWM变频器的工作原理框图

a）主电路　b）控制电路

整流电路，并采用大电容滤波，为逆变器提供恒值直流电压 U_s。逆变器中 6 个功率开关元器件 VT1～VT6 采用全控型电力电子元器件（如 IGBT），它们各反并联一个续流二极管，如 VD1～VD6。

SPWM 变频器传统的模拟控制电路如图 27—17b 所示。图中，正弦调制波发生器可提供一组三相对称的正弦调制波信号 u_{ra}，u_{rb}，u_{rc}，其频率决定了逆变器输出的基波频率，可在所要求的输出频率范围内调节；正弦调制波电压的幅值也可在一定范围内变化，以决定逆变器输出基波电压的大小。三角波载波发生器提供的三角波载波信号 u_t 是共用的，分别与每相正弦调制波电压比较后，经过相应比较器，产生 SPWM 脉冲序列波 u_{da}，u_{db}，u_{dc}，作为逆变器三相桥臂的 6 个功率开关元器件的驱动控制信号。SPWM 控制方式可以是单极式，也可以是双极式。

1. 单极式控制

单极式控制是指在正弦波的半个周期内，每相只有 1 个开关元器件开通或关断。例如，A 相正半周时 VT1 反复通断，而 VT4 关断。图 27—18 就是这个时刻的调制情况。

当正弦调制波电压 u_{ra} 高于三角波载波电压 u_t 时，相应比较器的输出电压 u_{da} 为正电平；当正弦调制波电压 u_{ra} 低于三角波载波电压 u_t 时，相应比较器的输出电压 u_{da} 为零电平。只要正弦调制波电压 u_{ra} 最大值小于三角波载波电压 u_t 最大值，由如图 27—18a 所示的调制结果必然形成如图 27—18b 所示的等幅不等宽的矩形脉冲波形，即 SPWM 波形。当比较器的输出电压 u_{da} 为正电平时，相应的功率开关元器件 VT1 导通，输出正的脉冲电压，其幅值为 $U_s/2$；当比较器的输出电压 u_{da} 为零电平时，相应的功率开关元器件 VT1 关断，输出电压为零。由于功率开关元器件 VT1 在正半周内反复导通和断开，在逆变器的输出端可以获得重现 u_{da} 的 SPWM 相电压，脉冲电压的幅值为 $U_s/2$，脉冲的宽度按正弦规律变化，如图 27—18b 所示。当改变正弦调制波电压的幅值，如降低其幅值至 u'_{ra} 时，各段脉冲的宽度都将变窄，从而使逆变器输出基波电压的幅值也相应减小；改变正弦调制波电压的频率时，逆变器输出电压基波的频率也随着改变。在负半周中，可用类似的方法控制下桥臂的 VT4 输出负的脉冲电压序列。

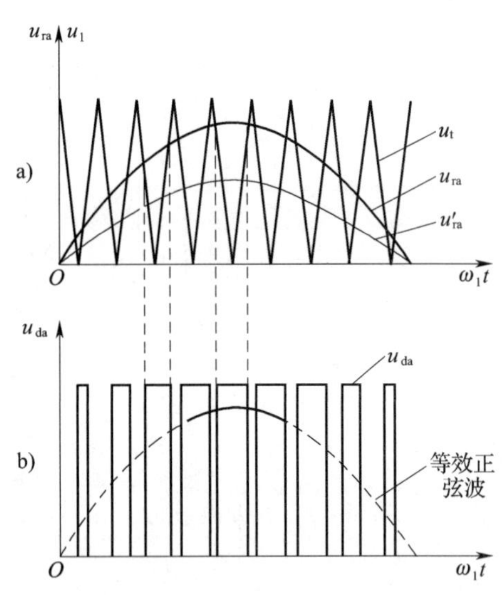

图 27—18　单极式正弦脉宽调制载波与脉冲波形

a）正弦调制波与三角载波　b）输出 SPWM 波

2. 双极式控制

双极式控制是指逆变器同一桥臂上下两个功率开关元器件交替导通与断开，两者处于互补的工作方式。例如，A 相正半周时 VT1 与 VT4 交替导通与断开。图 27—19 为三相

SPWM 逆变器双极式正弦脉宽调制波形，其调制方法与单极式相同，输出基波电压的大小和频率也是通过改变正弦调制波电压的幅值和频率而改变的，只是功率开关元器件的通断情况不同。当正弦调制波电压 u_{ra} 高于三角波载波电压 u_t 时，VT1 导通、VT4 断开，使负载得到的相电压 $u_{Ao}=+U_s/2$；当正弦调制波电压 u_{ra} 低于三角波载波电压 u_t 时，VT1 断开、VT4 导通，相电压 $u_{Ao}=-U_s/2$。所以相电压 $u_{Ao}=f(t)$ 是在 $+U_s/2$ 和 $-U_s/2$ 之间跳变的脉冲波形。同理，$u_{Bo}=f(t)$ 由 VT3 和 VT6 交替导通得到，如图 27—19c 所示；$u_{Co}=f(t)$ 由 VT5 和 VT2 交替导通得到，如图 27—19d 所示。由 u_{Ao} 减 u_{Bo} 即可得到逆变器输出的线电压波形 $u_{AB}=f(t)$，如图 27—19e 所示，其脉冲幅值为 $+U_s$ 和 $-U_s$。

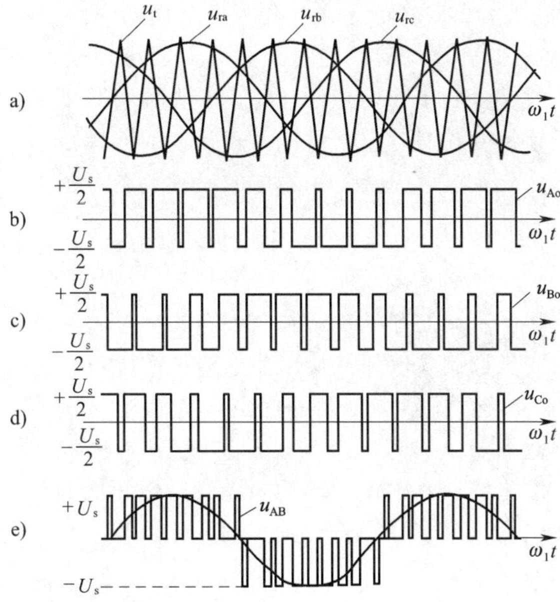

图 27—19　双极式正弦脉宽调制载波与脉冲波形

a）三相正弦调制波与三角载波　b）u_{Ao}波形　c）u_{Bo}波形　d）u_{Co}波形　e）u_{AB}波形

三、SPWM 逆变器的调制方式

在 SPWM 逆变器中，载波频率 f_t 与调制波频率 f_r 之比 N 称为载波比。根据载波比 N 是否变化，SPWM 逆变器有同步调制和异步调制之分。为了使输出波形保持三相对称且谐波少，可采用同步调制与异步调制相结合的分段同步调制。

1. 同步调制

在同步调制中，载波比 N 等于常数，并在变频时能使载波信号的频率与调制波信号的频率保持同步变化。在该调制方式中，调制波信号频率变化时载波比 N 不变，因而逆变器输出电压半个周期内的矩形脉冲数是固定的。如果取 N 等于 3 的倍数，则同步调制能保证逆变器输出波形的正、负半波始终保持对称，并能严格保证三相输出波形间具有相位互差 120°的对称关系。但是当逆变器输出频率很低时，由于在半个周期内输出脉冲的数目是固定的，所以相邻两脉冲间的间距增大，谐波会显著增加，使负载电动机产生较大的脉动转矩和较强的噪声，给电动机的正常工作带来不利影响，这是同步调制的主要缺点。

2. 异步调制

为了消除上述同步调制的缺点，可以采用异步调制。载波信号和调制波信号不保持同步关系的调制方式称为异步调制。在异步调制中，在逆变器的整个变频范围内，载波比 N 不等于常数。一般在改变调制波信号频率 f_r 时，保持三角载波频率 f_t 不变，因而提高了低频时的载波比。这样，逆变器输出电压半个周期内的矩形脉冲数可随输出频率的降低而增加，相应地减少负载电动机的转矩脉动与噪声，改善了低频工作性能。

但是，异步调制在改善低频工作性能的同时，又失去了同步调制的优点。当载波比 N 随着输出频率的改变而连续变化时，它不可能一直是 3 的倍数，必然会使逆变器输出电压的波形及其相位都发生变化，难以保持三相输出的对称关系，因而引起电动机工作的不平稳。

3. 分段同步调制

为了扬长避短，可将同步调制和异步调制两种方式结合起来，成为分段同步调制。在一定频率范围内，采用同步调制，以保持输出波形对称的优点；当频率降低较多时，使载波比 N 分段有级地增加，以发挥异步调制的优点，这就是分段同步调制。具体地说，将逆变器输出的整个变频范围划分成若干个频段，在每个频段内都保持载波比 N 恒定，而对不同频段取不同的载波比 N。在输出频率的高频段采用较低的载波比 N，在输出频率的低频段采用较高的载波比 N，使各频段开关频率的变化范围基本一致，以适应逆变器功率开关元器件对开关频率的限制。

第 5 节　典型的交流变频调速系统

变频调速系统按其控制方式可分为开环控制和闭环控制两种，开环控制有恒压频比（V/f）控制方式，闭环控制有转差频率控制、矢量控制等控制方式。下面将分别介绍转速开环、恒压频比控制的交流变频调速系统，转速闭环、转差频率控制的交流变频调速系统，矢量控制的交流变频调速系统。

一、转速开环、恒压频比控制的交流变频调速系统

采用 V/f 控制时，异步电动机在不同频率下都能获得较硬的机械特性线性段。如果生产机械对调速系统的静、动态性能要求不高时，可以采用转速开环、恒压频比带低频补偿的控制方案，其控制系统结构简单、成本低，特别适合风机、水泵等节能机械调速。转速开环、恒压频比控制的交—直—交电压型变频调速系统框图如图 27—20 所示。

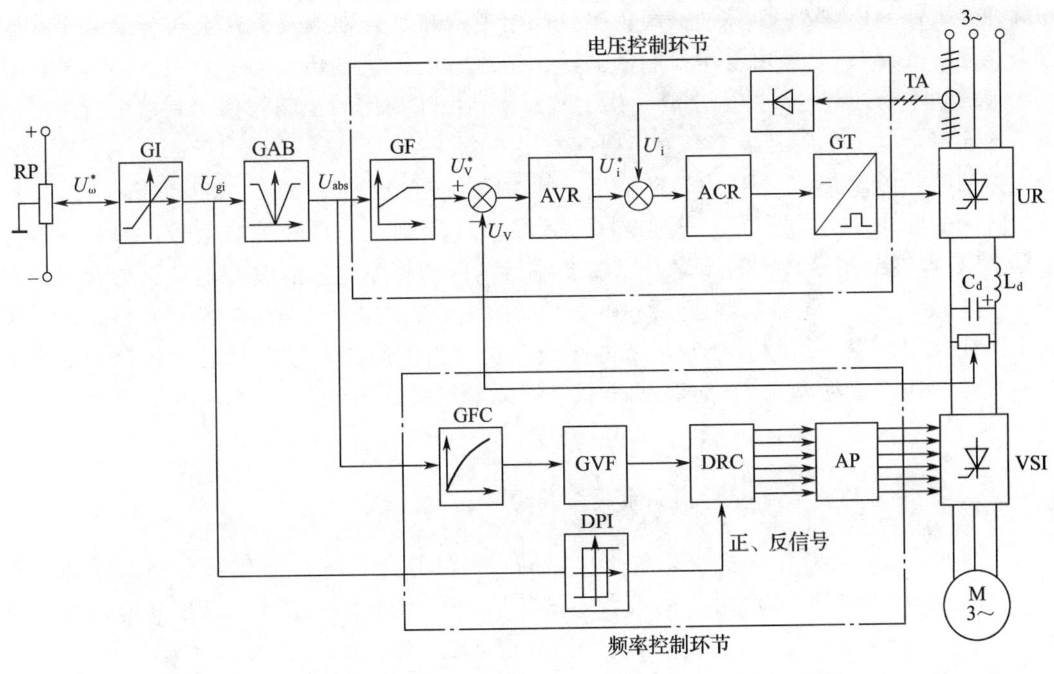

图 27—20　转速开环、恒压频比控制的交—直—交电压型变频调速系统框图

该系统主要由给定积分器 GI、绝对值变换器 GAB、电压控制环节和可控整流器 UR、频率控制环节、电压型逆变器 VSI 等组成。其中，用电压控制环节控制可控整流器 UR 的输出直流电压；用频率控制环节控制电压型逆变器 VSI 的输出频率。电压和频率控制采用同一个控制信号 U_{abs}，以保证两者之间的协调控制。由于转速控制是开环的，所以设置了给定积分器 GI，它将阶跃的转速给定信号U_{ω}^{*} 转变成按设置的斜率逐渐变化的斜坡信号 U_{gi}，从而使电压和转速都能平缓地升高或降低。如果不设置给定积分器 GI，让阶跃的转速给定信号U_{ω}^{*} 直接加到控制系统上，将会产生很大的冲击电流而可能使电源跳闸。由于 U_{gi}是可逆的，而电动机的旋转方向取决于变频输出电压的相序，并不需要在电压和频率的控制信号上反映极性，因此在 GI 后面再设置绝对值变换器 GAB，将 U_{gi} 变换成只输出其绝对值的信号 U_{abs}。

电压控制环节一般采用电压、电流双闭环的控制结构。内环设电流调节器 ACR，用以限制动态电流，兼起保护作用。外环设电压调节器 AVR，用以控制变频器输出电压。电压-频率控制信号 U_{abs}加到 AVR 之前，先通过函数发生器 GF 把电压给定信号 U_{v}^{*} 相对地提高一些，以补偿定子阻抗压降，改善调速时（特别是低速时）的机械特性，提高带负载能力。

频率控制环节主要由压频变换器 GVF、环形分配器 DRC、脉冲放大器 AP 等部分组成，将电压-频率控制信号 U_{abs}转变成具有所需频率的脉冲序列，再通过环形分配器 DRC

和脉冲放大器 AP，按 6 个脉冲一组依次分配给逆变器，分别触发桥臂上相应的 6 个晶闸管。压频变换器 GVF 是由电压控制的振荡器，能将电压信号转变为一系列脉冲信号，脉冲序列的频率与控制电压的大小成正比，从而起到恒压频比的控制作用。其频率值是输出频率的 6 倍，以便在逆变器的 1 个周期内发出 6 个脉冲。环形分配器 DRC 是一个具有六分频作用的环形计数器，它将 GVF 输出的脉冲序列分配成 6 个一组、相互间隔 60°、具有适当宽度的脉冲触发信号。U_{gi} 通过极性鉴别器 DPI 得到正、反转控制信号，控制环形分配器 DRC 改变晶闸管触发的顺序，以改变输出电压的相序，从而改变电动机的转向。在交—直—交电压型变频器的调速系统中，由于中间直流回路有大容量电容 C_d 滤波，电压的实际变化很缓慢，而频率控制环节的响应较快。为了使动态过程的电压和频率变化协调一致，在压频变换器 GVF 前面加设 1 个频率给定动态校正器 GFC，用以延缓频率的变化。

二、转速闭环、转差频率控制的交流变频调速系统

上面所述的转速开环变频调速系统可以满足一般调速的要求，但静、动态性能都有限。对静、动态性能有一定要求的装置，必须要使用闭环控制系统，以提高静、动态性能。

要提高调速系统的动态性能，主要依靠控制转速的变化率 dn/dt。显然，控制电磁转矩 T_e 就能控制 dn/dt。因此，调速系统的动态性能就是其控制转矩的能力。

1. 转差频率控制的基本概念

在直流电动机中，转矩公式为 $T_e=k_m\Phi_m I_d$，转矩与电枢电流成正比，只要控制电枢电流 I_d 就能控制转矩。在直流双闭环调速系统中，转速调节器不但实现了系统转速无静差，还以它的输出值作为电流给定信号（即转矩给定信号），使系统在动态时能以最大电流（最大转矩）工作，可以获得良好的动态性能。而在交流异步电动机中，转矩公式为：

$$T_e = C_m\Phi_m I'_2\cos\varphi_2 \tag{27—4}$$

式中 C_m——电动机的转矩常数；

Φ_m——电动机气隙磁通，wb；

I'_2——电动机转子电流（已折算到定子侧），A；

$\cos\varphi_2$——电动机转子回路功率因数。

由式（27—4）可知，除 C_m 为常数外，气隙磁通 Φ_m、转子电流 I'_2 和转子回路功率因数 $\cos\varphi_2$ 都将影响异步电动机的转矩，而这些量又都和转速有关，不像直流电动机转矩与电枢电流成简单的比例关系，所以控制交流异步电动机转矩的问题更复杂。

经过推导，异步电动机的转矩 T_e 还可表示为：

$$T_e = K_m\Phi_m^2\frac{s\omega_1 R'_2}{R'^2_2+(s\omega_1 L'_{l2})^2} \tag{27—5}$$

式中 $K_m=\frac{3}{2}p_n N_1^2 K_{N1}^2$；

p_n——极对数；

N_1——定子每相绕组串联匝数；

K_{N1}——基波绕组系数。

令 $\omega_s = s\omega_1$，并定义为转差角频率，则可以得到：

$$T_e = K_m \Phi_m^2 \frac{\omega_s R_2'}{R_2'^2 + (\omega_s L_{l2}')^2} \tag{27—6}$$

在电动机稳定运行时，s 值很小，因而 ω_s 也很小，一般为 ω_1 的 2%～5%，因而分母中 $R_2'^2 \gg (\omega_s L_{l2}')^2$，则转矩 T_e 可近似表示为：

$$T_e \approx K_m \Phi_m^2 \frac{\omega_s}{R_2'} \tag{27—7}$$

由式（27—7）可见，在 s 值很小的范围内，如果能够保持气隙磁通 Φ_m 不变，则异步电动机的转矩和转差角频率 ω_s 近似成正比。也就是说，在异步电动机中控制 ω_s 和在直流电动机中控制电枢电流一样，能够达到间接控制转矩的目的。控制转差角频率 ω_s 就代表控制转矩，这就是转差频率控制的基本原理。

2．转差频率控制基本规律

根据电磁转矩关系，可以画出在 Φ_m 恒定时 $T_e = f(\omega_s)$ 的曲线，如图 27—21 所示。由图可看出：在 ω_s 较小时，T_e 与 ω_s 成线性正比关系；当 $\omega_s = \omega_{smax}$ 时，$T_e = T_{emax}$。经过推导可得到：$\omega_{smax} = \frac{R_2'}{L_{l2}'} = \frac{R_2}{L_{l2}}$，$T_{emax} = \frac{K_m \Phi_m^2}{2L'_{l2}}$。当 ω_s 更大时，特性曲线为双曲线。在转差频率控制系统中，只要给 ω_s 限幅，使 ω_s 的限幅值满足 $\omega_{sm} < \omega_{smax} = \frac{R_2}{L_{l2}}$，就可以基本保持 T_e 与 ω_s 成正比关系，也就是可以用转差频率控制来代表转矩控制。这是转差频率控制的基本规律之一。

上述规律是在保持 Φ_m 恒定的前提下成立的，那么如何才能保持 Φ_m 恒定呢？当忽略铁损且不计磁路饱和时，气隙磁通 Φ_m 与励磁电流 I_0 成正比，而相量 $\dot{I}_0$ 是定子、转子电流相量 $\dot{I}_1$ 和 $\dot{I}_2'$之差，相量 $\dot{I}_0$，$\dot{I}_1$，$\dot{I}_2'$之间有下列关系：

$$\dot{I}_1 = \dot{I}_2' + \dot{I}_0 \tag{27—8}$$

根据异步电动机的等效电路可以得到：

$$\dot{I}_2' = \frac{\dot{E}_g}{\frac{R_2'}{s} + j\omega_1 L_{l2}'} \tag{27—9}$$

$$\dot{I}_0 = \frac{\dot{E}_g}{j\omega_1 L_m} \tag{27—10}$$

经整理后可求得：

$$I_1 = I_0 \sqrt{\frac{R_2'^2 + \omega_s^2 (L_m + L_{l2}')^2}{R_2'^2 + \omega_s^2 L_{l2}'^2}} \tag{27—11}$$

根据式（27—11），可画出保持 Φ_m 恒定时 $I_1=f(\omega_s)$ 的特性曲线，如图 27—22 所示。

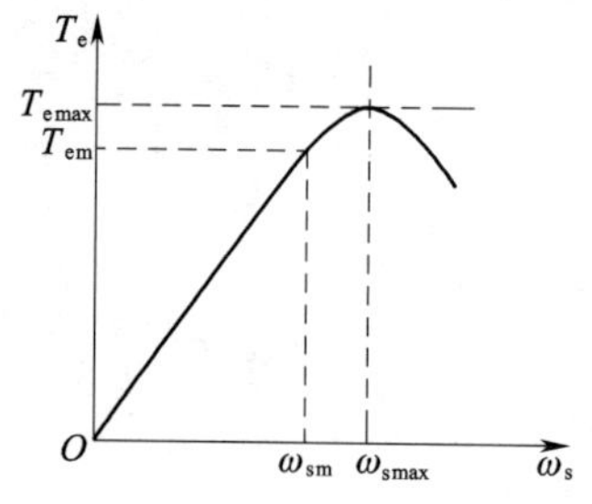

图 27—21　Φ_m 恒定时 $T_e=f(\omega_s)$ 的特性曲线

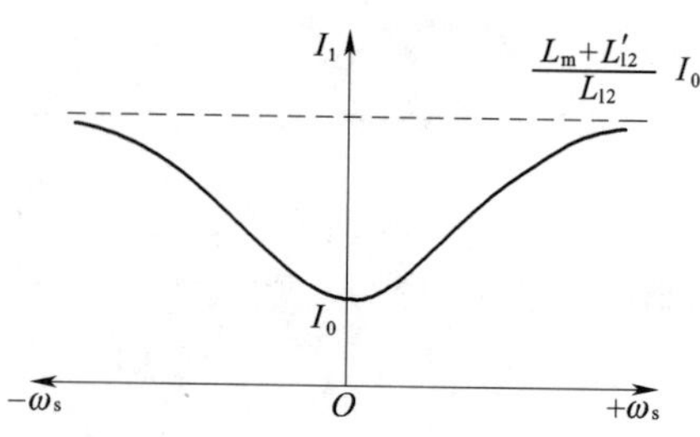

图 27—22　保持 Φ_m 恒定时 $I_1=f(\omega_s)$ 的特性曲线

上述关系表明，只要使 I_1 与 ω_s 的函数关系符合图 27—22 的规律，就能保持 Φ_m 恒定。这是转差频率控制的基本规律之二。

3. 转差频率控制的交流变频调速系统

转差频率控制的交流变频调速系统的电路图如图 27—23 所示。

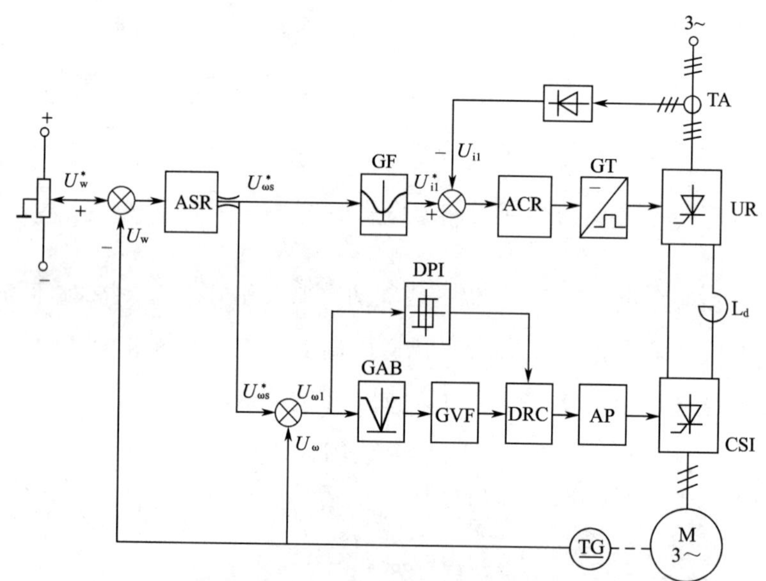

图 27—23　转差频率控制的交流变频调速系统的电路图

系统采用由可控整流器 UR 和电流源型逆变器 CSI 组成的交—直—交电流源型变频器，便于实现四象限运行和回馈制动，使控制对象具有良好的动态性能。其控制系统和直流调速系统一样，采用转速、电流双闭环控制。转速调节器 ASR 的输出是转差频率给定信号 $U^*_{\omega s}$，并通过 $I_1=f(\omega_s)$ 函数发生器 GF 输出定子电流给定信号 U^*_{i1}，再通过电流调节器 ACR 控制定子电流，以保持 Φ_m 为恒值。转差频率给定信号与电动机转速检测信号相加得到逆变器输出频率（电动机定子频率）的控制电压 $U_{\omega1}$，再通过逆变器 CSI 频率控制环节决定逆变器的输出频率。这样就形成了在转速外环内的电流-频率协调控制。

转速给定信号 U_{ω}^{*} 反向时，$U_{\omega s}^{*}$，U_{ω}，$U_{\omega1}$ 都反向。用极性鉴别器 DPI 判断 $U_{\omega1}$ 的极性，以决定环形分配器 DRC 的输出相序，而 $U_{\omega1}$ 信号本身则经过绝对值变换器 GAB 决定输出频率的高低。这样就很方便地实现了可逆运行。

三、矢量控制的交流变频调速系统

上面所述的转差频率控制方式采用的是速度反馈控制的闭环控制方式，因此其性能优于开环的 V/f 控制方式，可以应用于对速度和精度有较高要求的各种调速系统。但是，由于转差频率控制方式是建立在异步电动机稳态数学模型基础上的，其动态性能仍不够理想。为了适应高动态性能的需要，常采用矢量控制的变频调速系统。

直流电动机的电磁转矩 $T_e = K_m \Phi_m I_d$，如果不考虑磁路饱和，采用补偿绕组使电枢反应得到全补偿时，磁通 Φ_m 正比于直流励磁电流 I_f，且与电枢电流 I_d 互成直角。影响电磁转矩 T_e 的励磁电流 I_f 与电枢电流 I_d 是 2 个独立的变量，互不相关，电枢电流 I_d 的变化并不影响磁通 Φ_m。直流电动机的磁通 Φ_m 和电枢电流 I_d 可以独立进行控制。在没有弱磁调速的情况下，可以认为磁通 Φ_m 在系统的动态过程中是恒定的，电磁转矩 T_e 与电枢电流 I_d 成正比，因此控制电枢电流 I_d 也就控制了电磁转矩 T_e。由于电枢电流 I_d 的响应速度很快，因此可以实现电磁转矩 T_e 的快速调节，从而可获得良好的动态性能。异步电动机矢量控制的基本原理就是将异步电动机的物理模型设法等效变换为类似于直流电动机的模式，然后再模仿直流电动机的控制方式，将异步电动机的定子电流矢量分解为产生磁场的电流分量（励磁电流）和产生转矩的电流分量（转矩电流），分别加以控制，并同时控制两分量间的幅值和相位，即控制定子电流矢量，从而达到控制异步电动机转矩的目的。这种等效变换是借助坐标变换来实现的。在这里，不同电动机模型彼此等效的原则为在不同坐标系下电动机模型所产生的磁动势相同。

首先分析直流电动机的物理模型，二极直流电动机的物理模型如图 27—24 所示。图中，电枢绕组 L_a 在电枢转子上，补偿绕组 L_c 和励磁绕组 L_f 都在定子上。把 L_f 的轴线称作直轴（或 d 轴），主磁通 Φ_m 的方向就在 d 轴上。L_a 和 L_c 的轴线称作交轴（或 q 轴）。虽然电枢本身是旋转的，但由于换向器与电刷的作用，电枢磁动势的轴线限定在 q 轴位置上，相当于一个在 q 轴上的静止绕组，通常称为伪静止绕组。直流电动机的磁通基本上是由励磁绕组 L_f 的励磁电流决定的。

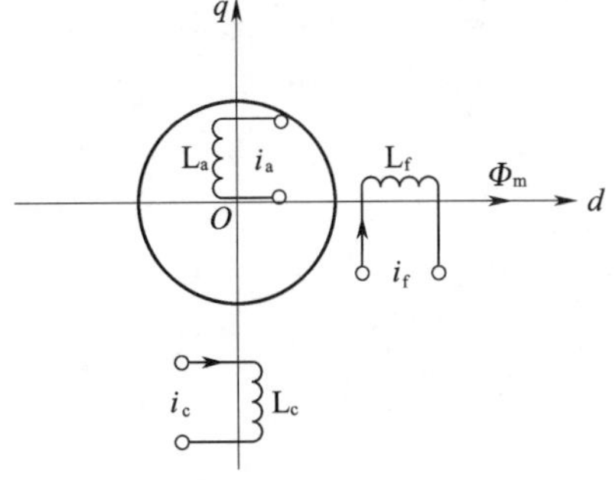

图 27—24　二极直流电动机的物理模型

众所周知，通过坐标变换可实现交流异步电动机的物理模型等效变换。当交流异步电动机三相对称的静止绕组 L_a，L_b，L_c 通以三相平衡电流 i_a，

i_b，i_c 时，将产生合成旋转磁动势 F。该合成旋转磁动势 F 以同步角转速 ω_1 按 A—B—C 相序所决定的方向旋转，如图 27—25a 所示。

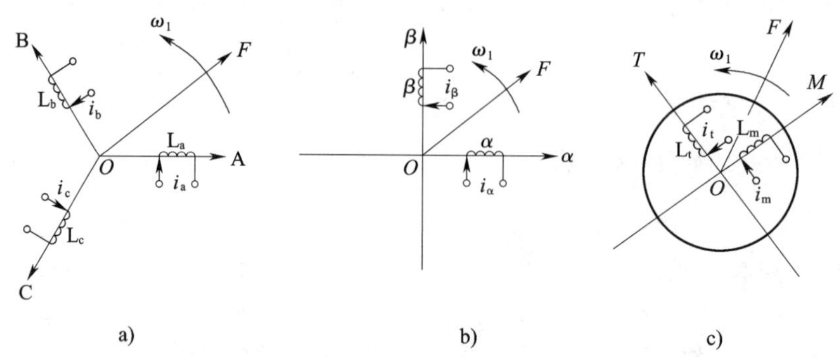

图 27—25　异步电动机的物理模型的坐标变换

a）三相交流绕组　b）两相交流绕组　c）旋转的直流绕组

要产生上述的旋转磁动势 F 并不一定非要三相不可，实际上可采用空间互差 90°的二相静止绕组 α 和 β，通以相位上互差 90°的两相平衡电流，同样可以产生旋转磁动势 F，如图 27—25b 所示。当图 27—25a 和图 27—25b 的旋转磁动势 F 大小和转速都相等时，即可认为图 27—25b 所示的二相绕组和图 27—25a 所示的三相绕组等效。此时 i_α，i_β 和 i_a，i_b，i_c 之间存在一定的换算关系，这样就实现了三相静止坐标系到二相静止坐标系的等效变换。再看图 27—25c 中互相垂直的绕组 L_m 和 L_t，分别通以直流电流 i_m 和 i_t，产生合成磁动势 F。如果让包含 2 个绕组 L_m 和 L_t 在内的整个铁心以同步角频率 ω_1 旋转，则磁动势 F 成为旋转磁动势。当图 27—25b 和图 27—25c 的旋转磁动势 F 大小和转速都相等时，即可认为图 27—25c 所示的这套旋转直流绕组和图 27—25b 所示的二相交流绕组等效。此时 i_m，i_t 和 i_α，i_β 之间存在一定的换算关系，这样就实现了 α，β 二相静止坐标系到 M，T 二相旋转坐标系的等效变换。在 M，T 坐标系中观察，L_m 和 L_t 是 2 个通以直流的静止绕组。如果控制磁通 Φ_m 的位置在 M 轴上，则绕组 L_m 相当于直流电动机的励磁绕组，绕组 L_t 相当于直流电动机的电枢绕组。

由上述分析可知，三相坐标系下的交流电流 i_a，i_b，i_c 通过三相/二相变换可以等效成二相静止坐标系下的交流电流 i_α，i_β，再通过按转子磁场定向的旋转变换，可以等效变换成同步旋转坐标系下的直流电流 i_m，i_t。如果在 M，T 坐标系中观察，所看到的便是 1 台直流电动机。上述等效变换关系的结构图如图 27—26 所示。

矢量控制的构想就是模仿直流电动机的控制方法，求得等效直流电动机的控制量，经过相应的坐标反变换，去控制交流异步电动机，其结构图如图 27—27 所示。给定信号和反馈信号通过控制器得到相应的励磁电流的给定信号 i_m^* 和电枢电流的给定信号 i_t^*，经过反旋转变换 VR^{-1} 和二相/三相变换得到相应的定子电流的给定信号 i_a^*，i_b^* 和 i_c^*。带电流控制的变频器根据 i_a^*，i_b^*，i_c^* 和 ω_1 信号，就可以输出异步电动机调速所需的三相变频电流。

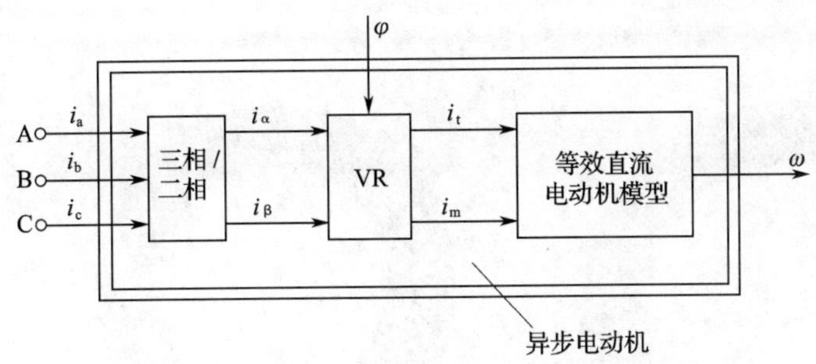

图 27—26　异步电动机的坐标等效变换结构图

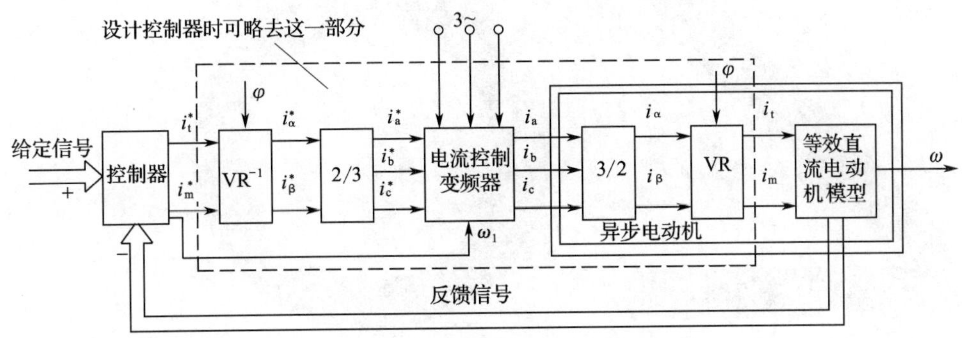

图 27—27　矢量控制系统的构想结构图

矢量控制方式有基于转差频率控制的矢量控制方式、无速度传感器矢量控制方式、有速度传感器矢量控制方式等。这样就可以将一台三相异步电动机等效为直流电动机来控制，因而获得与直流调速系统同样的静、动态性能。

思　考　题

1. 简述变频调速的基本控制方式和机械特性。

2. 简述交—直—交变频器与交—交变频器各自的特点。

3. 简述电压型变频器和电流型变频器各自的特点，并分析说明电压型变频器为什么没有回馈制动能力，以及电压型变频器适用于哪些工作场合。

4. 简述 SPWM 变频器的工作原理，并分析说明单极式控制和双极式控制有哪些不同。

5. SPWM 变频器的同步调制、异步调制和分段同步调制各有什么特点？

6. 什么是转差频率控制？转差频率控制的规律是什么？

7. 简述异步电动机矢量控制的基本原理。

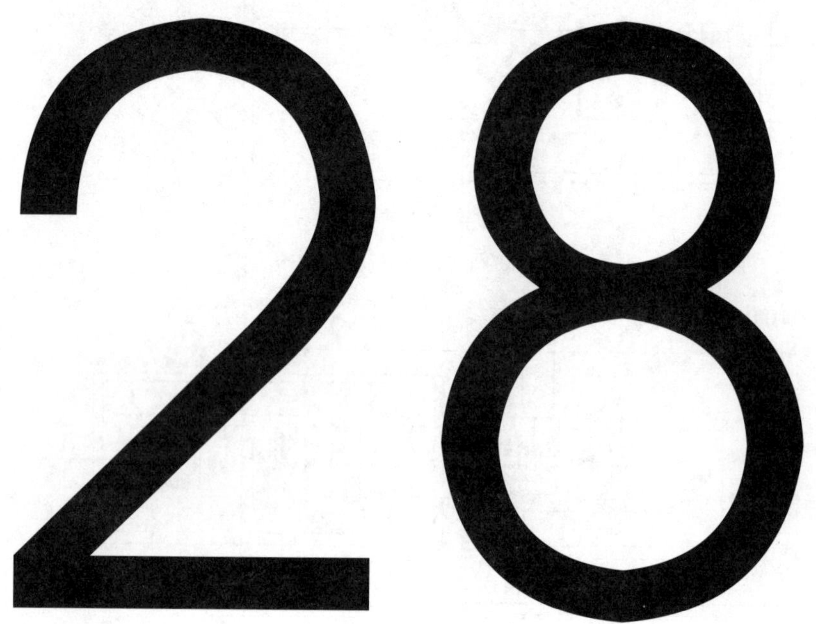

第 28 章

通用变频器及其应用

在交流调速系统中，变频调速系统是性能最好、效率最高的调速系统，是交流调速系统的主要发展方向。近年来，交流变频调速系统，尤其是通用变频器组成的交流变频调速系统得到了广泛应用。为了更好地应用通用变频器，本章从实用角度讲述通用变频器及其应用。首先讲述通用变频器的组成和性能规格；其次讲述通用变频器的操作运行控制功能、频率给定功能、加减速功能、控制方式、常用保护功能等常用控制功能及参数设置；最后讲述通用变频器组成的变频调速系统的变频器及其主电路外部设备的选择、通用变频器端子接线图与端子功能，以及变频器的安装、调试和试运行、维护和故障分析处理。

第1节 通用变频器的组成和性能规格

一、通用变频器的组成

通用变频器的基本组成如图28—1所示，由主电路（包括整流电路、中间直流滤波电路、制动电路、逆变电路）和控制电路组成。

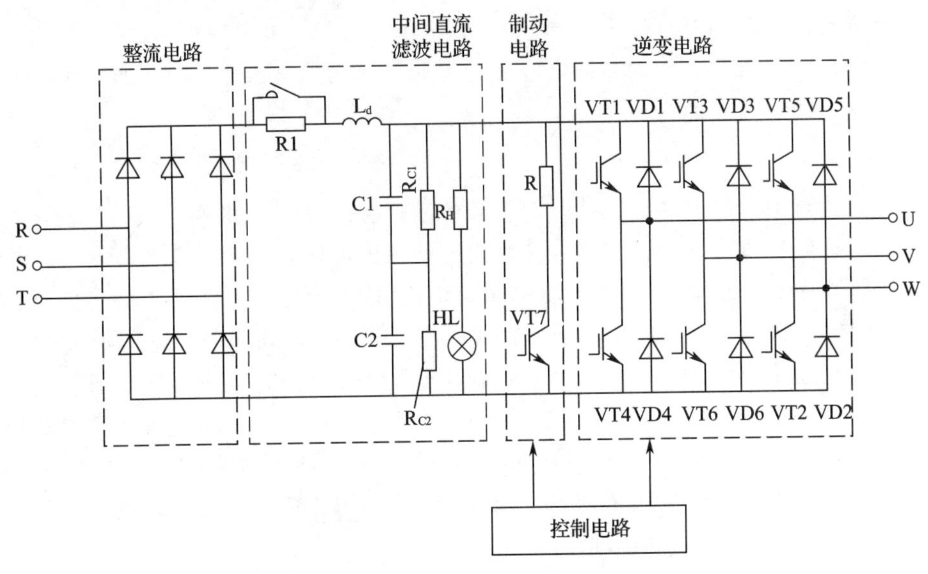

图 28—1 通用变频器的基本组成

1. 整流电路

在通用变频器中，大多数采用二极管三相桥式整流电路，把交流电压转换为直流电压。

2. 中间直流滤波电路

中间直流滤波电路采用大电容滤波，由于受到电解电容的电容量和耐压能力的限制，滤波电路通常由若干个电容并联成一组电容组，再由两组电容组串联组成。又由于电解电容的电容量离散性，因而两组电容组的电容量不能相等，导致两组电容组的电容承受电压不相等，承受电压较高的电容组将容易损坏。因此，在两组电容组的电容上各并联均压电阻 R_{C1} 和 R_{C2}，使两组电容组的电容电压相等。

电容在刚接通电路时，电容的端电压为零，会产生一个很大的冲击电流。这个冲击电流可能会损坏整流电路，同时对电容本身也不利。为此，在整流电路和滤波电路之间接入限流电阻 R1，以限制充电电流。限流电阻 R1 如果常接在电路中会产生能量损耗，所以当直流电压（电容组的电容端电压）上升一定值时用接触器（或晶闸管等元器件）将限流电阻 R1 短路，接触器的动作通过检测直流电压（电容组的电容端电压）来控制。

在二极管三相桥式整流电路中，当输入电压瞬时值小于电容电压时，二极管承受反压不能导通，只有输入电压瞬时值大于电容电压时，二极管导通，才有输入电流，因而造成输入电流断续，在电网交流侧产生高次谐波，并使变频器的功率因数降低。为了减小电网交流侧高次谐波，使输入电流连续，并提高变频器的功率因数，常采用在中间直流滤波电路中串接直流电抗器 L_d 的方法。

中间直流滤波电路还有直流电压指示环节，如图 28—1 中 R_H 和 HL。该环节主要作用是在变频器切断电源后，指示滤波电容上的电荷是否已完全放电。在维修变频器时，必须等 HL 指示灯熄灭后才能进行。

3. 制动电路

在电动机运行中，当电动机减速时，负载的动能会降低，当重物下放时，负载的位能会降低，这时动能和位能这些机械能会转换为电动机的电能，使电动机处于再生发电运行状态，向变频器中间直流电路回馈，使中间直流电路电压上升。由于二极管的单向导电性，阻断了电动机再生发电运行时的电能回馈通道，这就需要采用能耗制动电路或能量回馈制动电路。在通用变频器中，常采用能耗制动电路，如图 28—1 所示。能耗制动电路采用斩波方式，用功率元器件 VT7 控制制动电阻接通与断开。当中间直流电路电压增大到电压上限时，功率元器件 VT7 导通，接通制动电阻，将再生回馈电能转换为热能消耗掉；当中间直流电路电压下降到电压下限时，功率元器件 VT7 断开，切断制动电阻。能耗制动电路简单、经济，但能源利用率低。

在再生回馈能量大的情况下可采用能量回馈制动电路。能量回馈制动电路可采用晶闸管有源逆变电路，如图 28—2 所示。这种制动电路能源利用率高，但电路复杂、价格贵。

4. 逆变电路

逆变电路采用 SPWM 逆变电路，其功能是把直流电转换为频率可调的三相交流电。目前，中、小容量的通用变频器中，SPWM 逆变电路中的功率开关元器件大部分采用 IGBT，它由 6 个 IGBT 组成三相桥式结构，每个桥臂上反并联反馈二极管。IGBT 需要有自己特有的驱动电路、保护电路和缓冲电路。

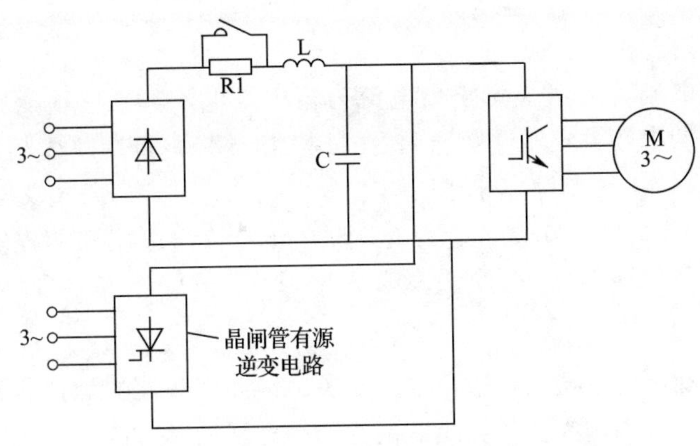

图 28—2 变频器能量回馈制动电路图

5. 控制电路

通用变频器的控制电路要完成：控制脉宽调制的触发、控制频率和电压的关系、处理输入和输出信号、通信处理和检测等功能。目前，通用变频器都采用数字式控制，微处理器 CPU 是控制电路的核心元器件，它通过输入接口和通信接口取得外部控制信号，通过检测电路取得电压、电流等运行状态参数，根据设置的运行要求产生输出逆变器等所需要的各种驱动信号。这些信号是受外部指令决定的，有频率给定、频率上升下降速率、外部通断控制、变频器侧内部保护、反馈信号综合控制等。微处理器的控制程序存储在存储器中，用户可通过参数设置得到所需要的控制程序，以达到变频器的控制运行要求。

二、通用变频器的性能规格

在使用通用变频器时，会接触到生产厂家提供的各种类型变频器的产品样本。这些产品样本中一般介绍变频器的系列型号、特点、性能、规格和功能。现简单介绍通用变频器的主要性能和规格，并对变频器的额定数据进行说明。

1. 输入侧（电源）的额定数据

变频器对输入侧（电源）的要求主要有电压、频率、电压与频率允许变动率 3 个方面。

（1）额定电压。在我国，中、小容量的通用变频器的输入额定电压主要有以下 3 种。

1）三相交流 380 V，这类通用变频器应用最广泛。

2）三相交流 220 V，主要用于某些进口设备。

3）单相交流 220 V，主要用于家用电器。

（2）额定频率。额定频率一般为 50 Hz 或 60 Hz。

（3）电压与频率允许变动率。电压与频率允许变动率是指输入电压幅值和频率的允许波动范围，一般电压允许波动为额定电压的±10%左右，三相电源不平衡度≤3%；而频率波动一般允许为额定频率的±5%。

2. 输出侧的额定数据

（1）额定输出电流（A）。额定输出电流为输出线电流，是反映变频器容量的最关键参数，是变频器中功率开关元器件所能承受的最大电流量，是反映变频器负载能力的最关键参数，是用户选择变频器的主要依据。

（2）额定容量（kVA）。额定容量为变频器在额定输出电压和额定输出电流下的三相视在输出功率（kVA）即：

$$S=\sqrt{3}U_{N}I_{N} \tag{28—1}$$

由于变频器的额定容量与额定输出电压有关，因此变频器的额定容量不能确切地表达变频器的负载能力，只能作为变频器负载能力的一种辅助参考值。

（3）最大适配电动机的容量（kW）。最大适配电动机的容量是指变频器允许配用的最大电动机的容量。应该注意，这种表达方式是有条件的，即对电动机有严格的限制。这个容量一般以 4 极标准异步电动机为对象，是针对一种特定电动机标出的，仅可作为一种参考值。6 极以上电动机、变极电动机等特殊电动机的额定电流一般都大于 4 极标准异步电动机，因此在驱动 4 极以上电动机和特殊电动机时，不能单单依据此项指标来选择变频器。

由上述分析可知，选择变频器时，只有额定输出电流是反映变频器负载能力的最关键参数，是用户选择变频器的主要依据。选择变频器时主要采用额定输出电流这个参数，要考虑变频器的额定输出电流是否满足电动机的运行要求，负载总电流不能超过变频器的额定输出电流。

（4）输出电压（最大）。变频器的输出电压一般按 V/f 曲线变化，变频器性能规格表中给出的输出电压是变频器的可能最大输出电压。

（5）输出频率。输出频率是指变频器输出频率的调节范围。

（6）过载能力。变频器的过载能力是指其输出电流超过额定电流的允许范围。通用变频器的过载能力通常设计为 150%额定电流 1 min 或 120%额定电流 1 min。与异步电动机的过载能力相比较，通用变频器的过载能力小、允许过载时间短，在应用通用变频器时必须注意。

第 2 节　通用变频器的常用功能

通用变频器的功能很多，在实际应用中通用变频器的常用功能主要有操作运行控制功能、频率给定功能、加减速功能、控制方式、常用保护功能等。

一、操作运行控制功能

1. 操作运行控制方式

变频器的操作运行控制指的是变频器的启动、停止控制，正、反转运行和点动控制。

变频调速系统的操作运行控制，一般有 3 种方式：数字面板操作控制、控制输入端操作控制、通信方式操作控制。

（1）数字面板操作控制。这种控制方式是指在变频器的数字面板上进行操作控制，一般用于变频器的调试，在正常运行中较少采用这种操作方式，因为数字面板一般直接安装在变频器上，不方便操作。数字面板的操作很简单，只要按动数字面板上的运行（RUN）、停止（STOP）、正转、反转、点动等按键即可。

（2）控制输入端操作控制。这种控制方式是指变频调速系统通过变频器的外接控制输入端子接收运行操作命令，控制变频器的启动、停止，以及正、反转运行和点动控制，它是最常用的操作控制方式。至于这些操作指令是来自操作人员的直接操作，还是来自继电器控制电路，又或是来自 PLC 控制系统，则由变频器的外部控制电路决定。

（3）通信方式操作控制。这种控制方式是指变频调速系统通过变频器的外接通信接口接收 PLC 或基础自动化系统的运行操作命令，进行变频器的启动、停止控制，以及正、反转运行和点动控制。这种方式适用于将变频器作为整个控制系统执行终端的情况，能够实现比较复杂的控制功能。

变频器都有用来决定在 3 种方式中到底采用哪种方式的功能设置参数，可以通过设置功能参数来选择某种操作运行控制方式。一般日常应用中，控制输入端操作控制方式应用较多。

例如，西门子 MM440 变频器可以用功能参数 P0700 来选择：当 P0700＝1 时，为数字面板操作控制方式；当 P0700＝2 时，为控制输入端操作控制方式；当P0700＝4，5 时，为通信方式操作控制方式。

又如，安川 G7、安川 H1000 系列变频器可以用功能参数 b1－02 来选择。当 b1－02＝0 时，为数字面板操作控制方式；当 b1－02＝1 时，为控制输入端操作控制方式；当 b1－02＝2 时，为通信方式操作控制方式。

2. 控制输入端操作运行控制方式应用

（1）电动机的正转、反转运行控制。根据变频器情况，控制输入端控制电动机的正转、反转运行有以下几种方法。

1）两个外接开关量输入端分别控制电动机的正转、反转运行。在这种运行控制方式中：一个外接控制端接通时，电动机正转；另一个外接控制端接通时，电动机反转；而外接控制端断开时，电动机停止运行。例如，安川 G7 系列变频器将正转运行指令和反转运行指令固化在 2 个外接开关量控制端 S1 和 S2 上。当 S1 和 SC 接通时，电动机正转；当 S1 和 SC 断开时，电动机停止运行。当 S2 和 SC 接通时，电动机反转；S2 和 SC 断开时，电动机停止运行。又如，安川 H1000 变频器采用多功能开关量输入端 S1 和 S2 分别控制电动机的正转、反转运行。此时要将对应于 S1 和 S2 输入端的功能设置参数 H_1－01，H_1－02 分别设为 40 和 41。当 S1 和 SC 接通时，电动机正转；S1 和 SC 断开时，电动机停止运行。当 S2 和 SC 接通时，电动机反转；S2 和 SC 断开时，电动机停止运行。又如，三菱FR－A540 变频器，可用外接开关量输入端 STF 和 STR 分别控制电动机的正转、反转运行。当 STF 和 SD 接通时，电动机正转；当 STF 和 SD 断开时，电动机停止运行。当 STR 和 SD 接通时，电动机反转；当 STR 和 SD 断开时，电动机停止运行。又如，西门子 MM440 变频器，可用多功能输入端⑤～⑧⑯⑰中任意 2 个外接开关量输入端（如⑤⑥）分别控制电动机的正转、反转运行，其接线图如图 28—3 所示。

此时要将对应于⑤～⑧⑯⑰中 2 个外接开关量输入端（如⑤⑥）的功能设置参数 P0701～P0706 中的 P0701 设置为“1”，对应⑤端为正转指令，P0702 设置为“2”，对应⑥端为反转指令。当⑤⑨端接通时，电动机正转；当⑤⑨端断开时，电动机停止运行。当⑥⑨端接通时，电动机反转；当⑥⑨端断开时，电动机停止运行。

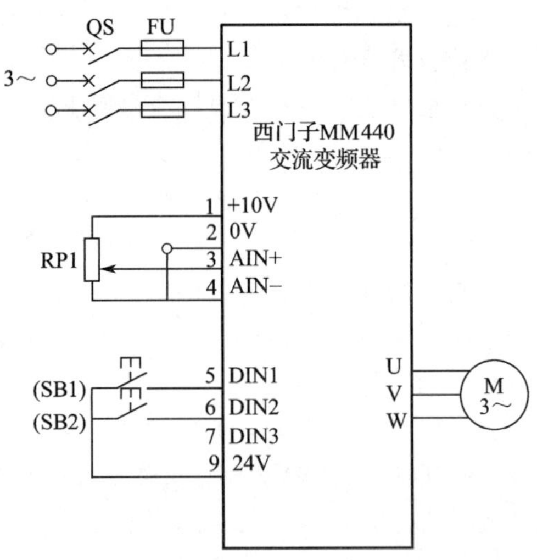

图 28—3　西门子 MM440 变频器电动机的正转、反转运行控制接线图

这种运行控制方式符合一般操作习惯，缺点是正转和反转 2 个指令同时到达会产生冲突，变频器会判断为错误的操作信号，停止运行，甚至会输出故障信号。

2）2 个外接开关量输入端分别控制电动机的运行与转向切换。这种运行控制方式中：一个外接输入端接通时，电动机运行（如正转），该外接输入端断开时，电动机停止运行；另一个外接输入端接通时，电动机转向切换即反转运行，该外接输入端不控制电动机的运行，其断开时，电动机正转运行。例如，西门子 MM440 变频器可用多功能输入端⑤～⑧⑯⑰中任意 2 个外接开关量输入端（如⑤⑥）分别控制电动机的运行与转向切换。变频器接线仍如图 28—3 所示，此时⑤端外接开关量输入端控制电动机的运行，⑥端外接开关量输入端控制电动机的转向切换。此时仍将对应于⑤端外接开关量输入端 P0701 设置为“1”，对应⑤端为运行指令，对应于⑥端外接开关量输入端 P0702 设置为“12”，对应⑥端为转向切换指令。当⑤⑨端接通时，电动机运行（正转），⑤⑨端断开时，电动机停止运行。当⑤⑥⑨端接通时，电动机转向切换即反转运行，⑥⑨端断开时，电动机运行（正转）。这种运行控制方式避免了指令冲突的现象。

3）三线制控制方式。在上述两种运行控制方式中，变频器均采用二线制控制方式，其实变频器还可采用三线制控制方式。例如，安川 G7 系列变频器出厂时已设置为二线制控制方式，如图 28—4a 所示。当 S1 为 ON 时，变频器正转运行，当 S1 为 OFF 时，变频器停止运行；当 S2 为 ON 时，变频器反转运行，当 S2 为 OFF 时，变频器停止运行。如要采用三线制控制方式，可用参数 A1 - 03（参数初始化）实行三线制控制初始化，则外接开关量输入端 S5 自动变为正转、反转指令的输入端，如图 28—4b 所示。三线制控制的时序图如图 28—5 所示。

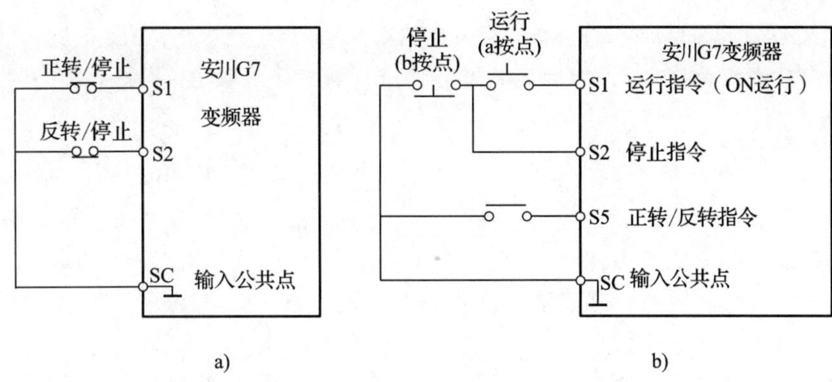

图 28—4　安川 G7 系列变频器二线制控制和三线制控制接线

a）二线制控制　b）三线制控制

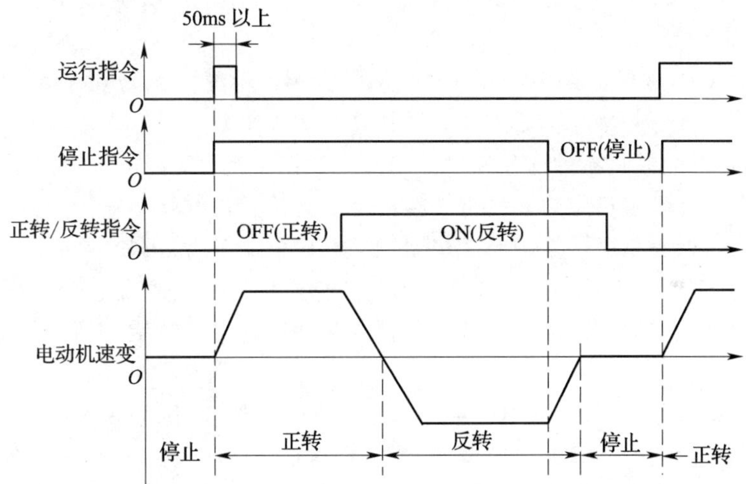

图 28—5　安川 G7 系列变频器三线制控制的时序图

如果将参数 H1 - 01～H1 - 10（对应外接开关量输入端 S3～S12）中的任意一个参数设置为“0”，则端子 S1，S2 的功能是三线制控制方式，已设置的多功能输入端作为正转、反转指令的输入端。

（2）点动操作。点动操作指的是指令有效时，变频器以预先设置的点动频率正向或者反向运行，指令撤销即停止，点动操作通常用于运行调整。例如，西门子 MM440 变频器可将多功能输入端⑤～⑧⑯⑰中任意 2 个外接开关量输入端（如⑤⑥）分别控制电动机的正向点动运行与反向点动运行。变频器接线仍如图 28—3 所示，将对应于⑤端的参数 P0701 设置为“10”，对应于⑥端的参数 P0702 设置为“11”，则对应⑤端为正向点动，对应⑥端为反向点动。正、反向点动频率可用参数 P1058 和 P1059 分别设置。又如，安川 G7、安川 H1000 系列变频器可将外接开关量输入端 S3～S12 中任意 2 个端子分别控制电动机的正向点动运行与负向点动运行，将对应于端子的参数设置为“12”，即为正向点动，对应端子的参数设置为“13”，即为反向点动。点动频率用参数 d1－17 设置。

二、频率给定功能

1. 频率给定方式

通用变频器的频率给定方式有以下 6 种。

（1）数字面板给定方式。通过数字面板的上升键（▲）和下降键（▼）来提供和改变频率给定值，这种方式一般用于调试，也可以用于简单的运行。

（2）模拟量给定方式。通过外接模拟量给定端从变频器外部输入模拟量信号（电压或电流）进行给定，并通过调节给定信号的大小来调节变频器的输出频率。模拟量信号可以由电位器产生，也可以由 PLC 的模拟量输出接口产生。模拟量给定信号的种类如下。

1）电压信号。以电压大小作为给定信号。给定信号的范围可为 0～10 V，0～±10 V，0～5 V，0～±5 V 等。

2）电流信号。以电流大小作为给定信号。给定信号的范围可为 0～20 mA，4～20 mA 等。

（3）多段速（固定频率）给定方式。通过外接的多个开关量输入端进行控制（如构成二进制编码等），对应变频器内部预先设置的给定数据，产生有级的给定信号。

（4）外接升、降端子给定方式。将外接的 2 个开关量输入端分别作为频率上升和频率下降的按钮指令，通过指令持续的时间决定频率给定值的最后数据。

（5）通信给定方式。由 PLC 或计算机通过通信接口进行频率给定。

（6）脉冲序列给定方式。通过外接端子输入脉冲序列进行给定，脉冲频率的高低代表给定值的大小。

上述不同的频率给定方式可用变频器设置参数来选择。例如，西门子 MM440 变频器，可用变频设定值参数 P1000 来设置。当 P1000＝1 时，为数字面板给定方式；当 P1000＝2 时，为模拟量给定方式；当 P1000＝3 时，为多段速（固定频率）给定方式。

2. 频率给定方式具体应用

（1）模拟量给定方式。需要将模拟量给定连接到变频器的模拟量输入端，模拟量输入接线示意图如图 28—6 所示。通用变频器一般有 2～3 个模拟量输入端，通常使用第一个模拟量输入端。模拟量给定信号可以采用电压信号，也可以采用电流信号。对于电压信号与电流信号之间的转换，可能采用硬件来转换（如拨码开关选择），也可能只通过参数设置变换，具体根据不同变频器而定。

采用模拟量给定方式时，变频器的给定频率 f 与对应的给定信号（电压信号或电流信号）之间的关系曲线称为频率给定线。频率给定线有基本频率给定线和任意频率给定线两类。

1）基本频率给定线。基本频率给定线是指给定信号从 0 增大到最大值时，所对应的给定频率 f 从 0 增大到最大值 f_{max}。基本频率给定线的起点（给定信号为“0”时，对应的频率也为“0”）和终点（给定信号为最大值 10 V 时，对应的频率也最高，如 50 Hz），如图 28—7 中曲线①所示。

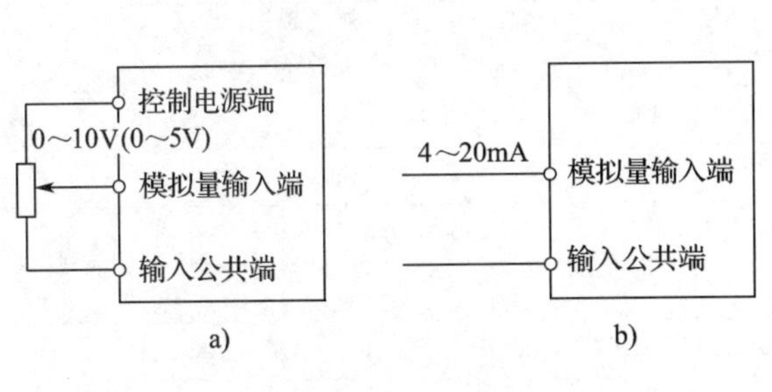

图 28—6　模拟量输入接线示意图

a）电压　b）电流

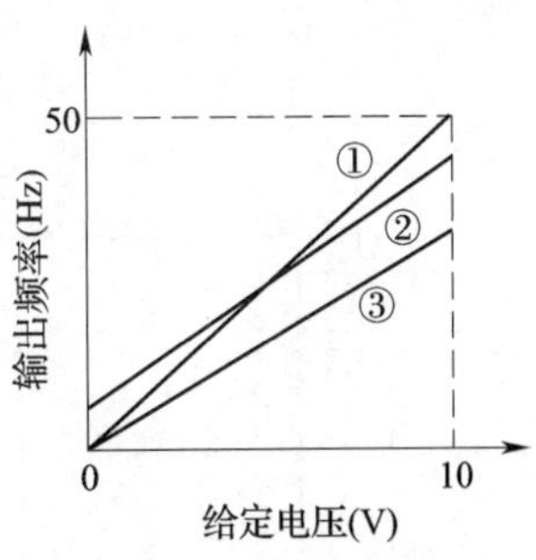

图 28—7　频率给定线曲线

2）任意频率给定线。任意频率给定线的起点（给定信号为“0”时，对应最低频率）和终点（给定信号为最大值时，对应最高频率）坐标是可以根据生产工艺需要任意设置的，如图 28—7 中的曲线②③所示。在生产实践中，生产工艺所要求的最低频率和最高频率常常不是 0 Hz 和额定频率，即实际要求的频率给定线与基本频率给定线并不一致。所以，需要任意频率给定线，使之符合生产实际的需要。

模拟量给定方式为调速给定的常规方式，但给定信号比较容易受干扰，尤其是电压型信号在操作点距离较远时更容易受干扰，电位器方式给定精度受元器件影响，一般精度较低。

（2）多段速（固定频率）给定方式。通过功能参数设置，将变频器的一组（通常为 2～4 个）外接开关量输入控制端作为多段速（固定频率）给定控制端，2 个外接开关量输入端可选择 3～4 个不同给定值，3 个外接开关量输入端可选择 7～8 个不同给定值，4 个外接开关量输入端可选择 15～16 个不同给定值，不同的给定值通过参数预先设定在变频器内。这种给定方式精度高、不受干扰，但它是有级变化的，在实际工程中应用广泛，使用价值高。

例如，西门子 MM440 变频器可将外接开关量输入端⑤～⑨作为多段速（固定频率）给定控制端，其接线图如图 28—8 所示。

此时若将所对应 P0701～P0704 参数设置为 17，采用二进制编码选择＋启动命令方式。对应的 15 个预置固定给定信号由 P1001～P1015 设置，输入端⑤是二进制的最低位，输入端⑥是二进制的低位，输入端⑦是二进制的高位，输入端⑧是二进制的最高位，见表 28—1。控制外接开关量输入端⑤～⑧就可实现 15 段转速控制。例如，当输入端⑤接通时，二进制编码为 0001，对应给定值 FF1，即由 P1001 设置给定值；当输入端⑤⑦接通时，二进制编码为 0101，对应给定值 FF5，即由 P1005 设置给定值。如果不需要这么多不同给定值，可以只使用部分输入端。例如，只使用输入端⑤～⑦，则 P1008～P1015 的设置就无效了。此时，控制外接开关量输入端⑤～⑦就可实现 7 段转速控制。注意，P1001～P1015 内的设置彼此没有约束，大小关系任意，也可以设置为零。

西门子 MM440 变频器的二进制

表 28—1　　编码选择固定频率表

给定值（设置）	⑧端 (P0704=17)	⑦端 (P0703=17)	⑥端 (P0702=17)	⑤端 (P0701=17)
FF1(P1001)	0	0	0	1
FF2(P1002)	0	0	1	0
FF3(P1003)	0	0	1	1
FF4(P1004)	0	1	0	0
FF5(P1005)	0	1	0	1
FF6(P1006)	0	1	1	0
FF7(P1007)	0	1	1	1
FF8(P1008)	1	0	0	0
FF9(P1009)	1	0	0	1
FF10(P1010)	1	0	1	0
FF11(P1011)	1	0	1	1
FF12(P1012)	1	1	0	0
FF13(P1013)	1	1	0	1
FF14(P1014)	1	1	1	0
FF15(P1015)	1	1	1	1
OFF(停止)	0	0	0	0

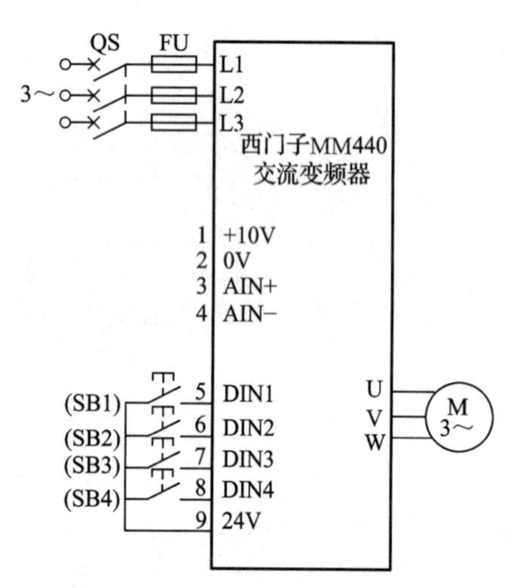

图 28—8　西门子 MM440 变频器的多段速（固定频率）控制接线图

又如，安川 G7 系列变频器可将外接开关量输入端 S5～S7 作为多段速（固定频率）给定控制端，其接线图如图 28—9 所示。

此时将外接开关量输入端 S5，S6，S7 对应 H1－03，H1－04，H1－05 参数分别设置为 3，4，5（即为多段速指令 1、多段速指令 2、多段速指令 3），对应的 8 个预置固定给定信号由 d1－01～d1－08 设置，见表 28—2。控制外接开关量输入端 S5～S7 就可实现 8 段转速控制。例如，当输入端 S5 接通时，对应给定值由 d1－02 设置；当输入端 S5，S7 接通时，对应给定值由 d1－06 设置。

安川 G7 系列变频器的多段速指令可以任意组合，将 4 个任意外接开关量输入端作为多段速（固定频率）给定控制端，将 4 个外接开关量输入端所对应的 H1 参数分别设置为 3，4，5，32（即为多段速指令 1、多段速指令 2、多段速指令 3、多段速指令 4），对应的 16 个预置固定给定信号由 d1－01～d1－16 设置，实现多段速控制。

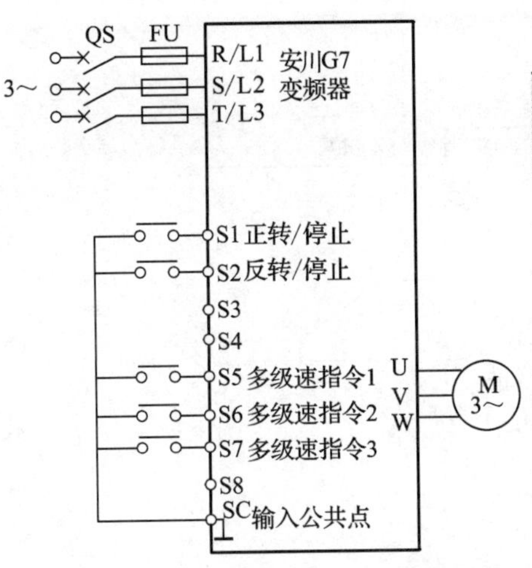

图 28—9　安川 G7 系列变频器的多段速（固定频率）控制接线图

安川 G7 系列变频器的
表 28—2　多段速（固定频率）选择表

段速	S5（多段速指令 1）	S6（多段速指令 2）	S7（多段速指令 3）	能选择的频率
1	OFF	OFF	OFF	d1 - 01
2	ON	OFF	OFF	d1 - 02
3	OFF	ON	OFF	d1 - 03
4	ON	ON	OFF	d1 - 04
5	OFF	OFF	ON	d1 - 05
6	ON	OFF	ON	d1 - 06
7	OFF	ON	ON	d1 - 07
8	ON	ON	ON	d1 - 08

又如，安川 H1000 变频器采用 G7 系列变频器多段速（固定频率）控制方法，可将外接开关量输入端 S5～S7 作为多段速（固定频率）给定控制端，此时将外接开关量输入端 S5，S6，S7 所对应的 H1 - 05，H1 - 06，H1 - 07 参数分别设置为 3，4，5（即为多段速指令 1、多段速指令 2、多段速指令 3），对应的 8 个预置固定给定信号由 d1 - 01～d1 - 08 设置，具体可参见表 28—2。

又如，三菱 FR - A540 变频器可将外接开关量输入端 RH（高速）、RM（中速）、RL（低速）作为多段速（固定频率）给定控制端，实现多段速控制。

（3）外接升、降速端子给定方式。通过功能参数设置，将变频器外接开关量输入端中 2 个端子作为升速按钮和降速按钮的接入控制端，实现外接升、降速端子给定。这种给定方式适合直接操作，按钮设置在操作地点，取代普通电位器。与电位器给定方式相比，外接升、降速端子给定方式不操作时给定值保持不变，具有抗干扰能力强、精度高、寿命长等优点。

例如，西门子 MM440 变频器可以将任意 2 个外接开关量输入端（如⑯⑰）作为升速（UP 指令）按钮和降速（DOWN 指令）按钮的接入控制端，其接线图如图 28—10a 所示。

此时将⑯⑰端外接开关量输入端所对应参数分别设置为 13（升速指令）和 14（降速指令），实现外接升、降速端子给定。变频器输出频率的上升或下降由按钮 SB1 和 SB2 控制。

又如，安川 G7 系列变频器可以将任意 2 个外接开关量输入端作为升速（UP 指令）按钮和降速（DOWN 指令）按钮的接入控制端，将外接开关量输入端所对应参数分别设置为 10（升速指令）和 11（降速指令），实现外接升、降速端子给定。这里要注意，升速指令和降速指令必须成对设置，否则变频器会显示出错。

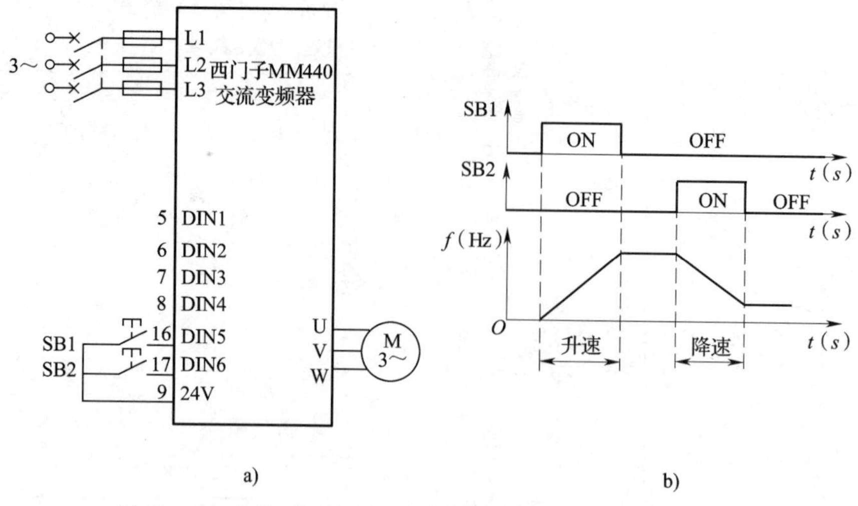

图 28—10 西门子 MM440 变频器的外接升、降速端子给定控制

a）接线图 b）时序图

3. 最高频率、上限频率和下限频率

（1）最高频率。最高频率是变频器允许输出的最大频率，用 f_{max} 表示。变频器驱动的电动机都有最高转速的限制，所以限制了变频器的最高输出频率，也就限制了电动机的最高转速。当通过外接模拟量给定时，最高频率一般与最大给定信号相对应。

（2）上限频率和下限频率。上限频率和下限频率是根据生产工艺要求设置的，其中上限频率不能超过最高频率。当上限频率和最高频率不相等时，上限频率优先于最高频率，即变频器的实际输出最大频率为上限频率。

三、加减速功能

1. 变频器的启动与加速功能

（1）变频器的启动。变频器启动时，变频器的输出频率从最低频率（一般为 0 Hz）按设置的加速时间逐渐上升，如图 28—11a 所示；变频器的输出电压（即电动机的定子电压）也从最低电压开始逐渐上升，如图 28—11b 所示。故启动瞬间的冲击电流很小，同

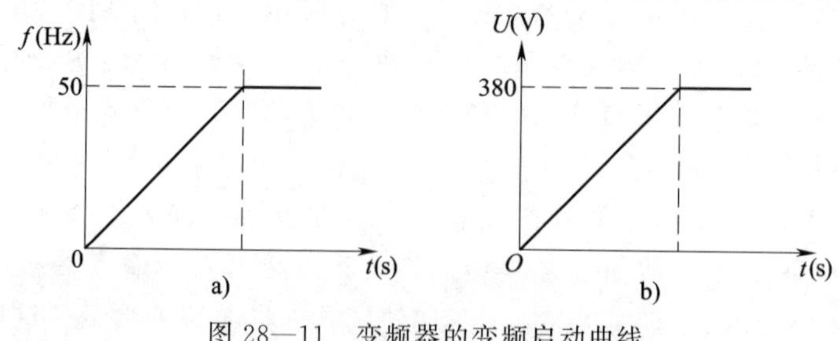

图 28—11 变频器的变频启动曲线

a）频率曲线 b）电压曲线

时，可通过逐渐增大变频器的输出频率和输出电压，以减缓电动机的启动过程，限制启动电流。与此同时，也减小了启动过程中的动态转矩，使加速过程能保持平稳，减小了对生产机械的冲击。整个启动过程中的加速过程取决于变频器中所设置的“加速时间”，有些变频器也称为“上升时间”，用户可以根据生产工艺的要求来设置“加速时间”这个参数。

（2）加速时间及其设置。加速时间一般指的是变频器的输出频率从 0 Hz 上升到最高频率所需要的时间，如图 28—12 所示。安川 G7、安川 H1000 系列变频器有加速时间 1～加速时间 4 的四组参数，分别采用参数 C1－01，C1－03，C1－05，C1－07 设置。在常规方式下，西门子 MM440 变频器采用斜坡上升时间参数 P1120 设置。

加速时间的长短对电动机启动电流的大小有很大影响。加速时间长，变频器的输出频率上升慢，同步转速 n_0 也上升慢，电动机的转子转速跟得上同步转速 n_0 的上升，在启动过程中同步转速 n_0 与转子转速的转差较小，从而使电动机的启动电流也较小；反之，加速时间短，变频器的输出频率上升快，同步转速 n_0 也上升快，如果拖动装置的惯性较大，电动机的转子转速将可能跟不上同步转速 n_0 的上升，在启动过程中同步转速 n_0 与转子转速的转差增大，从而使电动机的启动电流也增大。因此，如果加速时间过短，有可能产生过电流故障。在实际应用中，加速时间要根据负载情况和生产工艺要求来设置。有些负载（如风机、水泵）对启动加速时间无特别要求，则可以将加速时间设置得长一些。当有些生产工艺要求启动加速尽可能快时，通常可先将加速时间设置得长一些，在调试过程中逐步降低加速时间，同时观察启动过程中启动电流的大小，以最大瞬间电流不超过上限值（对 150%过载能力的变频器来说，一般为 1.5 倍的变频器额定电流）为准。

2. 变频器的变频减速停车与减速功能

（1）变频器的变频减速停车与减速时间。变频器的变频停车是指变频器的输出频率从工作频率逐渐下降为 0 Hz，电动机转速也从工作转速逐渐下降为 0 r/min。变频器的输出频率从较高工作频率降至较低工作频率，使电动机从较高转速降至较低转速的过程称为减速过程。当变频器的输出频率下降时，同步转速 n_0 也立即下降，但由于拖动装置惯性的原因，电动机转子转速不可能立即下降。于是转子转速超过了同步转速 n_0，电动机处于发电再生制动状态，其所产生的转矩和转子旋转的方向相反，使电动机的转速迅速下降。电动机在发电再生制动状态发出的电能将通过反馈二极管反馈到中间直流电路，使中间直流电路的电压升高，称为泵升电压。如果中间直流电压升得太高，将导致整流和逆变元器件的损坏。所以，当中间直流电压上升到一定限值时，必须通过相应电路（如能耗制动电路）把中间直流回路内多余的电能消耗掉。减速过程取决于变频器中所设置的“减速时间”，对于有些变频器来说也称为“下降时间”，用户可以根据生产工艺的要求来设置“减速时间”。

（2）减速时间及其设置。减速时间一般是指变频器的输出频率从最高频率下降到 0 Hz 所需要的时间，如图 28—13 所示。安川 G7、安川 H1000 系列变频器有减速时间 1～减速

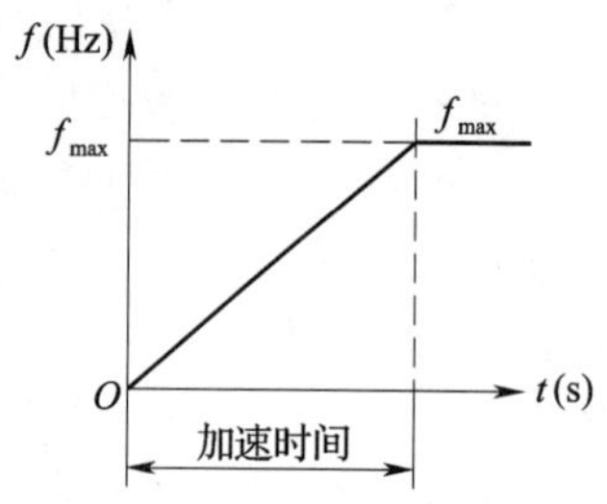

图 28—12　变频器的加速时间

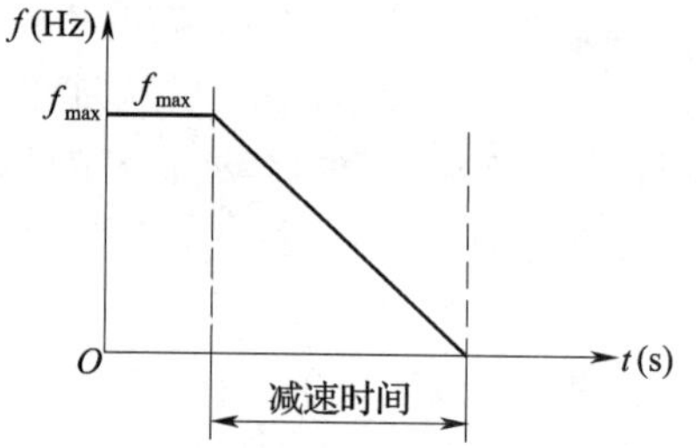

图 28—13　变频器的减速时间

时间 4 的四组参数，分别采用参数 C1-02，C1-04，C1-06，C1-08 设置。在常规方式下，西门子 MM440 变频器采用斜坡下降时间参数 P1121 设置。

减速时间的长短对中间直流电压的大小有很大影响。减速时间长，变频器的输出频率下降慢，同步转速 n_0 下降也慢，电动机的转子转速能跟上同步转速 n_0 的下降，转速下降过程中电动机发电再生能量也较小，从而使中间直流电路的泵升电压也较小；反之，减速时间短，变频器的输出频率下降快，同步转速 n_0 下降也快，如果拖动装置的惯性较大，电动机的转子转速将可能跟不上同步转速 n_0 的下降，转速下降过程中电动机的发电再生能量也较大，从而使中间直流电路的泵升电压也较大。因此，如果减速时间过短，将导致中间直流电压过高，产生过电压故障。在实际应用中，减速时间要根据负载情况和生产工艺要求来设置。有些负载（如风机、水泵）对减速时间无特别要求，则可以将减速时间设置得长一些。而有些生产工艺则要求减速尽可能快，通常可先将减速时间设置得长一些，在调试过程中逐步降低减速时间，同时观察中间直流电压的大小，以最高电压接近上限值为准，调试时应该满负载。

3. 变频器的加减速方式

根据负载和生产工艺的不同要求，变频器除了可以控制加减速时间外，还可以采用不同加减速方式。常见的加减速方式有以下两种。

（1）线性加减速方式。加减速过程中，变频器的输出频率与时间呈线性关系，如图 28—14 中曲线①所示。大多数负载都可以选用线性加减速方式。

（2）S 形曲线加减速方式。在加速的起始和终止阶段，频率的上升较缓，加速过程呈 S 形曲线，在减速的起始和终止阶段，频率的下降较缓，减速过程呈 S 形曲线，如图 28—14中曲线②所示。对加减速性能有较高要求的场合可采用 S 形曲线加减速方式。例如，电梯负载从考虑乘客的舒适度出发，应减缓速度的变化，以采用 S 形曲线加减速方式为宜。S 形曲线加减速方式还可以减小机械冲击。安川 G7 系列变频器 S 形曲线加减速方式有加速开始时 S 形特性时间、加速结束时 S 形特性时间、减速开始时 S 形特性时间、减速结束时 S 形特性时间 4 个参数，分别采用参数 C2-01，C2-02，C2-03，C2-04 设置，如图 28—15 所示。在常规方式下，西门子 MM440 变频器 S 形曲线加

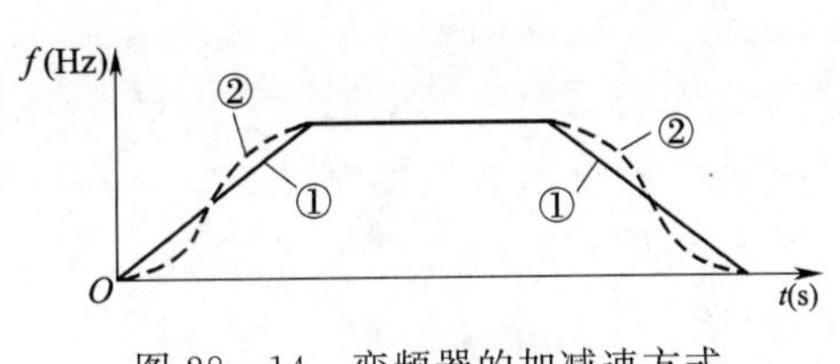

图 28—14　变频器的加减速方式

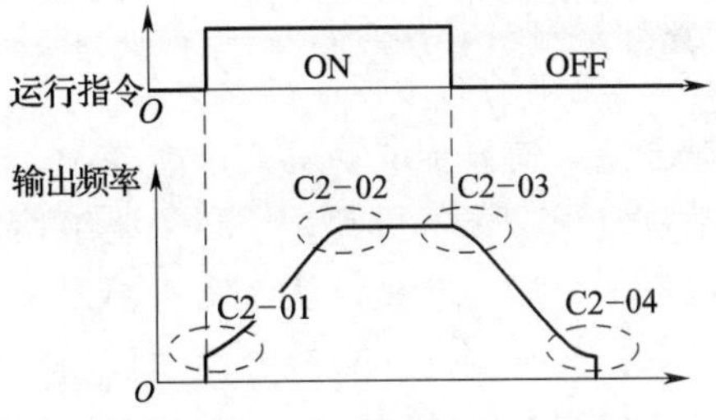

图 28—15　安川 G7 系列变频器 S 形特性加减速方式设置

减速方式有斜坡上升曲线起始段圆弧时间、斜坡上升曲线结束段圆弧时间、斜坡下降曲线起始段圆弧时间、斜坡下降曲线结束段圆弧时间 4 个参数，分别采用参数 P1130～P1133 设置。

4. 变频器的停车和直流制动

（1）变频器的停车方式。变频器的停车方式一般有以下 3 种。

1）减速停车。这种减速停车方式也就是上面所说的变频减速停车，在实际工作中应用较多。这种变频减速停车方式按照设置的减速时间逐渐降低输出频率，使电动机处于再生发电制动运行状态，其特性曲线如图 28—16a 所示。

2）自由停车。在得到停车信号时，直接封锁变频器的逆变器输出，使电动机处于切断电源状态，在负载转矩作用下自由停车，也称惯性停车，其特性曲线如图 28—16b 所示。这种方式不允许在位能负载上使用。

3）减速停车加直流制动。这种停车方式先按照设置减速时间减速到一定频率后再进行直流制动到停车，其特性曲线如图 28—16c 所示。这种停车方式常用于要求准确停车控制的场合。

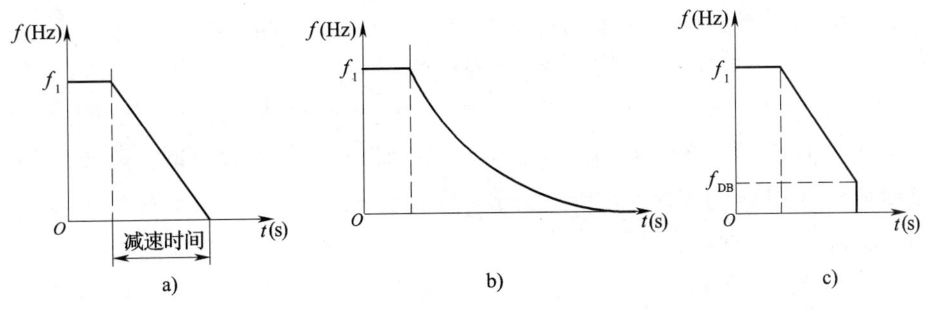

图 28—16　变频器停车的特性曲线

a）减速停车　b）自由停车　c）减速停车加直流制动

变频器停车方式可用变频器的功能设置参数进行选择。例如，安川 G7 系列变频器采用 b1 - 03 参数来设置停车方式；西门子 MM440 变频器在运行指令撤销时采用减速停车方式，如果要采用惯性自由停车，则需要另外用外接开关量输入端子来控制。

(2) 直流制动

1) 直流制动的工作原理及其应用。直流制动是指变频器向异步电动机定子绕组内通入直流电流，使异步电动机处于能耗制动状态。由于定子绕组内通入的是直流电流，故异步电动机定子磁场不再旋转，转子绕组切割这个静止磁场后产生的电磁转矩与转子的旋转方向相反，是制动转矩，从而实现快速停车。这种变频器输出直流的制动方式，在通用变频器中称为直流制动。直流制动主要用于要求准确停车控制的场合。

减速停车加直流制动停车方式的特性曲线如图 28—17 所示，下面以此图说明直流制动功能的应用。在运行信号（停车信号）的作用下，变频器首先按照设置减速时间逐渐降低输出频率，使电动机处于再生发电制动运行状态，电动机按照设置减速时间减速停车；当输出频率下降到直流制动的起始频率 f_{DB}后，则开始直流制动，使电动机处于能耗制动状态直至停车。只要调整得当，生产机械将准确地停止在预定的位置上。

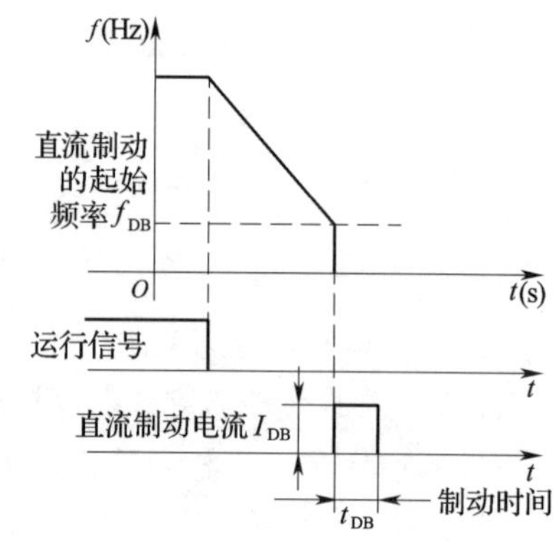

图 28—17 减速停车加直流制动停车方式的特性曲线

直流制动除了用于要求准确停车控制的场合外，还用于禁止电动机在启动前由外因引起的不规则自由旋转（如风机类负载）。当处于停车状态时，电动机可能由于风压作用而自行转动，有时还可能反转，对此可以利用直流制动功能以保证电动机在零速的状态下开始启动。如果电动机在启动前，电动机的转速不为 0 r/min；若为正转时，变频器的输出频率从 0 Hz 开始上升，则在启动瞬间，电动机处于强烈的再生发电制动状态；若为反转时，同样变频器的输出频率从 0 Hz 开始上升，则在启动瞬间，电动机处于反接制动状态。这两种状态都可能会产生较大的冲击电流，引起变频器的损坏。

这里应注意，直流制动与电磁铁抱闸制动的性质是不同的，电磁铁抱闸制动具有很大的静态制动力矩，因此起重机等必须使用电磁铁抱闸制动。

2) 直流制动功能参数设置。通用变频器中对直流制动功能控制一般需要设置直流制动的起始频率 f_{DB}、直流制动电流 I_{DB}、直流制动时间 t_{DB} 等参数。例如，西门子 MM440 变频器分别采用 P1234，P1232，P1233 等参数来设置直流制动的起始频率 f_{DB}、直流制动电流 I_{DB}、直流制动时间 t_{DB}；安川 G7、安川 H1000 系列变频器分别采用 b2-01，b2-02，b2-04 等参数来设置直流制动的起始频率 f_{DB}、直流制动电流 I_{DB}、直流制动时间 t_{DB}。

①直流制动的起始频率 f_{DB}。在减速停车加直流制动实现准确停车控制时，直流制动是和再生发电制动配合使用的。变频器首先按照设置减速时间逐渐降低输出频率，使电动机处于再生发电制动运行状态，电动机按照设置减速时间减速停车，当电动机的转速降至较低转速时再转换为直流制动，使电动机迅速停车。其转换时对应的频率即为直流制动的起始频率 f_{DB}，如图 28—17 所示。设置直流制动起始频率 f_{DB} 的主要依据是负载对制动时

间的要求，制动时间要求越短，则起始频率 f_{DB} 应设置得高一些。但是通常情况下起始频率 f_{DB} 不宜设置太高，尤其是在频繁制动停车的场合，否则电动机将可能产生过热现象。

②直流制动电流 I_{DB}。直流制动电流 I_{DB} 是以变频器额定电流（或电动机额定电流）百分比（%）整定的，它的大小决定了直流制动的强度，如图 28—17 所示。设置直流制动电流 I_{DB} 的主要依据是负载惯性的大小，惯性越大，直流制动电流 I_{DB} 也越大。但是，通常情况下直流制动电流 I_{DB} 不宜设置太大，尤其是在频繁制动停车的场合，否则电动机将可能产生过热现象。

③直流制动时间 t_{DB}。直流制动时间 t_{DB} 就是施加直流制动电流的时间长短。设置直流制动时间 t_{DB} 的主要依据是负载是否有“爬行”现象，以及对克服“爬行”的要求，要求越高，直流制动时间 t_{DB} 应适当长一些。电动机由起始频率 f_{DB} 所对应的转速减速到零所用的时间由拖动系统 J_m、生产负载的静阻力矩、直流制动电流 I_{DB} 设定值等共同决定。如果这个时间大于直流制动时间 t_{DB}，电动机可能进入自由停车的滑行状态。

四、控制方式

在通用变频器组成交流变频调速系统设计方案时，必须根据负载性质和系统运行控制要求确定变频器的控制方式。确定变频器的控制方式还涉及交流变频调速系统硬件设计，如是否需要 PG（脉冲编码器）、PG 速度卡等元件，同时还涉及通用变频器的选型。

按通用变频器的控制方式可分为以下 3 类变频器：V/f 控制通用变频器、矢量控制通用变频器和直接转矩控制通用变频器。通用变频器在运行前，必须根据负载性质和系统运行控制要求设置通用变频器的控制方式，通用变频器的控制方式设置是通过选择控制方式设置参数来完成的。例如，西门子 MM440 变频器是通过选择控制方式参数 P1300 来设置控制方式的，共有 12 个选择。其中，P1300＝0 时为线性 V/f 控制；P1300＝1 时为带 FCC（磁通电流控制）功能的 V/f 控制；P1300＝2 时为带平方曲线特性的 V/f 控制，适宜用于离心式风机/水泵的驱动控制；P1300＝3 时为可编程的 V/f 控制；P1300＝5 时为用于纺织机械的 V/f 控制；P1300＝6 时为用于纺织机械带 FCC 功能的 V/f 控制；P1300＝20时为无传感器的矢量控制；P1300＝21 时为带有传感器的矢量控制；P1300＝22 时为无传感器的矢量-转矩控制；P1300＝23 时为带有传感器的矢量-转矩控制。又如，安川 G7 系列变频器，通过选择控制方式参数 A1－02 来设置控制方式，共有 5 个选择。其中，A1－02＝0 时为无 PG 的 V/f 控制；A1－02＝1 时为带 PG 的 V/f 控制；A1－02＝2 时为无 PG 矢量控制 1；A1－02＝3 时为带 PG 矢量控制；A1－02＝4 时为无 PG 矢量控制 2。

又如，安川 H1000 变频器驱动异步电动机或同步电动机，异步电动机用的控制方式有无 PG 的 V/f 控制、带 PG 的 V/f 控制、无 PG 矢量控制、带 PG 矢量控制等。同步电动机用的控制方式有 PM 用无 PG 矢量控制、PM 用无 PG 高级矢量控制、PM 用带

PG 矢量控制等。通过选择控制模式的参数 A1－02 来设置控制方式。其中，A1－02＝0 时为无PG 的 V/f 控制；A1－02＝1 时为带 PG 的 V/f 控制；A1－02＝2 时为无 PG 矢量控制；A1－02＝3 时为带 PG 矢量控制。

选择 V/f 控制方式后，还需要对与电动机有关的参数进行设置，其中包括 V/f 曲线类型的选择和设置。例如，安川 G7 系列变频器在 V/f 控制方式中，根据需要设置变频器输入电压和 V/f 曲线。具体通过参数 E1－01～E1－13 进行设置。其中参数 E1－01 是设置变频器输入电压的，在国内 380 V 供电系统中，变频器输入电压可以设置为 380 V，此设定值作为保护功能的基准值。而参数 E1－03 用来选择 V/f 曲线。V/f 曲线共有预先设置好的 15 种固定 V/f 曲线和 1 种任意 V/f 曲线。当 E1－03＝0～E 时，可以从预先设置好的 15 种固定 V/f 曲线中选择 1 种。例如，E1－03＝0 时，为用于 50 Hz、普通恒转矩负载时的 V/f 曲线；E1－03＝5 时，为用于 50 Hz、风机水泵二次方负载的 V/f 曲线。当 E1－03＝F 时为任意 V/f 曲线，此时 V/f 曲线可以自由设置，具体可通过参数 E1－04～E1－10 设置。其中，参数 E1－04 为最高输出频率，这个参数是个安全参数，用它限制输出频率上限，通常它应该大于等于基频；参数 E1－06 为基频，它是恒磁运行与弱磁运行之间的分界点（对于额定频率为 50 Hz 的电动机，参数 E1－06 设置为 50 Hz）；参数 E1－05 为最高输出电压，一般设置为电动机额定电压；参数 E1－07 为中间输出频率；参数 E1－08 为中间输出频率电压；参数 E1－09 为最低输出频率；参数 E1－10 为最低输出频率电压。4 个频率一定要按 E1－04≥E1－06≥E1－07≥E1－09 来设置。

各种通用变频器在 V/f 控制方式下都会提供一些标准的 V/f 曲线供选择，同时也都提供自由设置的任意 V/f 曲线，只是标准曲线的特征可能不一样，自由设置的方式也可能不同。例如，西门子 MM440 变频器多点 V/f 控制等。

矢量控制是建立在电动机动态数学模型基础上的，因此选择了矢量控制方式就必须将电动机铭牌上的额定数据和有关数据输入变频器，同时必须进行电动机参数自动检测和识别。例如，安川 G7 系列变频器采用自学习模式进行电动机参数自动检测和识别。自学习模式有 3 种形式，具体通过选择自学习模式参数 T1－01 来选择。其中，当 T1－01＝0 时为旋转型自学习，旋转型自学习是由变频器控制的电动机自动运行的，能够比较全面准确地获得电动机参数，但要求电动机与负载脱离来完成；当 T1－01＝1 时为停止型自学习，此时是由变频器为电动机通电的，但不让其旋转，这种方式不需要脱离负载，但获得的电动机参数不够准确也不完整。又如，西门子 MM440 变频器通过选择电动机数据是否自动检测参数 P1910 来设置，作为电动机数据自动检测。其中，当 P1910＝1 时，所有参数都自动检测，并改写参数数值；当 P1910＝3 时，饱和曲线自动检测，并改写参数数值。

采用矢量控制方式时要注意，1 台通用变频器只能连接 1 台电动机。1 台通用变频器连接多台电动机时，则不可以采用矢量控制方式。另外，采用矢量控制方式时，电动机的容量应该与通用变频器使用说明书中所规定的电动机容量相配合，选择通用变频器的容量时要注意此问题。

五、常用保护功能

通用变频器内部有针对变频器自身和电动机的一系列保护功能，其中许多基本的保护功能不允许用户进行参数设置和修改，但也有一部分保护功能可以通过参数设置来更改其保护功能的作用方式。

1. 电动机的过载保护

电动机过载是指电动机轴上的机械负载过重，使电动机的运行电流超过电动机额定电流，并导致其温升也超过额定值。对电动机进行过载保护的目的是保证电动机不会因过热而烧坏。过载保护具有反时限特性，电动机的过载电流越大，允许继续运行的时间越短，保护动作的时间也越短。变频器内部针对电动机的过载保护，通常是通过电动机的温度变化模型来仿真计算电动机温升并提供保护的。电动机的温度变化模型不仅与电动机额定电流有关，也与电动机的散热方式有关。通用变频器都配置了电动机的过载保护（电子过电流保护）功能，其选择功能主要有该保护是否有效、电动机保护动作时间、电动机的过热报警动作方式等。例如，安川 G7 系列变频器采用 L1－01 参数来设置电动机过载保护功能。当单台变频器驱动多台电动机时，变频器中电动机的过载保护（电子过电流保护）功能无效，此时可以将 L1－01 参数设置为“0”（即无效），这时应在每台电动机上安装外部过载保护（如热继电器）。当 L1－01 参数设置为 1，2，3 时均为电动机过载保护有效，分别对应于通用电动机保护、变频器专用电动机保护、矢量变频专用电动机保护。采用 L1－02 参数来设置电动机保护动作时间，设置范围为 0.1～5.0 s，额定电流则由E2－01 设置。又如，三菱 FR－540 系列变频器采用参数 Pr.9 来设置电子过电流保护的电流值（一般设置为 50 Hz 时的额定电流），作为电动机过载保护，当设置为“0”时，电子过电流保护（电动机保护功能）无效。

2. 防止失速控制功能

惯性较大的负载如果变频器的加速时间设置太短，在加速时会因为拖动系统的转速跟不上变频器输出频率的变化而引起过电流保护动作跳闸；在减速时，如果变频器的减速时间设置太短，在减速时会因为拖动系统的动能释放得太快而引起过电压保护动作跳闸；运行期间瞬时负载太大，可能会引起过电流保护动作跳闸。这些情况下的保护动作会使变频器停止输出（跳闸），电动机会失去正常速度并且停止运行，以上这 3 种情况分别称为在加速、减速和运行期间失速。在许多实际应用中，失速是不希望发生甚至是不允许的。因此，部分变频器针对上述失速情况专门设计了防止失速控制功能。例如，安川 G7 变频器在加速过程中，当电流超过了 L3－02 设定值（即加速电流的最大允许值）时，变频器的输出频率将不再增加，暂缓加速，待电流减小到上限值以下后再继续加速，如图 28—18 所示。这样就不会因为过电流保护动作而失速了，这就是加速中防止失速功能的含义。又如，安川 G7 变频器采用 L3－01，L3－02，L3－03 等参数来设置加速中失速防止功能。其中，L3－01＝0 时，加速中失速防止功能无效；L3－01＝1 时，加速中失速防止功能有效。

在减速过程中，如果直流电压超过了上限值 U_{DH}，变频器的输出频率将不再下降，暂缓减速，待直流电压减小到上限值以下后再继续减速，如图 28—19 所示。这样就不会因为过电压保护动作而失速，这就是减速中失速防止功能的含义。例如，安川 G7 变频器采用 L3 - 04 参数来设置减速中失速防止功能。其中，L3 - 04＝0 时，减速中失速防止功能无效；L3 - 04＝1 时，减速中失速防止功能有效。

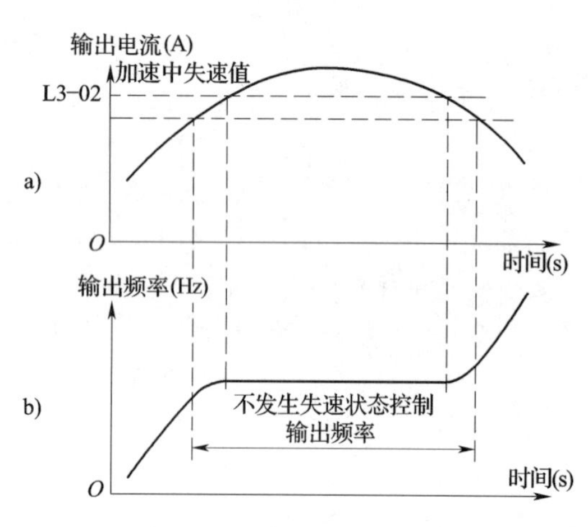

图 28—18　加速中防止失速功能

a）控制输出电流　b）控制输出频率

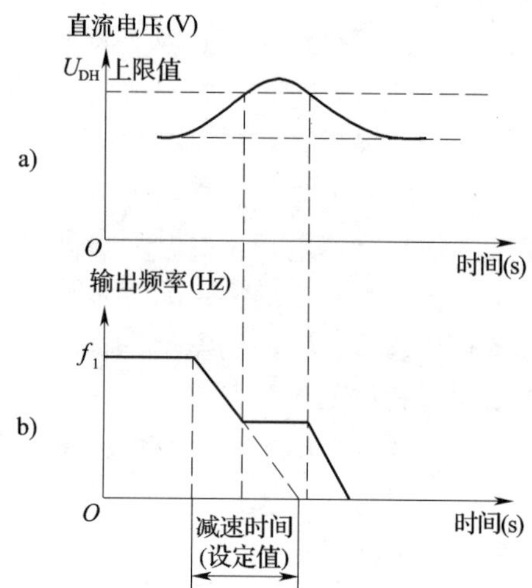

图 28—19　减速中防止失速功能

a）控制直流电压　b）控制输出频率

在系统运行中，当负载转矩突然超过上限值时，变频器主动降低输出频率，系统释放存储的部分动能，补偿所需要的额外负载功率，待负载转矩恢复正常后，再返回原运行频率，这样不会引起变频器过电流保护动作，这就是运行中失速防止功能的含义。例如，安川 G7 变频器采用 L3 - 05，L3 - 06 等参数来设置运行中失速防止功能。其中，L3 - 05＝0 时，运行中失速防止功能无效；L3 - 05＝1，2 时，运行中失速防止功能有效。

3. 变频器的过电压保护和欠电压保护

（1）过电压保护。变频器的过电压保护是当电动机急速减速或电源电压过高而使直流回路的电压超出规定值时，为防止主回路元件因过电压而损坏，变频器将通过过电压保护动作而停止输出。实际应用中，变频器的过电压保护往往是由于电动机急速减速而引起的。

（2）欠电压保护。欠电压保护是当电源电压过低（如瞬时断电、瞬时低电压和电源缺相）和变频器整流电路故障而使直流回路的电压低于规定值时，变频器将通过欠电压保护动作而停止输出。

电源缺相故障会引起欠电压保护动作，为了便于用户分析欠电压保护动作的原因，有些变频器设置了电源缺相保护功能。例如，安川 G7 系列变频器用参数 L8 - 05 来选择输入缺相保护。当 L8 - 05＝1，输入缺相保护有效；当 L8 - 05＝0，输入缺相保护无效。

4. 变频器的过电流保护

变频器的过电流保护是当变频器输出侧发生相间短路或接地等事故和电动机快速启动而超过变频器的过电流设定值时，变频器将通过过电流保护动作而停止输出。

第 3 节　通用变频器组成的变频调速系统

一、通用变频器及其主电路外部设备的选择

1. 通用变频器的选择

（1）通用变频器类型的选择。通用变频器的类型主要应根据负载性质和变频调速系统方案中所确定的控制方式、制动方式等要求来选择。例如，风机、水泵类二次方转矩负载使用 V/f 控制方式，则可选择风机、水泵用专用变频器。该类专用变频器的过载能力一般为 125%左右，采用 V/f 控制方式，具有节能控制、工频切换等专用功能，价格相对较低。对于恒转矩负载，调速性能要求高，采用矢量控制方式，则需要选择高性能通用变频器。该类高性能变频器的过载能力一般为 150%左右，具有矢量控制功能，调速精度高、动态响应能力强、调速范围大。

当变频器与外部控制系统（如 PLC 控制系统）采用通信方式连接时，选择变频器时还需要考虑变频器的通信能力、采用的通信协议等。

（2）通用变频器容量的计算与选择。在变频器技术性能规格中提供了“最大适配电动机容量（kW）”这一数据，但实际上限制变频器使用功率的是变频器的输出电流参数，因此直接按照变频器所提供的“最大适配电动机容量（kW）”数据来选择变频器容量，在实际应用中常常可能不可行。变频器容量的选择由很多因素决定，如变频器驱动电动机方式、负载工况、电动机容量（电动机额定电流）、加速时间等。现分两种情况对通用型变频器容量的计算与选择进行简单的介绍。

1）驱动单台电动机连续运转的情况。此时所需变频器的容量应满足表 28—3 所列的要求。

表 28—3　　驱动单台电动机连续运转时必须的变频器容量

项　目	计算公式
满足负载输出要求	$\frac{kP_M}{\eta\cos\varphi}\leqslant$ 变频器容量（kVA）
满足电动机容量要求	$k\times\sqrt{3}U_{MN}I_{MN}\times10^{-3}\leqslant$ 变频器容量（kVA）
满足电动机电流要求	$kI_{MN}\leqslant$ 变频器额定电流（A）

注：P_M——负载要求的电动机轴输出功率，W；

$\cos\varphi$——电动机功率因数（通常约 0.75）；

η——电动机效率（通常约 0.75）；

U_{MN}——电动机额定电压，V；

I_{MN}——电动机额定电流（工频电源时的电流），A；

k——电流波形补偿系数（SPWM 方式的变频器电流波形补偿系数为 1.05～1.1）。

当变频器驱动单台电动机时，一般可按电动机额定电流的 1.1 倍确定变频器额定电流，从而选定变频器容量。但要注意，变频器额定电流一定要大于电动机运行过程中可能出现的最大电流。

2）驱动多台电动机的情况。此时所需变频器的容量应满足表 28—4 所列的要求。

表 28—4　　驱动多台电动机时必须的变频器容量

项　目	计算公式（过载能力 150%，1 min）	
	电动机加速时间在 1 min 内	电动机加速时间在 1 min 以上
满足驱动时容量要求	$\frac{kP_M}{\eta\cos\varphi}[N_T+N_s(k_s-1)]=P_C\left[1+\frac{N_s}{N_T}(k_s-1)\right]\leqslant 1.5\times$ 变频器容量（kVA）	$\frac{kP_M}{\eta\cos\varphi}[N_T+N_s(k_s-1)]=P_C\left[1+\frac{N_s}{N_T}(k_s-1)\right]\leqslant$ 变频器容量（kVA）
满足电动机电流要求	$N_T I_{MN}\left[1+\frac{N_s}{N_T}(k_s-1)\right]\leqslant 1.5\times$ 变频器额定电流（A）	$N_T I_{MN}\left[1+\frac{N_s}{N_T}(k_s-1)\right]\leqslant$ 变频器额定电流（A）

注：P_M——负载要求的电动机轴输出功率，W；
N_T——并列电动机台数；
$\cos\varphi$——电动机功率因数（通常约 0.75）；
η——电动机效率（通常约 0.75）；
N_s——同时启动台数；
I_{MN}——电动机额定电流，A；
k——电流波形补偿系数；
P_C——连续容量，kVA；
k_s——电动机启动电流/电动机额定电流。

当变频器同时驱动多台电动机时，要保证变频器的额定输出电流大于所有电动机额定电流的总和，一般可按各电动机额定电流总和的 1.1 倍确定变频器额定电流，从而选定变频器容量。

当电动机的启动、加速特性受到变频器额定过载电流的限制，对加速时间有特殊要求时，必须事先核算变频器的容量是否能满足所要求的加速时间，如不能则需要加大变频器容量。

由上述分析可知，变频器容量的选用原则是变频器的额定电流一定要大于被驱动异步电动机在运行过程中的最大电流。

（3）变频器的型号选用和应用时的注意事项

1）变频器的型号选用除了应注意上面介绍的内容外，还应考虑变频器的使用电网电压、环境条件等因素。

2）电网电压不正常时，将有害于变频器。电压过高，将会造成变频器损坏，因此电网电压不能超过使用手册规定的范围，以确保变频器的安全。

3）变频器应避免安装在有油雾、尘埃等有浮游物的恶劣环境中，应安装在清洁场所，或者安装在浮游物无法侵入的“全封闭”控制柜内。安装在控制柜内时，要考虑变频器允许的环境温度。如安装在环境温度长期较高、通风冷却不良的控制柜内时，会造成变频器寿命缩短。电子元器件（特别是电解电容等元器件）处于高于额定温度的环境中，每升高10℃寿命会下降一半，此时应采用冷却措施以保证变频器正常运行。此外，在变频器选用上应增大1个容量等级，以使变频器额定运行时，温升能有所下降。

4）应根据变频器使用场所考虑变频器的防护等级，为防止鼠害、异物等进入应做防护选择，常见IP10，IP20，IP30，IP40等级分别能防止ϕ50 mm，ϕ12 mm，ϕ2.5 mm，ϕ1 mm的固体物进入。

5）矢量控制方式只能用于1台变频器驱动1台电动机，电动机的容量应该与变频器使用说明书中所规定的电动机容量相匹配，选择变频器容量时要注意此问题。为了正确地使用矢量控制方式，变频器对电动机冷态参数还需要进行输入与自动识别。

6）单台变频器驱动多台电动机时，只能选择 V/f 控制模式，不能采用矢量控制模式。

7）变频器允许的额定电流随着载波频率的上升会明显下降，如西门子MM440变频器的技术数据有专门说明。在实际应用中，为了降低电动机噪声而将变频器载波频率重新设置时，必须注意变频器允许的额定电流是否能够满足负载运行要求，不能一味地提高载波频率，造成变频器过热而损坏。

8）变频器交流输入端必须配置熔断器，熔断器型号选择建议参照变频器使用说明书。

2. 变频器的主电路外部设备的配置和选择

变频器的主电路外部设备配置示意图如图28—20所示。注意变频器交流输入端必须配置熔断器，因其不在外部配置中，故此处没有单独列出。

（1）进线断路器QF。它除了使变频器接通电源外，还具有下列作用。

1）保护作用。进线断路器具有过电流保护、欠电压保护等功能，能对变频器电路进行短路保护和其他保护，可自动切断电源

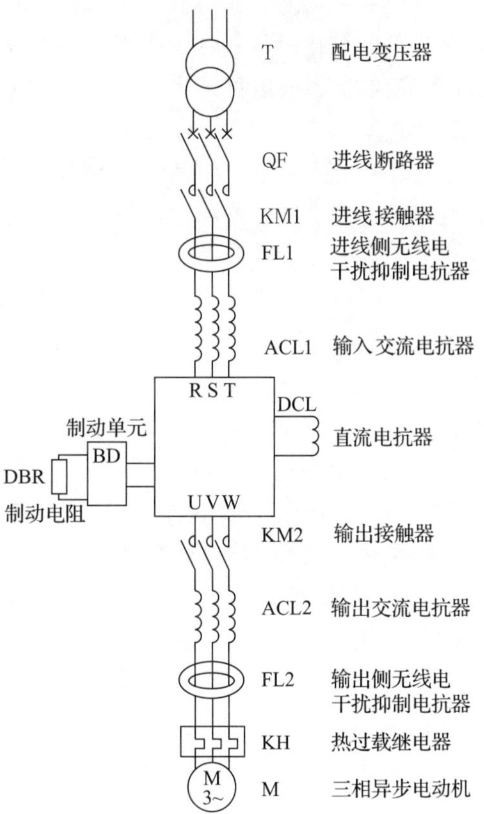

图28—20　变频器的主电路外部设备配置示意图

供电，防止事故扩大。

2）安全隔离作用。当变频器需要维修时，应安全切断电源。进线断路器选用时，要考虑变频器的输入电流含有较多的谐波成分，变频器接通电源时有较大的充电电流会使进线断路器误动作，一般进线断路器可按 1.2 倍变频器额定电流选择。

（2）进线接触器 KM1。变频器主电路不一定要配置进线接触器 KM1。进线接触器 KM1 用于接通或断开变频器的电源，并可以和变频器的报警输出端子配合，当变频器因故障而跳闸时能使变频器迅速地脱离电源。接触器 KM1 需要考虑电流通过能力，一般接触器可按 1.2 倍变频器额定电流选择。

（3）输入交流电抗器 ACL1。电压型通用变频器电网电压交流电转变为直流电，经整流后再经电容滤波，使输入电流呈尖峰脉冲状。当电网阻抗小时，这种尖峰脉冲电流极大，会造成很大的谐波干扰，并使变频器整流桥和电容损坏。输入交流电抗器 ACL1 用于改善变频器输入电流波形，能有效抑制输入侧谐波干扰，削弱输入电路中的浪涌电压、电流对变频器的冲击，削弱电源电压不平衡的影响，降低变频器中整流器的电流最大瞬时值，提高整流器和电解滤波电容的使用寿命，抑制变频器对局部电网的干扰，提高功率因数。当变压器容量大于变频器容量 10 倍以上时，或当同一电源上有晶闸管设备或开关方式控制功率因数补偿装置时，或当三相电源不平衡度大于 3%时，都需要配置输入交流电抗器。交流电抗器一般可选用 2%～4%的压降阻抗。

（4）直流电抗器 DCL。直流电抗器与交流电抗器的作用基本相似，直流电抗器接在滤波电容前，它能限制电容的整流后冲击电流的幅值，有效降低变频器中整流器的电流最大瞬时值，提高整流器和电解滤波电容的使用寿命，降低母线交流脉动，提高功率因数。在改善功率因数方面，直流电抗器优于交流电抗器；在输入侧谐波干扰等方面，交流电抗器优于直流电抗器。对于具有较大容量的通用变频器来说，厂家都已设置直流电抗器。直流电抗器电感值的选择一般为输入交流电抗器电感值的 2～3 倍。在实际应用中，对于输入交流电抗器和直流电抗器来说，通常只采用其中一种电抗器。

（5）制动单元 BD 和制动电阻 DBR。当变频器降低频率使电动机快速减速，或由于位能性负载带动使电动机处于再生发电制动状态时，电动机发电制动的反馈能量使变频器中间直流电路电压升高。当该电压升到直流电路电压上限值时，制动单元 BD 导通，将部分能量消耗在制动电阻 DBR 上，从而使直流电路电压下降。当该电压低于直流电路电压上限值时，制动单元 BD 断开，制动电阻不再消耗能量。由于制动单元和制动电阻的作用是把电动机发电制动的反馈能量转换为热能消耗掉，故称为能耗制动。小功率变频器的制动单元一般设置在变频器内部，外部只需要接制动电阻。大功率变频器的能耗制动电路由外接的制动单元和制动电阻组成，接到变频器中间直流电路母线上。制动电阻的阻值不是随便选用的，它有一定范围。制动电阻值太大，制动不迅速；反之，制动单元将可能损坏。制动单元的导线长度一般不大于 5 m，导线的截面应不小于电动机输电线的1/4。

（6）输出交流电抗器 ACL2。变频器的输出是经 PWM 调制的电压波，它是前后沿很陡的一系列脉冲方波，存在较大的谐波，并且 d*u*/d*t* 也很大，尤其在变频器输出到电动机的传输线路长度很长的情况下，传输线路中分布电容的因素不可忽略，这些谐波和 d*u*/d*t* 将会对电动机和变频器造成损坏。为了减轻变频器输出 d*u*/d*t* 对外界的干扰，降低输出波形畸变，减少对电动机和变频器的危害，尤其当变频器输出到电动机的传输线路长度大于产品规定值时，有必要增设输出交流电抗器。

（7）输出接触器 KM2。在 1 台变频器驱动 1 台电动机的情况下，一般不建议设置输出接触器，因为有可能出现变频器输出频率已开始上升，而电动机却因输出接触器断开而未启动的情况。等到输出接触器闭合时，变频器输出频率已较高，使电动机在较高频率下直接启动，这将会造成变频器过电流保护动作。在下列场合需要配置输出接触器。

1）变频器变频运行和工频运行切换场合，如图 28—21a 所示。

2）单台变频器驱动多台电动机的场合，各台电动机需要配置输出接触器与变频器相连，如图 28—21b 所示。

3）一些特殊场合，为了安全需要配置输出接触器，如电梯应用场合。

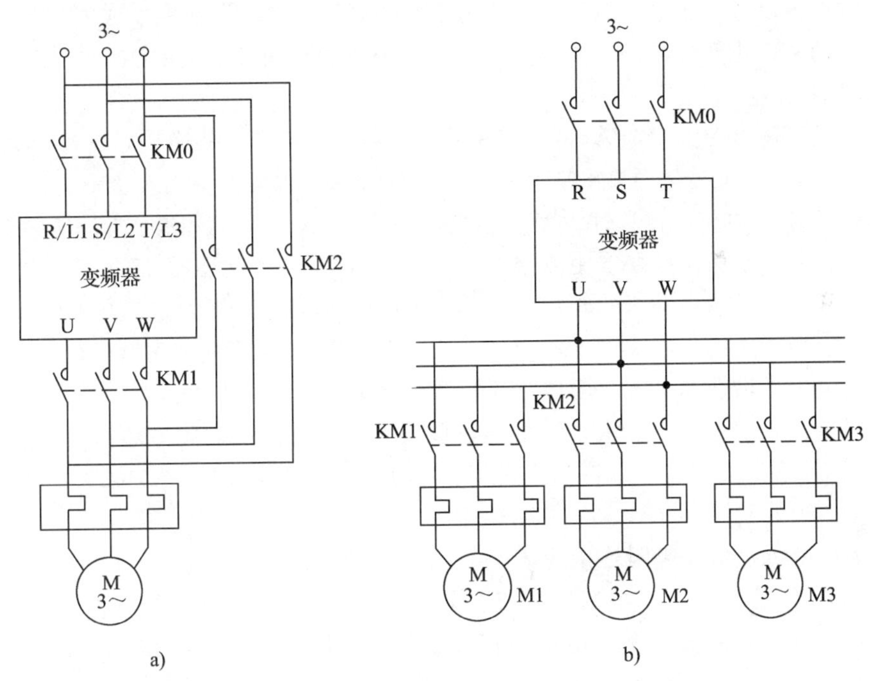

图 28—21　变频器配置输出接触器应用场合

a）变频与工频运行切换　b）驱动多台电动机

当变频器和电动机间设置输出接触器后，原则上禁止在运行中切换。输出接触器必须在变频器停止输出后（即没有负载电流）进行切换。在需要进行输出电路切换时，一方面要保证变频器输出侧不能与工频电源或其他变频器并联接通；另一方面还要保证输出接触器在电路中已没有负载电流时切断电路。

(8) 热过载继电器 KH。在 1 台变频器驱动 1 台电动机的情况下，因为变频器内部有电子热保护功能，因此不需要设置热继电器。在单台变频器驱动多台电动机的场合，各台电动机需要配置热过载继电器，以防止电动机过热。

二、通用变频器端子接线图与端子功能

型号不同的通用变频器都配备各自的端子接线图，其端子名称与功能可能各不相同，但它们都大同小异。变频器的端子分为主电路端子和控制电路外接控制端子两个部分。西门子 MM440 系列变频器端子接线图如图 28—22 所示。

1. 主回路端子功能及其接线

各种型号通用变频器的主回路端子功能及其接线基本相同。

(1) 主回路交流电源输入端子 L1，L2，L3（或 R，S，T）。三相交流电源可以通过断路器（或快速熔断器、输入接触器）接至主回路电源端子 L1，L2，L3（或 R，S，T），电源连接时不需要考虑相序。但一般不使用主回路电源（如输入接触器或断路器）的接通和断开来启动和停止变频器，应使用控制回路端子或操作面板上的 RUN/STOP 键来启动和停止变频器。

(2) 变频器输出端子 U，V，W。变频器输出端子 U，V，W 连接到三相交流电动机。交流电源绝对不能接到变频器输出端子 U，V，W，否则将损坏变频器。也不能将电力电容、浪涌抑制器接到变频器输出端，否则将导致变频器故障或电力电容和浪涌抑制器的损坏。

当变频器和电动机间的接线距离较长时，特别是在低频率输出的情况下，会由于主电路电缆的电压降而导致电动机的转矩下降。为了使电压降在允许范围内（如 2%），应选用截面积合适的电线电缆。当变频器输出端子 U，V，W 与电动机之间连接线距离过长时，会增加来自电线的谐波漏电流，增加变频器的输出电流，对周围机器产生不良影响，因而对最大接线距离长度有一定要求，该距离与载波频率有关，载波频率越高，该距离越短。例如，安川 G7 系列变频器接线距离规定为 50～100 m；三菱 FR－A540 系列变频器最大接线距离为 500 m。

(3) 制动单元和制动电阻连接端子

1) 制动电阻连接端子。如图 28—22 所示，西门子 MM440 系列变频器（A～F）内部已设置制动单元，只需要在制动电阻连接端子 B＋，B－外接制动电阻。对于三菱 FR－A540 系列变频器端子为 P，PR，PX，变频器中 0.4 K～0.75 K 规格的变频器内部已设置制动单元和制动电阻，此时 PX 和 PR 端子已用短路片连接，内部动力制动回路已生效。如果内装的制动电阻容量不够，可选用外接高频制动电阻（FR－ABR）替代内置制动电阻，以提高变频器内部的制动能力。此时应拆开 PR 和 PX 之间的短路片，在 P 和 PR 之间连接选配件高频制动电阻（FR－ABR）。

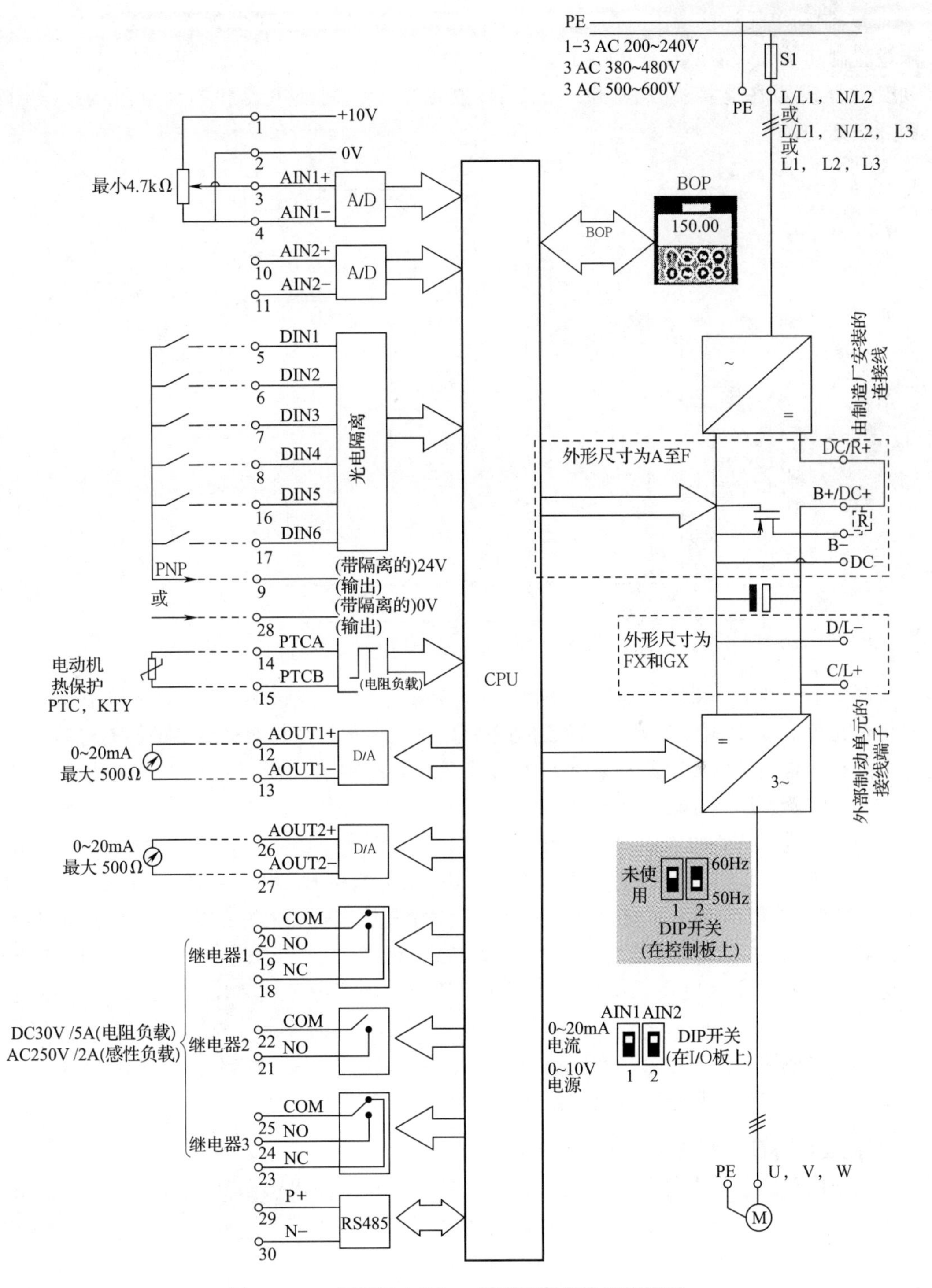

图 28—22　西门子 MM440 系列变频器端子接线图

2）制动单元连接端子。图 28—22 中，西门子 MM440 系列变频器（FX 和 FG）内部未设置制动单元，需要在连接端子 C/L＋和 D/L－处外接制动单元。而三菱 FR－A540 系列变频器需要在连接端子 P 和 N 处外接制动单元。制动单元和制动电阻的接线图如图 28—23 所示。

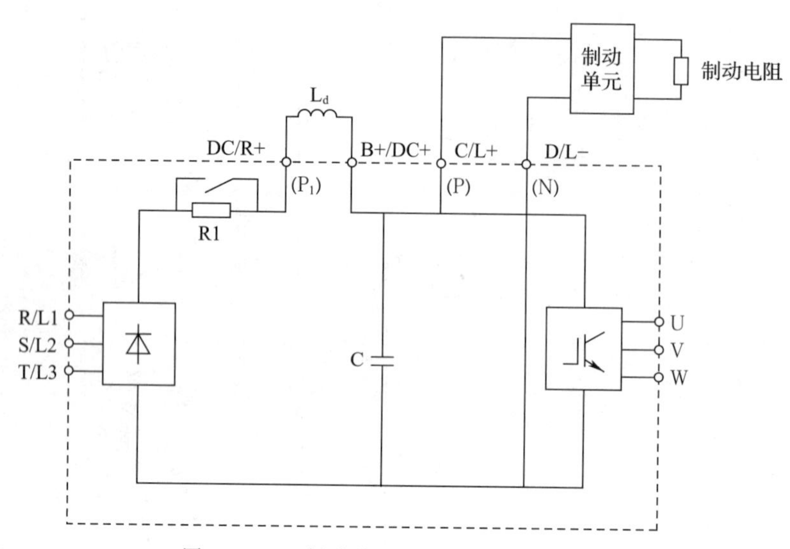

图 28—23　制动单元和制动电阻的接线图

制动单元的 P，N 端分别接至变频器主电路 P，N 端，制动电阻 P，PR 端子分别接至制动单元的 P，PR 端。制动单元和制动电阻的过热保护触点接至变频器的控制电路。

变频器与制动单元、制动单元与电阻单元之间的距离一般限制在 5 m 之内，若超过 5 m，可用双绞线，但双绞线也不能超过 10 m。

（4）直流电抗器的连接端子。图 28—22 中，西门子 MM440 系列变频器为（DC/R＋端和 B＋/DC＋端），当不用直流电抗器时，DC/R＋端和 B＋/DC＋端应连接。三菱 FR－A540 系列变频器为 P1，P 端，通常情况（不采用直流电抗器时）已将 P1，P 之间用短路片连接。当采用直流电抗器时，应将 P1，P 之间的短路片拆开，在 P，P1 之间连接直流电抗器。布线距离应在 5 m 以内，所用电缆应与交流电源线（R，S，T）一样或更粗些。

（5）接地端子。为了安全和减小噪声，变频器接地端子必须接地，接地电缆尽量用粗的线径，接地点尽量靠近变频器，接地线越短越好。

2. 控制回路外接控制端子功能及其接线

控制回路外接控制端子可分为外接输入端子、外接输出端子和通信端子。外接输入端子又分为开关量（又称数字量）输入端子和模拟量输入端子。开关量输入端子可以作为变频器的运行控制和调速控制的输入接口，变频器的运行控制（如启动、停止、正转、反转等）都与开关量输入端子有关。模拟量输入端子作为变频器的调速控制（如频率给定）的输入接口，变频器的调速控制（如频率给定）与模拟量输入端子有关。外接输出端子又分为开关量输出端子和模拟量输出端子。开关量输出端子主要作为变频器的运行状态的输出接口，用于变频器的运行状态显示、故障报警和其他控制功能。模拟量输出端子用于变频器的运行状态（如输出频率、输出电流等）参数显示。因此，要熟悉和掌握外接控制端子（外接输入端子、外接输出端子）的功能和参数设置。各种型号变频器控制回路外接控制端子名称、功能和参数设置都不相同，具体可参阅变频器使用手册或使用说明书。

（1）外接输入端子

1）模拟量输入端子。模拟量输入端子是接收外部输入模拟量信号的端子，通常变频器都有 2～3 组模拟量输入端子。例如，西门子 MM440 系列变频器有 2 组模拟量输入端子，如图 28－22 中③④端和⑩⑪端。又如，安川 G7、安川 H1000 系列变频器有 3 组模拟量输入端子。模拟量输入端按功能又可分为主给定信号和辅助给定信号。模拟量输入信号有电压给定信号和电流给定信号，电压给定信号和电流给定信号可以变换。但电压给定信号和电流给定信号变换时，西门子 MM440 系列变频器需要调整拨码开关，而三菱 FR－A540 系列变频器只在 AU 开关量输入端处于 ON 时，电流给定信号输入才有效。电压给定信号又可以分为 0～10 V，0～5 V，0～±10 V，0～±5 V 等类型，电流给定信号又可以分为 0～20 mA，4～20 mA 等类型，一般可通过参数设置变换。模拟量输入端子除用来作为调速给定指令输入外，还可以作为变频器一些内部数据的外部输入调整，如安川 G7 系列变频器可用模拟量输入调整频率下限值等。模拟量输入端还可作为闭环调节的反馈值输入口。

2）开关量（数字量）输入端子。开关量（数字量）输入端子是接收外部输入的各种开关量信号的端子，对变频器的运行状态（如启动、停止、正转、反转等）和输出频率进行控制。变频器的开关量输入端一般都是可编程输入端子，其端子功能与参数设置有关，随着参数设置不同，其端子功能也不同，也称为多功能输入端子。在有些变频器标准端子接线图中，其端子功能是以出厂设置参数为标准标出的，随着参数设置改变，其端子功能也改变，这点必须注意。

例如，西门子 MM440 系列变频器有 6 个开关量（数字量）输入端，如图 28—22 中⑤～⑧⑯⑰端（即 DIN1～DIN6），另外 2 个模拟量输入端也可作为开关量输入端使用。这 8 个开关量输入端的功能分别可用对应参数 P0701～P0708 来设置，如 P0701＝1 时，⑤端对应于正转运行/停止。当⑤⑨端接通时，电动机正转；当⑤⑨端断开时，电动机停车。开关量输入端的功能和参数设置可以查阅功能参数表，西门子 MM440 系列变频器还可通过二进制互联方式，即 BICO 方式，将开关量输入端子与许多内部功能参数连接起来。因此，西门子 MM440 变频器通过外接输入端子可以实现很多控制功能。BICO 方式很灵活也很有用，还能够用于实现一种称为自由功能块功能的内部运算，但设置方式比较烦琐。又如，安川 G7 系列变频器有 S1～S12 开关量输入端，其中 S1，S2 端子的功能是固定的，不能设置。S1 对应于正转运行/停止，S2 对应于反转运行/停止。S3～S12 输入端的功能分别可用对应参数 H1-01～H1-10 来设置，如可用 S5，S6，S7 的 3 个端子实现多段速运行，此时需要将对应参数 H1-03，H1-04，H1-05 分别设置为 3，4，5。又如，三菱 FR-A540 系列变频器有 STF，STR，RH，RM，RL 等开关量输入端，其中 STF 对应于正转运行/停止，STR 对应于反转运行/停止，RH，RM，RL 等输入端的功能分别可用对应参数 Pr. 180～Pr. 186 来设置。

（2）外接输出端子

1）模拟量输出端子。模拟量输出端子是输出变频器的运行参数（如输出频率、电流等）的输出端。通过模拟量输出端子连接频率表、电流表，可以观察、监视变频器和电动机的运行情况。在 PLC 控制系统中，可通过模拟量输出端子将变频器的运行参数（如输出频率、电流等）和系统其他参数传送给 PLC，实现各种控制功能。

例如，西门子 MM440 系列变频器有 2 组模拟量输出端子，如图 28—22 中⑫⑬端和㉖㉗端，输出模拟量信号为电流信号（0～20 mA）。模拟量输出端子的功能用对应参数 P0771 来设置，如 P0771 设置为“21”，输出模拟量信号则对应于实际频率。又如，安川 G7 系列变频器有 2 组模拟量输出端子（AM，FM），输出模拟量信号为电压信号（0～10 V 或－10～＋10 V）。模拟量输出端子的功能可用对应参数 H4-01～H4-07 来设置。又如，三菱 FR-A540 系列变频器有 AM，FM 两组输出端子，其中 AM 为模拟量输出（0～10 V），FM 为脉冲输出。

2）开关量（数字量）输出端子。开关量输出端子是变频器的运行状态和故障报警信号的开关量输出端。开关量输出端子一般也是多功能输出端，其功能随参数设置不同而不同。

开关量输出端有继电器输出和晶体管开路集电极输出两种方式，如图 28—24 所示。

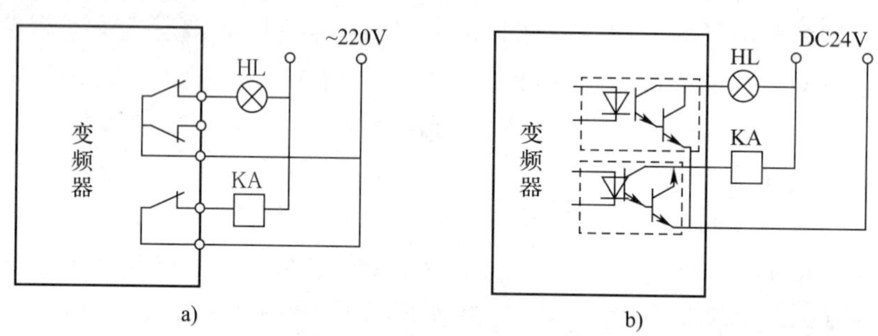

图 28—24 变频器的开关量（数字量）输出接线示意图

a）继电器输出 b）晶体管输出

继电器输出方式对于电压和连接方式没有特别要求，可用于交流 220 V，因此比较方便；而晶体管开路集电极输出方式要求输出电路电压为直流 24 V 或者 48 V，并且有连接极性要求。例如，西门子 MM440 变频器有 3 组多功能开关量（数字量）输出端，它采用继电器输出方式，如图 28—22 中继电器 1（⑱⑲⑳端）、继电器 2（㉑㉒端）、继电器 3（㉓㉔㉕端）。这 3 组开关量输出端的功能用对应参数 P0731～P0733 来设置。又如，安川 G7、安川 H1000 系列变频器有 5 组多功能开关量输出端，其中 1 组为继电器输出，另外 4 组为晶体管开路集电极输出，这 5 组开关量（数字量）输出端的功能用对应参数 H2-01～H2-05来设置。安川 G7、安川 H1000 系列变频器同时还有 1 组固定表示故障报警信号的继电器输出端。又如，三菱 FR-A540 系列变频器有 5 组晶体管开路集电极输出端，1 组表示异常信号的继电器输出端，开关量输出端的功能用对应参数 Pr. 190～Pr. 195 来设置。

三、变频器的安装

1. 安装环境

变频器是精密的电力电子设备，为确保其稳定运行，对其使用环境和安装场所有一定要求，以使其发挥出应有的功能。

（1）使用环境要求

1）安装场所：室内。

2）环境温度：－10～＋50℃。

3）相对湿度：20％～90％RH。

4）标高：海拔 1 000 m 以下。当使用环境为海拔 1 000 m 以上时，变频器的额定容量应随之降低。

5）振动：5.9 m/s^2（0.6 g）以下。

（2）安装场所注意事项

1）应避免受潮，无水浸的顾虑。

2）周围无易燃、易爆气体，无腐蚀性气体和液体，粉尘少。

3）易于对变频器进行维修和检查，搬动方便。

4）应备有通风口和换气设备，以排出变频器产生的热量。

2. 安装空间

变频器在运行中会产生热量，其散热片附近的温度可高达 90℃。对于 7.5 kW 以下的变频器，制动电阻有时会达到很高的温度（超过 100℃），因而变频器安装时，要考虑变频器的通风和散热。为了便于通风散热，变频器应垂直安装，变频器周围应留有足够空间，具体要求如图 28—25 所示。

变频器安装在电气控制柜内时应注意良好的通风散热，一般应考虑强制通气，在空气吸入口要设置空气过滤器，门扉部设屏蔽垫，电缆引入口有精梳板以防吸入尘埃。当 2 台或 2 台以上变频器，以及通风机安装在 1 个电气控制柜内时，应注意正确的安装位置，以确保变频器周围温度在允许值内。如安装位置不正确，会使变频器周围温度上升，降低通风效果。

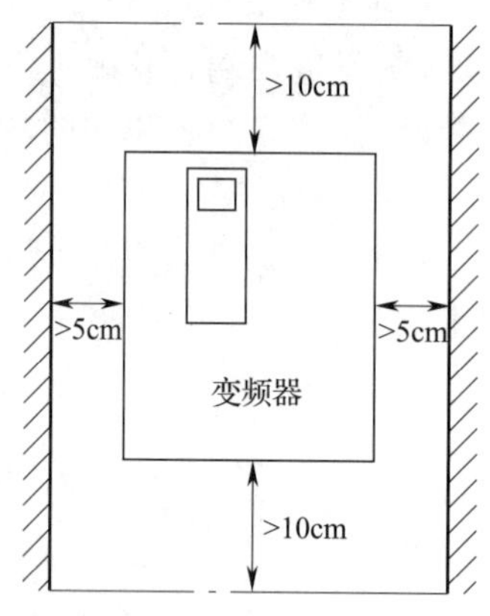

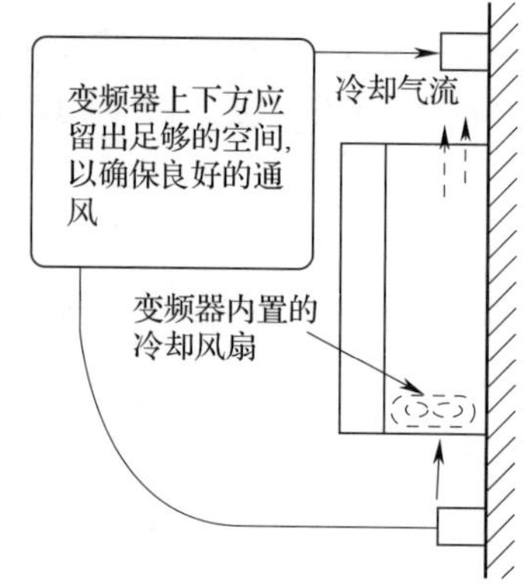

图 28—25　变频器安装空间要求

四、变频器的调试和试运行

1. 通电前检查

首先检查变频器的安装空间和安装环境是否符合要求，其次检查变频器的主电路接线和控制电路接线是否符合要求，检查变频器是否与驱动的电动机相配。在检查过程中，重点应检查以下几个方面。

（1）交流电源进线 L1，L2，L3（或 R，S，T）绝对不能接到变频器的输出端 U，V，W 上。交流电源线也不能接到变频器外接控制电路端子上。

（2）变频器与电动机之间连接线的长度不能超过变频器允许的最大接线距离，否则应加装交流输出电抗器。

（3）在变频运行与工频运行互相切换的应用中，必须要有接触器的互锁，不能造成短路。

（4）主电路地线和控制电路地线、公共端、零线的接法必须符合要求。

（5）对电源电压、电动机和变频器控制信号进行测试，检查电源电压是否在允许电源电压值以内，变频器的控制信号（模拟量信号、开关量信号）是否满足工艺要求，变频器的控制电压值等是否在规定值内。

2. 通电和设置

通电后，首先观察变频器的数字操作面板上的显示，若与变频器说明书上通电之初的显示画面一致，则说明变频器正常。此时变频器的风机应该正常运行（风机控制方式设置为变频器启动时才运行的情况除外）。为了使变频系统的各项性能指标尽可能满足生产工艺要求，使变频器和电动机能在最佳状态下运行，必须对变频器有关功能参数进行设置。一般情况下，变频器需要参数设置的常用功能有以下几个方面。

（1）变频器的运行控制功能，如用数字操作面板控制，或通过外接输入控制端子控制，或通过通信端子控制；又如变频器的启动、停止、正转、反转、点动控制等运行控制功能。

(2) 变频器的调速控制功能，如模拟量给定、多段速（固定频率）控制等。

(3) 变频器的控制方式选择和 V/f 特性曲线功能。控制方式一般有 V/f 控制方式、无速度传感器的矢量控制方式、带速度传感器的矢量控制方式等。当采用 V/f 控制方式时，要进行 V/f 特性曲线功能参数设置。当采用矢量控制方式调试时，要进行电动机数据自动检测（或自学习运行）。

(4) 变频器的加减速控制功能，如加速时间、减速时间、S 形特性曲线、直流制动等。

(5) 变频器的保护功能，如电动机过载保护、防止失速保护等。

上述控制功能中，参数设置牵涉很多具体的参数内容，因此在参数设置前应根据系统控制要求做好具体参数设置表的编写工作。上述控制功能中有一些参数设置，如变频器的加减速控制功能（加速时间、减速时间、S 形特性曲线、直流制动）需要在负载调试中设置与修改。

3. 空载、负载调试与运行

(1) 空载调试与运行。参数设置完成以后，可以进行空载调试与运行。在电动机不带机械负载的情况下启动电动机空载运行，空载调试与运行时首先应设置 1 个较低频率给定，检查电动机运转声音是否正常、旋转方向是否正确。如果旋转方向不正确，则调换变频器的输出端 U，V，W 与电动机的连接线相序，使电动机旋转方向正确。在较低频率给定下，变频器和电动机运行正常后，再进行中频和高频的空载调试与运行。对于正转、反转可逆系统，要在正转、反转两个方向进行空载调试与运行。运行中注意观察变频器显示的输出频率、输出电流等参数，检查电动机运转声音是否正常。空载调试与运行的任务是使变频调速系统的操作控制功能正常、电动机运转正常。

(2) 负载调试与运行。空载调试与运行完成后，将电动机和机械负载连接起来进行负载调试与运行。负载调试与运行的任务是使变频调速系统的各项性能指标尽可能满足生产工艺要求，使变频器和电动机能在最佳状态下运行。在负载调试与运行时，对变频器的加减速控制功能（加速时间、减速时间、S 形特性曲线、直流制动）的设置参数进行调整与修改。按照生产工艺要求进行各种控制功能的调试与运行，运行中注意观察变频器显示的输出频率、输出电流等参数，检查电动机运转声音是否正常，变频器和电动机的温升是否正常，电动机的加减速是否正常。在负载调试与运行时，当机械设备开始运行后，需要格外注意人身和设备安全，应该会同机械专业人员一起进行负载调试与运行。

五、变频器的维护和故障分析处理

1. 变频器的维护

变频器是一种精密的静止型电力电子装置，其核心部件基本可以视为免维护。但是如果使用不当，仍可能发生故障或运行情况不理想，因此要进行日常检查与维护。在日常运行中，变频器发生故障或运行情况不理想的主要原因有变频器使用操作问题、变频器的通风散热问题、变频器的部分损耗件的老化和磨损等。日常检查与维护中主要是对变频器运行情况（如电源电压和控制电压、输出电流）、变频器的通风散热、变频器的部分损耗件（如通风扇、滤波电解电容等）的老化和磨损等问题进行检查与解决。

在日常运行维护中，要经常检查变频器的输出电流，如果输出电流在同样工况下高于平时输出电流值，应查明原因。产生输出电流大的原因有机械设备、电动机、变频器等方面的原因。

在日常运行中，室内空调设备、电气控制柜通风机和变频器内部通风机的故障，会对变频器通风散热产生严重的影响。因此，每班运行前，都应该对室内空调设备、电气控制柜通风机和变频器内部通风机是否正常工作进行直观检查，发现问题及时处理。运行期间，应该不定期检查变频器散热片的温度，有些变频器可以通过数字面板的监视参数进行这项检查。如果在同样负载和同样环境温度下，发现变频器散热片的温度高于平时的情况，很可能是变频器的通风散热出现了问题，要及时查明原因并进行处理。

检查变频器时，必须切断电源，还要保证主电路电容充分放电，确认电容放电完毕后再进行检查，以避免电容残存的电压引起触电危险。

变频器中冷却通风扇、滤波电解电容等属于变频器的损耗件，需要定期更换。冷却通风扇的更换标准通常是2～3年，滤波电解电容的更换标准通常是5年。

2. 变频器的故障分析和处理

变频器出现故障时，有可能是外部因素引起的故障，也有可能是变频器自身的故障。区分两种不同的情况，是故障处理的首要任务。变频器出现故障后，首先应查看变频器显示的故障信息，然后根据显示故障信息代码进行变频器故障分析。因此，用户要熟悉所使用的变频器有关故障检查的步骤与方法。

在这里对部分比较常见的变频器故障分析和处理做一些介绍，供读者在分析和处理变频调速系统故障时参考。

（1）过电流。过电流是最常见的故障，是由于变频器的输出电流超过变频器的允许电流极限引起的保护动作。各种型号的变频器都有显示过电流的故障信息代码。例如，西门子MM440变频器显示“F0001”故障信息代码，安川G7、安川H1000系列变频器显示“OC”故障信息代码。造成这种故障的原因可能是变频器输出侧发生短路、接地、变频器的容量太小、负载过大、加减速时间太短等。在变频器调试与日常使用中遇到最多的情况是由于加速时间设置太短，导致过电流保护动作，此时只要适当延长加速时间就可以解决此问题。如果变频器输出侧未发生短路、接地故障，延长加速时间仍出现过电流故障，此时说明所选择变频器的容量太小，与电动机负载不匹配，这时需要增大变频器的容量。

（2）过电压。过电压也是常见的故障，是由于变频器的直流电压超过允许值引起的保护动作。各种型号的变频器都有显示过电压的故障信息代码。例如，西门子MM440变频器显示“F0002”故障信息代码，安川G7、安川H1000系列变频器显示“OV”故障信息代码。造成这种故障的原因可能是变频器电源电压过高、减速时间太短、制动电路设计不当、制动电路部件故障。对于加减速性能无特殊要求的非位能性负载，在变频器调试与日常使用中遇到最多的情况是由于减速时间设置太短，导致过电压保护动作，此时只需要适当延长减速时间就可以解决此问题。对于位能性负载来说，多数情况是由于制动电路设计不当或者制动电路自身故障引起的过电压保护动作，必须修改制动电路设计，或者排除制动电路的自身故障。在制动单元内装设保护熔断器时，熔断器熔断是制动电路最容易出现的故障形式，引起熔断器熔断的原因很可能是制动电阻阻值与制动单元不匹配。

(3) 欠电压。欠电压故障是由于变频器的直流电压低于下限引起的保护动作。各种型号的变频器都有显示欠电压的故障信息代码。例如，西门子 MM440 变频器显示“F0003”故障信息代码，安川 G7、安川 H1000 系列变频器显示“UV1”故障信息代码。造成这种故障的原因可能是变频器输入电源发生缺相、瞬时停电、瞬时电压降低、输入电源的接线松动等。此时应检查、了解变频器的输入电源是否有瞬时停电、瞬时电压降低的情况，重点检查变频器输入电源是否缺相、输入电源的接线是否松动。

(4) 变频器过温（过热）。变频器过温保护是针对变频器自身的保护，是由于变频器散热片的温度超过允许值产生的。各种型号的变频器都有显示变频器过温的故障信息代码。例如，西门子 MM440 变频器显示“F0004”故障信息代码，安川 G7 系列变频器显示“OH”故障信息代码。造成这种故障的原因可能是变频器的冷却风量不足、周围环境温度过高等。此时应重点检查变频器的冷却风扇、空调设备工作是否正常。

思 考 题

1. 简述通用变频器主电路的组成和各部分的作用。

2. 通用变频器主电路中常用的逆变管有哪几种类型？逆变管旁边为什么要并联反馈二极管？

3. 通用变频器采用的电气制动方式有哪几种？试画出其中一种制动方式的主电路，并加以说明。

4. 通用变频器的操作运行控制有哪几种方法？在控制外接输入端运行控制方法中如何实现电动机的正转、反转运行控制？二线制控制和三线制控制有何区别？

5. 通用变频器的频率给定方式有哪几种？试具体分析说明。

6. 西门子 MM440 变频器是如何实现多段速（固定频率）给定方式控制的？

7. 通用变频器加减速时间的含义是什么？加减速时间是如何选择的？

8. 简述通用变频器直流制动的原理及其应用场合。

9. 以减速停车加直流制动实现准确停车控制，说明通用变频器直流制动有关的参数设置。

10. 通用变频器有哪几种控制方式？各有哪些特点？在什么情况下，不能采用矢量控制？

11. 什么是通用变频器的防止失速控制功能？试分析说明。

12. 在实际应用中，通用变频器应如何选择？选择时应注意哪些问题？

13. 简述通用变频器的主电路外部设备配置。

14. 输入交流电抗器和直流电抗器的作用是什么？在什么情况要配置电抗器？

15. 通用变频器应用中，在什么情况下要采用输出接触器？是否可以用输出接触器通断方法频繁控制变频器的启动与停止？为什么？

16. 通用变频器接线时，应注意哪些问题？

17. 通用变频器通电前，应检查哪些方面？

18. 简述通用变频器应用中发生过电压和过电流故障的主要原因及相应处理方法。

第 29 章

电气自动控制技术技能操作实例

电气自动控制技术是一门专业理论知识较深、技能要求较高且与生产实践紧密结合、涉及面广泛的技术课程，因而在学习过程中要特别重视技能操作培训，进一步加深理论知识的理解和应用。本章首先以实际工程上应用的直流可逆调速装置为例，讲述逻辑无环流可逆直流调速系统的组成、接线、调试和运行；其次以实际工程上应用较多的几种不同系列通用变频器为例，讲述交流变频调速系统的组成、接线、参数设置、调试和运行，并介绍可编程序控制器（PLC）和通用变频器组成的交流变频调速系统的配合控制。

第 1 节　欧陆 514C 系列逻辑无环流可逆直流调速系统

一、概述

欧陆 514C 系列调速装置（简称 514C）是一种以运算放大器等元器件组成的模拟式逻辑选触无环流直流可逆调速系统，用于他励式直流电动机或永磁式直流电动机的速度控制。514C 采用了开放式的框架结构，整个控制器以散热器为基座，2 组反并联连接的晶闸管模块直接固定在散热器上，还有 1 块驱动电源印制电路板、1 块控制电路印制电路板和 1 块面板以层叠式结构叠装在散热器上。控制器整体尺寸为 160 mm×240 mm×130 mm（宽×高×厚）。

514C 系列调速装置使用单相交流电源，主电源电压可以为交流 110～480 V，电源频率为 50 Hz/60 Hz，具体根据实际负载需要选择，并可外接整流变压器以提供合适的电源电压。514C 的交流辅助电源电压可以为交流 110 V/120 V 或交流 220 V/240 V，调速装置中设置了一个辅助电源电压选择开关，具体根据交流电源情况进行选择。本实训装置的主电源电压和交流辅助电源电压都采用交流 220 V/240 V，50 Hz。

514C 系列调速装置可以采用外接的测速发电机组成转速负反馈直流调速系统，又可以采用电枢电压负反馈和电流补偿控制组成带电流补偿的电压负反馈直流调速系统。514C 系列调速装置中设置了一个反馈方式选择开关，具体根据调速性能要求等情况进行选择。本实训装置采用外接的测速发电机组成转速负反馈直流调速系统。

514C 系列调速装置有 4 种型号（514C/04，514C/08，514C/16，514C/32）的产品，分别可以提供 4 A，8 A，16 A，32 A 的最大输出电流。当电流过载达到 1.5 倍额定电流时，故障检测电路发出报警信号，并在发生过载 60 s 后切断电源，对电动机进行保护。而当发生短路时，系统可在瞬间实现过电流跳闸，对调速装置进行有效的保护。

514C 系列调速装置主要技术参数如下。

额定输入主电源电压：交流 110～480 V（±10%）。

电源频率：50 Hz/60 Hz±5 Hz。

辅助电源电压：交流 110 V/120 V（或 220 V/240 V）（±10%）。

辅助电源额定电流：3 A（包括接触器线圈电流）。

接触器线圈电流：不超过 3 A。

额定输出电枢电压：交流 110 V/120 V 时为直流 90 V，交流 220 V/240 V 时为直流 180 V，交流 380 V/415 V 时为直流 320 V。

最大电枢电流：直流 4 A，8 A，16 A，32 A（±10%）。

电枢电流标定：0.1 A 为最大电枢电流值，步距为 0.1 A。

标称电动机功率（电枢电压为 320 V 时）：1.125 kW，2.25 kW，4.5 kW，9 kW。

过载倍数：150%额定电流（60 s）。

励磁电流：直流 3 A。

励磁电压：0.9×主电源电压。

运行温度：0～40℃（40℃以上温度每升高 1℃额定电流降低 1.5%）。

湿度：85%RH（40℃时，无冷却）。

海拔：1 000 m 以上，海拔每升高 100 m 额定电流降低 1%。

二、欧陆 514C 系列调速装置控制系统的组成和工作原理

欧陆 514C 系列调速装置控制系统的工作原理图如图 29—1 所示。

1. 控制电路

由图 29—1 可知，514C 系列调速装置是逻辑选触无环流直流可逆调速系统。主电路采用 2 组单相桥式全控整流电路（即正向组晶闸管 VF 和反向组晶闸管 VR）组成的电枢反并联可逆电路，控制系统采用转速、电流双闭环系统。图 29—1 中，GI 为给定积分器，电位器 RP1，RP2 分别调节上升时间和下降时间。514C 系列可以采用外接的测速发电机组成转速负反馈直流调速系统，又可以采用电枢电压负反馈和电流补偿控制（电流正反馈）组成带电流补偿（电流正反馈）的电压负反馈直流调速系统，反馈的形式由功能选择开关 SW1/3 进行选择。图中电位器 RP8 调节电流补偿（电流正反馈）程度，当采用电压负反馈时，可调节电位器 RP8 加上电流补偿（电流正反馈）控制作用；当采用转速负反馈时，不需要加电流补偿（电流正反馈），因此电位器 RP8 应调节到零，取消电流补偿，在实际应用中必须注意。采用外接的测速发电机 TG 组成转速负反馈直流调速系统时，可根据测速发电机的输出电压大小通过功能选择开关 SW1/1，SW1/2 来设置反馈电压的范围，并通过电位器 RP10 调整速度负反馈系数，从而调整电动机的最高转速。电位器 RP11 的作用为零速校正。

转速调节器 ASR 采用带限幅电路的 PI 调节器，RP3，RP4 分别为比例系数、积分时间常数调节电位器。转速调节器 ASR 的输出电压 U_i^* 经限幅后，作为电流给定信号，并与电流负反馈信号 U_i 进行比较，加到电流调节器的输入端，以控制电动机电枢电流。最大允许电枢电流值由 ASR 的限幅值和电流负反馈系数 β 加以确定。ASR 的限幅值可以通过电位器 RP5 或接线端子 X7 上所接的外部电位器来调整。当 X7 端子上未外接电位器时，通过 RP5 可得到对应最大电枢电流为 1.1 倍标定电流的限幅值；而在 X7 端子上通

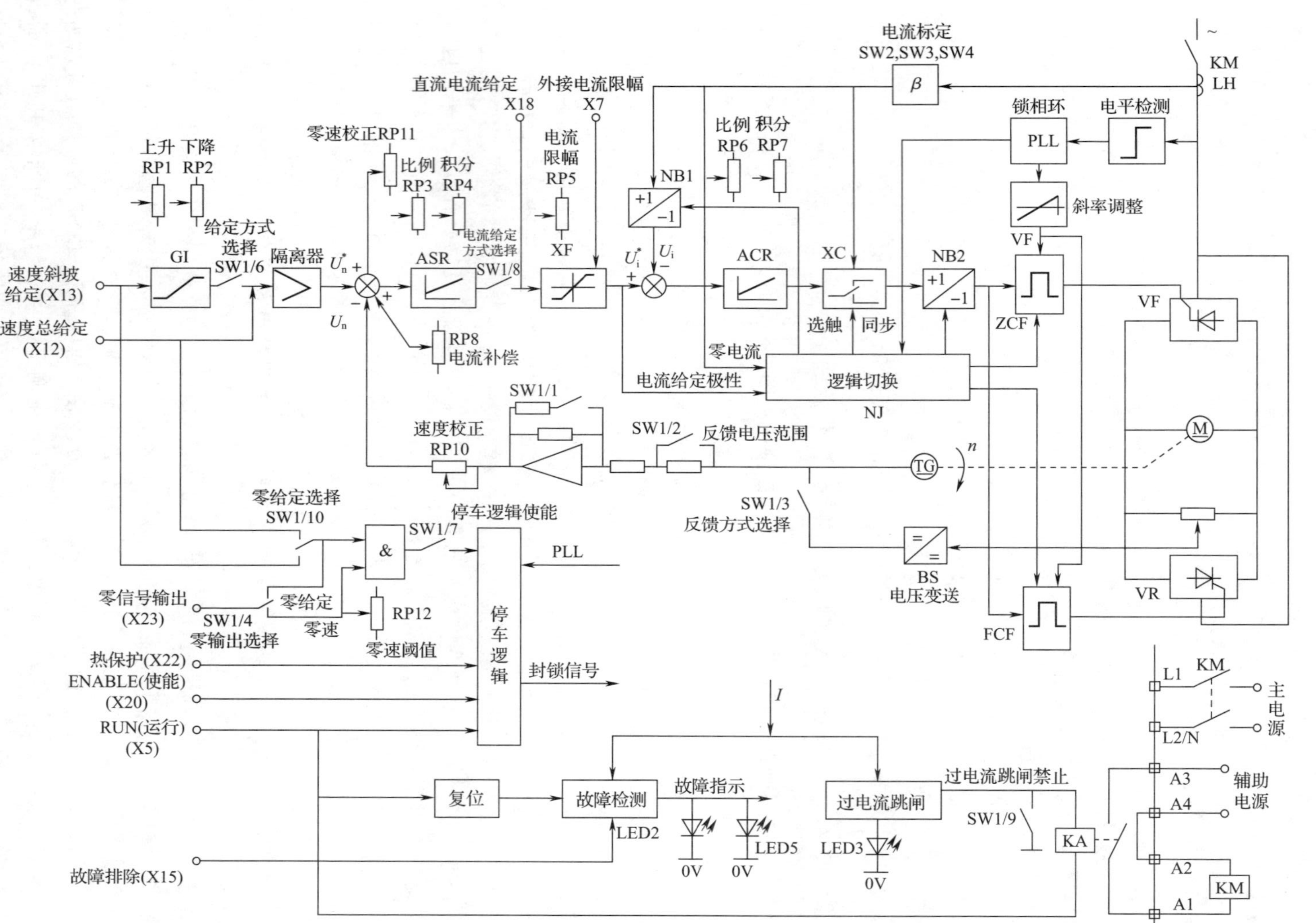

图 29—1　514C 系列调速装置控制系统的工作原理图（产品原图）

过外接电位器输入 0～+7.5 V 的直流电压时，通过 RP5 可得到的最大电枢电流为 1.5 倍标定电流值。电流负反馈信号以内置的交流电流互感器从主回路中取出，并以 BCD 码开关 SW2，SW3，SW4 按电动机的额定电流对电流反馈系数进行设置，得出标定电流值。例如，控制器所控制的直流电动机的额定电流为 12.5 A，则 SW2～SW4 分别设置为 1，2，5。电流反馈系数的设置非常重要，一旦设置后，系统就按此标定值实行对电枢电流的控制，并按此标定值对系统进行保护。SW2～SW4 的最大设定值不能超过控制器的额定电流，如 514C－16 系列的最大设定值不能超过 16 A。

该系统仅设置了 1 个电流调节器 ACR，它也是采用带限幅电路的 PI 调节器，RP6，RP7 分别为比例系数、积分时间常数调节电位器。ACR 的给定信号是由转速调节器 ASR 提供的，由于 ASR 的输出电压 U_i^* 极性可变，因此要求电流负反馈信号 U_i 的极性也要随着电枢电流的方向变化，但系统采用的是交流电流互感器，所取出的电流信号经整流以后得到的电流负反馈信号始终是正极性的。为了保证电流环的负反馈性质，在电流反馈通道上设置了 1 个变号器 NB1，根据逻辑切换装置 NJ 的控制，在需要时对电流负反馈信号 U_i 的极性进行变号。

电流调节器 ACR 的输出经过选触逻辑电路 XC 和变号器 NB2 送往正向组触发电路 ZCF 和反向组触发电路 FCF。当需要开放正向组晶闸管 VF 时，ACR 的输出经选触逻辑电路送往正向组触发电路 ZCF；而当需要开放反向组晶闸管 VR 时，ACR 的输出经选触逻辑电路送往反向组触发电路 FCF，从而使只用 1 个电流调节器就可很好地配合正、反向组 2 个触发器的移相特性进行移相控制。选触逻辑电路和变号器均由逻辑切换装置 NJ 进行控制。

逻辑切换装置 NJ 负责对正向组晶闸管 VF、反向组晶闸管 VR 进行切换控制。在电动机处于正向电动或反向制动状态时，开放正向组晶闸管 VF，封锁反向组晶闸管 VR；而在电动机处于反向电动或正向制动状态时，开放反向组晶闸管 VR，封锁正向组晶闸管 VF。逻辑切换装置 NJ 对正、反两组晶闸管的切换是根据电动机各种运行状态所需的转矩极性，即电枢电流的给定极性来进行控制的，所以将转速调节器 ASR 的输出电压（即电流给定信号）U_i^* 作为逻辑切换装置 NJ 的控制指令。同时，在 U_i^* 的极性改变之后，还必须等电枢电流减小为零后才能进行正、反组的切换，因此零电流信号是逻辑切换装置 NJ 的第二个控制指令。此外，为了保证切换过程和主电路电压的同步，系统采用了锁相环技术，即对主电源的电压进行取样、变换、整形后，产生同步信号，送往逻辑切换装置 NJ 进行同步；同时将此同步信号经自动斜率调整后，送往触发电路进行移相触发控制，产生触发脉冲。

2. 保护电路

514C 系列调速装置还设置了停车逻辑、故障检测、过电流跳闸等保护电路，当发生故障后能及时报警并采取保护措施。

（1）停车逻辑电路。该电路的作用是发出封锁信号，将整个控制系统的调节器全部封锁，使系统输出为零，电动机停止运行。图 29—1 中，X5 端为运行（RUN）控制端，当 X5 端为高电平（+24 V）时，内部继电器 KA 得电吸合，接触器 KM 接通，主电路通电；反之，当 X5 端为低电平（0 V）时，发出封锁信号，接触器 KM 断开。X20 端为使能（ENABLE）控制端，当 X20 端为高电平（+24 V）时发出使能信号，当 X20 端为低电平（0 V）时发出封锁信号。X22 端为电动机热保护控制输入端，接入电动机热敏元器件，当 X22 端对公共地大于 1 800 Ω 时，表明电动机过热，发出封锁信号，如未使用电动机热保护，应将 X22 端对公共地短接，否则系统无法运行。当系统转速给定信号为零并且电动机转速也为零时，将发出封锁信号。当锁相环 PLL 发生故障时，也将发出封锁信号。因此，要使系统正常工作，应使锁相环正常工作，热保护 X22 端为低电平，RUN（X5 端）和 ENABLE（X20 端）为高电平。在运行过程中，RUN（X5 端）和 ENABLE（X20 端）应保持高电平，从而使系统内部继电器 KA 保持得电吸合，外部接触器 KM 接通，使主电路电源接通。

（2）故障检测电路。该电路用来对电枢电流进行监视，当发生过电流（电枢电流达到限幅值）时，发出故障信号，并点亮“电流限幅”指示灯 LED5；当电枢电流保持或超过限幅值 60 s 后，点亮“故障跳闸”指示灯 LED2。

（3）过电流跳闸电路。该电路在电枢电流超限且指示灯 LED2 点亮时能自动断开内部继电器 KA 的线圈回路，使 KA 失电跳闸，从而切断电路电源。但若“过电流跳闸禁止”开关 SW1/9 为“ON”时，此开关接通 0 V，使过电流跳闸电路不起作用，内部继电器 KA 始终得电不会跳闸。此外，当过电流达到 3.5 倍电流标定值以上时即发生短路，“过电流”指示灯 LED3 点亮并且内部继电器 KA 瞬时跳闸。

当系统发生故障跳闸或热保护停车后，可通过将 RUN（X5 端）信号断开，然后重新施加而使故障复位，调速装置将重新启动。当发生短路故障引起“过电流”指示灯 LED3 点亮后，不能通过重新施加 RUN（X5 端）信号使故障复位，因为这种跳闸表明发生了重大故障。在排除短路故障后，可通过将交流辅助电源断开，然后重新接通而使故障复位，但需要注意的是，在重新接通交流辅助电源前必须先将 RUN（X5 端）信号断开。对故障电路的复位操作不能使调速装置内部引起跳闸的计时器清零，如果发生故障跳闸后，在过载未消除的情况下重新启动调速装置，那么调速装置一启动，电流限幅指示灯 LED5 就会点亮，而且故障跳闸不再是在 60 s 后发生，而是立刻跳闸。这种保护方式能防止调速装置和电动机受到连续的过载。要使内部计时器清零，可以在“故障排除”X15 端输入+10 V 的电压来实现。

三、欧陆 514C 系列调速装置有关端子、功能设置开关、电位器等的功能说明

514C 系列调速装置的面板和接线端子布置图如图 29—2 所示。

1. 514C 系列调速装置电源接线端子的功能

514C 系列调速装置电源接线端子的功能说明见表 29—1。

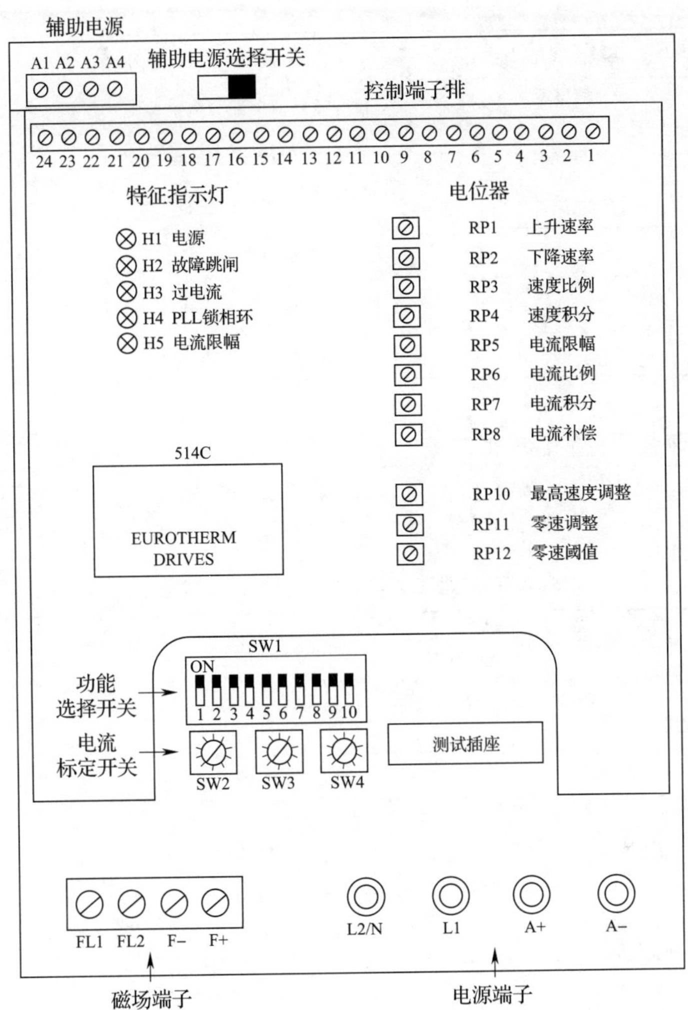

图 29—2　514C 系列调速装置的面板和接线端子布置图

表 29—1　　514C 系列调速装置的电源接线端子功能表

端子号	功 能 说 明
L1	接交流主电源输入相线 1
L2/N	接交流主电源输入相线 2/中线
A1	接交流主电路接触器线圈
A2	接交流主电路接触器线圈
A3	接交流辅助电源中线
A4	接交流辅助电源相线

续表

端子号	功能说明
FL1	接励磁整流电路交流电源
FL2	接励磁整流电路交流电源
A+	接电动机电枢正极
A−	接电动机电枢负极
F+	接电动机励磁正极
F−	接电动机励磁负极

2. 514C 系列调速装置控制端子的功能

514C 系列调速装置控制接线端子布置图如图 29—2 所示。各控制接线端子功能说明见表 29—2。

表 29—2　　514C 系列调速装置的控制接线端子功能表

端子号	功　能	说　明
X1	测速反馈信号输入端	接测速发电动机输入信号，测速发电机最大电压为 350 V
X2	未使用	—
X3	转速测量输出端	模拟量输出，0～±10 V，对应 0%～100%转速
X4	未使用	—
X5	运行（RUN）控制端	+24 V 对应运行，0 V 对应停止运行
X6	电流测量输出	模拟量输出，0～+7.5 V，对应 0%～±150%标定电流 （1）SW1/5=OFF 电流值双极性输出 （2）SW1/5=ON 电流值输出
X7	转矩/电流极限输入端	0～+7.5 V，对应 0%～±150%标定电流
X8	0 V 公共端	模拟/数字量公共地
X9	给定积分输出端	0～±10 V，对应 0%～±100%斜率值
X10	正极性速度给定输入端	模拟量输入，0～±10 V，对应 0%～±100%转速
X11	0 V 公共端	模拟/数字信号公共地
X12	速度总给定输出端	模拟量输出，0～±10 V，对应 0%～±100%转速
X13	速度斜坡给定输入端	模拟量输入 （1）0～+10 V，对应 0%～100%正转速度 （2）0～−10 V，对应 0%～100%反转速度
X14	+10 V 参考电压输出端	供转速/电流给定的+10 V 参考电压

续表

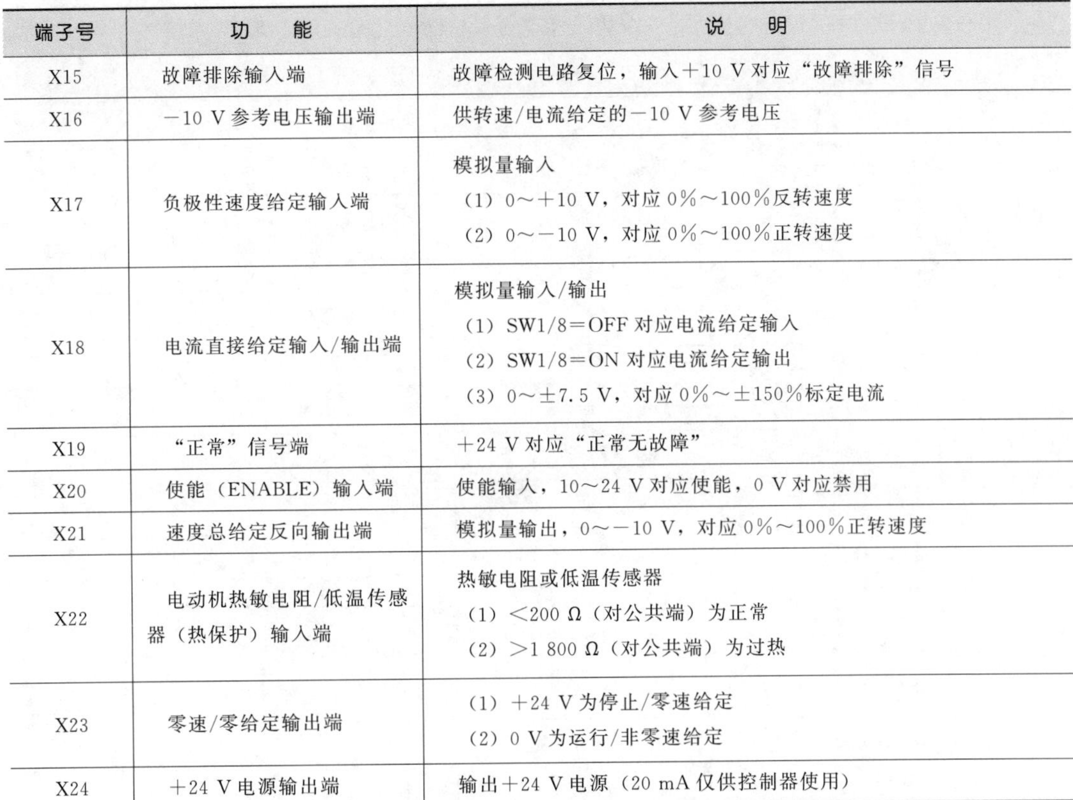

端子号	功能	说明
X15	故障排除输入端	故障检测电路复位，输入+10 V对应“故障排除”信号
X16	−10 V参考电压输出端	供转速/电流给定的−10 V参考电压
X17	负极性速度给定输入端	模拟量输入 （1）0～+10 V，对应0%～100%反转速度 （2）0～−10 V，对应0%～100%正转速度
X18	电流直接给定输入/输出端	模拟量输入/输出 （1）SW1/8=OFF对应电流给定输入 （2）SW1/8=ON对应电流给定输出 （3）0～±7.5 V，对应0%～±150%标定电流
X19	“正常”信号端	+24 V对应“正常无故障”
X20	使能（ENABLE）输入端	使能输入，10～24 V对应使能，0 V对应禁用
X21	速度总给定反向输出端	模拟量输出，0～−10 V，对应0%～100%正转速度
X22	电动机热敏电阻/低温传感器（热保护）输入端	热敏电阻或低温传感器 （1）＜200 Ω（对公共端）为正常 （2）＞1 800 Ω（对公共端）为过热
X23	零速/零给定输出端	（1）+24 V为停止/零速给定 （2）0 V为运行/非零速给定
X24	+24 V电源输出端	输出+24 V电源（20 mA仅供控制器使用）

注：X24端子输出的+24 V电源仅能用于控制器自身，可被使用于RUN电路（X5端）和ENABLE电路（X20端）。绝对不要用这个+24 V电源去对任何控制器以外的电路或设备供电，如外部继电器、可编程序控制器（PLC）或其他任何仪器设备等。否则将导致控制器失灵、故障或损坏，导致所连接的设备损坏，甚至造成人身危险。

3. 514C系列调速装置的功能设置开关说明

514C系列调速装置功能设置开关如图29—2所示，测速发电机反馈电压范围功能说明见表29—3、表29—4。

表29—3　　514C系列测速发电机反馈电压范围功能开关设置表

SW1/1	SW1/2	反馈电压范围（V）	说明
OFF（断开）	ON（接通）	10～25	用电位器RP10调整达到最大速度时，所对应的反馈电压数值
ON（接通）	ON（接通）	25～75	
OFF（断开）	OFF（断开）	75～125	
ON（接通）	OFF（断开）	125～325	

注：出厂时开关默认设置SW1/1为OFF，SW1/2为ON。

表 29—4　　514C 系列测速发电机通用功能设置开关功能表

功能开关名称	状　态	功　能
速度反馈类型选择开关 SW1/3	OFF（断开）	采用测速发电动机反馈方式
	ON（接通）	采用电枢电压反馈方式
零输出选择开关 SW1/4	OFF（断开）	零速度输出
	ON（接通）	零给定输出
电流测量输出选择开关 SW1/5	OFF（断开）	双极性输出
	ON（接通）	单极性输出
给定积分隔离选择开关 SW1/6	OFF（断开）	给定积分输出
	ON（接通）	给定积分隔离
停止逻辑使能开关 SW1/7	OFF（断开）	禁止
	ON（接通）	使能
电流给定选择开关 SW1/8	OFF（断开）	X18 端为直接电流给定输入
	ON（接通）	X18 端为电流给定输出
过电流接触器跳闸禁止开关 SW1/9	OFF（断开）	过电流时接触器跳闸
	ON（接通）	过电流时接触器不跳闸
速度给定信号选择开关 SW1/10	OFF（断开）	总给定输入
	ON（接通）	斜坡给定输入

注：出厂时开关默认设置 SW1/3 为 ON，SW1/4 为 OFF，SW1/5 为 OFF，SW1/6 为 OFF，SW1/7 为 OFF，SW1/8 为 OFF，SW1/9 为 OFF，SW1/10 为 OFF。

4. 514C 系列调速装置的电位器功能说明

514C 系列调速装置的面板上电位器布置如图 29—2 所示，各电位器功能说明见表 29—5。

表 29—5　　514C 系列调速装置的面板上电位器功能表

电位器名称	功　能
上升斜率电位器 RP1	调整上升时间（线性 1～40 s）
下降斜率电位器 RP2	调整下降时间（线性 1～40 s）
速度环比例系数电位器 RP3	调整速度环比例系数
速度环积分系数电位器 RP4	调整速度环积分系数
电流限幅电位器 RP5	调整电流限幅值
电流环比例系数电位器 RP6	调整电流环比例系数

续表

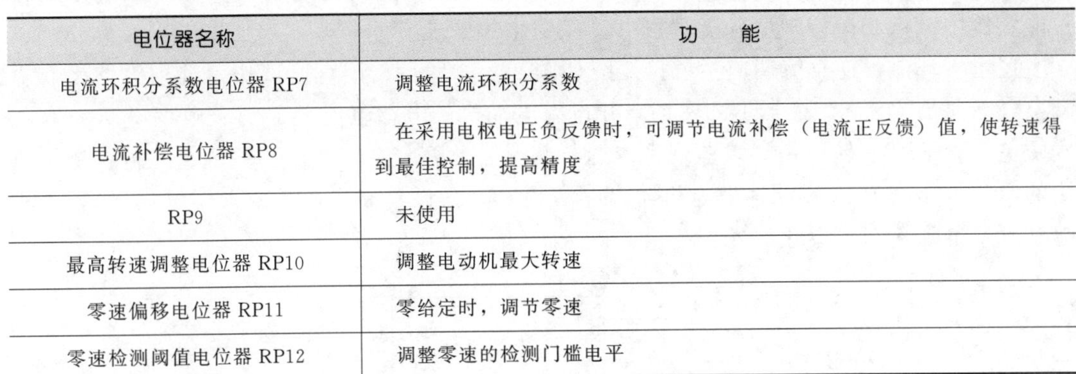

电位器名称	功能
电流环积分系数电位器 RP7	调整电流环积分系数
电流补偿电位器 RP8	在采用电枢电压负反馈时，可调节电流补偿（电流正反馈）值，使转速得到最佳控制，提高精度
RP9	未使用
最高转速调整电位器 RP10	调整电动机最大转速
零速偏移电位器 RP11	零给定时，调节零速
零速检测阈值电位器 RP12	调整零速的检测门槛电平

5. 514C 系列调速装置的面板上 LED 指示灯功能说明

514C 系列调速装置的面板上 LED 指示灯布置如图 29—2 所示，各 LED 指示灯功能说明见表 29—6。

表 29—6　　514C 系列调速装置的面板上 LED 指示灯功能表

指示灯	含义	显示方式	说明
LED1（HL1）	电源	正常时灯亮	交流辅助电源供电
LED2（HL2）	故障跳闸	故障时灯亮	当电枢电流保持或超过限幅值 60 s，转速环中的速度失控 60 s 后，“故障跳闸”灯亮
LED3（HL3）	过电流	故障时灯亮	电枢电流超过 3.5 倍电流标定值，“过电流”灯亮
LED4（HL4）	锁相	正常时灯亮	锁相环故障时闪烁
LED5（HL5）	电流限幅	故障时灯亮	当电枢电流超过电流限幅值，“电流限幅”灯亮

四、操作技能实例——逻辑无环流可逆直流调速系统的接线、调试、运行、测量、故障分析与处理

1. 概述

逻辑无环流可逆直流调速系统采用 514C 型直流调速装置。该系统的主电路电源和交流辅助电源都采用交流 220 V，50 Hz。逻辑无环流可逆直流调速系统采用外接的测速发电机 TG 组成转速、电流双闭环直流调速系统，直流测速发电机为 55 V，2 000 r/min。直流电动机型号及其额定数据为 Z400/20 - 220，$P_N=400$ W，$U_N=220$ V，$I_N=3.5$ A，$n_N=2\ 000$ r/min。514C 型直流调速装置已根据所采用的交流辅助电源电压、直流电动机、直流测速发电机等额定数据对 514C 调速装置的相应功能设置开关进行设置。该晶闸管直

流调速系统还采用直流电动机-发电机组和可变电阻箱作为直流电动机负载，以满足操作技能实例中调试和运行测量分析过程中负载变化的要求。

逻辑无环流可逆直流调速系统接线图如图 29—3 所示。该直流调速系统主电路设有自动空气断路器 QS 和熔断器 FU 保护，并设有电动机的电枢电流表 PA1、电枢电压表 PV、励磁电流表 PA2、转速表 n 以监视系统运行状况。此外，系统还设有调试、运行、测量所用的给定电压表 PV1 和测速发电机输出电压表 PV2。该直流调速系统采用电动机-发电机组和可变电阻箱作为负载。

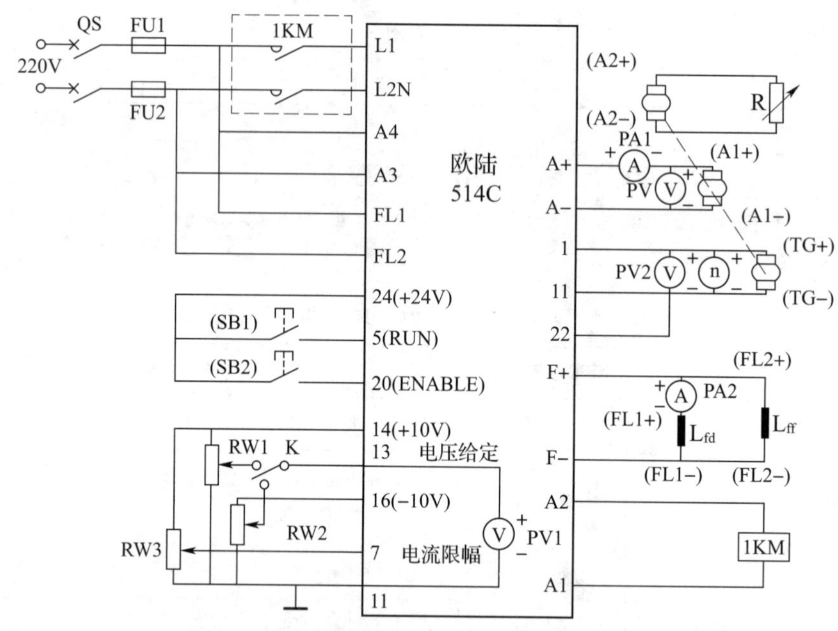

图 29—3 逻辑无环流可逆直流调速系统接线图

图 29—3 中，SB1，SB2 采用带自锁按钮。SB1 为合闸运行按钮，当 SB1 接通闭合时，X5 端为高电平，进线接触器 1KM 接通，使主电路电源接通；反之，当 SB1 断开时，X5 端为低电平（0 V），进线接触器 1KM 断电释放，使主电路电源断开。SB2 为使能按钮，当 SB2 闭合时，X20 端为高电平（+24 V）时发出使能信号；反之，当 SB2 断开时，X20 端为低电平（0 V）发出封锁信号。直流调速系统设有正向转速给定电位器 RW1、反向转速给定电位器 RW2 和正、反向转速给定切换开关 K。直流调速系统还设有外接电流限幅调整电位器 RW3。

2. 操作技能实训要求

（1）根据图 29—3 所示的逻辑无环流可逆直流调速系统接线图在 514C 型直流调速装置上完成系统接线。

（2）逻辑无环流可逆直流调速系统控制要求转速给定电压 U_n^* 为 0～±8 V 时，电动机的转速为 0～±1 200 r/min。根据上述控制要求进行通电调试，使直流调速系统稳定运行。

（3）根据具体测量要求进行直流调速系统特性曲线（调节特性曲线与静特性曲线）的测试与绘制。

（4）根据故障现象具体分析产生故障可能的原因，找出具体故障点并进行处理，使调速系统正常运行。

3. 操作技能实训步骤与方法

（1）根据图 29—3 所示的逻辑无环流可逆直流调速系统接线图在 514C 型直流调速装置上完成系统接线。接线完成后必须认真检查接线，只有接线正确并经许可后才能进行通电调试。

（2）逻辑无环流可逆直流调速系统的通电调试与运行。通电调试前应将可变电阻箱 R 调为最大值，使 R 全部串入电路，将运行（RUN）控制端 X5 按钮（合闸运行按钮 SB1）和使能（ENABLE）控制端 X20 按钮（使能按钮 SB2）断开，调节电流补偿电位器 RP8 使电流补偿作用为零（即取消电流补偿作用）。合上自动空气断路器 QS，接通 220 V 交流电源。分别调节正向转速给定电位器 RW1、反向转速给定电位器 RW2 和正、反向转速给定切换开关 K，使转速给定电压 U_n^* （X13 端对 X11 端）为 0 V，再将正、反向转速给定切换开关 K 切换到正向。再调节外接电流限幅调整电位器 RW3 使 X7 端对 X11 端为 +7.5 V。按下运行（RUN）控制端 X5 按钮（合闸运行按钮 SB1），使 X5 端处于高电平 +24 V，接触器 1KM 接通，主电路得电，然后按下使能（ENABLE）控制端 X20 按钮（使能按钮 SB2），使 X20 端处于高电平 +24 V，系统使能，系统封锁解除。当正向转速给定电位器 RW1 的转速给定电压 U_n^* （X13 端对 X11 端）为 0 V 时，如电动机转速不为零，则调节零速偏移电位器 RP11 使电动机转速为零。然后调节正向转速给定电位器 RW1 使转速给定电压 U_n^* 逐渐增大到所要求的最大给定电压值（如 +8 V），电动机则随之升速，根据控制要求（如转速给定电压 U_n^* 为 0～8 V，电动机转速为 0～1 200 r/min），调节最高转速调整电位器 RP10 使电动机最高转速为所要求的值（如 1 200 r/min）。根据直流调速系统运行情况分别调节速度环比例系数电位器 RP3 和速度环积分系数电位器 RP4 以调节转速调节器的 PI 参数，调节电流环比例系数电位器 RP6 和电流环积分系数电位器 RP7 以调节电流调节器的 PI 参数，使直流调速系统稳定运行。然后将正、反向转速给定切换开关 K 转向反向，调节反向转速给定电位器 RW2 使转速给定电压 U_n^* 从零到负值（如 0～−8 V）变化，电动机将从正转到反转（如 +1 200～−1 200 r/min）运行。

在通电调试过程中必须时刻观察电枢电流表 PA1、电枢电压表 PV、励磁电流表 PA2、转速表 n 以监视系统运行状况，如有不正常现象应立即采取相应措施并加以解决，否则将可能造成事故，危及人身和设备安全。

（3）逻辑无环流可逆直流调速系统的特性曲线测试与绘制。

1）调节特性曲线测试与绘制。改变转速给定电压 U_n^* ，测量电动机转速 n 和测速发电

机两端电压 U_{Tn}，并将实测的给定电压 U_n^*、转速 n 和测速发电机两端电压 U_{Tn} 值填入表 29—7，并绘制调节特性曲线 $n=f(U_n^*)$。

表 29—7　　测量结果记录表

U_n^* (V)						
n (r/min)						
U_{Tn} (V)						

2）静特性曲线测试与绘制。具体测量与绘制经过该点（如 $I_d=1$ A、$n=900$ r/min）的静特性曲线 $n=f(I_d)$。将实测的电动机电枢电流 I_d、电枢电压 U_d、转速 n 和测速发电机两端电压 U_{Tn} 值填入表 29—8，并绘制静特性曲线 $n=f(I_d)$。

表 29—8　　测量结果记录表

I_d (A)	空载					
U_d (V)						
n (r/min)						
U_{Tn} (V)						

（4）逻辑无环流可逆直流调速系统故障分析与处理。在直流调速系统实训装置中人为设置一个故障点，根据故障现象具体分析产生故障可能的原因，找出具体故障点并进行处理，使调速系统正常运行。

采用 514C 型直流调速装置的逻辑无环流可逆直流调速系统在日常运行过程发生故障时，可以观察面板 LED 指示灯的状态，如 LED2（HL2）指示灯亮表示故障跳闸，此时故障可能是由于电枢电流大（保持或超过电流限幅值 60 s）而引起的。例如，LED3（HL3）指示灯亮表示过电流故障，此时故障可能是由于电枢电流特大（电枢电流超过 3.5 倍电流标定值）而引起的。

在逻辑无环流可逆直流调速系统中经常发生的故障为电动机不启动，此时应重点检查以下几项。

1）直流调速系统主电路的交流进线电源是否正常，有无交流电压。直流输出回路是否开路。

2）直流调速系统控制电路交流进线电源是否正常，有无交流电压。直流控制回路是否开路。

3）直流调速系统中转速给定电路（正向转速给定电位器 RW1、反向转速给定电位器 RW2 和正、反向转速给定切换开关 K）是否开路，有无转速给定电压。

4. 操作技能实训注意事项

（1）接线完成后必须认真检查接线，只有接线正确并经过教师许可后才能进行通电调试。

(2) 在通电调试过程中应观察电枢电流表、电枢电压表、励磁电流表、转速表以监视系统运行状况，如有不正常现象应立即采取相应措施加以解决，否则将可能造成事故。

(3) 技能操作实训中必须保证用电安全，杜绝人身和设备安全事故发生。

第2节　西门子MM440系列通用变频器及其应用

一、概述

西门子MICROMASTER 4（简称MM4）有4个系列变频器（MM410，MM420，MM430，MM440）。MM410变频器为“廉价型”变频器，MM420变频器为“通用型”变频器，MM430变频器为“水泵和风机专用型”变频器，MM440变频器为“适用于一切传动装置的矢量型”变频器。MM440变频器由微处理器控制，并采用具有现代先进技术水平的IGBT作为功率输出器件。MM440变频器采用现代先进技术的矢量控制系统，以保证传动装置在出现突加负载时仍然具有很高的品质。此外，该系列变频器具有内置的制动斩波器，在制动时即使斜坡函数曲线的下降时间很短，仍然能够达到非常好的定位精度。全面而完善的保护功能为变频器和电动机提供了良好的保护。MM440变频器可以作为许多生产设备的传动装置，如物料运输系统、纺织工业、电梯、起重设备、机械加工设备，以及食品、饮料、烟草等工业。MM440变频器有多种型号，额定功率范围为0.12～250 kW。MM440变频器既可用于单机驱动系统，也可集成到自动化系统中，可以与SIMATIC S7-200连接，或集成到SIMATIC和SIMOTION的系统中。

MM440变频器结构紧凑、体积小、便于安装。它具有6个多功能数字量输入端、2个模拟输入端（可以作为⑦和⑧多功能数字量输入端使用）、3个多功能继电器输出端、2个模拟量输出端（0～20 mA）。它采用BICO技术、模块化设计，配置非常灵活。它还具有详细的变频器状态信息和全面的信息功能，有多种可选件供用户选用，如用于与计算机通信的通信模块和用于进行现场总线通信的Profibus通信模块。

MM440变频器控制方式有矢量控制方式和V/f控制方式。其中，矢量控制方式又有无传感器矢量控制（SLVC）和带编码器的矢量控制（VC），V/f控制方式又有线性V/f控制、多点V/f控制、磁通电流控制（FCC）等。它具有快速电流限制（FCL）、内置的直流注入制动、复合制动功能，外形尺寸为A～F的MM440变频器还具有内置的制动单元。加速、减速斜坡特性具有可编程的平滑功能，变频器还具有比例、积分和微分（PID）控制功能的闭环控制，并具有过电流保护、过电压/欠电压保护、变频器过热保护、电动机过热保护等功能。

二、MM440系列变频器框图和有关端子功能

MM440变频器是交—直—交电压型变频器，整流器采用二极管桥式整流电路，把交流电源变换为直流电源。中间直流环节（滤波回路）采用大电容滤波。为了达到更好的滤波效果和提高功率因数，可以在中间直流电路的DC/R＋端和B＋/DC＋端串入直流电抗器。逆变器由IGBT组成，将直流电变换为频率可调的交流电。75 kW以下的MM440变频器内置了制动单元，所以可以在中间直流电路的B＋/DC＋端和B－端直接接制动电阻R来实现能耗制动；90 kW以上的MM440变频器没有内置的制动单元，需要外接制动单元和制动电阻R来实现能耗制动。

MM440变频器接线端子可分为主电路接线端子和控制回路接线端子。

1. 主电路接线端子

（1）主电路电源接线端子（L1，L2，L3）。

（2）变频器输出接线端子（U，V，W）。

（3）直流电抗器接线端子（DC/R＋和B＋/DC＋）。当不用直流电抗器时，DC/R＋端和B＋/DC＋端应连接。

（4）制动电阻接线端子（B＋/DC＋和B－）。

（5）外接制动单元和制动电阻接线端子（D/L－和C/L＋）。

（6）接地端子（PE）。

2. 控制回路外接接线端子

（1）模拟量输入端子。①端为＋10 V，②端为0 V，③④端为模拟量1（AIN1）输入端子，其中③端为模拟量输入1“＋”端，④端为模拟量输入1“－”端；⑩⑪端为模拟量2（AIN2）输入端子，其中⑩端为模拟量输入2“＋”端，⑪端为模拟量输入2“－”端。模拟量输入1（AIN1）可以用于0～10 V，0～20 mA和－10～＋10 V；模拟输入2（AIN2）可以用于0～10 V和0～20 mA 。模拟量输入回路可以另行配置，用于提供2个附加的数字量输入（DIN7和DIN8）。

（2）多功能数字量（开关量）输入端。⑤～⑧⑯⑰端分别为数字量（DIN1，DIN2，DIN3，DIN4，DIN5，DIN6）输入端；⑨端为带隔离的＋24 V，㉘端为带隔离的0 V。⑤～⑧⑯⑰端的功能可以由参数P701～P706等设置。

（3）模拟量输出端子。⑫⑬端为模拟量1（AOUT1）输出端子，其中⑫端为模拟量输出1“＋”端，⑬端为模拟量输出1“－”端；㉖㉗端为模拟量2（AOUT2）输出端子，其中㉖端为模拟量输出2“＋”端，㉗端为模拟量输出2“－”端。

（4）多功能数字量（继电器）输出端。⑱～⑳端为继电器1输出端，其中⑱⑳端为常闭触点，⑲⑳端为常开触点，⑳端为公共端；㉑㉒端为继电器2输出端，㉑㉒端为常开触点，㉒端为公共端；㉓～㉕端为继电器3输出端，㉓㉕端为常闭触点，㉔㉕端为常开触点，㉕端为公共端。继电器1、继电器2 、继电器3的功能可以由参数P731，P732，P733

等设置。

（5）电动机热保护输入端。⑭⑮端为电动机热保护输入端。

（6）RS485 通信端口。㉙㉚端为 RS485 通信端口。

西门子 MM440 变频器的实际接线端子布置如图 29—4 所示。

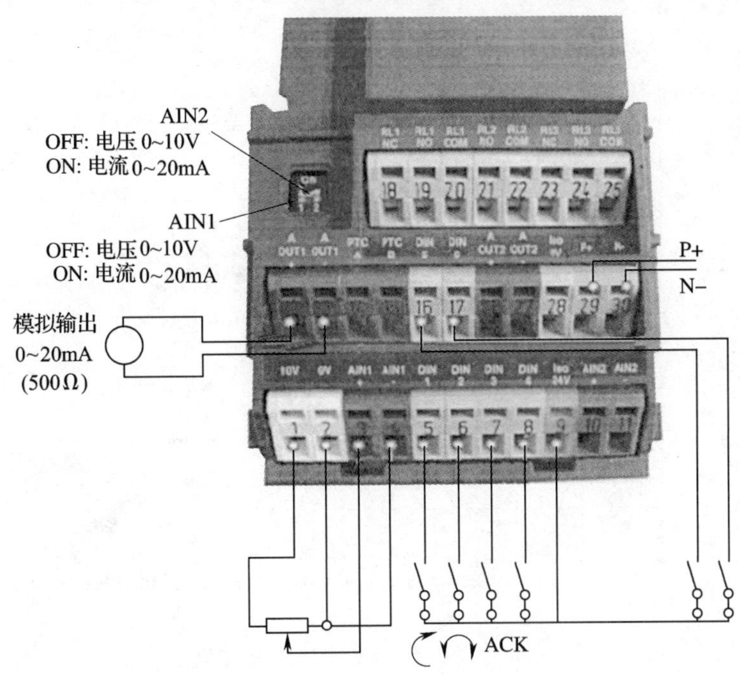

图 29—4　西门子 MM440 变频器的实际接线端子布置图

三、变频器操作面板及其使用

1. 变频器操作面板

MM440 变频器操作面板（BOP）外形如图 29—5 所示，其各按键的作用见表 29—9。

图 29—5　MM440 变频器操作面板外形

2. 变频器操作面板使用方法

现介绍将参数 P0010 设定值由缺省值 0 改为 30 和修改下标参数 P0304 的操作步骤，以此说明变频器操作面板设置与更改变频器参数的方法。

（1）将参数 P0010 设定值由缺省值 0 改为 30 的操作步骤。

1）变频器通电后，操作面板显示为 0.00。

表 29—9　　MM440 变频器操作面板上按键的作用

显示/按钮	名称	功能
r0000	状态显示	LCD 显示变频器当前的设定值
I	启动变频器	按此键启动变频器。缺省值运行时此键是被封锁的。为了使此键的操作有效，应设置 P0700 = 1
0	停止变频器	(1) OFF1：按此键变频器将按选定的斜坡下降速率减速停车。缺省值运行时此键被封锁，为了允许此键操作，应设置 P0700 = 1 (2) OFF2：按此键 2 次或 1 次但时间较长，电动机将在惯性作用下自由停车。此功能总是“使能”的
(换向键)	改变电动机的转动方向	按此键可以改变电动机的转动方向。电动机的反向用负号表示或用闪烁的小数点表示。缺省值运行时，此键是被封锁的。为了使此键的操作有效，应设置 P0700 = 1
jog	电动机点动	在变频器无输出的情况下，按此键将使电动机启动并按预设定的点动频率运行。释放此键时，变频器停车。如果变频器/电动机正在运行，按此键将不起作用
Fn	功能	(1) 浏览辅助信息。变频器运行过程中，在显示任何 1 个参数时，按下此键并保持不动 2 s，将显示以下参数值（在变频器运行中从任意 1 个参数开始） 1) 直流回路电压（用 d 表示，V） 2) 输出电流（A） 3) 输出频率（Hz） 4) 输出电压（用 o 表示，V） 5) 由 P0005 选定的数值 连续多次按下此键，将轮流显示以上参数 (2) 跳转功能。在显示任意一个参数（r×××× 或 P××××）时短时间按下此键，将立即跳转到 r0000。如果需要的话，可以接着修改其他的参数。跳转到 r0000 后，按此键将返回原来的显示点 (3) 复位功能。在出现故障或报警的情况下，按此键可以将操作板上显示的故障或报警信息复位
P	访问参数	按此键即可访问参数
▲	增加数值	按此键即可增加面板上显示的参数数值
▼	减少数值	按此键即可减少面板上显示的参数数值

2）按“P”键访问参数，操作面板显示 r0000。

3）按“▲”键直到操作面板显示 P0010 。

4）按“P”键进入参数数值访问级，操作面板显示参数缺省值 0 。

5）按“▲”键达到参数所需要的设定值，操作面板显示需要的设定值 30。

6）按“P”键确认并存储参数的数值，操作面板显示 P0010，参数 P0010 已由原来的 0 改为 30。

7）按“▼”键直到操作面板显示 r0000 ，或按“Fn”键返回 r0000 。

（2）修改 P0304 下标参数的操作步骤。

1）按“P”键访问参数，操作面板显示 r0000。

2）按“▲”键直到操作面板显示 P0304 。

3）按“P”键进入参数数值访问级，操作面板显示 ln000。

4）按“P”键显示当前的设定值 400 。

5）按“▼”键达到参数所需要的设定值 380，操作面板显示设定值 380。

6）按“P”键确认并存储参数的数值，操作面板显示 P0304。

7）按“▼”键直到显示 r0000 。

按照上述方法，可对变频器的其他参数进行设置，当所有参数设置完毕后，可按“Fn”键返回 r0000。

四、常用参数功能说明

1. 驱动装置的显示参数 r0000

本参数显示用户选定的由 P0005 定义的输出数据。按“Fn”键并持续 2 s，用户就可看到直流回路电压、输出电流、输出频率的数值和选定的 r0000（设定值在 P0005 中定义）。

2. 用户访问级参数 P0003

本参数用于定义用户访问参数组的等级。缺省值为 1。

P0003＝0　用户定义的参数表。

P0003＝1　标准级，可以访问最经常使用的一些参数。

P0003＝2　扩展级，允许扩展访问参数的范围，如变频器的 I/O 功能。

P0003＝3　专家级，只供专家使用（注意，如要 P0005＝22，显示转速，必须设置 P0003＝3）。

3. 显示选择参数 P0005

本参数用于选择参数 r0000（驱动装置的显示）要显示的参量。缺省值为 21。

P0005＝21　实际频率。

P0005＝22　实际转速。

P0005＝25　输出电压。

P0005＝26　直流回路电压。

P0005＝27　输出电流。

4. 调试参数过滤器 P0010

本参数用于对与调试相关的参数进行过滤，只筛选出那些与特定功能组有关的参数。缺省值为 0。

P0010＝0　变频器准备运行。在变频器投入运行前应设置 P0010＝0。

P0010＝1　快速调试。在快速调试时，应设置 P0010＝1。电动机额定参数 P0304～P0311 只能在 P0010＝1 时改变。

P0010＝30　工厂的设定值。与 P0970＝1 一起用于变频器参数复位（复位为缺省值）。

5. 使用地区参数 P0100

本参数用于确定功率设定值，如铭牌的额定功率 P0307 的单位是 kW 还是 hp。除了基准频率 P2000 外，还有铭牌的额定频率缺省值 P0310、最大电动机频率 P1082 的单位也都在这里自动设置。缺省值为 0。本参数只能在 P0010＝1 快速调试时进行修改。

P0100＝0　欧洲为 kW，频率缺省值为 50 Hz。

P0100＝1　北美为 hp，频率缺省值为 60 Hz。

P0100＝2　北美为 kW，频率缺省值为 60 Hz。

注意，改变 P0100 时，将使电动机的全部额定参数，以及由电动机额定参数决定的其他参数都复位。

6. 变频器的应用参数 P0205

本参数用于选择变频器的应用对象。缺省值为 0。

P0205＝0　用于恒转矩负载（CT）。

P0205＝1　用于变转矩负载（VT）。

7. 电动机的额定电压参数 P0304

本参数用于设置电动机铭牌数据中的额定电压（V）。本参数只能在 P0010＝1（快速调试）时进行修改。

8. 电动机额定电流参数 P0305

本参数用于设置电动机铭牌数据中的额定电流（A）。本参数只能在 P0010＝1 时进行修改。

9. 电动机额定功率参数 P0307

本参数用于设置电动机铭牌数据中的额定功率（kW 或 hp）。当 P0100＝0 时，额定功率为 kW、频率缺省值为 50 Hz。本参数只能在 P0010＝1 时进行修改。

10. 电动机的额定功率因数参数 P0308

本参数用于设置电动机铭牌数据中的额定功率因数，缺省值为 0。当参数的设定值为 0 时，将由变频器内部来计算功率因数。本参数只能在 P0010＝1 时进行修改。

11. 电动机的额定频率参数 P0310

本参数用于设置电动机铭牌数据中的额定频率（Hz），缺省值为 50。本参数只能在 P0010＝1 时进行修改。

12. 电动机的额定转速参数 P0311

本参数用于设置电动机铭牌数据中的额定转速（r/min）。本参数只能在 P0010＝1 时进行修改。

13. 选择命令源参数 P0700

本参数用于选择数字的命令信号源。缺省值为 2。当 P0700＝1 改变为 P0700＝2 时，所有的数字输入都设置为工厂的缺省值。其中，P0700＝1 为数字操作面板设置，即采用数字操作面板控制操作方式；P0700＝2 为端子排输入，即采用控制端子运行控制操作方式。

14. 数字输入 1～6 的功能参数 P0701～P0706

P0701～P0706 用于选择数字输入 1～6 的功能。数字输入 1～4 分别对应于多功能输入端⑤～⑧，数字输入 5，6 分别对应于多功能输入端⑯⑰。P0701 缺省值为 1，P0702 缺省值为 12，P0703 缺省值为 9，P0704 缺省值为 15，P0705 缺省值为 15，P0706 缺省值为 15。P0701～P0706 都可分别设置，当 P0701～P0706 的设定值改变时，多功能输入端⑤～⑧⑯⑰的功能也随之改变，具体功能设置说明如下。

P0701～P0706＝0　禁止数字输入。

P0701～P0706＝1　ON/OFF1 接通正转/停车命令 1，按 P1120，P1121 设置斜坡上升时间、下降时间加减速运行。

P0701～P0706＝2　ON（reverse）/OFF1 接通反转/停车命令 1。

P0701～P0706＝3　OFF2 即停车命令 2，按惯性自由停车。

P0701～P0706＝4　OFF3 即停车命令 3，按 P1135 设置斜坡下降时间快速降速。

P0701～P0706＝9　故障确认。

P0701～P0706＝10　正向点动。

P0701～P0706＝11　反向点动。

P0701～P0706＝12　反转（转向切换）。

P0701～P0706＝13　MOP（电动电位计）升速（增加频率）。

P0701～P0706＝14　MOP 降速（减少频率）。

P0701～P0706＝15　固定频率设定值（直接选择）。

P0701～P0706＝16　固定频率设定值（直接选择＋启动命令）。

P0701～P0706＝17　固定频率设定值（二进制编码选择＋启动命令）。

P0701～P0706＝25　直流注入制动。

P0701～P0706＝29　由外部信号触发跳闸。

P0701～P0706＝33　禁止附加频率设定值。

P0701～P0706＝99　使能 BICO 参数化。

15. 数字输出 1～3 的功能参数 P0731～P0733

P0731～P0733 用于定义数字输出 1（继电器 1）～3（继电器 3）的功能。P0731 缺省值为 52.3，P0732 缺省值为 52.7，P0733 缺省值为 0.0。当 P0731～P0733 的设定值改变时，数字输出 1（继电器 1）～3（继电器 3）的功能也随之改变。

P0731～P0733＝52.0　变频器准备。

P0731～P0733＝52.1　变频器运行准备就绪。

P0731～P0733＝52.2　变频器正在运行。

P0731～P0733＝52.3　变频器故障。

P0731～P0733＝52.4　OFF2 停车命令有效。

P0731～P0733＝52.5　OFF3 停车命令有效。

P0731～P0733＝52.6　禁止合闸。

P0731～P0733＝52.7　变频器报警。

P0731～P0733＝52.8　设定值/实际值偏差过大 。

P0731～P0733＝52.9　PZD 控制（过程数据控制）。

P0731～P0733＝52.A　已达到最大频率。

P0731～P0733＝52.B　电动机电流极限报警。

P0731～P0733＝52.C　电动机抱闸（MHB）投入。

P0731～P0733＝52.D　电动机过载。

P0731～P0733＝52.E　电动机正向运行。

P0731～P0733＝52.F　变频器过载。

P0731～P0733＝53.0　直流注入制动投入。

P0731～P0733＝53.6　实际频率大于/等于设定值。

16. 模拟输入 1，2 的功能参数 P0756～P0761

P0756 用于定义模拟输入 1，2 的类型。其中，P0756＝0 为单极性电压输入（0～＋10 V），P0756＝2 为单极性电流输入（0～20 mA），缺省值为 0。P0757 用于定义模拟输入的 X1 值（V/mA），缺省值为 0。P0758 用于定义模拟输入的 Y1 值（%），缺省值为 0.0。P0759 用于定义模拟输入的 X2 值（V/mA），缺省值为 10。P0760 用于定义模拟输入的 Y1 值（%），缺省值为 100.0。P0761 用于定义模拟输入的死区宽度，缺省值为 0。

17. 模拟输出 1，2 的功能参数 P0771

P0771 用于定义模拟输出 1，2 的功能。其中，P0771 [0] 对应模拟输出 1，P0771 [1] 对应模拟输出 2。P0771 缺省值为 21。当 P0771 的设定值改变时，模拟输出 1，2 的功能也随之改变。其中，P0771＝21 对应实际频率；P0771＝24 对应实际输出频率；P0771＝25 对应实际输出电压；P0771＝26 对应实际直流回路电压；P0771＝27 对应实际输出电流。

18. 频率设定值的选择参数 P1000

本参数用于选择频率设定值的信号源。当 P1000＝1 时，频率设定值由数字操作面板电动电位器设定值提供；当 P1000＝2 时，频率设定值由模拟量设定值 1 提供；当 P1000＝3 时，频率设定值由固定频率设定值提供；当 P1000＝7 时，频率设定值由模拟设定值 2 提供；当 P1000＝23 时，频率设定值由固定频率＋模拟量设定值提供，其中固定频率为主设定值，模拟量设定值 1 为附加设定值。当 P1000＝32 时，频率设定值由模拟量设定值 1＋固定频率提供，其中模拟量设定值为主设定值，固定频率为附加设定值。当 P1000＝73 时，频率设定值由固定频率＋模拟量设定值 2 提供。本参数缺省值为 2。

19. 固定频率 1～15 参数 P1001～P1015

P1001～P1015 用于设定固定频率 1～15（即 FF1～FF15）的设定值（Hz）。它有下面 3 种选择固定频率的方法。

（1）直接选择（P0701～P0706＝15）。将 P0701～P0706 参数设置为 15，此时可通过控制⑤～⑧⑯⑰端来选择固定频率的设定值。在这种操作方式下，1 个数字输入选择 1 个固定频率；如果有几个固定频率输入同时被激活，选定的频率是它们的总和（如 FF1＋FF2＋FF3＋FF4＋FF5＋FF6）。

（2）直接选择＋启动（ON）命令（P0701～P0706＝16）。这种操作方式与直接选择操作方式的不同之处在于，它选择固定频率时，既有选定的固定频率，又带有启动命令，把它们组合在一起。在这种操作方式下，1 个数字输入选择 1 个固定频率；如果有几个固定频率输入同时被激活，选定的频率是它们的总和（如 FF1＋FF2＋FF3＋FF4＋FF5＋FF6）。

（3）二进制编码选择＋启动（ON）命令（P0701～P0704＝17）。使用这种操作方式最多可选择 15 个固定频率，各个固定频率的选择见表 29—10。

表 29—10　　二进制编码选择固定频率表

频率代码（选择参数）	⑧端（P0704＝17）	⑦端（P0703＝17）	⑥端（P0702＝17）	⑤端（P0701＝17）
FF1（P1001）	0	0	0	1
FF2（P1002）	0	0	1	0
FF3（P1003）	0	0	1	1
FF4（P1004）	0	1	0	0
FF5（P1005）	0	1	0	1
FF6（P1006）	0	1	1	0
FF7（P1007）	0	1	1	1
FF8（P1008）	1	0	0	0
FF9（P1009）	1	0	0	1

续表

频率代码 (选择参数)	⑧端 (P0704=17)	⑦端 (P0703=17)	⑥端 (P0702=17)	⑤端 (P0701=17)
FF10 (P1010)	1	0	1	0
FF11 (P1011)	1	0	1	1
FF12 (P1012)	1	1	0	0
FF13 (P1013)	1	1	0	1
FF14 (P1014)	1	1	1	0
FF15 (P1015)	1	1	1	1
OFF (停止)	0	0	0	0

20. 正向、反向点动频率参数 P1058，P1059

P1058，P1059 用于选择正向、反向点动频率。其中，P1058 用于选择正向点动频率，P1059 用于选择反向点动频率。P1058，P1059 的缺省值均为 5.00。点动时采用的斜坡上升时间和下降时间分别在参数 P1060，P1061 中设置。

21. 点动斜坡上升时间、下降时间参数 P1060，P1061

P1060，P1061 用于选择点动斜坡上升时间和下降时间。其中，P1060 用于选择点动斜坡上升时间，P1061 用于选择点动斜坡下降时间。P1058～P1059 的缺省值均为 10.00。

22. 最低频率参数 P1080

本参数用于设置最低的电动机运行频率（Hz）。缺省值为 0.00。

23. 最高频率参数 P1082

本参数用于设置最高的电动机运行频率（Hz）。缺省值为 50.00。

24. 斜坡上升时间参数 P1120

本参数用于设置斜坡函数曲线不带平滑圆弧时，电动机从静止状态加速到最高频率 P1082 所用的时间，如图 29—6 所示。缺省值为 10.00。如果 P1120 设置的斜坡上升时间太短，就有可能导致变频器跳闸（过电流）。

25. 斜坡下降时间参数 P1121

本参数用于设置斜坡函数曲线不带平滑圆弧时，电动机从最高频率 P1082 减速到静止停车所用的时间，如图 29—7 所示。缺省值为 10.00。如果 P1121 设置的斜坡下降时间太短，就有可能导致变频器跳闸（过电压）。

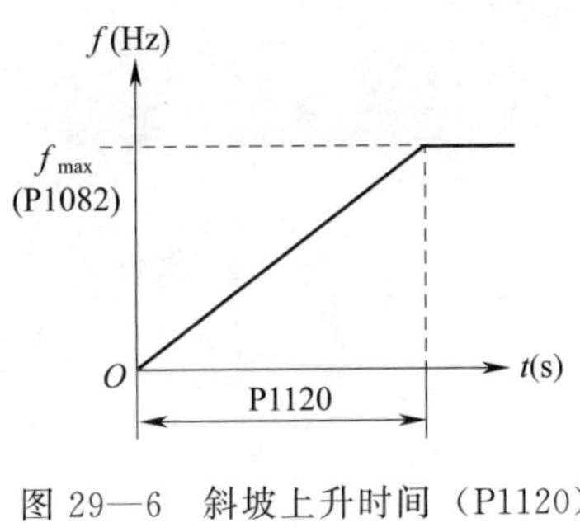

图 29—6　斜坡上升时间（P1120）的函数曲线

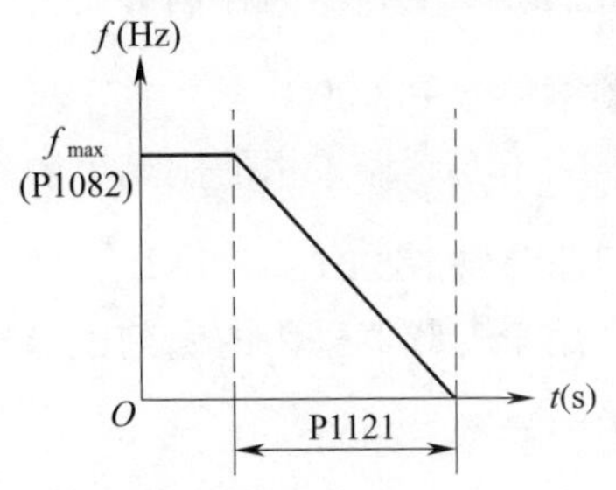

图 29—7　斜坡下降时间（P1121）的函数曲线

26. 直流制动电流参数 P1232

本参数用于设置直流制动电流的大小，以电动机额定电流（P0305）的百分数值表示。缺省设定值为 100。

27. 直流制动的持续时间参数 P1233

本参数用于设置直流注入制动投入的持续时间。缺省值为 0。当变频器接到 OFF 停车命令时，输出频率开始沿斜坡函数曲线下降，当输出频率下降到 P1234 设置的数值时，传动装置通入直流制动电流，持续时间由 P1233 设置。这里要注意，频繁地长期使用直流制动，将可能引起电动机过热。

28. 直流制动的起始频率参数 P1234

本参数用于设置发出 OFF 命令后，投入直流制动功能的起始频率。缺省值为 0。当变频器接到 OFF 停车命令时，输出频率开始沿斜坡函数曲线下降，当输出频率下降到直流制动的起始频率参数 P1234 设置的数值时，传动装置通入直流制动电流，持续时间由参数 P1233 设置。

29. 变频器的控制方式参数 P1300

本参数用于设置变频器的控制方式。缺省值为 0。其中，当 P1300=0 时，变频器的控制方式为线性 V/f 控制；当 P1300=1 时，变频器的控制方式为带 FCC 功能的 V/f 控制；当 P1300=2 时，变频器的控制方式为带平方曲线特性的 V/f 控制，适用于离心式风机/水泵的驱动控制；当 P1300=20 时，变频器的控制方式为无传感器的矢量控制（SLVC）；当 P1300=21 时，变频器的控制方式为带传感器的矢量控制（VC）。

30. 选择电动机数据是否自动检测（识别）参数 P1910

本参数用于完成电动机数据的自动检测。缺省值为 0。其中，当 P1910=0 时，电动机禁止自动检测功能；当 P1910=1 时，所有参数都自动检测，并改写参数数值；当 P1910=2时，所有参数都自动检测，但不改写参数数值；当 P1910=3 时，电动机为饱和曲线自动检测，并改写参数数值。这里要注意，电动机数据的自动检测通常是在电动机的冷态下进行的。当变频器的控制方式为矢量控制时，必须进行电动机数据的自动检测。

31. 基准频率参数 P2000

本参数用于变频器采用的满刻度频率设定值。

32. 基准电压参数 P2001

本参数用于变频器采用的满刻度输出电压设定值。

33. 基准电流参数 P2002

本参数用于变频器采用的满刻度输出电流设定值。

34. 结束快速调试参数 P3900

本参数用于完成优化电动机的运行所需的计算，在完成计算以后，P3900 和 P0010 自动复位为 0。缺省值为 0。其中，当 P3900＝0 时，不用快速调试；当 P3900＝1 时，快速调试结束，并按工厂设置参数复位；当 P3900＝3 时，快速调试结束，只进行电动机数据的计算。

五、技能操作实训——交流变频调速系统的接线、调试和故障分析处理

本交流调速系统实训装置采用西门子 MM440 交流变频调速实训装置，三相交流异步电动机型号为 YSJ7124，电动机额定参数为 $P_N=370$ W，$U_N=380$ V，$I_N=1.12$ A，$n_N=1\ 400$ r/min，$f_N=50$ Hz，$\cos\varphi_N=0.72$，$\eta_N=0.70$。

按图 29—8 所示的变频器实训接线图进行接线。在确定接线无误的情况下，经教师检查后合上电源开关通电。

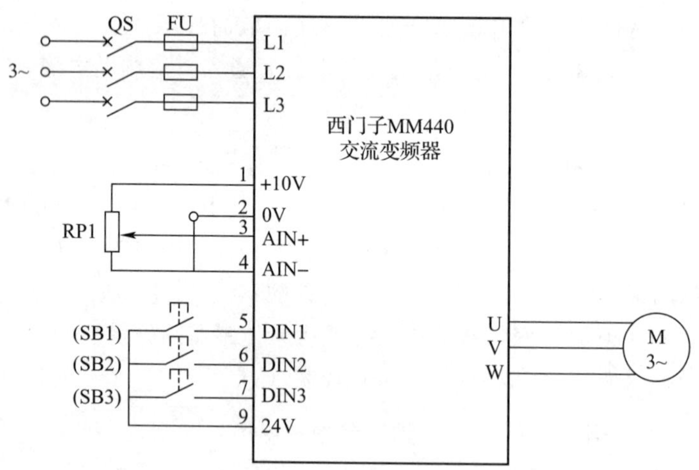

图 29—8　西门子 MM440 变频器实训接线图

1. 变频器参数复位和快速调试

（1）将变频器复位为工厂的缺省值

1）设置 P0010=30。

2）设置 P0970=1，恢复出厂设置。复位过程需要 1～3 min 才能完成。

（2）快速调试。快速调试是西门子 MM440 系列变频器在调试阶段最重要的工作之一，它对于变频器长期安全稳定运行是非常关键的。其调试步骤如下：

1）P0003=3 为专家级，否则有些参数无法访问。

2）P0010=1，开始快速调试。

3）P100=0，则功率单位为 kW，f 的缺省值为 50 Hz。

4）P0205 为变频器的应用对象：0—恒转矩/1—变转矩，此参数一定要按照负载类型选择。

注意：用于离心式风机、水泵类变转矩负载时，P0205 一定要设置为 1。

5）P0300 为电动机类型，可设置为：1—异步机，2—同步机。

6）P0304～P0311 为电动机额定参数，一定要按照电动机铭牌认真输入。

P0304　电动机额定电压（V）。

P0305　电动机额定电流（A）。

P0307　电动机额定动率（kW）。

P0308　电动机额定功率因数。

P0309　电动机额定效率。

P0310　电动机额定频率（Hz）。

P0311　电动机额定速度（r/min）。

7）P0320 为电动机的磁化电流，可以不设置，变频器可自动计算。

8）P0335 为电动机冷却方式，可按实际情况设置为：0—自冷，1—强制冷却，2—自冷和内置风机冷却，3—强制冷却和内置风机冷却。

9）P0640 为电动机的过载因子 10.0%～400.0%，设定值的范围为电动机过载电流的限定值除以电动机额定电流（P0305）的百分数值。

10）P0700 为选择命令源：1—基本操作面板（BOP），2—控制端子（数字输入）控制。

11）P1000 为选择频率设定值：1—电动电位计设定值，2—模拟设定值，3—固定频率设定值。

12）P1080 为电动机最小频率。

13）P1082 为电动机最大频率。

14）P1120，P1121，P1135 为加减速时间，按工艺需要和机械性能设置。

P1120　加速时间（斜坡上升时间）。

P1121　减速时间（斜坡下降时间）。

P1135　对应于 OFF3 的减速时间（斜坡下降时间）。

15）P1300 为控制方式：0—线性 V/f 控制，1—带 FCC 的 V/f 控制，2—抛物线 V/f 控制，3—多点 V/f 控制，20—无传感器矢量控制，21—带传感器矢量控制，22—无传感器的矢量转矩控制，23—带传感器的矢量转矩控制。

16）P1500 为转矩设定值选择。不用时可略过。

17）P3900 为结束快速调试：1—结束快速调试，并按工厂设置使参数复位；3—结束快速调试，只进行电动机数据的计算。

快速调试的流程图如图 29—9 所示。

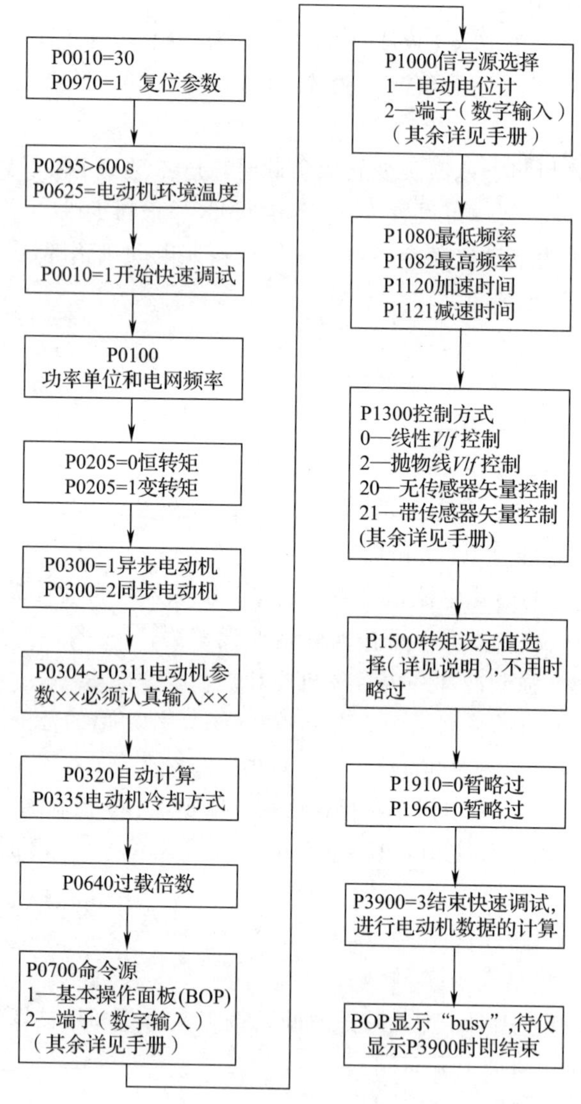

图 29—9 快速调试的流程图

在技能操作实训中，P0205，P0300，P0335，P0640，P1135 等参数都采用缺省值（出厂设定值），故在下面变频器参数设定值表中将不再出现。

电动机铭牌数据只能在 P0010＝1 快速调试时修改，用于参数化的电动机铭牌数据如图 29—10 所示。

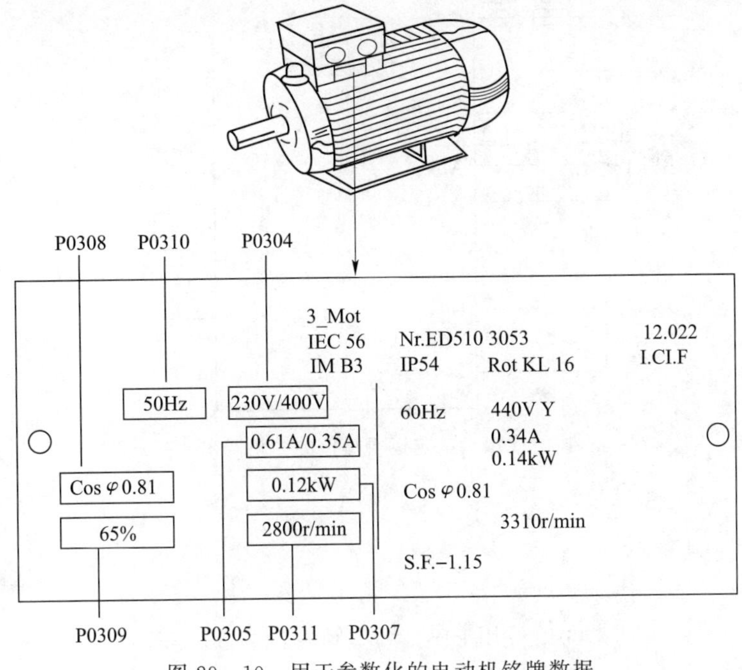

图 29—10　用于参数化的电动机铭牌数据

2. 变频器的控制端子控制运行操作

本技能操作实训的目的是要求学员能熟悉掌握变频器的控制端子控制运行操作方法。变频器的控制端子控制运行操作一般有两种类型，一种是用变频器的输入端控制变频器运行（如正转运行、反转运行、停止等），而变频器输出频率调节，即电动机转速调节由模拟量给定来调节，这里称为模拟量给定运行控制操作；另一种是用变频器的输入端控制变频器的运行（如正转运行、反转运行、停止等）和多段固定频率给定值，从而实现变频器的输出频率调节，即电动机转速调节，这里称为多段速运行控制操作。本技能操作实训分成模拟量给定运行操作和多段速运行操作两个部分。

(1) 模拟量给定运行操作。按如图 29—11 所示的变频器实训接线图进行接线。在确定接线无误的情况下，经教师检查后合上电源开关通电。在变频器运行前，首先应根据要求进行变频器参数设置，在变频器所需要的参数设置完成后，就可以进行变频器运行操作了。

1）模拟量给定运行时变频器参数设置

①将变频器复位为工厂的缺省设定值

P0010＝30

P0970＝1　恢复出厂设置。

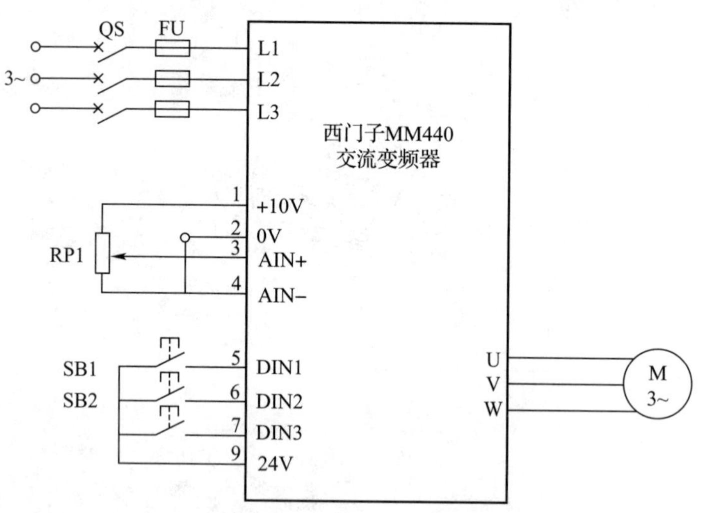

图 29—11　模拟量给定运行操作的变频器实训接线图

②快速调试

P0003＝3

P0010＝1　快速调试。

P0100＝0　功率的单位用 kW，频率缺省值为 50 Hz。

P0304＝380　电动机额定电压（V）。

P0305＝1.12　电动机额定电流（A）。

P0307＝0.37　电动机额定功率（kW）。

P0310＝50　电动机额定频率（Hz）。

P0311＝1 400　电动机额定转速（r/min）。

P0700＝2　选择由控制端子运行控制。

P1000＝2　选择由模拟量给定。

P1080＝0　最低频率。

P1082＝50　最高频率。

P1120＝8　斜坡上升时间（根据要求设置）。

P1121＝5　斜坡下降时间（根据要求设置）。

P1300＝0　采用线性 V/f 控制。

P3900＝1　结束快速调试（也可以设置 P3900＝3）。

快速调试结束后，变频器进入“准备运行”状态。为了使电动机开始运行，必须将 P0010 返回到“0”，即 P0010＝0，否则电动机不会开始运行。当 P3900＝1，2，3 时，待快速调试结束后，自动将 P0010 返回到“0”，即 P0010＝0，变频器进入“准备运行”状态。如果未设置 P3900 参数，则必须设置 P0010＝0。当 P3900＝1 时，P0003＝3 复位为 P0003＝

1；当 P3900＝3 时，P0003＝3 不复位。

③运行工艺参数

P0003＝3

P0005＝22

P0701＝1　　运行指令。接通（ON）——正转运行，断开（OFF）——停止运行。

P0702＝12　　转向切换指令。断开（OFF）——正转运行，接通（ON）——反转运行。

2）模拟量给定运行操作

①按下自锁按钮 SB1，⑤端接通，电动机正转运行，其转速由外接模拟量给定电位器 RP1 控制。调节 RP1 使给定电压达到所要求值，记录此时转速、输出频率、输出电压、输出电流等数据。断开 SB1，⑤端断开，则电动机将减速停车。

②按下自锁按钮 SB1，SB2，⑤⑥端接通，电动机反转运行。调节 RP1 使给定电压达到所要求值，记录此时转速、输出频率、输出电压、输出电流等数据。断开 SB1，⑤端断开，则电动机将减速停车。

上述变频器参数设置中的运行工艺参数还可设置为下列数据：

P0701＝1　运行指令。接通（ON）——正转运行，断开（OFF）——停止运行。

P0702＝2　运行指令。接通（ON）——反转运行，断开（OFF）——停止运行。

此时模拟量给定运行操作为：按下自锁按钮 SB1，⑤端接通，电动机正转运行，其转速由外接模拟量给定电位器 RP1 控制。调节 RP1 使给定电压达到所要求值，记录此时转速、输出频率、输出电压、输出电流等数据。断开 SB1，⑤端断开，则电动机将减速停车。按下自锁按钮 SB2，⑥端接通，电动机反转运行。调节 RP1 使给定电压达到所要求值，记录此时转速、输出频率、输出电压、输出电流等数据。断开 SB2，⑥端断开，则电动机将减速停车。

从上述操作可看出，变频器参数设置可以有不同方法，要熟悉并灵活使用。

（2）MM440 变频器固定频率选择方法。多段速（固定频率）运行控制操作就是用变频器的输入端控制变频器的运行（如正转运行、反转运行、停止等）和多段固定频率给定值选择，从而实现变频器的输出频率调节，即电动机转速调节。因此，先对 MM440 变频器固定频率的选择方法进行说明。西门子 MM440 变频器固定频率运行时，要将频率设定值参数 P1000 设置为 3，即 P1000＝3，此时相应的固定频率设定值（FF1～FF15）可在参数 P1001～P1015 中设置。MM440 变频器有直接选择、直接选择＋启动（ON）命令、二进制编码选择＋启动（ON）命令 3 种固定频率选择方法，具体可由参数 P0701～P0706 设置来选择。

1）直接选择。将 P0701～P0706 参数设置为 15。在这种操作方式下，1 个数字量输入端选择 1 个固定频率。如果有几个固定频率输入同时被激活，那么选定的固定频率值是它们的总和（如 FF1＋FF2＋FF3＋FF4＋FF5＋FF6）。例如，此时可通过自锁按钮 SB1，SB2，SB3 分别控制⑤⑥⑦端选择输出的固定频率值（即 FF1，FF2，FF3）。当⑤端接通时选择 FF1（P1001 中设置的固定频率值），当⑥端接通时选择 FF2（P1002 中设置的固定频率值），当⑦端接通时选择 FF3（P1003 中设置的固定频率值）。当⑤⑥端同时接通时，选择的固定频率值为 FF1＋FF2。

这里要注意，此时自锁按钮 SB1，SB2，SB3 分别控制的⑤⑥⑦端仅仅是选择输出的固定频率值（即 FF1，FF2，FF3），还必须设置变频器启动、停止等运行控制信号，才能使变频器投入运行，控制电动机的运行。例如，为加入变频器启动信号，将⑧端设置为正转启动控制端，此时必须将 P0704 设置为 1，并通过自锁按钮 SB4 控制⑧端。将 P0701，P0702 和 P0703 均设置为 15，当按下 SB4（⑧端）时，电动机启动，此时可用 SB1（⑤端）、SB2（⑥端）、SB3（⑦端）直接选择 P1001，P1002、P1003 所设置的频率。

2）直接选择＋启动（ON）命令。将 P0701～P0706 参数设置为 16。在这种操作方式下，选择固定频率时，既有选定的固定频率，又有启动（ON）命令。1 个数字量输入端选择 1 个固定频率。如果有几个固定频率输入同时被激活，选定的固定频率值是它们的总和（如 FF1＋FF2＋FF3＋FF4＋FF5＋FF6）。例如，此时可通过自锁按钮 SB1，SB2，SB3 分别控制⑤⑥⑦端，既可选择输出的固定频率值（即 FF1，FF2，FF3），又可控制变频器启动、停止等。当⑤端接通时，变频器以 FF1 固定频率值（P1001 中设置的固定频率值）运行；当⑤端断开时，变频器停止运行。同理，当⑥端接通时，变频器以 FF2 固定频率值（P1002 中设置的固定频率值）运行；当⑦端接通时，变频器以 FF3 固定频率值（P1003 中设置的固定频率值）运行。当⑤⑥端同时接通时，变频器以 FF1＋FF2 的固定频率值运行。这种操作方式与直接选择的操作方式的不同之处在于，这种操作方式不需要再设置变频器启动、停止等运行控制信号，变频器就可运行。

3）二进制编码选择＋启动（ON）命令。将 P0701～P0704 参数均设置为 17。在这种操作方式下，最多可选择 15 个固定频率，各个固定频率的选择方式见表 29—11，其中输入高电平代表“1”，输入低电平代表“0”。此时选择固定频率时，既有选定的固定频率，又带有启动（ON）命令，把它们组合在一起。例如，可通过自锁按钮 SB1，SB2，SB3 分别控制⑤⑥⑦端实现二进制编码选择＋启动（ON）命令的多段速（最多 7 段速）运行控制。

表 29—11　二进制编码选择固定频率表

频率代码（选择参数）	⑧端（P0704＝17）	⑦端（P0703＝17）	⑥端（P0702＝17）	⑤端（P0701＝17）
FF1（P1001）	0	0	0	1
FF2（P1002）	0	0	1	0
FF3（P1003）	0	0	1	1

续表

频率代码（选择参数）	⑧端（P0704=17）	⑦端（P0703=17）	⑥端（P0702=17）	⑤端（P0701=17）
FF4（P1004）	0	1	0	0
FF5（P1005）	0	1	0	1
FF6（P1006）	0	1	1	0
FF7（P1007）	0	1	1	1
FF8（P1008）	1	0	0	0
FF9（P1009）	1	0	0	1
FF10（P1010）	1	0	1	0
FF11（P1011）	1	0	1	1
FF12（P1012）	1	1	0	0
FF13（P1013）	1	1	0	1
FF14（P1014）	1	1	1	0
FF15（P1015）	1	1	1	1
OFF（停止）	0	0	0	0

（3）多段速（固定频率）运行控制技能操作。现以多段速（固定频率）运行控制要求为例，说明多段速运行控制时变频器的参数设置和操作。

多段速运行控制要求为：第一段转速为正向 15 Hz；第二段转速为正向 40 Hz；第三段转速为正向 10 Hz；第四段转速为反向 26.7 Hz；第五段转速为反向 45 Hz；第六段转速为反向 20 Hz。加速上升时间为 8 s，减速下降时间为 5 s。变频器的控制方式采用线性 V/f 控制方式。

按如图 29—12 所示的变频器实训接线图进行接线。在确定接线无误的情况下，经教师检查后合上电源开关通电。在变频器运行前，首先应根据要求进行变频器参数设置，在变频器所需要参数设置完成后，就可以进行变频器运行操作。

1）多段速（固定频率）运行时变频器参数设置

①将变频器复位为工厂的缺省设定值

P0010=30

P0970=1　　　恢复出厂设置。

②快速调试

P0003=3

P0010=1　　　快速调试。

P0100=0　　　功率用 kW，频率缺省为 50 Hz。

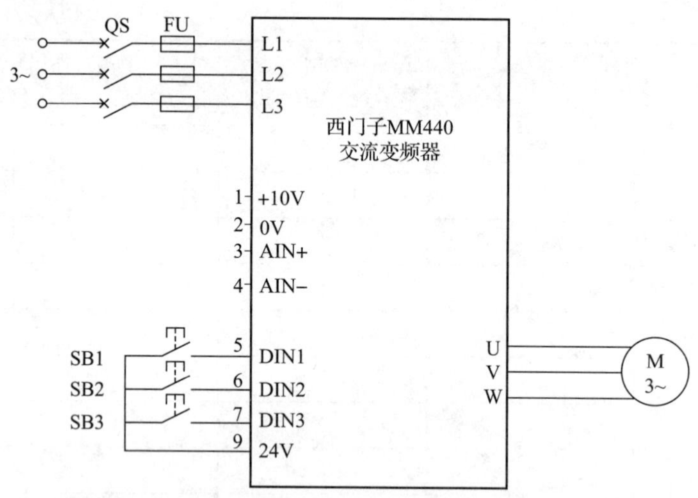

图 29—12　多段速（固定频率）运行控制的变频器实训接线图

P0304＝380　　　　电动机额定电压（V）。

P0305＝1.12　　　　电动机额定电流（A）。

P0307＝0.37　　　　电动机额定功率（kW）。

P0310＝50　　　　电动机额定频率（Hz）。

P0311＝1 400　　　　电动机额定转速（r/min）。

P0700＝2　　　　选择由控制端子运行控制。

P1000＝3　　　　选择由固定频率给定。

P1080＝0　　　　最低频率。

P1082＝50　　　　最高频率。

P1120＝8　　　　斜坡上升时间（根据要求设置）。

P1121＝5　　　　斜坡下降时间（根据要求设置）。

P1300＝0　　　　采用线性 V/f 控制。

P3900＝3　　　　结束快速调试。

快速调试结束，变频器进入“准备运行”状态。为了使电动机开始运行，必须将 P0010 返回到“0”，即 P0010＝0，否则电动机不会开始运行。当 P3900＝1，2，3 时，快速调试结束后，自动将 P0010 返回到“0”，即 P0010＝0，变频器进入“准备运行”状态。如果未设置 P3900 参数，则必须设置 P0010＝0。

③运行工艺参数

P0005＝22

P0701＝17　　　　固定频率设置（二进制编码选择＋启动命令）。

P0702＝17　　　　固定频率设置（二进制编码选择＋启动命令）。

P0703＝17　　　　固定频率设置（二进制编码选择＋启动命令）。

P0704＝17　　　　　固定频率设置（二进制编码选择＋启动命令）。
P1001＝15　　　　　FF1 第一段固定频率为 15 Hz。
P1002＝40　　　　　FF2 第二段固定频率为 40 Hz。
P1003＝10　　　　　FF3 第三段固定频率为 10 Hz。
P1004＝－26.7　　　FF4 第四段固定频率为－26.7 Hz（负号表示反向）。
P1005＝－45　　　　FF5 第五段固定频率为－45 Hz（负号表示反向）。
P1006＝－20　　　　FF6 第六段固定频率为－20 Hz（负号表示反向）。

多段速（固定频率）运行控制操作时，按下自锁按钮 SB1，⑤端接通，电动机以 FF1（15 Hz）固定频率正转运行；断开 SB1，⑤端断开，则电动机将减速停止。同理，按下自锁按钮 SB2，⑥端接通，电动机以 FF2（40 Hz）固定频率正转运行；按下自锁按钮 SB1，SB2，⑤⑥端同时接通，电动机以 FF3（10 Hz）固定频率正转运行。按下自锁按钮 SB3，⑦端接通，电动机以 FF4（－26.7 Hz）固定频率反转运行；按下自锁按钮 SB1，SB3，⑤⑦端同时接通，电动机以 FF5（－45 Hz）固定频率反转运行；按下自锁按钮 SB2，SB3，⑥⑦端同时接通，电动机以 FF6（－20 Hz）固定频率反转运行。读出以上各段速（固定频率）对应的转速、输出频率、输出电压、输出电流等数据，并填入表 29—12。

表 29—12　　　　**测量结果记录表**

项目	第一段	第二段	第三段	第四段	第五段	第六段
频率（Hz）						
转速（r/min）						
电流（mA）						
电压（V）						

在上述多段速（固定频率）运行控制技能操作实例中，变频器的控制方式要求采用线性 V/f 控制，即 P1300＝0。如果在多段速（固定频率）运行控制要求中，要求变频器的控制方式采用无传感器矢量控制；而其他多段速（固定频率）运行控制要求不变时，则变频器参数设置需要在快速调试中将变频器的控制方式设置为无传感器矢量控制，即 P1300＝20，其他参数设置可不变。在快速调试结束后，还需要对电动机数据自动检测，即设置 P1910＝1，对电动机所有参数都自动检测，并改写参数数值。也就是说，在上述调试参数表中还需要增加 P1910＝1 时的相关数据。

2）画出以上 6 段速运行的 $n=f(t)$ 曲线图，要求标明时间坐标和转速坐标值。

3）系统故障分析与处理。在交流调速系统实训装置中人为设置 1 个故障点，根据故障现象具体分析产生故障的原因，找出具体故障点并进行处理，使调速系统正常运行。

（4）带点动、直流制动功能的多段速运行控制

1）带点动、直流制动功能的多段速运行控制要求。现以多段速（固定频率）运行控

制要求为例，说明带点动、直流制动功能的多段速运行控制时变频器的参数设置及操作。多段速运行控制要求如下。

①第一段转速为正向 10 Hz；第二段转速为正向 30 Hz；第三段转速为正向 15 Hz；第四段转速为反向 40 Hz；第五段转速为反向 20 Hz。加速上升时间为 10 s，减速下降时间为 6 s。

②正、反向点动由正、反向点动按钮控制，正向点动转速为 6 Hz，反向点动转速为 6 Hz。点动上升时间为 12 s，点动下降时间为 8 s。

③变频器控制系统具有直流制动控制功能。其具体要求为：直流制动起始频率 8 Hz，直流制动电流为 50%电动机额定电流，直流制动时间 2 s。变频器的控制方式采用线性 V/f 控制方式。

④控制系统还设有“直流注入制动投入”和“变频器运行”2 个指示灯，具体由变频器开关量输出（继电器）控制。“直流注入制动投入”和“变频器运行”2 个指示灯采用 DC 24 V 电源。

⑤控制系统设有“变频器输出电流”仪表，具体由变频器模拟量输出控制。“变频器输出电流”仪表是采用量程为 0～20 mA 的电流表改制而成的。

按图 29—13 所示的变频器实训接线图进行接线。在确定接线无误的情况下，经教师检查后合上电源开关通电。在变频器运行前，首先应根据要求进行变频器参数设置，在变频器所需要参数设置完成后，就可以进行变频器运行操作了。

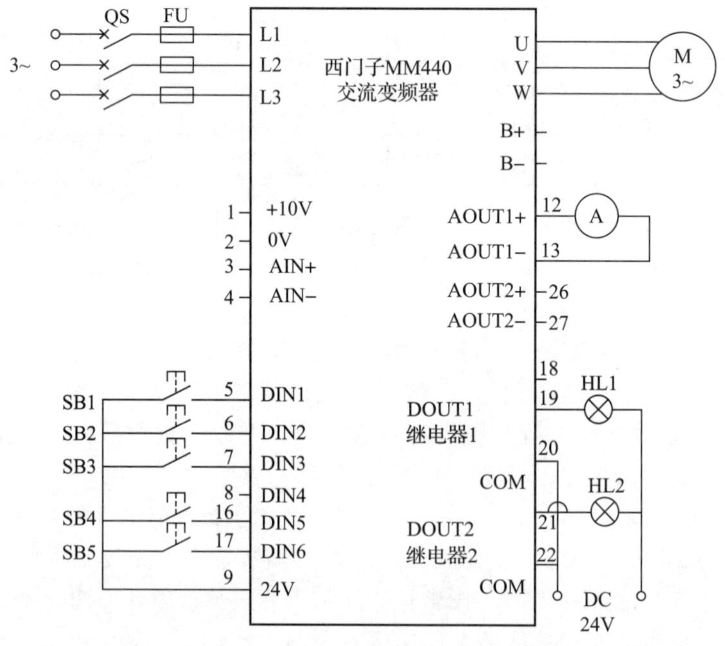

图 29—13　带点动、直流制动功能的多段速运行变频器实训接线图

2）带点动、直流制动功能的多段速运行时变频器参数设置。

①将变频器复位为工厂的缺省设定值

P0010＝30

P0970＝1　　　恢复出厂设置。

②快速调试

P0003＝3

P0010＝1　　　快速调试。

P0100＝0　　　功率用kW，频率缺省值为50 Hz。

P0304＝380　　　电动机额定电压（V）。

P0305＝1.12　　　电动机额定电流（A）。

P0307＝0.37　　　电动机额定功率（kW）。

P0310＝50　　　电动机额定频率（Hz）。

P0311＝1 400　　　电动机额定转速（r/min）。

P0700＝2　　　选择由控制端子运行控制。

P1000＝3　　　选择由固定频率给定。

P1080＝0　　　最低频率。

P1082＝50　　　最高频率。

P1120＝10　　　斜坡上升时间（根据要求设置）。

P1121＝6　　　斜坡下降时间（根据要求设置）。

P1300＝0　　　采用线性 V/f 控制。

P3900＝3　　　结束快速调试。

快速调试结束后，变频器进入“准备运行”状态。为了使电动机开始运行，必须将P0010返回到“0”，即P0010＝0，否则电动机不会开始运行。当P3900＝1，2，3时，快速调试结束后，自动将P0010返回到“0”，即P0010＝0，变频器进入“准备运行”状态。如果未设置P3900参数，则必须设置P0010＝0。

③运行工艺参数

P0005＝22

P0701＝17　　　固定频率设置（二进制编码选择＋启动命令）。

P0702＝17　　　固定频率设置（二进制编码选择＋启动命令）。

P0703＝17　　　固定频率设置（二进制编码选择＋启动命令）。

P0704＝17　　　固定频率设置（二进制编码选择＋启动命令）。

P0705＝10　　　正向点动。

P0706＝11　　　反向点动。

P0731＝53.0　　　直流注入制动投入。

P0732＝52.2　　　变频器正在运行。

P0771=27　　变频器输出电流。
P1001=10　　FF1 第一段固定频率为 10 Hz。
P1002=30　　FF2 第二段固定频率为 30 Hz。
P1003=15　　FF3 第三段固定频率为 15 Hz。
P1004=−40　　FF4 第四段固定频率为−40 Hz（负号表示反转）。
P1005=−20　　FF5 第五段固定频率为−20 Hz（负号表示反转）。
P1058=6　　正向点动频率为 6 Hz。
P1059=6　　反向点动频率为 6 Hz。
P1060=12　　点动斜坡上升时间为 12 s。
P1061=8　　点动斜坡下降时间为 8 s。
P1232=50　　直流制动电流为 50%电动机额定电流。
P1233=2　　直流制动的持续时间为 2 s。
P1233=8　　直流制动的起始频率为 8 Hz。
P2002=2.0　　变频器输出电流满刻度设定值。

3）带点动、直流制动功能的多段速运行操作。按下自锁按钮 SB1，⑤端接通，电动机以 FF1（10 Hz）固定频率正转运行；断开 SB1，⑤端断开，则电动机将减速停车+直流制动。同理，按下自锁按钮 SB2，⑥端接通，电动机以 FF2（30 Hz）固定频率正转运行；断开 SB2，⑥端断开，则电动机将减速停车+直流制动。按下自锁按钮 SB1，SB2，⑤⑥端同时接通，电动机以 FF3（15 Hz）固定频率正转运行；按下自锁按钮 SB3，⑦端接通，电动机以 FF4（40 Hz）固定频率反转运行；按下自锁按钮 SB1，SB3，⑤⑦端同时接通，电动机以 FF5（20 Hz）固定频率反转运行。读出以上各段速（固定频率）对应的转速、输出频率、输出电压、输出电流等数据，以及“变频器输出电流”仪表的读数，并填入表 29—13。

表 29—13　　测量结果记录表

项目	第一段	第二段	第三段	第四段	第五段
频率（Hz）					
转速（r/min）					
电流（mA）					
电压（V）					
变频器输出电流表（mA/A）					

按下按钮 SB4，⑯端接通，电动机以正向点动频率点动运行；断开 SB4，⑯端断开，则电动机将减速停车。按下按钮 SB5，⑰端接通，电动机以反向点动频率点动运行；断开 SB5，⑰端断开，则电动机将减速停车。

第3节　三菱 FR-A540 系列通用变频器及其应用

一、概述

三菱通用变频器产品有下面几种系列：FR-A500 系列多功能高性能变频器、FR-E500 系列经济型高性能变频器、FR-F500 系列轻负载（风机、水泵）型变频器和 FR-S500E 系列简易型变频器、FR-F700 系列节能型轻负载变频器、FR-V500 系列变频器等。三菱通用变频器的特点是：采用三菱最新的柔性 PWM 控制技术，实现更低噪声运行；具有可拆卸型冷却风扇和接线端子，维护方便；输入、输出信号类型包括模拟信号、数字信号和网络连接；输入电压范围宽，三相输入电压范围为 323～528 V，单相输入电压范围为 170～264 V；过载能力为 150%，60 s 和 200%，0.5 s，具有反时限特性。内置 PID 控制器和 RS485 通信接口，也可通过选件卡实现与现场总线（CC-link，DeviceNet TM，Profibus DP，Modbus plus 等）通信。随机附带 1 个简易操作面板（FR-DU04），也可选用具有 LCD 显示带菜单功能的选件操作面板（FR-PU04）。将操作面板拆下后，即可与计算机连接，通过计算机可设置参数和监控运行。

三菱公司 FR-A540 变频器采用先进磁通矢量控制技术，适用于一般工业应用负载，其功率范围为 0.4～375 kW。400 V 系列变频器三相进线电压为 AC 380～480 V，其型号和规格见表 29—14。

三菱 FR-A540 系列（400 V）变频器的主要技术数据见表 29—15。

表 29—14　　三菱 FR-A540（400 V）系列变频器型号和规格表

型　号	额定容量（kVA）[①]	额定电流（A）	适用电动机容量（kW）[②]
FR-A540-0.4K-CH	1.1	1.5	0.4
FR-A540-0.75K-CH	1.9	2.5	0.75
FR-A540-1.5K-CH	3	4	1.5
FR-A540-2.2K-CH	4.2	6	2.2
FR-A540-3.7K-CH	6.9	9	3.7
FR-A540-5.5K-CH	9.1	12	5.5
FR-A540-7.5K-CH	13	17	7.5
FR-A540-11K-CH	17.5	23	11
FR-A540-15K-CH	23.6	31	15
FR-A540-18.5K-CH	29	38	18.5
FR-A540-22K-CH	32.8	43	22
FR-A540-30K-CH	43.4	57	30
FR-A540-37K-CH	54	71	37
FR-A540-45K-CH	65	86	45
FR-A540-55K-CH	84	110	55

注：①额定输出容量是指假定 400 系列变频器输出电压为 440 V。

②适用电动机容量是指使用三菱标准 4 极电动机时的最大适用容量。

表 29—15　　**三菱 FR－A540（400 V）系列变频器技术数据表**

<table>
<tr><td colspan="3">型号 FR－A540－□□K-CH</td><td>0.4</td><td>0.75</td><td>1.5</td><td>2.2</td><td>3.7</td><td>5.5</td><td>7.5</td><td>11</td><td>15</td><td>18.5</td><td>22</td><td>30</td><td>37</td><td>45</td><td>55</td></tr>
<tr><td colspan="3">适用电动机容量（kW）①</td><td>0.4</td><td>0.75</td><td>1.5</td><td>2.2</td><td>3.7</td><td>5.5</td><td>7.5</td><td>11</td><td>15</td><td>18.5</td><td>22</td><td>30</td><td>37</td><td>45</td><td>55</td></tr>
<tr><td rowspan="6">输出</td><td colspan="2">额定容量（kVA）②</td><td>1.1</td><td>1.9</td><td>3</td><td>4.2</td><td>6.9</td><td>9.1</td><td>13</td><td>17.5</td><td>23.6</td><td>29</td><td>32.8</td><td>43.4</td><td>54</td><td>65</td><td>84</td></tr>
<tr><td colspan="2">额定电流（A）</td><td>1.5</td><td>2.5</td><td>4</td><td>6</td><td>9</td><td>12</td><td>17</td><td>23</td><td>31</td><td>38</td><td>43</td><td>57</td><td>71</td><td>86</td><td>110</td></tr>
<tr><td colspan="2">过载能力③</td><td colspan="15">150%，60 s 和 200%，0.5 s（反时限特性）</td></tr>
<tr><td colspan="2">电压④</td><td colspan="15">三相 380～480 V，50 Hz/60 Hz</td></tr>
<tr><td rowspan="2">再生制动转矩</td><td>最大值/时间</td><td colspan="8">100%，5 s</td><td colspan="7">20⑤</td></tr>
<tr><td>允许使用率</td><td colspan="8">2%　ED</td><td colspan="7">连续⑤</td></tr>
<tr><td rowspan="4">电源</td><td colspan="2">额定输入
交流电压、频率</td><td colspan="15">三相 380～480 V，50 Hz/60 Hz</td></tr>
<tr><td colspan="2">交流电压允许波动范围</td><td colspan="15">323～528 V，50 Hz/60 Hz</td></tr>
<tr><td colspan="2">允许频率波动范围</td><td colspan="15">±5%</td></tr>
<tr><td colspan="2">电源容量（kVA）⑥</td><td>1.5</td><td>2.5</td><td>4.5</td><td>5.5</td><td>9</td><td>12</td><td>17</td><td>20</td><td>28</td><td>34</td><td>41</td><td>52</td><td>66</td><td>80</td><td>100</td></tr>
<tr><td colspan="3">保护结构（JEM1030）</td><td colspan="15">封闭型 IP20 _ NEMA1⑦</td></tr>
<tr><td colspan="3">冷却方式</td><td colspan="3">自冷</td><td colspan="12">强制风冷</td></tr>
<tr><td colspan="3">大约质量（kg）连同 DU</td><td>3.5</td><td>3.5</td><td>3.5</td><td>3.5</td><td>3.5</td><td>6.0</td><td>6.0</td><td>13.0</td><td>13.0</td><td>13.0</td><td>13.0</td><td>24.0</td><td>35.0</td><td>35.0</td><td>36.0</td></tr>
</table>

注：①适用电动机容量是指使用三菱标准 4 极电动机时的最大适用容量。

②额定输出容量是指假定 400 V 系列变频器输出电压为 440 V。

③过载能力是以过电流与变频器的额定电流之比的百分数（%）表示，反复使用时，必须等待变频器和电动机降到 100%负荷时的温度以下。

④最大输出电压不能大于电源电压，在电源电压以下可以任意设定最大输出电压。

⑤FR－A540－7.5K－CH 型以下型号变频器内置制动回路（制动单元和制动电阻），FR－A540－7.5K－CH 型以上型号变频器没有安装内置制动回路（制动单元和制动电阻），转矩是以从 60 Hz 减速到停止时的平均值表示的，并且随着电动机的损耗有所变化。

⑥电源容量随着电源侧的阻抗（包括输入电抗器和电线）的值而变化。

⑦取下选项用接线口，装入内置选项时，变为开放型（IP00）。

二、三菱 FR-A540 系列变频器端子接线图与端子功能

三菱 FR-A540 系列变频器端子接线图如图 29—14 所示。变频器的端子分为主电路端子和控制电路端子两个部分。

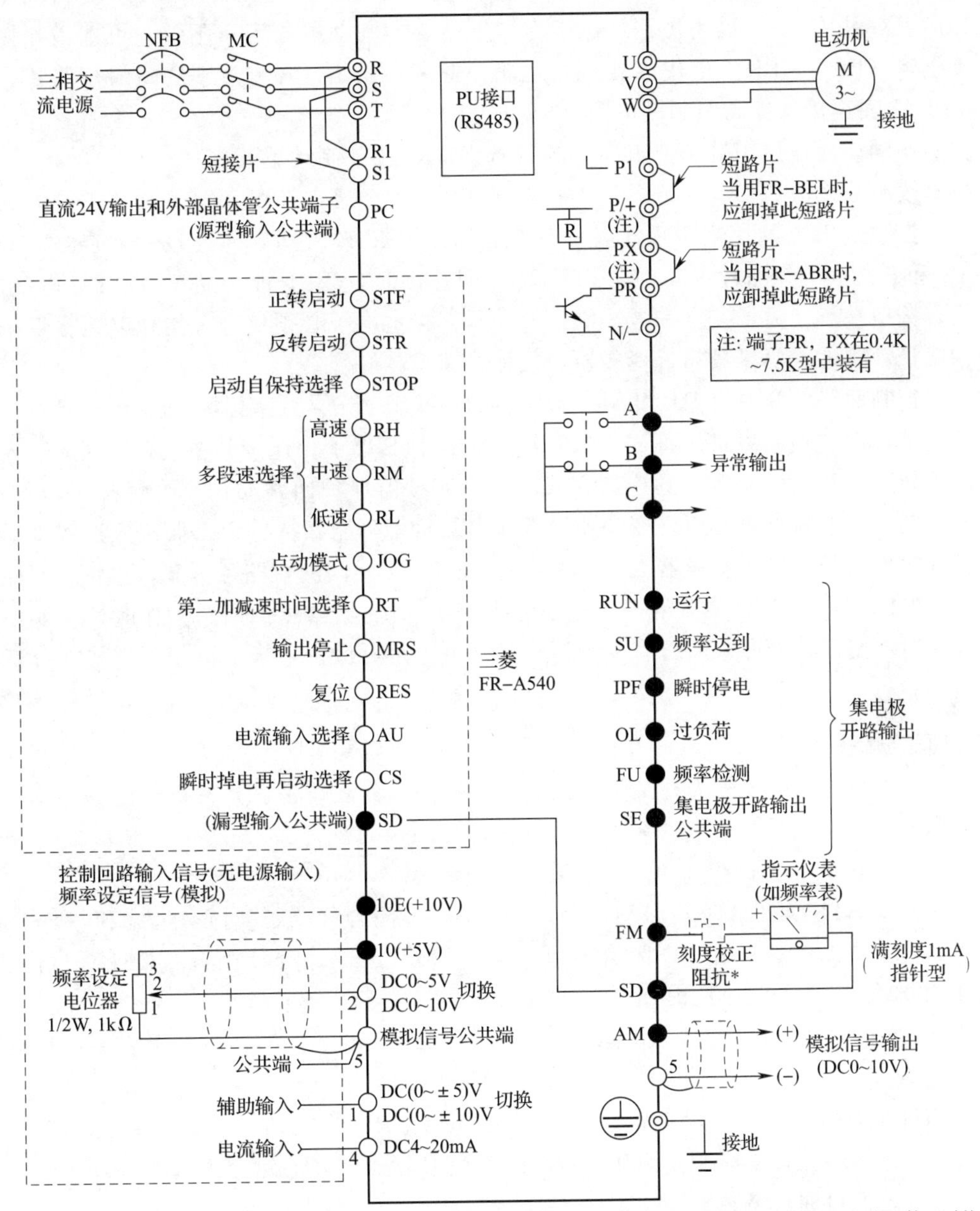

注：* 用操作面板(FR-DU04)或参数单元(FR-PU04)时没必要校正。仅当频率计不在附近又需要用频率计校正时使用。但是连接刻度校正阻抗后，频率计的指针有可能达不到满量程。这时请和操作面板或参数单元校正共同使用。

图 29—14　三菱 FR-A540 系列变频器端子接线图

1. 主回路端子功能

（1）主回路交流电源输入端子 R，S，T。

（2）变频器输出端子 U，V，W。

（3）制动电阻连接用端子 PX 和 PR。三菱 FR - A540 系列变频器中的 0.4K～7.5K 型变频器的 PX 和 PR 端子已用短路片连接。如果内装的制动电阻容量不够，可选用外接高频制动电阻（FR - ABR）替代内置制动电阻。此时应拆开 PR 和 PX 之间的短路片，在 PX 和 PR 之间连接选件高频制动电阻（FR - ABR）。

（4）制动单元连接用端子 P 和 N，连接选件 FR - BU 制动单元等。

（5）改善功率因数 DC 电抗器的连接端子 P1 和 P。通常情况下（不采用 DC 电抗器时），已将 P1 和 P 之间用短路片连接。当采用 FR - BEL 改善功率因数 DC 电抗器选件时，应将 P1 和 P 之间的短路片拆开，在 P 和 P1 之间连接 FR - BEL 改善功率因数 DC 电抗器。

（6）接地端子。为了安全和减小噪声，变频器接地端子必须接地，接地电缆尽量采用较粗的线径；接地点要尽量靠近变频器，接地线越短越好。

（7）控制回路电源端子 R1 和 S1。通常将 R1 和 S1 端子与变频器交流输入电源端子 R 和 S 相连接，即分别用短路片将 R1 和 R 端子、S1 和 S 端子相连接。在变频器交流输入电源侧采用断路器和接触器 MC 的连接方式时，当变频器保护回路动作，接触器 MC 断开，变频器控制回路电源也将断开，变频器异常输出信号将不能保持。为了保持保护回路动作时的异常输出信号，可将变频器 R 和 R1 之间、S 和 S1 之间的短路片拆开，再将控制回路电源端子 R1 和 S1 接到接触器的一次侧（进线侧）。当变频器保护回路动作时，接触器虽然断开，但控制回路电源未断开，变频器异常输出信号可保持下来，以便于查找和分析故障原因。

2. 控制回路端子功能

控制回路端子类型可分为开关量输入端子、模拟量输入端子、开关量输出端子、模拟量输出端子等。

（1）开关量输入端子

1）STF，STR 为正、反转启动指令，STF 和 SD 闭合（ON）时正转，STF 和 SD 断开（OFF）时停止。STR 和 SD 闭合时（ON）反转，STR 和 SD 断开（OFF）时停止。当 STF 和 SD、STR 和 SD 同时闭合（ON）时，相当于给出停止指令。

2）STOP 为启动自保持选择，当 STOP 和 SD 闭合（ON）时，可选择启动信号自保持。

3）RH，RM，RL 为多段速度选择，RH，RM，RL 输入端子功能分别为高速、中速、低速运行指令。日常应用中可用 RH，RM，RL 输入信号的组合来选择多段速度，而多段速度设定值可通过参数 Pr. 4～Pr. 6，Pr. 24～Pr. 27 等预先设置。

4）JOG 为点动模式选择，当 JOG 和 SD 闭合（ON）时，选择点动运行方式，用（STF 和 STR）启动指令可以点动运行。点动频率和点动加减速时间可通过参数 Pr. 15，

Pr. 16 预先设置。

5）RT 为第二加减速时间选择，当 RT 和 SD 闭合（ON）时，选择第二加减速时间。第二加减速时间可通过参数 Pr. 44 预先设置。

6）AU 为电流输入选择，当 AU 和 SD 闭合（ON）时，变频器可用直流 4～20 mA 作为频率设置信号。

7）CS 为瞬时停电再启动选择，当 CS－SD 预先闭合（ON）时，瞬时停电再恢复时变频器便可自动启动，选用这种运行方式必须设置有关参数（Pr. 57，Pr. 58，Pr. 162～Pr. 165 等）。因为出厂时默认为不能再启动运行方式。

8）RES 为复位指令，用于解除保护回路动作的保持状态，使 RES 和 SD 接通 0.1 s 以上，然后断开。

9）MRS 为输出停止指令，当 MRS 和 SD 接通（20 ms 以上）时，变频器输出停止。

10）SD 为公共输入端子（漏型），控制输入端子和 FM 端子的公共端，直流 24 V/0.1 A（PC 端子）电源的输出公共端。

11）PC 为直流 24 V 电源和外部晶体管公共输入端（源型）。该端子可用于直流 24 V/0.1 A 电源输出。当选择源型时，这个端子作为接点输入的公共端。

上述 RH，RM，RL，JOG，RT，AU，CS 开关量输入端子的功能随着参数 Pr. 180～Pr. 186 设定值的改变而改变。

（2）模拟量输入端子

1）端子⑩⑩E 为频率设定电源，其中⑩为 DC 5 V，⑩E 为 DC 10 V，允许负荷电流增为 10 mA。

2）端子②为频率设定（电压）输入端，接频率设定电位器中间滑动端，输入阻抗为 10 kΩ。输入 DC 0～5 V（或 DC 0～10 V）时，DC 5 V（或 DC 10 V）对应于最大输出频率，输入、输出成比例。出厂设置为 DC 5 V，连接频率设定电位器时，与端子⑩连接。当连接到端子⑩E 时，需要改变端子②的输入规格。DC 0～5 V 和 DC 0～10 V 的切换可通过参数 Pr. 73 选择。

3）端子④为频率设定（电流）输入端，输入阻抗 250 Ω，DC 4～20 mA。20 mA 对应于最大输出频率，输入输出成比例。只有端子 AU 和 SD 接通（ON）时，该端输入频率设定（电流）信号有效。

4）端子①为辅助频率设定输入端，输入阻抗 10 kΩ，输入 DC 0～±5 V 或 DC 0～±10 V时，端子②或④的频率设定信号与这个信号相加。DC 0～±5 V 与 DC 0～±10 V 的切换可通过参数 Pr. 73 选择。出厂设置为 DC 0～±10 V。

5）端子⑤为频率设定公共端、频率设定信号（端子②①④）和模拟信号输出端子 AM 的公共端。

（3）开关量输出端子

1）SE 为集电极开路输出公共端，也为 RUN，SU，OL，IPF，FU 的公共端子。

2）集电极开路输出端

①RUN 表示变频器正在运行。变频器输出频率为启动频率（出厂时为 0.5 Hz，可变更）以上时为低电平，集电极开路输出用的晶体管处于 ON（导通状态）；变频器正在停止或正在直流制动时为高电平，集电极开路输出用的晶体管处于 OFF（截止状态）。

②SU 表示频率达到设定值。输出频率达到设置频率的±10%（出厂设置，可变更）时为低电平，集电极开路输出用的晶体管处于 ON（导通状态）；正在加减速或停止时为高电平，集电极开路输出用的晶体管处于 OFF（截止状态）。

③OL 表示过负荷报警。当失速保护功能动作时为低电平，集电极开路输出用的晶体管处于 ON（导通状态）。失速保护功能解除时为高电平，集电极开路输出用的晶体管处于 OFF（截止状态）。

④IPF 表示瞬间停电。瞬间停电、电压不足保护动作时为低电平，集电极开路输出用的晶体管处于 ON（导通状态）。

⑤FU 表示频率检测。输出频率为任意设置的检测频率以上时为低电平，集电极开路输出用的晶体管处于 ON（导通状态）；为设置的检测频率以下时为高电平，集电极开路输出用的晶体管处于 OFF（截止状态）。

上述多功能输出端子的功能可通过参数 Pr. 190～Pr. 195 的设置来改变。

3）异常报警输出端 A，B，C。指示变频器因保护功能动作而输出停止的转换输出端。异常时 B，C 间不导通（A，C 间导通）；正常时 B，C 间导通（A，C 间不导通）。

A，B，C 报警输出端为无源触点输出。触点容量为 AC 200 V，0.3 A 或 DC 30 V，0.3 A。

4）模拟量、脉冲信号输出端子

①AM 为模拟信号输出端。AM 具体监视项目功能可通过参数 Pr. 158 设置选择，可监视输出频率、输出电流、输出电压等 16 种项目中的监视项目（如输出频率）。输出信号与监视项目的大小成正比。AM 功能出厂设置为输出频率监视项目，频率输出信号为 0～10 V，允许负荷电流 1 mA。

②FM 为脉冲信号输出端。FM 具体监视项目功能可通过参数 Pr. 54 设置选择，可监视输出频率、输出电流、输出电压等 16 种项目中的监视项目（如输出频率）。输出信号与监视项目的大小成正比。FM 功能出厂设置为输出频率 60 Hz 时，1 440 脉冲/s，允许负荷电流 1 mA。

三、三菱 FR－A540 系列变频器的操作模式和操作面板

1. 变频器的操作模式

三菱 FR－A540 系列变频器有 4 种操作模式：外部操作模式、PU 操作模式、外部/PU组合操作模式和计算机通信操作模式。

（1）外部操作模式。采用连接到变频器的端子板的外部操作信号，如频率设定电位器，正、反转启动信号（STF，STR）等控制变频器的运行。当电源接通时，启动信号（STF，STR）接通，则开始运行。

（2）PU 操作模式。可用操作面板（PU）的键盘进行设置，利用正转键（FWD）、反转键（REV）、停止键（STOP）、频率设置等控制变频器的运行，这种操作模式不需要外部操作信号。

（3）外部/PU 组合操作模式。可采用连接到变频器的端子板的外部操作信号和 PU 操作面板组合控制变频器的运行。例如，启动信号的正、反转启动信号由外部操作信号控制，频率设置由 PU 操作面板操作；启动信号的正、反转启动信号由 PU 操作面板运行命令键操作，频率设置信号用外部操作信号的外部频率设定电位器设定。

（4）计算机通信操作模式。通过 RS485 通信电缆将计算机连接 PU 接口进行通信操作。

变频器具体操作模式可通过参数 Pr. 79 设置来选择，非常灵活方便。

2. 三菱 FR－A540 系列变频器的操作面板及其操作

三菱 FR－A540 系列变频器的操作面板如图 29—15 所示。用操作面板可以设置运行频率、监视操作命令、设置参数、显示错误、复制参数等。

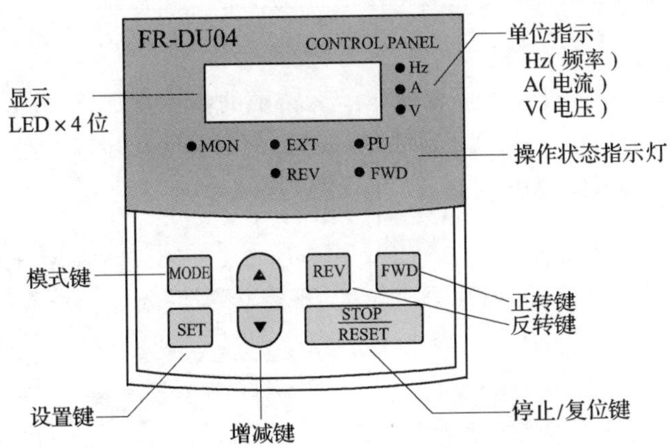

图 29—15　三菱 FR－A540 系列变频器的操作面板

（1）操作面板上各部分的作用及其功能

1）LED 显示器。用于显示各种状态下各种数据参数、信号等。

2）单位指示。显示 LED 显示器中数据（频率、电流、电压）的计量单位，如 Hz 指示灯亮表示频率计量单位。当 LED 显示器显示参数信号时，单位指示灯全灭。

3）操作状态指示。MON 指示灯亮表示监视模式，EXT 指示灯亮表示外部操作，PU 指示灯亮表示 PU 操作，EXT 指示灯和 PU 指示灯同时亮表示 PU 和外部操作组合方式。REV 指示灯或 FWD 指示灯亮分别对应于 REV（反转）或 FWD（正转）操作。

4）用 PU 操作时，［REV］键为反转键，用于给出反转指令，［FWD］键为正转键，用于给出正转指令。

5）模式键。[MODE] 键为模式键，用于选择操作模式或设置模式。FR－A540 系列变频器具有监视模式、频率设定模式、参数设定模式、运行模式、帮助模式等。

6）设置键。[SET] 键为设置键，用于确定频率和参数的设置。

7）增/减键 [▲] / [▼]。用于连续增加或降低运行频率，在参数设定模式中，可连续改变设置参数。

8）停止/复位键。[STOP/RESET] 为停止/复位键，在 PU 操作时，用于停止变频器运行。在保护功能动作输出停止时，用于复位变频器。

（2）变频器操作面板的基本操作方法

1）按 [MODE] 键改变监视显示操作，如图 29—16 所示。

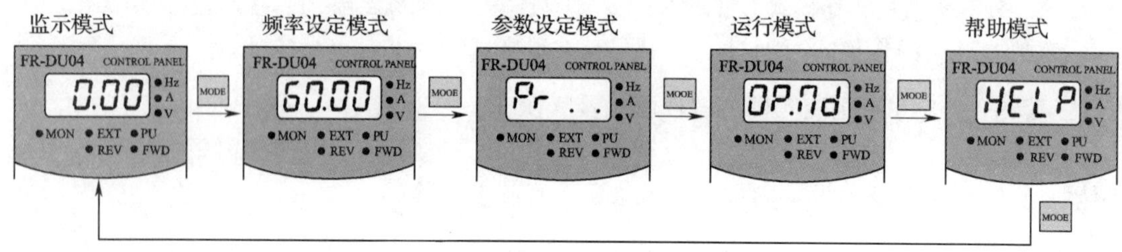

图 29—16　按 [MODE] 键改变监视显示操作

2）监视模式操作。监视模式下监视器显示运转中的指令：EXT 指示灯亮表示外部操作；PU 指示灯亮表示 PU 操作；EXT 和 PU 指示灯同时亮表示 PU 和外部操作组合方式。监视模式在运行中也能改变，如图 29—17 所示。

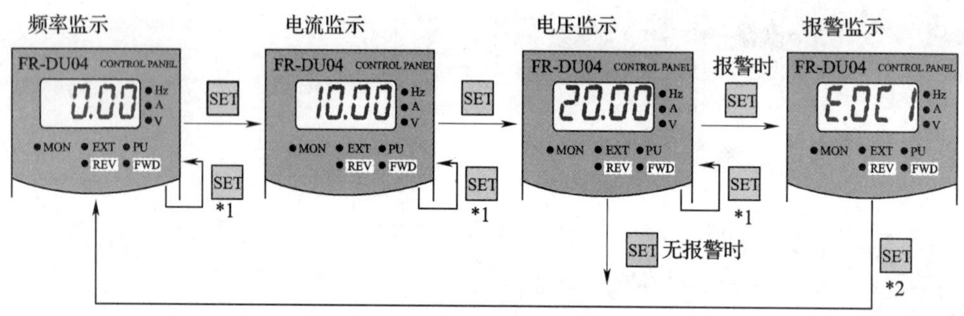

图 29—17　改变监视模式操作

3）频率设定模式操作。将目前为 60 Hz 的频率改设为 50 Hz，该改变设置频率的操作步骤，如图 29—18 所示。

4）参数设定模式操作。1 个参数值的设置既可以用数字键设置也可以用增/减键，按下 [SET] 键 1.5 s 写入设定值并更新。例如，把 Pr. 79 “运行模式选择” 设定值从 “2” （外部操作模式）变更到 “1” （PU 操作模式）的操作步骤如图 29—19 所示。

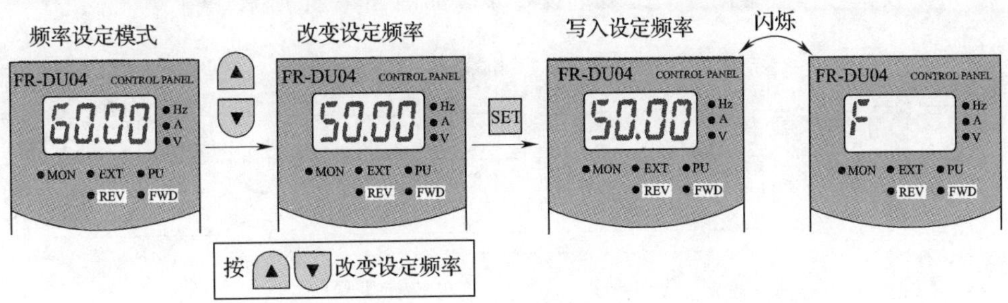

图 29—18 将目前 60 Hz 的频率改设为 50 Hz 的操作步骤

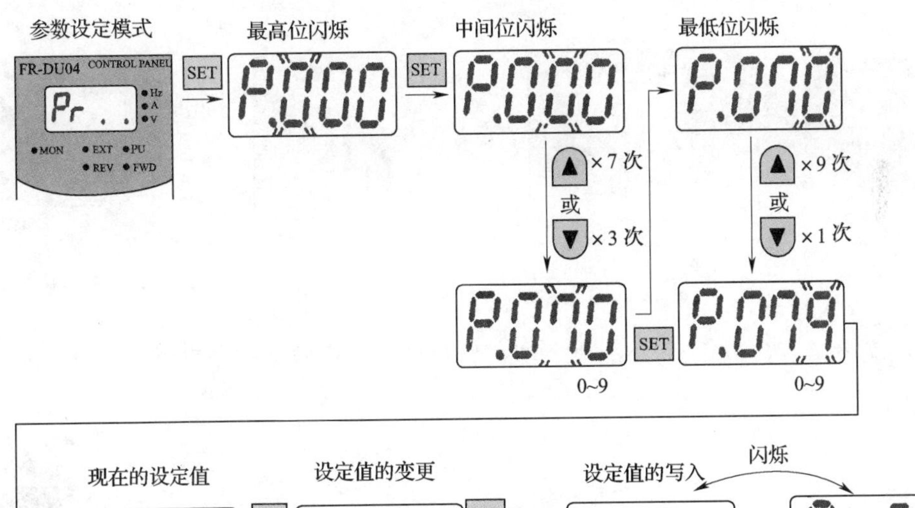

图 29—19 将 Pr. 79=2 设置为 Pr. 79=1 的操作步骤

5）操作模式操作。操作模式改变的操作步骤如图 29—20 所示。

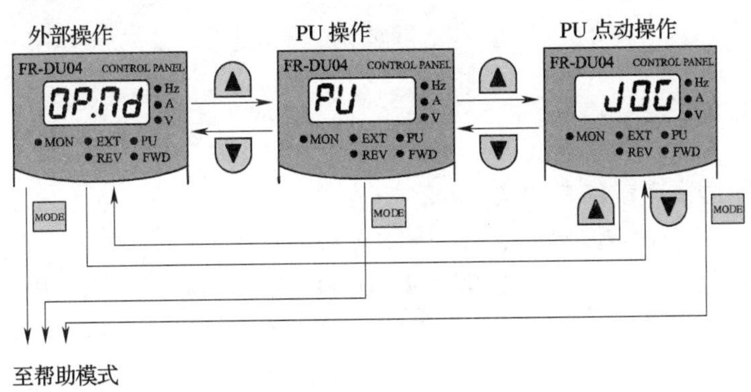

图 29—20 操作模式改变的操作步骤

6）帮助模式操作。帮助模式改变的操作步骤如图 29—21 所示。

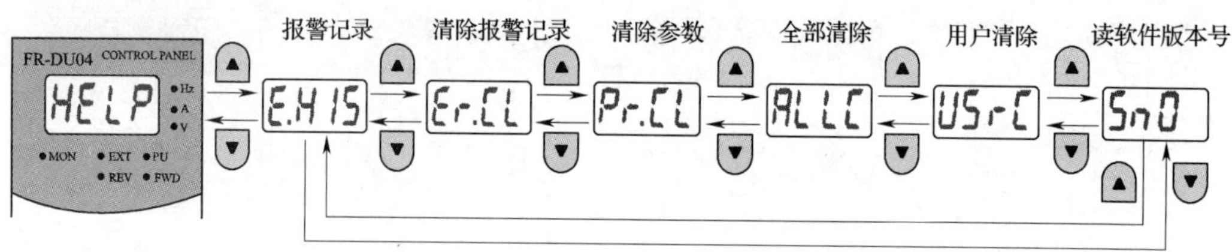

图 29—21 帮助模式的操作步骤

7）报警记录全部清除。报警记录全部清除的操作步骤如图 29—22 所示。

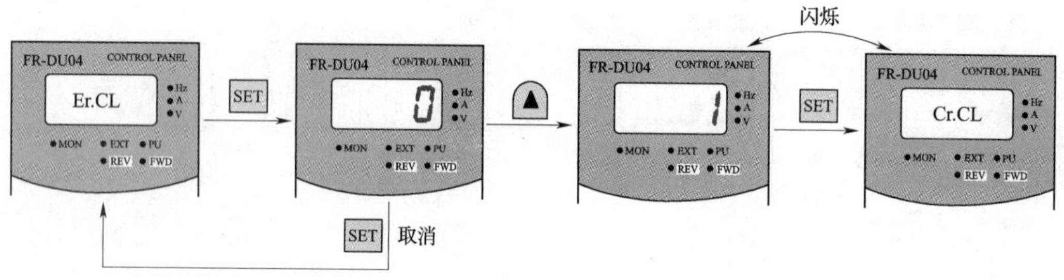

图 29—22 报警记录全部清除的操作步骤

8）全部消除。将参数值和校准值全部初始化到出厂设定值即全部消除，操作步骤如图 29—23所示。

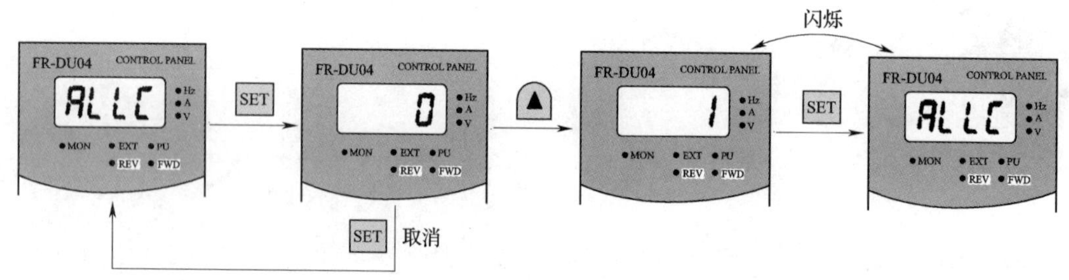

图 29—23 全部消除的操作步骤

四、常用参数功能说明

1. 上限频率与下限频率参数 Pr. 1 与 Pr. 2

Pr. 1 与 Pr. 2 用于设定变频器输出频率的上限和下限。Pr. 1 的出厂设定值为 120 Hz，Pr. 2 的出厂设定值为 0 Hz。限制变频器的上限和下限输出频率，也就限制了电动机的最高和最低转速。上限频率可通过 Pr. 1 来设定，如果频率给定设定值高于此设定值，则输出频率被钳位在上限频率，如图 29—24 所示。具体应根据工艺要求而定，上限频率一般可设定为 50 Hz。下限频率可通过 Pr. 2 来设定，下限频率可设定为 0 Hz。

2. 基底频率与基底频率电压参数 Pr. 3 与 Pr. 19

Pr. 3 用于设定基底频率，Pr. 19 用于设定基底频率电压。Pr. 3 的出厂设定值为 50 Hz，Pr. 19 的出厂设定值为 9999（9999 表示与电源电压相同）。一般基底频率可设定为电动机额定频率，基底频率电压设定为电动机额定电压，如 380 V 或 9999（9999 表示与电源电压相同）。当选择先进磁通矢量控制方式时，Pr. 3，Pr. 19 的设定无效。

3. 加减速时间等有关参数 Pr. 7，Pr. 8，Pr. 20，Pr. 21，Pr. 44，Pr. 45

Pr. 20 用于设定加减速基准频率，其出厂设定值为 50 Hz。Pr. 21 用于设定加减速时间单位。当 Pr. 21＝0 时，最小设定单位为 0.1 s；当 Pr. 21＝1 时，最小设定单位为 0.01 s。Pr. 21 的出厂设定值为 0。Pr. 7，Pr. 8 用于设定电动机加减速时间，Pr. 44，Pr. 45 用于设定电动机第二加减速时间。Pr. 7，Pr. 44 所设定的电动机加速时间是指从 0 到达 Pr. 20 所设定加减速基准频率的加速时间。Pr. 8，Pr. 45 所设定的电动机减速时间是指从 Pr. 20 所设定加减速基准频率下降到 0 的减速时间，如图 29—25 所示。

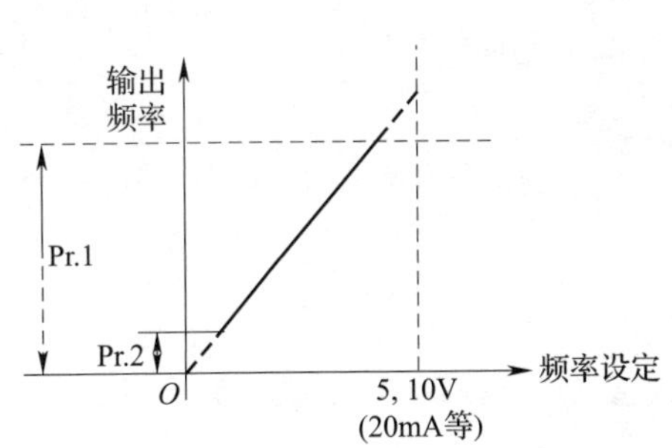

图 29—24　上限、下限频率的曲线

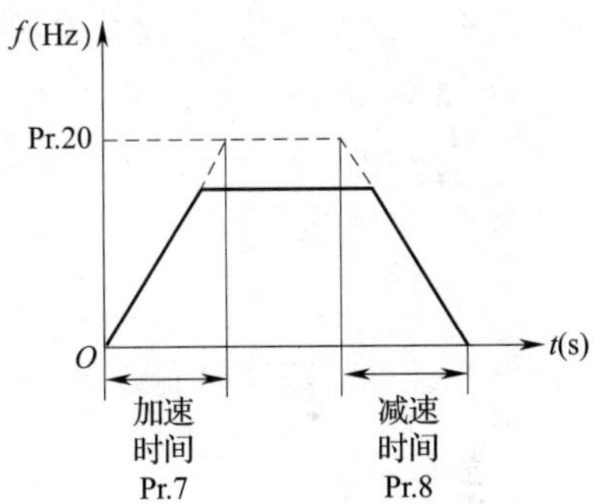

图 29—25　加减速时间的曲线

4. 多段速度设定参数 Pr. 4～Pr. 6，Pr. 24～Pr. 27

Pr. 4～Pr. 6，Pr. 24～Pr. 27 用于多段速度设定。其中，Pr. 4 用于多段速度设定（高速），其出厂设定值为 60 Hz；Pr. 5 用于多段速度设定（中速），其出厂设定值为30 Hz；Pr. 6 用于多段速度设定（低速），其出厂设定值为 10 Hz。Pr. 24～Pr. 27 用于多段速度设定（4～7 段速度设定），其出厂设定值为 9999（未选择），可以通过多功能输入端 RH，RM，RL 等选择各种速度，详情见表 29—16。

表 29—16　多段速度设定参数

输入端子状态	RH＝1	RM＝1	RL＝1	RM＝1 RL＝1	RH＝1 RL＝1	RH＝1 RM＝1	RH＝1 RM＝1 RL＝1
参数号	Pr. 4	Pr. 5	Pr. 6	Pr. 24	Pr. 25	Pr. 26	Pr. 27

5. 电子过电流保护参数 Pr. 9

Pr. 9 用于设定电动机电子过电流保护的电流值。该功能是为保护变频器所驱动的电动机，一般可设定为电动机的额定电流。当 Pr. 9=0 时，电子过电流保护（电动机保护功能）无效。当变频器和电动机容量相差过大或设定过小时，电子过电流保护特性将变差，需要安装外部热继电器等进行保护。当变频器输出供给 2 台以上的多台电动机时，电子过电流保护功能不起作用，需要在每台电动机上安装外部热继电器等进行保护。

6. 启动频率参数 Pr. 13

Pr. 13 用于设定在启动信号 ON 时的开始频率。启动频率能设定在 0～60 Hz，如图 29—26 所示。如果设定频率小于 Pr. 13 启动频率的设定值，变频器将不能启动。

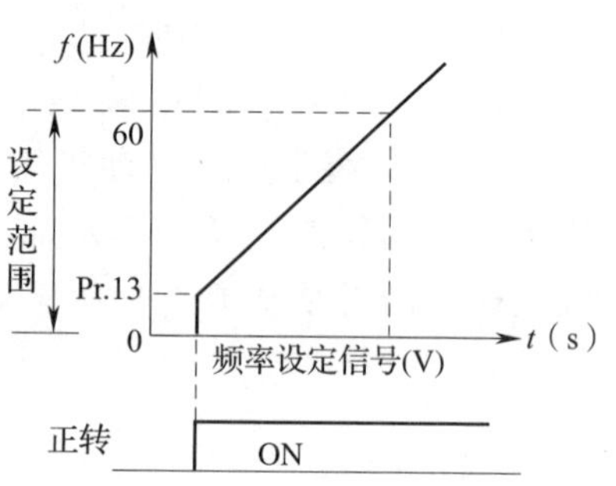

图 29—26 启动频率的曲线

7. 适用负荷选择参数 Pr. 14

Pr. 14 用于选择使用与负载特性最适宜的输出特性（V/f 特性）。其中，Pr. 14=0适用于恒转矩负载（如运输机械、台车）；Pr. 14=1 适用于风机、水泵等变转矩负载；Pr. 14=2，3 适用于提升类负载。Pr. 14 的出厂设定值为 0。当用 Pr. 80 和 Pr. 81 选择为先进磁通矢量控制方式时，Pr. 14 设定无效。

8. 点动频率和点动加减速时间参数 Pr. 15 和 Pr. 16

Pr. 15 用于设定变频器点动频率，Pr. 16 用于设定变频器点动加减速时间。Pr. 15 的出厂设定值为 5.00 Hz，Pr. 16 的出厂设定值为 0.5 s。

9. 0～5 V 和 0～10 V 选择参数 Pr. 73

Pr. 73 用于选择变频器模拟输入端子的规格等。其中，当 Pr. 73=0 时，端子②输入电压为 0～10 V，端子①输入电压为 0～±10 V；当 Pr. 73=1 时，端子②输入电压为 0～5 V，端子①输入电压为 0～±10 V；当 Pr. 73=2 时，端子②输入电压为 0～10 V，端子①输入电压为 0～±5 V；当 Pr. 73=3 时，端子②输入电压为 0～5 V，端子①输入电压为 0～±5 V。Pr. 73 的出厂设定值为 1。

10. 操作模式选择参数 Pr. 79

Pr. 79 用于选择变频器的操作模式。Pr. 79=0 为 PU 操作或外部操作的切换；Pr. 79=1为 PU 操作模式；Pr. 79=2 为外部操作模式；Pr. 79=3 为外部/PU 组合操作模式 1，此时运行频率由 PU 设定或多段速设定，而启动信号由外部输入信号（如 STF，STR）控制；Pr. 79=4 为外部/PU 组合操作模式 2，此时运行频率由外部输入信号（如端子②④①，点动或多段速）设定，而启动信号由 PU（如［FWD］键、［RWE］键）控制；

当 Pr. 79=5 时为程序运行模式。Pr. 79 的出厂设定值为 0。

11. 适用电动机参数 Pr. 71

Pr. 71 用于设定适用电动机，以便能够按适用电动机设定电子过电流保护热特性。其中，当 Pr. 71=0 时为适合标准电动机的热特性；当 Pr. 71=1 时为适合三菱恒转矩电动机的热特性。Pr. 71 的出厂设定值为 0。一般 Pr. 71 可设定为 0，按标准电动机的热特性设定电子过电流保护。

12. FM 和 AM 端子校正参数 Pr. 900 和 Pr. 901

Pr. 900 和 Pr. 901 分别用于校正连接到变频器输出端子 FM，SD 端或 AM，⑤端的指示仪表。FM 提供脉冲输出，指示仪表（如频率表）连接到 FM 和 SD 之间（注意极性，FM 为正极），不需要加校正电阻（如有校正电阻则调节到零）。可通过 Pr. 900 设定。AM 提供模拟量输出，满刻度对应直流 10 V 输出。可通过 Pr. 901 调整连接到 AM 和⑤之间的仪表（注意极性，AM 为正极）输出电压比率（增益），使其符合仪表的刻度，最大输出电压为 10 V。

13. 频率设定电压偏置和频率设定电压增益参数 Pr. 902 和 Pr. 903

Pr. 902 和 Pr. 903 用于设定对于频率设定信号（0～5 V，0～10 V）的输出频率的大小。Pr. 902 用于设定 0 V 时的偏置频率，Pr. 903 用于设定相对于参数 Pr. 73 所设定的频率指令电压的输出频率，如图 29—27 所示。

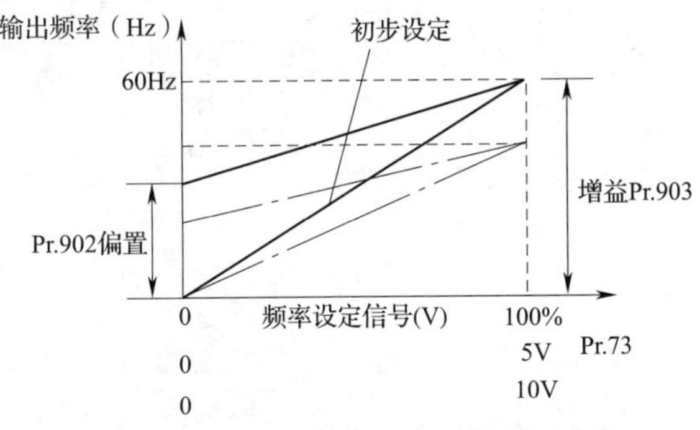

图 29—27 频率设定电压增益与偏置曲线

五、技能操作实训——交流调速系统的接线、调试

1. 变频器的操作面板 PU 操作运行控制

按如图 29—28 所示的变频器实训接线图进行接线。在确定接线无误的情况下，经教师检查后合上电源开关通电。

本技能操作实训要求学员能掌握变频器的操作面板 PU 的操作方法，要求用变频器的操作面板 PU 控制变频器的运行和调节变频器的输出频率大小，即电动机转速高低的调节。变频器的参数很多，出厂前生产厂家都已经对这些参数进行了设置（即为各参数出厂设定值)。因此，在变频器运行前只需根据要求对变频器部分参数进行设置就可以了。在变频器所需要的参数设置完成后，就可以进行变频器运行操作。技能操作实训步骤如下。

(1) 按［MODE］键，切换为PU操作模式。将Pr. 79设置为1，这时“PU”灯亮。

(2) 按［MODE］键，在“频率设定模式”下，按增减键改变设定值(如设定运行频率为40 Hz)，按［SET］键写入频率。

(3) 按［FWD］键时，电动机以40 Hz频率正转运行；按［REV］键时，电动机以40 Hz频率反转运行。

(4) 按［STOP/RESET］键时，电动机减速后停止。

重复上述步骤(2)(3)，可改变电动机运行速度。

如要进行PU点动运行，则需要设定点动频率参数Pr. 15(如Pr. 15=10)和点动频率加减时间参数Pr. 16(如Pr. 16=5)。然后选择PU点动运行模式，按［FWD］键时，电动机以10 Hz频率正转点动；按［REV］键时，电动机以10 Hz频率反转点动。

2. 变频器的外部信号操作运行控制

按如图29—29所示的变频器实训接线图进行接线。在确定接线无误的情况下，经教师检查后合上电源开关通电。

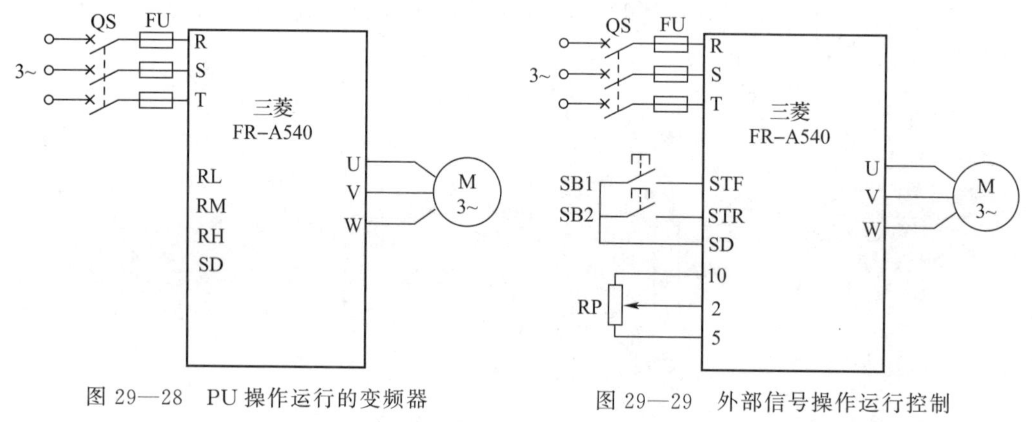

图29—28 PU操作运行的变频器实训接线图

图29—29 外部信号操作运行控制的变频器实训接线图

本技能操作实训通过外部的开关量输入端(STF或STR)控制变频器的启动与停止，采用频率给定电位器输出的模拟量电压信号来控制变频器输出频率的大小，即电动机运行速度。技能操作实训步骤如下。

(1) 按［MODE］键，切换为外部操作模式(将Pr. 79设置为2)，此时EXT灯亮。

(2) 接通SD和STF(ON)，电动机正向启动。逐步增大频率给定电位器输出，电动机正向加速运行，显示输出频率逐步增大，直至50 Hz；逐步减小频率给定电位器输出，电动机减速运行，显示输出频率逐步减小，直至0 Hz，电动机停止运行。断开SD和STF(OFF)，电动机减速直至停止运行。

(3) 接通 SD 和 STR (ON)，电动机反向启动。逐步增大频率给定电位器输出，电动机反向加速运行，显示输出频率逐步增大，直至 50 Hz。逐步减小频率给定电位器输出，电动机减速运行，显示输出频率逐步减小，直至 0 Hz，电动机停止运行。断开 SD 和 STR (OFF)，电动机减速至停止运行。

这里要注意：如果 SD 和 STF、SD 和 STR 同时处于 ON，则电动机不启动；如果在电动机运行期间，SD 和 STF、SD 和 STR 同时处于 ON，则电动机减速至停止运行。

3. 变频器的多段速（频率）控制与运行

通常要求 1 个电动机在不同情况下，以不同的转速运行控制生产机械，如龙门刨床系统、电梯系统等。如图 29—30 所示为龙门刨床工作台运行示意图，可见在不同时段，要求电动机的速度是不同的，此时可采用多段速（频率）控制变频器的方式，控制不同时段电动机的转速。

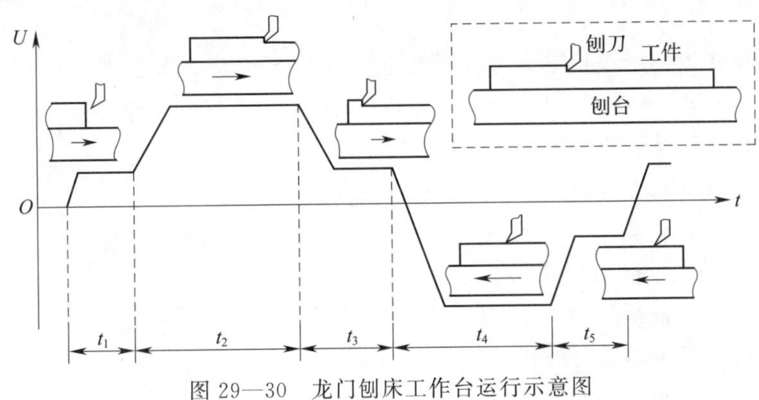

图 29—30 龙门刨床工作台运行示意图

本技能操作实训通过外部的开关量输入端（STF 或 STR）控制变频器的启动与停止，通过外部的开关量输入端（RL，RM，RH）控制变频器的多段速（频率）给定。三菱 FR -A540 变频器可通过外部的开关量输入端（RL，RM，RH）及其相应参数的设置实现多段速（频率）控制与运行。其详情见表 29—17，示意图如图 29—31 所示。

表 29—17　三菱 FR - A540 变频器的多段速（频率）控制与运行

输入端子状态	RH=1	RM=1	RL=1	RM=1 RL=1	RH=1 RL=1	RH=1 RM=1	RH=1 RM=1 RL=1
参数号	Pr. 4	Pr. 5	Pr. 6	Pr. 24	Pr. 25	Pr. 26	Pr. 27

例如，当外部的开关量输入端 RH 和 SD 接通（ON）时，变频器按参数 Pr. 4 设定的频率运行；当外部的开关量输入端 RM 和 SD 接通（ON）时，变频器按参数 Pr. 5 设定的频率运行；当外部的开关量输入端 RL 和 SD 接通（ON）时，变频器按参数 Pr. 6 设定的频率运行；当外部的开关量输入端 RH 和 SD、RL 和 SD 同时接通（ON）时，变频器按参数 Pr. 25 设定的频率运行。

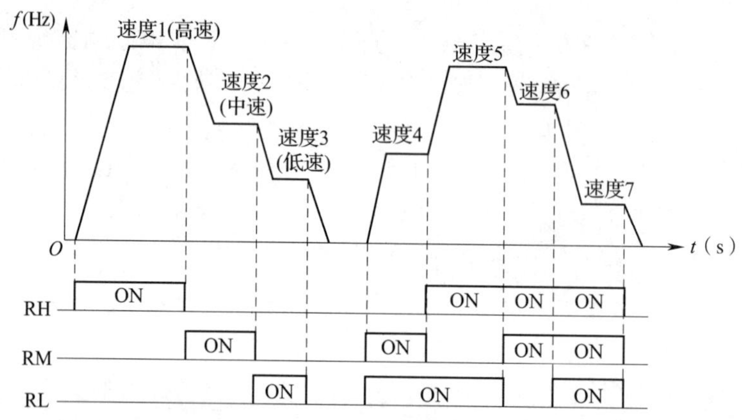

图 29—31　多段速（频率）操作运行的变频器多段速控制与运行示意图

本技能操作实训要求进行 5 段速运行控制，具体 5 段速要求如下：正转 15 Hz、正转 30 Hz、正转 10 Hz、反转 45 Hz、反转 12 Hz。加速时间为 5 s，减速时间为 3 s。

按如图 29—32 所示的变频器实训接线图进行接线。在确定接线无误的情况下，经教师检查后合上电源开关通电。在变频器运行前，首先应根据要求进行变频器参数设置，当变频器所需要的参数设置完成后就可以进行变频器运行操作了。

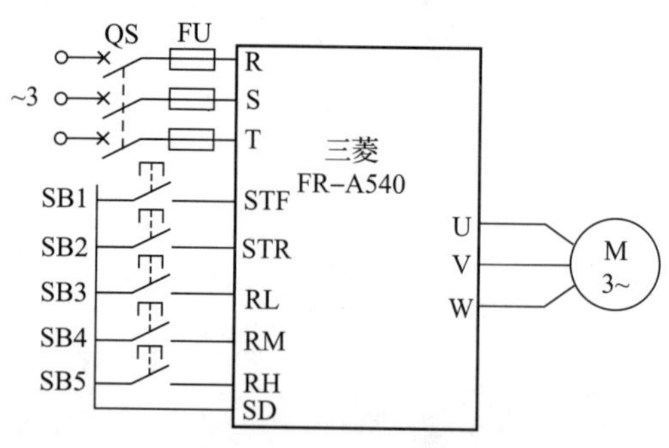

图 29—32　多段速（频率）控制与运行的变频器实训接线图

将变频器的操作模式设定为组合操作模式（将 Pr. 79 设定为 3），运行状态 EXT 和 PU 指示灯都亮。此时，通过外部的开关量输入端（STF 或 STR）控制变频器的启动（正转、反转）与停止。通过变频器的多段速（频率）给定用操作面板 PU 对其相应参数 Pr. 4，Pr. 5，Pr. 6，Pr. 24，Pr. 25 的设定值进行设定，然后通过外部的开关量输入端（RH，RM，RL）进行选择控制。

（1）多段速（固定频率）运行时变频器参数设置

Pr. 1＝50	Pr. 79＝3
Pr. 2＝0	Pr. 4＝30
Pr. 3＝50	Pr. 5＝15
Pr. 7＝5.0	Pr. 6＝10
Pr. 8＝3.0	Pr. 24＝45
Pr. 9＝1.00	Pr. 25＝12

（2）多段速（固定频率）运行控制操作。按下自锁按钮 SB1，STF 和 SD 接通（ON），

电动机正向启动，同时按下自锁按钮 SB5，RH 和 SD 接通（ON），电动机以 30 Hz 固定频率正转运行；断开 SB1，STF 和 SD 断开（OFF），则电动机将减速停车。按下自锁按钮 SB4，RM 和 SD 接通（ON），电动机以 15 Hz 固定频率正转运行，按下自锁按钮 SB3，RL 和 SD 接通（ON），电动机以 10 Hz 固定频率正转运行。当断开 SB1，STF 和 SD 断开（OFF），则电动机将减速停车。同理，按下自锁按钮 SB2，STR 和 SD 接通（ON），电动机反向启动，同时按下自锁按钮 SB4 和 SB3，RM 和 SD，RL 和 SD 同时接通（ON），电动机以 45 Hz 固定频率反转运行。同时按下自锁按钮 SB3 和 SB5，RH 和 SD，RL 和 SD 同时接通（ON），电动机以 12 Hz 固定频率反转运行。断开 SB2，STR 和 SD 断开（OFF），则电动机将减速停车。读出并记录以上各段速（固定频率）对应的输出频率、输出电压、输出电流等数据。

第 4 节　安川 G7 系列通用变频器与 PLC 控制配合应用

一、概述

安川 G7 系列通用变频器有 200 V 级和 400 V 级 2 种电压等级，适用电动机容量为 0.4～300 kW。变频器由微处理器控制，并采用具有现代先进技术水平的 IGBT 作为功率输出器件。它采用现代先进技术的矢量控制系统，可以保证传动装置在出现突加负载时仍然具有很高的品质。

G7 系列变频器结构紧凑、体积小、便于安装。它具有 12 个开关量输入端，其中 S1，S2 为变频器正、反转运行/停止控制端，S3～S12 为多功能开关量输入端；具有 1 个故障输出端和 5 个多功能开关量输出端。它还具有 3 个模拟量输入端、2 个模拟量输出端（0～10 V 或－10～＋10 V）。另外，G7 系列变频器还具有详细的变频器状态信息和全面的信息功能，有多种可选件供用户选用，如速度频率指令选择卡、监视选择卡、PG 速度控制卡、通信选择卡等。

G7 系列变频器控制方式有无 PG 的 V/f 控制、带 PG 的 V/f 控制、无 PG 矢量控制 1、带 PG 矢量控制、无 PG 矢量控制 2 等。它的加减速斜坡特性具有可编程的平滑功能，它具有比例、积分和微分（PID）控制的闭环控制功能。它还具有过电流保护、过电压/欠电压保护、变频器过热保护、电动机过热保护等功能。

二、安川 G7 系列变频器接线图和有关端子功能

安川 G7 系列变频器端子接线图如图 29—33 所示。该图为其产品原图，图中的图形符号和项目代号均未按现行国家标准修改。安川 G7 系列变频器接线端子可分为主电路接线端子和控制回路接线端子。

1. 主电路接线端子

（1）主电路电源接线端子（R/L1，S/L2，T/L3）。

（2）变频器输出接线端子（U/T1，V/T2，W/T3）。

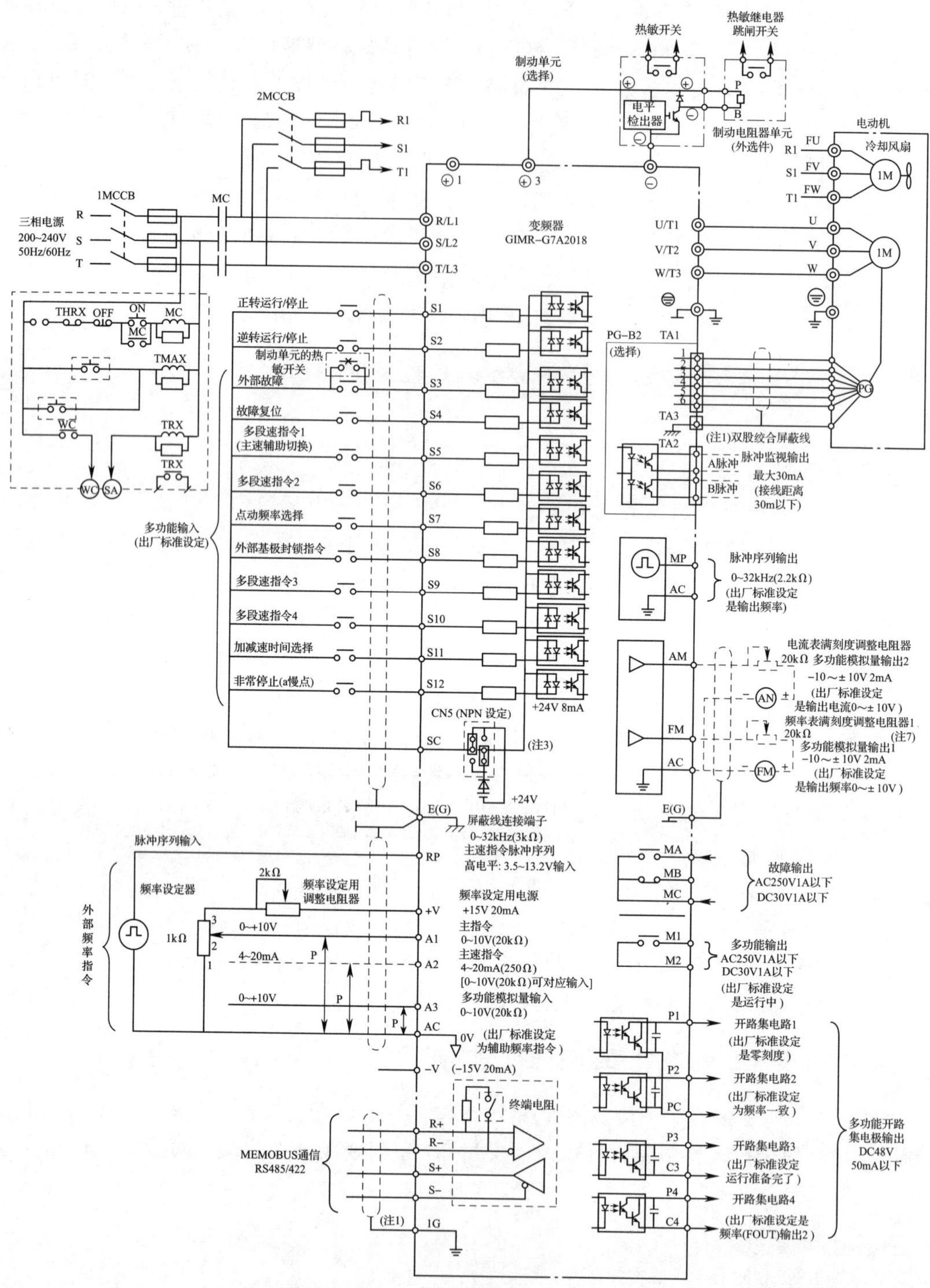

图 29—33 安川 G7 系列变频器端子接线图（产品原图）

（3）直流电源输入接线端子（⊕1，⊖）。

（4）制动单元接线端子（⊕3，⊖）。

（5）接地端子（⏚）。

2. 控制回路外接接线端子

（1）模拟量输入端子。+V 端为+15 V；AC 端为 0 V；A1 端为模拟量输入（主速频率指令、电压输入）端子，0～10 V；A2 端为模拟量输入（主速频率指令、电流输入）端子，4～20 mA；A3 端为模拟量输入（辅助频率指令）端子，0～10 V。

（2）开关量输入端。开关量输入端分为基本控制开关量输入端和多功能开关量输入端。SC 为开关量输入的公共端。

1）基本控制开关量输入端。S1 为正转运行/停止控制输入端；S2 为反转运行/停止控制输入端。

2）多功能开关量输入端。S3～S12 分别为多功能开关量输入端。S3～S12 的功能可以由参数 H1-03～H1-10 等设置。图 29—33 中 S3～S12 的功能对应于 S3～S12 的出厂设定值，随着 S3～S12 的设定值改变，S3～S12 的功能也改变。

（3）多功能模拟量输出端子。FM 为多功能模拟量 1 的输出端子，AM 为多功能模拟量 2 的输出端子，AC 为模拟量输出的公共端。

（4）开关量输出端。开关量输出端分为故障输出端和多功能开关量输出端。

1）故障输出端。MA，MB，MC 为故障输出端，其中 MC 为公共端。

2）多功能开关量输出端

①多功能输出端。M1，M2 为继电器输出。

②多功能开路集电极输出端。共有 4 组多功能开路集电极输出端。开路集电极输出端 1 为 P1，PC；开路集电极输出端 2 为 P2，PC；开路集电极输出端 3 为 P3，C3；开路集电极输出端 4 为 P4，C4。多功能开关量输出端的功能可以由参数 H2-01～H2-05 等设置。

（5）脉冲序列输入、输出端

1）脉冲序列输入端 RP，AC。

2）脉冲序列输出端 MP，AC。

（6）通信端口 R+，R−，S+，S−。

三、安川 G7 系列变频器的数字式操作器和模式

1. 安川 G7 系列变频器的数字式操作器

安川 G7 系列变频器的数字式操作器如图 29—34 所示。各操作键的名称及其功能见表 29—18。

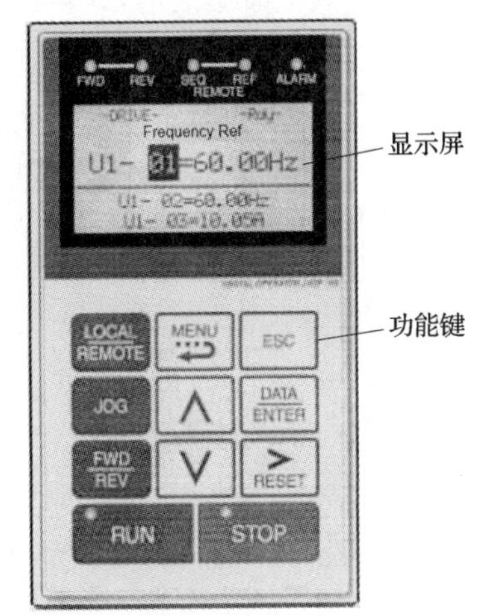

图 29—34　安川 G7 系列变频器的数字式操作器

表 29—18　安川 G7 系列变频器的数字式操作器上操作键的名称及其功能

操作键的名称	功能说明
LOCAL/REMOTE（选择运行操作）	按 LOCACL/REMOTE 键切换数字式操作器的运行和控制电路的运行。通过设定参数（o2－01），可设定此键的有效/无效
MENU（菜单）	选择各模式
ESC（退回）	按下 ESC 键，返回到前 1 个状态
JOG（点动）	操作器运行时的点动运行键
FWD/REV（正转/反转）	操作器运行时，切换旋转方向
SHIFT/RESET（移位/复位）	选择设定参数值的位数键。故障发生时，作为故障复位键使用
增加	对选择模式、参数编号、设定值等增加，进行到下 1 个项目和数据时使用
减少	对选择模式、参数编号、设定值等减少，返回到前 1 个项目和数据时使用
DATA/ENTER（数据/输入）	决定各模式、参数的编号、设定值时按此键。从某个画面进入下一个画面时也能使用
RUN（运行）	用操作器运行时，按此键启动变频器
STOP（停止）	用操作器运行时，按此键停止变频器。用控制回路端子控制运行时，根据参数（o2－02）的设定，可设定此键有效/无效

2. 安川 G7 系列变频器的模式及其切换

安川 G7 系列变频器有 5 种模式，分别为驱动模式、QUICK 程序模式、ADVANCED 程序模式、校验模式和自学习模式。各种模式有不同的使用场合，各种参数作为模式已被编组，故可简单地进行参数的参照（监视）、设定。这里有模式选择画面、参照（监视）画面、数据设定画面 3 种画面。按下 MENU 键，可进行模式选择画面的切换。按下 DATA/ENTER 键可进入驱动模式内的参照（监视）画面、数据设定画面。

（1）驱动模式。它是变频器运行的模式。在驱动模式中，可以监视显示频率指令、输出频率、输出电流、输出电压等，也能显示故障内容、故障记录等。变频器的电源接通时，自动进入驱动模式内的参照（监视）画面。使用数字式操作器，变频器运行时，应按下 MENU 键，选择驱动模式画面（LCD 画面上显示 DRIVE）。然后，按下DATA/ENTER 键进入驱动模式内的参照（监视）画面。只有在驱动模式内的参照（监视）画面显示状态下，运行指令才被接受，变频器才能运行。处于模式选择画面时不能开始运行。

（2）QUICK 程序模式。在 QUICK 程序模式中，可参照、设定变频器运行最低限所必要的参数，如选择控制模式（A1－02）、选择频率指令（b1－01）、选择运行指令（b1－02）、设定加速时间 1（C1－01）、设定减速时间 1（C1－02）、设定输入电压（E1－01）、设定电动机额定电流（E2－01）、选择电动机保护功能（L1－01）等。按下 MENU 键，选择 QUICK 程序模式画面（LCD 画面上显示 QUICK）。然后，按下 DATA/ENTER 键进入

QUICK 程序模式内的数据设定画面。在数据设定画面内，使用增加键、减少键、移位/复位键变更参数。参数设定后，再按 DATA/ENTER 键就可以实现参数写入，自动返回到参照（监视）画面。

（3）ADVANCED 程序模式。在 ADVANCED 程序模式中，可进行变频器全部参数的参照、设定。按下 MENU 键，选择 ADVANCED 程序模式画面（LCD 画面上显示 ADV）。然后，按下 DATA/ENTER 键进入 ADVANCED 程序模式内的数据设定画面。在数据设定画面内，使用增加键、减少键、移位/复位键变更参数。参数设定后，再按 DATA/ENTER 键就可以实现参数写入，自动返回到参照（监视）画面。

（4）校验模式。在校验模式中，只显示程序模式和自学习模式中出厂设定值已变更的参数。如无变更，则在数据显示位置显示 none。校验模式和程序模式采用相同的操作方法，也可变更参数。在数据设定画面内，使用增加键、减少键、移位/复位键变更参数。参数设定后，再按 DATA /ENTER 键就可以实现参数写入，自动返回到参照（监视）画面。

（5）自学习模式。自学习模式用于矢量控制模式运行时，自动测定、设定电动机所必要的参数。在矢量控制模式中，在运行前必须实施自学习模式。自学习模式有以下 3 种。

1）旋转型自学习模式。可在无 PG 矢量控制模式、带 PG 矢量控制模式中使用，设定 T1－01＝0 之后，输入电动机铭牌数据，然后按下数字式操作器上的 RUN 键，变频器让电动机停止约 1 min 后，再使电动机旋转 1 min，自动测定电动机所必要的全部数据。

2）停止型自学习模式。可在无 PG 矢量控制模式、带 PG 矢量控制模式中使用。设定 T1－01＝1 之后，输入电动机铭牌数据，然后按下数字式操作器上的 RUN 键，变频器让电动机在通电状态下停止约 1 min，自动测定电动机所必要的部分数据，而其余的必要参数将在驱动模式最初运行时自动测定。

3）只对线间电阻的停止型自学习模式。可在全部控制模式中使用，V/f 控制和带 PG 的 V/f 控制模式只能选择这种自学习模式。选择 V/f 控制时，变频器和电动机之间的接线距离超过 50 m 时，实施只对线间电阻的停止型自学习模式。设定 T1－01＝2 之后，按下数字式操作器上的 RUN 键，变频器让电动机在停止约 20 s 的状态下通电，自动测定电动机线间电阻和电线线间电阻。

这里要注意，在电动机不能脱离负载的情况下，实施自学习模式时应采用停止型自学习模式。

四、部分参数功能说明

1. 选择 LCD 操作器语言参数 A1－00

本参数用于选择 LCD 操作器语言。其中，A1－00＝0 为英语，A1－00＝1 为日语，A1－00＝2 为德语。出厂设定值为 1。

2. 参数的存取等级参数 A1－01

本参数用于选择参数的存取等级。其中，A1－01＝0 为监视专用，可以禁止设定参数；A1－01＝1为用户选择参数；A1－01＝2为ADVANCED，在ADVANCED程序模式和QUICK程序模式中可以变更参数。出厂设定值为2。

3. 选择控制模式参数A1－02

本参数用于选择变频器的控制模式。其中，A1－02＝0为无PG的V/f控制；A1－02＝1为带PG的V/f控制；A1－02＝2为无PG矢量控制1；A1－02＝3为带PG矢量控制；A1－02＝4为无PG矢量控制2。出厂设定值为2。

4. 初始化参数A1－03

本参数用于选择初始化。其中，A1－03＝0为不进行初始化；A1－03＝2 220为二线制程序的初始化（出厂时设定的初始化）；A1－03＝3 330为三线制程序的初始化。

5. 选择频率指令参数b1－01

本参数用于设定频率指令的输入方法。其中，b1－01＝0为数字式操作器输入；b1－01＝1为控制回路端子输入（模拟量输入）；b1－01＝2为MEMOBUS通信输入。出厂设定值为1。

6. 选择运行指令参数b1－02

本参数用于设定运行指令的输入方法。其中，b1－02＝0为数字式操作器；b1－02＝1为控制回路端子（顺控器输入）；b1－02＝2为MEMOBUS通信。出厂设定值为1。

7. 选择停止方法参数b1－03

本参数用于选择停止指令时的停止方法。其中，b1－03＝0为减速停止；b1－03＝1为自由滑行停止；b1－03＝2为全领域直流制动（DB）停止。出厂设定值为0。

8. 直流制动的开始频率（零速度电平）参数b2－01

本参数用于设定减速停止时，直流制动的开始频率（Hz）（带PG矢量控制中b2－01控制零速度）。出厂设定值为0.5 Hz。

9. 直流制动电流参数b2－02

本参数用于设定直流制动电流大小，以变频器的额定电流为100%，用百分数（%）单位设定直流制动电流（带PG矢量控制的直流励磁电流根据E2－03的参数设定）。出厂设定值为50%。

10. 停止时直流制动时间参数b2－04

本参数用于设定停止时直流制动时间。出厂设定值为0.50 s。这里要注意，当设定为0.00时，停止时直流制动无效。

11. 加速时间1参数C1－01

本参数用于以秒为单位设定从最高输出频率的0%到100%的加速时间。出厂设定值为10.0 s。

12. 减速时间 1 参数 C1－02

本参数用于以秒为单位设定从最高输出频率的 100％到 0％的减速时间。出厂设定值为 10.0 s。

13. 加速时间 2 参数 C1－03

本参数用于设定多功能输入“加减速时间选择 1”为 ON 时的加速时间。出厂设定值为 10.0 s。

14. 减速时间 2 参数 C1－04

本参数用于设定多功能输入“加减速时间选择 1”为 ON 时的减速时间。出厂设定值为 10.0 s。

15. 加速开始时的 S 形特性时间参数 C2－01

本参数用于设定加速开始时的 S 形特性时间。出厂设定值为 0.20 s。

16. 加速结束时的 S 形特性时间参数 C2－02

本参数用于设定加速结束时的 S 形特性时间。出厂设定值为 0.20 s。

17. 减速开始时的 S 形特性时间参数 C2－03

本参数用于设定减速开始时的 S 形特性时间。出厂设定值为 0.20 s。

18. 减速结束时的 S 形特性时间参数 C2－04

本参数用于设定减速结束时的 S 形特性时间。出厂设定值为 0.00 s。

19. 选择载波频率参数 C6－02

本参数用于选择载波频率。载波频率设定范围因控制方式不同而不同，如无 PG 的 V/f 控制、带 PG 的 V/f 控制、无 PG 矢量控制 1、带 PG 矢量控制和无 PG 矢量控制 2。带 PG 矢量控制时，C6－02＝1，载波频率为 2.0 kHz；C6－02＝2，载波频率为5.0 kHz；C6－02＝3，载波频率为 8.0 kHz；C6－02＝4，载波频率为 10.0 kHz；C6－02＝5，载波频率为 12.5 kHz；C6－02＝6，载波频率为 15.0 kHz；C6－02＝F，任意设定。无 PG 矢量控制 2 时，C6－02＝1，载波频率为 2.0 kHz；C6－02＝2，载波频率为 4.0 kHz；C6－02＝3，载波频率为 6.0 kHz；C6－02＝4，载波频率为 8.0 kHz。载波频率的出厂设定值因变频器容量不同而不同。这里要注意，载波频率设定高低与变频器和电动机间的接线距离有关，当变频器和电动机间的接线距离太长时，应降低载波频率。当载波频率设定高时，变频器的过负载电流值将减小。

20. 频率指令参数 d1－01～d1－17

d1－01～d1－17 用于设定频率指令 1～频率指令 16 和点动频率指令。d1－01～d1－16 分别对应频率指令 1～频率指令 16，d1－17 为点动频率指令。d1－01～d1－16 参数的出厂设定值为 0.00Hz，d1－17 参数的出厂设定值为 6.00Hz。在 G7 系列变频器中，运用 16

个频率指令和 1 个点动频率指令，最多可进行 17 段速度切换。例如，配合多功能输入端，使用多段速指令 1～3（S5～S7），可以实现 8 段速运行，见表 29—19。

表 29—19　　使用多段速指令 1～3（S5～S7）的 8 段速频率指令表

段速	S5（多段速指令 1）	S6（多段速指令 2）	S7（多段速指令 3）	能选择的频率
1	OFF	OFF	OFF	频率指令 1 为 d1－01 主速频率
2	ON	OFF	OFF	频率指令 2 为 d1－02 辅助频率 1
3	OFF	ON	OFF	频率指令 3 为 d1－03 辅助频率 2
4	ON	ON	OFF	频率指令 4 为 d1－04
5	OFF	OFF	ON	频率指令 5 为 d1－05
6	ON	OFF	ON	频率指令 6 为 d1－06
7	OFF	ON	ON	频率指令 7 为 d1－07
8	ON	ON	ON	频率指令 8 为 d1－08

21. 设定输入电压参数 E1－01

本参数用于设定变频器的输入电压。对于 200 V 级变频器，出厂设定值为 200 V；对于 400 V 级变频器，出厂设定值为 400 V。这个设定值作为保护功能等的基准值。

22. 选择 *V*/*f* 曲线类型参数 E1－03

本参数用于选择 *V*/*f* 曲线类型。当 E1－03＝0～E 时，可以从 15 种固定 *V*/*f* 曲线中选择相对应的 *V*/*f* 曲线。当 E1－03＝F 时，为任意 *V*/*f* 曲线，可以设定 E1－04～E1－10 的参数。

23. 最高输出频率参数 E1－04

本参数用于设定最高输出频率。出厂设定值为 60.0 Hz。

24. 最大电压参数 E1－05

本参数用于设定最大电压。对于 200 V 级变频器，出厂设定值为 200 V；对于 400 V 级变频器，出厂设定值为 400 V。

25. 基频参数 E1－06

本参数用于设定基频。出厂设定值为 60.0 Hz。

26. 中间输出频率参数 E1－07

本参数用于设定中间输出频率。变更控制模式时，出厂设定值随之改变。

27. 中间输出频率电压参数 E1－08

本参数用于设定中间输出频率电压。变更控制模式时，出厂设定值随之改变。

28. 最低输出频率参数 E1－09

本参数用于设定最低输出频率。变更控制模式时，出厂设定值随之改变。

29. 最低输出频率电压参数 E1－10

本参数用于设定最低输出频率电压。变更控制模式时，出厂设定值随之改变。

30. 电动机额定电流参数 E2－01

本参数用于设定电动机额定电流。这个设定值作为电动机保护、力矩限制、力矩控制的基准值。

31. 电动机额定容量参数 E2－11

本参数用于设定电动机额定容量。

32. PG 参数 F1－01

本参数用于设定使用 PG（脉冲编码器）的脉冲数，用电动机转 1 圈相当的脉冲数值。出厂设定值为 600 个。

33. 设定 PG 旋转方向参数 F1－05

本参数用于设定 PG 旋转方向。F1－05＝0，电动机正转时 A 相超前（电动机反转时 B 相超前）；F1－05＝1，电动机正转时 B 相超前（电动机反转时 A 相超前）。出厂设定值为 0。

34. 选择多功能输入端子 S3～S12 的功能参数 H1－01～H1－10

H1－01～H1－10 参数为选择相应的多功能输入端子 S3～S12 的功能。H1－01 的出厂设定值为 24，H1－02 的出厂设定值为 14，H1－03 的出厂设定值为3（0），H1－04 的出厂设定值为 4（3），H1－05 的出厂设定值为 6（4），H1－06 的出厂设定值为 8（6），H1－07 的出厂设定值为 5，H1－08 的出厂设定值为 32，H1－09 的出厂设定值为 7，H1－10 的出厂设定值为 15。多功能输入端子 S3～S12 的功能随着 H1－01～H1－10 的设定值改变而改变。上面出厂设定值中括号里的为三线制顺序初始化后的初始值。H1－01～H1－10 的设定值很多，也就是多功能输入端子的功能很多。多功能输入端子的部分功能和 H1－01～H1－10 参数设定值见表 29—20。

表 29—20　　多功能输入端子的功能和 H1－01～H1－10 参数设定值表

设定值	功　能
0	三线制顺序（正转/反转指令）
1	本地/远程选择（ON 时操作器，OFF 时参数设定）
3	多段速指令 1，如果已设定参数 H3－09＝2，则与［主速/辅助速切换］兼用
4	多段速指令 2
5	多段速指令 3
6	点动（JOG）频率选择（比多段速优先）

续表

设定值	功　能
7	加减速时间选择 1
8	基极封锁指令 NO（a 接点 ON 时基极封锁）
9	基极封锁指令 NC（b 接点 OFF 时基极封锁）
A	保持加减速停止（ON 时停止加减速，保持输出频率）
B	变频器过热预报 OH2（ON 时显示"OH2"）
C	多功能模拟量输入选择（ON 时多功能模拟量输入有效）
10	UP 指令（必须和 DOWN 指令一起设定）
11	DOWN 指令（必须与 UP 指令一起设定）
12	FJOG 指令（ON：dl－17 正转运行）
13	RJOG 指令（ON：dl－17 反转运行）
14	故障复位（在 ON 的上升复位）
1A	加减速时间选择 2
20～2F	外部故障（可任意设定）输入模式为 a 接点/b 接点，检出模式为常时/运行中
32	多段速指令 4

35. 选择多功能输出端的功能参数 H2－01～H2－05

H2－01～H2－05 参数为选择相应的多功能输出端子 M1－M2，P1，P2，P3，P4 的功能。H2－01 的出厂设定值为 0，H2－02 的出厂设定值为 1，H2－03 的出厂设定值为 2，H2－04 的出厂设定值为 6，H2－05 的出厂设定值为 10。多功能输出端子 M1－M2，P1，P2，P3，P4 的功能随着 H2－01～H2－05 的设定值改变而改变。其中，H2－01～H2－05＝0 为运行中，H2－01～H2－05＝1 为零速，H2－01～H2－05＝2 为频率（速度）一致，H2－01～H2－05＝6 为变频器运行准备结束。

36. 选择频率指令（电压）端子 A1 信号电平参数 H3－01

本参数用于选择频率指令（电压）端子 A1 信号电平。当 H3－01＝0 时，A1 信号电平为 0～＋10 V；当 H3－01＝1 时，A1 信号电平为 0～±10 V。出厂设定值为 0。

37. 选择多功能模拟量输入端功能参数 H3－05 和 H3－09

H3－05 和 H3－09 参数用于选择多功能模拟量输入端 A3 和 A2 的功能。H3－05 的出厂设定值为 2，H3－09 的出厂设定值为 0。

38. 选择电动机保护功能参数 L1－01

本参数用于设定由电子热敏元件检出的电动机过负载保护功能的有效/无效。当 L1－01＝0时，电动机过负载保护功能无效；当 L1－01＝1 时，通用电动机保护有效；当 L1－01＝2 时，变频器专用电动机保护有效；当 L1－01＝3 时，矢量专用电动机保护有效。

出厂设定值为 1。当 1 台变频器驱动多台电动机时，应设定 L1－01＝0。

39. 选择减速中失速防止功能参数 L3－04

本参数用于选择减速中失速防止功能。出厂设定值为 1。其中，L3－04＝0，减速中失速防止功能无效，按设定减速，减速时间过短时主回路有过电压发生的危险。L3－04＝1，减速中失速防止功能有效，主回路电压达到过电压等级，停止减速，待电压恢复后再减速。L3－04＝3，有效（带制动电阻）使用制动选择件时（制动电阻、制动电阻单元、制动单元），必须设定为 0 或 3。

40. 自学习模式参数 T1－01～T1－08

（1）选择自学习模式参数 T1－01。本参数用于选择自学习模式。T1－01＝0 为旋转型自学习；T1－01＝1 为停止型自学习；T1－01＝2 为只检测线间电阻的停止型自学习。出厂设定值为 0。

（2）电动机输出功率参数 T1－02。本参数用于设定电动机输出功率（kW）。

（3）电动机额定电压参数 T1－03。本参数用于设定电动机额定电压（V）。

（4）电动机额定电流参数 T1－04。本参数用于设定电动机额定电流（A）。出厂设定值随变频器的容量而不同。

（5）电动机的基频参数 T1－05。本参数用于设定电动机的基频（Hz）。出厂设定值为 60.0 Hz。

（6）电动机的极数参数 T1－06。本参数用于设定电动机的极数。出厂设定值为 4。

（7）电动机额定转速参数 T1－07。本参数用于设定电动机额定转速（r/min）。出厂设定值为 1 750 r/min。

（8）自学习时的 PG 脉冲数参数 T1－08。本参数用于设定自学习时的 PG 脉冲数。出厂设定值为 600 个。

五、技能操作实训——PLC 控制的交流变频调速系统的接线、调试和运行

本技能操作实训中，交流变频调速系统采用安川 G7 交流变频调速实训装置，三相交流异步电动机型号为 YSJ7124，电动机额定参数为 $P_N=370$ W，$U_N=380$ V，$I_N=1.12$ A，$n_N=1\ 400$ r/min，$f_N=50$ Hz，$\cos\phi_N=0.72$，$\eta_N=0.70$。PLC 控制系统采用三菱 FX_{2N}系列的 PLC 实训装置。现以 PLC 控制的运料小车交流变频调速系统为例，说明安川 G7 变频器的参数设置、调试、运行，以及 PLC 控制系统的程序设计、调试、运行。

1. PLC 控制的运料小车交流变频调速系统的工艺流程和控制要求

（1）系统工作概况。运料小车由三相交流电动机驱动，工艺流程示意图如图 29—35 所示。当按下启动按钮 SB1，运料小车连续自动装料、卸料和清洗运行。运料小车运行过程中，按下停止按钮 SB2 后，必须待小车完成一次循环回到原点后才能实现制动停车。

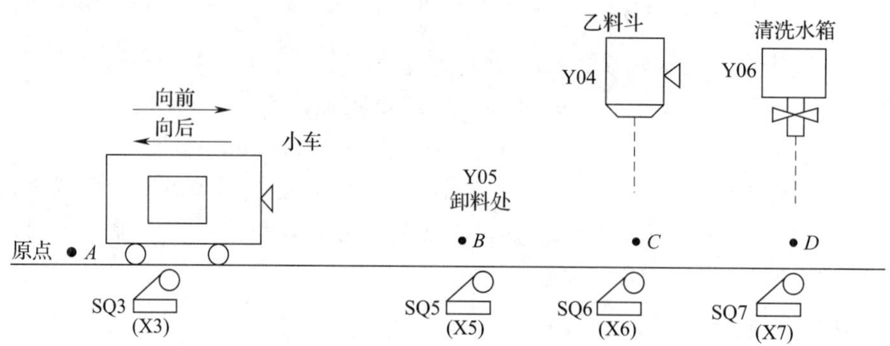

图 29—35　运料小车工艺流程示意图

（2）自动装料、卸料和清洗运行控制要求

1）在原点（*A*）位置（行程开关 SQ3）时按下启动按钮 SB1，小车以 300 r/min 的速度在控制电动机的驱动下运行 3 s，再以 1 200 r/min 的速度运行 5 s 后，减速至 700 r/min 驶向乙料斗。当小车达到 *C* 点（行程开关 SQ6）时，由 Y04 控制乙料车装料 6 s。

2）小车装料完毕后，以－400 r/min 速度反向运行 3 s，再以－700 r/min 的速度到达卸料处 *B* 点（行程开关 SQ5），电动机驱动小车实现停车。

3）在 *B* 点由 Y05 控制小车卸料 5 s，然后以 400 r/min 的速度运行 2 s，再以 700 r/min 的速度运行 4 s 后，减速至 300 r/min 驶向 *D* 点（行程开关 SQ7），由 Y06 控制清洗小车 5 s。

4）小车清洗完毕，以－300 r/min 的速度反向运行 2 s 后，再加速到－1 200 r/min 反向运行，返回乙料斗装料，然后再卸料、清洗，如此不断地自动循环工作。

5）按停止按钮后，运料小车在本次装料、卸料、清洗完成后，以－300 r/min 的速度反向运行 2 s 后，再加速到－1 200 r/min 驶向原点 *A*，当运料小车到达行程开关 SQ3 时控制停车。

（3）PLC 控制交流变频调速系统控制要求

1）运料小车交流变频调速系统采用 PLC 控制交流变频器的开关量输入端口控制变频调速系统的启动、停止、正转、反转、多段固定频率设定。

2）交流变频调速系统控制方式采用无 PG 的 V/f 控制方式。

3）交流变频调速系统设定值

①加速时间为 3 s，减速时间为 2 s。

②要求交流电动机按 S 形特性进行加减速运行，加速开始、加速完毕、减速开始、减速完毕的 S 形特性时间分别为 0.3 s，0.2 s，0.2 s，0.2 s。

③停车时，当转速降至 150 r/min 时开始进行直流制动，直流制动电流为 50%电动机额定电流，直流制动时间为 0.5 s。

2. PLC 控制的运料小车交流变频调速系统接线、调试和运行

按如图 29—36 所示的 PLC 控制的运料小车交流变频调速系统实训接线图接线。本技

能操作实训可以分成三个步骤。第一步进行安川 G7 变频器的参数设置、调试、运行；第二步进行三菱 FX_{2N} 系列 PLC 控制系统的程序设计、调试、运行；第三步进行 PLC 控制系统和交流变频调速系统的联合调试。

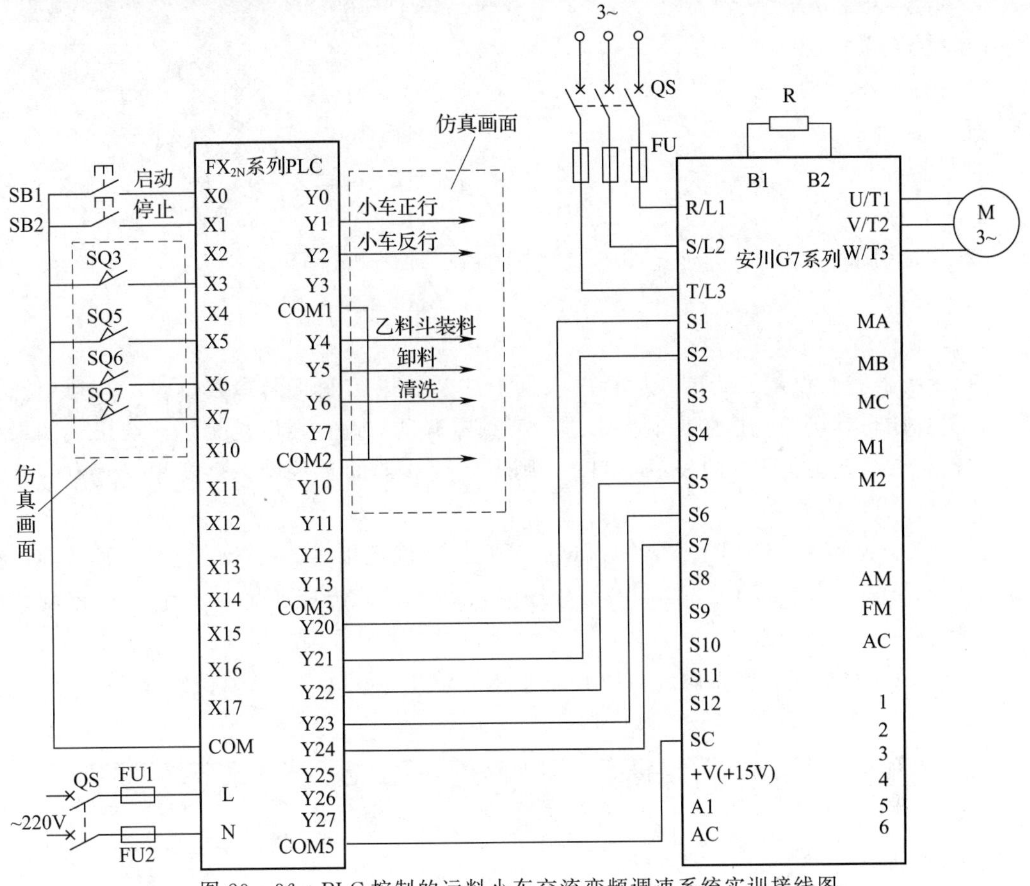

图 29—36　PLC 控制的运料小车交流变频调速系统实训接线图

（1）安川 G7 变频器的参数设置、调试、运行。在确定接线无误的情况下，经教师检查后合上电源开关通电。在变频器运行前，首先应根据要求进行变频器参数设置，在变频器所需要参数设置完成后，才可以进行变频器的运行操作。

1）安川 G7 变频器参数设置

A1－00＝0

A1－01＝2

A1－02＝0

A1－03＝2 220

b1－01＝0

b1－02＝1

b1－03＝0

b1－04＝0

b2－01＝5.00

b2－02＝50

b2－04＝0.5

C1－01＝3.0

C1 - 02=2.0
C2 - 01=0.3
C2 - 03=0.2
C2 - 02=0.2
C2 - 04=0.2
d1 - 01=10
d1 - 02=13.3
d1 - 03=23.3
d1 - 05=40
d2 - 01=100
d2 - 02=0
E1 - 01=380
E1 - 03=F
E1 - 04=50
E1 - 05=380
E1 - 06=50
E2 - 01=1.12
E2 - 11=0.37
H1 - 03=3
H1 - 04=4
H1 - 05=5
H3 - 05=1F
H3 - 09=1F
L1 - 01=1

2）变频器参数设置、调试、运行。根据上述参数进行变频器参数设置，并利用模拟输入装置（如自锁按钮）按照控制要求进行变频器调试与运行，以满足工艺要求。如果变频器的控制方式改为无 PG 的矢量控制 1，则上述变频器的参数设置也要相应修改，并进行自学习模式调试。

（2）PLC 控制系统的程序设计、调试、运行。在确定接线无误的情况下，经教师检查后合上电源开关通电。将 PLC 控制系统程序输入 PLC，在仿真画面上进行 PLC 控制系统调试与运行。

1）PLC 控制系统的程序设计。PLC 的输入、输出（I/O）口分配表见表 29—21。

表 29—21　　PLC 的输入、输出口分配表

输入设备名称	输入口编号	输出设备名称	输出口编号
启动按钮	X0	小车正转	Y1
停止按钮	X1	小车反转	Y1，Y2
限位开关 SQ3	X3	乙料斗装料	Y4
限位开关 SQ5	X5	卸料	Y5
限位开关 SQ6	X6	清洗	Y6
限位开关 SQ7	X7	变频器正向运行	Y20
		变频器反向运行	Y21
		变频器多段速指令 1	Y22
		变频器多段速指令 2	Y23
		变频器多段速指令 3	Y24

运料小车自动控制运行状态转移图和梯形图分别如图 29—37 和图 29—38 所示。

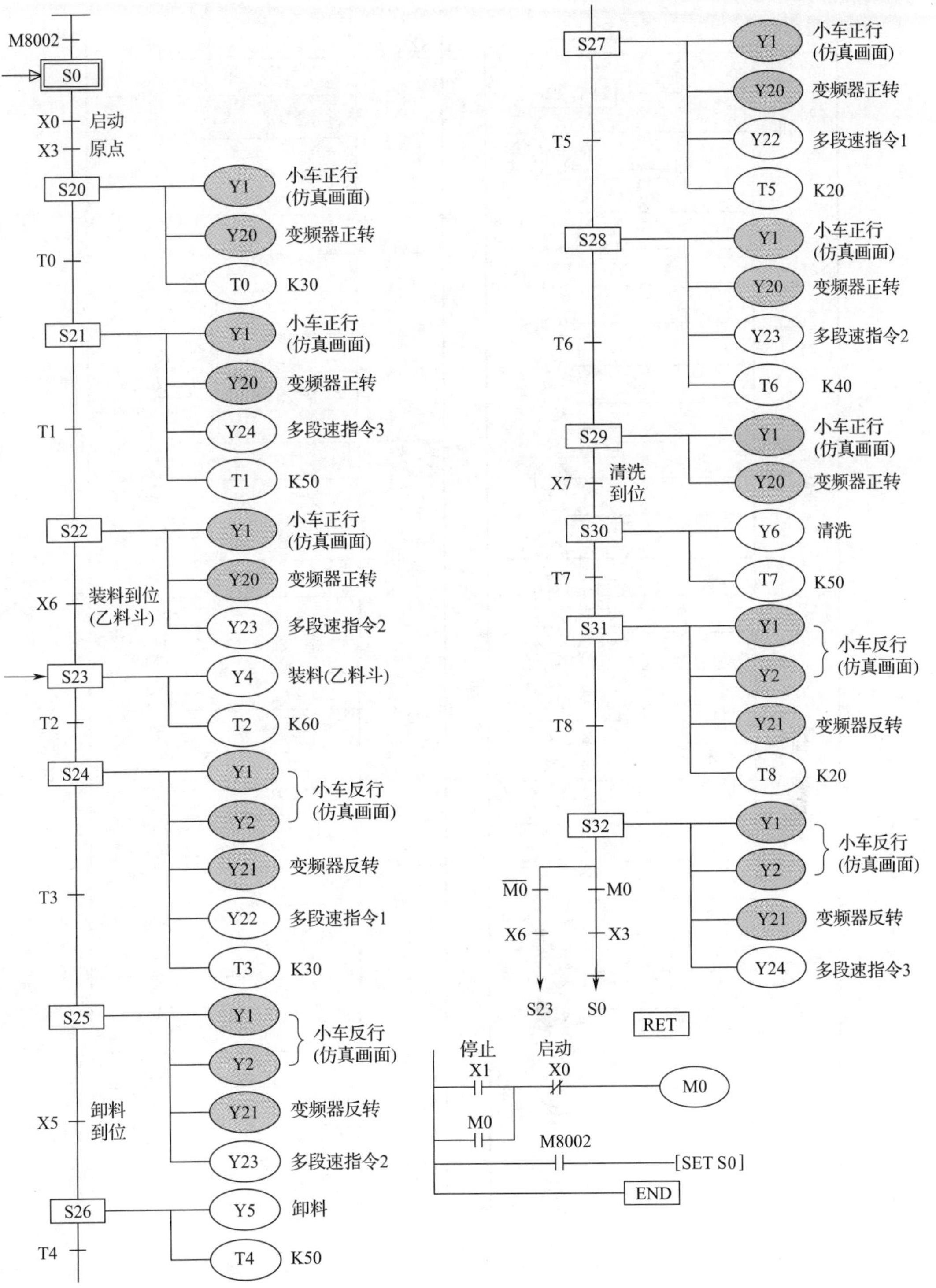

图 29—37 运料小车自动控制状态转移图

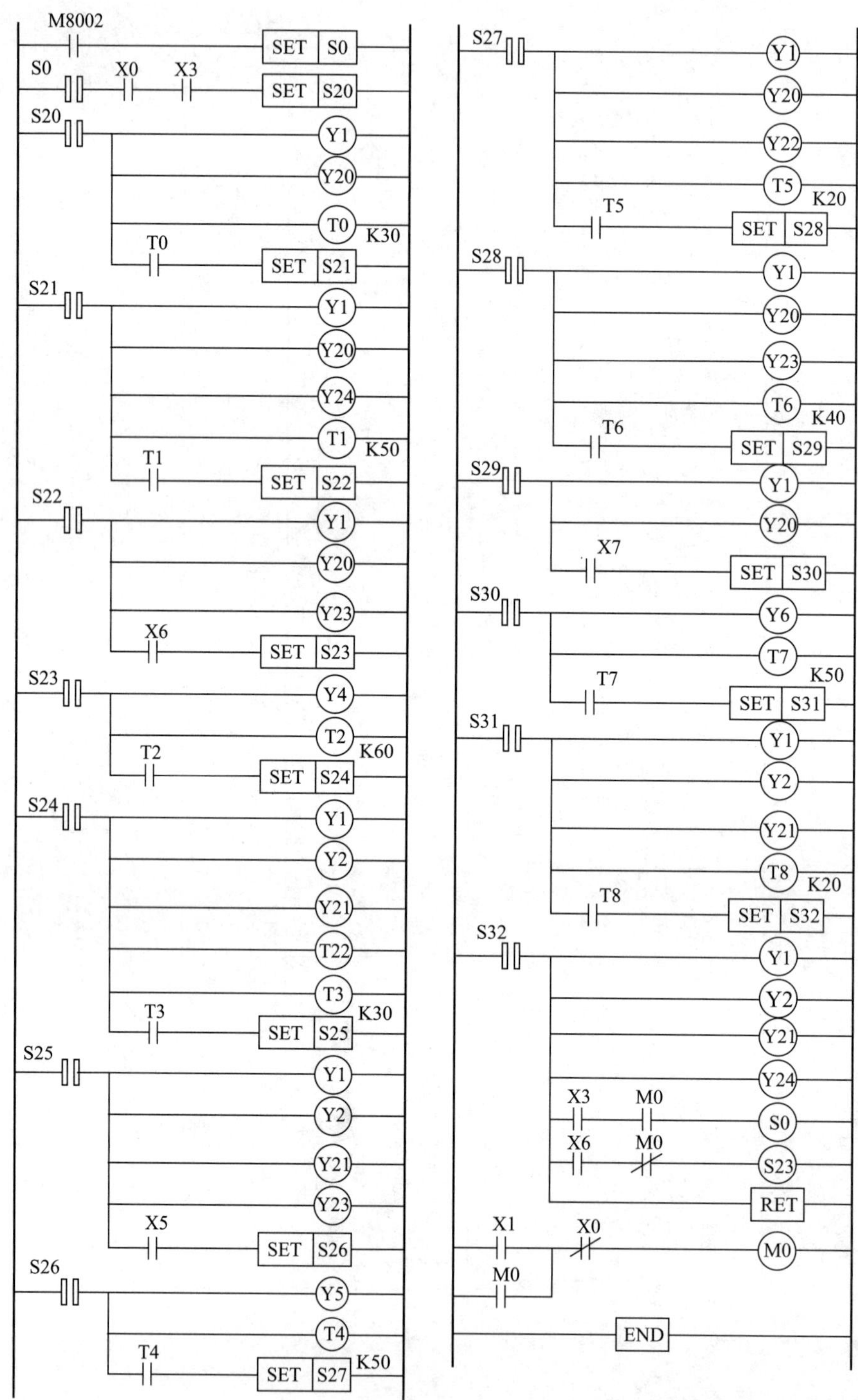

图 29—38　运料小车自动控制梯形图

2）PLC 控制系统的调试与运行。在确定接线无误的情况下，经教师检查后合上电源开关通电。将 PLC 控制系统程序输入 PLC。利用输入装置（如自锁按钮）和仿真画面，按照控制要求进行 PLC 控制系统调试与运行，以满足工艺要求。

（3）PLC 控制系统和交流变频调速系统的联合调试。在图 29—36 中已画出变频器与 PLC 的连接关系。图中 PLC 的控制输出端子 Y20，Y21，Y22，Y23，Y24，COM 端与变频器输入端 S1，S2，S5，S6，S7，SC 端连接，控制变频器的正、反转和多段速运行。将 PLC 控制系统有关输出端和交流变频调速系统的有关输入端连接起来，在确定接线无误的情况下，经教师检查后合上电源开关通电。利用输入装置（如自锁按钮）和仿真画面按照控制要求进行 PLC 控制系统和交流变频调速系统的联合调试与运行，以满足工艺要求。

第 5 节　安川 H1000 重负载高性能变频器及其应用

一、概述

安川公司在 G7 系列变频器后又推出 H1000 重负载高性能变频器。安川 H1000 重负载高性能变频器采用先进的电动机驱动技术，能实现对所有电动机的控制，异步电动机和同步电动机可以通用。无论是驱动感应电动机或是同步电动机（IPM 电动机/SPM 电动机），都能实现高性能的电流矢量控制，通过高速 CPU 和独自高速电流矢量控制，即使出现负载的突变也可迅速应对。该变频器内置多种自学习方式，无论是驱动感应电动机还是同步电动机，都能充分发挥驱动性能。安川 H1000 重负载高性能变频器有 200 V 级和 400 V级 2 种电压等级，400 V 级变频器适用电动机容量为 0.4～560 kW。安川 H1000 重负载高性能变频器外形如图 29—39 所示。

安川 H1000 重负载高性能变频器结构紧凑、体积小、便于安装。它具有 14 个输入端，其中 S1～S12 为多功能输入端，H1～H2 为安全输入端；1 个故障输出端（MA－MB－MC），1 个多功能输出端（M1－M2）和多功能光耦合器输出端（P1，P2，P3，P4 等）；1 个安全装置监视输出（DM＋－DM－）；3 个多功能模拟量输入端（A1，A2，A3）和 2 个多功能模拟量输出端；1 个脉冲序列输入端（RP）和 1 个脉冲序列输出端（MP）。该变频器还具有详细的变频器状态信息和全面的信息功能，有多种可选件供用户选用，如 PG 速度控制卡、模拟量输入卡、数字式输入卡、模拟量监视卡、数字式输出卡、通信选择卡等。

图 29—39　H1000 重负载高性能变频器外形

由于安川 H1000 重负载高性能变频器可以驱动异步电动机或同步电动机。异步电动机用的控制方式包括无 PG 的 V/f 控制、带 PG 的 V/f 控制、无 PG 矢量控制、带 PG 矢量控制等。同步电动机用的控制方式有 PM 用无 PG 矢量控制、PM 用无 PG 高级矢量控制、PM 用带 PG 矢量控制等。加减速斜坡特性具有可编程的平滑功能，变频器还具有比例、积分和微分（PID）控制功能的闭环控制。它还具有过电流保护、过电压/欠电压保护、变频器过热保护、电动机过热保护等功能。

安川 H1000 重负载高性能变频器（400 V 级）的标准规格见表 29—22 所示，通用规格见表 29—23 所示。

表 29—22　　安川 H1000 重负载高性能变频器（400 V 级）的标准规格

项目			规格											
型号　CIMR - H□4A			0003	0005	0006	0009	0015	0018	0024	0031	0039	0045	0060	0075
最大适用电动机容量（kW）〈1〉		重载额定	0.75	1.5	2.2	3.7	5.5	7.5	11	15	18.5	22	30	37
最大适用电动机容量（kW）〈1〉		超重载额定	0.4	0.75	1.5	2.2	3.7	5.5	7.5	11	15	18.5	22	30
输入	额定输入电流（A）〈2〉	重载额定	3.2	4.4	6	10.4	15	20	29	39	44	43	58	71
输入	额定输入电流（A）〈2〉	超重载额定	1.5	2.5	4.7	8.9	11.7	16	21	31	41	36	43	58
输出	额定输出容量（kVA）〈3〉	重载额定	2.6	3.7	4.2	7	11.3	13.7	18.3	24	30	34	46	57
输出	额定输出容量（kVA）〈3〉	超重载额定	1.4	2.6	3.7	4.7	8.4	11.4	16.0	21	26	32	40	50
输出	额定输出电流（A）	重载额定	3.4	4.8	5.5	9.2	14.8	18	24	31	39	45	60	75
输出	额定输出电流（A）	超重载额定〈4〉	1.8	3.4	4.8	6.2	11	15	21	27	34	42	52	65
输出	过载耐量		超重载额定：额定输出电流的 150%60 s 或额定输出电流的 200%3 s （用于往复性负载的用途时，需要降低额定值） 重载额定：额定输出电流的 150%60 s											
输出	载波频率		2～15 kHz（可通过参数变更）											
输出	最大输出电压（V）		三相 380～480 V（对应输入电压）											
输出	最高输出频率（Hz）		400 Hz（可通过参数变更）											
电源	额定电压、额定频率		AC：三相 380～480 V，50 Hz/60 Hz；DC：510～680 V											
电源	允许电压波动		－15%～10%											
电源	允许频率波动		±5%											
电源	电源设备容量（kVA）	重载额定	2.3	4.3	6.1	10	14.6	19.2	28	38	47	39	53	65
电源	电源设备容量（kVA）	超重载额定	1.3	2.3	4.3	8.2	10.7	14.5	19	28	38	33	39	53

续表

项目			规格												
型号 CIMR－H□4A			0091	0112	0150	0180	0216	0260	0304	0370	0450	0515	0605	0810	1090
最大适用电动机容量（kW）〈1〉		重载额定	45	55	75	90	110	132	160	185	220	250	—	450	560
		超重载额定	37	45	55	75	90	110	132	160	185	220	315	355	500
输入	额定输入电流（A）〈2〉	重载额定	86	106	142	170	207	248	300	346	410	465	—	830	1031
		超重载额定	71	86	106	142	170	207	248	300	346	410	584	694	922
输出	额定输出容量（kVA）〈3〉	重载额定	69〈4〉	85〈4〉	114〈5〉	137〈5〉	165〈5〉	198〈5〉	232〈5〉	282〈2〉	343〈2〉	392〈2〉	—	617〈2〉	831〈2〉
		超重载额定	61	74	98	126	149	183	206	230	282	343	461	514	709
	额定输出电流（A）	重载额定	91〈4〉	112〈4〉	150〈5〉	180〈5〉	216〈5〉	260〈5〉	304〈5〉	370〈5〉	450〈6〉	515〈6〉	—	810〈6〉	1090〈6〉
		超重载额定〈4〉	80	97	128	165	196	240	270	302	370	450	605	675	930
	过载耐量		超重载（SHD）额定：额定输出电流的150%60 s或额定输出电流的200%3 s（用于往复性负载的用途时，需要降低额定值）重载（HD）额定：额定输出电流的150%60 s							HD额定：额定输出电流的150%60 s SHD额定：额定输出电流的150%60 s或额定输出电流的200%3 s（用于往复性负载的用途时，需要降低额定值）					
	载波频率		2～10 kHz（可通过参数变更）							2～5 kHz（可通过参数变更）					
	最大输出电压（V）		三相380～480 V（对应输入电压）												
	最高输出频率（Hz）		400 Hz（可通过参数变更）							150 Hz（可通过参数变更）					
电源	额定电压、额定频率		AC：三相380～480V，50 Hz/60 Hz；DC：510～680 V												
	允许电压波动		－15%～10%												
	允许频率波动		±5%												
	电源设备容量（kVA）	重载额定	79	96	130	155	189	227	274	316	375	425	—	759	943
		超重载额定	66	79	96	130	156	190	227	274	316	375	534	635	843

注：〈1〉最大适用电动机容量为安川公司制造的4级、50 Hz、400 V标准电动机的容量。更严密的选择方法是选择机型时，应使变频器额定输出电流大于电动机额定电流。

〈2〉表示额定输出电流时的值，额定输入电流值不仅受到电源变压器、输入侧电动机、接线状况的影响，而且还随电源侧的机械而波动。

〈3〉额定输出容量在额定输出电压为440 V的条件下计算得出。

〈4〉载波频率为2 kHz时的数值，提高载波频率时，需要降低电流。

〈5〉载波频率为8 kHz时的数值，提高载波频率时，需要降低电流。

〈6〉载波频率为6 kHz时的数值，提高载波频率时，需要降低电流。

表 29—23　　安川 H1000 重负载高性能变频器的通用规格

项目		规　格
控制特性	控制方式	V/f 控制、带 PG 的 V/f 控制、无 PG 矢量控制、带 PG 矢量控制、PM 用无 PG 矢量控制、PM 用无 PG 高级矢量控制、PM 用带 PG 矢量控制
	频率控制范围	0.01～400 Hz
	频率精度（温度波动）	数字式指令：最高输出频率的±0.01%以内（－10～＋40℃） 模拟量指令：最高输出频率的±0.1%以内（25℃±10℃）
	频率设定分辨率	数字式指令：0.01 Hz 模拟量指令：0.03 Hz/60 Hz（11 bit）
	输出频率分辨率（运算分辨率）	0.001 Hz
	频率设定信号	－10～＋10 V，0～＋10 V，4～20 mA，脉冲序列
	启动转矩	150%/3 Hz（无 PG 的 V/f 控制、带 PG 的 V/f 控制）、200%/0.25 Hz① （无 PG 矢量控制）、200%/0 min^{-1}① （带 PG 矢量控制、PM 用带 PG 矢量控制、PM 用无 PG 高级矢量控制）、100%/5%（PM 用无 PG 矢量控制）
	速度控制范围	1∶1 500（带 PG 矢量控制、PM 用带 PG 矢量控制），1∶200（无 PG 矢量控制），1∶40（无 PG 的 V/f 控制、带 PG 的 V/f 控制），1∶20（PM 用无 PG 矢量控制），1∶100（PM 用无 PG 高级矢量控制）
	速度控制精度	±0.2%（25℃±10℃）（无 PG 矢量控制）②、±0.01%（25℃±10℃）（带 PG 矢量控制）
	速度响应	10 Hz（25℃±10℃）（无 PG 矢量控制）、50 Hz（25℃±10℃）（带 PG 矢量控制） （进行旋转型自学习时，温度波动除外）
	转矩极限	有（通过参数进行设定。仅限矢量控制时可在 4 个象限单独设定）
	加减速时间	0.00～6 000.0 s（加减速单独设定：4 种切换）
	制动转矩	400 V，30 kW 以下为内置制动晶体管 ①短时间平均减速转矩③。电动机容量 0.4/0.75 kW：100%以上；电动机容量 1.5 kW：50%以上；电动机容量 2.2 kW 以上：20%以上（使用过励磁减速/高滑差制动时 40%） ②连续再生转矩：约 20%（连续制动电阻选购件时④约 125%，10%ED，10 s，内置制动晶体管）
	主要的控制功能	转矩控制、DROOP 控制、速度控制/转矩控制切换运行、前馈控制、零伺服功能、瞬时停电再启动、速度搜索、过转矩检出、转矩限制、17 段速运行（最大）、加减速切换、S 字加减速、3 线制顺控、自学习（旋转形、停止形）、在线自学习、过励磁制动、高滑差制动、PID 控制（带暂停功能）、节能控制、MEMOBUS 通信（RS485/422 最大 115.2 kb/s）、故障重试、各种用途选择功能、DriveWorksEZ（编程功能）、带参数备份功能的可拆卸式端子排等
保护功能	电动机保护	电子热保护
	瞬时过电流保护	重载额定输出电流的 200%以上时停止
	过载保护	额定输出电流的 150%60 s 停止，200%3 s 停止（超重载 SHD 额定时）⑤
	过电压保护	400 V 级：主回路直流电压约为 820 V 以上时停止
	低电压保护	400 V 级：主回路直流电压约为 380 V 以下时停止

续表

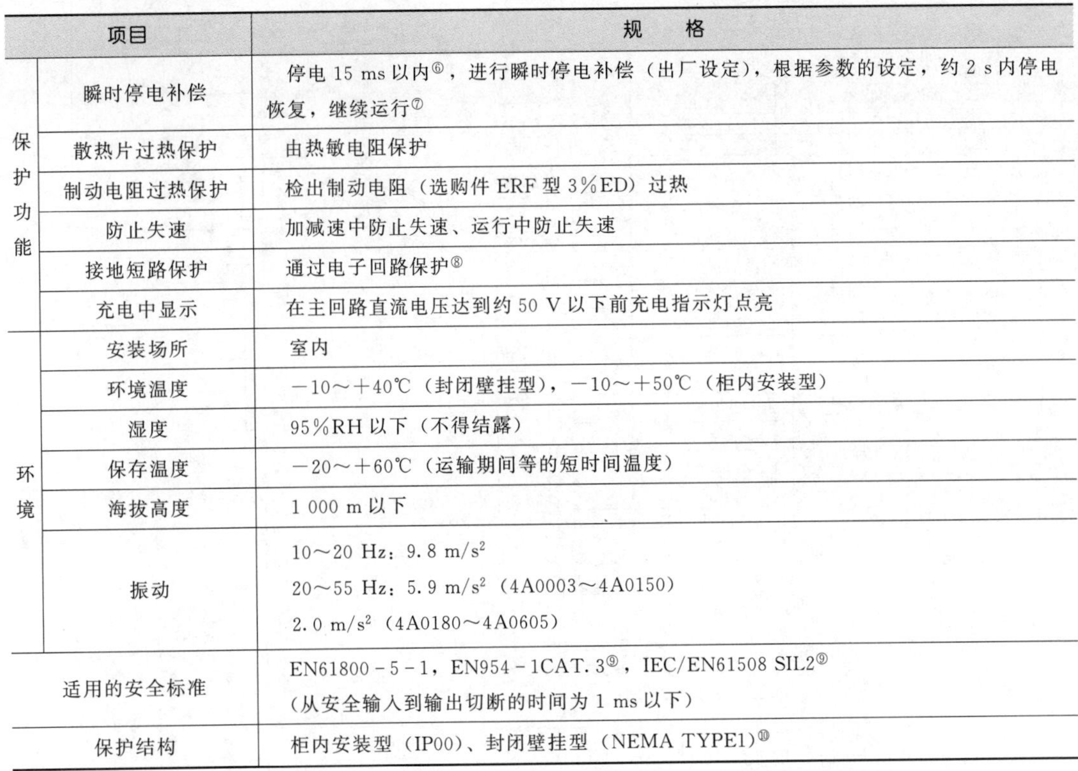

项目		规　　格
保护功能	瞬时停电补偿	停电 15 ms 以内[⑥]，进行瞬时停电补偿（出厂设定），根据参数的设定，约 2 s 内停电恢复，继续运行[⑦]
	散热片过热保护	由热敏电阻保护
	制动电阻过热保护	检出制动电阻（选购件 ERF 型 3%ED）过热
	防止失速	加减速中防止失速、运行中防止失速
	接地短路保护	通过电子回路保护[⑧]
	充电中显示	在主回路直流电压达到约 50 V 以下前充电指示灯点亮
环境	安装场所	室内
	环境温度	－10～＋40℃（封闭壁挂型），－10～＋50℃（柜内安装型）
	湿度	95%RH 以下（不得结露）
	保存温度	－20～＋60℃（运输期间等的短时间温度）
	海拔高度	1 000 m 以下
	振动	10～20 Hz：9.8 m/s^2 20～55 Hz：5.9 m/s^2（4A0003～4A0150） 2.0 m/s^2（4A0180～4A0605）
适用的安全标准		EN61800-5-1，EN954-1CAT.3[⑨]，IEC/EN61508 SIL2[⑨] （从安全输入到输出切断的时间为 1 ms 以下）
保护结构		柜内安装型（IP00）、封闭壁挂型（NEMA TYPE1）[⑩]

注：①需要探讨变频器的容量。

②根据不同的安装条件和电动机种类，速度控制精度有所不同。详情请向安川公司咨询。

③短时间平均减速转矩为电动机单机在最短时间内从 50 Hz 减速时的减速转矩（因电动机的特性而异）。

④连接再生转换器、再生单元、制动单元、制动电阻或制动电阻单元时，请将 L3-04（减速中防止失速功能选择）设定为 0（无效）。如未设定，可能无法在规定的减速时间内停止。

⑤输出频率低于 6 Hz 时，即使为额定输出电流的 150%60 s 以内，过载保护功能可能也会动作。

⑥根据转速或负载条件，减速时间可能会更短。

⑦因容量和负载而异。400 V 级 11 kW（CIMR-HB4A0031）以下时，为确保瞬时停电补偿达到 2 s，需要瞬时停电补偿单元。

⑧由于运行中的电动机线圈内部有接地短路的可能，所以在下述条件下有时不能起到保护作用。

- 电动机电缆或端子排等的低电阻接地回路。
- 在接地短路状态下接通变频器电源时。

⑨申请中。

⑩拆下 NEMA TYPEL 的变频器（4A0003～4A0039）上部保护罩后，防护等级变为 IP20。

二、安川 H1000 重负载高性能变频器的标准接线图和有关端子功能

安川 H1000 重负载高性能变频器的标准接线图如图 29—40 所示。

安川 H1000 重负载高性能变频器接线端子可分为主电路接线端子和控制回路接线端子。

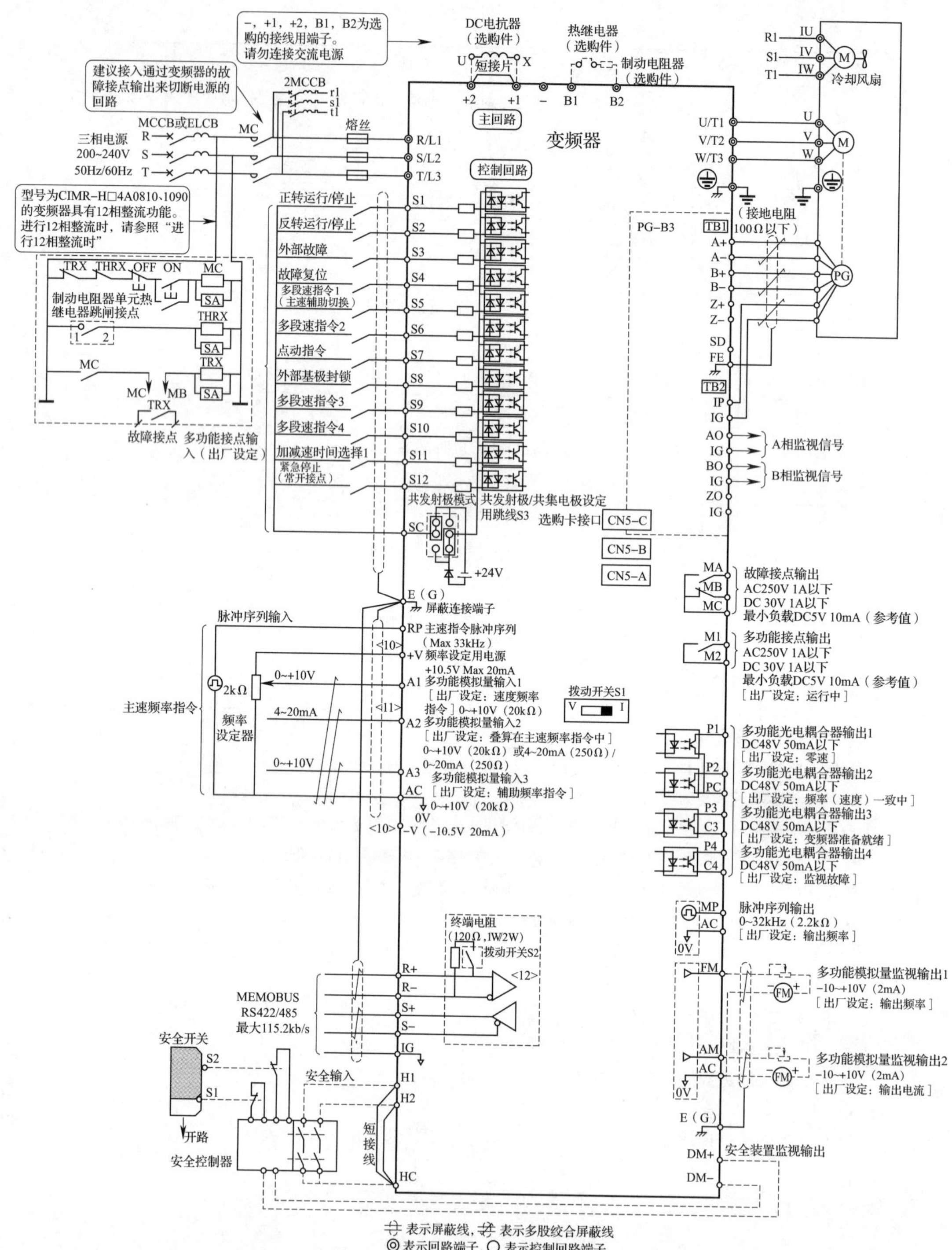

图 29—40　安川 H1000 重负载高性能变频器的标准接线图（产品原图）

1. 主电路接线端子

（1）主电路电源接线端子（R/L1，S/L2，T/L3）。

（2）变频器输出接线端子（U/T1，V/T2，W/T3）。

（3）直流电抗器接线端子（+1，+2）。当不用直流电抗器时，+1 和+2 端应连接。

（4）制动电阻接线端子（B1，B2 端）。

（5）接地端子。

2. 控制回路外接接线端子

图 29—40 中多功能输入、输出端的功能对应于多功能输入、输出端的出厂设定值。随着它们的设定值改变，它们的功能也改变。

（1）模拟量输入端。+V 端为+10.5 V，－V 端为－10.5 V，AC 端为 0 V，A1 端为多功能模拟量输入 1 端子（出厂设定速度频率指令，0～10 V），A2 端为多功能模拟量输入 2 端子，A3 端为多功能模拟输入 3 端子（出厂设定辅助频率指令，0～10 V）。

（2）多功能输入端。S1～S12 分别为多功能输入端，SC 为多功能输入的公共端。S1～S12 的功能可以由参数 H1－01～H1－12 等设置。图 29—40 中 S1～S12 的功能分别对应于 S1～S12 的出厂设定值。随着 S1～S12 的设定值改变，S3～S12 的功能也改变。

（3）安全输入端。H1，H2 为安全输入端，HC 为安全输入的公共端。

（4）故障输出端。MA，MB，MC 为故障输出端，其中 MC 为公共端。

（5）多功能输出端。M1，M2 为继电器输出。M1，M2 的功能可以由参数 H2－01 设置。

（6）多功能光耦合器输出端。共有 4 组多功能光耦合器输出端。光耦合器输出端 1 为 P1，PC；光耦合器输出端 2 为 P2，PC；光耦合器输出端 3 为 P3，C3；光耦合器输出端 4 为 P4，C4。这 4 组多功能光耦合器输出端的功能可以由参数 H2－02～H2－5 等设置。

（7）安全装置监视输出端（DM+，DM－）。

（8）多功能模拟量输出端。FM 为多功能模拟量 1 输出端子，AM 为多功能模拟量 2 输出端子，AC 为多功能模拟量输出的公共端。

（9）脉冲序列输入、输出端。RP，AC 为脉冲序列输入端，MP，AC 为脉冲序列输出端。

（10）通信端口。R+，R－，S+，S－，以及通信接地 IG 为通信端口。

三、安川 H1000 重负载高性能变频器的数字式操作器和模式

1. 变频器数字式操作器

安川 H1000 重负载高性能变频器数字式操作器如图 29—41 所示。各操作键/指示灯的名称及其功能见表 29—24。

图 29—41 安川 H1000 重负载高性能变频器数字式操作器

表 29—24 数字式操作器上操作键/指示灯的名称及其功能

操作键/指示灯的名称	功能的说明
F1 和 F2	功能键，根据当前的菜单显示而不同。各功能的名称显示在显示屏的下半部
ESC	返回到上一画面。将设定参数编号时需要变更的位向左移。如果长按不放，可以从任意画面返回频率指令画面
RESET	设定参数的数值等时，将需要变更的位向右移。检出故障时变为故障复位键
RUN	使变频器运行
向上键	切换画面，变更（增大）参数编号和设定值
向下键	切换画面，变更（减小）参数编号和设定值
STOP	使变频器停止
ENTER	确定各种模式、参数、设定值时按该键，要进入下一个画面时使用
LO/RE	对用操作器运行（LOCAL）和用外部指令运行（REMOTE）进行切换时按该键
RUN 指示灯	变频器运行中点亮
LO/RE 指示灯	选择了来自操作器的运行指令（LOCAL）时点亮
ALM 指示灯	当变频器检出故障时点亮，正常运行（无故障或报警）时熄灭，出现报警时或在自学习过程中出现故障或错误时闪烁

2. 安川 H1000 重负载高性能变频器模式

安川 H1000 重负载高性能变频器具有 2 种基本模式，分别为驱动模式和程序模式。下面对这 2 种基本模式进行说明。

（1）驱动模式。进行变频器运行，并对运行状态进行监视显示，不能设定参数。在驱动模式中，监视显示频率指令、输出频率、输出电流、输出电压等，也能显示故障内容、故障记录等。变频器的电源接通后，正常时操作器显示驱动模式中频率指令的监视状态画面，故障时显示驱动模式中故障状态画面。

（2）程序模式。此模式下可以进行变频器所有参数的查看/设定，还可以进行自学习。在程序模式下，变频器无法开始运行。程序模式可以分为校验模式、简易程序模式、高级程序模式和自学习模式。下面对自学习模式做说明。

由于安川 H1000 重负载高性能变频器可以驱动异步电动机或同步电动机，因而自学习的参数设定根据所使用的电动机类型（感应电动机或同步电动机）而异，并根据实际用途、变频器的控制模式等选择最佳的自学习模式。其中，变频器用于感应电动机时，自学习模式有旋转型自学习、停止型自学习 1、停止型自学习 2、仅对线间电阻的停止型自学习、V/f 节能控制用自学习、停止型自学习 3 等自学习模式。

四、部分参数功能说明

1. 选择 LCD 操作器语言参数 A1 - 00

本参数用于选择 LCD 操作器语言。其中，A1 - 00＝0 为英语，A1 - 00＝1 为日语，A1 - 00＝2 为德语，A1 - 00＝7 为汉语。出厂设定值为 7。

2. 参数的存取等级参数 A1 - 01

本参数用于选择参数的存取等级。其中，A1 - 01＝0 可以设定/监视 A1 - 01～A1 - 04，也可以监视 U 参数；A1 - 01＝1 仅可以设定/监视 A2 - 01～A2 - 32；A1 - 01＝2 可以设定/监视所有参数。出厂设定值为 2。

3. 控制模式选择参数 A1 - 02

本参数用于选择变频器的控制模式。其中，A1 - 02＝0 为无 PG 的 V/f 控制；A1 - 02＝1 为带 PG 的 V/f 控制；A1 - 02＝2 为无 PG 矢量控制；A1 - 02＝3 为带 PG 矢量控制；A1 - 02＝5 为 PM 用无 PG 矢量控制；A1 - 02＝6 为 PM 用无 PG 高级矢量控制；A1 - 02＝7 为 PM 用带 PG 矢量控制。出厂设定值为 2。

4. 初始化参数 A1 - 03

本参数用于选择初始化。其中，A1 - 03＝0 为不进行初始化；A1 - 03＝2 220 为二线制顺控的初始化（出厂时设定的初始化）；A1 - 03＝3 330 为三线制顺控的初始化。

5. 用途选择参数 A1 - 06

本参数用于选择用途。其中，A1 - 06＝0 为通用；A1 - 06＝1 为给水泵；A1 - 06＝2 为传送带；A1 - 06＝6 为卷扬机（升降用）；A1 - 06＝7 为起重机（平移）。出厂设定值为 0。

6. 频率指令选择 1 参数 b1 - 01

本参数用于设定频率指令的输入方法。其中，b1 - 01＝0 为数字式操作器输入；b1 -

01＝1 为控制回路端子输入（模拟量输入）；b1－01＝2 为 MEMOBUS 通信输入。出厂设定值为 1。

7. 运行指令选择 1 参数 b1－02

本参数用于设定运行指令的输入方法。其中，b1－02＝0 为数字式操作器；b1－02＝1 为控制回路端子（顺控输入）；b1－02＝2 为 MEMOBUS 通信。出厂设定值为 1。

8. 停止方法选择参数 b1－03

本参数用于选择停止指令时的停止方法。其中，b1－03＝0 为减速停止；b1－03＝1 为自由滑行停止；b1－03＝2 为全领域直流制动（DB）停止。出厂设定值为 0。

9. 禁止反转选择参数 b1－04

本参数用于选择电动机禁止反转。其中，b1－04＝0 为电动机可反转；b1－04＝1 为禁止电动机。出厂设定值为 0。

10. 直流制动的开始频率（零速值）参数 b2－01

本参数用于设定减速停止时，直流制动的开始频率（Hz），带 PG 矢量控制中 b2－01 控制零速度。出厂设定值根据 A1－02 控制模式的设定而变化。

11. 直流制动电流参数 b2－02

本参数用于设定直流制动电流的大小，以变频器的额定电流为 100%，用百分数（%）设定直流制动电流。出厂设定值为 50%。

12. 停止时直流制动时间参数 b2－04

本参数用于设定停止时直流制动时间。出厂设定值根据 A1－02 控制模式的设定而变化。当控制模式 A1－02＝0，1，2 时，出厂设定值为 0.50 s。

13. 加速时间 1 参数 C1－01

本参数用于以 s 为单位，设定从最高输出频率的 0%～100%的加速时间。出厂设定值为 10.0 s。

14. 减速时间 1 参数 C1－02

本参数用于以 s 为单位，设定从最高输出频率的 100%～0%的减速时间。出厂设定值为 10.0 s。

15. 加速开始时的 S 字特性时间参数 C2－01

本参数用于设定加速开始时的 S 字特性时间。出厂设定值根据 A1－02 控制模式的设定而变。

16. 加速结束时的 S 字特性时间参数 C2－02

本参数用于设定加速结束时的 S 字特性时间。出厂设定值为 0.20 s。

17. 减速开始时的S字特性时间参数C2－03

本参数用于设定减速开始时的S字特性时间。出厂设定值为0.20 s。

18. 减速结束时的S字特性时间参数C2－04

本参数用于设定减速结束时的S字特性时间。出厂设定值为0.00 s。

19. HD/SHD选择参数C6－02

本参数用于选择HD/SHD。其中，C6－02＝2为超重载；C6－02＝0为重载。出厂设定值为2。

20. 载波频率选择参数C6－02

本参数用于选择载波频率。其中，C6－02＝1，载波频率为2.0 kHz；C6－02＝2，载波频率为5.0 kHz；C6－02＝3，载波频率为8.0 kHz；C6－02＝4，载波频率为10.0 kHz；C6－02＝5，载波频率为12.5 kHz；C6－02＝6，载波频率为15.0 kHz。出厂设定值为1。这里要注意，载波频率设定的高低与变频器和电动机间的接线距离有关，当变频器和电动机间的接线距离太长时，应降低载波频率。当载波频率设定高时，变频器的过负载电流值将减小。

21. 频率指令参数d1－01～d1－017

d1－01～d1－017用于设定频率指令1～频率指令16和点动频率指令。d1－01～d1－16分别对应频率指令1～频率指令16，d0－17为点动频率指令。通过o1－03（频率指令的设定/显示单位）设定的单位来设定频率指令。d1－01～d1－16参数的出厂设定值为0.00（Hz），d1－17参数的出厂设定值为6.00（Hz）。在安川H1000重负载高性能变频器中，运用多段速指令数的组合和频率指令1～频率指令16最多可进行16段速度切换。例如，配合多功能输入端，使用多段速指令1～多段速指令3，可以实现8段速运行，见表29—25。

表29—25　　使用多段速指令1～多段速指令3的8段速频率组合表

段速	S5（多段速指令1）	S6（多段速指令2）	S7（多段速指令3）	能选择的频率
1	OFF	OFF	OFF	频率指令1（通过b1－01选择的指令）
2	ON	OFF	OFF	频率指令2（通过d1－02选择的指令）
3	OFF	ON	OFF	频率指令3（通过d1－03选择的指令）
4	ON	ON	OFF	频率指令4（通过d1－04选择的指令）
5	OFF	OFF	ON	频率指令5（通过d1－05选择的指令）
6	ON	OFF	ON	频率指令6（通过d1－06选择的指令）
7	OFF	ON	ON	频率指令7（通过d1－07选择的指令）
8	ON	ON	ON	频率指令8（通过d1－08选择的指令）

22. 设定输入电压参数 E1 - 01

本参数用于设定变频器的输入电压。对于 200 V 级变频器，出厂设定值为 200 V，对于 400 V 级变频器，出厂设定值为 400 V。这个设定值作为保护功能等的基准值。

23. 选择 V/f 曲线类型参数 E1 - 03

本参数用于选择 V/f 曲线类型。当 E1 - 03＝0～E 时，可以从 15 种固定的 V/f 曲线中选择相对应的 V/f 曲线。当 E1 - 03＝F 时，为任意 V/f 曲线，可以设定 E1 - 04～E1 - 10 的参数。

24. 最高输出频率参数 E1 - 04

本参数用于设定最高输出频率。出厂设定值根据 A1 - 02（控制模式选择）的设定值等改变。

25. 最大电压参数 E1 - 05

本参数用于设定最大电压。对于 200 V 级变频器，出厂设定值为 200 V，对于 400 V 级变频器，出厂设定值为 400 V。

26. 基本频率参数 E1 - 06

本参数用于设定基本频率。出厂设定值根据 A1 - 02（控制模式选择）的设定值等改变。

27. 中间输出频率参数 E1 - 07

本参数用于设定中间输出频率。出厂设定值根据 A1 - 02（控制模式选择）的设定值等改变。

28. 中间输出频率电压参数 E1 - 08

本参数用于设定中间输出频率电压。出厂设定值根据 A1 - 02（控制模式选择）的设定值等改变。

29. 最低输出频率参数 E1 - 09

本参数用于设定最低输出频率。出厂设定值根据 A1 - 02（控制模式选择）的设定值等改变。

30. 最低输出频率电压参数 E1 - 10

本参数用于设定最低输出频率电压。出厂设定值根据 A1 - 02（控制模式选择）的设定值等改变。

31. 电动机额定电流参数 E2 - 01

本参数用于设定电动机额定电流。这个设定值作为电动机保护、转矩限制的基准值。

32. 电动机的极数 E2 - 04

本参数用于设定电动机的极数。

33. 电动机额定容量参数 E2－11

本参数用于设定电动机额定容量。

34. PG1 参数 F1－01

本参数用于设定使用 PG（脉冲编码器）的脉冲数。出厂设定值为 600。

35. 设定 PG 旋转方向参数 F1－05

本参数用于设定 PG 旋转方向。F1－05＝0，电动机正转，A 相超前；F1－05＝1，电动机正转，B 相超前。出厂设定值为 0。

36. 多功能输入端子 S1～S12 的功能选择参数 H1－01～H1－12

H1－01～H1－12 参数用于选择相应的多功能输入端子 S1～S12 的功能。H1－01～H1－12 分别对应于多功能输入端子 S1～S12。其中，H1－01 的出厂设定值为 40；H1－02 的出厂设定值为 41；H1－03 的出厂设定值为 24；H1－04 的出厂设定值为 14；H1－05 的出厂设定值为 3（0）；H1－06 的出厂设定值为 4（3）；H1－07 的出厂设定值为 6（4）；H1－08 的出厂设定值为 8；H1－09 的出厂设定值为 5；H1－10 的出厂设定值为 32；H1－11 的出厂设定值为 7；H1－12 的出厂设定值为 15。多功能输入端子 S1～S12 的功能随着 H1－01～H1－12 的设定值改变而改变。上面出厂设定值加括号的为三线制顺控初始化后的初始值。H1－01～H1－12 的设定值很多，也就是多功能输入端子的功能很多。多功能输入端子 S1～S12 的部分功能和 H1－01～H1－12 参数的部分设定值见表 29—26。

表 29—26　多功能输入端子 S1～S12 的部分功能和 H1－01～H1－12 参数的部分设定值表

设定值	功　能
0	三线制顺控下的正转/反转指令
1	LOCAL/REMOTE 选择（ON 时来自操作器的运行指令，OFF 时根据参数进行设定）
3	多段速指令 1
4	多段速指令 2
5	多段速指令 3
6	点动频率选择（优先多段速指令）
7	加减速时间选择 1
8	基极封锁指令（常开触点，ON 时基极封锁）
9	基极封锁指令（常闭触点，OFF 时基极封锁）
A	保持、加减速停止（ON 时暂时停止加减速，保持当前的输出频率）
B	oH2 变频器过热预警（ON 时显示“oH2”过热预警）
C	多功能模拟量输入选择（ON 时多功能模拟量输入有效）

续表

设定值	功　能
F	直通模式
10	UP 指令（必须和 DOWN 指令一起设定）
11	DOWN 指令（必须和 UP 指令一起设定）
12	FJOG 指令（ON：按照 d1-17 点动频率指令正转运行）
13	RJOG 指令（ON：按照 d1-17 点动频率指令反转运行）
14	故障复位（在 ON 的上升沿使故障复位）
15	紧急停止（常开触点，ON 时按 C1-09 紧急停止时间减速停止）
20～2F	外部故障（可任意设定）。输入模式：常开触点/常闭触点
32	多段速指令 4
40	正转运行指令（二线制顺控）。ON 时正转运行，OFF 时运行停止
41	反转运行指令（二线制顺控）。ON 时反转运行，OFF 时运行停止
42	运行指令（二线制顺控 2）。ON 时运行，OFF 时运行停止
43	正转/反转指令 2（二线制顺控 2）。ON 时正转，OFF 时反转。仅将该信号 ON/OFF，不能运行

37. 多功能输出端的功能选择参数 H2-01～H2-05

H2-01～H2-05 参数用于选择相应的多功能输出端子 M1-M2，P1，P2，P3，P4 的功能。H2-01～H2-05 分别对应于多功能输出端子 M1-M2，P1，P2，P3，P4。其中，H2-01 的出厂设定值为 0；H2-02 的出厂设定值为 1；H2-03 的出厂设定值为 2；H2-04 的出厂设定值为 6；H2-05 的出厂设定值为 10。多功能输出端子 M1-M2，P1，P2，P3，P4 的功能随着 H2-01～H2-05 参数设定值改变而改变。多功能输入端子 M1-M2、P1～P4 的功能和 H2-01～H2-05 参数设定值见表 29—27。

表 29—27　多功能输出端子 M1-M2，P1～P4 的功能和 H2-01～H2-05 参数部分设定值表

设定值	功　能
0	运行中
1	零速
2	频率（速度）一致
6	变频器运行准备完毕
E	故障
10	轻故障

38. 多功能模拟量输入端 A1，A2，A3 选择参数 H3-01～H3-18

本组参数 H3-01～H3-18 用于选择多功能模拟量输入端 A1，A2，A3 的信号电平、功能、输入增益、偏置等。H3－01用于选择多功能模拟量输入端A1的信号电平。当H3－01=0时，A1的信号电平为0～+10 V；当H3－01=1时，A1的信号电平为0～±10 V，出厂设定值为0。H3－02用于选择多功能模拟量输入端A1的功能，出厂设定值为0。H3－03用于选择多功能模拟量输入端A1的输入增益。H3－04用于选择多功能模拟量输入端A1的输入偏置。H3－05用于选择多功能模拟量输入端A3的信号电平。当H3－05=0时，A3的信号电平为0～+10 V；当H3－05=1时，A3的信号电平为0～±10 V，出厂设定值为0。H3－06用于选择多功能模拟量输入端A3的功能，出厂设定值为2。H3－07用于选择多功能模拟量输入端A3的输入增益。H3－08用于选择多功能模拟量输入端A1的输入偏置。H3－09用于选择多功能模拟量输入端A2的信号电平。当H3－09=0时，A2的信号电平为0～+10 V；当H3－09=1时，A2的信号电平为0～±10 V；当H3－09=2时，A2的信号电流为4～20 mA；当H3－09=3时，A2的信号电流为0～20 mA，出厂设定值为2。H3－10用于选择多功能模拟量输入端A2的功能，出厂设定值为0。H3－11用于选择多功能模拟量输入端A2的输入增益。H3－12用于选择多功能模拟量输入端A2的输入偏置。H3－13用于设定多功能模拟量输入端A1～A3的一次延迟滤波时间常数。

39. 电动机保护功能选择参数L1－01

本参数用于电动机保护功能选择。其中，当L1－01=0时，电动机保护功能无效；当L1－01=1时，通用电动机保护有效；当L1－01=2时，变频器专用电动机保护有效；当L1－01=3时，矢量专用电动机保护有效。当1台变频器驱动多台电动机时，应设定L1－01=0。

40. 减速时防止失速功能选择参数L3－04

本参数用于选择减速时失速防止功能。出厂设定值为1。其中，当L3－04=0时，减速中失速防止功能无效，按设定减速。如果负载过大或减速时间过短，则主回路有过电压（0 V）发生的危险。当L3－04=1时，减速中失速防止功能有效，当主回路电压超过减速中防止失速值时，则中断减速，保持此时的频率。当L3－04=3时，带制动电阻的防止失速功能有效。

41. 电源ON时监视显示项目选择参数o1－02

本参数用于选择电源ON时监视显示项目。其中，o1－02=1为频率指令。出厂设定值为1。

42. 频率指令设定/显示的单位选择参数o1－03

本参数用于选择频率指令设定/显示的单位。其中，当o1－03=0时，单位为0.01 Hz；当o1－03=1时，单位为0.01%（最高输出频率为100%）；当o1－03=2时，单位为min。出厂设定值为0。

43. 驱动模式频率指令监视显示的参数U－01

本参数用于选择驱动模式频率指令值监视显示。

44. 驱动模式输出频率监视显示的参数 U－02

本参数用于选择驱动模式输出频率监视显示。

45. 驱动模式输出电流监视显示的参数 U－03

本参数用于选择驱动模式输出电流监视显示。

46. 驱动模式电动机转速监视显示的参数 U－05

本参数用于选择驱动模式电动机转速监视显示。

47. 驱动模式输出电压监视显示的参数 U－06

本参数用于选择驱动模式输出电压监视显示。

48. 自学习模式参数（电动机自学习参数 T1－01～T1－08）

（1）选择自学习模式参数 T1－01。本参数选择自学习模式。其中，当 T1－01＝0 时，旋转型自学习；当 T1－01＝1 时，停止型自学习 1；当 T1－01＝2 时，仅对线间电阻的停止型自学习。出厂设定值为 0。

（2）电动机输出功率参数 T1－02。本参数设定电动机输出功率（kW）。

（3）电动机额定电压参数 T1－03。本参数设定电动机额定电压（V）。

（4）电动机额定电流参数 T1－04。本参数设定电动机额定电流（A）。

（5）电动机的基本频率参数 T1－05。本参数设定电动机的基本频率（Hz）。出厂设定值为 50.0 Hz。

（6）电动机的极数参数 T1－06。本参数设定电动机的极数。出厂设定值为 4。

（7）电动机基本转速参数 T1－07。本参数设定电动机基本转速。出厂设定值为 1 450 r/min。

（8）自学习时的 PG 脉冲数参数 T1－08。本参数设定使用 PG（脉冲编码器）的电动机每旋转一圈的脉冲数。

第 6 节　西门子 MM440 变频器的 Profibus－DP 通信控制

西门子 MM440 变频器除了可以通过控制端子实现模拟量给定运行控制操作和多段速（固定频率）运行控制操作这 2 种控制方法外，还可以通过 Profibus 通信模块连接到现场总线 Profibus－DP 网络上，由 PLC 进行远程通信控制。

一、Profibus 通信模块（CB 模板）

西门子 MM440 变频器由 PLC 通过 Profibus－DP 总线进行远程通信控制时，西门子 MM440 变频器作为 DP 网络上的从站，由 PLC 主站进行控制。为了使变频器能连接到 DP 网络上，必须选用附加的 Profibus 通信模块，简称为 CB 模板。这一模板安装在变频器的正面，通过 RS485 串行接口与变频器进行通信。在 CB 模板上提供 Profibus－DP 接口，可以接插 Profibus－DP 通信电缆的 D 型 9 针插头，从而使变频器连接到 DP 网络上，如图 29—42 所示。在一个 DP 网络上，最多可连接 125 台设备（包括多台 PLC 和变频器）。

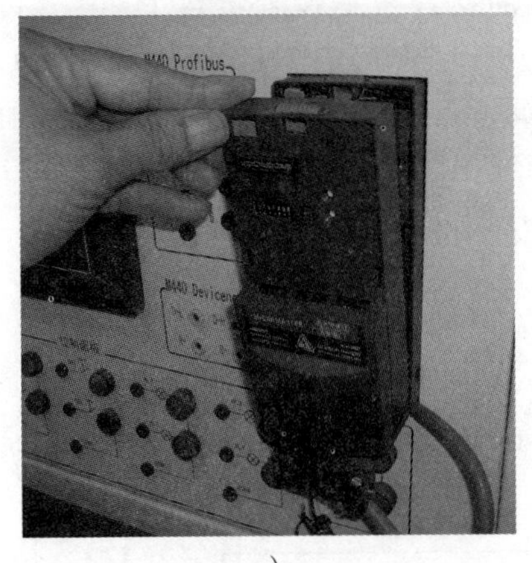
a）

b）

图 29—42　西门子 MM440 的变频器 Profibus 通信模板

a）通信模板的安装位置　b）通信模板

在 DP 网络上，每个设备都必须有 1 个 DP 地址，也称为 DP 站号。西门子 MM440 变频器的 DP 地址有两种设置方法：在 CB 模板上由 DIP（双列直插式封装）开关设置或通过变频器参数 P0918 设置。在 CB 模板上有 1 个 7 位的 DIP 开关，如图 29—43 所示。

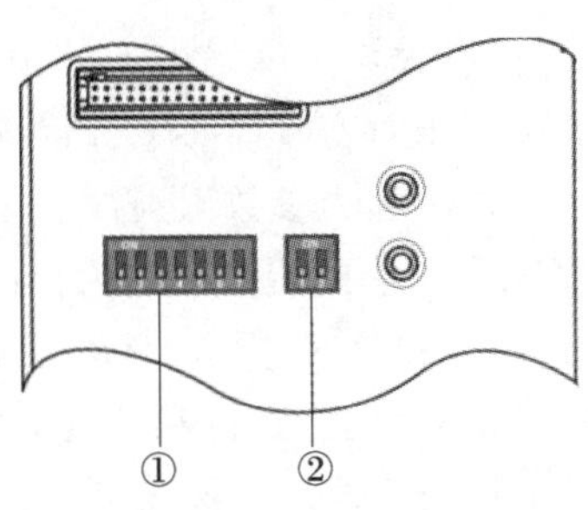

图 29—43　Profibus 地址开关

图 29—43 中，①为 Profibus 地址开关，②为西门子内部使用的开关。用这个 Profibus 地址开关可以设置1～127 之间的 1 个 DP 地址，设置方法见表 29—28。

表 29—28　　用 DIP 开关设置 DP 地址的方法

DIP 开关编号	1	2	3	4	5	6	7
开关代表的地址数字	1	2	4	8	16	32	64
例 1：地址＝3＝1＋2	ON	ON	OFF	OFF	OFF	OFF	OFF
例 2：地址＝88＝8＋16＋64	OFF	OFF	OFF	ON	ON	OFF	ON

DIP 开关设置的优先级高于参数设置，只有在 DIP 开关的 7 个位全部处于 OFF 位置时，由参数 P0918 设置的 DP 地址才有效。

二、变频器 MM440 上的参数设置

为了使变频器能通过 CB 模板实现远程通信控制，在变频器上需要按照如下步骤设置有关参数：设置 P0010＝30，P0970＝1，使变频器复位，各参数恢复为出厂设定值；设置 P0003＝3，使用户访问级为专家级，否则 P0918 等参数无法访问；设置 P0010＝0，使变

频器处于准备运行状态；按照所用电动机的铭牌数据设置参数 P0304～P0311；设置 P0700=6，确定命令源为 CB 模板；设置 P1000=6，确定给定频率值来源为 CB 模板；设置 P0918=DP 地址，在未使用中继器的情况下，DP 地址值在 1～32 的范围内可自行指定，在使用中继器的情况下，DP 地址值可在 1～127 的范围内指定，但不能与其他 DP 站点的地址重复，且仅在 CB 模板上的 7 位 DIP 开关均为 OFF 状态时才有效。

三、变频器的 Profibus 通信协议

西门子 MM440 变频器必须按照 Profibus 通信协议才能通过 DP 总线与 PLC 通信，Profibus-DP 网络使用 USS 协议（通用串行通信协议）与变频器通信。根据 USS 协议，PLC 与变频器通信的数据格式如下：

协议头	用户数据		协议尾
	PKW	PZD	

协议头与协议尾由通信模块自动形成，而用户数据中分为 PKW 和 PZD 两个部分，PKW 用于对变频器参数进行读写操作，PZD 用于对变频器进行监控。

PKW 称为参数识别数值区，最多可包括 4 个字，分别命名为 PKE，IND，PWE1 和 PWE2，它们的定义分别为：PKE——主站请求的任务识别标记和参数号；IND——参数分组编号和分区选择；PWE1 和 PWE2——所访问的参数值。

PZD 区用于控制和监测变频器，最多可有 10 个字：PZD1～PZD10。

按 USS 通信协议规定，变频器通信时可选用 5 种类型的报文格式（PPO1～PPO5，即用户数据帧的格式），如图 29—44 所示。

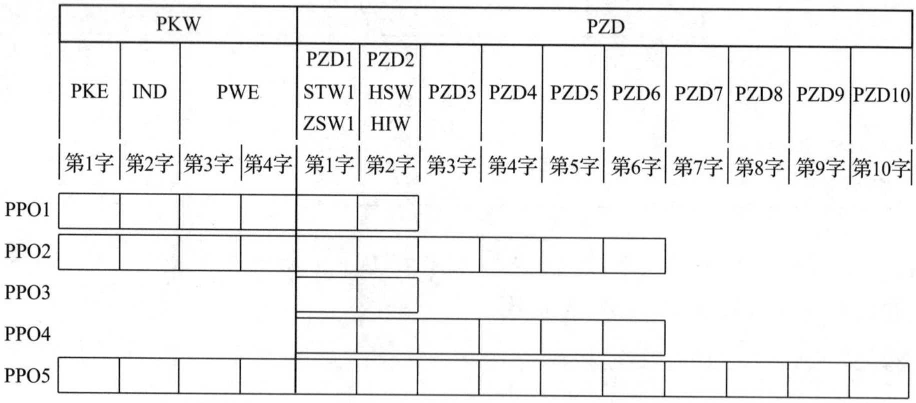

	PKW				PZD									
	PKE	IND	PWE		PZD1 STW1 ZSW1	PZD2 HSW HIW	PZD3	PZD4	PZD5	PZD6	PZD7	PZD8	PZD9	PZD10
	第1字	第2字	第3字	第4字	第1字	第2字	第3字	第4字	第5字	第6字	第7字	第8字	第9字	第10字
PPO1	□	□	□	□	□	□								
PPO2	□	□	□	□	□	□	□	□	□	□				
PPO3					□	□								
PPO4					□	□	□	□	□	□				
PPO5	□	□	□	□	□	□	□	□	□	□	□	□	□	□

图 29—44 变频器通信的报文格式

西门子 MM420 变频器仅支持 PPO1 和 PPO3，而西门子 MM440/430 变频器支持 PPO1，PPO2，PPO3 和 PPO4。本书中仅对常用的 PPO3 报文格式进行介绍。

在 PPO3 报文格式中，PKW 区为 0 个字，PZD 区为 2 个字，即不对变频器参数进行远程访问，仅仅通过 DP 总线对变频器进行远程监视和控制。2 个 PZD 字有 2 种定义：第一个 PZD 字（即 PZD1）的定义为 STW1 和 ZSW1；第二个 PZD 字（即 PZD2）的定义为 HSW 和 HIW。这 2 种定义的使用场合为：一是当主站（PLC）向从站（变频器）发送数据时，此数据为任务报文（即指令），此时 PZD1＝STW1（控制字），PZD2＝HSW（主设定值）；二是主站接收到的从站数据为应答报文（即反馈），此时 PZD1＝ZSW1（状态字），PZD2＝HIW（主实际值）。控制字是 PLC 向变频器发出的控制指令，它由 16 位组成，见表 29—29。在应用时可以根据控制的需要，将这 16 位按照定义进行组合后形成不同的控制命令，作为第一个字（PZD1）发送到变频器，以控制变频器的运行状态。例如：

停止命令——047EH＝0000，0100，0111，1110B；

正转启动命令——047FH＝0000，0100，0111，1111B；

反转启动命令——0C7FH＝0000，1100，0111，1111B；

正向点动命令——057EH＝0000，0101，0111，1110B；

反向点动命令——067EH＝0000，0110，0111，1110B；

故障确认——04FEH＝0000，0100，1111，1110B。

上述各个控制命令分别以 16 进制和二进制 2 种形式表示。在组成控制命令时应注意，由 PLC 向西门子 MM440 变频器发送控制字时，b10 位必须为 1，否则控制字无效，变频器仍按原方式运行。

表 29—29　西门子 MM440 变频器的 Profibus－DP 通信控制字定义

位	值	含义	注　释
0	1	ON	设定变频器到“准备运行”状态，方向由第 11 位来决定，
	0	OFF1	当 $f<f_{min}$时，沿 RFG 的加速度失效
1	1	—	—
	0	OFF2：按惯性自由停车	—
2	1	—	—
	0	OFF3：快速停车	快速停止：以最快的加速度停车
3	1	操作脉冲使能	闭环控制并且变频器脉冲使能有效
	0	—	闭环控制并且变频器脉冲使能无效
4	1	斜坡函数发生器（RFG）使能	—
	0	斜坡函数发生器（RFG）无效	RFG 被设置为 0（最快的刹车模式），变频器保留在 ON 状态
5	1	RFG 开始	—
	0	RFG 停止	RFG 提供的当前设置点禁止

续表

位	值	含义	注　释
6	1 0	设定值使能 设定值失效	— —
7	1 0	故障确认 —	当给出一个上升沿时故障被确认 —
8	1 0	正向点动 —	— —
9	1 0	反向点动 —	— —
10	1 0	设定值有效 设定值无效	主站传送有效设置值（由 PLC 控制） —
11	1 0	设定值反向 设定值正向	— —
12	1 0	— —	没有使用 —
13	1 0	电动电位计（MOP）升速 —	— —
14	1 0	电动电位计（MOP）降速 —	— —
15	1 0	— —	没有使用 —

状态字是变频器反馈给 PLC 的数据，表示变频器当前的各种运行状态。它也是由 16 位组成，见表 29—30。

表 29—30　　西门子 MM440 变频器的 Profibus - DP 通信状态字定义

位	值	含义	注　释
0	1 0	变频器准备 变频器没有准备	电源合上，电子板已经初始化，脉冲封锁 —
1	1 0	变频器运行准备就绪 变频器运行没有准备	变频器在 ON 状态（ON 命令激活），没有故障 在“操作使能”时，变频器可以启动 原因：ON 命令未激活，故障存在；OFF2 或 OFF3 激活，启动禁止

续表

位	值	含义	注　释
2	1	变频器操作使能（正在运行）	—
	0	变频器操作无效	参考控制字，位 3
3	1	变频器故障	看报警参数 r0947，驱动故障并不能操作，切换到启动禁止，直到确认和消除故障
	0	—	
4	1	—	—
	0	OFF2 命令激活	参考控制字，位 1
5	1	OFF3 命令激活	—
	0	—	参考控制字，位 2
6	1	禁止 ON（接通）命令	—
	0	没有禁止 ON（接通）命令	仅能通过 OFF1，然后 ON 启动
7	1	变频器报警	—
	0	—	变频器仍能操作，看报警参数 r2110
8	1	设定值/实际值偏差不大	—
	0	设定值/实际值偏差过大	—
9	1	（过程数据）控制	—
	0	—	—
10	1	达到最大频率	—
	0	—	变频器的输出频率大于等于设定的最大频率
11	1	—	—
	0	电动机电流极限报警	—
12	1	—	信号用来控制电动机抱闸制动投入
	0	电动机抱闸制动投入	—
13	1	—	—
	0	电动机过载	电动机数据显示过载
14	1	电动机正向运行	—
	0	—	—
15	1	—	—
	0	变频器过载	电流或温度

在表 29—30 中，状态字中的每一位表示某一种状态，使用时可以根据需要选择其中的某些位来监视变频器的一些状态。例如，在通信过程中，从变频器读入的第一个字（即

PZD1）是状态字，假设将这个字保存在 S7－300 PLC 中的 MW14 中，那么 M15.2 可用于监视变频器是否运行，M15.2＝0 表示变频器是停止的，M15.2＝1 表示变频器正在运行；M15.3 可用于监视变频器是否发生故障，M15.3＝1 表示变频器故障，M15.3＝0 表示未发生故障；M14.5 可用于监视电动机是否过载，M14.5＝0 表示电动机过载，M14.5＝1 表示未过载；M14.7 可用于监视变频器是否过载，M14.7＝0 表示变频器过载，M14.7＝1 表示未过载。

在 PPO3 报文格式中的第 2 个 PZD 字（即 PZD2）是表示频率的，可以是 PLC 发送给变频器的给定频率（设定值 HSW），也可以是变频器反馈给 PLC 的当前实际运行频率（主实际值 HIW），但这个频率值是以 16 进制格式表示的标称化的数值，数值范围为 0～16 384（即 16 进制的 0～4 000H），即参数 P2000 中所定义的基准频率（默认值为 50 Hz）所对应的数值是 16 384（16 进制的 4 000H）。因此，给定频率或实际频率要按此比率进行线性变换。

例如，设置给定频率为 25 Hz，则发送给变频器 MM440 的主设定值应为 $25\times\frac{16\ 384}{50}=8\ 192=2\ 000\text{H}$；而假设接收到的主实际值为 1 800H（6144），即表示变频器实际的运行频率是 $\frac{50}{16\ 384}\times 6\ 144=18.75$（Hz）。

四、西门子 MM440 变频器的硬件组态

在 Profibus－DP 网络中，主站通常使用西门子 S7－300 或西门子 S7－400 的 PLC。必须在西门子 S7－300/400 PLC 的编程软件 STEP7 中进行硬件组态，才能构建 DP 网络，并将各个从站与主站建立通信关系。关于 STEP7 的有关概念和使用方法，在第 3 篇中已介绍，本节将主要介绍变频器 MM440 的硬件组态方法。

在 STEP7 的硬件组态中，为了建立 DP 网络，PLC 的主机架上必须使用提供 DP 接口的 Profibus 通信模块 CP 342－5，或者选用带 DP 接口的 CPU 模块，本节中以使用带 DP 接口的紧凑型 CPU314C－2DP 为例进行说明。在插入 CPU 模块时，应设置主站的 DP 地址，一般主站的 DP 地址选用默认的 2；然后要新建 1 个 DP 子网，在 DP 子网的属性窗口中，应选用 DP 行规，并选择合适的传输速率（一般称为波特率），默认的波特率为 1.5 Mb/s，如图 29—45 所示。

DP 子网建立后，在组态窗口 CPU 模块的右边出现了 1 根 Profibus－DP 总线。然后在右方硬件目录的 Profibus－DP/SIMOVERT 文件夹中，选用 MICROMASTER 4。如果在硬件目录下找不到这个器件，可使用硬件组态窗口中菜单栏“选项”标签下的“安装 GSD 文件…”命令来加载变频器 MICROMASTER 4。GSD 文件称为电子设备数据文件，是随 Profibus CB 模板的文档光盘提供（由供应商提供，也可从因特网上免费下载）。

在硬件目录下找到变频器 MICROMASTER 4 后，将其拖曳到总线上，释放鼠标左键后，在出现的属性窗口中设置变频器从站的 DP 地址，这个地址必须和通过参数 P918 或

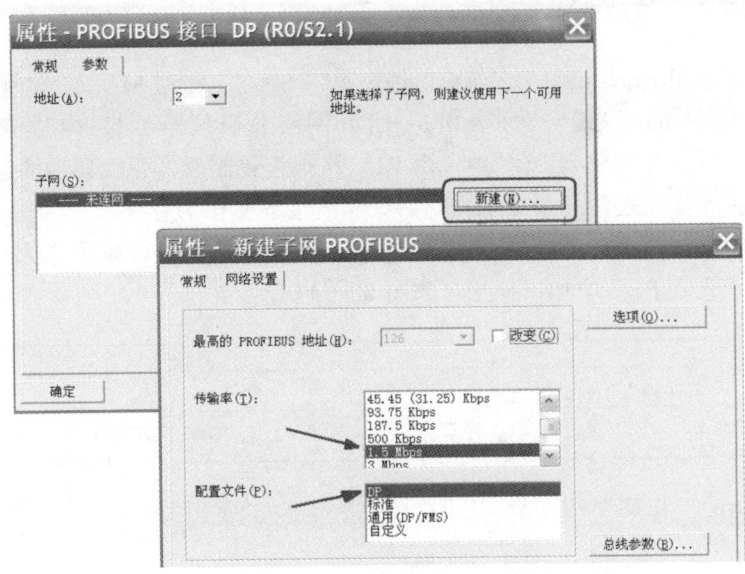

图 29—45 建立 DP 子网

CB 模板上 7 位 DIP 开关设置的地址一致，否则不能实现通信。然后在硬件组态窗口下方的 1＃槽中从硬件目录 MICROMASTER 4 下插入报文格式 PPO3，并设置通信区地址，如图 29—46 所示。在图 29—46 中，从站地址设为 5，通信区地址使用的是 STEP7 自动赋予的逻辑 I/O 地址为 256～259（4 个字节即 2 个 PZD 字的地址），这个地址也可由用户自行改变。

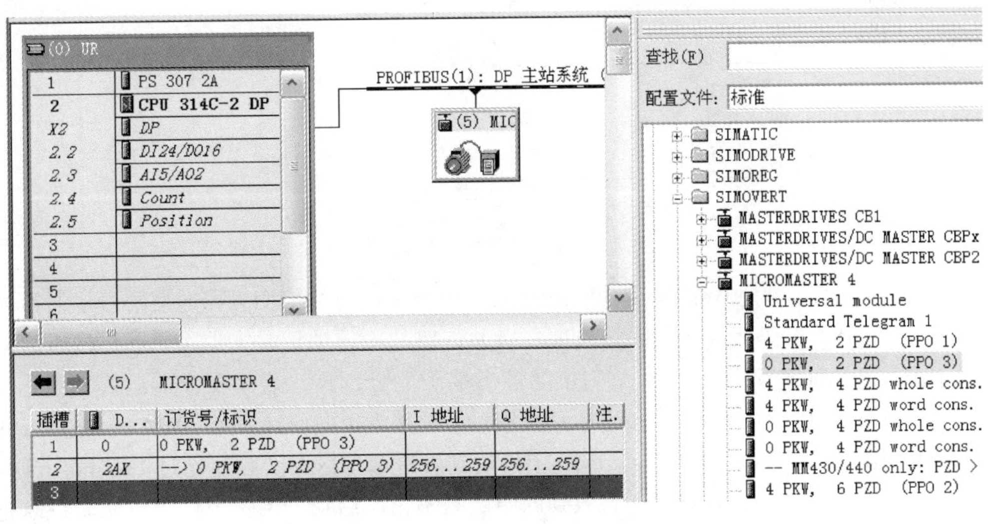

图 29—46 插入变频器从站

五、PLC 编程

当硬件上已经用 Profibus - DP 通信电缆把 S7 - 300 PLC 和 MM440 变频器连接起来，而且已经使用编程软件 STEP7 对 Profibus - DP 网络和变频器 MM440 进行硬件组态后，就可以编制控制程序并下载到 PLC 中，由 PLC 来远程控制和监视变频器的运行了。

控制程序主要是通过传送指令把控制命令和给定频率作为任务报文中的 PZD1，PZD2 发送到变频器的通信区中，然后再把变频器的状态字和实际运行频率作为应答报文中的 PZD1，PZD2 读入到 PLC 中加以使用，如图 29—47 所示。

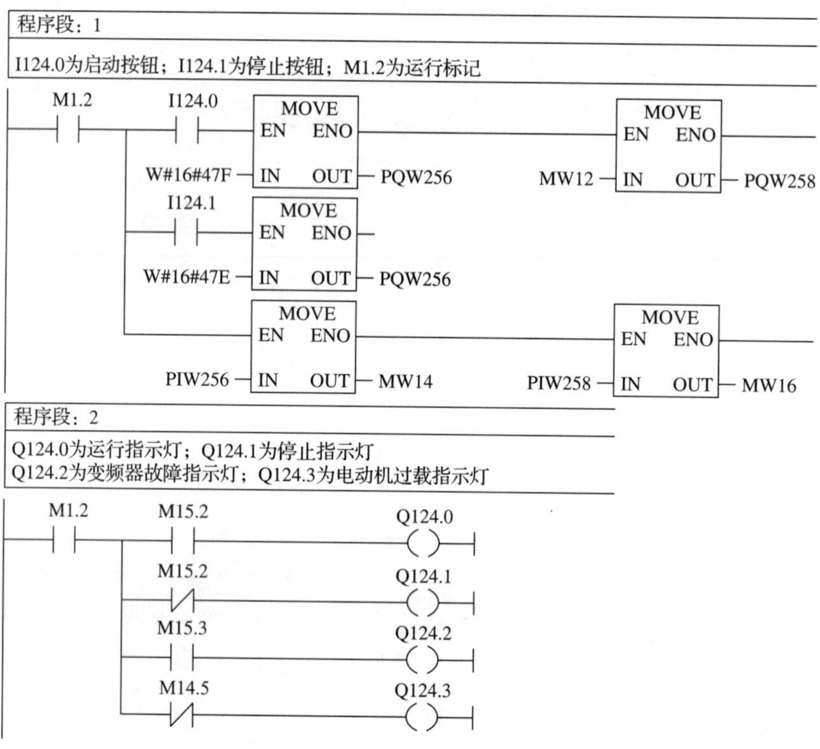

图 29—47　变频器的控制程序

如图 29—47 所示，PQW256，PQW258 是硬件组态中设置的与变频器通信的发送通信区地址，PIW256，PIW258 是接收通信区的地址。启动按钮的输入地址是 I124.0，停止按钮的输入地址是 I124.1，地址 Q124.0～Q124.3 对应的输出端子上分别连接表示变频器运行、停止、故障、电动机过载等状态的指示灯。按下启动按钮时，程序将正向启动命令“W＃16＃47F”和保存在 MW12 中的给定频率字作为 2 个 PZD 字传送到发送通信区，变频器通过 Profibus - DP 通信电缆接收到这条任务报文，即按照接收到的给定频率正向启动。当按下停止按钮时将停止命令“W＃16＃47E”传送到发送通信区，变频器接收到停止命令即停止运行。启动或停止时的加速度分别由变频器参数 P1120 和 P1121 设置的上升时间和下降时间确定。MW12 中的给定频率可以通过其他途径加以设定，如通过数字开关或触摸屏进行设定。但要注意的是，保存在MW12中的数值是经过线性转换之后的数值，对应0～50 Hz的频率，应转换为0～16 384之间的数值才能发送到变频器中去，如给定频率为20 Hz，则保存在MW12中的数值应为3 277。

如图29—47所示，在运行过程中，PLC不断从接收通信区中读入变频器的状态字和实际运行频率，并分别保存到MW14和MW16中。MW14中的各个位根据状态字的定义分别表示变频器的各种状态，程序中把其中所关注的一些位拿来进行监控：M15.2表示变频器是否在运行，因此用它的常开触点控制运行指示灯，用它的常闭触点控制停止指示灯。M15.3=1表示变频器发生故障，因此用它的常开触点控制故障指示灯。M14.5=0表示电动机过载，因此用它的常闭触点控制电动机过载指示灯。MW16中的数据是变频器反馈的实际速度，可把MW16中的数据（注意也是0～16 384之间的数值）送到触摸屏或其他显示设备中进行显示，或在其他控制程序中根据MW16中的数值进行比较、判断后，根据不同的运行速度做出各种相应的处理。

程序中使用传送指令“MOVE”与变频器进行数据通信的方法称为“不打包”的通信方法，在Profibus-DP通信中还可以使用另一种称为“打包”的通信方法，即把需要通信的数据事先存放到PLC中的一个存储区域，然后用STEP7中专门提供的系统功能SFC14和SFC15把这些数据打成一个包整体进行传送，如图29—48所示。

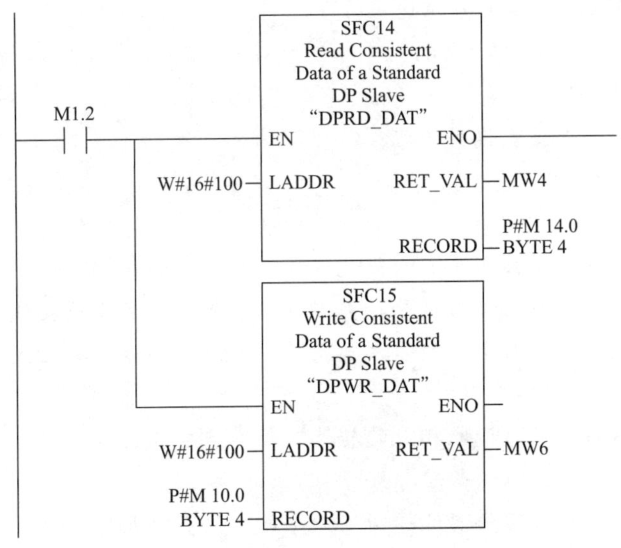

图29—48 Profibus-DP的打包通信

如图29—48所示，SFC14的功能是从DP网络中读入数据包，而SFC15的功能是将数据打包后发送到DP网络上。SFC14和SFC15中都有3个参数：LADDR是通信区地址，需要用16进制表示，图中的W＃16＃100即表示十进制的通信区地址256；RECORD是PLC中保存数据的存储区地址，这个地址规定要用指针的形式表示：P＃M 14.0

BYTE 4表示存储区为从 M14.0 开始的连续 4 个字节（2 个字），即 MW14 和 MW16；P#M 10.0 BYTE 4 表示是从 M10.0 开始的 4 个字节（2 个字），即 MW10 和 MW12。参数 RET_VAL 是一个返回值，当 SFC14 或 SFC15 执行结束时会返回一个状态值。正常状态下此值为 0，而发生错误时则会按照不同的错误原因而返回一个相应的错误代码。这段程序表示，在运行过程中 PLC 不断地从 DP 总线上读入变频器的应答报文并将读入的 2 个 PZD 字存储在 PLC 中的存储区 MW14 和 MW16 中，同时不断地将保存在存储区 MW10 和 MW12 中的数据作为任务报文中的 2 个 PZD 字发送到 DP 总线上，从而实现与变频器的 Profibus 通信。在其他程序段中，只需要把各种控制命令传送到 MW10，以及把给定频率传送到 MW12 中，即可实现对变频器的各种控制和调速，而 MW14，MW16 中的状态字和实际运行频率可如图 29—47 所示同样使用。

技能测试题

试题一

试题名称：具有六段速和正、反向点动控制功能的交流变频调速系统

考核时间：90 min。

1. 操作条件

（1）西门子 MM440 交流变频调速装置 1 台。

（2）三相交流异步电动机：YSJ7124，$P_N=370$ W，$U_N=380$ V，$I_N=1.12$ A，$n_N=1\,400$ r/min，$f_N=50$ Hz，$\cos\varphi_N=0.72$。

（3）鉴定装置专用连接电线若干根。

（4）万用表。

2. 操作内容

（1）根据工艺控制要求画出具有六段速和正、反向点动控制功能的交流变频调速系统接线图，标明各设备元器件名称与编号，并在实训装置上完成系统接线。

（2）根据工艺控制要求写出变频器参数清单，并对变频器进行设置和调试运行，达到上述控制要求。

（3）调整变频器的参数，读取相应的转速、频率、电压、电流值，以及“变频器输出电流”仪表的读数。

（4）系统分析。分析本变频器选择固定频率的方法有哪几种？试具体说明参数设置方法和应用。

（5）故障分析及排除。调试运行完成后在外部接线或变频器参数中设置 1 个故障，进行故障分析和排除。

3. 操作要求

（1）工艺控制要求。交流变频调速系统的主电路设有自动空气断路器和熔断器。系统采用数字量输入端口操作运行状态，控制方式采用线性 V/f 控制方式。交流变频调速系统六段固定频率（转速）运行由控制按钮控制，六段固定频率（转速）运行要求为：第一段转速为正向 550 r/min；第二段转速为正向 1 300 r/min；第三段转速为正向 300 r/min；第四段转速为反向 600 r/min；第五段转速为反向 1 400 r/min；第六段转速为反向 250 r/min。

电动机从 0 r/min 到 450 r/min（同步转速）的加速上升时间为 2 s，从 800 r/min（同步转速）到 0 r/min 的减速下降时间为 1 s。

正、反向点动由正、反向点动按钮控制，正向点动转速为 200 r/min（同步转速），反向点动转速为 200 r/min（同步转速），点动上升时间为 10 s，点动下降时间为 5 s。

交流变频调速系统设有“变频器正在运行”和“变频器故障”2 个指示灯，具体由变频器开关量输出（继电器）控制。“变频器正在运行”和“变频器故障”2 个指示灯采用 DC 24 V 电源。

交流变频调速系统设有“变频器输出电流”指示仪表，具体由变频器模拟量输出控制。“变频器输出电流”指示仪表采用量程为 0～20 mA 的电流表改制。

该交流变频调速系统还具备模拟量给定操作运行。

（2）根据上述工艺控制要求在图 29—49 上画出具有六段速和正、反向点动控制功能的交流变频调速系统接线图，标明各设备元件名称与编号，并在实训装置上完成系统接线。

（3）交流变频调速系统参数设置和通电调试运行

1）交流变频调速装置模拟量给定操作运行。将变频器设置成数字量输入端口操作和模拟量给定操作运行状态，改变给定电位器，观察并记录上述六段速所对应的频率，向考评员演示结果。

2）按上述六段速和正、反向点动控制等工艺控制要求写出变频器参数清单，并对变频器进行参数设置和调试运行，达到上述控制要求后向考评员演示。

（4）调整变频器的参数，读取相应的转速、频率、电流、电压值，以及“变频器输出电流”仪表的读数，并填入表 29—31。

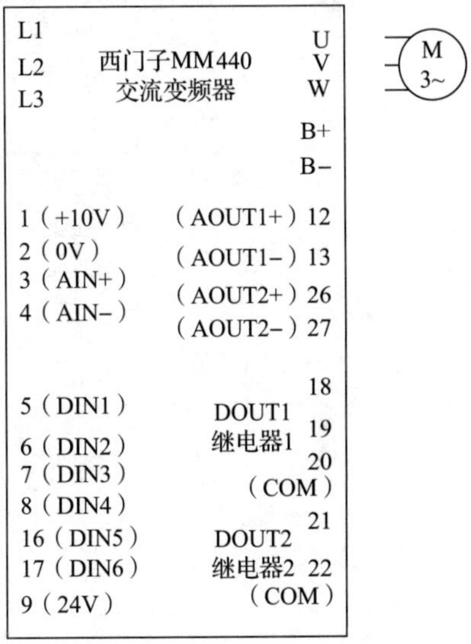

图 29—49 交流变频调速系统接线图

表 29—31 **测量结果记录表**

项目	第一段	第二段	第三段	第四段	第五段	第六段
频率（Hz）						
转速（r/min）						
电流（A）						
电压（V）						
变频器输出电流表（mA 及 A）						

"变频器输出电流"指示仪表的量程刻度 20 mA 对应输出电流是____ A。

(5) 系统分析。分析本变频器选择固定频率的方法有哪几种？试具体说明参数设置方法和应用。

(6) 故障分析及排除。根据系统故障现象，分析故障原因并排除故障，使系统正常运行。

(7) 根据给定的设备和仪器仪表，在规定时间内完成上述各项工作，达到考试规定的要求。调试过程中一般故障自行解决。

(8) 未经允许擅自接通电源，造成设备损坏者该项目零分。

试题评分表

评价要素		配分	等级	评分细则	评定等级					得分
					A	B	C	D	E	
否决项		未经允许擅自通电，造成设备损坏者，该项目记为零分								
1	系统接线图的设计	10	A	系统接线图正确，标注完整与正确						
			B	系统接线图较正确，错 1～3 处						
			C	系统接线图基本正确，错 4～6 处						
			D	系统接线图不正确，错 6 处以上						
			E	未答题						
2	系统接线	10	A	接线正确，安装规范						
			B	接线安装错 1 次						
			C	接线安装错 2 次						
			D	接线安装错误 2 次以上						
			E	未答题						
3	通电调试和运行	30	A	通电调试和运行步骤、方法与结果正确						
			B	通电调试和运行步骤、方法与结果较正确或调试运行失败 1～2 次						
			C	通电调试和运行步骤、方法与结果基本正确或调试运行失败 3～4 次						
			D	通电调试和运行步骤、方法与结果完全不正确或通电调试失败 4 次以上						
			E	未答题						
4	变频器参数编写和设置	20	A	设置参数编写及参数设置正确						
			B	设置参数编写（或参数设置）错 1～3 处						
			C	设置参数编写（或参数设置）错 4～6 处						
			D	不会编写和设置参数，参数编写（或参数设置）错误 6 处以上						
			E	未答题						

续表

评价要素		配分	等级	评分细则	评定等级 A	B	C	D	E	得分
5	变频器参数测量	5	A	参数测量结果完全正确						
			B	参数测量结果基本正确，数据有1～4项错误						
			C	参数测量结果基本正确，数据有4项以上错误						
			D	参数测量结果完全不正确						
			E	未答题						
6	系统分析	10	A	系统分析正确完整						
			B	系统分析基本正确，遗漏1～3处						
			C	系统分析基本正确，遗漏3处以上或有明显错误						
			D	系统分析完全不正确						
			E	未答题						
7	故障分析及处理	15	A	故障分析全面、正确，故障排除处理妥当						
			B	找出并排除故障点，但故障原因分析基本正确，遗漏1～3处						
			C	找出并排除故障点，但不会分析故障原因，或故障原因分析基本正确，遗漏3处以上或有明显错误						
			D	故障未排除或人为扩大故障						
			E	未答题						
合计配分		100	合计得分							

备注：实际转速与要求转速相差1～2 r都算正确。

等级	A（优）	B（良）	C（及格）	D（较差）	E（差或缺考）
比值	1.0	0.8	0.6	0.2	0

“评价要素”得分＝配分×等级比值。

试题二

试题名称：逻辑无环流可逆直流调速系统

考核时间：90 min。

1. 操作条件

（1）欧陆514C直流可逆调速系统鉴定装置。

（2）直流电动机-发电机组：Z400/20－220，$P_N=400$ W，$U_N=220$ V，$I_N=3.5$ A，$n_N=200$ r/min；测速发电机：55 V，2 000 r/min。

（3）鉴定装置专用连接导线若干根。

（4）万用表。

2. 操作内容

(1) 根据系统控制要求画出直流可逆调速控制系统接线图，标明各设备元件名称与编号，并在实训装置上完成系统接线。

(2) 根据系统控制要求，调整系统相关参数，使系统达到控制要求并稳定运行。

(3) 直流调速系统特性曲线测量与绘制。

(4) 画出逻辑选触无环流可逆直流调速系统（具有“推β”环节）原理图，简要分析说明正向启动运行时系统的工作过程，并在上述逻辑选触无环流可逆直流调速系统原理图中标出正向运行时系统的工作状态（各物理量的极性）。

(5) 画出电动机从正向（1 000 r/min）运行到反向（1 000 r/min）时的 $n=f\ (t)$ 和 $I_d=f\ (t)$ 的波形图，并加以简单说明。

(6) 故障分析及排除。调试运行完成后在外部接线中设置 1 个故障，进行故障分析和排除。

3. 操作要求

(1) 可逆直流调速系统控制要求。可逆直流调速系统设有电动机的电枢电流表、电枢电压表、励磁电流表、转速表，以监视系统运行状况。

系统主电路设有自动空气断路器和熔断器保护。系统分别设有正向和反向转速给定电位器，要求正向和反向转速给定电压 U_n^* 为 0～±8 V 时，电动机的转速为 0～±1 200 r/min。系统还设有外接电流限幅调节电位器。系统采用电动机–发电机组和可变电阻箱作为负载。

(2) 根据上述控制要求和调试运行测量所用的给定电压表和测速发电机两端电压表，在图 29—50 上画出直流可逆调速系统接线图，标明各设备元器件名称与编号，并在实训装置上完成系统接线。

(3) 根据上述控制要求，调整直流调速系统相关参数，使直流调速系统达到上述控制要求并稳定运行，向考评员演示结果。

(4) 直流调速系统特性曲线测量与绘制

1) 调节特性曲线测量与绘制。改变转速给定电压 U_n^*，测量电动机转速 n 和测速发电机两端电压 U_{Tn}，并将实测的给定电压 U_n^*、转速 n 和测速发电机两端电压 U_{Tn} 值填入表 29—32。

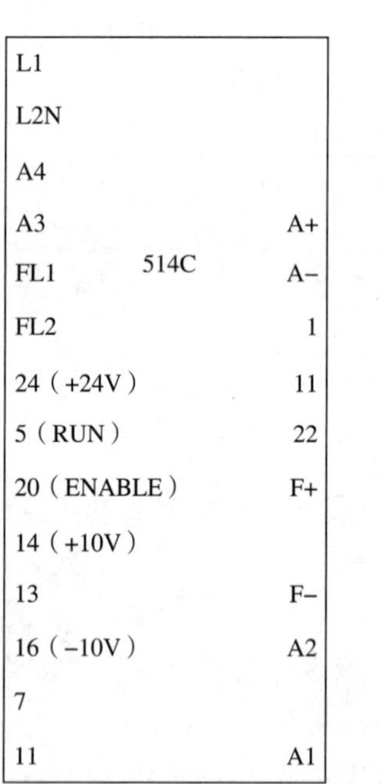

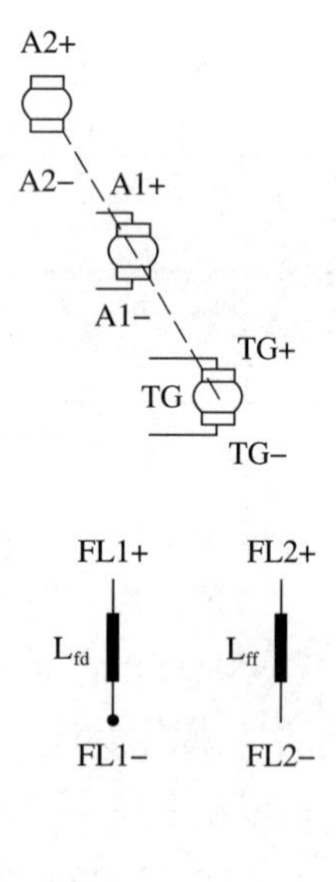

图 29—50 直流可逆调速系统接线图

表 29—32　　测量结果记录表

U_n^* (V)							
n (r/min)							
U_{Tn} (V)							

绘制调节特性曲线 $n=f$ (U_n^*)。

2) 静特性曲线测量与绘制。具体测量与绘制经过该点（$I_d=1$ A，$n=900$ r/min）的静特性曲线 $n=f$ (I_d)。将实测的电动机电枢电流 I_d、电枢电压 U_d、转速 n 和测速发电机两端电压 U_{Tn} 值填入表 29—33。

表 29—33　　测量结果记录表

I_d (A)	空载					
U_d (V)						
n (r/min)						
U_{Tn} (V)						

绘制静特性曲线 $n=f$ (I_d)。

(5) 画出逻辑选触无环流可逆直流调速系统（具有“推 β”环节）原理图，简要分析说明正向启动运行时系统工作过程，并在上述逻辑选触无环流可逆直流调速系统原理图中标出正向运行时系统工作状态（各物理量的极性）。

(6) 画出电动机从正向（900 r/min）运行到反向（900 r/min）运行时的 $n=f$ (t) 和 $I_d=f$ (t) 的波形图并加以简单说明。

(7) 根据故障现象分析故障原因并排除故障。

(8) 根据给定的设备和仪器仪表，在规定时间内完成上述各项工作，达到考试规定的要求。调试过程中一般故障自行解决。

(9) 未经允许擅自接通电源，造成设备损坏者该项目零分。

试题评分表

<table>
<tr><th rowspan="2" colspan="2">评价要素</th><th rowspan="2">配分</th><th rowspan="2">等级</th><th rowspan="2">评分细则</th><th colspan="5">评定等级</th><th rowspan="2">得分</th></tr>
<tr><th>A</th><th>B</th><th>C</th><th>D</th><th>E</th></tr>
<tr><td colspan="2">否决项</td><td colspan="3">未经允许擅自通电，造成设备损坏者，该项目记为零分</td><td></td><td></td><td></td><td></td><td></td><td></td></tr>
<tr><td rowspan="5">1</td><td rowspan="5">系统接线图的设计</td><td rowspan="5">10</td><td>A</td><td>系统接线图正确，标注完整与正确</td><td rowspan="5"></td><td rowspan="5"></td><td rowspan="5"></td><td rowspan="5"></td><td rowspan="5"></td><td rowspan="5"></td></tr>
<tr><td>B</td><td>系统接线图较正确，错 1～3 处</td></tr>
<tr><td>C</td><td>系统接线图基本正确，错 4～6 处</td></tr>
<tr><td>D</td><td>系统接线图画错 6 处</td></tr>
<tr><td>E</td><td>未答题</td></tr>
</table>

续表

评价要素		配分	等级	评分细则	评定等级					得分
					A	B	C	D	E	
2	系统接线	10	A	接线正确，安装规范						
			B	接线安装错 1 次						
			C	接线安装错 2 次						
			D	接线安装错误 2 次以上或未完成接线安装						
			E	未答题						
3	通电调试和运行	25	A	通电调试和运行步骤、方法与结果正确						
			B	通电调试和运行步骤、方法与结果较正确或调试运行失败 1～2 次						
			C	通电调试和运行步骤、方法与结果基本正确或调试运行失败 3～4 次						
			D	通电和运行调试步骤、方法与结果完全不正确或通电调试失败 4 次以上						
			E	未答题						
4	系统调节特性、静特性曲线测量和绘制	15	A	调节特性和静特性曲线测量步骤、方法与数据、绘制完全正确						
			B	调节特性和静特性曲线测量步骤、方法与数据、绘制基本正确，有 1～4 处错误						
			C	调节特性和静特性曲线测量步骤、方法与数据、绘制基本正确，有 5～8 处错误						
			D	特性曲线测量步骤、方法与数据、绘制不正确，有 8 处以上错误						
			E	未答题						
5	系统原理图绘制和系统分析	15	A	系统原理图绘制正确，符号标注完整与正确，系统分析正确，答题完整						
			B	系统原理图绘制有 1～4 处错误，系统分析较正确，答题较完整						
			C	系统原理图绘制有 5～8 处错误，系统分析及答题基本正确						
			D	系统原理图绘制不正确，或不会分析系统问题，或答题错误多						
			E	未答题						

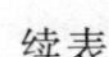

续表

评价要素		配分	等级	评分细则	评定等级					得分
					A	B	C	D	E	
6	系统波形分析	10	A	波形分析和绘制正确						
			B	波形分析和绘制较正确，有 1～3 处错误						
			C	波形分析和绘制基本正确，有 4～6 处错误						
			D	波形分析和绘制不正确，有 6 处以上错误						
			E	未答题						
7	故障分析和处理	15	A	故障分析全面、正确，故障排除处理妥当						
			B	找出并排除故障点，故障原因分析基本正确，遗漏 1～3 处						
			C	找出并排除故障点，但不会分析故障原因；或故障原因分析基本正确，但遗漏 3 处以上或有明显错误						
			D	故障未排除或人为扩大故障						
			E	未答题						
合计配分		100	合计得分							

等级	A（优）	B（良）	C（及格）	D（较差）	E（差或缺考）
比值	1.0	0.8	0.6	0.2	0

"评价要素"得分＝配分×等级比值。

第 5 篇

综合应用案例

学习理论的目的是应用。学习上述4篇的内容后，本篇将通过几个较有代表性的应用案例分析，使学员进一步加深对专业基础知识的理解，深入了解电子技术、电力电子技术、可编程序控制器、电气自动控制技术的综合应用方法和应用目的，熟悉典型电路和系统的结构、工作原理、安装调试的基本程序和方法。通过对这些典型案例的学习，学员可以提高读图和分析能力，增强解决问题和实际动手的能力。

第 30 章

设计带有校时功能的数字时钟

通过数字电路课程的学习，特别是关于组合逻辑电路与时序逻辑电路内容的学习，学员应该已经具备设计中小规模集成电路的能力。本案例通过介绍带有校时功能的数字时钟的设计过程，使学员能够充分地将已学过的知识运用到实际中去，初步了解设计的要求和步骤，进一步熟悉集成电路的使用方法和各种芯片的功能。

第 1 节　概述

本案例要求设计 1 个数字时钟，基本要求有以下四点：

第一，有"时""分"的十进制数显示。"秒"信号驱动发光二极管，成为将"时""分"显示隔开的点闪亮。其显示形式如图 30—1 所示。

第二，计时以一昼夜 24 h 为一个周期。

第三，具有校时电路（即有预置数功能），任何时候可对数字时钟进行校准，将其拨至标准时间或其他需要的时间。

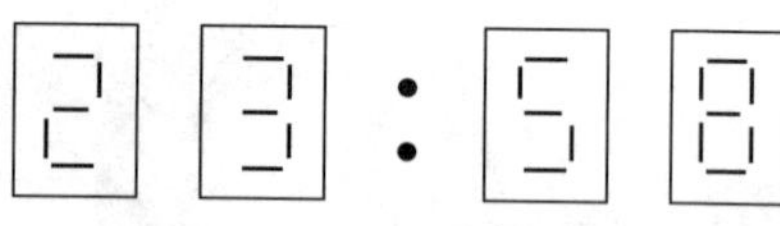

图 30—1　数字时钟显示形式

第四，计时过程中的任意"时""分"均能按需要起闹，时钟每次起闹时间为 3～5 s，并允许用户在此范围内调整。

本数字时钟电路的设计主要采用 TTL 集成电路，实现组合逻辑与时序逻辑电路的设计，数字时钟电路的基本工作原理是采用 50 Hz 的 220 V 交流电作为标准时间源，经整形后产生稳定的脉冲信号，作为数字时钟的时间基准，再经分频器输出标准秒脉冲。秒计数器计满 60 后向分计数器进位，分计数器计满 60 后向小时计数器进位，小时计数器计满 24 后，各计数器清零，重新计数。计数器的输出信号经译码器送至显示器。

第 2 节　总体设计方案

一、数字时钟总体方案的确定

根据对设计要求的分析，数字时钟的总体结构由以下几部分组成：

1. 数字时钟计时的标准信号应是频率相当稳定的 1 Hz 秒脉冲，所以要设置标准时间源。

2. 数字时钟计时周期为 24 h，因此必须设置 24 h 计数器，它应由模为 60 的秒计数器和分计数器、模为 24 的时计数器组成。秒由发光二极管的亮、暗示意，时和分由七段数码管显示。

3. 为使数字时钟的走时与标准时间一致，校时电路是必不可少的。本案例采用开关控制校时方法，直接用秒脉冲先后对"时""分""秒"计数器进行校时操作。

4. 为使数字时钟能满足用户需要在特定时间起闹，应设置有控制作用的电路及确定何时起闹的时、分译码电路和选择开关，由用户自行决定起闹时、分。时钟每次的起闹时间为 3～5 s，可通过调节电路元件参数来实现。

根据上述分析，数字时钟的总体方案已经明确，可画出如图 30—2 所示的方案框图。

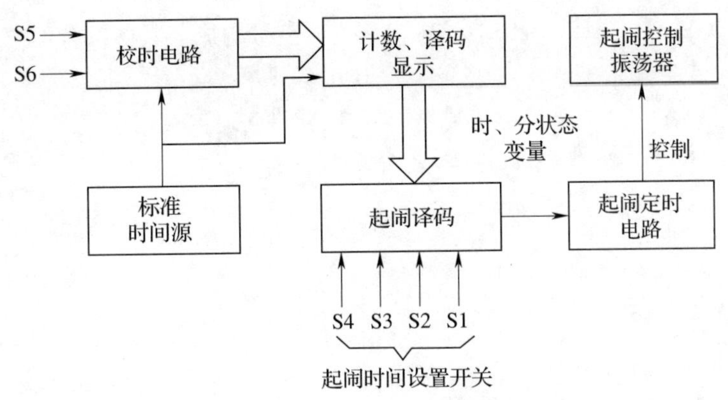

图 30—2　数字时钟方案框图

二、数字时钟的设计思路

数字时钟是一种小型、简单的数字电路系统。在数字电路的设计中一般可采用经典的数字电路理论，由真值表、卡诺图、布尔方程、状态表、状态图来描述数字电路的功能，也可直接用各种不同功能的电路拼接成待设计的电路。

在明确电路的总体方案后，可将总体方案分割成若干独立的子功能部件，即把方案框图中的每个方框再分割成若干相对独立的功能块。目前，由于 MSI（中规模集成电路）和 LSI（大规模集成电路）迅速发展，许多功能部件已有现成的产品，如计数电路、译码电路、算术运算电路等，只要设计者把分割电路方案的工作有意识地向标准集成电路靠拢，就会使功能部件的设计工作大大简化。即使有些功能部件没有现成的集成块可供选择，但许多典型的电路足以满足设计者的选用要求。

对各子功能的实现，应具体寻找硬件的实施方法。首先应考虑的是：尽量选用标准部件，避免烦琐的设计过程；如果无现成的部件供选择，各功能部件也应尽可能简单，做到最小化设计；特别要注意各部件之间交换信息的关系，尽量为最后的拼接提供便利条件。在设计这些电路或选择部件时，尽量选用同类型的集成块，如所有功能部件都采用 TTL 电路或都采用 CMOS（互补性氧化金属半导体）集成电路。整个系统所用的集成块种类应尽可能少。

在把各功能部件连接起来构成数字电路系统的过程中，特别要强调的是各单元电路之间的配合和协调一致的问题。具体地讲，各单元的输入、输出信息应符合正常工作的要求。例如，是高电平有效，还是低电平有效；是脉冲上升沿动作，还是脉冲下降沿动作等。另外，对于其他影响可靠工作的现象或不能自启动等问题也要足够重视。

根据上述考虑，本案例采用 74LS 系列 TTL 电路来构成系统。74LS 系列是比较理想的 TTL 电路，它工作速度快、功耗低，有多种电路可供选用，是应用最广泛的集成逻辑电路之一。目前，国产的 TTL 电路有 6 大系列（54/74，54/74H，54/74S，54/74LS，54/74AS，54/74ALS）。现以 74LS160CJ 为例说明型号构成，其各部分的意义为：

74　LS　160　C　J

①　②　③　④　⑤

①74：国际通用 74 系列。

54：国际通用 54 系列。

②H：高速系列。

S：肖特基系列。

LS：低功耗肖特基系列。

AS：先进的肖特基系列。

ALS：先进的低功耗肖特基系列。

空白：标准系列。

③功能代号

160：同步十进制计数器，各不同功能电路有不同的代号。

④工作温度范围

C：0～70℃（只出现在 74 系列）。

M：－55～125℃（只出现在 54 系列）。

⑤封装形式

D：多层陶瓷双列直插封装。

J：黑瓷低熔玻璃双列直插封装。

P：塑料双列直插封装。

F：多层陶瓷扁平封装。

第 3 节　电路的组成和各功能部件的设计

一、标准时间源的设计

本部分电路用来确定时钟的时间基准。标准时间源产生的秒脉冲是计时的基准信号，要求有较高的稳定度。为保证数字时钟的计时精度，一般选用石英晶体振荡器电路。石英晶体振荡器的特点是振荡频率准确、电路结构简单、频率容易调整。常用石英晶体的振荡频率为32 768 Hz，经 15 级 2 分频集成电路后，输出端正好得到 1 Hz 的标准脉冲。如果精度要求不高，可以采用集成电路定时器 555 与 RC 电路组成的多谐振荡器。本案例是实验性的课题，为简便起见，由以下方案来完成。

采用 50 Hz 的 220 V 交流电作为标准时间源，其频率稳定度可达 $1\times10^{-2}/24$ h。其参考电路如图 30—3 所示，图中变压器采用小型降压变压器，整形电路采用与非门构成的施密特电路，而两级分频电路由 74LS90 构成，这样就得到了驱动 TTL 电路的秒脉冲信号源。

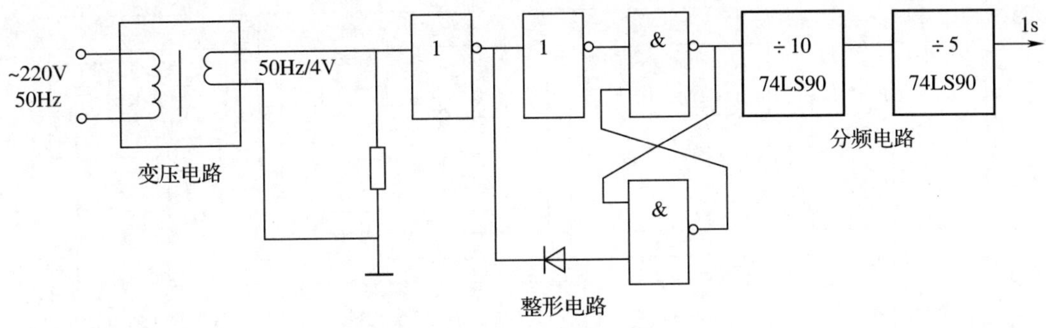

图 30—3　标准时间源组成电路

74LS90 是一种中规模的二—五—十进制异步计数器，其内部结构是 1 个 2 分频和 1 个 5 分频电路，可以独立地作为二进制和五进制计数器使用，同时进行适当的连接又可以构成十进制计数器。74LS90 引脚排列如图 30—4 所示，功能表见表 30—1。

INPUT A　NC　Q_A　Q_D　GND　Q_B　Q_C
14　13　12　11　10　9　8
Q_A　Q_D　Q_B　Q_C　A　B　R9(2)　R9(1)　R0(1)　R0(2)
1　2　3　4　5　6　7
INPUT B　R0(1)　R0(2)　NC　V_{CC}　R9(1)　R9(2)

图 30—4　74LS90 引脚排列

表 30—1　　74LS90 功能表

复位输入		置位输入		时钟	输出				工作
R0（1）	R0（2）	R9（1）	R9（2）	CP	Q_D	Q_C	Q_B	Q_A	模式
1	1	0	×	×	0	0	0	0	异步
1	1	×	0	×	0	0	0	0	清零
0	×	1	1	×	1	0	0	1	异步
×	0	1	1	×	1	0	0	1	置数
0	×	0	×	↓	计		数		
0	×	×	0	↓	计		数		加法
×	0	0	×	↓	计		数		计数
×	0	×	0	↓	计		数		

74LS90 内部逻辑电路如图 30—5 所示，它由 4 个主从 JK 触发器和一些附加门电路组成，整个电路可分两部分，其中 F_A 触发器构成 1 位二进制计数器；F_D，F_C，F_B 构成异步五进制计数器。在 74LS90 计数器电路中，设有专用置“0”端 R0（1）和 R0（2）、置“9”端 R9（1）和 R9（2），其中置“9”端 R9（1）和 R9（2）是供 BCD 为 9 的补码应用设置的。

74LS90 具有以下 5 种基本工作方式：

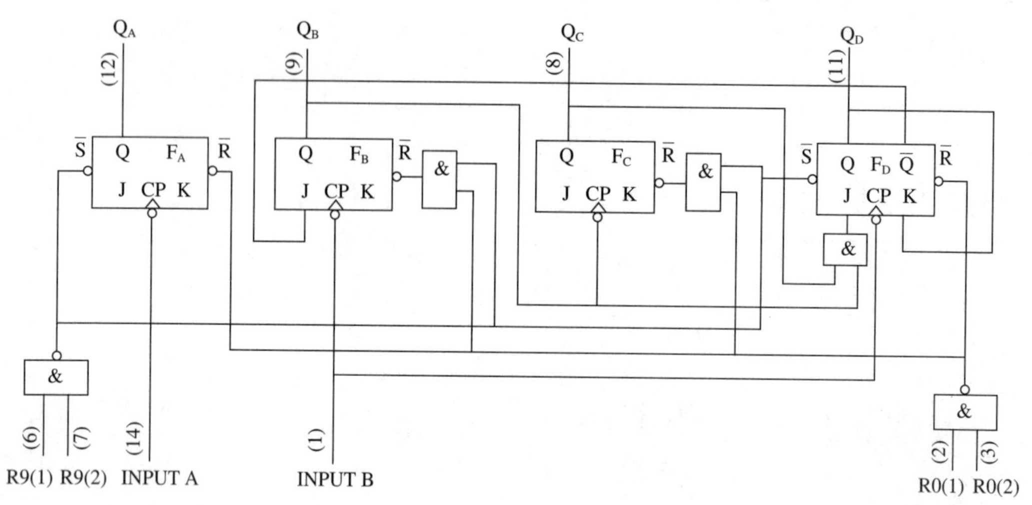

图 30—5　74LS90 内部逻辑电路

1．5 分频

5 分频是指由 F_D，F_C 和 F_B 组成的异步五进制计数器的工作方式。

2．10 分频（8421 码）

将 Q_A 与输入 B 连接，可构成 8421 码 10 分频电路。

3．10 分频（5421 码）

将五进制计数器的输出端 Q_D 接二进制计数器的脉冲输入端 A，即可构成 5421 码 10 分频工作方式。

4．6 分频

在 10 分频（8421 码）的基础上，将 Q_B 端接 R0（1）、Q_C 端接 R0（2）。其计数顺序为000～101，当第六个脉冲作用后，出现状态 $Q_CQ_BQ_A$＝110，利用 Q_BQ_C＝11 反馈到 R0（1）和 R0（2）的方式使电路置“0”。

5．9 分频

Q_A→R0（1），Q_D→R0（2），构成工作原理同 6 分频。

此外，根据功能表可知，构成上述 5 种工作方式时，R9（1）和 R9（2）端至少应有一端接地；构成 5 分频和 10 分频时，R0（1）和 R0（2）端也必须有一端接地。

根据上述关于 74LS90 芯片的使用说明，可设计出 5 分频和 10 分频的电路，它们的计数输出状态变化如图 30—6 所示。将 5 分频和 10 分频的电路串接起来，就构成了 50 分频的电路，可将从整形电路输出的 50 Hz 脉冲信号变换为 1 Hz 的秒脉冲信号，作为数字时钟的计时标准信号。50 分频电路如图 30—7 所示。

计数	输出			
	Q_D	Q_C	Q_B	Q_A
0	L	L	L	L
1	L	L	L	H
2	L	L	H	L
3	L	L	H	H
4	L	H	L	L
5	L	H	L	H
6	L	H	H	L
7	L	H	H	H
8	H	L	L	L
9	H	L	L	H

a)

计数	输出			
	Q_A	Q_D	Q_C	Q_B
0	L	L	L	L
1	L	L	L	H
2	L	L	H	L
3	L	L	H	H
4	L	H	L	L
5	H	L	L	L
6	H	L	L	H
7	H	L	H	L
8	H	L	H	H
9	H	H	L	L

b)

图 30—6　5 分频和 10 分频的计数输出状态变化

a）10 分频（8421 码）　b）10 分频（5421 码），Q_D，Q_C，Q_B 为 5 分频

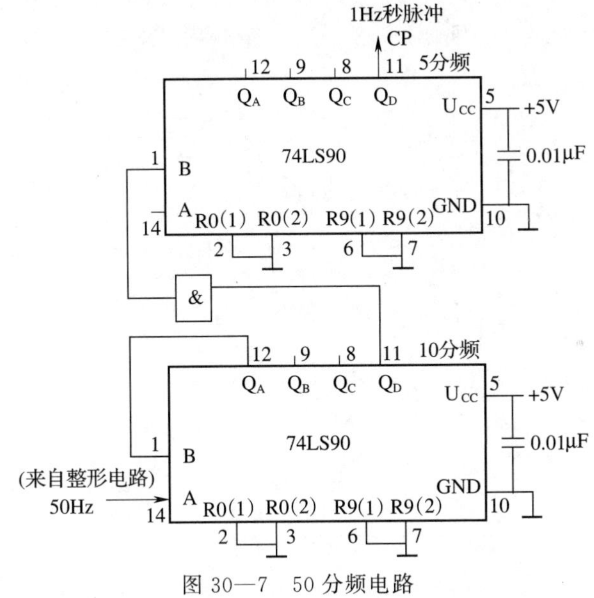

图 30—7　50 分频电路

二、计数、译码、显示电路的设计

1. 时、分、秒计数器单元电路

本案例主要设计 3 个计数器，分别对应时、分、秒的控制。分计数器和秒计数器为 60 进制，时计数器为 24 进制，这 3 个计数器都由 74LS160 芯片组成。秒和分计数器分别用 2 位加法计数器串接而成。它们的个位为十进制计数器，十位为六进制计数器，个位信号送至 10 位计数器，计到 60 时自动复零。时计数器也是 2 位加计数器，其模为 24。当计数器计到 24 时，时、分、秒全部清零。

对于小型专用的数字仪器仪表和简单的控制电路来说，往往希望所用的计数器能在达到要求功能的同时，具有最简单的线路连接和尽可能低的成本，以及灵活通用等优点。本案例中采用74LS160同步十进制加法计数器各2片，分别构成秒、分、时计数器电路。

74LS160的引脚排列和功能说明如图30—8所示，功能表见表30—2。该芯片为可预置的十进制同步计数器。74LS160的清除是异步的，当清除端（$\overline{CR}$）为低电平时，不管时钟端（CP）状态如何，即可完成清除功能；而74LS160的预置数是同步的，当置数控制端（$\overline{PE}$）为低电平时，在CP上升沿作用下，数据输出端（Q0～Q3）与数据输入端（D0～D3）一致。对于74LS160，当CP由低至高跳变或跳变前，如果计数控制端（P，T）为高电平，则$\overline{PE}$应避免由低电平至高电平的跳变。74LS160的计数也是同步的，靠CP同时加在4个触发器上面实现同步计数的功能。当P和T均为高电平时，在CP上升沿作用下Q0～Q3同时变化，从而消除了异步计数器中出现的计数尖峰。74LS160的P和T跳变与CP无关。74LS160有超前进位功能。当计数溢出时，进位输出端（CO）输出一个高电平脉冲，其宽度为Q0的高电平部分。在不外加门电路的情况下，74LS160可级联成N位同步计数器。对于74LS160，在CP出现前，即使P，T，$\overline{CR}$发生变化，电路的功能也不受影响。

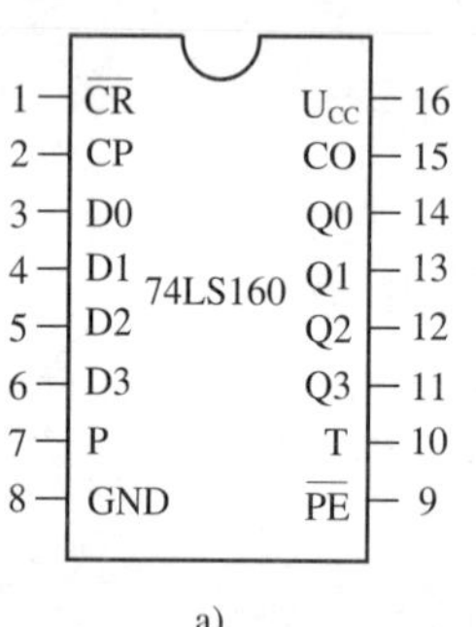

a)

引脚符号	功能说明
P	计数控制端1
T	计数控制端2
CP	时钟输入端(上升沿有效)
$\overline{CR}$	异步清除输入端(低电平有效)
D0~D3	并行数据输入端
$\overline{PE}$	同步并行置数控制端(低电平有效)
Q0~Q3	输出端
CO	进位输出端

b)

图30—8　74LS160引脚排列和功能说明

a）引脚排列　b）功能说明

表30—2　　74LS160功能表

输入									输出状态			
$\overline{CR}$	$\overline{PE}$	P	T	CP	D0	D1	D2	D3	Q0	Q1	Q2	Q3
L	×	×	×	×	×	×	×	×	L	L	L	L
H	L	×	×	↑	d0	d1	d2	d3	d0	d1	d2	d3
H	H	H	H	↑	×	×	×	×	计数			
H	H	L	H	×	×	×	×	×	保持（包括CO）			
H	H	×	L	×	×	×	×	×	保持（CO=0）			

注：H——高电平，L——低电平，×——任意，↑——上跳变。（d0～d3）——（D0～D3）的稳态输入电平。

根据74LS160的功能表和对芯片引脚功能的说明，可设计出24 h周期的计数、译码、显示电路，如图30—9所示。

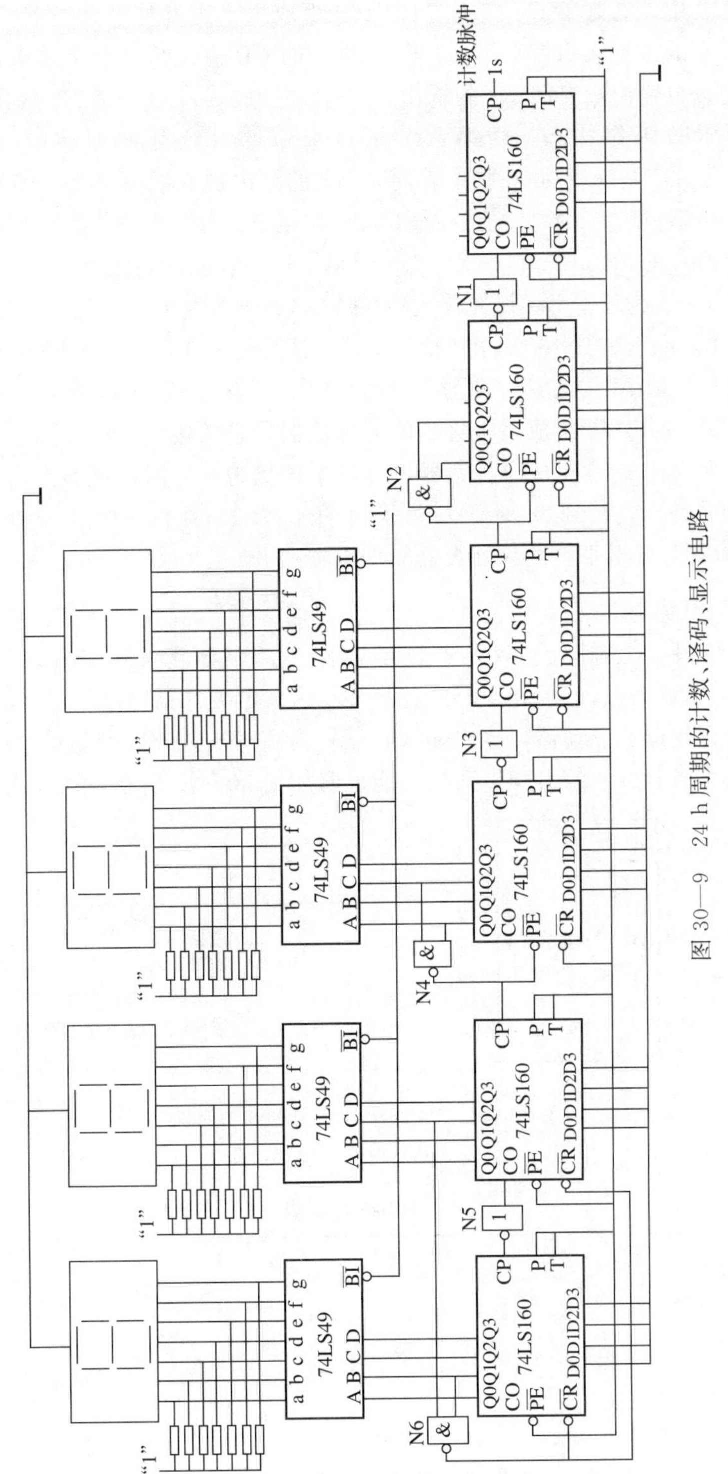

图 30—9　24 h 周期的计数、译码、显示电路

在图 30—9 中，右起第一、二片 74LS160 组成六十进制的秒计数器。第一片是个位，接成十进制，它的进位输出接至第二片（十位）的 CP 输入端。十位采用置数法接成六进制。十位片的进位输出取自门 N2 的输出。当十位计成 5 以后，门 N2 输出低电平，使 $\overline{PE}=0$，处于预置数工作状态。当第六个来自个位的进位脉冲到达时，计数器被置成 Q3Q2Q1Q0＝D3D2D1D0＝0000 状态，同时 N2 的输出跳变成高电平，使分计时器个位计入 1 个“1”。在第一片（个位）的进位输出 CO 接至第二片（十位）的 CP 输入端时，要加 1 个非门。这是因为在 74LS160 中，CO＝Q3・Q0・T，当 Q3Q2Q1Q0＝1001 时 CO＝1，即计数到 9 之前 CO 一直为低电平，而在计数到 9 时 CO 跳变为高电平。若个位的 CO 直接接到十位的 CP 输入端，由于 74LS160 是在 CP 的上升沿计数的，则第二片 74LS160 在个位计数到 9 时就进行了进位。加了门 N1 后，变为个位的计数从 9 变为 0 时十位计入 1 个“1”。

第三、四片 74LS160 组成六十进制的分计数器，它的接法和秒计数器完全相同。

第五、六片 74LS160 组成时计数器，其中个位仍为十进制计数器，以它的进位输出信号作为十位的脉冲。当计到 24 时（个位为 4、十位为 2），门 N6 输出变为低电平，使两片 74LS160 的 $\overline{CR}$ 都为低电平，两片计数器立即被置成 0000。

2. 译码、显示电路

在图 30—9 中，还画出了译码、显示电路。译码器由 4 片 74LS49 组成，每一片 74LS49 驱动 1 个数码管，显示时和分。74LS49 为集电极开路输出的 BCD（二进制码的十进制数）七段译码器、驱动器，输出端（a～g）为高电平有效，可驱动灯缓冲器或共阴极的 LED 数码管。74LS49 的引脚排列和功能说明如图 30—10 所示，功能表见表 30—3。

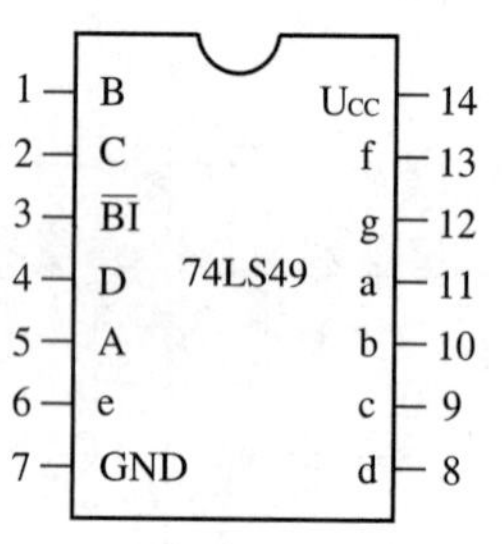

a)

引脚符号	功能说明
A~D	BCD输入端
$\overline{BI}$	消隐输入端(低电平有效)
a~g	段码输出端(高电平有效)

b)

图 30—10　74LS49 引脚排列和功能说明

a）引脚排列　b）功能说明

表 30—3　　**74LS49 功能表**

十进数或功能	输入					输出						
	D	C	B	A	BI	a	b	c	d	e	f	g
0	L	L	L	L	H	H	H	H	H	H	H	L
1	L	L	L	H	H	L	H	H	L	L	L	L
2	L	L	H	L	H	H	H	L	H	H	L	H
3	L	L	H	H	H	H	H	H	H	L	L	H

续表

十进数或功能	输入					输出						
	D	C	B	A	BI	a	b	c	d	e	f	g
4	L	H	L	L	H	L	H	H	L	L	H	H
5	L	H	L	H	H	H	L	H	H	L	H	H
6	L	H	H	L	H	L	L	H	H	H	H	H
7	L	H	H	H	H	H	H	H	L	L	L	L
8	H	L	L	L	H	H	H	H	H	H	H	H
9	H	L	L	H	H	H	H	H	L	L	H	H
10	H	L	H	L	H	L	L	L	H	H	L	H
11	H	L	H	H	H	L	L	H	H	L	L	H
12	H	H	L	L	H	L	H	L	L	L	H	H
13	H	H	L	H	H	H	L	L	H	L	H	H
14	H	H	H	L	H	L	L	L	H	H	H	H
15	H	H	H	H	H	L	L	L	L	L	L	L
BI	×	×	×	×	L	L	L	L	L	L	L	L

当$\overline{BI}$为低电平时，不管其他输入端状态如何，a～g 均为低电平。当要求输出 0～15 时，消隐输入端（$\overline{BI}$）应为高电平或开路。a～g 七段输出与数码管显示字符的关系如图 30—11 所示。

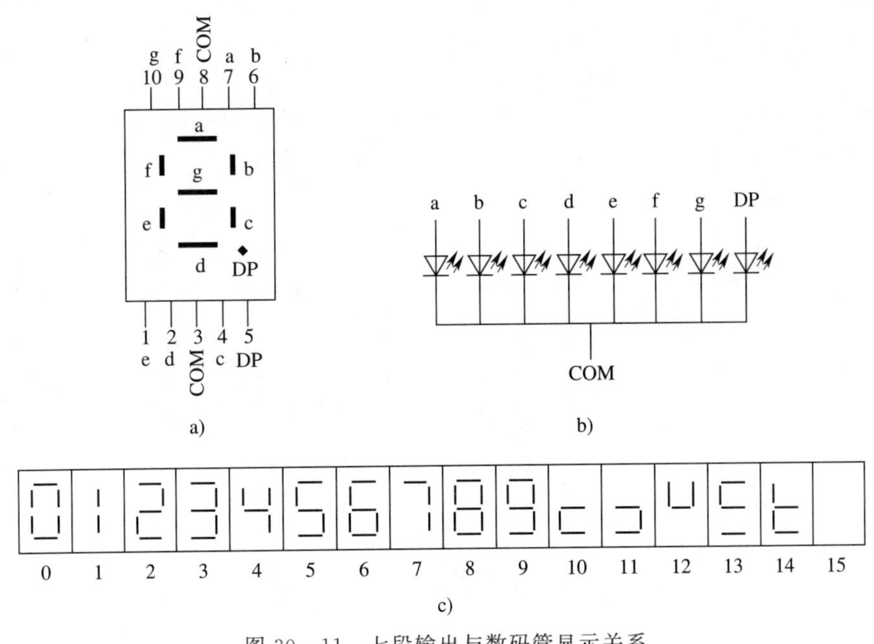

图 30—11　七段输出与数码管显示关系

a）数码管　b）发光二极管　c）数字显示

由于 74LS49 是以高电平为输出信号的，所以显示的数码管应配共阴极的七段数码管。此外，74LS49 是集电极开路输出，所以应在数码管和 74LS49 的输出端之间加上拉电阻。如果需要以大尺寸数码管显示，则 74LS49 的输出端不能直接连接数码管，应通过驱动电路（如 ULN2003，MC1413 等芯片）来驱动数码管，而此时数码管相应地应选用共阳极的七段数码管。

三、数字时钟的时、分快速校验电路的设计

校时功能是数字时钟必备的基本功能，为了使电路简单，本案例中只进行时、分的校时。数字时钟的时、分快速校验的方法是将秒、分、时 3 个计数器的串行计时方式改为并行校时计数方式，也就是将秒信号并行送到时、分 2 个计数器，使时、分计数器快速计数到需要的数值，然后再恢复到串行计数方式。

其具体方式是设置 2 个控制开关 S5 和 S6，分别控制时和分计数器校时。设置 S5 或 S6 为低电平时，时和分计数器为计时功能；而当 S5 或 S6 为高电平时，时和分计数器为校时功能。当作为计时功能时，从秒、分计数器来的进位（门 N2，N4 的输出）信号送到分、时计数器的 CP 端；而作为校时功能时，将秒脉冲信号（记为 TC）送到分、时计数器的 CP 端。根据此设想，可写出真值表，再用卡诺图化简后可得到 CP 端的逻辑代数式，画出逻辑图。以分计数器为例的真值表、卡诺图和逻辑图如图 30—12 所示。

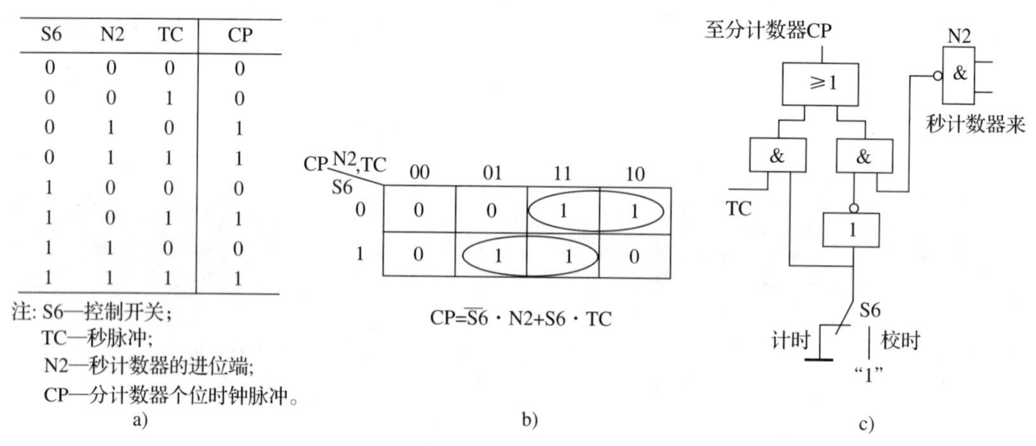

S6	N2	TC	CP
0	0	0	0
0	0	1	0
0	1	0	1
0	1	1	1
1	0	0	0
1	0	1	1
1	1	0	0
1	1	1	1

注: S6—控制开关;
TC—秒脉冲;
N2—秒计数器的进位端;
CP—分计数器个位时钟脉冲。

a)

图 30—12　分计数器 CP 端的真值表、卡诺图和逻辑图

a）真值表　b）卡诺图　c）逻辑图

根据所得到的电路逻辑图，可对图 30—9 中的秒、分、时计数电路做一些修改。将秒计数器个位 74LS160 芯片的计数控制端 P 与 T 分开，T 仍接“1”，而 P 由开关 S5，S6 经过 1 个或非门来控制；分和时计数器个位 74LS160 芯片的 CP 端与门 N2，N4 分开，接进如图 30—13 所示的逻辑电路。改动后带校时功能的计数电路如图 30—13 所示，开关 S5 控制时计数器的校时，S6 控制分计数器的校时。当 S5 和 S6 都接到“计时”时，并行输入的秒脉冲信号断开，进行串行计时；当 S5 或 S6 接到“校时”时，秒

计数器保持，停止计数，此时时或分计数器的CP脉冲是秒信号，进行快速计数，以达到校时的目的。

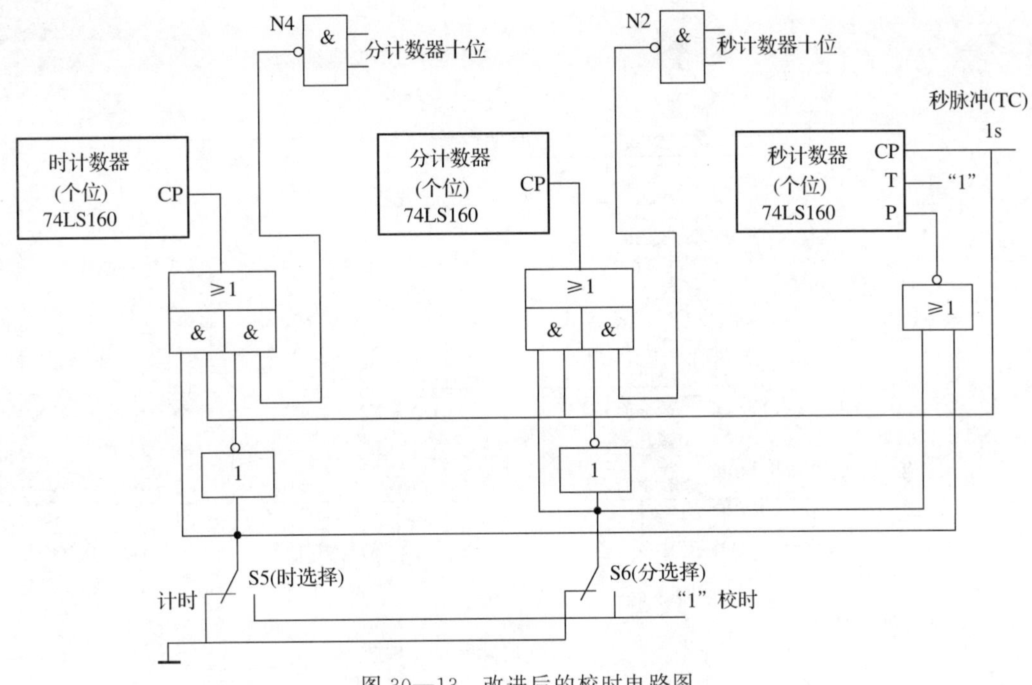

图 30—13　改进后的校时电路图

四、起闹电路的设计

数字时钟的起闹电路由三部分组成，包括起闹控制电路、起闹定时电路和起闹可控振荡器。

1. 起闹控制电路

起闹控制电路要想在时、分规定的时间起闹，重点是要设置译码电路，以翻译出所需的起闹时间。译码器的地址输入是时、分计数器有关状态的输出，而译码器的输出经开关S1，S2，S3，S4可选择时和分。当闹钟的实际计时时间符合所选择的起闹时间时，产生1个起闹控制信号（高电平）。起闹控制电路原理图如图30—14所示。

起闹控制电路中的译码器根据时、分计数器个位和十位的计数范围不同，分别选用不同的译码电路。时、分计数器的十位计数范围分别是0～2、0～5，因此可选用3－8译码器74LS138；而时、分计数器的个位都是十进制，要选用4－16译码器或BCD—十进制译码器，本案例中选用的是BCD—十进制译码器74LS42。74LS42为BCD输入的4－10译码器，它的地址端（A0～A3）接BCD码编码，本案例中是接十进制计数器的Q0～Q3，在输出端（$\overline{Y}0$～$\overline{Y}9$）以低电平译出。当A0～A3为无效的输入状态时，所有输出端均为高电平。74LS42的引脚排列和功能表如图30—15所示。74LS138为3－8译码器，它具有1

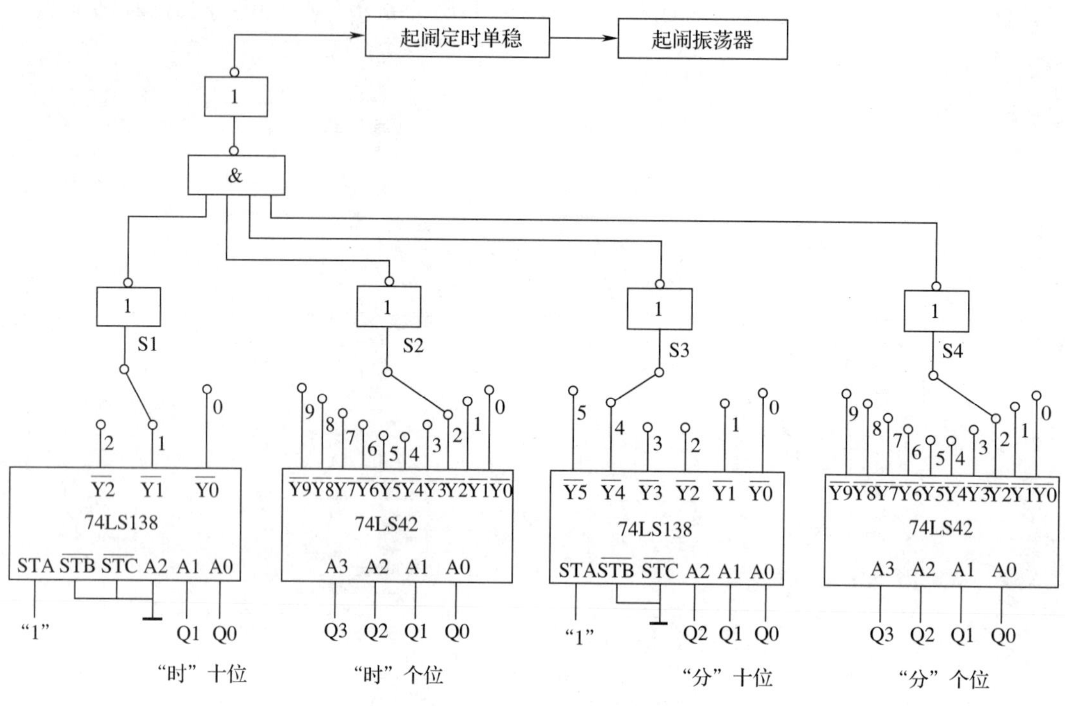

图 30—14　起闸控制电路原理图

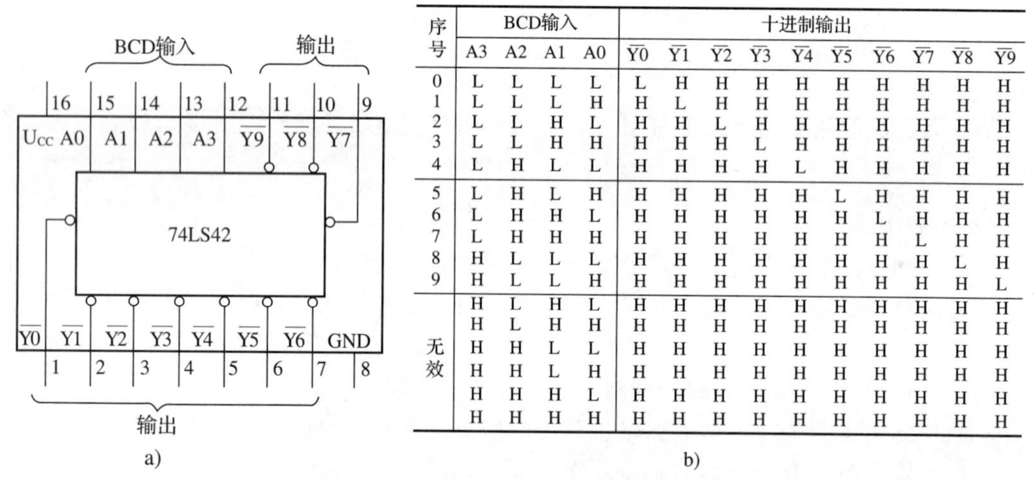

序号	BCD输入				十进制输出									
	A3	A2	A1	A0	$\overline{Y0}$	$\overline{Y1}$	$\overline{Y2}$	$\overline{Y3}$	$\overline{Y4}$	$\overline{Y5}$	$\overline{Y6}$	$\overline{Y7}$	$\overline{Y8}$	$\overline{Y9}$
0	L	L	L	L	L	H	H	H	H	H	H	H	H	H
1	L	L	L	H	H	L	H	H	H	H	H	H	H	H
2	L	L	H	L	H	H	L	H	H	H	H	H	H	H
3	L	L	H	H	H	H	H	L	H	H	H	H	H	H
4	L	H	L	L	H	H	H	H	L	H	H	H	H	H
5	L	H	L	H	H	H	H	H	H	L	H	H	H	H
6	L	H	H	L	H	H	H	H	H	H	L	H	H	H
7	L	H	H	H	H	H	H	H	H	H	H	L	H	H
8	H	L	L	L	H	H	H	H	H	H	H	H	L	H
9	H	L	L	H	H	H	H	H	H	H	H	H	H	L
无效	H	L	H	L	H	H	H	H	H	H	H	H	H	H
	H	L	H	H	H	H	H	H	H	H	H	H	H	H
	H	H	L	L	H	H	H	H	H	H	H	H	H	H
	H	H	L	H	H	H	H	H	H	H	H	H	H	H
	H	H	H	L	H	H	H	H	H	H	H	H	H	H
	H	H	H	H	H	H	H	H	H	H	H	H	H	H

b)

图 30—15　74LS42 的引脚排列和功能表

a）引脚排列　b）功能表

个高电平有效的选通端和 2 个低电平有效的选通端。当 1 个选通端（STA）为高电平、另外 2 个选通端（$\overline{STB}$和$\overline{STC}$）为低电平时，可将地址端（A0～A2）的二进制编码在 1 个对应的输出端（$\overline{Y0}$～$\overline{Y7}$）以低电平译出。74LS138 的引脚排列和功能表如图 30—16 所示。

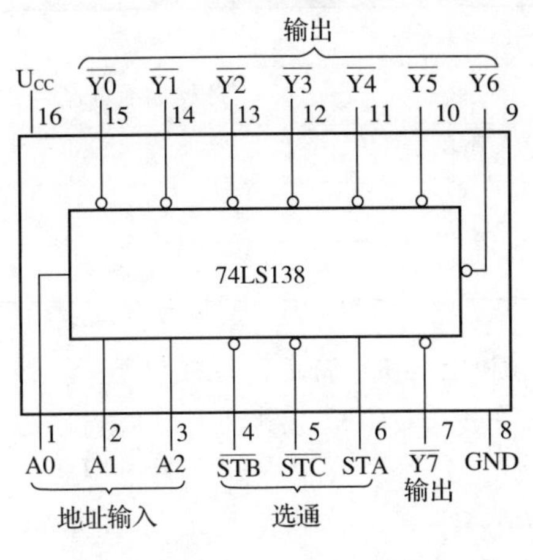

a)

输入					译码输出							
选通		地址输入										
STA	$\overline{ST}$①	A2	A1	A0	$\overline{Y0}$	$\overline{Y1}$	$\overline{Y2}$	$\overline{Y3}$	$\overline{Y4}$	$\overline{Y5}$	$\overline{Y6}$	$\overline{Y7}$
×	H	×	×	×	H	H	H	H	H	H	H	H
L	×	×	×	×	H	H	H	H	H	H	H	H
H	L	L	L	L	L	H	H	H	H	H	H	H
H	L	L	L	H	H	L	H	H	H	H	H	H
H	L	L	H	L	H	H	L	H	H	H	H	H
H	L	L	H	H	H	H	H	L	H	H	H	H
H	L	H	L	L	H	H	H	H	L	H	H	H
H	L	H	L	H	H	H	H	H	H	L	H	H
H	L	H	H	L	H	H	H	H	H	H	L	H
H	L	H	H	H	H	H	H	H	H	H	H	L

注：① $\overline{ST}=\overline{STB}+\overline{STC}$

b)

图 30—16　74LS138 的引脚排列和功能表

a）引脚排列　b）功能表

2. 起闸定时电路

起闸定时电路根据每次起闸时间在 3～5 s 范围内可调这一要求，可选用中规模集成电路的单稳态电路 SN74121 来实现，也可用时基 555 电路来完成，本案例中采用了 SN74121，其定时时间的长短可由元件参数的改变来实现。

SN74121 为具有施密特触发器输入的单稳态触发器，可由正跳变触发，也可由负跳变触发。其正触发输入端（TR＋）采用了施密特触发器，因此有较高的抗扰度。又由于内部有锁存电路，故对电源 U_{CC} 也有较高的抗扰度。SN74121 的引脚排列、接线图和功能表如图 30—17 所示，引出脚符号说明见表 30—4。

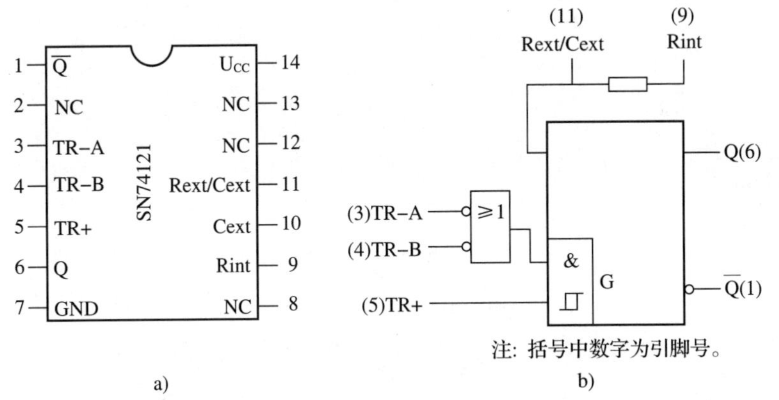

a)　b)

输入			输出
TR-A	TR-B	TR+	Q
L	×	H	L
×	L	H	L
×	×	L	L
H	H	×	L
H	↓	H	⎍
↓	H	H	⎍
↓	↓	H	⎍
L	×	↑	⎍
×	L	↑	⎍

c)

图 30—17　SN74121 的引脚排列、接线图和功能表

a）引脚排列　b）接线图　c）功能表

表 30—4　　SN74121 引脚符号说明

引脚符号	功能说明	引脚符号	功能说明
Q	正脉冲输出端	Rext/Cext	外接电阻/电容端
$\overline{Q}$	负脉冲输出端	Rint	内电阻端
TR＋	正触发输入端	Cext	外接电容端（正）
TR－A，TR－B	负触发输入端	NC	空端

SN74121 单稳态电路的暂态时间由外接电阻 R_T 和电容 C_T 决定，外接电容 C_T 接在 Cext（正）端和 Rext/Cext 端之间，外接电阻 R_T 接在 Rext/Cext 端和 U_{CC} 之间，内电阻端 Rint 开路。也可用芯片内部的定时电阻代替外接电阻 R_T。若用内部定时电阻，需将 Rint 端接 U_{CC}。输出脉冲宽度为 $\tau = C_T \times R_T \times \ln2 \approx 0.7C_T \times R_T$，占空比最高可达 90%。外接电阻值 R_T 可在 1.4～40 kΩ 之间选取，外接电容值 C_T 可在 1 000 μF 之内取值。

SN74121 经触发后，输出（Q，$\overline{Q}$）就不受输入（TR＋，TR－）跳变的影响，而仅与定时元件（C_T，R_T）有关。由于内部补偿作用，使输出脉冲宽度的稳定性与温度和 U_{CC} 无关，而仅受外接定时元件数值的限制。

以 SN74121 设计的起闸定时电路如图 30—18 所示，开关 S7 用于选择是否需要起闸。

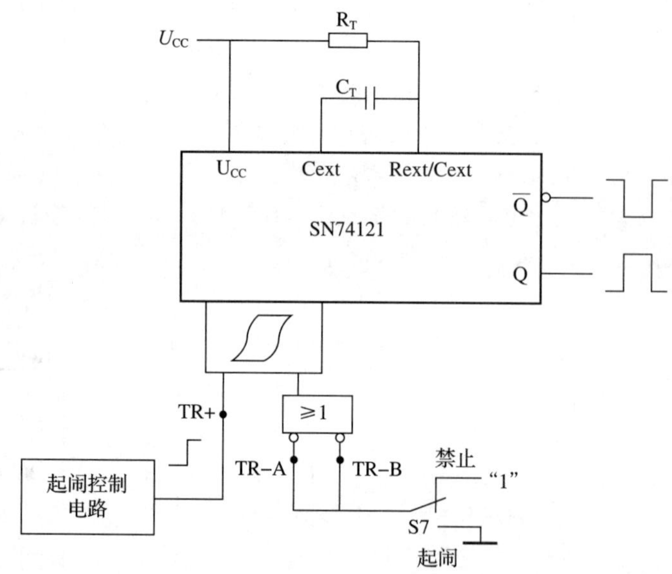

图 30—18　起闸定时电路

3. 起闸可控振荡器

起闸可控振荡器可用集电极开路门（OC 门）74LS03 组成可控多谐振荡器，通过小型变压器（普通晶体管收音机输出变压器）驱动 1 个扬声器定时起闸，具体电路如图 30—19

所示。当起闸定时输出信号为 0 时，振荡器封锁停振；当起闸定时输出为 1 时，振荡器起振，扬声器鸣叫。

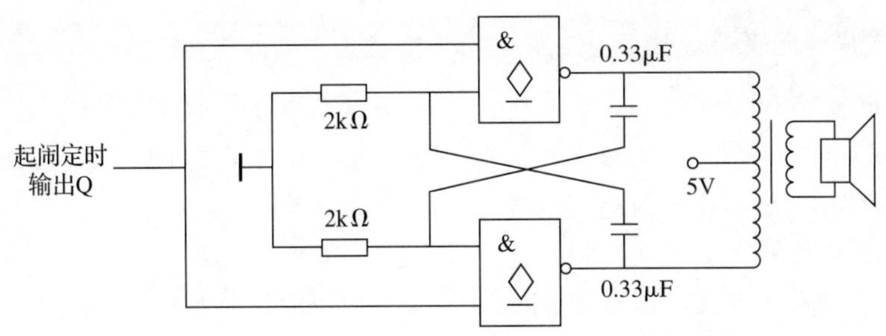

图 30—19　起闸可控振荡器电路图

五、数字时钟总逻辑图

根据已经确定的数字时钟的功能部件：标准时间源、计数译码显示器、校时电路和起闸电路，就可以组装成完整的数字时钟，其逻辑框图如图 30—20 所示。

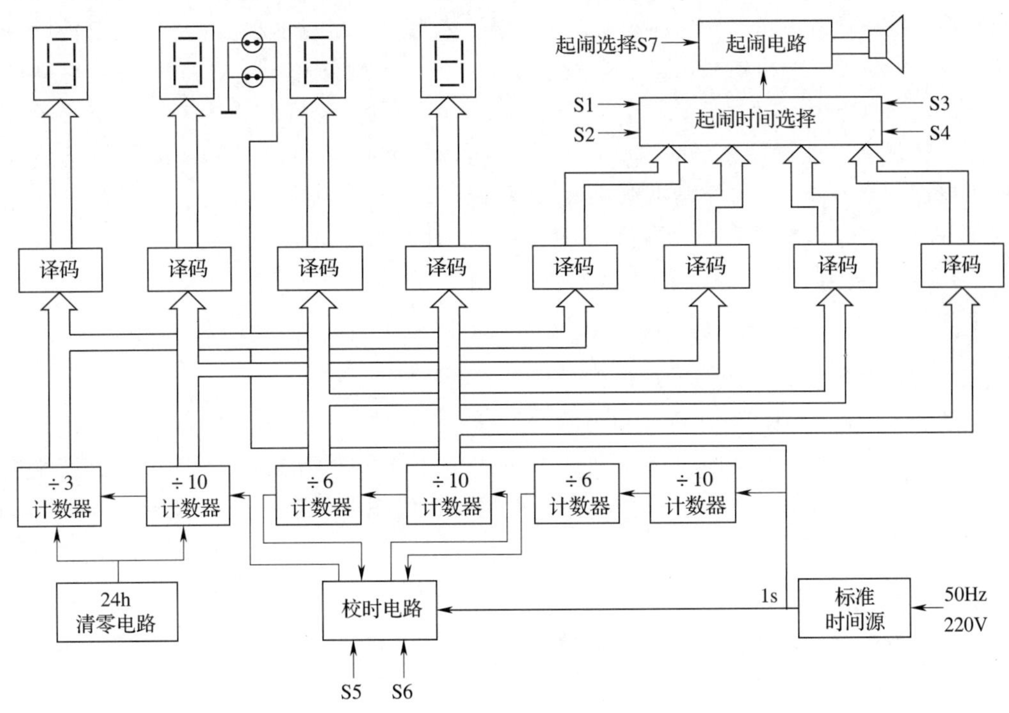

图 30—20　数字时钟逻辑框图

第 4 节 数字时钟的调试和数字集成电路的使用注意事项

一、数字时钟的调试步骤

电子电路的安装和调试是电子产品生产工艺中极其重要的组成部分，正确的安装与调试对电子产品的质量有着直接的影响。因此，必须重视电子电路的安装与调试，熟练掌握安装与调试技能，熟悉其故障检测与处理方法。

数字时钟的电路采用集成元件设计，故安装较为简便。其调试方法也是按单元电路逐个调试，但要注意调试步骤，重点放在各功能部件之间的信号配合和电路的抗干扰措施等关键部位。

1. 调试整机电源部分

首先调试整机的电源部分，保证能为电路提供满足需要的电压和电流。

在上述电路分析中，没有对电源部分进行分析。由于本案例中使用的是 TTL 类型的集成电路，因此可使用电压为 5 V 的稳压电源，较简单的方法是购买现成的开关电源，只要选择输出电压为 5 V，电流为 3 A 及以上即可。调试时将开关电源接上 220 V 交流电，用万用表检查输出电压，若不是 5 V 可调整微调电位器。然后在 5 V 输出端接 1 个 100 Ω 的电位器模拟负载（电位器上应再串联 1 个小电阻，以防止电位器旋到底产生短路），并串接电流表进行观察。本电路中使用了二十几片 TTL 芯片、4 个七段数码管和 1 个喇叭，统计所使用的芯片，按最大值计算，功率约为 1 100 mW，最大电源电流约为 400 mA，再加上数码管和喇叭电流约 250 mA，估算整机电流最大不会超过 1 A。因此，可调节电位器使电流增大到 1 A，观察输出电压是否会降低，若电压降低时不低于4.75 V，则电源符合要求。

2. 调试振荡电路部分

在控制电路中，应首先调试振荡电路部分，以便为整机提供标准的时钟信号。调试时，重点注意振荡器、分频器等产生控制信号的电路是否能正常工作。

在基准时间源的调试中，首先用示波器观察整形电路输入端的电压波形，此波形应为 50 Hz 的正弦波。经过整形后，在 50 分频电路的输入端应为 50 Hz 的方波。然后再经 2 片 74LS90 进行 10 分频和 5 分频，在分频电路的输出端得到的是秒脉冲。分频电路各点的波形应如图 30—21 所示。

3. 调试信号处理电路

按信号流的顺序依次测试和调整各种计数器、译码器、逻辑电路等，应使各单元电路工作正常，相互连接成整体电路的逻辑功能符合设计要求。

先调秒、分、时计数器和校时电路。将 S5，S6 置于“计时”位置，秒脉冲输入到秒计数器（个位）74LS160 的 CP 端，此时计数器应开始计数。因计数脉冲频率较低，用示波器不易观察，可选用 DM7406 集成电路，自制一个脉冲检测器用于观察低频脉冲或逻辑

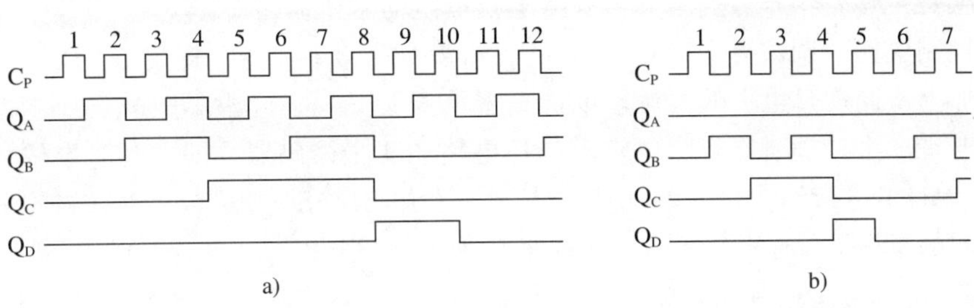

图 30—21　分频电路各点的波形

a) 10 分频电路各点波形　b) 5 分频电路各点波形

电平。脉冲检测器电路如图 30—22 所示，其中 Q 端用于检测正脉冲（高电平输出时 LED 点亮），$\overline{Q}$ 端用于检测负脉冲（低电平输出时 LED 点亮）。Q 端或 $\overline{Q}$ 端都应能安装逻辑探针或鳄鱼夹，以便与被测端连接。使用脉冲检测器时，可用逻辑探针或鳄鱼夹与被测芯片的引脚或电路板上的测试端连接，然后通过观察 LED 的亮、暗变化来判断芯片的工作状态。

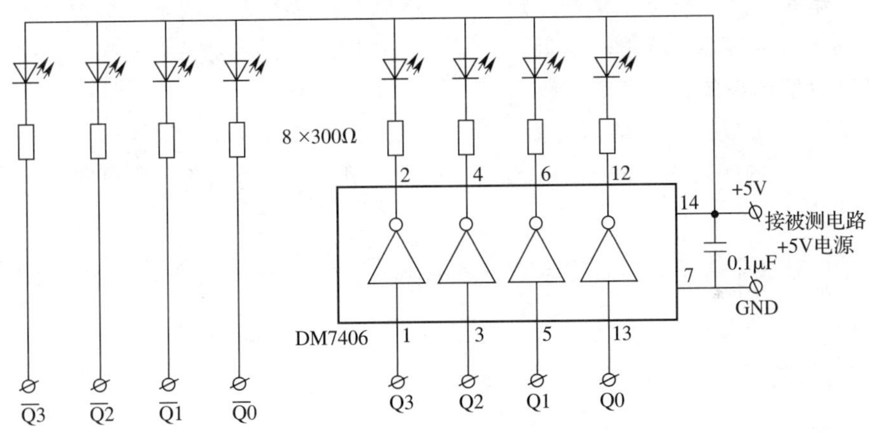

图 30—22　脉冲检测器电路

用脉冲检测器可检查秒、分、时计数器的计数状态。在计数状态时，计数器的 Q_A～Q_D 端应按 8421 码的规律变化，当秒计数器个位的 Q_A～Q_D 端为 1001 时，再来 1 个秒脉冲变为 0000，同时 CO 端应有一个进位脉冲。秒计数器十位的 Q_A～Q_D 端为 0101 时，再来 1 个进位脉冲变为 0000，同时通过门 N2 应有 1 个向分计数器的进位脉冲。按此方法也可对分计数器和时计数器进行检查，但为提高计数速度，可将校时电路的开关 S5 和 S6 置于“校时”位置，以秒脉冲作为分、时计数器的 CP 信号进行快速计数。检查时，若发现各计数器的状态不对，可用脉冲检测器检查相关计数器芯片和各门电路输入、输出端的电平变化，以判断故障位置并做出相应处理。

秒、分、时计数器和校时电路调试好后，仍然可用脉冲检测器来检查 BCD—七段译码显示驱动芯片 74LS49 的各引脚电平变化，并可观察 4 个数码管的相应显示是否正常、数码管的亮度是否够亮，若亮度不够可调整上拉电阻的阻值。

起闹控制电路的调试可采取在3－8译码器74LS138和4－10译码器74LS42的地址输入端分别加上不同逻辑电平的方法，以检查多挡开关S1～S4各端子是否在相应的地址输入时有低电平产生，进而检查起闹定时单稳电路在4个译码器（即“时”十位、“时”个位、“分”十位和“分”个位）的地址输入端加上与S1～S4所选数字对应的逻辑电平时，单稳电路的触发端TR＋是否有正触发脉冲出现。

4. 调试输出驱动电路和各种执行部件

调试数码管、扬声器等，以保证输出信号能推动执行部件正常工作。

起闹定时电路可与可控多谐振荡器放在一起调试。首先检查定时电路，在正触发端TR＋用高电平接触一下，用脉冲检测器检查SN74121的Q端是否有正脉冲出现，脉冲的保持时间是否够长。若脉冲保持时间太长或太短，可调换SN74121的外接电阻R_T或外接电容C_T的数值。将起闹选择开关S7置于“0”，观察Q端是否还有正脉冲出现。

将SN74121的Q端与可控多谐振荡器的控制端断开，在振荡器的控制端加上高电平，观察振荡器是否振荡、扬声器是否开始鸣叫；控制端接地，振荡器是否停振。若要扬声器鸣叫声低沉些，可将振荡器中的电阻、电容值调大些；反之，要扬声器鸣叫声尖锐些，可将电阻、电容值调小些。

起闹定时电路与振荡器都调好后，将SN74121的Q端与振荡器的控制端连接起来，观察在SN74121的触发端TR＋用高电平碰一下，扬声器是否鸣叫一段时间。

5. 总调

所有功能部件全部调好后，将各部件连接起来，分别通过改变S1～S4，S5，S6，S7的状态，检查数字时钟的各项功能是否正常。

二、数字时钟的调试注意事项

在对数字时钟的调试中，由于集成电路管脚密集、连线多，各单元之间时序关系又严格，所以出现故障后很难找出原因。

1. 注意检查容易产生故障的环节，掌握排除故障的方法

出现故障时，可从简单部分逐级查找，逐步缩小故障范围；也可对某些预知点的特性进行静态或动态测试，以判断故障部位。

2. 注意各单元电路的时序关系

应熟悉各单元电路输入和输出波形的时间关系。注意各单元之间的相互时间关系，可对照设计时序图，检查各点波形，特别注意哪些是上升沿触发，哪些是下降沿触发，以及它和时钟信号的关系。

3. 注意时序逻辑电路的初始状态，检查能否自启动

应保证电路开机后能顺利地进入正常工作状态。

4. 注意元件的类型

若有各种不同类型或不同系列的电路混合使用，应选择合适的电源，注意电平翻转和带负载能力等问题。例如，起闸定时电路选用的SN74121是标准TTL系列的芯片（121芯片无LS系列），在与其前、后的74LS系列的TTL芯片连接时，就要注意此问题。经查产品手册得知，74LS系列TTL要求输入高电平电压$U_{IH}\geqslant 2$ V，输入低电平电压$U_{IL}\leqslant 0.8$ V，输入高电平电流$I_{IH}\leqslant 20$ μA，输入低电平电流$I_{IL}\leqslant 0.4$ mA，输出高电平电压$U_{OH}\geqslant 2.7$ V，输出低电平电压$U_{OL}\leqslant 0.5$ V。而74系列TTL的输出高电平电压$U_{OH}\geqslant 2.4$ V，高于74LS系列要求的2 V；输出低电平电压$U_{OL}\leqslant 0.4$ V，低于74LS系列要求的0.8 V；输出高电平电流I_{OH}为400 μA，输出低电平电流I_{OL}为16 mA，因此74系列芯片完全可以驱动后级的74LS系列TTL芯片。此外，74系列TTL的输入正向阈值电压$U_{IH}\leqslant 2$ V，输入反向阈值电压$U_{IL}\geqslant 0.8$ V，与74LS系列TTL相同，因此74系列的芯片也可以由74LS系列的芯片加以驱动。

三、数字集成电路的使用注意事项

数字集成电路实现了各种逻辑功能，为使用提供了方便。虽然用户不必去了解集成电路内部的具体构造情况，只需按逻辑功能去选用所需要的集成电路，但是为了正确、有效地使用集成电路，还是很有必要了解各类集成电路的源（电源、信号源）和载（负载）的关系，以及有关使用问题。

1. 驱动与负载

数字集成电路的输出端为高电平时，对输出端流入负载的拉电流是有限制的。同样，数字集成电路的输出端为低电平时，对从负载流入输出端的灌电流也是有限制的。因此，当数字集成电路彼此连接的时候，要使各集成电路正常工作，就必须满足规定的电平和额定的电流。这是集成电路前级驱动与后级负载连接时要考虑的问题。

2. 多余输入端的处理

为防止干扰，增加工作的稳定性，与非门多余输入端一般不应悬空（悬空相当于逻辑1），而应将其接正电源或接固定的高电平，也可以接至其他有用端。或门和或非门多余输入端可直接接地。

3. TTL电路使用中的注意事项

（1）对已经选定的元器件一定要进行测试，参数的性能指标应满足设计要求，并留有余量。要准确识别各元器件的引脚，以免接错造成人为故障，甚至损坏元器件。

（2）TTL电路的电源电压不能高于+5.5 V，使用时不能将电源与“地”引线端颠倒错接，否则将会因电流过大造成元器件损坏。

（3）电路的各输入端不能直接与高于+5.5 V、低于0.5 V的低内阻电源连接，因为低内阻电源提供的电流较大，会因过热而烧毁元器件。

(4) 除三态门和OC门之外，输出端不允许并联使用，使用OC门时应按要求配好上拉负载电阻。

(5) 输出端不允许与电源或“地”短路，否则会造成元器件损坏，但可以通过电阻与电源相连，提高输出高电平。

(6) 在电源接通的情况下，不要移动或插入集成电路，因为电流的冲击会造成永久性损坏。

(7) 1个集成块中一般包括几个门电路，为了降低功耗，可将不使用的与非门、或非门等元器件的所有输入端接地，并且将它们的输出端连到不使用的与门输入端上。

(8) 为了防止动态尖峰或脉冲电流通过公共电源内阻耦合到逻辑电路造成干扰，在TTL电路印制板上的电源与地线间通常接入5～50 μF的低频去耦滤波电容。但大电容有分布电感，不能滤除高频干扰，因此在该电容两端需再并联1个高频去耦电容，容量为0.01～0.047 μF。每片芯片的电源端还应加接0.1 μF电容，以滤除高频开关噪声。

(9) 为了减少噪声，应将电源“地”和信号“地”分开。先将信号“地”汇集于1点，然后用最短的导线将两者连在一起。如果系统中含有模拟和数字2种电路，同样应将两者的“地”分开，然后再选合适的公共点接地。必要时，可设计模拟和数字2块电路板，各备直流电源，然后将两者恰当的“地”连接在一起。

思考题

1. 标准时间源电路由哪几部分组成？各部分分别起什么作用？标准秒脉冲是怎样产生的？若要求秒脉冲具有较高的稳定度，应由什么电路产生？

2. 请根据标准时间源电路图画出施密特电路的传输特性，并分析施密特电路和分频电路的工作原理。

3. 标准时间源电路中，怎样用同一种芯片74LS90做成十进制和五进制2种不同的计数器？若要用74LS90做成六进制的计数器，应如何接线？

4. 请根据74LS160的引脚排列图和功能表，设计一个60进制计数器，并说明它的工作原理。

5. 请分析24 h周期的计数、译码、显示电路图，说明它是如何由秒脉冲的输入最终实现时、分、秒的显示的。

6. 在秒、分、时计数器中个位的进位信号能否直接连接到十位的CP端？为什么？若直接连在一起会出现什么情况？

7. 什么叫OC门？OC门用于逻辑电路或驱动电路时分别有什么特点？

8. 试用与非门设计一个逻辑门电路，其输出为L，输入为A和B。当控制开关K的状态为“0”时其输出L为输入A的状态；而当控制开关K的状态为“1”时其输出为输入B的状态（需列出设计过程并加以说明）。

9. 请根据校时电路图分析电路的工作原理，说明两个控制开关的作用。

10. 分析数字时钟的起闹电路是由哪几部分组成的？它们的作用是什么？起闹电路是如何实现定时起闹的？

11. 分析起闹定时单稳电路和起闹振荡电路，说明这两个单元电路的工作原理。

12. 数字集成电路彼此连接的时候，前级驱动与后级负载之间的关系应如何考虑？

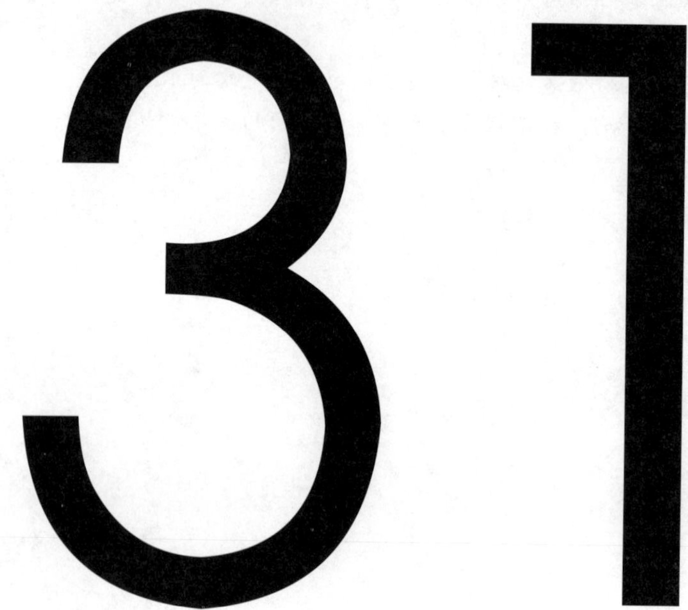

第 31 章

同步电动机晶闸管励磁系统案例

为改善电网功率因数，保证运转速度稳定，在大功率驱动系统中常采用同步电动机作为动力源。本章通过对 KGLF11 系列静止式同步电动机晶闸管励磁系统的分析，使学员对电力电子技术在实际生产设备中的应用有较深入的理解。

第 1 节　概述

同步电动机的励磁电路是同步电动机控制电路中的重要组成部分，对同步电动机的运行性能有重要意义。过去多采用与同步电动机同轴的直流发电机作为励磁机，但因其有旋转噪声、功率损耗大，现已逐渐由静止式的晶闸管系统所代替。

同步电动机常用励磁系统型号命名如下：

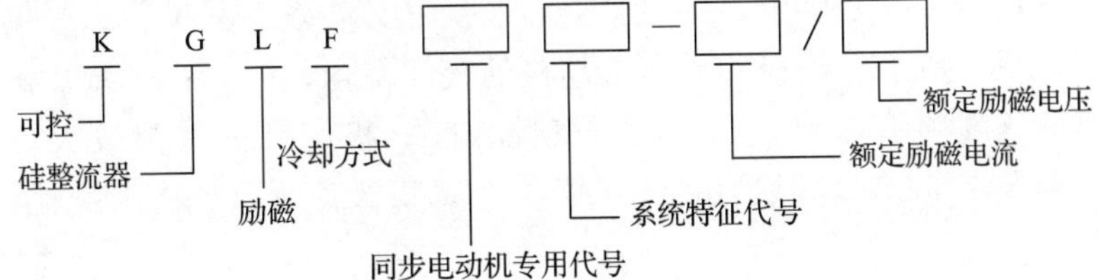

在冷却方式代号中，A 表示空气自冷、F 表示风冷却、S 表示水冷却。同步电动机的专用代号以 1 表示。系统特征代号规定：1 表示全压或减压启动，恒定励磁；2 表示全压或减压启动，按负荷调节励磁。例如，KGLF11－200/110 代表全压或减压启动，恒定励磁，强迫风冷，额定励磁电流为 200 A，额定励磁电压为 110 V 的同步电动机晶闸管励磁系统。该类型的励磁系统适用于驱动非冲击性负载（如矿山球磨机、冶炼厂鼓风机、化肥厂联合压缩机、冷藏库制冷机、炼油厂油田压缩机、氧气站空气压缩机、水泥厂球磨机等）的同步电动机。本案例通过对 KGLF11 系列励磁系统的分析，使学员对电力电子技术在实际生产设备中的应用有更加深入的理解。

为深入理解同步电动机晶闸管励磁系统的原理和功能，应首先对同步电动机的结构、工作原理和控制特性进行基本的了解。

一、同步电动机及其控制

1. 同步电动机的结构与基本类型

凡交流电动机的转子转速 n 和定子电流的频率 f_1 保持下述关系者称为同步电动机：

$$n = n_0 = \frac{60 f_1}{p} \tag{31—1}$$

式中　n_0——同步转速，r/min；

f_1——同步频率，Hz；

p——电动机磁极对数。

（1）同步电动机可按其运行方式和结构形式进行分类

1）按运行方式和功率转换方向，同步电动机可分为发电机、电动机和补偿机 3 类。

发电机把机械能转换为电能，电动机把电能转换为机械能，补偿机专门用来调节（发出或吸收）电网的无功功率、改善电网的功率因数，在补偿机内基本上没有有功功率的转换。从工作原理上讲，任何一台同步电动机既可作为发电机，也可作为电动机、补偿机，这就是电动机运行的可逆性。现代大型电站中的交流发电机绝大多数是同步发电机，在工矿企业和电力系统中，同步电动机和补偿机用得也不少。

2）按结构，同步电动机可分为旋转电枢式和旋转磁极式 2 种。前者在小容量同步电动机中有些应用；后者广泛用于高压和大、中容量的同步电动机中，并成为同步电动机的基本结构形式。在旋转磁极式结构里，电枢是定子，磁极装在转子上；由于励磁部分的电压和容量比电枢小得多，所以电刷和集电环的负荷和工作条件就大为减轻和改善。

在旋转磁极式同步电动机中，按照磁极的形状，又可分成凸极式和隐极式同步电动机两类，如图 31—1 所示。隐极式同步电动机的气隙是均匀的，转子做成圆柱形；凸极式同步电动机的气隙则不均匀，极弧底下气隙较小，极间部分气隙较大。一般当 $n_0 \leqslant$ 1 000 r/min（即 $2p \geqslant 6$）时，可采用结构较简单的凸极式；而同步转速较高的情况，则采用隐极式。

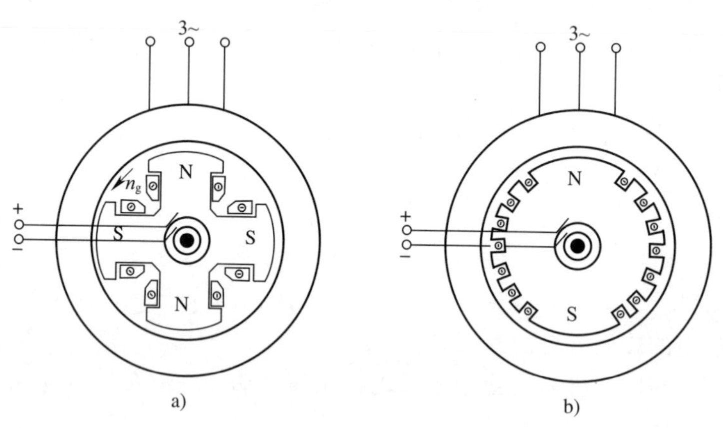

图 31—1　旋转磁极式同步电动机

a）凸极式　b）隐极式

（2）同步电动机的结构和工作原理。通常，三相同步电动机的定子是电枢，定子绕组一般与三相交流电网相连接，转子则为直流励磁的主磁极。当在转子中通以励磁电流后，每个磁极就出现一定的极性，相邻磁极极性相异。图 31—2 为凸极式同步电动机的结构示意图。转子上励磁绕组的直流励磁电流由电刷和集电环引入，转子磁极表面上的笼形条用短路环连接，用作同步电动机的异步启动，称为笼形启动绕组。

同步电动机的定子绕组接至三相交流电网后，产生旋转磁场。转子绕组通以直流电时，转子便成为极性不变的磁极，好像 2 块磁铁间有互相吸引力一样，定子旋转磁场就以磁拉力拖着转子同步旋转，因此它是一种双边励磁的交流电动机。图 31—3 为 2 个磁场间相互作用产生同步转矩的物理模型。定子磁极表示对应于旋转磁场在某一瞬间的磁场极性，它和转子磁极的轴线之间的空间位移角为 δ。旋转的定子磁极与转子之间除径向磁拉力外，还出现了切向磁拉力，这种切向磁拉力就形成一种电磁转矩，相当于两磁极间由“弹簧”联系着，当定子磁极旋转时，便拉着转子磁极旋转。负载转矩 T_L 为零时，两个磁场的轴线重合，只有径向磁拉力而无切向磁拉力，这时 $\delta=0$，$T_e=0$（T_e 为电磁转矩）。当电动机带负载后，在加负载瞬间，由于 $T_e<T_L$，电动机转速瞬时降低，转子位置开始落后于定子旋转磁场，δ 加大，电动机便发出较大的电磁转矩 T_e，直至 $T_e=T_L$ 时，恢复同步转速，保持稳定运行。

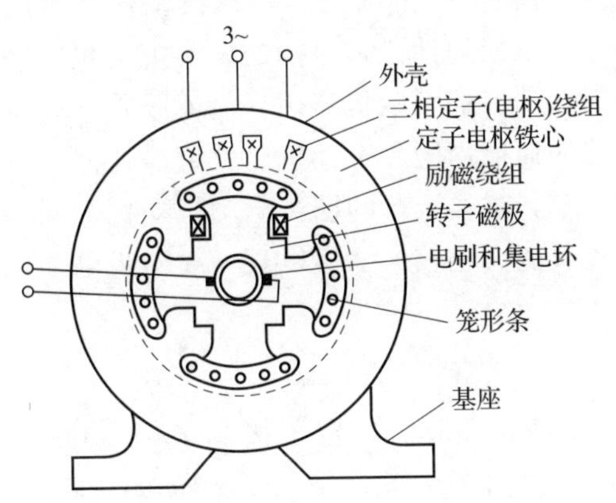

图 31—2　凸极式同步电动机结构示意图

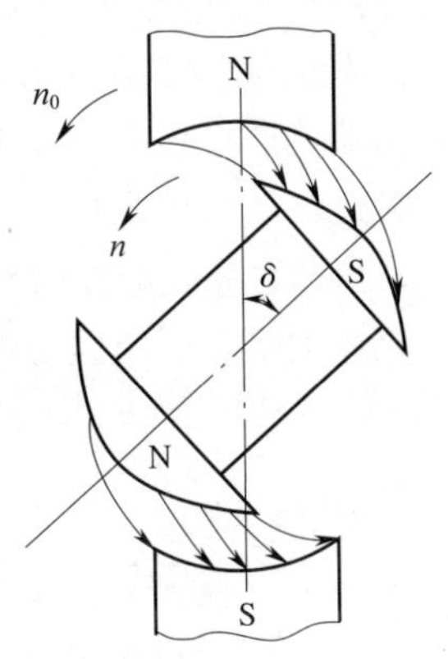

图 31—3　两个磁场间相互作用产生同步转矩的物理模型

同理，当负载减小时，也能由空间位移角 δ 的调节来适应负载的变化，达到新的平衡点。但是，当 $\delta>90°$后，负载增大，δ 增大，T_e反而减小，电动机便不能维持同步运行，这种情况便是同步电动机的“失步”，相当于表示磁拉力的“弹簧”被拉断。因此，$\delta=0°\sim90°$是同步电动机的稳定运行范围（一般额定运行时的 δ 为 $20°\sim30°$），而 $\delta>90°$便不能稳定运行，直至被迫停转。同步电动机的电磁转矩与切向磁拉力成正比，增大励磁电流可以提高磁感应强度、增大磁拉力，从而增大电磁转矩。如果在电动机负载突然增加的同时，增加其励磁，进行所谓强励，就能提高电动机的稳定性，而不致“失步”。

2. 功率因数的调节

电动机的功率可分为有功功率和无功功率。同步电动机自电网吸取的有功功率完全取决于由它们所驱动的生产机械的需要。当负载增加时，通过拉大定子磁势和转子磁势之间的相位移（即空间位移角 δ）向电网吸取更多的有功功率；当负载减小时，δ 随之减小，也就减小了自电网吸取的有功功率。所以电动机在稳定运行范围内，自电网吸取的有功功率和电磁转矩一样，依靠调节相位移 δ，总是能自动地适应负载的变化，就像异步电动机依靠调节转差率 s 能适应负载变化一样。因此，定子磁势和转子磁势之间的相位移 δ 又被称为功角。但对于无功功率来说情况就不一样了。对异步电动机来说，它的励磁是由交流电网供给的，它在从电网吸取有功功率的同时，也从电网吸取滞后的无功功率。即对电网而言，异步电动机总是1个感性负载，只能有滞后的功率因数。但是同步电动机的情况就大不相同了，它是一种双励类电动机，当负载不变，也就是从电网吸取的有功功率不变时，可以依靠调节直流励磁电流来改变自电网吸取的无功功率的大小和方向。通过改变同步电动机励磁电流的大小，可以灵活地调节它的功率因数，这是同步电动机很可贵的特性之一，它对电网的运行有重要意义。因为交流电网上主要的负荷是异步电动机和输配电变压器，它们都需要电网供给无功功率。如果使运行在电网上的同步电动机工作在过励状态，将滞后的无功功率送给电网，将缓和上述矛盾。换句话说，过励的同步电动机，除了作为电动机驱动生产机械外，还起着供给感性无功功率的发电机作用，这就改善了电网的功率因数。因此，如果为实现补偿无功功率的目的而使用同步电动机，就可以让同步电动机空载运行，而用调整励磁来补偿电网的无功功率，这样运行的同步电动机即称为同步补偿机。此外，过励状态下的同步电动机，它的过载能力也较大。所以，一般同步电动机都运行在过励状态下。

3. 同步电动机的启动

同步电动机没有启动转矩。因为启动前转子静止不动，当定子接上 $f=50$ Hz 的三相交流电网时，所产生的旋转磁场转1周的时间 $t=1/f=0.02$ s。在这样短的时间内，电磁转矩将对静止的转子两次改变方向，由于转子的机械惯性，电磁转矩不可能在半个周期（0.01 s）内把转子加速到同步转速。实际上当转子刚要按某一转向启动时，电磁转矩就改变了方向，1个周期内平均转矩为零（不仅转子静止时如此，只要同步电动机非同步运行，由于这时位移角 δ 是时间的函数，周期性变化，平均转矩均为零，即同步机只有在同步运行时，才有平均电磁转矩）。所以，如果不采取措施，同步电动机将不能自行启动。

为了使同步电动机启动，可以在转子磁极上装笼形导条，作为启动绕组。这样，启动过程的前段就和异步电动机的工作原理一样，待转子接近同步转速时，才加入直流励磁，由异步转矩和同步转矩共同作用，使转子牵入同步。笼形导条产生的异步转矩，不仅在启动过程中出现，而且也会在同步电动机的位移角 δ 有周期性变化时出现，它可抑制位移角 δ 的变化。所以，有时也称它为阻尼绕组，能对运转起稳定作用。

为了保证能够牵入同步，首要的条件是转子的转速要接近同步转速。因为同步转矩与位移角 δ 的大小和正负有关，在牵入同步开始时，转子磁极的转速低于旋转磁场的转速，它们之间有相对运动。如果转速与同步转速相差较大，两者的相对运动速度也较大，这样 δ 的变化和同步转矩大小和方向的改变也较快，电动机就难以牵入同步。所以，一般规定在转子通入励磁电流时，转子转速不应低于同步转速的95%，即应使转差率 $s<0.05$。另外，为了能可靠地牵入同步，有时还应考虑转子加励磁电流时位移角 δ 的大小。如果控制 $\delta=5°\sim30°$ 时开始励磁，则正方向的同步转矩作用强，能使转子加速到同步转速以上，然

后经过几个衰减振荡后，转子就被牵入同步。

由上述可见，同步电动机的启动分成两步：

（1）定子加交流电压作异步启动。

（2）在接近同步（或称亚同步速）时，将直流电加入转子绕组进行励磁。

定子加入电压的方式和异步电动机一样，可以根据电动机和电网容量的大小，选用直接启动或减压启动。一般都采用直接启动，因为启动转矩与定子电压的平方成正比，所以全压启动转矩大。如果全压启动引起的电网压降超过15%，就应考虑减压启动。

减压启动时，按照加入转子励磁的程序不同，又分为轻启动和重启动。前者是在定子减压启动后，转子加速到一定速度时加入励磁，然后定子再加全压；后者则是在定子减压启动一段时间加上全压以后，再向转子加入直流励磁。轻启动在拉入同步时有较小的冲击电流，拉入同步的转矩也较小。重启动相反，有较大的拉入同步转矩，拉入同步时，要出现较大的冲击电流。选用轻启动还是重启动，一般可根据驱动负载的大小来确定。当负载很小时，采用轻启动比较合适。如果电动机在启动时期内就带有重载，那么减压启动时不能达到牵入同步所需的转差率，须预先把电动机转接到全电压上，转差率才可以减小到0.05之内，进而易于牵入同步，这种情况下宜采用重启动。

特别要注意的是，同步电动机的启动过程中，在未加入直流时，励磁绕组既不能开路也不能短路。励磁绕组如果开路，由于它匝数很多，定子旋转磁场将在其上感应产生危险的高电压，击穿绝缘，损坏电动机，还可能引起人身事故。而如果励磁绕组短路，则在励磁绕组上由定子旋转磁场所感应的电势即会产生很大的电流，从而产生单相脉动磁场。这种脉动磁场会对转子产生制动作用，而使电动机的启动转矩大大减小。如果启动时负载较大，电动机就会以较低的转速运行，导致无法牵入同步而完不成电动机的启动，这种现象所造成的影响可以通过在转子回路中接入电阻来减小。所以同步电动机启动时，励磁绕组总是串入1个附加电阻（称放电电阻）构成闭合回路，待加入直流时，再将该电阻断开。放电电阻的阻值约为绕组直流电阻值的5～15倍，通常规定为10～12倍。

二、晶闸管励磁系统的特点及其性能

根据上述对同步电动机结构与特性的分析，可知励磁电路是同步电动机的重要部分，对励磁系统有各种具体要求。国内在20世纪70年代，由原一机部组织了同步电动机晶闸管励磁系统和控制设备的统一设计，力求该系统的标准化、系列化、通用化。这里主要介绍统一设计的KGLF11系列同步电动机晶闸管励磁系统，KGLF11系列系统有如下性能和特点：

1. 采用固接励磁，即可控整流电路和同步电动机转子绕组固定连接，投励前晶闸管阻断，投励时供给直流电压。

2. 装置与同步电动机定子回路没有直接的电气联系，因此可供高压 3 kV，6 kV，10 kV或低压 380 V 的同步电动机全压或减压启动而不受限制。

3. 同步电动机全压启动时，待转子的转速到达亚同步（转差率达 4%～5%）时，装置顺极性投入励磁，使电动机拖入同步运行。如果减压启动，则按重启动方式进行，即当转速到达同步转速的 90%左右时，装置自动切除减压设备，投入全压，使电动机加速启动至亚同步速，再顺极性投入励磁，将电动机牵入同步。

4. 当交流电网电压波动时，具有电压负反馈，能自动保持恒定励磁；当电网电压下降至某一规定值时，能进行突加强励，强励时间不超过 10 s；电网瞬时断电 0.5 s 内恢复时，如果同步电动机不失步，其定子回路电源不断开，装置仍能照常工作。

5. 同步电动机启动或停车时，装置均自动灭磁。当同步电动机异步运行（启动或失步过程）时，具有灭磁保护，保证同步电动机和装置免受感应电压击穿。

6. 可手动调节励磁电压、电流，也可进行功率因数调整。励磁电压、电流可从零至额定值连续调节。

7. 装置所带的放电电阻 R_{fd1}，R_{fd2} 采用 ZB2/0.9 型的片形电阻（放在装置内）或 ZB1－1/55 型铸铁电阻箱（放在装置外），用时需根据电动机厂的规定，自行将放电电阻接成串联或并联，使 R_{fd1}，R_{fd2} 的阻值分别为所配用的同步电动机转子励磁绕组直流电阻值的 5 倍，其长期允许电流为同步电动机铭牌额定励磁电流的 0.15 倍。

8. 从同步电动机停车开始 5 s 内不允许断开三相全控桥电路交流电源和触发装置的同步电源，以便同步电动机停车时三相全控桥电路工作在“逆变”状态。

第 2 节　励磁系统的组成和各主要环节的工作原理

KGLF11 系列晶闸管励磁系统电路图如图 31—4 所示，其系统原理工作框图如图 31—5 所示。

KGLF11 系列同步电动机晶闸管励磁系统中，励磁主电路采用三相全控桥式整流电路。该控制电路包括移相触发电路、投励电路、拉逆变电路、电压负反馈电路、逆变电路、投全压环节电路等。保护电路功能有过电压保护、均压保护和过电流保护。灭磁电路保护同步电动机和整流装置免受感应过电压击穿。该系统的简要工作原理如下：

在同步电动机接入三相交流电源启动过程中，灭磁环节工作。在转子励磁绕组中感应交流电压，其正、负半周分别通过 R_{fd2}，VD，R_{fd1}，以及 R_{fd1}，VT7，VT8，R_{fd2} 放电。此时主电路 VT1～VT6 晶闸管无触发脉冲，处于阻断状态。当同步电动机启动到亚同步转速时（转子转差 s 为 0.04～0.05），转子绕组中感应的交流电压幅值、频率都已很低，投励环节自动发出投励脉冲、接通给定回路，使移相给定电压加到触发环节。触发环节向主电路 VT1～VT6 晶闸管输出触发脉冲，使装置向同步电动机转子励磁绕组输出直流电流，同步电动机牵入同步而正常运行。

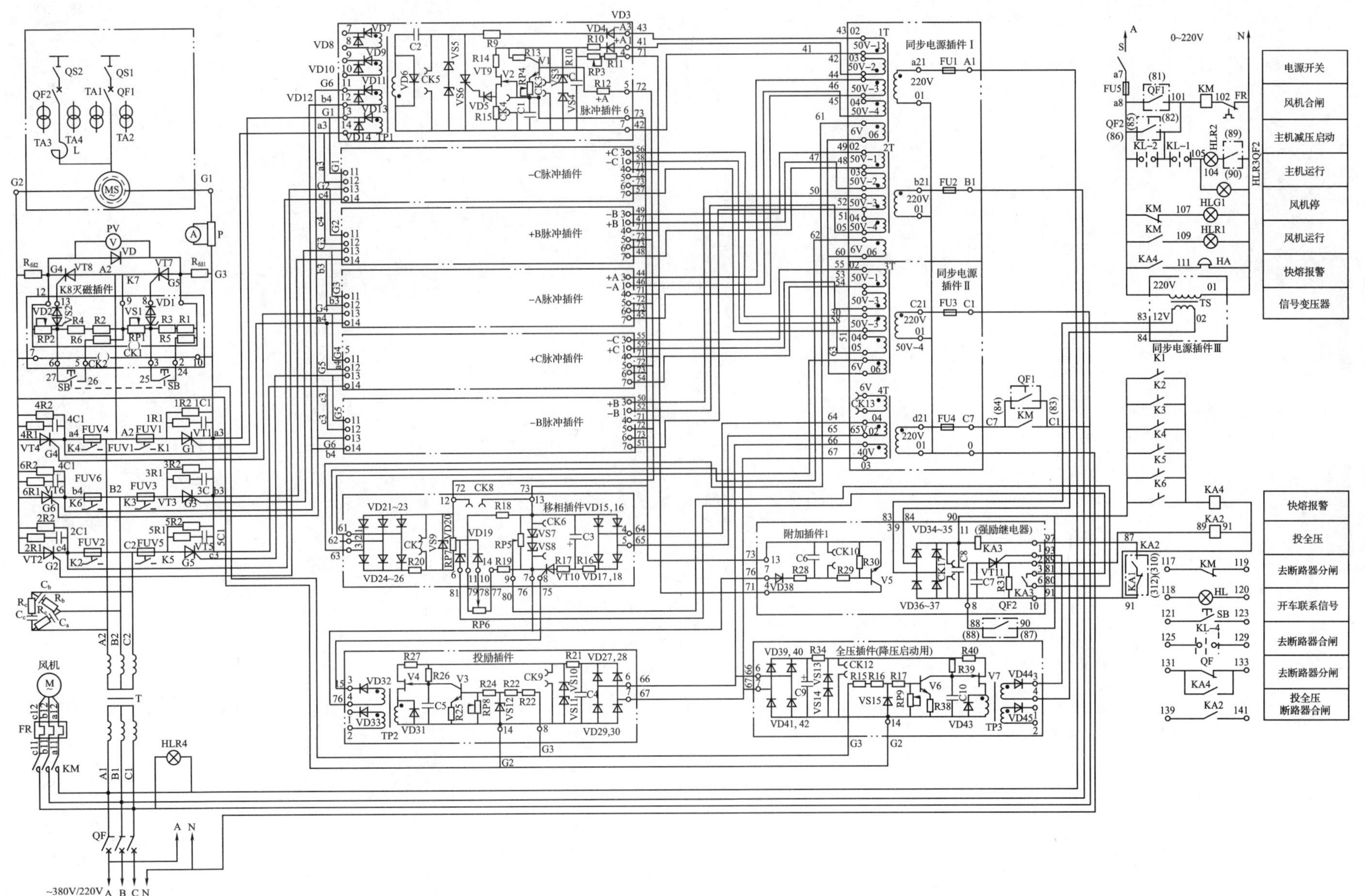

图 31—4　KGLF11 系列晶闸管励磁系统电路图（产品原图）

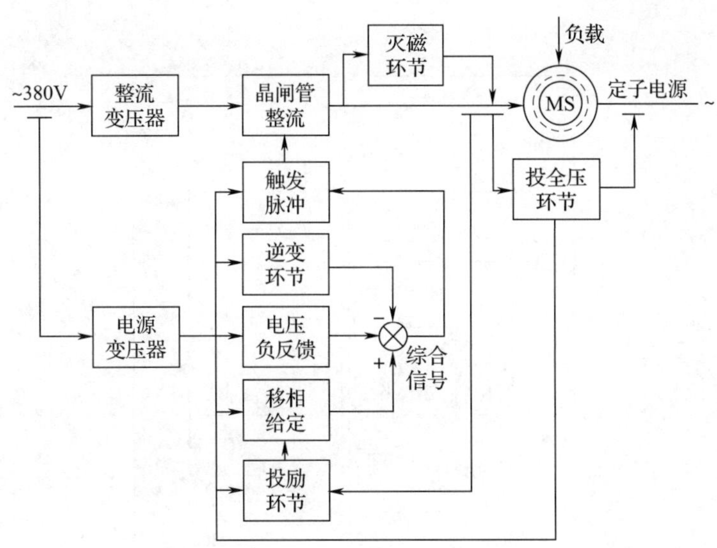

图 31—5　KGLF11 系列晶闸管励磁系统原理工作框图

电压负反馈是将系统交流电源侧引入的交流电压反馈信号反极性地与给定信号综合，以保证交流电源电压波动时系统输出励磁电压基本不变。例如，交流电源电压降低时，电压负反馈电压也减小，综合移相控制电压 U_{ct} 增加，触发控制角 α 减小，从而保证系统输出励磁电压基本不变，实现对电动机的恒定励磁。

逆变环节的作用是当同步电动机正常停止时，给触发环节加入一个控制信号，使触发脉冲后移至设置的逆变角，一般为 $\alpha_{max}=135°$（即 $\beta_{min}=45°$）位置，从而使三相全控桥式电路从整流工作状态立即转入逆变工作状态，以保证同步电动机转子绕组的顺利灭磁。

一、系统装置主电路

1. 励磁系统主电路的组成和工作原理

励磁系统主电路采用三相全控桥式整流电路，如图 31—6 所示。

同步电动机启动过程中，转子励磁绕组将产生感应交流电压。此感应交流电压在启动最初瞬间，电动机还未转动时最大，峰值可达转子励磁绕组额定电压十几倍以上。随着转速增加，此感应交流电压的频率和幅值随之减小，当同步电动机转速达到同步转速时，此感应交流电压频率和幅值均为零（即无感应交流电压）。因此，对同步电动机启动过程中感应交流电压应采取措施加以限制，以保证转子励磁绕组绝缘和晶闸管元件的安全。为此，晶闸管励磁装置采用在转子回路连接放电电阻（R_{fd1}，R_{fd2}）的措施，在同步电动机启动过程结束自动投励牵入同步正常运行时，自动断开此放电电阻（R_{fd1}，R_{fd2}）。此放电电阻（R_{fd1}，R_{fd2}）的接入和断开由灭磁环节控制。连

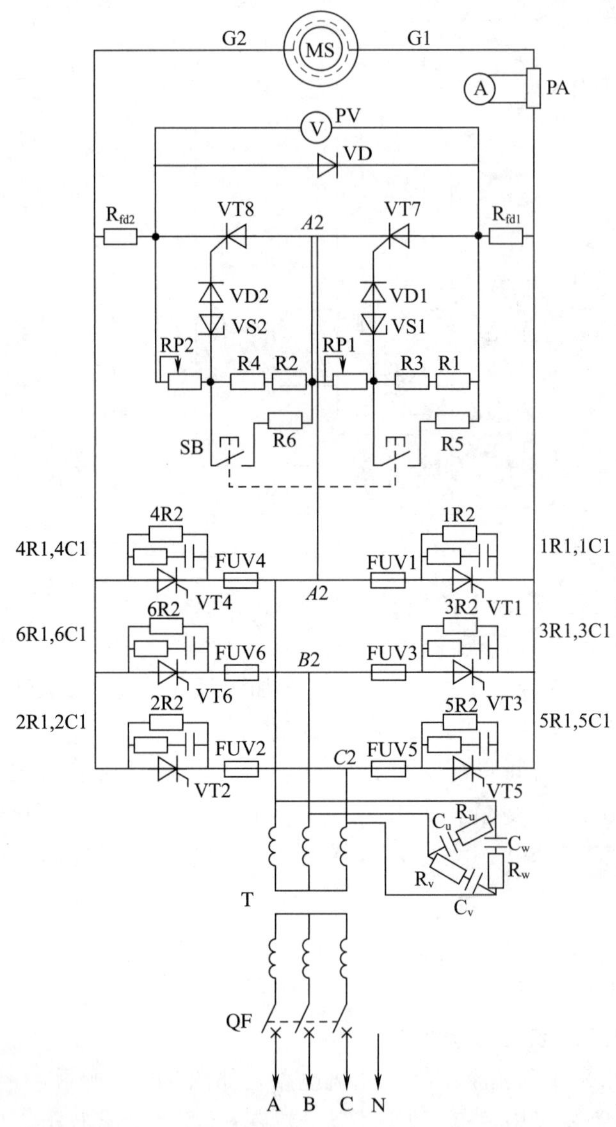

图 31—6　励磁系统主电路（产品原图）

接放电电阻（R_{fd1}，R_{fd2}）后感应交流电压的大小与接入的放电电阻 R_{fd2} 和 R_{fd1} 阻值大小有关，电动机制造厂一般要求接入放电电阻 R_{fd2} 和 R_{fd1} 的总阻值为同步电动机转子励磁绕组直流电阻值的 5～15 倍，通常规定为 10 倍。此时，同步电动机启动过程中，转子励磁绕组产生感应交流电压的最大峰值一般为同步电动机额定励磁电压的 10 倍左右。因而主电路中 VT1～VT6 晶闸管的正反向重复峰值电压必须大于上述最大峰值电压，并留有一定安全余量。

三相交流电源经整流变压器降压后，接至三相全控桥式整流电路。在同步电动机启动过程中，整流电路的晶闸管处于阻断状态，同步电动机 MS 转子励磁绕组上产生的感应交变电压通过灭磁环节上的放电电阻 R_{fd1}，R_{fd2} 形成回路，同步电动机异步启动。待电动机启动至亚同步速时，投励环节自动发出投励脉冲，整流电路的直流电压立即投入励磁，使同步电动机拖入同步运行，同时断开放电电阻。在同步电动机投励和正常运行过程中，三相全控桥式电路工作在整流状态，输出直流整流电压。当同步电动机正常停止时，三相全控桥式电路立即由整流工作状态转向逆变工作状态，以保证转子励磁绕组顺利灭磁，待电感放电完毕，逆变工作状态结束。

三相全控桥式电路工作在整流状态时，整流电路输出直流电压 U_d 的大小随控制角 α 而改变。图 31—7b 和图 31—7c 是 $\alpha=90°$ 大电感负载时三相全控桥式整流电路的输出波形，由于正负面积相等，其输出电压平均值为零。转子励磁绕组是 1 个大电感加电阻的负载，但现在固接励磁，转子励磁绕组上还并接有放电电阻 R_{fd2}，R_{fd1} 和 VD 放电电路，这样就使转子绕组与一般大电感加电阻的负载有些差别。

在整流电路输出直流电压 U_d 的负半波（G1 为负、G2 为正）时，转子电感除通过全控桥中导通工作的那 2 个晶闸管和整流变压器 T 二次绕组，产生连续的励磁电流外，还通过放电电阻 R_{fd2}，R_{fd1} 和硅整流管 VD 回路放电，如图 31—7d 所示，从时刻②开始，同步电动机转子电感产生反电势，通过已经导通的晶闸管 VT6 至 T 二次侧的 B 相、A 相绕组和晶闸管 VT1 回路放电的同时，还有一部分放电电流 i_{LR} 经放电电阻 R_{fd1}，R_{fd2} 和硅整流管 VD 回路流通（见图 31—7a 中虚线）。这样转子反电势通过前一放电回路的放电电流 i_L 在图 31—7d 上时刻③时，便小于 VT1 和 VT6 的维持电流，使 VT1 和 VT6 同时关断，转子反电势在时刻③④期间只能通过电阻 R_{fd1}，R_{fd2} 和 VD 回路继续放电，相应于图 31—7e 中负半波的削尖部分。到时刻④时，VT1，VT2 导通，开始下一个脉动周期。图 31—7e 中正半波阴影部分为三相全控桥供电的波形，负半波阴影部分是同步电动机转子反电势放电时波形。可以看出，正、负两半波阴影面积不对称，正半波大于负半波，因此 $\alpha=90°$ 时，整流电压平均值仍为正，即 $U_d>0$ V，一般要 $\alpha=120°$ 时，才有 $U_d=0$ V。图 31—7f 是 VD 上阴极到阳极之间的电压波形，其负半波被 VD 所短接，只有正半波部分，所以其平均值 U_d' 大于 U_d。由上述分析可知，同步电动机三相全控桥固接励磁，晶闸管 VT1～VT6 的移相范围应是 0°～120°，考虑逆变，则应是 0°～150°。

励磁电压由直流电压表 PV 指示，但在启动过程中，它被导通工作的晶闸管 VT7，VT8 和反并联的硅整流管 VD 所短接（见图 31—6），没有电压指示。只在投励后，电动机同步运行，VT7，VT8 关断，PV 才指示励磁电压。

顺便指出，同步电动机励磁过去曾用三相半控桥式整流电路，虽可少用 3 个晶闸管和 3 套触发器，但由于半控电路必须有续流二极管，转子感应电势将有半波被续流二极管短接，只能半波通过放电电阻，这样就会产生附加制动转矩。当电网电压低于额定值的 90%以下

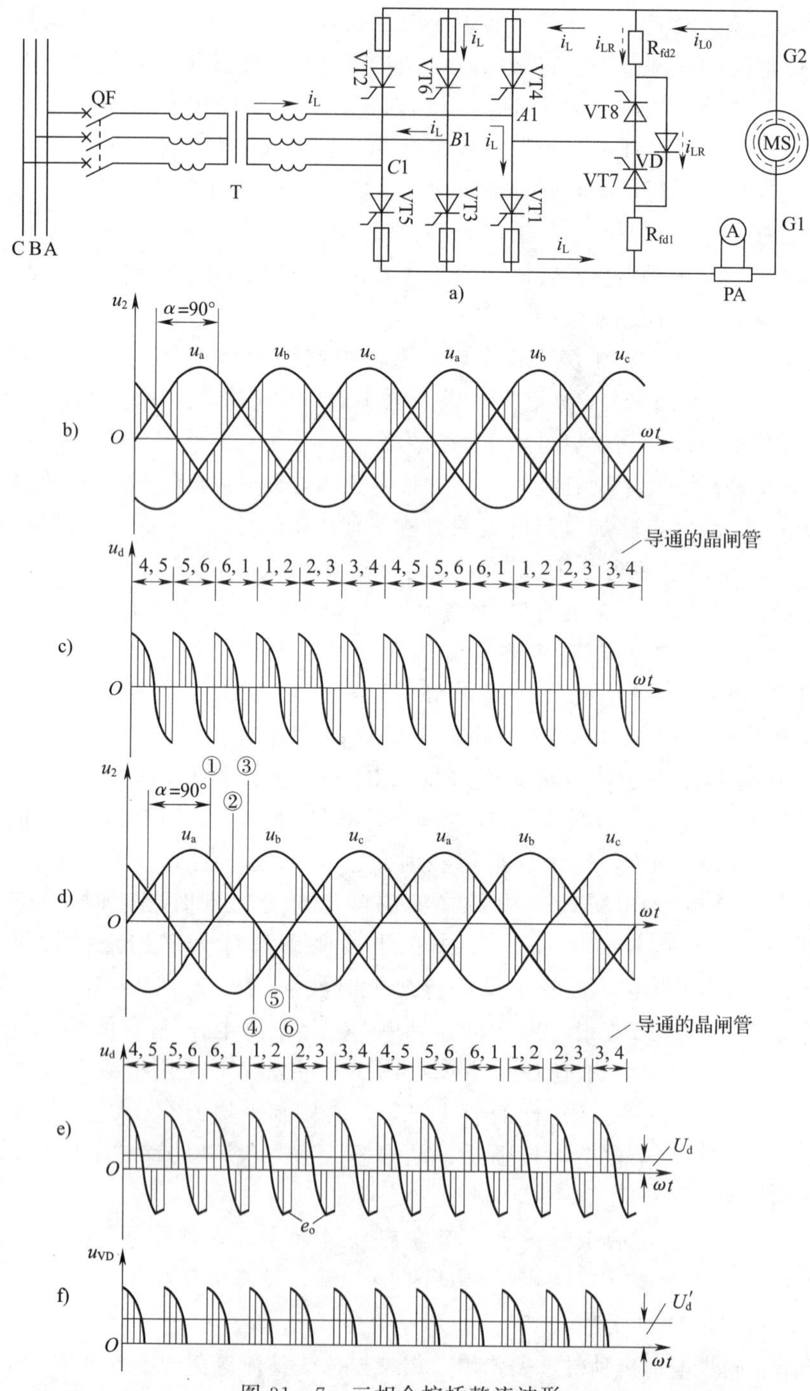

图 31—7 三相全控桥整流波形

a）励磁绕组电感放电路径 b）$\alpha=90°$大电感负载时 VT1～VT6 导通情况 c）$\alpha=90°$大电感负载时 u_d 波形
d）固接励磁时 VT1～VT6 导通情况 e）固接励磁时 u_d 波形 f）u_{VD}波形

启动时，这一制动转矩可能会使电动机启动失败。而全控桥整流电路则能完全保持同步电动机的固有启动特性，不会因励磁线路而影响启动转矩和牵入转矩。

2. 过电压和过电流保护

（1）过电压保护

1）换相过电压。三相桥式全控整流电路中晶闸管 VT1～VT6 每隔 120°轮流换相（如 VT1 换相给 VT3），在晶闸管换相截止时，晶闸管两端将产生换相过电压，为此在晶闸管 VT1～VT6 两端接有电阻、电容组成的过电压阻容吸收器。

2）交流侧操作过电压保护。在整流变压器二次侧接有电阻和电容 $R_u C_u$，$R_v C_v$，$R_w C_w$ 组成的过电压阻容吸收器。

3）均压保护。因为同步电动机异步运行（启动和失步过程）时，转子产生的感应交变电压加在三相晶闸管整流桥直流侧，为了使同相两臂上的整流元件（如 VT1 和 VT4）能均匀承担或根据所选元件电压等级合理分担转子的感应电势，必须加接均压电阻（见图 31—6 中的 1R2～6R2），其阻值一般选用 2～5 kΩ 为宜。

（2）过电流保护。采用快速熔断器 FUV1～FUV6 进行短路保护。当快速熔断器 FUV1～FUV6 熔断时，附装于其上的微动开关发出报警音响信号。

二、灭磁环节

灭磁环节的作用是在同步电动机启动过程中，使 VT7～VT8 晶闸管导通，将同步电动机转子绕组通过放电电阻 R_{fd1}，R_{fd2} 短接，从而使放电电阻 R_{fd1}，R_{fd2} 在正、负两个半波都流过电流，取得良好的启动特性。而一旦启动完毕，进入投励状态，就将 VT7～VT8 关断，放电电阻自行断开。灭磁环节电路及其工作波形如图 31—8 所示。

在同步电动机启动过程中，转子励磁绕组将产生感应交流电压，此时主电路 VT1～VT6 晶闸管无触发脉冲，处于阻断状态。转子绕组通过反极性并联的 VD 和 VT7，VT8 与放电电阻 R_{fd1}，R_{fd2} 构成闭合回路，晶闸管 VT7，VT8 由点划线框内的灭磁插件控制。设转子感应交变电压在 G1 端为正、G2 端为负时算正半波，启动开始在感应交流电压未达到灭磁晶闸管 VT7，VT8 所整定的导通电压以前，此交流电压通过 R_{fd1}，R1，R3，RP1，R2，R4，RP2，R_{fd2} 形成回路。此时，外接放电电阻阻值很大，为转子励磁绕组电阻的几十倍以上，励磁绕组相当于开路启动，感应电压急剧上升。当感应电压瞬时值上升至使 RP1，RP2 上的分压电压达到并超过 VS1，VS2 稳压管的稳压值时，VS1，VS2 稳压管被击穿，VT7，VT8 因有门极电流而导通，转子电流通过 R_{fd1}，VT7，VT8，R_{fd2} 形成回路，使同步电动机转子绕组从相当开路启动变为只接放电电阻 R_{fd1}，R_{fd2} 启动，因此转子感应电压的峰值大为减弱，直至正半波结束，VT7，VT8 因电压过零而阻断。转子感应电势负半波时，G2 端为正、G1 端为负，转子绕组经 R_{fd2}，VD，R_{fd1} 闭路。此后，同步电动机整个启动过程为励磁绕组随转子加速不断产生感应交变电压，都是半波经 VT7，VT8 和 R_{fd1}，R_{fd2} 灭磁，半波经 VD 和 R_{fd1}，R_{fd2} 灭磁，其波形如图 31—8b 所示。

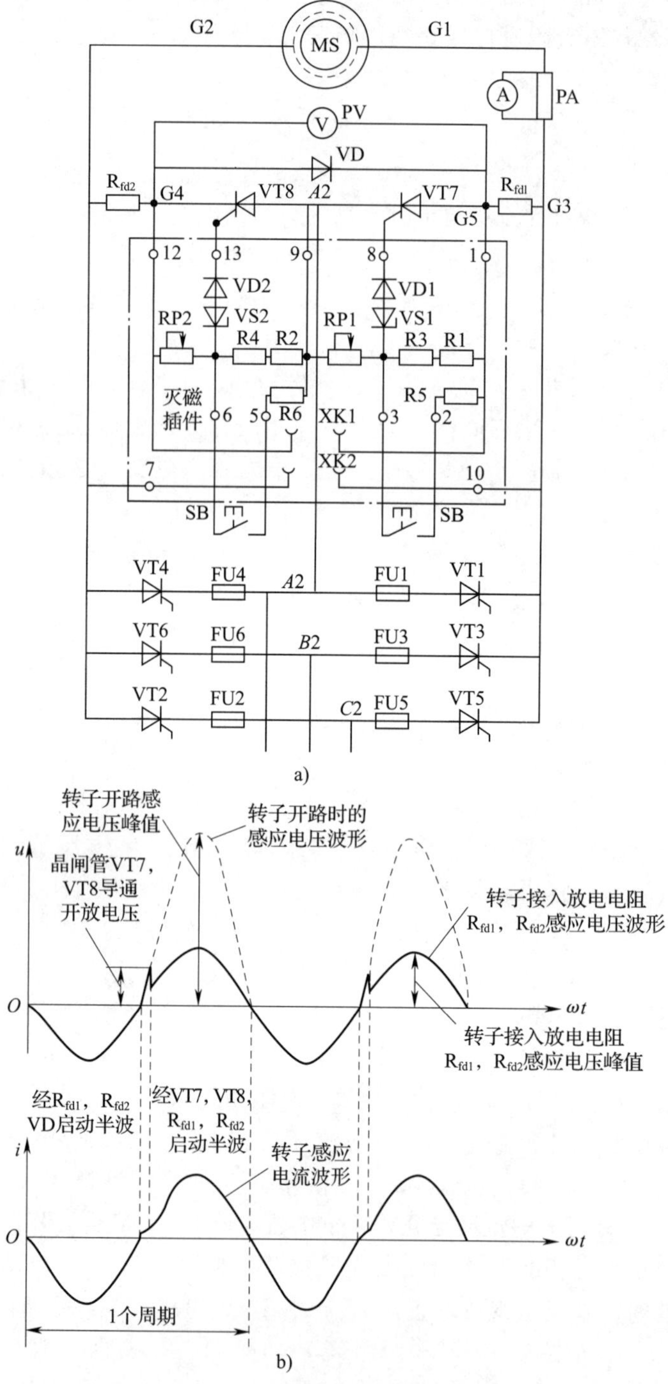

图 31—8　灭磁环节电路及其波形

a）电路图　b）波形图

在投入励磁时，三相整流桥开始工作，输出直流电压 U_d，由于此电压值较小，不足以使 VT7，VT8 导通。同时，本系统主电路中还设置了"灭磁线"，即将三相全控桥式整流电路交流侧电源 A2 点与灭磁晶闸管 VT7，VT8 连接中点 A2 处相连，在三相全控桥式整流电路投入正常工作后，晶闸管 VT1（或 VT4）导通时的管压降通过 A2 点灭磁线对 VT7（或 VT8）形成反向电压，而促使 VT7（VT8）在投励后 1 个周期（0.02 s）内自行关断。为了确保灭磁晶闸管 VT7，VT8 关断，熄灭线需要有较大的截面，以减小熄灭线的电阻压降而影响 VT7（VT8）的关断。

可见，灭磁环节在启动开始和自动投励后，都是自动完成其功能的。按钮 SB 用于在启动前检查灭磁环节是否正常。因为 R5，R6 为较小的电阻，将三相整流桥调至所需的励磁电压，按下 SB，VT7，VT8 便导通，电压表 PV 指示为零，这就表示灭磁环节能正常工作。调整电位器 RP1 和 RP2 的阻值，便可使 VT7，VT8 在不同的转子感应交流电压（瞬时值）下导通工作。

三、触发电路、移相给定和自动投励环节

1. 触发电路

主电路三相全控桥的 6 个晶闸管由 6 个脉冲插件供给触发脉冲。每个脉冲插件线路完全一样，仅同步信号不同，分别为＋A 相、－C 相、＋B 相、－A 相、＋C 相、－B 相。现以其中＋A 相电路为例进行介绍，触发电路如图 31—9 所示。

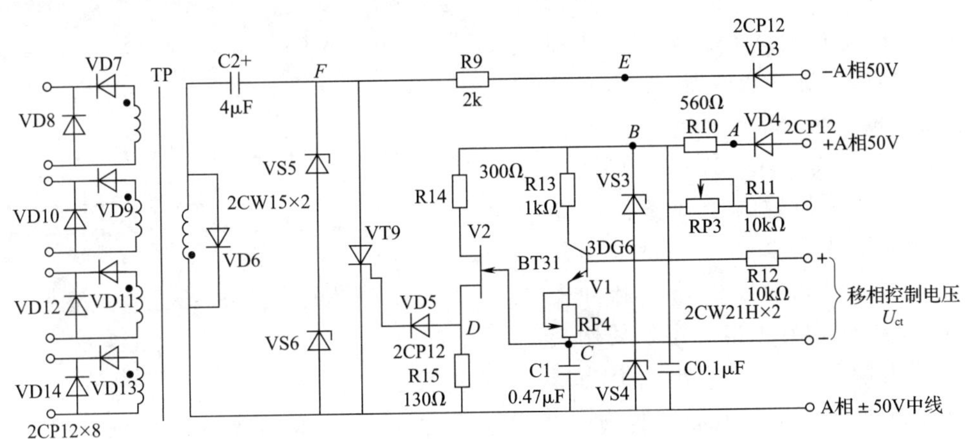

图 31—9　带小功率晶闸管放大环节的单结晶体管触发电路

本电路是一个由单结晶体管（V2）组成同步自激振荡的触发电路，可分为同步电压、脉冲移相与形成、脉冲放大与输出 3 个环节。

（1）同步电压环节。本环节由同步电源插件中的同步变压器二次侧＋A 相 50 V 电源、二极管 VD4、电阻 R10，以及稳压二极管 VS3 和 VS4 组成。＋A 相 50 V 电压经半波整流和稳压二极管稳压后形成梯形波，这个梯形波电压既作为触发电路的同步信号，也作为它

的直流电源。

（2）脉冲移相与形成环节。它由晶体三极管 V1、单结晶体管 V2、电容 C1、电位器 RP4、电阻 R14 和 R15 等组成。触发脉冲的移相由移相控制电压 U_{ct} 控制。U_{ct} 加在三极管 V1 的基极上，V1 相当于 1 个等效可变电阻。U_{ct} 大，等效可变电阻阻值变小，对电容 C1 的充电电流增大，充到 V2 固有的峰点电压所用的时间变短，从而发出的脉冲提前。改变控制电压 U_{ct} 就是改变等效可变电阻阻值，也就是改变单结晶体管 V2 峰点电压到来的时刻，从而实现对输出脉冲的移相控制。电位器 RP4 的作用是调节触发脉冲的相位，从而调节晶闸管整流电路输出电压波形的对称度。

（3）脉冲放大与输出环节。它由同步变压器二次侧－A 相 50 V 电源、二极管 VD3、电阻 R9、电容 C2、稳压管 VS5 和 VS6、小功率晶闸管 VT9、脉冲变压器 TP 等组成。－A 相 50 V 电源比＋A 相 50 V 同步电源提前相位 180°，经二极管 VD3 半波整流，电阻 R9、稳压二极管 VS5 和 VS6 稳压后，对电容 C2 充电，极性为右正左负，为产生放大的输出脉冲做准备。当单结晶体管 V2 产生脉冲时，使小晶闸管 VT9 导通，已充好电的电容 C2 上的电压经 VT9、脉冲变压器 TP 一次侧放电，脉冲变压器二次侧产生一定宽度、幅值与功率放大的触发脉冲。线路中有关各点波形如图 31—10 所示。

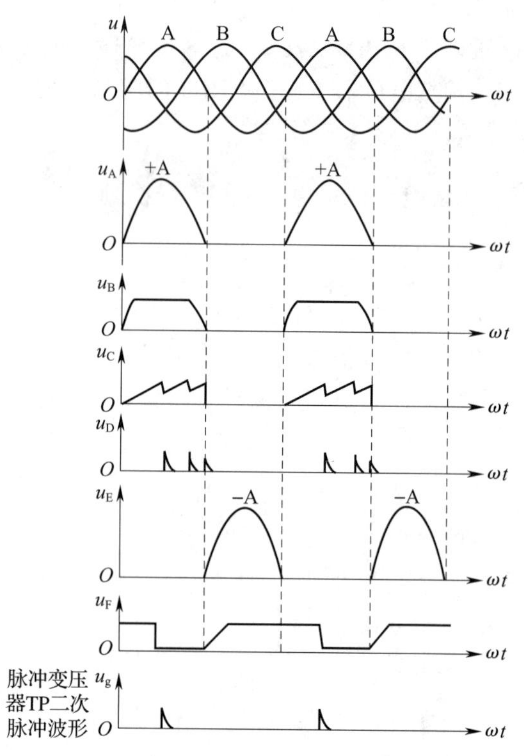

图 31—10　单结晶体管触发电路各点波形

为了适应三相桥式全控整流电路的触发脉冲要求，本触发电路采用外双脉冲方式。每相触发电路的脉冲变压器 TP 二次侧均有 4 组绕组，使用其中 2 组输出触发脉冲，另外 2 个绕组作为备用脉冲或当桥臂上晶闸管为串并联时用。例如，＋A 相触发电路的 2 组触发脉冲同时触发 VT1 和 VT6 晶闸管，－C 相触发电路的 2 组触发脉冲同时触发 VT2 和 VT1，＋B 相触发电路的 2 组触发脉冲同时触发 VT3 和 VT2，－A 相触发电路的两组触发脉冲同时触发 VT4 和 VT3，＋C 相触发电路的 2 组触发脉冲同时触发 VT5 和 VT4，－B 相触发电路的 2 组触发脉冲同时触发 VT6 和 VT5 晶闸管。

脉冲插件中的 RP3 和 R11，与附加插件 1 中的一部分线路配合，产生使三相全控桥逆变运行时所需的脉冲控制电压，这将在逆变环节中介绍。

2. 投励环节

投励环节的作用是在同步电动机启动过程中检测转子励磁绕组感应交流电压的频率，起到间接检测转子转速的作用。当同步电动机转速达到亚同步速（转差率 s 为 0.04～0.05）时发出投励信号，启动励磁整流回路，投入励磁。投励环节电路如图 31—11 所示。

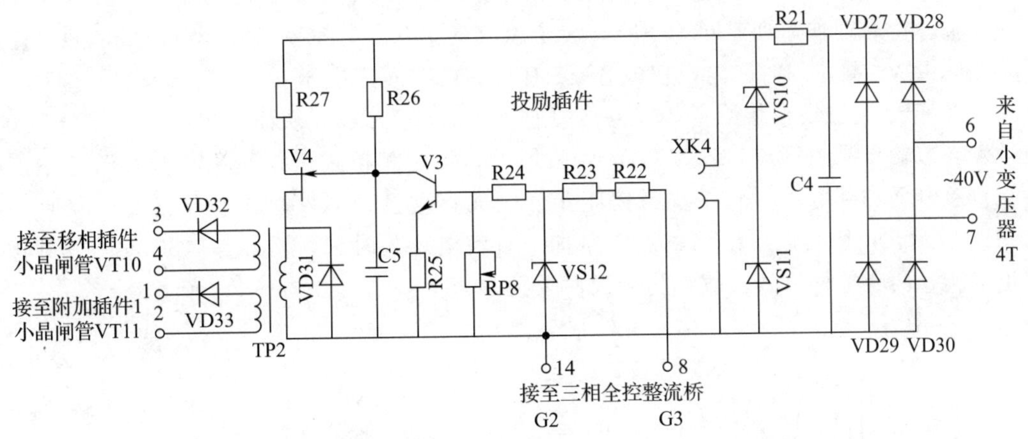

图 31—11　投励环节电路

投励环节也是 1 个单结晶体管（V4）触发电路，振荡脉冲由与充电电容 C5 并联的三极管 V3 控制，而 V3 的基极信号来自主电路（见图 31—8）上的 G3，G2 两端，即同步电动机转子励磁绕组上的感应交流电压。

同步电动机在启动过程中，其转子励磁绕组感应交流电压的频率和幅值是随转子的转速而变化的，启动时交流电压频率为 50 Hz，幅值最大；随着转速升高，感应交流电压的频率和幅值减小，在亚同步速（转差率 s 为 0.04～0.05）时，感应交流电压的频率为 2～2.5 Hz。转子励磁绕组上的感应交流电压波形如图 31—12 所示。

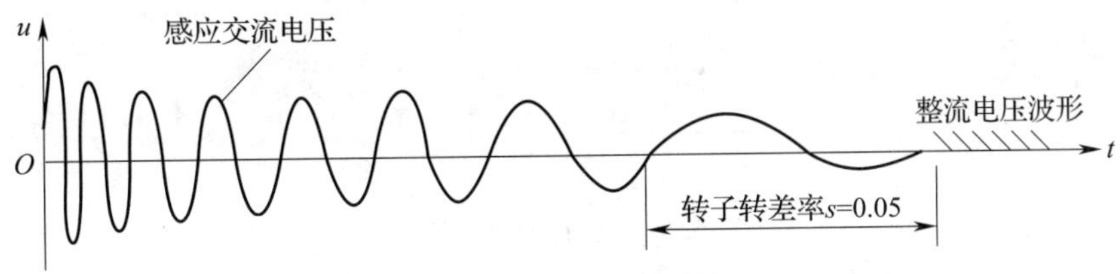

图 31—12　转子励磁绕组感应交流电压波形

在同步电动机启动时，当转子感应交流电压为正半波，即 G3 端为正、G2 端为负时，感应交流电压经 R22，R23 由稳压管 VS12 稳压在 4 V 左右，晶体管 V3 导通，将电容 C5 短接，V4 不能起振，不发出脉冲。而在转子感应交流电压的负半波，极性相反，G3 端为负、G2 端为正，V3 截止。此时电容 C5 虽然经 R26 充电，但在刚启动时，由于转子感应交变电压频率为 50 Hz，负半波时间很短（0.02 s），C5 还来不及充电至 V4 的峰点电压，负半周已结束，接着又到感应交流电压的正半周，V3 再次导通，C5 被短接放电，所以脉冲变压器 TP2 也发不出脉冲。这个过程一直持续到同步电动机启动到亚同步速之前的一段时间。

随着启动过程转子的加速，感应交变电压频率逐渐降低，负半波（即 C5 的充电时间）逐渐变长。待启动加速到亚同步速时，转子感应交变电压的频率已降至 2～2.5 Hz，在负半波晶体管 V3 截止的时间内，使电容 C5 有足够的时间充电至 V4 的峰点电压，V4 产生脉冲，经 TP2 去触发移相给定环节电路中的小晶闸管 VT10，从而送出移相给定电压 U^* 使触发环节输出晶闸管 VT1～VT6 的触发脉冲，使三相桥式全控整流电路开始工作，将整流直流电压加到电动机转子励磁绕组上，完成自动投励。投励环节电路各点波形如图 31—13 所示，由图可以看出，整流电路加上直流电压的时刻，正好是转子感应交变电压的正半波，两者极性一致，故称为顺极性投励。

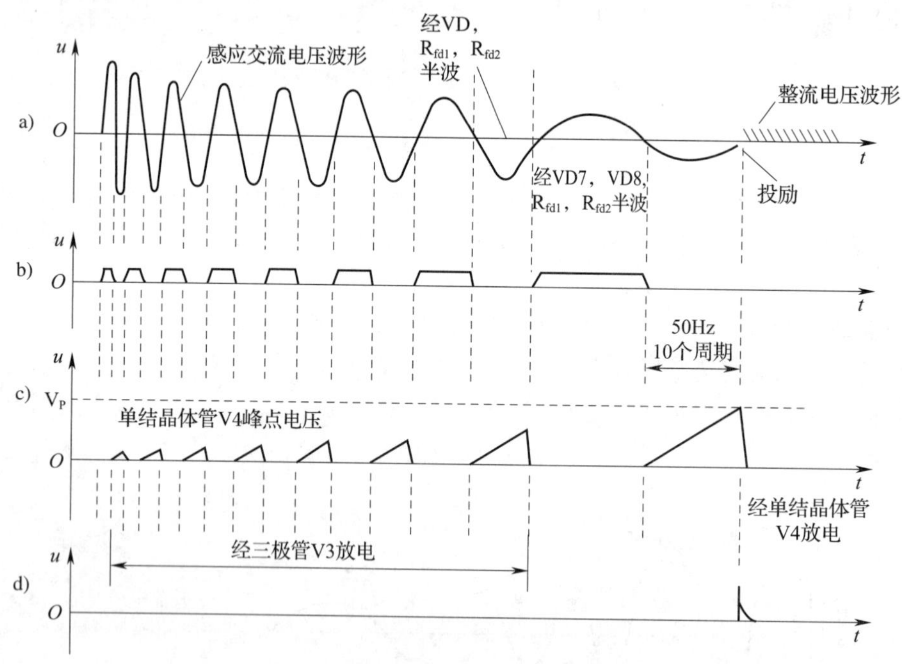

图 31—13 投励环节电路各点波形

a）同步电动机转子电压 b）稳压管 VS12 稳压波形 c）电容 C5 充放电波形 d）脉冲变压器 TP2 一次波形

3. 电压负反馈与移相给定环节

电压负反馈与移相给定环节电路如图 31—14 所示。该环节电路包括移相给定和电压负反馈两个部分。负反馈电压和移相给定电压反极性综合后输出移相控制电压 U_{ct}，从而控制触发电路的控制角 α。

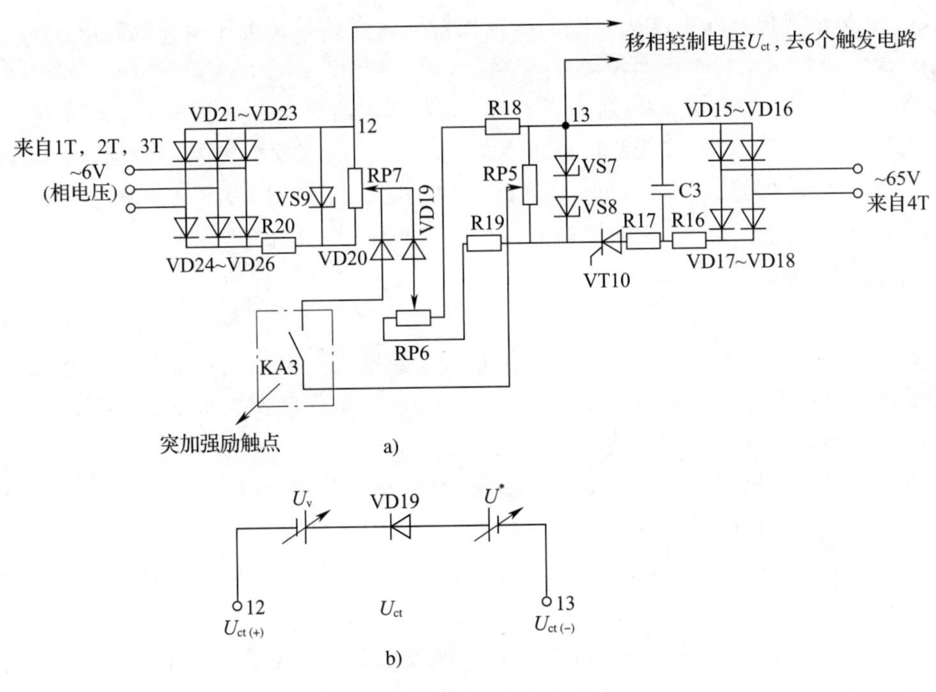

图 31—14　电压负反馈与移相给定环节电路

a）电路图　b）等效电路

移相给定电压由交流电压 65 V 整流后提供，但其输出受晶闸管 VT10 控制。在同步电动机启动过程中，投励环节电路未发出投励信号前，晶闸管 VT10 处于阻断状态，此时无移相给定电压输出。当同步电动机加速至亚同步速时，投励环节电路发出投励信号，使晶闸管 VT10 触发导通，从电位器 RP6 输出移相给定电压 U^*。移相给定电压和电压负反馈电压综合后输出移相控制电压 U_{ct}。

电压负反馈电压来自与电网电压成比例变化的三相电源，经三相桥式整流后经电阻 R20 加至稳压管 VS9，由并联在稳压管 VS9 两端的电位器 RP7 输出。当电网电压在额定电压 380 V 及以下时，稳压管 VS9 不起稳压作用，电位器 RP7 输出的电压负反馈电压 U_v 随着交流电网电压减小而减小。当电网电压大于 390 V 时，稳压管 VS9 才起稳压作用，电位器 RP7 输出的电压负反馈电压 U_v 不随交流电网电压继续增大而增大。

从电位器 RP6 取出的移相给定电压 U^* 和从电位器 RP7 取出的电压负反馈电压 U_v 通过二极管 VD19 反极性串联，从插件板的⑫⑬端输出移相控制电压 U_{ct}，其等效电路如图 31—14b 所示。

当 $U^* < U_v$ 时，二极管 VD19 阻断，无移相控制电压 U_{ct} 输出；当 $U^* > U_v$ 时，有移相控制电压 U_{ct} 输出，$U_{ct} = U^* - U_v$。

在电网电压波动时，系统能自动调节励磁电压并维持基本稳定。如电网电压减小时，励磁电压也要随之减小。这时因电压负反馈电压 U_v 减小，而 U^* 不变，则移相控制电压 U_{ct} 增大，触发控制角 α 减小，从而使三相全控桥整流电路输出电压（即励磁电压）基本保持不变。

移相给定环节中的电容 C3（100 μF），除作为移相给定电源的滤波外，还靠它和适当选择的电阻 R17（1.5 kΩ）实现瞬时断电保护。当交流电网发生突然停电后，C3 经 R17，VT10，VS7，VS8 回路放电的时间，在 0.5 s 内仍能维持 VT10 的导通，提供 U^*。这样，就能在交流电网瞬时断电 0.5 s 内使整流装置仍能正常供给励磁。

四、逆变环节

逆变环节的作用是当同步电动机正常停止时，给触发环节加上控制信号，使励磁主电路（三相桥式全控电路）从整流工作状态立即变为逆变工作状态，以保证转子励磁绕组顺利灭磁，并将磁场能量馈送回电网。

当断开同步电动机定子回路电源时，励磁回路全控桥整流电路的交流侧仍和电网连接，通过附加插件 1 中的有关元件和触发环节、移相给定环节相配合将晶闸管 VT1～VT6 的相位控制角后移至 α_{max}（即 β_{min}），α 从原来的小于 120°突然变为大于 120°（小于 150°），那么全控桥就从原来的整流状态变为逆变状态。

逆变环节的有关电路如图 31—15 所示。在触发电路中，电容 C1 除了由移相控制电压 U_{ct} 控制晶体管 V1 的发射极电流充电外，还可以由通过 RP3，R11，V5 的电流充电。移相给定环节中稳压管 VS7，VS8 上的电压除作为移相给定电压外，还引到附加插件 1 中，经 R28，C6 滤波后再经 R29，R30 分压供给晶体管 V5，以固定偏压，使 V5 在放大区工作。这时，触发电路上的 +50 V 电源也通过 RP3，R11，V5 对 C1 进行恒流充电，但此充电电流在数值上是很小的，因此在投励和正常工作情况下，C1 充电电流的大小主要是由移相控制电压 U_{ct} 控制晶体管 V1 来改变，即通过调节移相控制电压 U_{ct} 的大小来改变控制角 α 大小，以实现 α 角在小于 120°的范围内调节。

当同步电动机停止时，停止联锁断开了小变压器 4T 的交流 220 V 供电，使移相给定环节和投励环节失去电源，从而失去移相控制电压 U_{ct}，触发电路中晶体管 V1 即很快停止工作，不再向 C1 充电。而系统中三相整流变压器 TR、同步变压器 1T～3T 仍正常供电，触发电路仍处于正常工作状态，逆变环节电路中因电容 C6 经 R29 的放电仍使 V5 保持基流，V5 可维持导通，同步变压器 1T～3T 提供的 +50 V 电源可通过 RP3，R11，V5 继续对 C1 供给不大的充电电流进行充电。这样，触发电路中电容 C1 的充电电流就变为很小，使 V2 发出的脉冲迅速后移，也即供给 VT1～VT6 的脉冲控制角 $\alpha>120°$，变为 α_{max}，使三相全控桥从整流工作状态立即转为逆变工作状态，转子励磁绕组电感中所存储的能量缓慢释放，回馈给电网，直到电感放电完毕，逆变结束。逆变环节电路工作波形如图 31—16 所示。

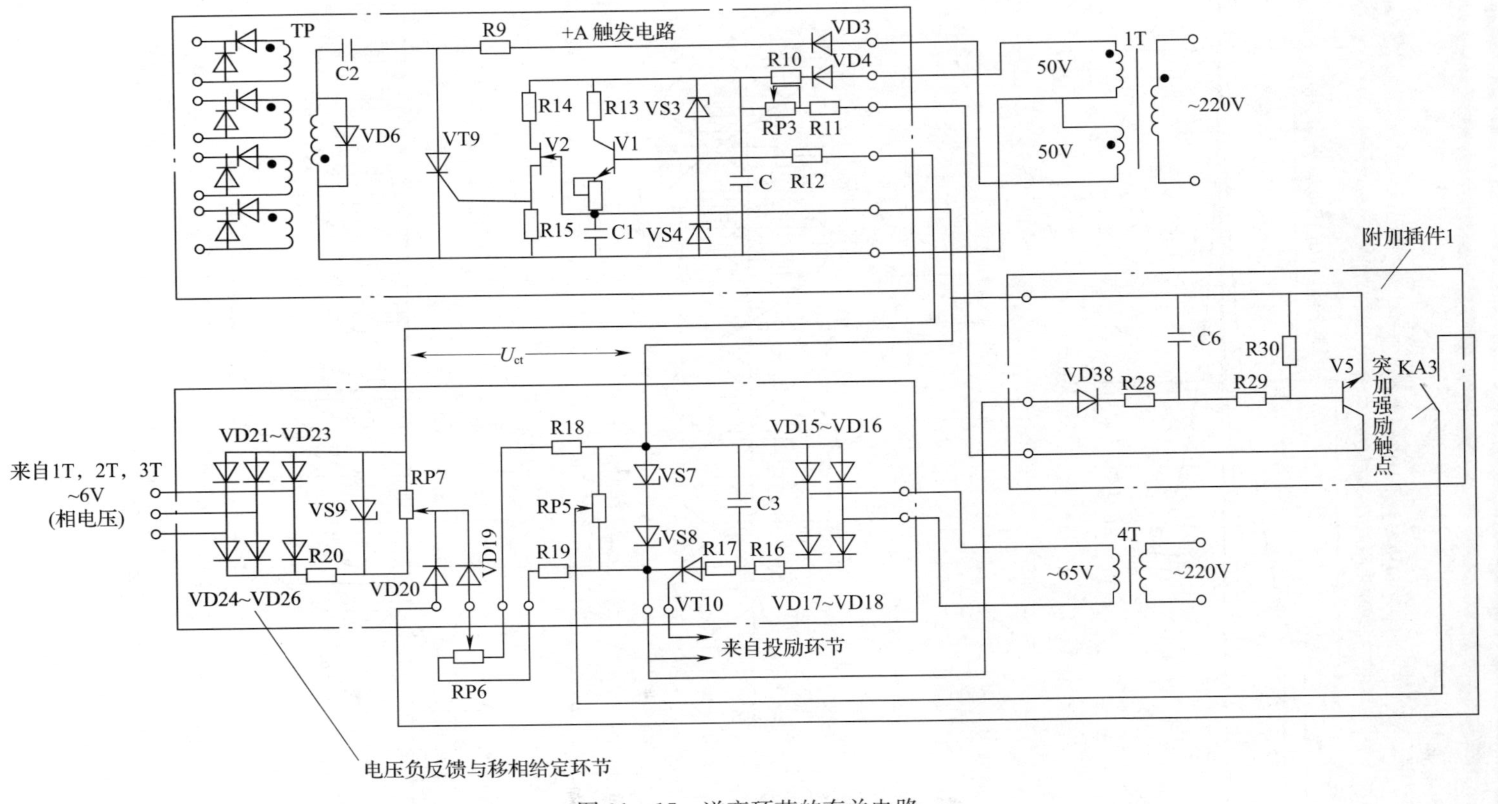

图 31—15　逆变环节的有关电路

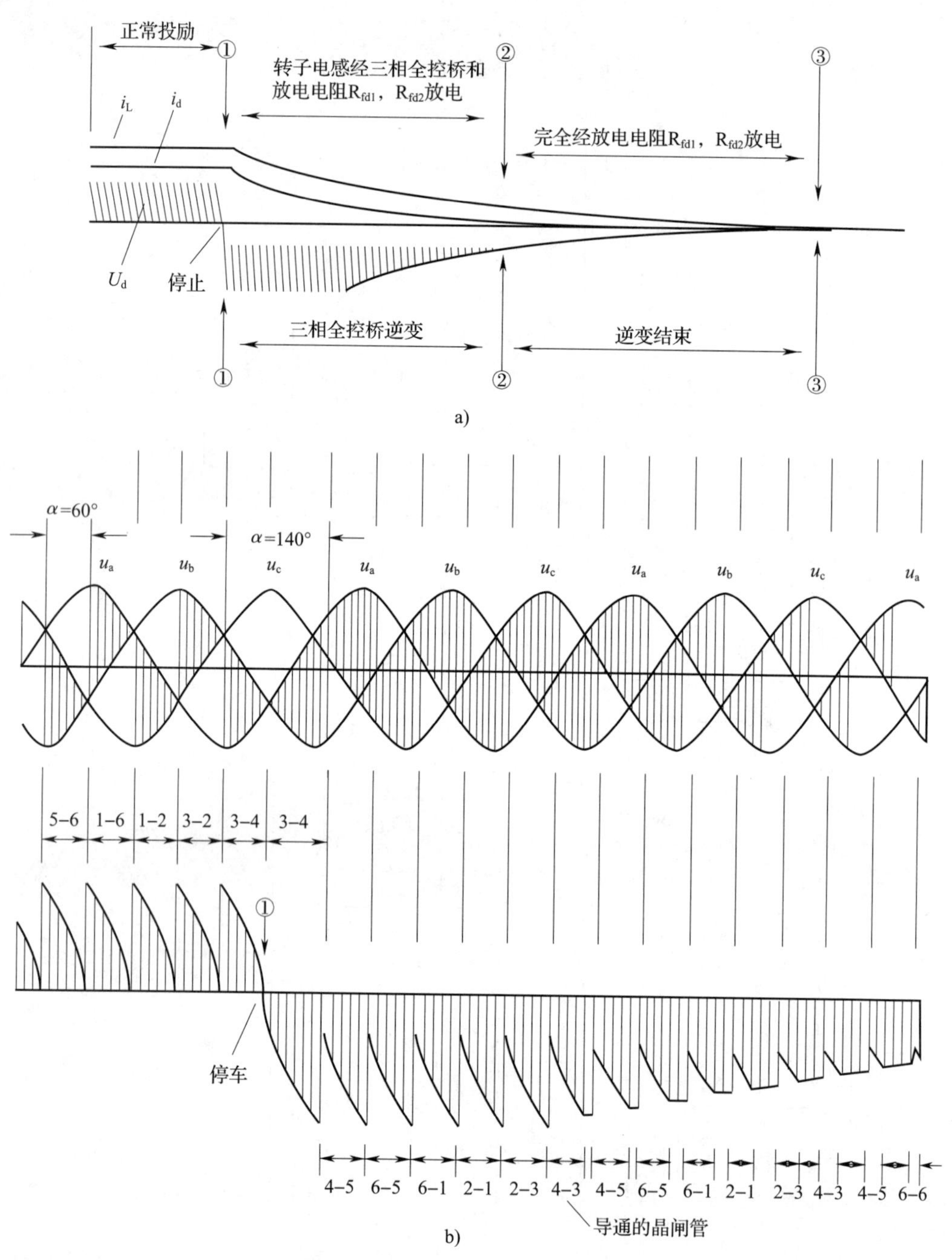

图 31—16　逆变环节电路工作波形

a）工作过程　b）波形图

图 31—16a 的工作过程波形是停止过程中励磁绕组两端电压 U_d、转子电感放电电流 i_L、三相全控桥输出直流电流 i_d的变化情况，图 31—16b 为部分放大比例的波形。时刻①之前，同步电动机处于正常运行状态，设 $\alpha=60°$时刻①同步电动机停止，α 移至 140°，晶闸管全控桥工作在逆变状态，转子电感经晶闸管主回路和放电电阻 R_{fd1}，R_{fd2}放电。到达时刻②，通过全控桥的转子电感放电电流衰减至不足以维持可控硅 VT1～VT6 导通，全控桥逆变结束，时刻②～③期间转子电感完全经 R_{fd2}，VD，R_{fd1}回路放电。

调节触发电路中电位器 RP3 的阻值，即改变 V5 供给 C1 充电电流的大小，就可以控制逆变时脉冲的相位，一般使 $\alpha=135°$左右。考虑到同步电动机停止时，其转子电感放电时间常数一般不大于 5 s，所以 C6，R29 的放电维持触发脉冲只要 5 s 便可满足要求。

如果停止时，不能将 α 推至大于 120°，将会使 VT1～VT6 工作在“颠覆”状态（即逆变失败）。设断开同步电动机定子三相交流电源后的瞬间是 VT4 和 VT5 导通，如果此后 α 不能进一步后移至大于 120°（如附加插件 1 有故障），则 VT4 和 VT5 便不能再换相，而由转子电感放电一直维持导通，形成逆变颠覆状态。颠覆情况下，交流电源通过一直维持导通的晶闸管加到同步电动机转子励磁绕组上，使转子电感随着交流 50 Hz 的频率，半波充电、半波放电，电感放电电流脉动又缓慢地衰减。这种情况下，如果晶闸管电流容量没有适当加大安全余量，就可能烧毁 VT1～VT6 中被放电电流始终维持导通的元件。这种逆变颠覆的情况，一直要持续到转子电感放电电流小于维持电流而使 VT4，VT5 关断时才结束。其后电感只经 R_{fd1}，R_{fd2}放电，直至放电结束。为防止逆变失败，励磁装置系统电源要在同步电动机停止 8 s 后方能断开。

五、恒定励磁和突加强励环节

在移相控制环节中采用交流电网电压负反馈，可以实现根据交流电网电压的波动来调节励磁电流，做到恒定励磁或者无级强励。

在如图 31—14a 所示的移相给定环节电路中，参数是这样选择的：U^* 在交流电网波动 50%～110%时均保持恒定；交流电网电压在 102.5%额定值以下时，U_v随电网电压的减小成比例地减小。这样，当交流电网电压在 102.5%向下波动时，整流输出励磁电压幅值要随交流电网电压减小而减小，但 U_v同时也随交流电网电压而减小。由于移相控制电压 $U_{ct}=U^*-U_v$，在 U^* 不变、U_v减小的情况下，U_{ct}就会增大，从而使触发脉冲前移，控制角 α 减小，三相全控桥输出的励磁电压又会回升，这样就实现了自动保持恒定励磁。整定电位器 RP7 的滑动头位置，可调节反馈强度。当交流电网电压在 102.5%～110%范围内波动时，由于稳压管 VS9 起稳压作用，U_v保持恒值不变，这时 U_{ct}和触发脉冲相位都不会变化，无负反馈作用，整流输出励磁电压随着交流电网电压发生波动。

当电网电压下降至某一整定值（如 80%）时，同步电动机定子回路中所接的电压继电器 KA1 被释放，其常闭触点接通，使附加插件 1（见图 31—15）中的强励继电器 KA3 得电吸合，KA3 常开触头（即突加强励触点）闭合，将移相给定电压由 RP6 引出切换至从

RP5 引出，即突然提高移相控制电压 U_{ct} 而使触发脉冲前移，使整流励磁电压增大，实行突加强励，强励倍数可通过 RP5 而调节，一般使强励倍数达到 1.4～1.8 倍。强励 10 s 后，如果交流电网电压不回升，定子回路控制电路（该部分电路图本书中未画出）上的时间继电器便动作，断开强励，使同步电动机恢复到恒定励磁。

六、投全压环节

投全压环节是为同步电动机降压启动而设置的。在本章中曾提到，同步电动机降压启动有重启动（先全压、后投励）和轻启动（先投励、再全压）2 种。降压过程中如有足够的启动转矩能将电动机转速拖至亚同步速，且为轻载（负载不超过额定值的 40%）时，电动机轻启动或重启动都能拖入同步运行；而在重载（额定负载）时，则应采用重启动。降压过程中如果启动转矩不够，不能使电动机加速至亚同步速，则不管轻载启动还是重载启动，启动后等电动机升速至其力所能及的转速时，应该加全压使之继续加速（或称为二次启动），直至亚同步速时再投入励磁，即采用重启动，电动机才能拖入同步运行。投全压环节就是用于降压启动中的重启动。投全压环节有关电路如图 31—17 所示。

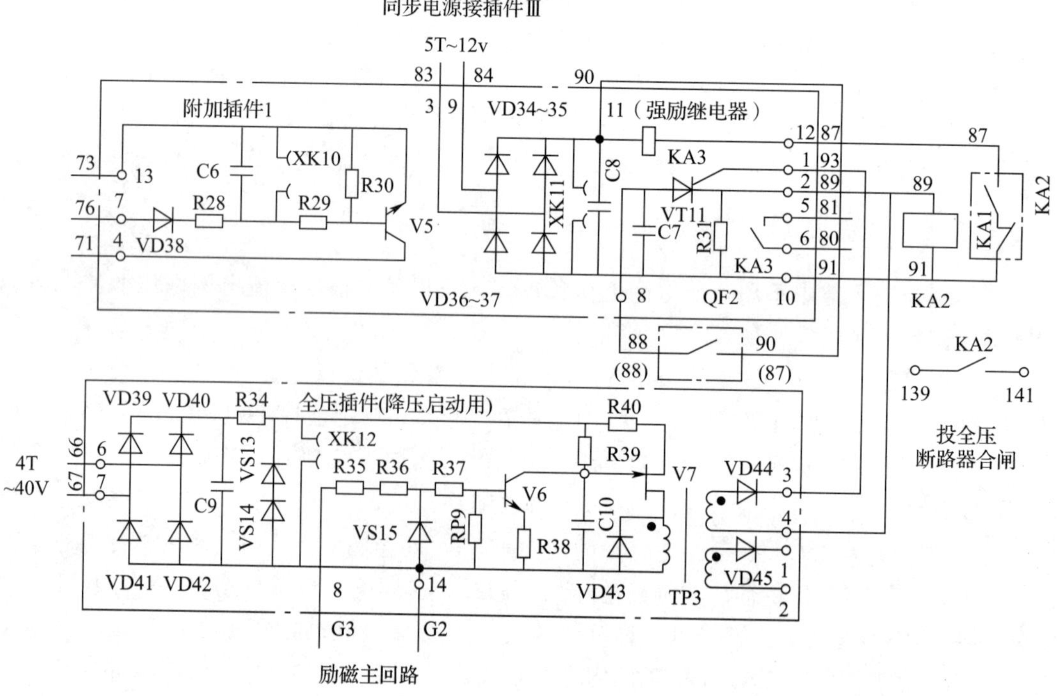

图 31—17　投全压环节有关电路

投全压环节的内部接线与投励环节（见图 31—11）完全一样，除单结晶体管振荡电路中对电容充电的电阻 R39 阻值不同外，各元件参数也均相同。投全压环节中的电阻 R39

一定要比投励环节中对应电阻（见图 31—11 中的 R26）的阻值要小（R_{39}=120 kΩ，R_{26}=180 kΩ），即投全压环节中的电容 C10 充电速度要比投励环节快。投全压环节的控制信号同样也取自于同步电动机转子励磁电压（G3，G2 两端）。这样，当同步电动机降压启动至同步转速的 90%左右时，投全压环节中的电容 C10 就已经能充电到单结晶体管 V7 的峰点电压使 V7 导通（投励环节中电容 C5 要到启动至同步转速的 95%左右时才能充电到单结晶体管 V4 的峰点电压），脉冲变压器 TP3 发出脉冲，触发附加插件 1 中的小晶闸管 VT11，继电器 KA2 吸合，其常开触头（139 和 141）闭合，去控制同步电动机定子回路中投全压开关（一般为油断路器）的接通，同步电动机即在全电压作用下继续加速启动。待进入亚同步速时，同前面自动投励一样，投励环节工作，直流励磁加入，电动机被牵入同步运行。

重启动中，如果电动机降压启动能达到较高的转速（接近亚同步速，即转差率为 10%左右时），投入全电压进行二次启动，这对电网的冲击较小，转子励磁绕组的感应交流电压幅值虽然会在定子绕组投入全电压时发生突增，但其幅度不会很大（不会大于启动开始时）。但如果在电动机降压启动能达到的转速不高的情况下（离亚同步速较远，即转差率远大于 10%），投入全压进行二次启动，就会引起电网的过大冲击，这时不但转子励磁绕组的感应交流电压幅值突增幅度较大（比启动开始时的感应交流电压幅值还大），而且电动机定子回路的二次启动电流也会过大，可能使二次启动线路开关过电流断开，造成启动失败，这是需要注意的。

如果同步电动机拖轻负载启动，降压过程中其转子能加速至亚同步速，则可以省去全压插件。因为这时轻启动、重启动都可以，就可以利用投励环节，将脉冲变压器 TP2 的二次绕组中同时发出的触发脉冲，分别去触发移相给定环节的 VT10 和附加插件 1 的 VT11，以实现在投入转子励磁的同时对定子绕组投入全电压。同步电动机直接启动时，就根本不需要投全压环节，可将它作为投励环节的备品（注意，作为备品时必须更换电阻 R39，并与线路脱离接触）。

第 3 节　同步电动机晶闸管励磁系统的安装调试和试运行

一、同步电动机晶闸管励磁系统的调试

晶闸管励磁系统是同步电动机控制电路中的重要组成部分，其性能对同步电动机的运行产生非常重要的影响。同时，它又是一种标准化、系列化、通用化的装置，可以配置到适用的各种同步电动机上，因此在使用该系统之前，必须进行仔细的检查和调试。

1. 安装调试

（1）本励磁系统可供高压 3 kV，6 kV，10 kV 或低压 380 V 的同步电动机使用。在开始调试之前，应核对所使用的电压等级，各种操作件和保护件必须符合实际使用的电压等级，以免发生设备损毁事故。特别是同步电动机定子电压为 380 V 时，应将油断路器

QF1，QF2 及其辅助触点对同步电动机定子回路线路开关对应更改；并将功率因数表 cosφ 的电流线圈和交流电流表 4A 的线路编号从 A412，N411 分别改为 A402，A404。

（2）本装置既可作为全压启动设置，也可作为减压启动设置，出厂时是作为减压启动设置的。若作为全压启动，则同步电动机定子回路中的启动电抗器 L、油断路器 QF2 及其辅助触点应均不接入；主机减压启动指示灯 HLR2 和中间继电器 KA2 作为备用；拔下投全压插件，并将其中的电阻 R39 改为 180 kΩ 后，将全压插件作为投励插件备用。

（3）装置所带的放电电阻 R_{fd1} 和 R_{fd2} 在使用时应根据电动机厂的规定，自行将电阻片接成串联或并联，R_{fd1} 和 R_{fd2} 的阻值应分别为所配用的同步电动机转子励磁绕组直流电阻的 5 倍。放电电阻 R_{fd1} 和 R_{fd2} 在同步电动机启动过程中有电流流过，所以放电电阻 R_{fd1} 和 R_{fd2} 的电流容量是按短时工作来选择的，一般情况下放电电阻 R_{fd1} 和 R_{fd2} 的长期允许电流可按同步电动机额定励磁电流的 0.15 倍来选择。

（4）装置的冷却方式根据型号上注明有 3 种方式：A 为空气自冷，F 为强迫风冷，S 为水冷。在安装时，应根据装置要求的冷却方式接好冷却风机或冷却水管。

（5）晶闸管励磁装置的输入电源为三相四线制 380 V/220 V，须与同步电动机定子回路电源来自同一段母线。

（6）完成晶闸管励磁装置所有的外部连线，包括励磁装置的输入电源线、同步电动机定子回路中油断路器辅助触点与励磁装置的连接、励磁装置的接地线连接等。注意励磁装置的接地与同步电动机的接地、机械设备的接地应采用一点接地方式，接地点与大地必须接触良好，一般要求接地电阻小于 4 Ω。

2. 现场调试

现场调试中，首先应测定三相交流电源 A，B，C 相序，相序不能接反，然后对三相全控桥整流电路进行电阻负载调试。调节给定电位器时，观察电压表读数，重点用示波器测量输出直流电压的波形变化是否正常。在上述工作正常后，在同步电动机定子不送电的情况下，晶闸管励磁装置给同步电动机转子励磁绕组进行大电流试验，调节给定电位器观察直流电压表、直流电流表读数直至额定电压、额定电流。用示波器测量输出直流电压波形是否正常。注意，此时同步电动机不转，散热不好，因此通电时间不能过长，以防发热后损坏电动机。

晶闸管励磁装置在出厂时都要进行出厂调试，在出厂调试中已对电路中参数进行整定。在现场试车时，重点要对下列参数进行复调。

（1）灭磁环节中 VT7 和 VT8 晶闸管导通工作电压（瞬间值）调整。使灭磁晶闸管 VT7 和 VT8 能导通工作的电压（瞬间值）应分别大于整流变压器 TR 二次线电压的最大峰值。一般情况，灭磁晶闸管 VT7 和 VT8 的导通工作电压（瞬间值）可按励磁装置额定电压的 2.5 倍整定，并可通过电位器 RP1 和 RP2 进行调整。

（2）投励环节电路中电容 C5 的充电时间应整定为 0.2 s 发出脉冲。可在投励环节中⑧⑭两端之间输入频率为 50 Hz，有效值为 8～10 V 的交流电压（⑧⑭端接至三相桥式全控整流电路正、负侧的2根连线解除)。投励环节不应发出投励脉冲，若有投励脉冲发出，可调整投励环节电路中RP8。

二、系统试运行步骤

首先应按图样认真检查装置对外的连接线是否正确，接线正确后才可进行试运行。试运行一般可按下列步骤进行。

1. 整流变压器TR一次侧自动断路器QF接通，红色信号灯亮。

2. 控制回路开关S接通，绿色信号灯亮。

3. 将万能转换开关KL转到调定位置，接触器动作，绿色信号灯熄灭，红色信号灯亮，风机启动运转。在第一次运转时，应检查风机转向是否正确。

4. 调节给定电位器，观察直流电压表和直流电流表，指示出同步电动机转子励磁绕组的励磁电压和励磁电流。

5. 试按下灭磁试验按钮SB，直流电压表PV读数变为零，直流电流表PA读数不变；松开灭磁试验按钮，直流电压表PV读数恢复原来读数，表明灭磁环节电路基本正常。

6. 在油断路器QF1和QF2均未接通的情况下，断开同步电动机定子回路隔离开关，将万能转换开关KL转到允许位置，现场进行系统空接通、断开、联锁和人为故障试验。

7. 启动主机，观察励磁系统是否在电动机转速上升到亚同步速(即额定转速的95%)时投励。若投励时刻过早或过迟，可微调投励环节电路中的RP8。

8. 若为减压启动，在启动过程中，观察系统是否在电动机转速上升到额定转速的90%时投入全压进行二次启动。若投入全压过早或过迟，可微调投全压环节电路中的RP9。

9. 根据使用现场的电网电压波动情况，对电网电压负反馈环节进行整定。一般，如果电网电压比较稳定，只是在某种情况下电网电压波动，波动后能立即恢复，那么电压负反馈强度应增大些，即按无级强励特性整定；如果电网的稳定性较差，电网电压经常长时间减小或增大，那么电网电压负反馈强度应减小些，即按恒定励磁整定，以免电网电压低落时造成长时间过励。电网电压负反馈强度可用移相给定环节中的电位器RP7来调整，在出厂时是按恒定励磁整定的。若要按无级强励特性整定，在增大电压负反馈强度时，应注意当电网电压减小为80%额定值时，励磁电压幅值一般控制在140%额定值之内。

在进行同步电动机启动试运行时，每次启动同步电动机前都需要按上述步骤1～步骤5进行，正常后将万能转换开关转到允许位置才能启动同步电动机。

思考题

1. 同步电动机和异步电动机的工作原理有何不同?

2. 同步电动机为什么不能自动启动?异步启动时，励磁绕组为什么不能开路和短路?

最好选择在什么条件下加直流励磁？

3. 分析励磁装置主电路的工作原理，并说明晶闸管 VT1～VT6 的额定电压应如何选择？为什么？

4. 分析励磁装置的主电路，说明电路中各部分的组成和各元器件的作用。

5. 投励环节的作用是什么？它是怎样来检测启动过程中电动机转速变化的？

6. 请根据投励环节电路图分析电路的工作原理。

7. 请分析触发电路由哪几部分组成？各起什么作用？触发电路是如何与主电路实现同步的？

8. 请根据触发电路的电路图和各点波形图说明触发电路的工作原理。

9. 逆变环节的作用是什么？如无逆变电路会对系统工作产生什么影响？

10. 请根据逆变环节的电路图分析其电路及其工作原理。

第 32 章

转速、电流双闭环直流调速系统案例

以转速、电流双闭环为典型结构的晶闸管-电动机直流调速系统，在造纸、冶金、纺织、轻工等行业中获得广泛应用。本章以全国统一设计的晶闸管-电动机直流调速装置（简称 ZCC1 系列）为例，介绍该系统分析、调试的一般方法与步骤。

第 1 节　概述

ZCC1 系列产品是对直流电动机供电的晶闸管调速装置。它是以对 Z2，Z3，Z4 系列直流电动机电枢供电为主要用途的通用晶闸管电控设备，适用于一般工业中单机调速的工作机械，同时也可作为分步传动机械的基本电气传动装置，对于其他符合本装置负载性能的场合也可使用。ZCC1 系统为三相全控桥不可逆调速装置，功率范围为 5.5～200 kW。

本系列产品的进线方式，可分为通过三相整流变压器或进线电抗器接至三相 380 V 交流电源 2 种方式。

本系列产品调节系统一律采用带有电枢电流调节内环和电动机转速调节外环的双闭环系统。外环的反馈信号既可以采用测速发电机作为转速-电压变换器（测速发电机以采用 ZYS 系列永磁式直流测速发电机为宜），也可以采用电势反馈方式（本系列装置备有直流电压变换器，供电压隔离用）。柜内装有给定电位器，它既可作为调试时控制电动机转速用，也可作为无须异地操作的速度给定环节。为了满足异地调速的需要，本装置允许外接给定电位器，进行两地操作。

本系列产品除了调节系统外，还设有事故检测、综合等环节。事故保护内容包括：主回路过电流、缺相、超速、正负 15 V 稳压电源过低、电动机失磁、冷却风机联锁等保护环节。

本系列产品备有简单的操作系统和指示仪表，可以用柜中按钮进行操作，也可以通过外接端子将操作、联锁和指示线引出，进行异地操作。为方便用户停机检修等的需要，对本系列产品的固定励磁，可以在停机后通过转换开关切换励磁方向，以改变电动机转向。

ZCC1 系列晶闸管-电动机直流调速装置的基本性能如下。

1. 装置的负荷性质按连续工作制考核。

2. 装置在长期额定负荷下，允许 150％额定负荷持续 2 min，200％额定负荷持续 10 s，其重复周期不小于 1 h。

3. 装置交流进线端的电压为 380 V，在电网电压波动范围为－10％～＋5％时，保证装置输出端输出额定电压和额定电流。电网电压下降超过 10％时，输出额定电压同电源电压成正比例下降。

4. 装置在采用转速负反馈的情况下，调速范围为 20∶1，在电动机负载从 10％～100％额定电流变化时，转速偏差为最高转速的 0.5％（最高转速包括电动机弱磁的转速）。转速反馈元件采用 ZYS 系列永磁式直流测速发电机。

5. 装置在采用电动势反馈（电压负反馈、电流正反馈）时，调速范围为 10∶1，电流负载从 10％～100％变化时，转速偏差小于最高转速的 5％（最高转速包括电动机弱磁的转速）。

6. 装置在采用电压反馈的情况下，调压范围为 20∶1，当电流负载从 10％～100％变化时，电压偏差小于额定电压的 0.5%。

7. 装置给定电源在电源电压降小于 10%，以及温度变化小于±10℃时，其精度为 1%。

第 2 节 直流调速系统的组成和工作原理

ZCC1 系列直流调速装置采用速度-电流双闭环控制系统，其工作原理框图如图32—1 所示。

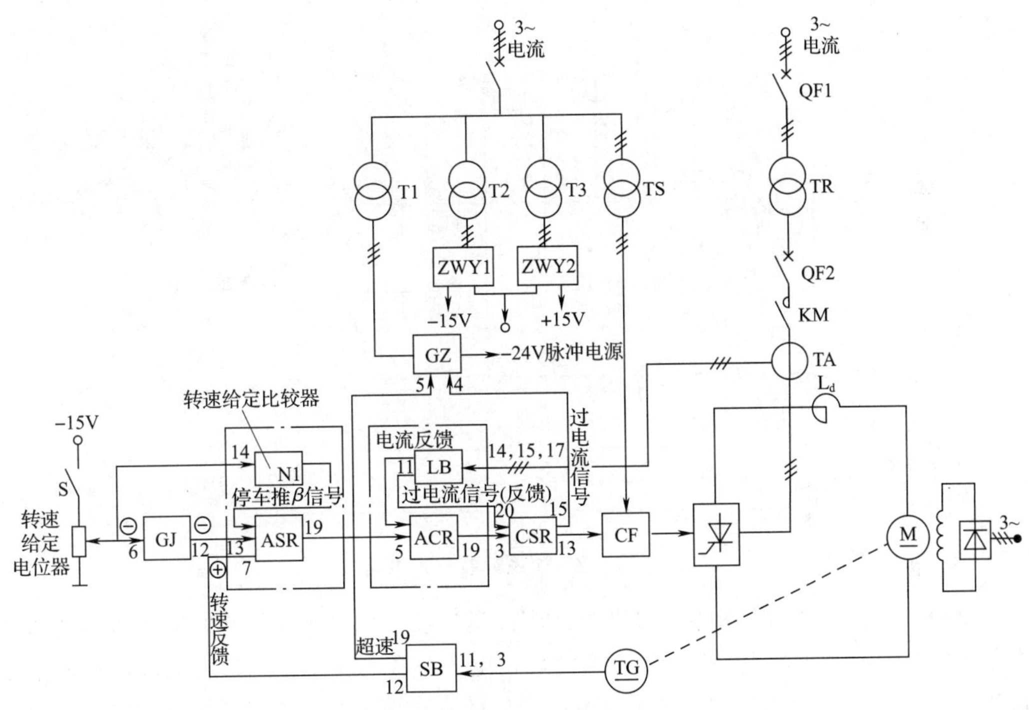

图 32—1 ZCC1 系列晶闸管直流调速系统工作原理框图

整个系统分为主电路和控制回路两大部分。首先，对主电路的结构和工作原理进行分析，了解其控制与保护功能。其次，将控制系统分成若干控制单元，逐个搞清各控制单元的工作原理与控制功能，重点分析各控制单元的输入与输出关系及其特性，掌握各控制单元的控制功能及其主要参数整定。最后，将主电路与控制系统结合起来从系统整体上对调速系统启动、正转（反转）、减速、停止等各种运行状态，以及各种故障状态下系统的工作过程及其控制功能进行分析。

一、主电路

ZCC1 系列装置主电路采用具有整流变压器的三相全控桥式整流电路，设置有较完善的各种保护环节。主电路如图 32—2 所示。

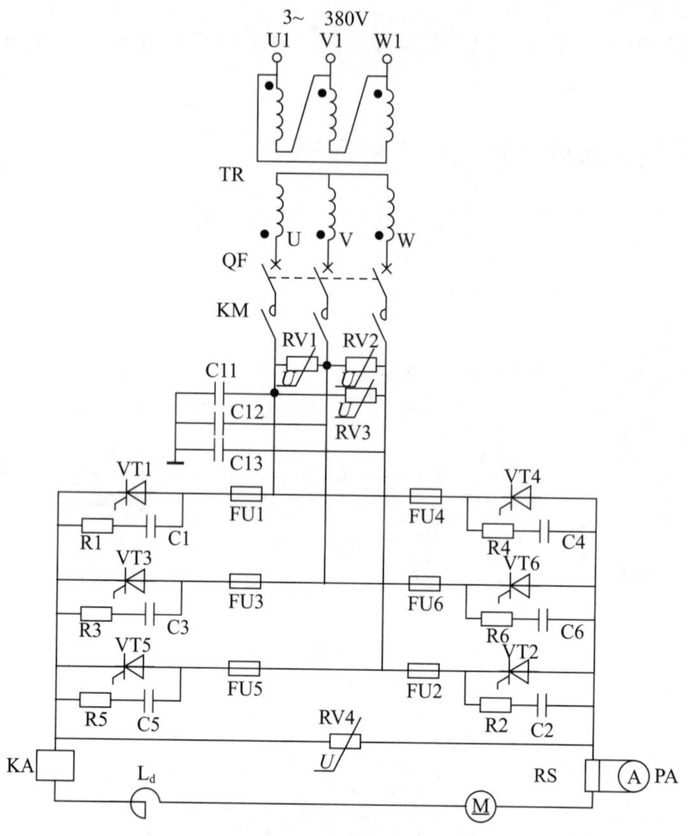

图 32—2 ZCC1 系列装置主电路

三相 380 V 电源通过三相整流变压器或者交流进线电抗器输入，经低压断路器送到整流桥上。采用整流变压器主要是为了使整流输出电压与电动机工作电压相适应。整流变压器联结成△/Y，可有效地抑制晶闸管整流时产生的奇次谐波（主要是三次谐波）对电网的不良影响。此外，还可对三相交流电压起隔离作用，有利于人身安全。若直接连接电网后，整流输出电压能符合电动机电压要求，也可以改为采用在进线处串接交流电抗器来抑制整流谐波对电网的影响。图 32—2 中的整流变压器采用△/Y-11 联结。

1. 整流变压器的选择

（1）整流变压器一次线电压为 380 V，对于三相桥式整流电路，变压器二次相电压 $U_{2\Phi}$ 与最大整流电压 U_{do} 的关系为：

$$U_{do} = 2.34U_{2\Phi} \tag{32—1}$$

式中的 U_{do} 等于电动机的额定电压 U_e 加上整流电路中总的压降（包括变压器等效内阻上的压降），再考虑电网电压波动，一般 U_{do} 按（1.15～1.20）U_e 取值。这样，变压器二次相电压 $U_{2\Phi}$ 可选取为：

$$U_{2\Phi} = \frac{U_{do}}{2.34}$$

例如，电动机额定电压为 220 V 时，变压器二次相电压为：

$$U_{2\Phi} = \frac{1.20U_e}{2.34} = \frac{1.20 \times 220}{2.34} \approx 113\ (\text{V}) \quad (\text{取 } 120\ \text{V})$$

变压器二次线电压为：$U_{2l}=\sqrt{3}U_{2\Phi}\approx 208\ (\text{V})$

(2) 变压器二次电流有效值 I_2 与直流电流 I_d 间的关系为：

$$I_2 = 0.816 I_d \tag{32—2}$$

例如，电动机额定电流 I_{de} 为 136 A，考虑适当余量取 I_d 为 150 A，此时对应的变压器二次电流有效值为：

$$I_2 = 0.816 I_d = 0.816 \times 150 = 122.4\ (\text{A})$$

(3) 整流变压器的额定容量为：

$$S = 3U_{2\Phi} I_2 \tag{32—3}$$

按上例计算变压器的额定容量为：

$$S = 3 \times 120 \times 122.4 = 44\,064 (\text{VA}) \approx 44\ (\text{kVA}) \quad (\text{取 } 50\ \text{kVA})$$

(4) 变压器一次额定线电流为：

$$I_{1l} = \frac{S}{\sqrt{3}U_{1l}} = \frac{50 \times 10^3}{\sqrt{3} \times 380} \approx 76\ (\text{A})$$

2. 平波电抗器的选择

为了使电动机电枢电流连续并减小电流脉动，以改善电动机的发热和换向，在直流侧串接平波电抗器 L。按照使电流连续的原则，计算平波电抗器的电感值为：

$$L = K_1 \frac{U_{2\Phi}}{I_{dmin}} - (L_d + 2L_b) \tag{32—4}$$

式中 L——平波电抗器的电感值，mH；

K_1——使电流连续的临界电感计算系数，对于三相全控桥 $K_1=0.693$；

$U_{2\Phi}$——变压器二次相电压，V；

I_{dmin}——最小负载电流，A，一般按电动机额定电流的 5%取值；

L_d——电动机电枢电感，mH；

L_b——变压器每相电感，mH。

3. 晶闸管的选择

(1) 额定电压选择。三相全控桥电路晶闸管承受最大正反向电压为 $\sqrt{6}U_{2\Phi}$。额定电压选择应考虑装置的交直流侧过电压和换相过电压等因素，在选择晶闸管元件额定电压时必须留有一定安全量，电压安全系数一般可取为 2～3 倍。因而晶闸管额定电压 U_{TN} 为：

$$U_{TN} \geqslant (2 \sim 3)\sqrt{6}U_{2\Phi} \tag{32—5}$$

例如，对于输出额定电压为 220 V 的装置，整流变压器二次相电压为 120 V，因而晶闸管额定电压U_{TN}为：

$$U_{TN} \geqslant (2 \sim 3) \times \sqrt{6} U_{2\Phi} = (2 \sim 3) \times \sqrt{6} \times 120 \approx 588 \sim 882 \text{ (V)}$$

故应选用额定电压为 900 V 的晶闸管。输出额定电压为 220 V 的 ZCC1 系列装置采用额定电压为 1 000 V 的晶闸管。

(2) 额定电流$I_{T(AV)}$。晶闸管额定电流$I_{T(AV)}$的选择，严格来说应该按照装置的最大负载电流、过载时间、电流波形和所配用的散热器热阻来计算管芯的最高结温，并使之低于管子所允许的最高结温。但这种计算方法非常复杂，一般情况可按电动机的最大过载电流并留有一定安全余量（电流安全系数可取 1.5～2 倍），选择晶闸管的额定电流。

在电枢电路电感量足够大、电流连续的情况下，其额定电流可为：

$$I_{T(AV)} \geqslant (1.5 \sim 2) K_{fT} I_{dmax} \tag{32—6}$$

式中　K_{fT}——电流计算系数，对于三相全控桥电路可选取 0.367；

I_{dmax}——最大负载电流，A。

4. 主电路保护

ZCC1 系列装置主电路设有过电流保护和过电压保护。过电流保护有快速熔断器、电子过电流保护，以及过电流继电器保护。交直流侧过电压保护采用阻容过电压吸收器和氧化锌压敏电阻。晶闸管换相过电压保护采用阻容过电压吸收器。电动机励磁回路设有过电压保护（压敏电阻）和失磁保护（欠电流继电器）。

(1) 快速熔断器。在每个桥臂上都装有快速熔断器，当发生短路故障时，快速熔断器起保护作用。快速熔断器的额定电流I_{FU}为：

$$I_{FU} = (1.2 \sim 1.5) I_T \tag{32—7}$$

(2) 过电流继电器。在直流侧设有过电流继电器 KA，其动作电流以电动机额定电流的 1.5～2 倍选取。

(3) 过电压阻容吸收装置

1) 每个晶闸管上都并联有过电压阻容吸收装置，对换相过电压和快速熔断而产生的过电压进行保护，同时可削弱电压上升率。其阻容数值可按下列经验公式求得：

$$C = (2.5 \sim 5) \times 10^{-9} I_{T(AV)} \tag{32—8}$$

$$R = (1 \sim 3) \sqrt{\frac{L_K}{C}} \tag{32—9}$$

式中　L_K——变压器漏抗，H；

C——过电压吸收电容，F。

由式 (32—8) 和式 (32—9) 出发，一般 100 A 的晶闸管，选 $R=24\ \Omega$，$C=0.22\ \mu F$；对于 200～500 A 的晶闸管，则可选 $R=10\ \Omega$，$C=0.47\ \mu F$。

2) 对交直流侧的过电压，主电路中设置了由压敏电阻和阻容组成的综合过电压吸收装置。选择压敏电阻时所考虑的主要特性参数如下。

①漏电流为 1 mA 时的额定电压值U_{1mA}。

②允许的通流容量，即在规定波形下（冲击电流前沿 8 ms、波长 20 ms）允许通过的浪涌峰值电流。

额定电压U_{1mA}的下限是线路工作电压峰值，考虑到电网电压的波动，以及多次承受冲击电流以后U_{1mA}的值可能减小，因此额定电压的取值应适当加大。通常建议以 30%的余量计算，即：

$$U_{1mA} \geqslant 1.3\sqrt{2}U \tag{32—10}$$

式中 U——压敏电阻两端正常工作电压的有效值，V。

额定电压U_{1mA}的上限应满足在吸收过电压时，残压比低于被保护的晶闸管允许的过电压倍数。通流容量的选择原则是压敏电阻允许通过的最大电流应大于泄放浪涌电压时流过压敏电阻的实际浪涌峰值电流。实际浪涌峰值电流很难计算，一般情况在变压器容量大、距外线路近且缺少避雷器的场合，应选用通流容量较大的压敏电阻。

交流侧的过电压阻容吸收装置一般按经验公式选用，电容值为：

$$C = \frac{6I_0 S_\Phi}{U_{2\Phi}^2} \tag{32—11}$$

式中 I_0——变压器空载电流百分数（通常取 4%～10%，容量越大，I_0越小）；

S_Φ——变压器每相容量，VA；

$U_{2\Phi}$——变压器二次相电压，V。

电容的额定电压取变压器二次线电压的 1.5 倍。

电阻值按下式估算：

$$R \geqslant \frac{2.3U_{2\Phi}^2}{S_\Phi}\sqrt{\frac{U_{dl}}{I_0}} \tag{32—12}$$

式中 U_{dl}——变压器阻抗电压标称值，V，一般取 5%～6%。

电阻功率：

$$P_R \geqslant (3 \sim 4)I_C^2 R \tag{32—13}$$

式中 I_C——正常情况下通过电阻的电流，A，$I_C = 2\pi fCU_{2\Phi} \times 10^{-6}$。

二、触发电路

ZCC1 系列晶闸管直流调速装置的控制系统主要由给定积分器（GJ）、速度（转速）调节器（ASR）、电流调节器（ACR）、触发输入及保护单元（CSR）、触发器（CF）、速度变换器（SB）等组成。速度（转速）调速器的输出作为电流调节器的给定电压，电流调节器的输出作为触发装置的移相控制电压，速度（转速）调节器和电流调节器采用 PI 调节器。下面，首先对触发器的组成和工作原理进行介绍。

在 ZCC1 系列的系统中，晶闸管的触发器采用串联垂直控制的锯齿波同步触发电路，电路图和各点的工作波形分别如图 32—3 和图 32—4 所示。同样的触发电路共有 6 个（配置了 3 块印制电路板，每块电路板上有 2 个相同的触发电路），分别用于触发三相全控桥的 6 个晶闸管，6 个触发电路上输入的同步电压相位依次滞后 60°。

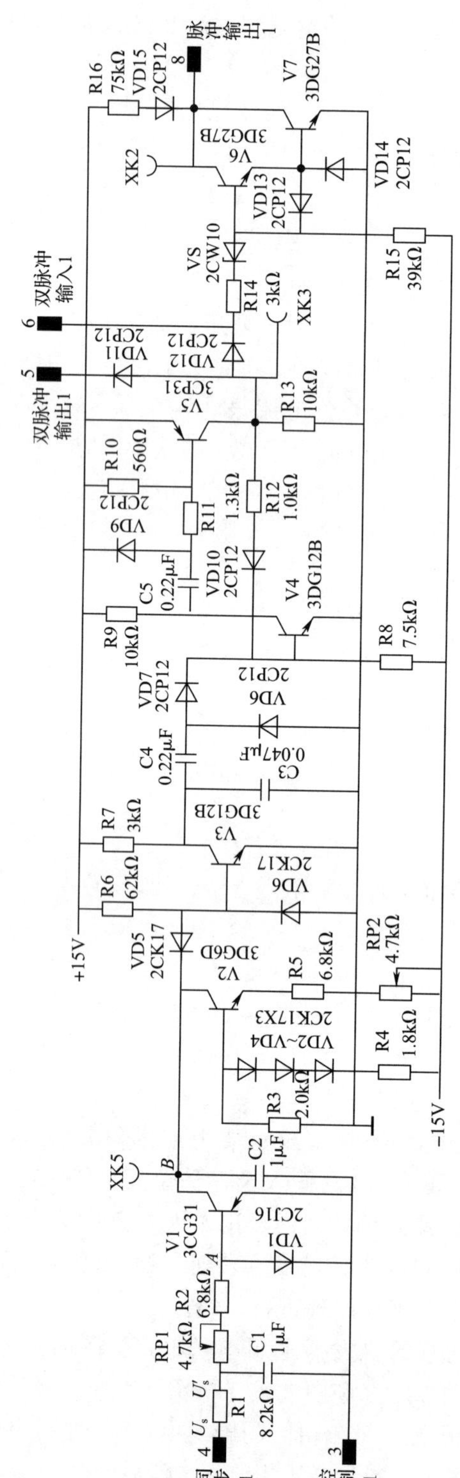

图 32—3 串联垂直控制的锯齿波同步触发电路

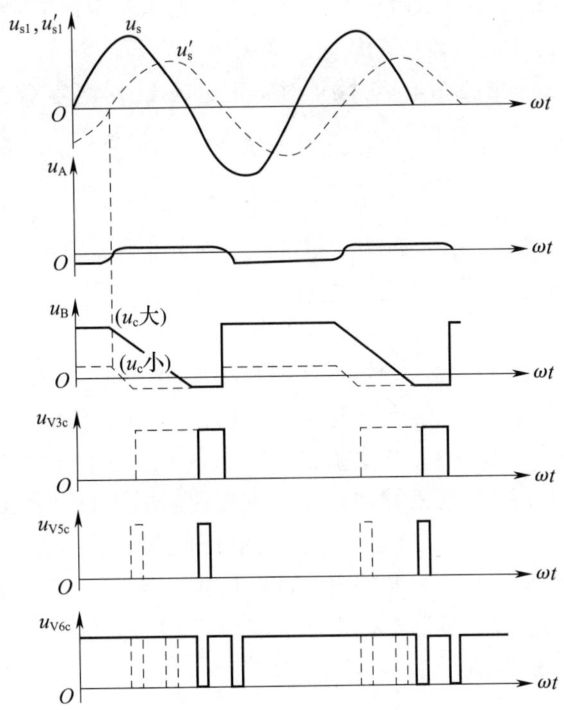

图 32—4　串联垂直控制的锯齿波同步触发电路波形

本装置的触发电路与一般触发电路一样，由同步移相、脉冲形成、脉冲整形、脉冲放大等环节组成。

1. 同步移相环节

同步移相环节中，包含同步、锯齿波形成、垂直移相控制等几个部分。

同步电压 U_s 经 R1，C1，RP1，R2 组成的滤波环节后加至 V1 的基极和发射极（③④端）。由图 32—3 可知，VD1 和 V1 的工作状态取决于电容 C1 的两端电压，当电容 C1 的上端（u'_s）为正时，VD1 导通，V1 截止。反之，当电容 C1 的下端为正时，VD1 截止，V1 导通。滤波环节不仅可以消除电网电压畸变对 V1 开关作用的影响，并且可通过调节电位器 RP1（在同一块电路板的另一路触发电路上是 RP3）改变阻容移相角（经滤波环节后同步电压的相位约滞后了 54°，通过调整 RP1 可调整相位 6°左右），使同步电压 U_s 与主回路电压的相位相适应，以实现同步。

锯齿波形成环节由 C2，V1，V2，R3，R4，R5，RP2，VD2，VD3，VD4 等组成。V2，R3，R4，R5，RP2，VD2，VD3，VD4 等组成恒流电路。V2 的基极电位由 R3，VD2，VD3，VD4，R4 组成的固定分压电路决定，则 V2 的发射极电位也是固定的，发射极电流 i_{e2} 由此固定电压除以电阻 R5 与 RP2 的阻值得到，是恒定的电流。

$$i_{C2} \approx i_{e2} = \frac{U_{R3} - 0.7 - (-15)}{R_5 + R_{P2}} = \frac{U_{R3} + 14.3}{R_5 + R_{P2}} \tag{32—14}$$

由式（32—14）可知，调节 RP2（另一路触发电路上是 RP4）的阻值就可改变恒流电流值，即改变电容 C2 的充电电流值，从而改变锯齿波电压的斜率。

电容 C2 的充放电由 V1 控制，V1 截止时恒定电流 i_{C2} 对电容 C2 进行充电，电容两端电压 $U_{C2}=\frac{i_{C2}}{C_2}t$，即随时间 t 按线性增长，极性为下正、上负。而在 V1 导通时，电容 C2 进行放电，电容两端电压为零。V1 的状态受滤波后的同步电压 u_s' 控制。在 u_s' 为正半周时，V1 截止，电容 C2 充电，电容两端电压按线性增大；在 u_s' 为负半周时，V1 导通，电容 C2 放电，电容两端电压为零。由此在电容 C2 上即得到频率与电源相同的锯齿波同步信号。

直流控制电压 U_{ct} 为正电压输入，加在③端和接地端之间，与同步电压串联。当 V1 导通时，V1 的集电极 B 点电位 U_B 和控制电压 U_C 相同；当 V1 截止时，电容 C2 进行充电，电容两端电压 U_{C2} 按线性增大，B 点电位 $U_B=U_C-U_{C2}$ 线性下降，到 $U_B<0$ V 时，VD5 导通，V3 从导通变为截止，输出触发脉冲。改变直流控制电压 U_{ct} 的大小即改变了锯齿波电压的起始电位。直流控制电压 U_{ct} 越大，锯齿波电压的起始电位越高，C2 的充电时间越长，V3 从导通变成截止，输出触发脉冲时刻的滞后也就越大，即 U_{ct} 增加，控制角 α 也增大。由此可见，改变直流控制电压 U_{ct}，也就改变 V3 从导通变为截止（输出触发脉冲）的时刻，从而实现脉冲移相控制。

2. 脉冲形成与整形环节

该环节主要由 V3，V4，V5 组成。当 V3 从导通变为截止时，V3 集电极电位上跳约 15 V，通过 C4 输出 1 个正脉冲，送到 V4 基极，对 V4 和 V5 组成的单稳态电路进行触发。在脉冲来之前的稳态时，V4 和 V5 都处于截止状态；当 V4 得到正脉冲后，由截止变为导通，V4 集电极电位下降，通过 R11 和 C5 使 V5 获得基极电流而导通。V5 导通后通过 R12 和 VD10 对 V4 引进正反馈，使 V4 和 V5 迅速进入饱和导通。V5 导通时，其集电极输出的脉冲经 VD12 送向功放级，由于正反馈的作用使输出的脉冲前沿变陡。R12 和 VD10 的另一个作用是在 C4 充电结束、正脉冲消失后向 V4 提供基极电流，使 V4 仍能保持导通。在 V4 导通后，+15 V电源经 R10 和 R11，V4 开始对电容 C5 进行充电，使 C5 两端电压增大，V5 基极电位随之升高。当 V5 基极电位升高到一定值后，V5 基极电流减小，不再能维持 V5 饱和导通，V5 集电极电位开始下降，由它提供的 V4 的基极电流随之减小，使 V4 开始脱离饱和导通状态，V4 集电极电位开始上升，V5 基极电流进一步减小，V5 集电极电位也进一步下降，从而使 V5 和 V4 迅速截止，V5 集电极输出的触发脉冲结束，单稳态电路的暂稳态结束。因此，触发脉冲宽度取决于 C5，R11，R10 数值。在 V3 导通，V4 和 V5 截止时，C4 经 V3 和 VD8 放电，C5 经 VD9 和 R9 放电，为下一次产生脉冲做好准备。

3. 双脉冲形成与放大环节

从 V5 的集电极输出的脉冲，经 VD12 输入脉冲功放级 V6 和 V7，同时又通过 VD11 从双脉冲输出端（⑤端）给前一相触发电路输出 1 个补脉冲。同样，通过双脉冲输入端

（⑥端）从后一相触发电路输入 1 个在相位上滞后 60°的补脉冲，因此在 VD12 的阴极得到相位差为 60°的双脉冲。从 VD12 的阴极得到的双脉冲经 R14，VS1，V6，V7 脉冲功放级放大后去驱动脉冲变压器输出触发脉冲。

三、给定积分电路

调速系统中，若突加给定，会产生较大的加速度，加速度太大会引起过大的超调量，还会对系统产生较大的冲击。因此，在要求较高的调速系统中，往往引入给定积分电路（GJ）来整定加速度。给定积分电路的作用是把阶跃或快速给定的输入电压变换成具有一定斜率、以时间为函数的线性电压输出，它的稳态输出代表电动机的给定速度，该输出量作为速度（转速）调节器（ASR）的给定信号。给定积分电路图如图 32—5 所示。

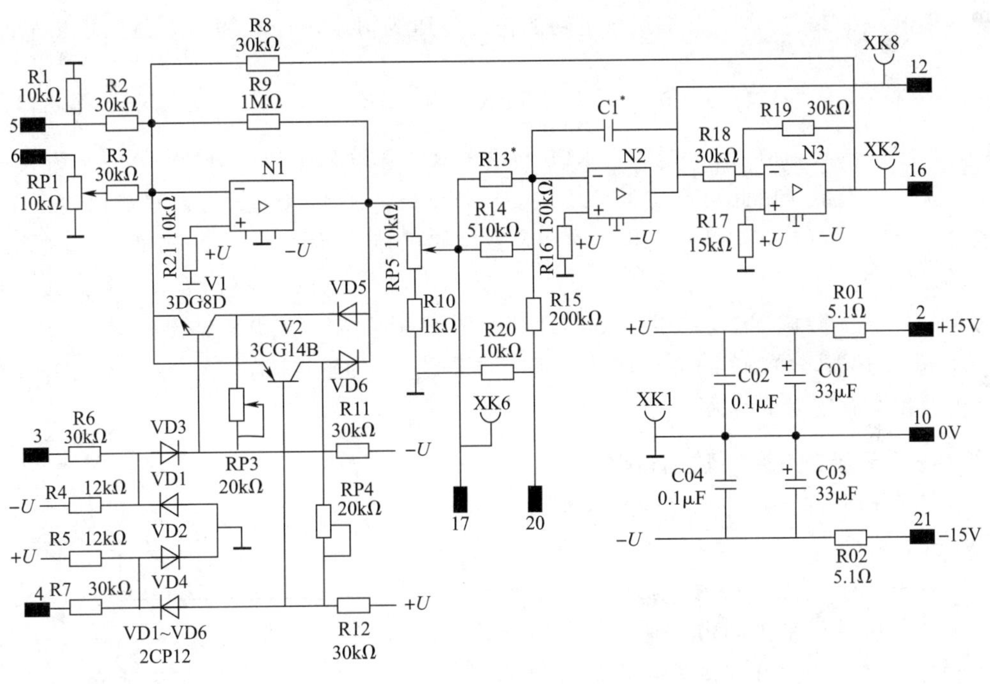

图 32—5　给定积分电路图

1. 给定积分电路的组成

图 32—5 中，由⑥端输入给定信号，⑤端输入补偿信号，可对给定值进行调整。⑳端供输入加速度补偿信号。⑰端输出在恒磁系统中的加速动态电流信号。⑯端为本单元的输出端，⑫端为反极性输出端，可供选用。由图可知，给定积分器主要由 3 个集成放大器 N1，N2，N3 组成的电平检测器（比较器）、积分器和反相器组成。N1 为反相输入的开环放大器，给定信号从⑥端输入，在 N1 输出端得到极性与输入相反、幅值接近于电源电压的输出电压。由于 N1 上的反馈电阻 R9 取值较大，仅起到稳定输出的作用，因此 N1 仍被

当作比较器来看待。N1 比较器的正、负向输出电压限幅采用三极管反馈限幅方式。现以正向限幅为例说明，V1 的基极电位由 N1 的输出电压经 VD5，RP3，R11 到 $-U$ 的分压值确定，在 N1 输出幅值未达到限幅值时，V1 的基极电位为负，V1 截止。当 N1 输出增大达到限幅值时，RP3 与 R11 分压值升高，使 V1 的基极电位由负增至大于零后，三极管 V1 导通，则 N1 比较器的输出电压被钳位而不能再显著提高，达到限幅的目的。正、负限幅值各由 RP3 和 RP4 调整。

在有弱磁的调速系统中，正速度信号从③端输入，达额定转速（输入约为 3.8 V）时，由 R6 和 R4 分压，使 V1 基极电位从高于零开始，BG1 基极电流逐渐增大，比较器输出限幅值下降，即加速度降低，限制了弱磁高速下主回路电流，以适应电动机的换向能力。④端供输入负速度信号。

N2 为积分电路，其积分时间常数为电阻 R13 和 R14 的并联阻值与电容 C1 电容值的乘积，即 $\tau=\frac{R_{14}R_{13}}{R_{14}+R_{13}}C_1$。由于积分电路的输入电压为恒定值，故积分电路的输出电压 u_2 为一个线性变化的斜坡信号，$u_2=\frac{\alpha U_1}{RC_1}t$，其斜率为$\frac{\alpha U_1}{RC_1}$。其中，$U_1$ 为 N1 电平检测器（比较器）输出电压限幅值，α 为电位器 RP5 与电阻 R10 串联后输出的分压系数，R 为 R13 与 R14 并联后的阻值。由此可知，调整 RP5，U_1，R13，R14，C1 都可调整输出电压斜率。调整电阻 R13，R14，C1 可粗调积分时间常数，如积分时间为 0.3～2.5 s 时，R13 阻值为 510 kΩ，C1 电容值为 1 μF；积分时间为 1.25～10 s 时，R13 阻值仍为 510 kΩ，C1 电容值为 4 μF。在实际调试中，一般只通过改变 R13 和调整 RP5 来调整输出斜率。

N3 为反相器，将 N2 的输出信号反相后回送到 N1 的输入端，以保证其与 N1 的给定输入极性相反而成为负反馈。

2. 给定积分环节的输入—输出特性

给定积分环节的输入—输出特性如图 32—6 所示。当⑥端输入的给定电压 U_r 为一负阶跃信号时，N1 的输出 u_1 迅速到达正限幅值 U_1。此电压经 RP5 分压后仍是正的恒定值，积分电路进行反向积分，N2 的输出 u_2 按线性下降。N2 的输出从⑫端输出，送往速度调节器的⑬端作为速度给定信号，经双闭环系统控制，使电动机按此线性变化的规律平稳加速。同时，N2 的输出经 N3 反相后反馈到 N1 输入端，此反馈信号 u_3 极性与给定电压 u_r 极性相反。N1 的输入电流 $I_{10}=\frac{U_r}{R_3}+\frac{U_3}{R_8}$，当 $U_3=-\frac{R_8}{R_3}U_r$ 时，$I_{10}=0$ A，于是 N1 的

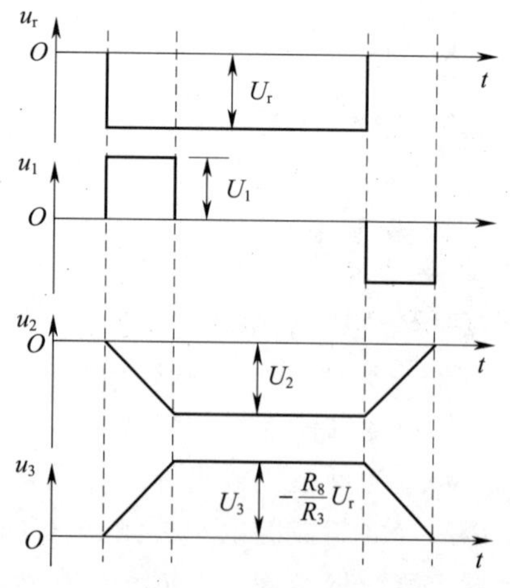

图 32—6　给定积分环节的输入—输出特性

输出 $u_1=0$ V，积分电路停止积分，N2 的输出保持在 $U_2=\dfrac{R_8}{R_3}U_r$ 的数值上。本电路中 $R_8=R_3=30$ kΩ，因此 N2 的稳态输出值 $U_2=U_r$，即给定积分环节只是改变了给定信号的前沿和后沿，把阶跃信号变为梯形信号，使电动机平稳地升、降速，而给定信号的幅值并未改变，即转速给定值未被改变。

四、转速、电流调节器

1. 速度（转速）调节器单元

速度调节器（ASR）是运算放大器与反馈网络组成的 PI 调节器，速度调节器的主要作用是使速度外环获得最佳运行状态，也就是使电动机的转速尽可能迅速而准确地跟随给定值，使电动机转速不受外部扰动的影响。此外，对速度调节器的输出进行限幅，用以限制系统的截止电流，使系统非常简便地获得敏锐的截止特性。在调速系统中，经常要求静差小、动态响应较快，因此速度调节器的比例系数要适当大一些。

速度调节器的电路图如图 32—7 所示。由图可知，速度调节器单元包括两个部分，一部分是由集成放大器 N1 组成的电平检测器（比较器），另一部分是 N2 组成的调节器。由转速给定电位器取出的给定信号直接送到速度调节器单元的⑭（或⑯）端，即 N1 电平检测器的输入端；而给定积分电路的输出给定信号则送到⑬端，即 N2 速度调节器的输入端。

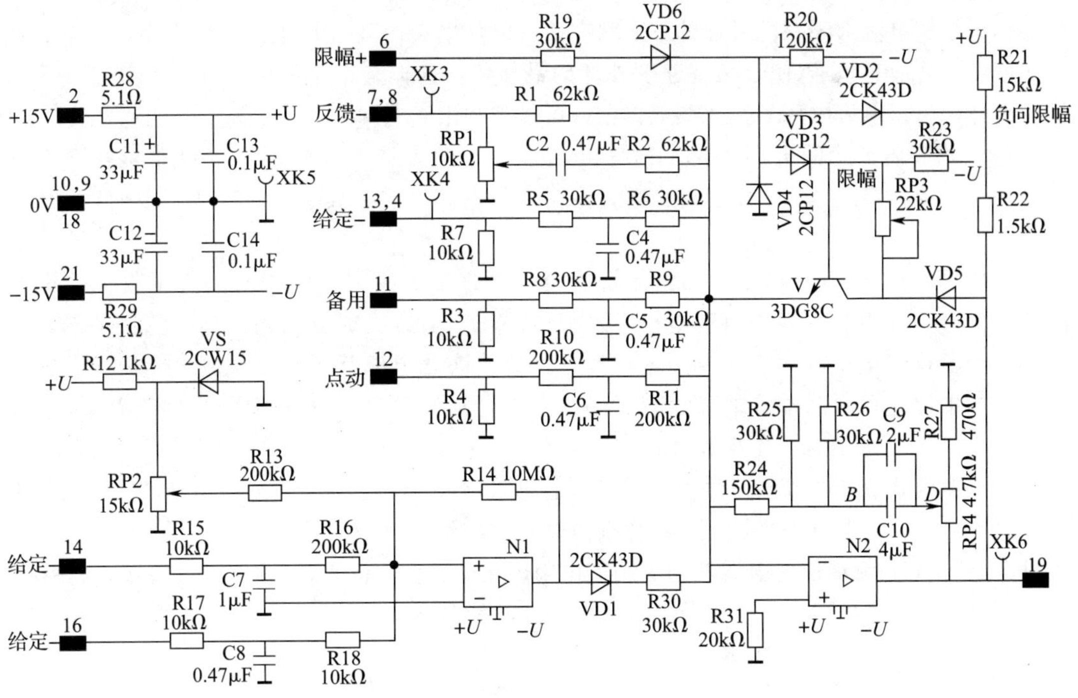

图 32—7　速度调节器（ASR）电路图

电平检测器是由集成运算放大器 N1 加上正反馈（R14）形成的，它具有继电特性，有一定的回环宽度，用以鉴别是否有速度给定信号。当速度给定信号绝对值小于 0.2 V 时，由于 N1 从电位器 RP2 获得正向偏压，所以 N1 输出正向最大电压。该输出电压通过二极管 VD1 加到 N2 速度调节器上，使 N2 速度调节器迅速输出负向限幅电压，通过电流调节器输出 1 个“推 β”信号，使触发器产生的触发脉冲处于 β_{min}，系统处于可靠的停机状态。当⑭（或⑯）端接收到的速度给定信号幅值（负电压）绝对值大于 0.2 V 时，N1 电平检测器迅速翻转输出为负，由于二极管 VD1 的阻挡作用，将不再有正向偏压加至 N2 速度调节器，从而解除封锁，使 N2 速度调节器迅速退出负向饱和，并开始按速度偏差信号进行 PI 调节。

速度调节器的比例系数 K_n 为：

$$K_n = \frac{R_{24}}{\alpha(R_5 + R_6)} \tag{32—15}$$

式中　α——RP4 与 R27 串联后输出的分压系数。

速度调节器的超前时间常数为：

$$\tau_n = \frac{R_{24}R_{25}R_{26}(C_9 + C_{10})}{R_{24}R_{25} + R_{25}R_{26} + R_{26}R_{24}} \tag{32—16}$$

调节器输出电压正限幅采用三极管反馈限幅方式，调节电位器 RP3 来改变正向电压限幅值。调节器输出电压负限幅采用二极管反馈限幅方式，负向电压限幅值固定为－2 V。

2. 电流调节器单元

电流调节器（ACR）也是由运算放大器与 RC 反馈网络组成的 PI 调节器，电流调节器的主要作用是使电流内环获得最佳的工作状态，可以使电流内环被校正为 1 个小惯性环节（相对于速度外环而言)，以便于实现速度外环的最佳化，这样整个系统的最佳化也就容易实现了。另外，由于电流内环的快速调节作用，可以抑制由于电网电压突变而引起的速度波动。

电流调节器单元的电路图如图 32—8 所示。由图可知，电流调节器单元包括两个部分，一部分是 VD1～VD6 所组成的电流检测变换电路，另一部分是集成放大器 N 组成的电流调节器。

二极管 VD1～VD6 构成三相整流桥，接收来自二次额定电流为 0.1 A 的交流电流互感器的信号，并将其变换为直流电压，直流电压作为电流反馈电压输出到电流调节器，同时该电流负反馈电压的大小可调节电位器 RP1。为防止电流互感器二次侧开路而引起电压冲击，本电路还通过⑫端和⑬端设置了与主电路合闸的联锁，只有当电流调节器单元板插在印制电路板插座中时，主电路才能接通。

来自速度调节器的输出信号由⑤端接入电流调节器作为电流环的给定信号，在该输入端有 R2，R3，C1 组成的 T 形滤波器。电流反馈信号与给定信号比较后的电流偏差信号由调节器进行 PI 调节。为加快对电网波动的调节作用，在电流反馈输入端的同时还带有由 C2 和 R5 引进的电流微分负反馈。电流调节器的输出通过⑲⑳端送往触发输入单元的③端。

电流调节器的比例系数 K_i 为：

$$K_i = \frac{1}{\alpha}\frac{R_{11}}{R_2 + R_3} \tag{32—17}$$

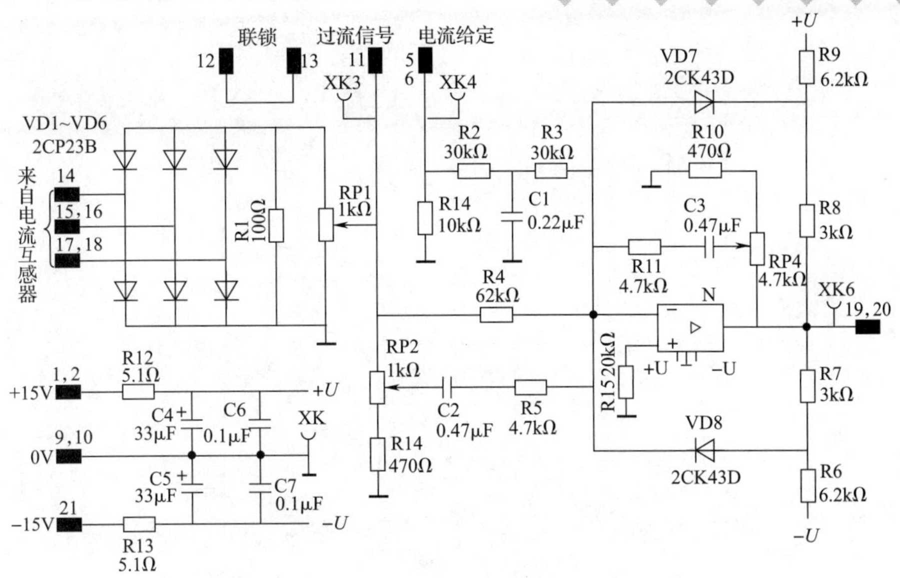

图 32—8　电流调节器单元电路图

式中　α——RP4 与 R10 串联后输出的分压系数。

电流调节器的超前时间常数：

$$\tau_i = C_3 R_{11} \tag{32—18}$$

电流调节器输出电压的正、负限幅均采用二极管反馈限幅方式。

五、保护电路和触发输入（CSR）

保护电路和触发输入的电路图如图 32—9 所示。本单元包括过电流保护和触发输入两个部分。

1. 过电流保护电路

过电流保护电路由晶体管 V1 和小晶闸管 VT1，以及有关电阻、电容组成。由电流调节器单元中电流变换电路产生的电流反馈信号电压 U_i（负值），一方面作为电流调节器的反馈信号，另一方面又送到过电流保护电路板的⑳端，它与从电位器 RP1 取出的偏置电压 U_1进行比较。

当电流反馈电压 $|U_i| < \dfrac{R_1+R_2}{R_5}U_1$ 时（对应于系统正常工作状态），二极管 VD1 的阴极电位为正，VD1 处于阻断状态，正电源经电阻 R6 为 V1 提供饱和基极电流使 V1 饱和导通，小晶闸管 VT1 处于阻断状态，正电源经 R9，VD3，R10，为晶体管 V2 提供饱和基极电流而使 V2 饱和导通。

当电流反馈电压 $|U_i| > \dfrac{R_1+R_2}{R_5}U_1$ 时（对应于系统过电流事故状态），二极管 VD1 的阴极电位为负，VD1 导通，原来通过 R6 进入 V1 基极的电流转移到 VD1 使 V1 截止，

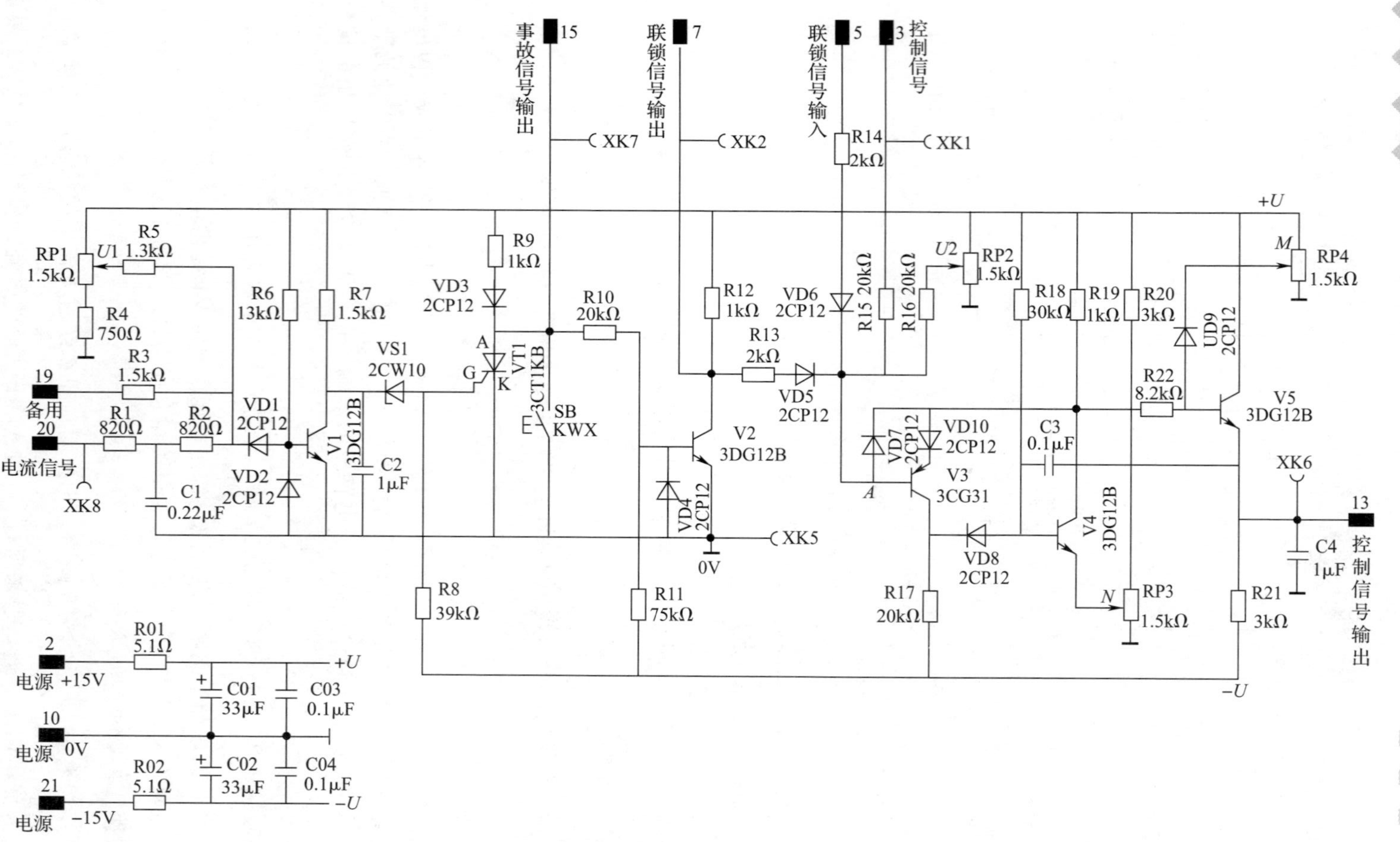

图 32—9 保护电路和触发输入的电路图

正电源通过 R7 和 VS1 为晶闸管 VT1 提供触发电流，晶闸管 VT1 导通，VT1 阳极电位下降为 1 V 左右，再由 R10 和 R11 的分压作用使 V2 因基极电位为负而截止。正电源通过 R12，R13，VD5 给触发输入电路输入 1 个“推 β”信号，将触发脉冲推至最小逆变角 β_{min} 并保持，使晶闸管装置处于最大逆变电压工作，迫使主电路电流减小以免事故扩大。同时，VT1 阳极的低电平通过⑮端输出一个表示过电流发生的事故信号，还通过⑦端输出 1 个过电流联锁信号电压，使外接继电器动作。由于晶闸管 VT1 一旦导通，即使触发信号消失，它仍能保持导通状态并起到事故记忆作用，因此在事故处理后需按复位按钮进行复位，使晶闸管 VT1 关断，解除记忆。过电流动作的整定值可通过调整 RP1 来改变。

2. 触发输入电路

触发输入电路在本系统中的主要作用是进行电平变换。电流调节器输出信号的电压极性根据实际控制情况的不同有正、有负，而触发电路只能在正的移相控制信号电压下工作。因此，要用触发输入电路来将自电流调节器输出的正、负信号电压变换为正输出信号电压，以适应触发电路移相控制信号电压的要求。

电流调节器输出电压 U_K 从本电路板的③端输入，它与电位器 RP2 上取得的电压 U_2 进行叠加，在 V3 的基极 A 点得到的电位为：

$$U_A = \frac{R_{16}U_K + R_{15}U_2}{R_{15} + R_{16}} \tag{32—19}$$

当 $R_{15}=R_{16}$ 时，$U_A=\frac{1}{2}(U_K+U_2)$。

电路中，RP4 活动端取出的电压为 U_M，RP3 活动端取出的电压为 U_N，当 $U_N<U_A<U_M$ 时，晶体管 V3，V4，V5 都工作在线性放大区。如果忽略三极管发射极和基极的压降，以及二极管的正向压降，同时考虑到 V5 的基极电流通常只有几十微安，在 R22 上的压降也可忽略。这样，从⑬端输出的移相控制信号电压 U_{ct} 就可简化为：

$$U_{ct} = U_{b5} = U_{C4} = U_{b3} = U_A = \frac{1}{2}(U_K + U_2) \tag{32—20}$$

由式（3—20）可知，调节电位器 RP2 使偏移电压 U_2 的大小变化，就可改变触发输入单元输出的移相控制信号电压 U_{ct} 的大小，使其满足触发电路的需要。例如，电流调节器的输出限幅值为 ±8 V，则可调节 RP2 使 $U_2=+8$ V。这时，当 $U_K=0$ V 时，$U_{ct}=+4$ V；当 $U_K=-8$ V 时，$U_{ct}=0$ V；当 $U_K=+8$ V 时，$U_{ct}=+8$ V。由此可得到本电路稳态时输入与输出关系如图 32—10 所示。

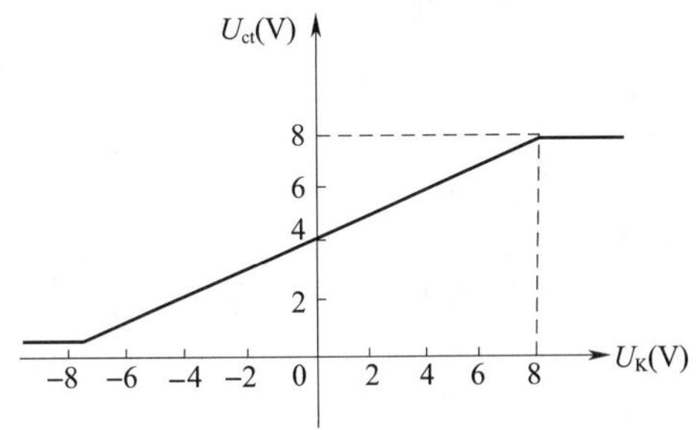

图 32—10　触发输入电路的输入—输出特性

除了电平变换作用外，本电路还具有设置触发脉冲初始相位 α_0，U_{ctmin}（α_{min}）和 U_{ctmax}（β_{min}）的限制功能。

在③端输入电压 $U_K=0$ V 时，可通过调节电位器 RP2 调整偏移电压 U_2 的大小，即可改变系统触发脉冲的初始相位角 α_0，使 $\alpha_0 = 90°$ 或其他所需值，具体可根据系统的控制要求而定。

当③端输入控制电压 U_K 负向增大时，V3 饱和导通，其集电极电位 U_{c3} 升高，VD8 截止，正电压通过 R18 为 V4 的基极提供饱和基极电流，V4 饱和导通，$U_{ce4} \approx 0$ V，$U_{c4} = U_{e4} = U_N$，所以 $U_{ct} = U_{b5} = U_N$。因此，即使输入电压 U_K 负向继续增大，⑬端输出电压 U_{ct} 不变，$U_{ctmin} = U_N$。输出电压 U_{ctmin} 对应于触发电路控制角 α_{min}。调整电位器 RP3 可改变 U_{ctmin} 的值，即改变 α_{min}。

当③端输入控制电压 U_K 正向增大时，U_{b5} 和 U_{c4} 也随之增大，当 U_{b5} 和 U_{c4} 大于 U_M 时，VD9 导通，$U_{ct} = U_{b5} = U_{c4} = U_M$，即使 U_K（正向电压）继续增大，使 U_{b3} 也随之增大，而 U_{ct} 却保持 U_M 不变，即 $U_{ctmax} = U_M$。输出电压 U_{ctmax} 对应于触发电路控制 β_{min}。调整电位器 RP4 可改变 U_{ctmax} 的值，即改变 β_{min}。

六、速度变换器

速度变换器（SB）将直流测速发电机电枢电压经分压后向速度调节器提供转速反馈信号，同时还提供转速指示仪表所需的信号、超速保护信号。速度变换器电路图如图 32—11 所示。

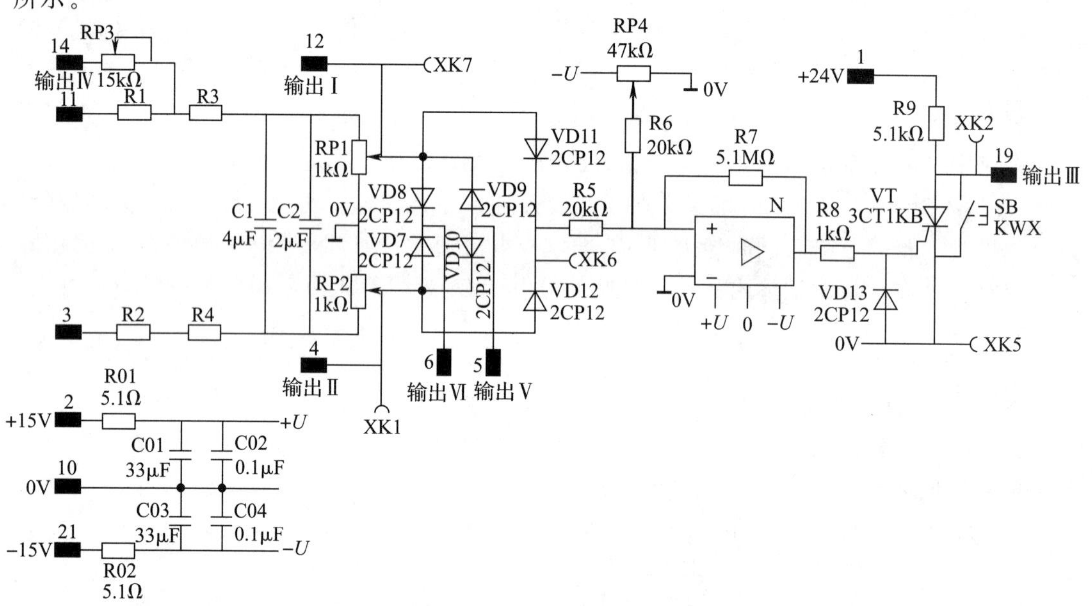

图 32—11　速度变换器电路图

直流测速发电机的电压从⑪端和③端输入。输入信号经电阻 R1～R4 降压后，从⑫端（输出Ⅰ）和④端（输出Ⅱ）分别可输出相反极性的转速反馈电压，具体可根据控制系统要求转速反馈电压的极性选用，本系统中选用⑫端输出正极性的转速反馈电压。该转速反馈电压大小可分别调节电位器 RP1 和 RP2，一般调整到±8 V。另外，经二极管 VD7～

VD10 整流后，从⑥端（输出Ⅵ）输出恒正电压，从⑤端（输出Ⅴ）输出恒负电压，可供弱磁系统使用；从⑭端（输出Ⅳ）输出与测速发电机电压成正比例的转速信号电压供转速表用。ZCC1 系统要求所用的测速发电机最大输出直流电压为 50～220 V，当测速发电机最大输出直流电压低于 110 V 时，电阻 R1 和 R2 应短接以减小衰减量。

超速保护电路包括集成放大器 N 构成的电压绝对值检测器和小晶闸管 VT 组成的带有记忆功能的电平检测器电路。转速反馈电压经二极管 VD11 或 VD12 整流变成正绝对值转速反馈电压，与偏置电压进行比较后送集成放大器 N 的同相输入端。正常时，转速反馈电压幅值小于电位器 RP4 上取出的偏置值，比较器输出负向电压，小晶闸管 VT 关断，输出Ⅲ（⑲端）为高电平（置“1”）。一旦发生超速，转速反馈电压即大于电位器 RP 上取出的偏置值，则比较器输出正向电压，小晶闸管 VT 导通，输出Ⅲ为低电平（置“0”）。上述电压绝对值检测器具有输入一输出的继电特性，如图 32—12 所示。

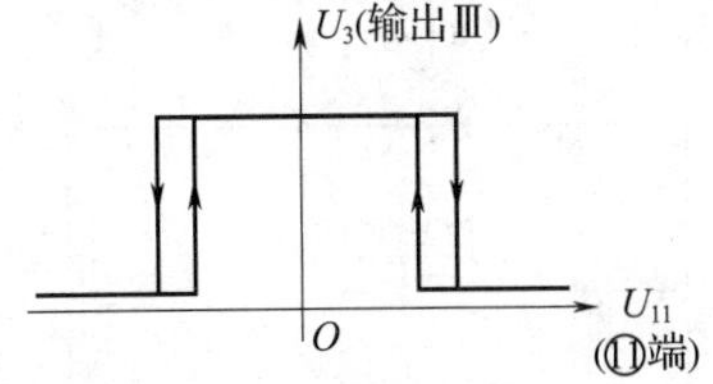

图 32—12　电压绝对值检测器的输入—输出特性

正常工作情况下，若⑪端输入的测速发电机电压 U_{11} 为正极性，则在未发生超速时，集成放大器 N 输出电压为负电压，并为饱和值，VT 关断，输出Ⅲ电压 U_3 为＋24 V（置“1”）。一旦超速，则其反映转速的测速发电机输入电压 U_{11} 超过整定值，于是 N 输出为正，VT 导通，输出Ⅲ的电压小于＋2 V（置“0”）。此时本检测器的继电特性位于右半坐标平面。

而若正常工作情况下测速发电机输入电压 U_{11} 为负极性时，与上述同理，未超速时输出Ⅲ仍置“1”，一旦超速，输出Ⅲ为“0”，但其继电特性却位于左半坐标平面。

输出Ⅲ（⑲端）输出的低电平超速信号，送电源和事故综合单元进行处理。由于晶闸管 VT 一旦导通，即使触发信号消失，它仍能保持导通状态，起到事故记忆作用，因此在事故处理之后，需按复位按钮进行复位。

七、电源和故障综合电路

电源和故障综合电路（GZ）除了提供＋24 V 电源给触发电路作为触发电源使用外，主要作用是在调速系统中进行故障信号的综合与鉴别，通过发光二极管显示故障所在，还能输出电平信号，通过外接继电器为系统提供联锁触点信号。本电路可对±15 V 工作电源欠电压、主电路过电流、电动机超速等故障信号进行综合。电源和故障综合电路的电路图如图 32—13 所示。

触发电源由三相交流 22 V 电源经 VD01～VD06 整流，电容 C01 和 C02 滤波后输出＋24 V，供触发装置使用。

过电流、超速信号电压分别经④⑤端输入，正常时输入均为“1”，三极管 V2 导通，外接继电器 K 吸合，其动合触点串联在主回路合闸回路中，K 吸合时主回路能正常接

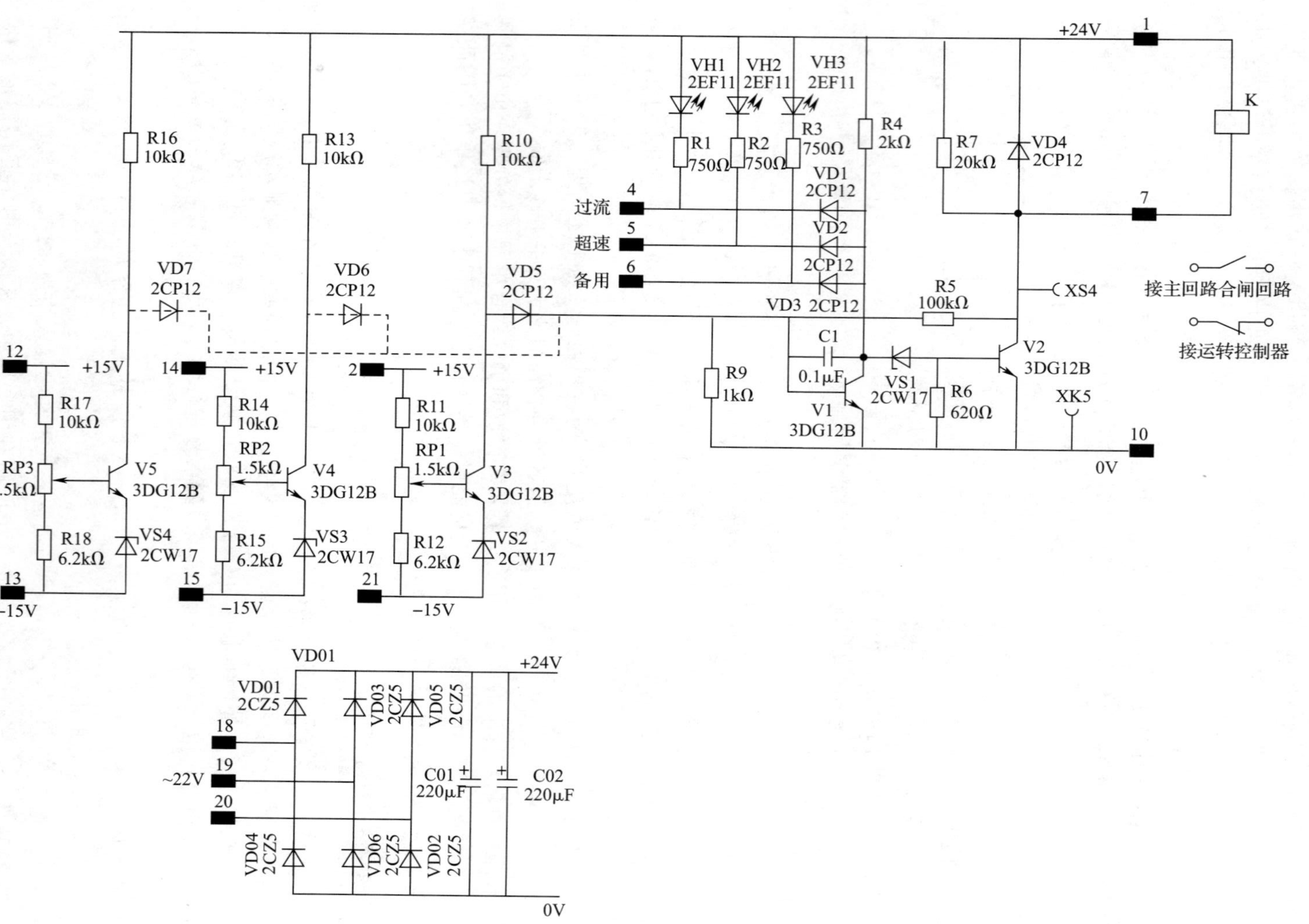

图 32—13 电源和故障综合电路的电路图

通，此时三极管 V1 基极通过 V2 集电极反馈电阻 R5 得到低电平而使 V1 截止。当发生过电流或超速时，④端或⑤端上出现“0”，对应发光二极管点亮以指示故障种类。同时，VD1 或 VD2 导通，使 V1 集电极电位变为低电平，V2 截止，继电器 K 失电，其动合触点发出事故信号，使主回路断开。

±15 V 工作电源接②㉑端（⑫⑬端和⑭⑮端为两路欠电压故障电路备用），正常时 V3 导通，V3 集电极电位低于零电位，不影响 V1 和 V2 状态。当±15 V 电源中任意一个电压过低时，均使 V3 截止，其集电极电位变为高电平而使 V1 导通，V2 截止，继电器 K 亦失电释放，发出故障信号。

八、综合分析

在弄清各单元电路工作原理的基础上，还要进一步搞清各单元之间的联系，分析系统是怎样工作的。

例如，对于触发电路来说，主要考虑它的移相特性（即移相范围和线性度）、控制电压的极性与数值，以及它与晶闸管输出电压间的关系。此外，还有同步电压的选择，同步变压器与主变压器相序间的关系，触发脉冲的幅值和功率能否满足晶闸管的要求，各触发器的统一和协调是否方便等，这些都涉及触发电路与其他单元的联系，需要进行综合考虑。

又如，对于控制电路来说，它是系统的中枢部分，它的功能与性能将直接影响整个系统的技术性能。分析调速系统性能时，首先是它的稳定性；其次是它的稳态特性；最后是动态特性，在动态特性中又首先是抗扰动性能。对这些性能需要进行综合考虑。此外，系统从启动、运行到停止的全过程，在控制电路中都有相应的控制过程，在分析系统工作原理时都应搞清楚。

现结合整个系统对不可逆直流调速系统停止、正向启动、减速等各种运行工作过程，以及抗干扰的控制过程进行分析。

1. 停止状态

电动机停止时，开关 S 打开，给定电压 $U_n^*=0$ V，速度（转速）调节器单元中 N1 速度比较器输出大于+8 V 的“推 β”信号电压，使速度（转速）调节器输出电压为负向限幅值$-U_{im}^*$，电流调节器输出电压为正向限幅值 U_{Kmax}，通过触发输入单元 CSR、触发器 CF，使晶闸管变流器控制角处于最小逆变角 β_{min}，电动机处于停止状态。

2. 电动机正向启动运行

当开关 S 接通，给出负极性的速度给定电压 U_n^*，经积分给定电路使负的给定电压 U_n^* 变成按线性变化的负的给定电压 U_n^*。当速度给定电压 $U_n^*>0.2$ V 时，N1 速度比较器迅速翻转输出为负电压，使速度（转速）调节器的输出迅速退出负限幅值$-U_{im}^*$并开始按速度偏差信号进行 PI 调节。速度（转速）调节器的输入偏差 $\Delta U_n=U_n^*-U_n$，其极性为负。由于转速反馈电压 U_n受机械惯性影响，增加较慢，所以速度（转速）调节器迅速进入饱和，其输出 U_i^* 为正的限幅值。该输出电压 U_i^* 是电流调节器的电流给定电压，电流

调节器输入偏差 $\Delta U_i=U_i^*-U_i$，极性为正，因而电流调节器的输出电压 U_K 为负。经过触发输入单元 CSR，触发器 CF 使晶闸管变流器的控制角从 β_{min} 向前移动使 $\alpha<90°$，晶闸管变流器工作于整流状态，电动机正向启动。以后启动过程和第四篇中所述的转速、电流双闭环调速系统启动过程一样，这里不再重复。

稳态运行时，速度反馈电压 U_n 基本等于速度给定电压 U_n^*，速度（转速）调节器的输出电压 U_i^* 基本等于负载电流反馈电压 U_i。ACR 和 CSR 的输出电压和 CF 输出脉冲相位，都基本同电动机反电势和主回路总电阻压降之和所决定的整流电压相对应。

3. 减速（或停止）

运行中为实现减速而将速度给定值突然减小，此时速度给定值极性不变仍为负给定电压，而电动机转速来不及改变。所以速度（转速）调节器的输入偏差 $\Delta U_n=U_n^*-U_n$ 为正，速度（转速）调节器 ASR 的输出 U_i^* 迅速变为负的限幅值，使电流调节器的输出电压 U_K 为正，经过触发输入单元 CSR，触发器 CF 使晶闸管变流器的控制角从 $\alpha<90°$ 迅速后移至 β_{min}，主回路电流经本桥逆变后很快衰减到零。对于不可逆系统，由于晶闸管变流器只能提供一个方向的电流，电动机只在负载阻力矩作用下减速，直至电动机转速降至接近新的给定值时，由于速度微分反馈的提前作用使速度给定值 U_n^* 重新大于速度反馈值 U_n，速度（转速）调节器输出开始退出负的限幅值，电流调节器输出从正的最大值向负电压变化，触发器 CF 的触发脉冲从 β_{min} 开始前移，电流环和速度（转速）环相继投入闭环工作，晶闸管变流器控制角 $\alpha<90°$ 工作在整流状态，电动机在新的给定值下运行。

当正向停车时速度给定电压 $U_n^*=0$ V（<0.2 V）时，速度（转速）调节器单元中 N1 速度比较器输出大于 $+8$ V 的“推 β”信号电压，使速度（转速）调节器输出负向限幅值 $-U_i^*$，电流调节器输出正向限幅值 $+U_{Kmax}$，使晶闸管变流器控制角迅速后移到 β_{min}，电动机在阻力矩作用下减速至停止。

4. 电网电压突变

正常运行中，出现电网电压突升（或突降）时，由于电动机的转动惯量比较大，因此首先引起的是电枢电流的增大（或减小），因为此时速度调节器输出电压仍给出原稳态电流给定值。在电流环的作用下，电流调节器的输出将迅速减小（或增大），相应触发脉冲的相位向 α 增大（或减小）的方向变化，以抵抗电枢电流的增大（或减小）。由于电流环的调节作用很快，因此电枢电流暂时的突增（或突减）所造成的转速波动极不明显。

5. 负载突变

在运行中，生产机械突加（或突减）负载，由于此时 ASR 输出的电流给定值与原负载相对应，而且电流环的作用有保持其电枢电流与给定值相等的能力，使电枢电流不变，这样拖动电动机就会因为得不到足够的拖动力矩（或多余的启动力矩），而使电动机的转速降低（或升高），造成电动机转速偏离给定值，其转速的恢复过程则与升速（或减速）的过程相类似。

第 3 节 晶闸管直流调速系统的调试

一、系统调试前的准备工作

系统调试是一项较复杂的工作，需要做好调试前各种准备工作。在系统调试前应对系统进行详细分析，熟悉生产设备的工作流程及其对系统的控制要求，掌握控制系统及其各控制单元工作原理，尤其是系统调试中需要整定的各种参数。在系统调试前应制定调试大纲，明确调试步骤和方法。在调试大纲内还应包括生产试车工艺条件、安全措施、联锁保护和各种工种配合，以避免发生不应有的事故损失。

在进行系统调试之前，应注意以下几点。

1. 由于测速发电机的安装质量直接影响系统性能（如轴偏心会引起低频脉冲，有间隙会产生死区等），所以要事先检查其安装情况。

2. 系统调试是在按图样要求接线无误的前提下进行的，因此在调试前要检查各接线是否正确、牢靠（特别是自制设备，更应仔细检查、核对）。

3. 系统调试是在各单元和部件全部合格的前提下进行的，因此在系统调试前要对各单元进行检查，检查它们是否正常工作。

4. 准备好必要的仪表，如双线示波器（使用时要注意它的两个探头的地线在仪器内部是相通的。其外壳不可接地，原外壳接地线要拆去，否则会形成短路）。

此外，还有高内阻（20 kΩ）万用表，代负载用电阻箱（或灯泡箱、电炉等，电流为 5～10 A），慢扫描示波器或光线示波器等。

5. 明确调试顺序和原则

（1）先查线，后通电。

（2）先单元，后系统。

（3）先控制回路，后主电路；先励磁回路，后电枢回路。

（4）先开环，后闭环；先内环，后外环。

调试电流环时由下而上，从触发器→触发输入电路→电流调节器逐步进行调试；调试速度环时则由上而下，从给定→速度调节器逐步进行调试。

（5）主电路先低压，后高压；先电阻负载，后电动机负载。电动机负载先轻载，后重载；先低速，后高速。

（6）通电时，先检查过载保护，后投入运行。

6. 熟悉系统调试的一般步骤及内容

（1）查线和绝缘检查。按图样要求对系统进行查线，重点检查系统外部接线。在查线同时进行绝缘检查，检查是否损伤和受潮，如发现有损伤和受潮，应先进行修复并干燥处理，再进行绝缘检查。

（2）继电控制回路空操作。空操作是在主回路不通电的情况下，对继电控制回路进行通电的调试。按控制要求对调速系统继电控制回路进行空操作，检查接触器、继电器等动作是否正确，元器件有无故障，接触是否良好。

(3) 测定交流电源相序。晶闸管变流器主电路相序和触发电路同步电压的相序应一致，否则将可能造成晶闸管主电路与触发电路同步电压不同步，使晶闸管变流装置不能正常工作。

(4) 控制系统控制单元检查与调试。首先检查各类电源输出电压幅值是否满足要求，然后对控制单元按要求进行检查与调试，重点对各控制单元中整定参数按要求进行整定。

(5) 主电路通电试验。核对主电路及触发电路同步电压相位，调整晶闸管的触发脉冲的初始相位，以及 α_{min}，β_{min} 整定。

(6) 主电路电阻负载调试。重点检查当晶闸管变流器输出直流电压 U_d 和触发脉冲随控制角 α 变化时，输出直流电压 U_d 波形和电压值是否正常，对于不正常情况进行检查与调整。

(7) 电流环调试。检查电流反馈极性、电流反馈值，确定过电流保护整定、电流环动态特性整定、电流调节器参数整定。

(8) 速度（转速）环调试。确定速度反馈极性和速度反馈值整定、超速保护整定、速度（转速）环动态特性整定、速度（转速）调节器参数整定。

(9) 带负载调试。重点检查系统带负载运行时的各种性能指标，进一步对系统尤其是对速度（转速）环进行调试。

二、控制电路检查、调试

1. 拔出全部控制单元（本装置各控制单元都各自设置印制电路板）。

2. 核对主回路电源 U，V，W 相序，可通过双线示波器进行判别（系列产品有时通过冷却风机的正确转向来表达正确相序）。

3. 断开主回路（可将平波电抗器一端卸开），接通断路器，检查直流电源变压器 T1，T2，T3 的电压值。然后再检查同步变压器 TS 二次电压值和相序，可用双线示波器判别。

4. 插上稳压电源插件板，建立±15 V 稳压电源，并检查各插座上的±15 V 电源是否正确。

5. 在触发输入单元 CSR 的插座处，插入调试插件板 TS。TS 板实际上是附有电压表指示的电压可调电源（0～±10 V）。它在这里用来代替触发输入电路的输出电压 U_{ct}（即触发器控制电压），调节 TS 板中的给定电位器 RP_{TS}，使电压表指示+8 V。

选定 1 个触发器 CF 插座，将各个触发器 CF 插件板逐个插入该插座上，用示波器逐个观察锯齿波的波形，并按示波器的时标估算锯齿波的移相度。若移相范围不够大，则调节 CF 插件板上的电位器 RP2（RP4），使锯齿波斜率减小，则移相范围增大（大于 160°），锯齿波斜率一般调节为 22°/V。

6. 将 3 块 CF 插件板全部插入插座中。用双线示波器对照各块插件板上的锯齿波斜率波形，如图 32—14 所示。以锯齿波①为标准，调节其余各触发器板上的 RP2（RP4）电位器，使各锯齿波斜率与①相同，即要求斜线①～⑥互相平行。

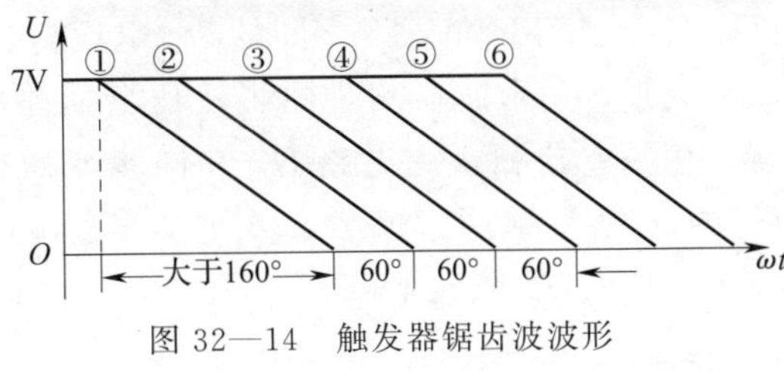

图 32—14　触发器锯齿波波形

通过整定各触发器的 RP1（RP3）电位器（同步电压的阻容移相电位器）的阻值，使各锯齿波间隔 60°±3°，即触发器输出的脉冲彼此间隔 60°±3°，如图 32—14 所示。

7. 拔下 TS 插件板，换上触发输入电路插件板，将 TS 插件板插入电流调节器 ACR 的插座以代替电流调节器，其输出即代替 U_K。触发输入电路的输出为 U_{ct}。对触发输入电路进行如下调试。

调节 RP_{TS}，使 $U_K=0$ V，再调节 RP2，使 $U_{ct}=+4$ V，即 $\alpha=100°$。

调节 RP_{TS}，使 $U_K=+8$ V，再调节 RP4，使 $U_{ct}=+6.3$ V（U_{cmax}），即 $\beta_{min}\approx30°$。

调节 RP_{TS}，使 $U_K=-8$ V，再调节 RP3，使 $U_{ct}=+0.5$ V（U_{cmin}），即 $\alpha_{min}\approx20°$。

上述 $\alpha_{min}=20°$，$\beta_{min}=30°$均是按 CF 中锯齿波斜率为 22°/V 时确定的，在系统联合调试时，还要根据实际脉冲与主电路的情况对 RP2，RP3，RP4 进行调整。

8. 拔下 TS 插件板，换上电流调节器 ACR 插件板，再将 TS 插件板插在速度调节器 ASR 的插座上。将 TS 插件板的输出分别给出+1 V 和−1 V，此时 ACR 的输出应能达到满输出，否则即运算放大器有问题。

9. 拔下 TS 插件板，换上速度调节器 ASR 插件板，再将 TS 插件板插在给定积分器 GJ 的插座上。使 TS 输出−1V 电压，调节 RP3，使 ASR 输出限幅在+8 V。

10. 拔去 TS 插件板，换上给定积分器 GJ 插件板，接通开关 S，调节转速给定电位器做出给定积分器的输入—输出特性。调节该电位器，使 $U_n^{*'}=6$ V。然后断开 S 后，再合上 S，GJ 输出 U_n^* 应如图 32—6 中 U_2 的波形。调节 RP5，即可整定 U_n^* 变化的斜率。

三、主电路轻载通电调试

ZCC1 系列晶闸管直流调速系统中，当主电路采用整流变压器进线方式时，主电路整流变压器采用 Dy11（△/Y-11）联结，同步变压器采用Y/Y-12 联结。

1. 核对主电路、同步变压器回路的相序及相位关系

首先拔去控制插件 ACR，ASR，GJ，在 ACR 插座处插上调试插件板 TS。晶闸管整流装置直流输出端开路，在主电路加上三相交流电源（当整流装置额定电压较高时，应加上低压的交流电源），然后用示波器测量各晶闸管阳极电压的相序是否正确。如三相桥式全控整流电路 VT1 和 VT3 之间的 U_{uv} 电压应比 VT3 和 VT5 之间的 U_{vw} 电压超前 120°，而

U_{vw}电压比 VT1 和 VT5 之间的U_{wu}电压超前 120°。若发现相序不对，应进行调整。

同理，用示波器测量同步变压器回路相序是否正确。用示波器测量主电路U_{uv}和同步变压器二次电压U_{su}相位关系。同步变压器二次电压U_{su}与主电路U_{uv}相位关系如图 32—15 所示。

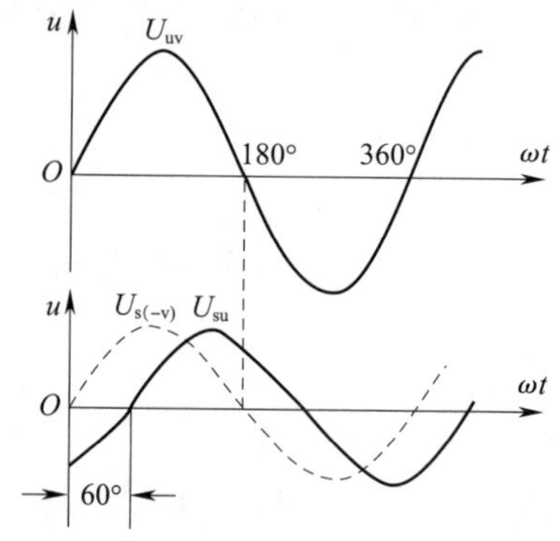

图 32—15　同步变压器二次电压U_{su}与主电路U_{uv}相位关系

2. **定相**

当电流调节器的输出$U_K = 0$ V 时，要求整流电路的输出$U_d = 0$ V，全控桥控制角$\alpha = 90°$。因此，可将 TS 插件板输出电压调为零（即触发输入电路的输入控制电压$U_K = 0$ V），则触发电路移相控制电压$U_{ct} = 4$ V,对应$\alpha_0 = 90°$。现以 VT1 晶闸管触发脉冲为例说明定相原理与方法。

三相全控桥式整流电路主电路电压与触发脉冲相位关系如图 32—16 所示。

由图可知控制角$\alpha = 0°$在距u_{uv}过零点为 60°的位置；如$\alpha = 90°$，则从示波器屏幕上观察就是距u_{uv}过零点 150°的位置。

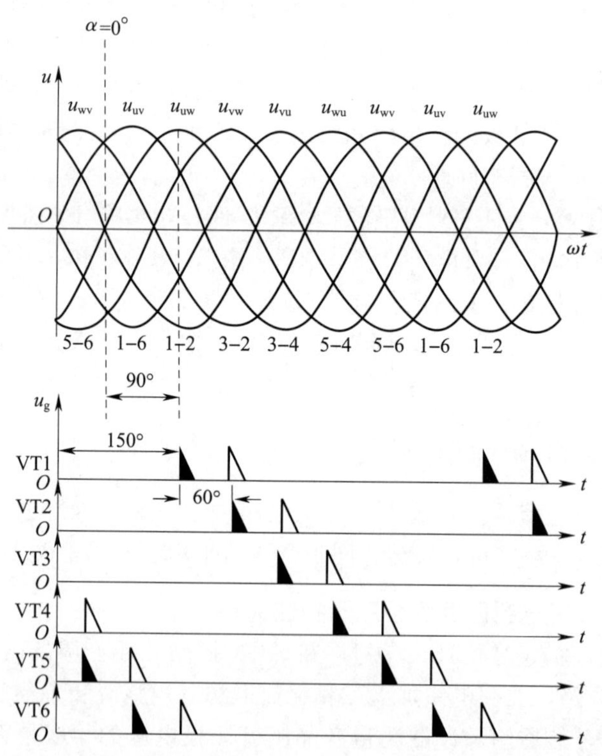

图 32—16　三相全控桥式整流电路主电路电压与触发脉冲相位关系

根据触发电路的原理，锯齿波同步信号的起点是在距同步电压 u_s 过零点 54°～60°的位置，当移相控制电压 $u_{ct}=+4$ V 时，应使 $\alpha=90°$，此时触发脉冲的位置距 u_s 过零点应是 150°左右。触发电路中锯齿波与同步电压的相位关系如图 32—17 所示。

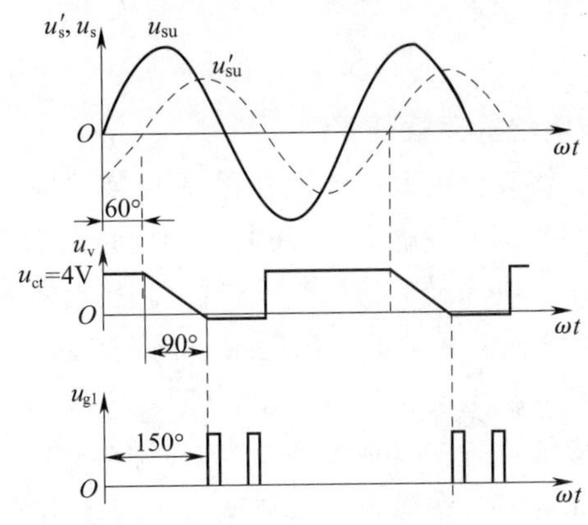

图 32—17　锯齿波与同步电压的相位关系

从图 32—16 中看出，$\alpha=90°$也是在距 u_{uv} 过零点 150°的位置。因此，供给 VT1 脉冲的触发电路的同步电压 u_s 与 u_{uv} 应是同相位的。现主电路整流变压器采用△/Y-11 联结，同步变压器采用Y/Y-12 联结，从图 32—15 中看出，VT1 触发电路所用的同步电压 u_s 应该是同步变压器二次电压 $u_{s(-v)}$。6 路触发电路所接的同步电压见表 32—1。

表 32—1　**触发器同步电压接线表**

序　号	晶闸管	同步电压	序　号	晶闸管	同步电压
1	VT1	$u_{s(-v)}$	4	VT4	u_{sv}
2	VT2	u_{su}	5	VT5	$u_{s(-u)}$
3	VT3	$u_{s(-w)}$	6	VT6	u_{sw}

图 32—17 中同步变压器二次电压 u_{su} 滞后主电路整流变压器二次线电压 u_{uv} 相位 60°，而整流变压器二次线电压 u_{uw} 也滞后 u_{uv} 相位 60°，如图 32—16 所示。控制角 $\alpha=0°$在距 u_{uv} 过零点为 60°的位置，而恰好与 u_{uw} 过零点位置相同，因此在实际调试中可采用示波器直接比对距离 u_{uw} 过零点的角度来判别触发脉冲的相位。对于 ZCC1 系列不可逆调速系统，当 $U_k=+8$ V 时，调节触发电路输入单元中 β 限制电位器 RP4 使 $\beta_{min}=30°\sim35°$，当 $U_k=-8$ V时，可调节 α 限制电位器 RP3 使 $\alpha_{min}=15°\sim20°$，$U_K=0$ V 时可调节偏移电位器 RP2 使触发脉冲的初始相位角 $\alpha_0\approx100°$（α_0 略大于 90°可使系统在给定为零时，电动机处于可靠停止状态）。

四、负载调试

1. 电阻负载晶闸管整流装置调试

将晶闸管整流装置直流输出端接入电阻负载（灯泡箱或电炉），将电流调节器拔出，在 ACR 插座处插上调试插件板 TS。调节 RP_{TS} 在触发输入单元的输入端加上 0～±8 V 控制电压 U_K。先将 U_K 调节为零，晶闸管整流装置检查正常后，加上主电路三相电源，调节控制电压 U_K，使 U_K 由零向负极性电压（−8 V）增大时，主回路上的电压表和电流表开始有读数。用示波器测量输出直流电压 U_d 的波形，观察示波器上输出电压 U_d 波形是否正常。

2. 电动机空载开环调试

将直流电动机连接在晶闸管装置输出端，接通电动机励磁绕组。在 ACR 的插座处，插入调试插件板 TS，用其输出电压代替控制电压 U_K。注意，检查 TS 调节板给定输出的电压值应为最低值（0 V 左右）。接通断路器 QF，按下 SB1 启动按钮，励磁绕组通电。调节 TS 插件板上的输出电压，首先观察当控制电压 $U_K=0$ V 时，$U_{ct}=4$ V，$\alpha=100°$，对三相全控桥电动机负载来说，$U_d=0$ V，电动机不应该转动。然后将 U_K 从零逐渐增大，电动机应能均匀缓慢地转动。当 U_K 调至 -8 V 时，$U_{ct}=0.5$ V，$U_d=230$ V，电动机应以额定转速运行。在进行此项调试时，应该用示波器进行监视，观察输出波形是否有突跳和缺相现象，波形是否整齐。若波形不整齐，以 VT1 触发器对应的电压波形为准，稍微调节一下其余触发器中的锯齿波斜率电位器即可。若当控制电压 U_K 为 0 V 时，电动机已经转动，可以调节触发输入电路的偏移电位器 RP2，最好在控制电压 U_K 为 0.2～0.5 V 时，电动机才开始转动。

3. 电动机空载时电流负反馈环节调试（即整定电流反馈系数）

将直流电动机连接在晶闸管装置输出端，断开电动机励磁绕组，插入电流调节器 ACR，在触发输入电路 CSR 处插入 TS 插件板，接通断路器 QF，并注意检查 TS 插件板给定使输出为 $+4$ V（此时 $U_d=0$ V）。按下 SB1 按钮，逐步调节 TS 插件板上的电位器 RP_{TS}，使给定电压由零慢慢增大，观察测量此时的电动机电枢电流。核对电流反馈的极性是否正确。在电流反馈极性正确的前提下，可继续增大给定电压，电动机电枢电流也逐步增大，当电流达到 $1.5I_e$ 时，再调节电流反馈电压的分压电位器 RP1，使电流反馈电压 $U_i=-8$ V。继续调节 RP_{TS}，使电流在 $1.5I_e<I<2I_e$ 范围内（根据实际系统要求而确定），整定过电流继电器 KA 动作并跳闸（大电流通电时间不宜过长，以免电枢与换向器过热）。

4. 电动机空载时电流环动态调试

电流环静态调试后，还要进一步进行电流环动态调试，以调整其动态性能。具体可在速度（转速）调节器输出端突加一个小的阶跃电压，用慢扫描示波器观察主回路电流上升波形，调节电流调节器比例系数和积分时间常数使电流上升波形达到满意为止，逐步增大给定电压，使主回路电流达到额定值。

插入电流调节器 ACR、触发输入电路 CSR 等插件，将调试插件板 TS 插入速度调节器 ASR 插座上。接通断路器 QF，按下 SB1 启动按钮，用 TS 插件板在速度调节器输出端（即电流调节器输入端）分别突加一个 2 V，4 V，6 V，8 V 的阶跃信号，用带时标的低频或慢扫描示波器观察在阶跃信号加入瞬间主回路电流的上升波形。一般情况下，只要调节一下 ACR 板上的比例电位器 RP4（调比例系数 K），便可使电流上升的动态性能达到较为理想的情况，如图 32—18 所示。在突加 8 V 控制电压时，上升时间（t_r）在 10 ms 左右，超调量在 5%左右。

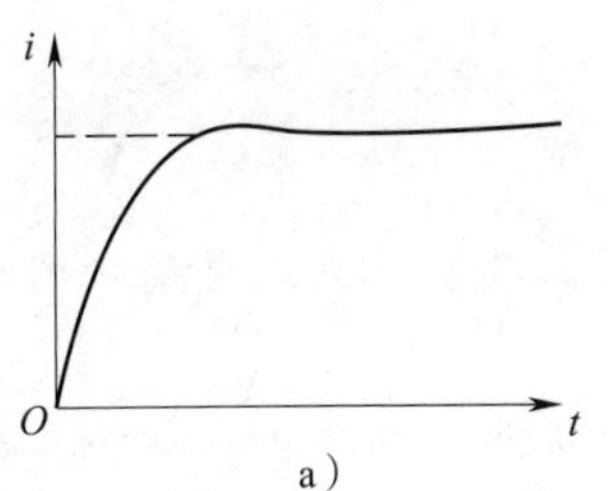

a）

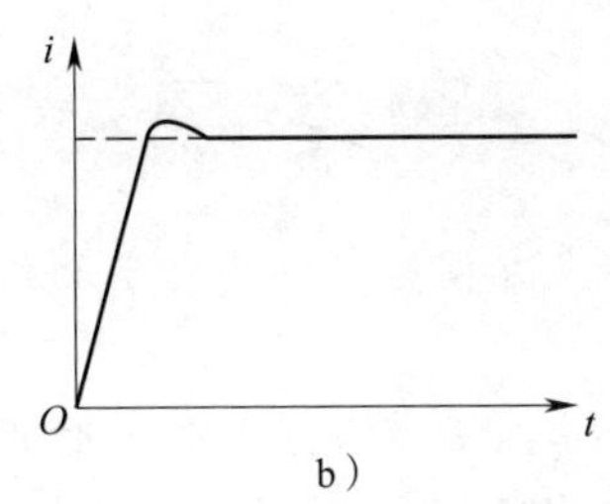

b）

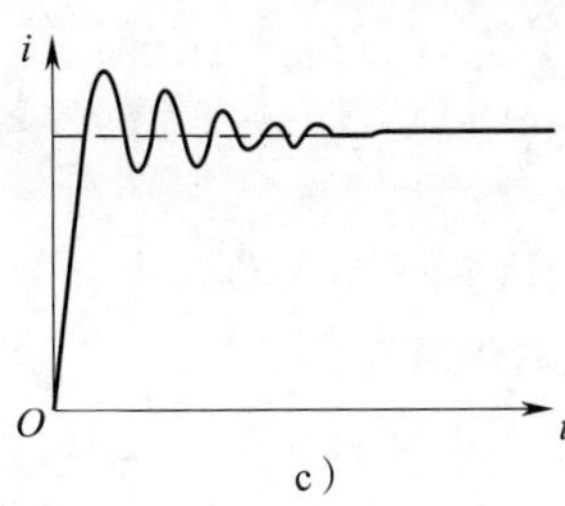

c）

图 32—18　主回路电流上升波形

a）K 过小，电流上升稳，但太慢　b）K 适中，电流上升较稳较快　c）K 过大，上升快，但超调较大

5. 电动机空载时测速反馈环节的调试（即整定速度反馈系数 α）

插入速度调节器 ASR，将调试插件板 TS 插入给定积分器插座（用以代替 U_n^*），并接通电动机励磁绕组。然后用 TS 插件板从 0 V 开始逐步增大给定电压到 $U_n^*=-1$ V，观察电动机转速是否正常，速度反馈电压极性是否正确。若电动机转速很快，反馈电压极性为负，则更换一下测速反馈的两根引出线，使电动机以较低的转速稳定运行。然后继续逐步增大给定电压到 $U_n^*=-8$ V，转速表应指示在额定转速处（如 1 460 r/min），调节速度变换器中测速反馈电压分压电位器 RP1，使电动机在额定转速时的速度反馈电压为＋8 V。

6. 电动机空载时速度环动态调试

速度环动态调试方法和电流环动态调试方法大致相同。在电流环调好的基础上，将 TS 插件板放置在给定积分器 GJ 位置上，插上速度调节器 ASR 插件板，接通断路器 QF，按下启动按钮 SB1，TS 插件板给出一个阶跃信号。用低频或慢扫描示波器观察、记录电动机速度和主回路电流的过渡过程波形。适当调整速度调节器的比例系数（调 RP4），使过渡过程波形达到较满意的形状。若超调量过大，则可增加转速微分负反馈。

7. 电动机带负载闭环动态调试

在电流环、速度环都调试好，以及所有保护装置整定正常以后，系统便可以进行带机械负载运转，进一步考核系统在负载扰动下的运行情况。这时可测量系统的各种静态、动态性能指标，必要时可对系统的各个参数做进一步的精细调整。例如，当动态转速降太大，且恢复时间太长时，应在保证系统稳定的条件下，加大速度调节器的比例（P）分量，同时减少积分（I）分量，必要时可增加速度微分环节。对具有特大机械惯性（GD^2 大）的负载，则系统中的一些环节将呈现出非线性，严重时系统不能正常工作。这时，可将速度调节器的反馈电容 C_n 短接（即将 ASR 改为比例调节器）。此外，在调试出现振荡时也可先将 ASR 的 C_n 短接。将 ASR 改为比例调节器，使系统降阶，便于进行调试，在调稳的基础上，再接上不同容量的阻容，在保证系统稳定运行的条件下尽可能达到较好的性能。

思考题

1. 试说明转速、电流双闭环直流调速系统主电路的组成及其实现直流电动机调压调速的工作原理。

2. 根据主电路的电路图分析其组成及各元器件的作用，说明主电路中采取的保护措施，以及电路中整流变压器和平波电抗器的作用。

3. 主电路中晶闸管应如何选择？

4. ZCC1 不可逆直流调速系统有哪些控制信号和反馈信号？其极性应如何配置？为什么？

5. 速度调节器和电流调节器的输出限幅值各起什么作用？应如何整定？

6. 触发器的工作原理是怎样的？

7. 本系统的触发器与主电路电压之间的相位应如何确定？

8. 给定积分器的作用是什么？系统对给定积分器的要求主要有哪些？

9. 请根据给定积分器的电路图分析其电路工作原理，画出输入、输出关系波形并进行分析。

10. 转速、电流双闭环直流调速系统在突加给定启动的过程中会经过哪几个阶段？画出突加给定正向启动过程 $i=f(t)$ 和 $n=f(t)$ 的波形图并加以说明。

11. 请根据系统原理框图分析说明转速、电流双闭环直流调速控制系统在突加给定正向启动时的工作过程，指出在启动过程中 2 个调节器和控制系统中各个变量的状态分别是怎样变化的？

12. 请说明转速、电流双闭环直流调速系统调试的原则、步骤与方法。

13. 结合转速、电流双闭环直流调速系统的原理框图说明：在对电流内环进行调试时具体要调哪些方面？电动机的电流限幅值，触发输入电路的 α_0，α_{min}，β_{min}，电流调节器的电流反馈系数分别应如何调整？

第 33 章

变频调控水泵恒压供水系统案例

近年来，由于城市建设飞速发展，高层楼宇大量涌现，居民用水问题日益突出，如采用水箱供水存在水压不稳、二次污染和耗能等问题。在高楼和宾馆的供水系统中，为提高供水质量，变频调控以其优异的调速和启、制动性能，以及高效率、高功率因数和节电效果，得到了广泛的应用。随着 PLC 控制技术和变频技术的发展，变频恒压供水逐步被大家认可。本章通过对某居民小区恒压供水系统的分析，使学员对水泵供水的基本模型和主要参数、恒压供水系统的组成和工作过程、变频调控系统的工作原理和调试方法有较全面的了解，并通过对实例的介绍使学员进一步了解 PLC、变频器及 PID 调节器的实际应用方法。

第 1 节　概述

本实例为某居民小区的生活用水变频恒压供水系统。该系统采用 PLC、变频器、压力控制器、压力变送器等装置组成，通过压力变送器对小区管网中的水压进行检测，与压力给定值进行比较后由压力控制器进行 PID 控制，通过 PLC 和变频器实现对水泵的切换和运转控制，从而实现小区管网中水压的恒值控制，以满足居民的用水需求。

一、水泵供水简介

1. 水泵供水的基本模型与主要参数

（1）基本模型。图 33—1 为水泵供水系统的基本模型。水泵对公共管网中的水进行加压，并上扬至所需高度，以便向生活小区供水。

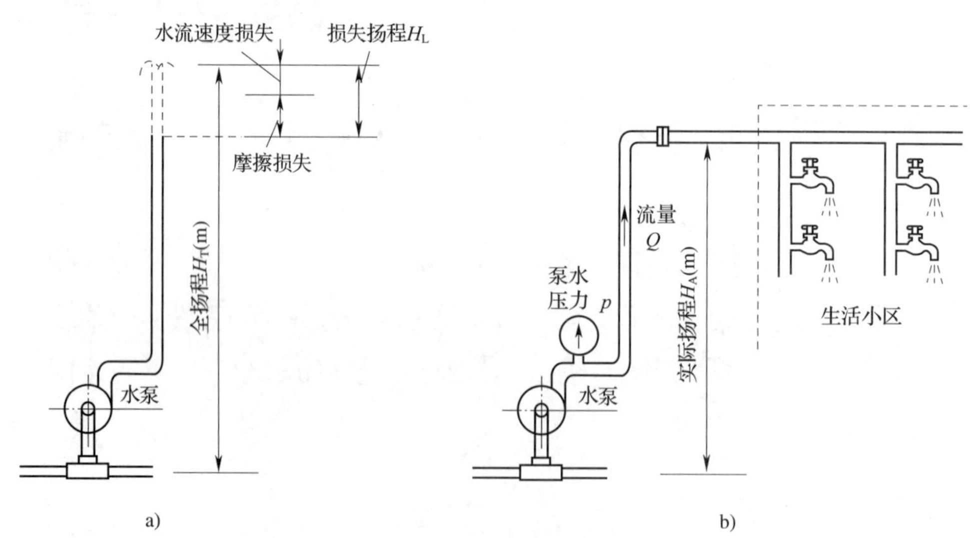

图 33—1　水泵供水系统的基本模型

a）水泵供水　b）生活小区供水

（2）供水系统的主要参数

1）流量。流量是单位时间内流过管道内某一截面的水量，符号是 Q，常用单位是

m^3/s，m^3/min，m^3/h 等。供水系统的基本任务就是要满足用户对流量的需求。

2）扬程。扬程是单位质量的水被水泵上扬时所获得的能量，符号是 H，常用单位是 m。扬程主要包括 3 个部分：

①提高水位所需的能量。

②克服水在管路中的流动阻力（管阻）所需的能量。

③使水流具有一定流速所需的能量。

由于在同一管路中，上述的②和③项是基本不变的，在数值上也相对较小，因此可以认为提高水位所需的能量是扬程的主体部分。在同一管路内进行分析时，常简略地用水从一个位置“上扬”到另一位置时水位的变化量（即对应的水位差）来代表扬程。

3）全扬程。全扬程也叫总扬程，或水泵的扬程。这是说明水泵泵水能力的物理量。包括把水从吸水口上扬到最高水位所需的能量，以及克服管阻所需的能量和保持流速所需的能量，符号是 H_T。在管路没有阻力、也不计流速的情况下，全扬程 H_T 在数值上等于水泵能够上扬水的最大高度，如图 33—1a 所示。

4）实际扬程。实际扬程是通过水泵实际提高水位所需的能量，符号是 H_A。在不计损失和流速的情况下，其主体部分正比于实际最高水位与水泵吸水口水位之间的水位差，如图 33—1b 所示。

5）损失扬程。损失扬程是全扬程与实际扬程之差，符号是 H_L。H_A，H_T，H_L 之间的关系是 $H_T=H_A+H_L$。

6）管阻。管阻是表示管道系统（包括水管、阀门等）对水流阻力的物理量，符号是 R。因为管阻不是常数，难以简单地用公式来定量地计算，通常用扬程与流量间的关系曲线来描述，故对其单位常不提及。

7）压力。压力是表示供水系统中某个位置（某一点）水压的物理量，符号是 p，单位是 Pa，常用 MPa。其大小在静态时主要取决于管路的结构和所处的位置，而在动态情况下还与供水流量和用水流量之间的平衡情况有关。

2. 供水系统的特性、工作点和供水功率

（1）供水系统的特性

1）扬程特性。在管路中阀门完全打开的情况下，表示全扬程 H_T 随流量 Q_u 变化的曲线 $H_T=f(Q_u)$ 称为扬程特性曲线，如图 33—2 所示。A_1 点是流量较小（等于 Q_1）时的情形，这时全扬程较大为 H_{T1}；A_2 点是流量较大（等于 Q_2）时的情形，这时全扬程较小为 H_{T2}。

在供水系统中，水泵是供水的“源”，因此扬程特性可以看成是“水源特性”，或者说是“水源”（即水泵）的外特性。即用户用水越多（流量越大），管道中的摩擦损失和保持一定流速所需的能量也越大，故供水系统的全扬程就越小。

在这里，流量的大小取决于用户，因此扬程特性反映了用户的用水需求对全扬程的影响。这里所说的流量，可以称为“用水流量”，用 Q_u 表示。

2）管阻特性。管阻特性也叫管路特性，反映的是为了维持一定的流量而必须克服管阻所需的能量，它和阀门的开度有关。实际上表示的是当阀门开度一定时，为了提供一定流量的水所需要的扬程，因此这里的流量可以理解为“供水流量”，用 Q_G 表示。所以，管阻特性的函数关系是 $H_T=f(Q_G)$，如图 33—3 所示。

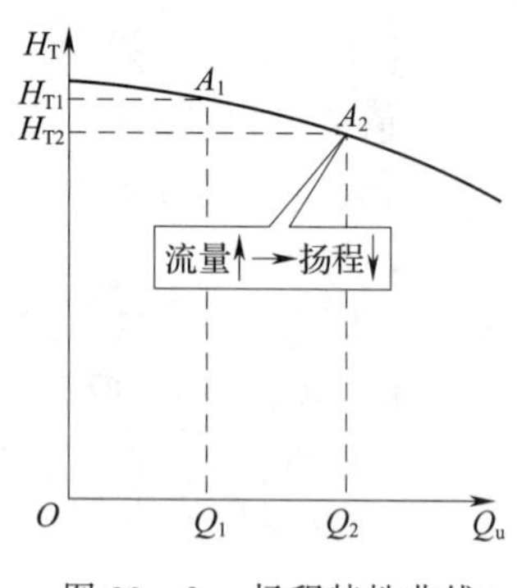

图 33—2　扬程特性曲线

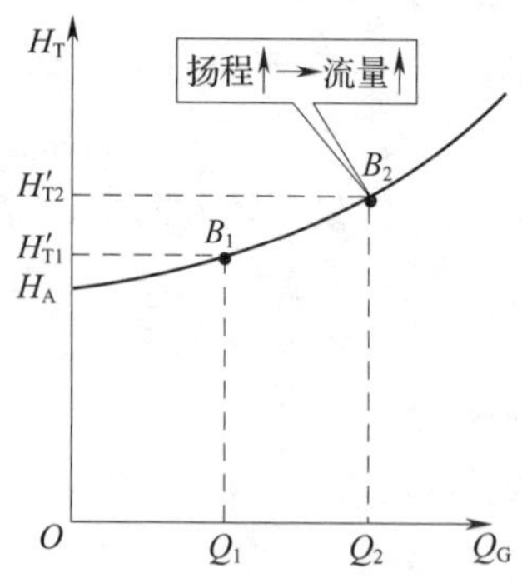

图 33—3　管阻特性曲线

显然，当全扬程不大于实际扬程（$H_T \leqslant H_A$）时，是不可能供水的（$Q_G=0$），因此实际扬程也是能够供水的“基本扬程”。

在实际的供水管道中，流量具有连续性，并不存在“供水流量”与“用水流量”的差别。这里的 Q_G 和 Q_u 是为了便于说明供水能力和用水需求之间的关系而假设的量。

图 33—3 表明，在供水流量较小（$Q_G=Q_1$）时，所需扬程也较小（$H_T=H'_{T1}$），如 B_1 点；反之，在供水流量较大（$Q_G=Q_2$）时，所需扬程也较大（$H_T=H'_{T2}$），如 B_2 点。

（2）供水系统的工作点和供水功率

1）工作点。扬程特性曲线和管阻特性曲线的交点，称为供水系统的工作点，如图 33—4 所示的 A 点。在该点供水系统既满足了扬程特性曲线①，也符合了管阻特性曲线②。供水系统处于平衡状态，系统稳定运行。

如阀门开度为 100%、水泵电动机转速也为 100%（与额定转速之比），则系统处于额定状态，这时的工作点称为额定工作点或自然工作点。

2）供水功率。供水系统向用户供水时所消耗的功率 P_G（kW）称为供水功率，供水功率与流量 Q 和扬程 H_T 的乘积成正比，即：

$$P_G = C_p H_T Q \tag{33—1}$$

式中　C_p——比例常数。

由图 33—4 可以看出，供水系统的额定功率与面积 $ODAG$ 成正比。

3. 供水系统的节能原理

（1）调节流量的方法。综上所述，在供水系统中，最根本的控制对象是流量。因此，要讨论节能问题，必须从考察调节流量的方法入手。常见的方法有阀门控制法和转速控制法两种。

1）阀门控制法。阀门控制法是通过关小或开大阀门来调节流量，而转速保持不变（通常为额定转速）。

阀门控制法的实质是水泵本身的供水能力不变，通过改变水路中的阻力大小来改变供水的能力（反映为供水流量），以适应用户对流量的需求。这时，管阻特性将随阀门开度的改变而改变，但扬程特性不变。

如图 33—5 所示，设用户所需流量从 Q_A减小为 Q_B，当通过关小阀门来实现时，管阻特性将改变为曲线③，而扬程特性则仍为曲线①，故供水系统的工作点由 A 点移至 B 点。这时流量减小了，但扬程却从 H_{TA}增大为 H_{TB}，这时供水功率 P_G与面积 $OEBF$ 成正比。

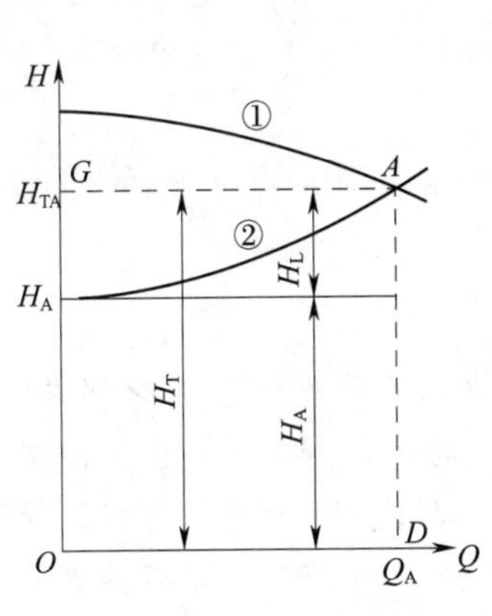

图 33—4　供水系统的工作点

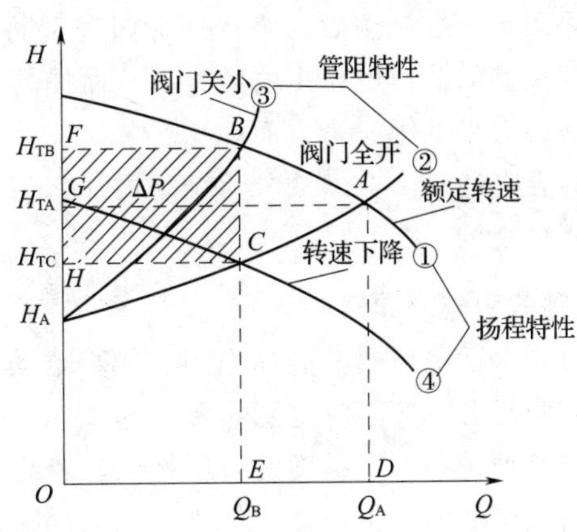

图 33—5　调节流量的方法与比较

2）转速控制法。转速控制法通过改变水泵的转速来调节流量，而阀门开度保持不变（通常为最大开度）。

转速控制法的实质是通过改变水泵的全扬程来适应用户对流量的需求。当水泵的转速改变时，扬程特性将随之改变，而管阻特性不变。

仍以用户所需流量从 Q_A减小为 Q_B为例，当转速下降时，扬程特性下降为曲线④，管阻特性则仍为曲线②，故工作点移至 C 点。可见在流量减小为 Q_B的同时，扬程减小为 H_{TC}，供水功率 P_G与面积 $OECH$ 成正比。

（2）节能比较

1）从供水功率看节能。比较上述两种调节流量的方法可以看出，在所需流量小于额定流量的情况下，转速控制法的扬程比阀门控制法的小得多，所以转速控制法所需的供水功率也比阀门控制法的小得多。两者之差 ΔP 便是转速控制法节约的供水功率，它与面积 $HCBF$（图 33—5 中的阴影部分）成正比。这是变频调速供水系统具有节能效果的第一个方面，也是最基本的方面。

2）从水泵的工作效率看节能。水泵的工作效率主要取决于流量与转速之比。当通过关小阀门（阀门控制法）来减小流量时，由于转速不变，随着流量的减小，水泵工作效率的降低是十分显著的。

而在转速控制方式下，由于阀门开度不变，流量 Q 和转速 n 是成正比的，水泵的工作效率总是处于最佳状态。所以，转速控制法与阀门控制法相比，水泵的工作效率要高得多。这是变频调速供水系统具有节能效果的第二个方面。

3）从电动机的效率看节能。水泵厂在生产水泵时，由于对用户的管路情况无法预测和管阻特性难以准确计算，必须对用户的需求留有足够的余地。因此，在决定额定扬程和额定流量时，通常选用的余量较大，所选电动机的功率余量也较大。所以在实际的运行过程中，即使在用水流量的高峰期，电动机也常常并不处于满载状态，其效率和功率因数都较低。

采用转速控制法后，可将排水阀完全打开而适当降低转速。由于电动机在低频运行时，变频器的输出电压也将减小，从而提高了电动机的工作效率。这是变频调速供水系统具有节能效果的第三个方面。

综合上述三个方面的分析结果可知，与控制阀门法相比，调节转速法节约的功率 ΔP 是相当可观的。

4. 水锤效应与水泵寿命

（1）水锤效应及其破坏作用。异步电动机全压启动时，从静止状态加速到额定转速，所需时间只有 0.25 s。这意味着在 0.25 s 的时间里，水的流量从零猛增到额定流量。由于流体具有动量和一定程度的可压缩性，因此在极短时间内流量的巨大变化将引起对管道压强过高或过低的冲击，并产生空化现象。压力冲击将使管壁受力而产生噪声，犹如锤子敲击管子一样，称为水锤效应。在直接停机时，供水系统的水头将克服电动机的惯性而使系统急剧停止。这也同样会引起压力冲击和水锤效应。

水锤效应具有极大的破坏性，压强过高，将引起管子的破裂；反之，压强过低又会导致管子的瘪塌。此外，水锤效应也可能损坏阀门和其他固定件。

（2）水锤效应的产生原因及消除。在拖动系统中，决定加速或减速过程的是动态转矩 T_J，即：

$$T_J = T_e - T_L \qquad (33—2)$$

式中 T_e——电动机的电磁转矩，N·m；

T_L——负载（此处是水泵）转矩，N·m。

异步电动机和水泵的机械特性如图 33—6a 所示，曲线①是异步电动机的自然机械特性；曲线②是水泵（负载）的机械特性。

直接启动时，在启动过程中的动态转矩 T_J 是很大的，如图 33—6a 所示的阴影部分，从而使加速过程十分急剧，这是产生水锤效应的根本原因。

采用了变频调速后，可以通过对升速时间的预置来延长启动过程，使动态转矩大为减小，如图 33—6b 所示。曲线簇①是异步电动机在变频启动过程中不同频率下的机械特性；曲线②是水泵的机械特性；中间的锯齿状线是升速过程中的动态转矩（即不同频率时电动机机械特性与水泵机械特性转矩之差）。

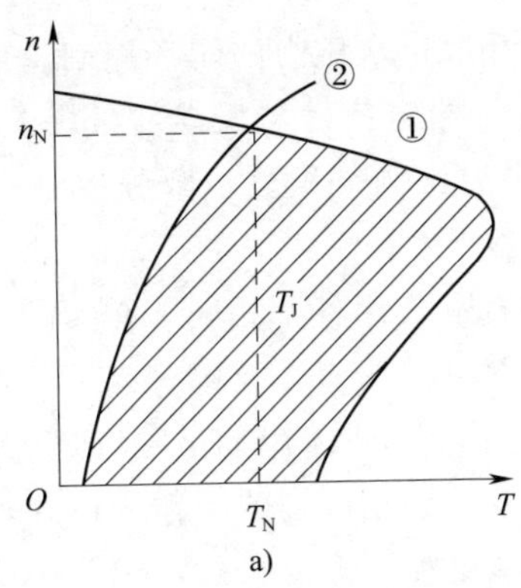

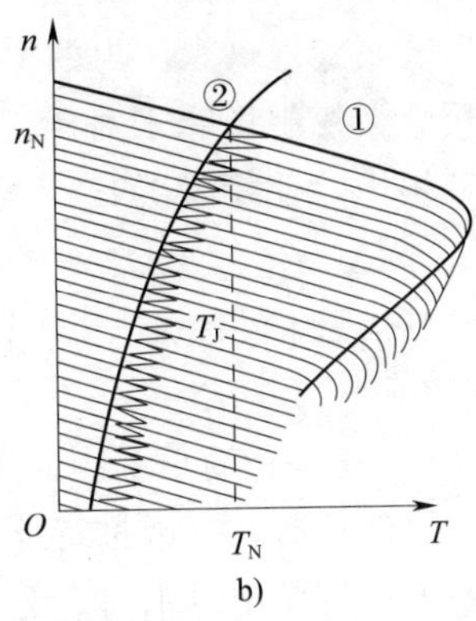

图 33—6　水泵的全压启动和变频启动特性

a）自然机械特性　b）变频调速机械特性

在停机过程中，同样可以通过对降速时间的预置来延长停机过程，使动态转矩大为减小，从而彻底消除水锤效应。

（3）延长水泵使用寿命的其他因素。水锤效应的消除，无疑可大大延长水泵及管道系统的使用寿命。此外，由于水泵工作过程中平均转速下降、平均转矩减小等原因，使叶片承受的应力大为减小、轴承的磨损也大为减小，所以采用了变频调速以后，水泵的工作寿命将大大延长。

二、恒压供水系统简介

1. 恒压供水的目的

对供水系统进行控制，归根结底是为了满足用户对流量的需求。所以，流量是供水系统的基本控制对象。流量的大小取决于扬程，但扬程难以进行具体测量和控制。在动态情况下，管道中水压的大小与供水能力（由供水流量 Q_G表示）和用水需求（由用水流量 Q_u表示）之间的平衡情况有关。

（1）如供水能力 Q_G>用水需求 Q_u，则压力上升（$p\uparrow$）。

（2）如供水能力 Q_G<用水需求 Q_u，则压力下降（$p\downarrow$）。

（3）如供水能力 Q_G＝用水需求 Q_u，则压力不变（p 为常数）。

可见，供水能力与用水需求之间的矛盾具体地反映在流体压力的变化上。所以，只要能保持供水系统中某处压力的恒定，也就保证了该处供水能力和用水流量处于平衡状态，满足了用户所需的用水流量，这就是恒压供水所要达到的目的。

2. 恒压供水系统的 PID 调节、组成和工作过程

（1）恒压供水系统的 PID 调节。目前，变频恒压供水系统的构成各不相同，一般按用户要求进行生产。通常采用 PLC 控制、采用变频器调速、采用压力变送器作为管网压力采样和比较反馈信号与压力设定信号，经过 PID 运算后，输出到变频器作为频率给定，从

而调节电动机的转速，使管网压力维持恒定。

恒压供水系统要实现供水压力的恒定，必须采取供水压力的闭环控制。而闭环控制的关键就在于采用什么控制规律来对压力偏差信号（给定信号与反馈信号之差）进行调节。在实际的工程应用中，使用较为广泛的控制规律为比例、积分、微分控制，简称 PID 控制，又称 PID 调节。

在 PID 调节中，比例、积分、微分的控制目标和作用各不相同，在实际使用中也可根据需要只实现 PI 或 PD 调节。

比例调节（P）是一种简单的控制方式，其输出与输入偏差信号成比例关系。系统一旦出现了偏差，比例环节就立即进行反应来减少偏差。比例调节的作用设置得越大，调节的速度就越快；但比例作用过大时，会使系统的稳定性下降。另外，只采用比例调节时系统的输出将存在稳态误差。

积分调节（I）用于消除系统中的稳态误差，它的输出与输入偏差信号的积分成正比关系。如果系统在进入稳态后存在稳态误差，则称为有差系统，为了消除稳态误差，就需要引入积分调节。积分作用的强弱取决于积分时间常数的选取，随着积分时间常数的增大，积分作用会增强。使用积分调节时，即便系统的偏差很小，积分项也会随着时间的推移而积累加大，它推动控制器的输出增大，使稳态误差进一步减小，直到等于零。因此，加入积分调节能保证系统的稳态精度，但积分作用会使系统的动态响应变慢，若参数选择不当会影响系统的稳定性。积分调节经常与其他两种调节作用配合，组成 PI 调节器或 PID 调节器。

微分调节（D）主要反映系统偏差信号的变化率，控制器的输出与输入偏差信号的微分（即偏差的变化率）成正比关系。自动控制系统在克服偏差的调节过程中可能会出现振荡甚至失稳，主要原因是由于系统中存在较大惯性环节或有滞后环节，这类环节具有抑制偏差的作用，但其变化总是落后于偏差的变化。解决的办法是增加微分调节，使其抑制偏差作用的变化“超前”产生，即调节器在克服偏差的调节过程中使偏差接近零时，抑制偏差的作用就提前为零。微分调节能预测偏差变化的趋势，能产生超前的控制作用。具有微分环节的调节器，能够提前使抑制偏差的控制作用等于零，甚至为负值，从而避免了被控制量的严重超调。但是，微分环节对干扰也有一定的放大作用，过强的微分控制对系统抗干扰不利。微分环节不能单独使用，需要与另外两种调节结合使用来完成系统控制需求。

恒压供水系统中 PID 调节可通过多种方式来实现，既可在可编程序控制器中实现 PID 控制，也可在变频器中实现 PID 控制，还可使用专门的 PID 调节器来实现。

1）在可编程序控制器中实现 PID 调节。目前市场上常见的可编程序控制器基本都具备 PID 调节的处理能力，可直接在可编程序控制器中实现对模拟量信号的控制。具体实现 PID 调节的方法可分成以下几种。

①编写程序实现。对于部分可编程序控制器而言，虽然没有直接提供可用于 PID 控制的功能指令和专用模块，但其系统指令可以通过组合编程来实现 PID 调节器功能。

②使用专用的功能指令。随着工业控制领域对PID控制的需求不断提高，目前很多的可编程序控制器产品已能提供用于PID控制的功能指令。这些指令实际是厂商开发的通用型PID控制子程序，通过与模拟量处理模块的配合使用，可以完成对大部分PID控制的需求。对于这些指令的使用，不需要编程人员对如何具体实现有过多了解，只需简单地进行赋值和参数调整，就可以完成程序开发。同时，开发的成本也比较低，适用于大部分的简单PID控制。

③使用厂商提供的控制模块。有些厂商针对用户专业化的控制需求，可以提供功能强大的PID过程控制模块。这些模块往往由多个子程序构成，用户可以根据实际的需要进行组合，来完成对多达几十个回路的闭环PID控制。这类模块使用起来十分便利，但是其价格相对较高，对于一般性的控制场合很少使用。

2）在变频器中实现PID调节。绝大部分通用变频器都具有PID控制功能。变频器的控制端口一般都配置了模拟量输入端子，可通过变送器将被控制量转换为0～5 V或4～20 mA的标准信号作为反馈信号输入到变频器中，在变频器内部通过PID运算对偏差信号进行调节。变频器的PID控制功能是通过对控制端子和控制参数的设置来实现的，一般需要指定输入端子的用途（给定量或反馈量）、输入信号的类型和量程范围（0～5 V电压或4～20 mA电流），设置控制方式和P，I，D参数值等。

3）使用通用PID调节器。目前，市场上有各种通用的PID调节器供系统选用，它们属于自动化控制仪表，一般体积都很小，只有1个继电器这样的大小。PID调节器具有结构紧凑、安装方便、功能齐全、选件丰富、控制精度高、调整方便等特点，广泛应用于温度、湿度、压力、速度控制等各领域。用户只要根据系统要求选择适用的PID调节器后接上电源，将反馈信号接入调节器，并将其输出端连接到执行部件（如驱动器或放大器）即可。使用时，可在面板上设置所需功能，调整P，I，D参数值，改变给定值。运行过程中，给定信号的数值、被控制量的实际测量值、系统工作状态等都能在面板上实时显示。

（2）恒压供水系统的组成及工作过程。在本实例中，本系统的使用环境是居民大楼，用水量需要根据季节变换和气温变化经常进行调整；而控制室通常无人值守，操作者一般是物业人员，要求系统工作可靠、操作简单。系统的总体设计采用PLC来对水泵的开、关和切换进行控制，以及对故障进行处理，使用PID调节器来实现闭环控制，从而采用变频器驱动水泵。变频器工作在开环运行状态，由PID调节器的输出（4～20 mA电流）作为变频器的频率给定信号。供水管网中的压力，则通过压力变送器转换为4～20 mA的电流信号反馈到PID调节器，压力给定信号在调节器面板中以键盘设置。本系统的控制框图如图33—7所示。

水泵房现场和恒压供水系统电气控制柜的面板外形分别如图33—8和图33—9所示。

本系统在正常工作时只需要2台泵，另有1台作为备用泵。考虑到3台泵应均衡使用，故不设备用泵，而改为3台泵轮流工作制。如大楼居民用水流量少时，用一号泵作变频运行，电动机低速运行。当用水流量增多造成管网压力减小，压力变送器输出信号减小，

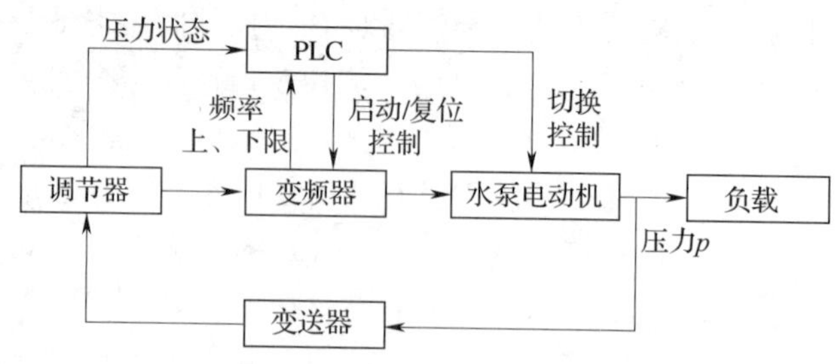

图 33—7　恒压供水系统闭环控制框图

图 33—8　水泵房现场

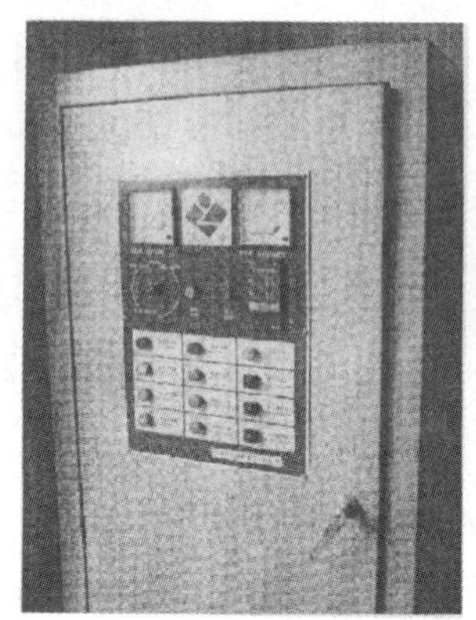

图 33—9　恒压供水系统电气控制柜的面板外形

使 PID 调节器输出信号增大，从而使变频器输出频率升高，使电动机升速，管网压力随之增大。PID 调节器调节压力的过程如下：PID 调节器的给定量 p_g 恒定，当用水流量增多，使供水能力 Q_G 小于用水流量 Q_u 时，压力减小，压力反馈信号 p_F 减小→偏差信号 $p=(p_g-p_F)$ 增大→变频器输出频率 f 升高→电动机转速 n 升高→供水能力 Q_G 增大，直至压力大小恢复到目标值、供水能力与用水流量重新达到平衡（$Q_G=Q_u$）时为止。如果变频器输出已经达到水泵额定频率，且经过一定时间后管网压力仍小于设定值，说明只用 1 台水泵供水能力还不够，则通过 PLC 控制一号泵改为工频运行，接通二号泵并由变频器控制，使管网压力继续增大直到达到压力平衡。

当用水流量减少使压力增大时，通过 PID 调节器的调节作用使变频器输出频率降低，二号泵转速降低，即用水流量减少，使 $Q_G>Q_u$ 时，p_F 增大→(p_g-p_F) 减小→f 降低→n 降低→Q_G 减小→$Q_G=Q_u$，又达到新的平衡。如果变频器输出频率下降到下限值，管网压力仍大于设定值，说明不需要 2 台泵同时工作，则通过 PLC 控制一号工频泵停止工作，剩下二号变频泵低速运行，维持管网压力。

当用水流量又增多使压力减小时，变频器输出频率又上升；如果输出频率达到额定值，而管网压力仍小于设定值，则二号泵转为工频泵，接通三号泵并由变频器控制，使管网压力增大最终达到压力平衡。根据管网压力的变化，3 台泵的工作状况可以轮流切换。

本系统的控制电路如图 33—10 所示，图中所用元件单见表 33—1。

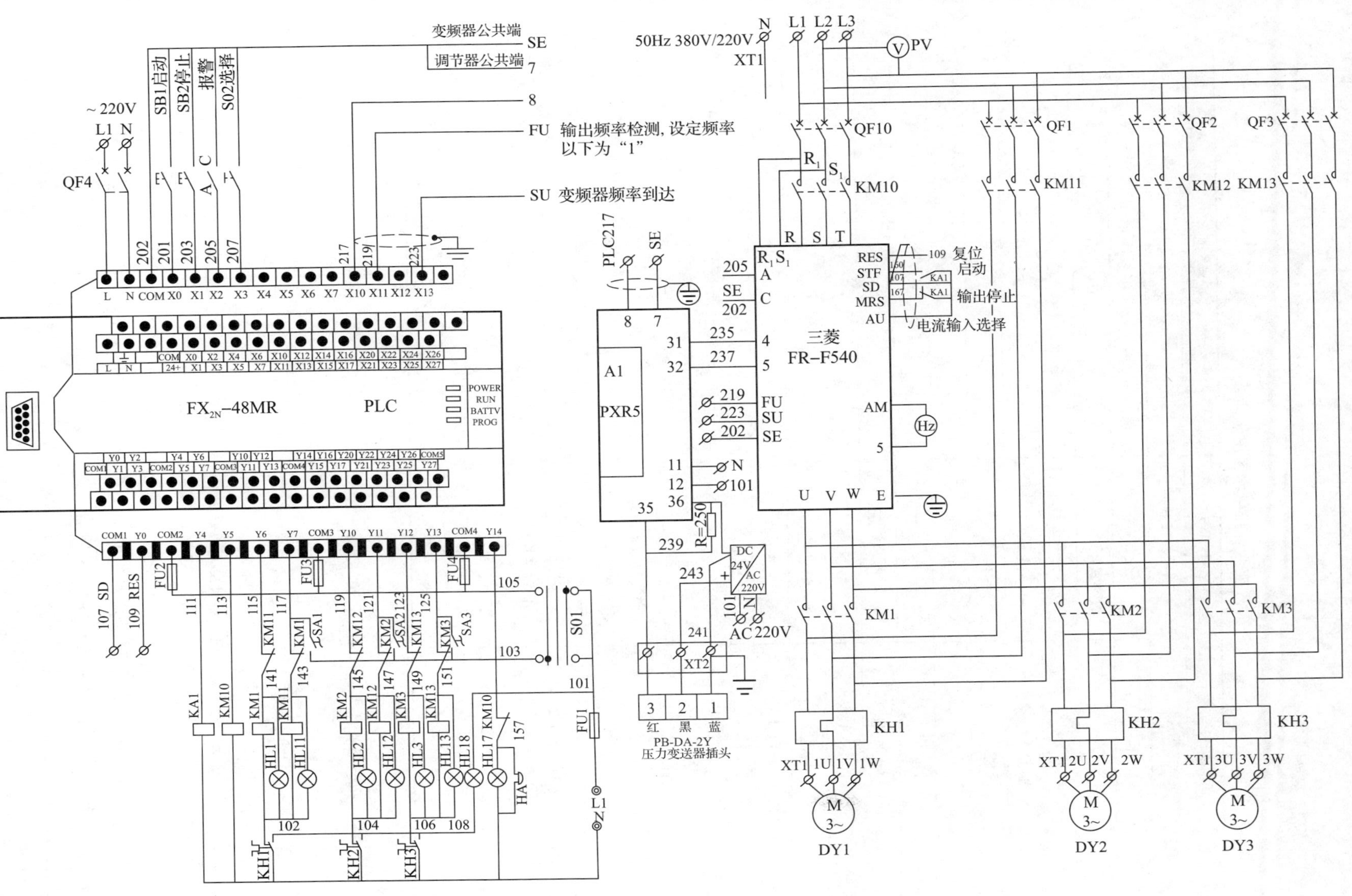

图 33－10 变频恒压供水系统控制电路

表 33—1　　变频恒压供水系统元件单

序号	元件代号	元件名称	型号规格
1	PLC	可编程序控制器	三菱 FX_{2N}-48MR
2	FR-F540	变频器	三菱 FR-F540-11K，11 kW，23 A
3	A1	数字式压力控制表	FUJI PXR-5
4	PB-DA-2Y	压力变送器	HSA PB-DA-2YA，输出 4～20 mA
5	DC	稳压器	AC 220V，DC 24V
6	SB1	启动按钮	—
7	SB2	停止按钮	—
8	S02	手动/自动选择开关	—
9	QF1～QF3，QF10	断路器	—
10	KM1～KM3，KM10～KM13	接触器	—
11	KA1	变频器启停继电器	—
12	KH1，KH2，KH3	热继电器	—
13	FU1～FU4	熔断器	—
14	HL1，HL2，HL3 HL11，HL12，HL13 HL17 HL18	泵1～泵3变频指示灯 泵1～泵3工频指示灯 变频故障指示灯 电动机故障指示灯	—
15	HA	变频故障蜂鸣器	—
16	SA1，SA2，SA3	检修选择按钮	—
17	S01	检修开关	—
18	DY1，DY2，DY3	水泵电动机	Y132M-4B，7.5 kW，15.4 A，380 V，1 440 r/min
19	—	离心清水泵	65DL4，扬程 46 m，流量 30 m^3/h

第 2 节　变频调控系统的工作原理

一、变频器及其参数设置

1. 三菱风机、水泵专用型通用变频器简介

目前，大部分变频器制造厂都专门生产风机、水泵专用型的变频器系列产品。给水系统使用的水泵为离心清水泵，一般情况下可直接选用风机、水泵专用型变频器。用在杂质或泥沙较多场合的水泵，应根据其对过载能力的要求，考虑选用通用型变频器。此外，齿轮泵属于恒转矩负载，应选用通用型变频器。

本系统选用三菱公司 FR－F540 系列变频器，是风机、水泵专用型通用变频器。根据水泵配用的电动机（7.5 kW，380 V，15.4 A，1440 r/min），变频器型号选择为 FR－F540－11K－CH，适用电动机为 11 kW（4 极电动机），额定电流为 23 A。

三菱通用变频器包括 4 大系列：FR－A500 系列多功能通用型变频器，FR－E500 系列小型高功能型变频器，FR－F500 系列风机、水泵专用型变频器，FR－S500 系列简易型变频器。4 大系列通用变频器的共同特点是：采用三菱最新的柔性 PWM 控制技术，使噪声减少、抑制射频干扰能力加强；采用直接监视并控制主回路的智能驱动回路，使低速性能提高；具有可拆卸型冷却风扇、控制端子和漏源型逻辑转换端子，输入、输出端子可在漏型和源型间转换；输入、输出信号类型包括模拟信号、数字信号、脉冲串和网络连接；输入电压范围宽，三相输入电压范围为 323～528 V，单相输入电压范围为 170～264 V；过载能力为 150％、60 s，200％、0.5 s，具有反时限特性；所有的产品均内置 PID 控制器和 RS485 通信接口，也可通过选件卡实现与 CC-link，DeviceNet TM，Profibus－DP，Modbus plus 等现场总线通信；随机附带一个简易操作面板（FR－DU04），也可选用具有 LCD 显示、带菜单功能的选件操作面板 FR－PU04。将操作面板拆下后，即可与计算机连接，通过计算机可设置参数和监控运行。

FR－F540 系列风机、水泵专用型变频器采用磁通控制方式，由于是对励磁电流进行调整控制，从而可使电动机效率提高，进一步实现节能运行，与一般的 V/f 控制方式相比，电动机的效率提高了 15％，电力消耗减少了 45％。其端子功能及接线如图 33—11 所示。

（1）接线端子说明

1）关于短路片。FR－F540 系列变频器的主电路如图 33—12 所示。

P1（整流桥输出端）与 P（直流正端）之间接直流电抗器。出厂时 P1 与 P 之间有短路片相连接，需要接电抗器时应将短路片拆除。

7.5 kW 以下的 FR－F540 系列变频器在 P 和 PX 之间内接制动电阻 RB，而在 PR 和 N（直流负极）之间内接制动单元，出厂时 PX 与 PR 之间有短路片相连接，如图 33—12a 所示。11 kW 以上变频器的制动电阻 RB 与制动单元 VB 均需外接，如图 33—12b 所示。

2）外接频率给定端。变频器可为外接频率给定提供＋5 V 电源（端子⑩，负端为端子⑤），信号输入端分别为端子②（电压信号）、端子④（电流信号）和端子①（辅助给定信号）。

3）输入控制端。其代号及其功能如下：

STF——正转控制端，ON 时正转启动，OFF 时停止。

STR——反转控制端，ON 时反转启动，OFF 时停止。

RH，RM，RL——多段速选择控制端，3 个端子信号的组合可选择多种速度。

JOG——点动模式控制端，ON 时选择点动模式，用 STF 或 STR 可进行点动操作。

RT——第二加/减速控制端，ON 时选择第二加/减速时间。

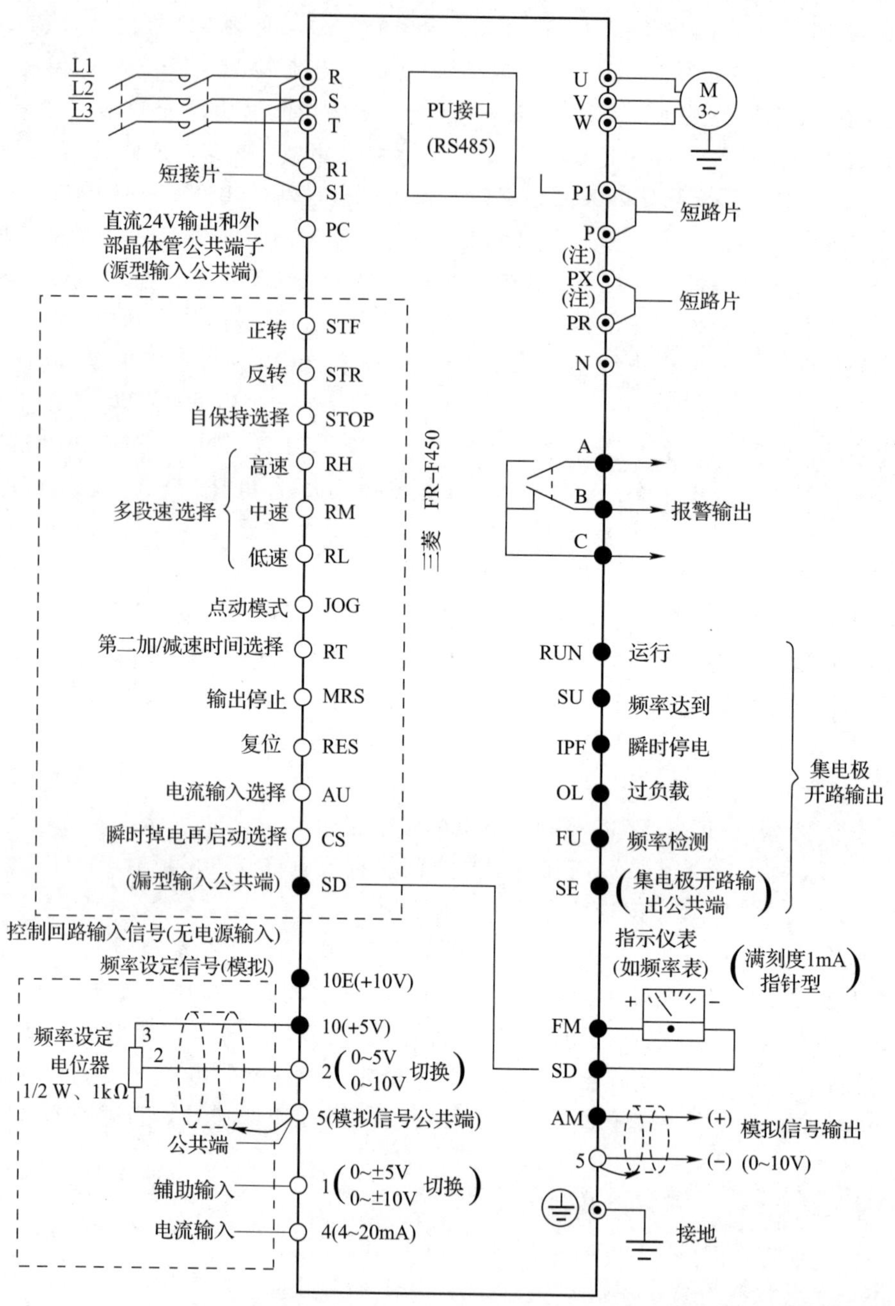

图 33—11 FR－F540 控制端子功能及接线图

MRS——输出停止控制端，MRS 信号保持 ON 状态 20 ms 以上时变频器输出停止。

RES——复位控制端，RES 信号保持 ON 状态 0.1 s 以上然后断开，变频器复位。

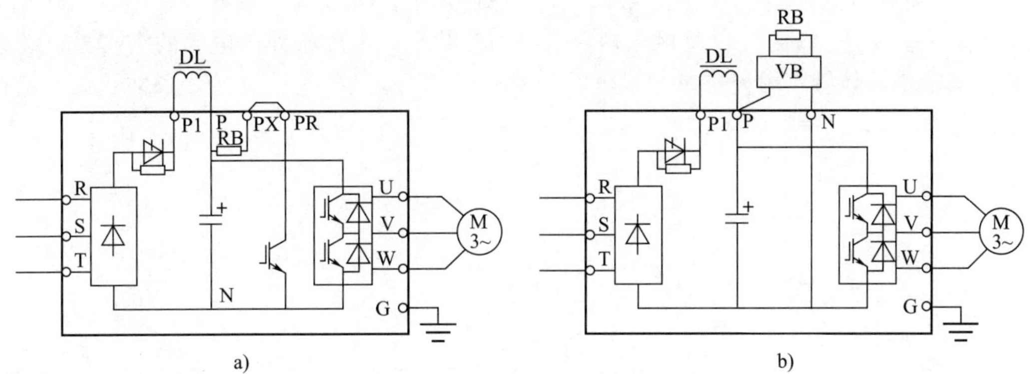

图 33—12　FR-F540 系列变频器主电路

a) 7.5 kW 以下变频器　b) 11 kW 以上变频器

AU——电流输入选择控制端，ON 时变频器允许采用 4～20 mA 直流电流作为频率给定信号。

CS——瞬时掉电再启动（重合闸）选择控制端，如预先设定为 ON，则当瞬时停电恢复时变频器可自动启动，该功能需设参数才能确定。

SD——公共输入端子控制端（漏型），也是＋24 V 电源（PC 端子）的负极端。

4）故障信号输出端。由 A，B，C 组成，为继电器输出，可接至 AC 220 V 电路中。

5）运行状态信号输出端。FR-F540 系列变频器配置了一些可表示运行状态的信号输出端，为集电极开路晶体管输出，只能接至 30 V 以下的直流电路中。运行状态信号有：

RUN——运行信号输出端，变频器运行时有信号输出。

SU——频率达到信号输出端，当变频器的输出频率达到某设定值时，有信号输出。

IPF——瞬时停电信号输出端。

OL——过负载信号输出端。

FU——频率检测信号输出端，当变频器输出频率在设置的频率范围内时，有信号输出。

6）频率测量输出端。FR-F540 系列变频器配置了 2 个测量运行参数的输出端，通过预置可输出 16 种运行参数的测量信号。其中：

FM——数字量输出端，接数字频率计等数字式仪表。

AM——模拟量输出端，接 0～10 V 电压表。

（2）FR-F500 系列风机、水泵专用型变频器（其外形见图 33—13）使用时的一些特殊问题的简要说明

1）关于控制逻辑

①漏型逻辑。漏型逻辑的电路如图 33—14 所示，可以看出 RUN 信号有效时电流的流动路径，其中端

图 33—13　FR-F500 外形图

子 SE 是集电极开路输出信号的公共端。在这种逻辑中，信号端子接通时，电流是从相应的输入端子流出的。端子 SD 是触点输入信号的公共端，不能将外部电源的0 V与端子 SD 相连。当输出晶体管是由外部电源供电时，需要用 PC 端子作为公共端，以防止漏电流产生误动作。

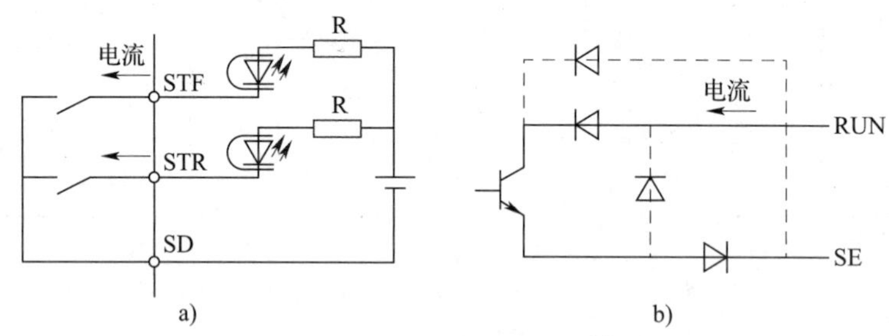

图 33—14 漏型逻辑的电路

a）信号输入端电流路径 b）运行状态时信号输出端电流路径

②源型逻辑。源型逻辑的电路如图 33—15 所示，图 33—15b 是 RUN 信号有效时电流的流动路径，端子 SE 是集电极开路输出信号的公共端。在这种逻辑中，当信号端子接通时，电流是从相应的输入端子流入的。端子 PC 是触点输入信号的公共端。当输出晶体管由外部电源供电时，需要用端子 SD 作为公共端，以防止漏电流产生误动作。

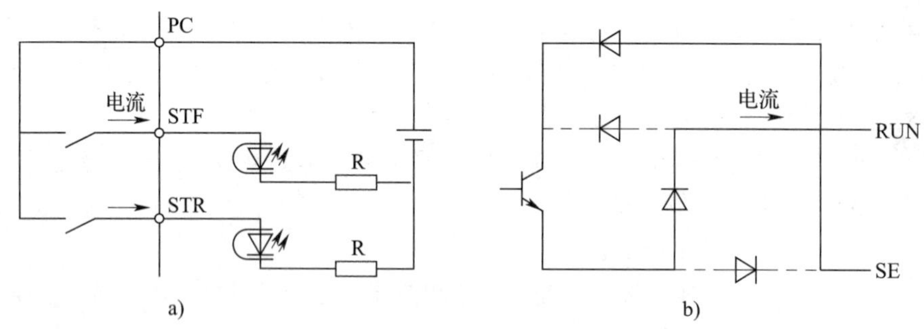

图 33—15 源型逻辑的电路

a）信号输入端电流路径 b）运行状态时信号输出端电流路径

漏型逻辑和源型逻辑可通过改变控制回路端子板背面的跳线位置而变换。变频器出厂时设置为漏型逻辑，要改变为源型逻辑，可拆下控制回路端子板，将背面的跳线从漏型逻辑位置移到源型逻辑位置。

2）关于水泵电动机在工频电源与变频器间的切换操作。水泵电动机可在工频电源与变频器间进行切换操作。FR－F540 变频器内部具有可供切换的自动顺序控制功能，在需切换时向变频器输入启动、停止或自动切换选择信号即可进行切换，并自动实现交流接触器的互锁。但在本实例中未使用该项功能，而是用 PLC 控制来进行切换。变频器与 PLC、PID 调节器的连接及切换控制主电路如图 33—16 所示。以一号水泵（DY1）为例，图

33—16 中的交流接触器 KM1 和 KM11 应具备电气和机械双重互锁环节，以确保安全可靠。此外，应注意在这种控制系统中变频器不宜使用“停电后电源恢复再启动”功能。在设置变频器电源侧交流接触器的同时，还应设计停电后控制启动信号断开，以防止停电后电源恢复时变频器自动再启动。还应避免切换瞬间产生飞弧、动作逻辑发生错误，以及来自电源的漏电流构成回流等，避免造成短路故障损坏变频器。

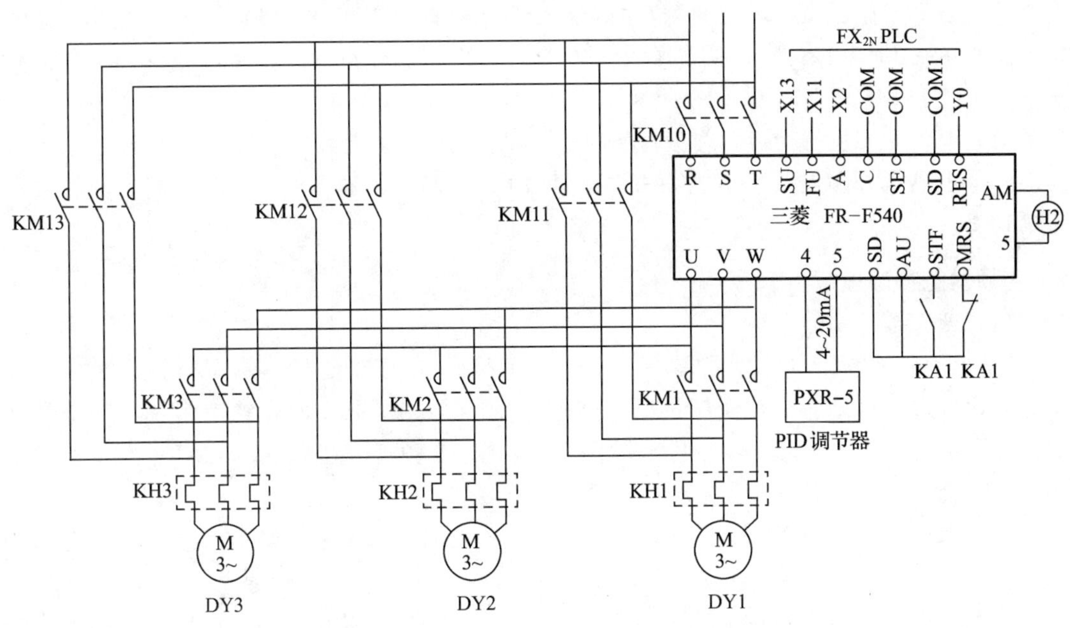

图 33—16　变频器的接线及切换控制主电路

变频运行的电动机切换为工频运行时，切换的第一步是将电动机接到变频器的接触器 KM1 断开。KM1 断开后的短时间内，定子绕组的自感电动势将立即消失，但转子电流和磁场并不立即消失。由于电动机的转子绕组是自成回路的，所以根据“楞次定律”，转子绕组的自感电动势将阻止电流立即消失，使电流逐渐减小。这个电流所产生的逐渐衰减的磁场，在转子还未完全停住时，将被定子绕组切割，且在定子绕组中产生互感电动势。如果在定子绕组中的互感电动势还未消失的情况下，马上接通工频电源（KM11 闭合），则互感电动势与外加的工频电压相叠加，有可能产生较大的过电流。因此，在进行切换控制时，应在 KM1 断开后延时一段时间再闭合 KM11 接通工频电源，从而避免过大的电流冲击。但这段时间也不能太长，断电时间过长则电动机转速会因管网中水的位能所带来的阻力矩而迅速下降，通常断电几秒后水泵就会停机，再切换到工频时又会产生较大的启动电流。本系统采取的是先断开变频器输出，经 1 s 后切断 KM1，再接通 KM11 切换到工频的步骤。

(3) 变频器与 PLC，PID 调节器的连接。图 33—16 已画出变频器与 PLC，PID 调节器之间的连接关系，图中控制输入端子④⑤与 PID 调节器的控制输出端相连接，调节器输出的 4～20 mA 电流作为变频器的外部频率给定信号输入到变频器，而变频器为开环运行状态，按外部频率给定指令输出具有相应频率的交流电压驱动水泵的运转。控制端子 AU 直接接到控制输入公共端 SD，允许变频器选择 4～20 mA 电流作为输入信号。复位端子 RES 接到 PLC 的输出端 Y0，当 Y0 有输出时变频器进行复位，所有的保护回路动作的保持状态被解除。正转启动 STF 和输出停止 MRS 分别通过由 PLC 控制的中间继电器 KA1 的常开触点和常闭触点接到公共端 SD。当 KA1 吸持时，STF=1，MRS=0，变频器正转启动；当 KA1 失电释放时，STF=0，MRS=1，变频器停止输出，并停止制动。控制输出端子 FU 和 SU 分别向 PLC 发出频率低于下限和达到上限的信号，由 PLC 进行判断是否需对水泵的状态进行切换。变频器故障输出端 A 和 C 也接到 PLC 输入端，当变频器异常时，继电器常开触点 A 和 C 之间接通，由 PLC 切断变频器和电动机的运行，同时发出报警信号。

2. 变频器的参数设置

（1）变频器的功能预置

1）上限频率（Pr. 1）。水泵属于二次方律负载，当转速超过其额定转速时，转矩将按平方规律增加。例如，当转速超过额定转速 10%（$n=1.1n_N$）时，转矩将超过额定转矩 21%（$T=1.21T_N$），导致电动机严重过载。因此，变频器的工作频率是不允许超过额定频率的，其最高频率只能与额定频率相等，即 $f_{max}=f_N=50$ Hz。

一般来说，上限频率以等于额定频率为宜，但有时也可预置得略低一些，原因有如下两个：

第一，由于变频器内部往往具有转差补偿功能，因此同样在 50 Hz 的情况下，水泵在变频运行时的实际转速高于工频运行时的实际转速，从而增大了水泵和电动机的负载。

第二，一般认为，变频调速系统接近 50 Hz 运行，还不如直接在工频下运行，可以减少变频器本身的损失。

所以，将上限频率预置为 49 Hz 或 49.5 Hz 是适宜的。本实例将上限频率设置为 50 Hz。

2）下限频率（Pr. 2）。在供水系统中，转速过低会导致水泵的全扬程小于基本扬程（实际扬程），形成水泵“空转”的现象。所以在多数情况下，下限频率应定为 30～35 Hz。在其他场合，根据具体情况，也可定得更低。本实例中，下限频率定为 15 Hz。

3）基底频率（Pr. 3）。三菱的变频器有 1 个基底频率，它用于将变频器输出电压和频率调整到电动机的额定电压和频率。如电动机需要在工频电源与变频器切换时运行，则基底频率就应设置为与电源的频率相同。本实例中，电动机设计为升速至 48 Hz 时切换到工频运行，因此基底频率设置为 48 Hz。

4）启动频率（Pr. 13）。水泵在启动前，其叶轮全部在水中；启动时，由于存在一定的阻力，在从 0Hz 到开始启动的一段频率内，叶轮实际上转不起来。因此，应适当预置启动频率，使其在启动瞬间有一点冲力。本实例将启动频率设为 0.5 Hz（采用出厂设定值），由于此值低于由 Pr. 2 设置的下限频率（15 Hz），因此只要启动信号为 ON（STF=

1），即使没有指令频率（4～20 mA 电流给定信号），电动机也能以下限频率运行。

5）升速时间与降速时间（Pr. 7 与 Pr. 8）。一般来说，水泵不属于频繁启动与制动的负载，其升速时间与降速时间的长短并不涉及生产效率的问题。因此，升速时间和降速时间可以适当地预置得长一些。决定升速时间的原则通常是：在启动过程中，最大启动电流接近或略大于电动机的额定电流。降速时间只需和升速时间相等即可，本例设为 10 s。

6）输出状态检测（Pr. 41 和 Pr. 42）。本系统采用 PLC 来控制电动机工作状态的切换，因此必须让 PLC 实时知道变频器的工作情况。变频器的 SU 和 FU 控制端子可以反映变频器输出频率的状况。其中，SU 端子（频率到达信号）在加减速或停止时为高电平，当输出频率达到设定值的±10%（为出厂设定值，可在 Pr. 41 中改变）时为低电平；FU 端子（频率检测信号）在输出频率大于设置的检测频率（在 Pr. 42 中设置，出厂设定值为 6 Hz）时为低电平，而在小于检测频率时为高电平。本实例以 SU 信号为运行频率的上限信号，Pr. 41 设为 100%。当变频器的输出频率达到基底频率的 100%（即 48 Hz）时 SU=0；而以 FU 信号为运行频率的下限信号，Pr. 42 设为15 Hz。当变频器的输出频率低于下限频率时 FU=1。值得注意的是：变频器控制信号的输出端是集电极开路输出的晶体管集电极，当控制输出为低电平时表示晶体管 ON（导通），而为高电平时表示晶体管 OFF（截止）。因此，当控制输出端与 PLC 的输入端相连接且变频器控制输出为低电平时，PLC 的输入电路有电流流过，PLC 的输入继电器 ON。这样，当变频器输出频率达到上限时 SU=0，PLC 的输入继电器 X13=1；而当输出频率低于下限时 FU=1，PLC 中 X11=0。

7）AM 端子功能选择和 A，B，C 端子功能选择。在本实例中，变频器还使用了频率表输出指示和故障报警继电器。变频器的频率显示通过模拟量信号输出端子 AM 输出，其频率输出信号为 0～10 V，允许负载电流 1 mA。实际选用 0～10 V 的电压表，将表面改为频率表使用。AM 端子的输出功能由参数 Pr. 158 设置，可以通过设置不同的参数值来使 AM 输出与不同种类信号的电压对应。如 Pr. 158=1 显示频率、Pr. 158=2 显示输出电流、Pr. 158=3 显示输出电压、Pr. 158=6 显示转速等，可有 13 种信号可选。本实例使用出厂设定值 Pr. 158=1 显示频率，其满量程即 10 V 电压对应的频率以 Pr. 55 设置，本实例使用出厂设定值 Pr. 55=50Hz。

变频器故障报警通过变频器的继电器输出端 A，B，C 来实现，其中 C 为触点公共端，C-A 为常开触点，C-B 为常闭触点。本实例将 A 和 C 分别接到 PLC 的 X2 与 COM，当 A，B，C 端子按出厂设置作为故障报警时，变频器因保护功能动作，A-C 之间接通，使 PLC 的 X2=1。A，B，C 端子的功能可由参数 Pr. 195 设置，出厂设定值为 Pr. 195=99。

8）频率输入给定信号的设置。FR-F540 可通过（0～5 V）电压输入或（4～20 mA）电流输入来作为频率给定信号。当端子 AU 与 SD 接通时，电流输入有效，此时 4～20 mA的电流信号作为变频器输出频率的给定指令。4～20 mA 电流对应输出频率的范围以参数 Pr. 904（频率设定电流偏置）和 Pr. 905（频率设定电流增益）来设置。4 mA 电流的对应频率以 Pr. 904 来设置，20 mA 电流对应频率以 Pr. 905 来设置。本实例中使用出厂设定值 Pr. 904=0 Hz、Pr. 905=50 Hz。

此外，电动机的额定参数按电动机铭牌在参数 Pr. 80～Pr. 83 中设置。本实例中参数设置见表 33—2。

表 33—2　　FR－F540 系列变频器参数设置

<table>
<tr><th>功能</th><th>参数号</th><th>名称</th><th colspan="2">设置范围</th><th colspan="2">设定值</th></tr>
<tr><td rowspan="5">基本功能</td><td>Pr. 1</td><td>上限频率</td><td colspan="2">0～120 Hz</td><td colspan="2">50 Hz</td></tr>
<tr><td>Pr. 2</td><td>下限频率</td><td colspan="2">0～120 Hz</td><td colspan="2">15 Hz</td></tr>
<tr><td>Pr. 3</td><td>基底频率</td><td colspan="2">0～400 Hz</td><td colspan="2">48 Hz</td></tr>
<tr><td>Pr. 7</td><td>加速时间</td><td colspan="2">0～360 s</td><td colspan="2">10 s</td></tr>
<tr><td>Pr. 8</td><td>减速时间</td><td colspan="2">0～360 s</td><td colspan="2">10 s</td></tr>
<tr><td>标准运行功能</td><td>Pr. 13</td><td>启动频率</td><td colspan="2">0～60 Hz</td><td colspan="2">0.5 Hz</td></tr>
<tr><td rowspan="2">输出功能</td><td>Pr. 41</td><td>频率达到动作范围</td><td colspan="2">0%～100%</td><td colspan="2">100%</td></tr>
<tr><td>Pr. 42</td><td>输出频率检测</td><td colspan="2">0～400 Hz</td><td colspan="2">15 Hz</td></tr>
<tr><td>显示功能</td><td>Pr. 55</td><td>频率监视基准</td><td colspan="2">0～400 Hz</td><td colspan="2">50 Hz</td></tr>
<tr><td rowspan="4">电动机参数</td><td>Pr. 80</td><td>电动机容量</td><td colspan="2">0～55 kW</td><td colspan="2">7.5 kW</td></tr>
<tr><td>Pr. 81</td><td>电动机极数</td><td colspan="2">2，4，6，8，12，16</td><td colspan="2">4</td></tr>
<tr><td>Pr. 83</td><td>电动机额定电压</td><td colspan="2">0～1 000 V</td><td colspan="2">380 V</td></tr>
<tr><td>Pr. 84</td><td>电动机额定频率</td><td colspan="2">50～120 Hz</td><td colspan="2">50 Hz</td></tr>
<tr><td>子功能</td><td>Pr. 158</td><td>AM 端子功能选择</td><td colspan="2">0，1，2，5，6，8，10～14，17，21</td><td colspan="2">1</td></tr>
<tr><td>端子安排功能</td><td>Pr. 195</td><td>A，B，C 端子功能选择</td><td colspan="2">0～5，8，10，11，13～19，25，26，98～105，108，110，111，113～116，125，126，198，199，9999</td><td colspan="2">99</td></tr>
<tr><td rowspan="2">校准功能</td><td>Pr. 904</td><td>频率设定电流偏置</td><td>0～20 mA</td><td>0～60 Hz</td><td>4 mA</td><td>0 Hz</td></tr>
<tr><td>Pr. 905</td><td>频率设定电流增益</td><td>0～20 mA</td><td>1～400 Hz</td><td>20 mA</td><td>50 Hz</td></tr>
</table>

注：其他参数为出厂设定值。

（2）参数设置的操作

1）FR－F540 的操作面板配置。FR－F540 的操作面板如图 33—17 所示。

①显示屏。FR－F540 系列变频器的 LED 显示屏可以显示给定频率、运行电流和电压等参数。显示屏旁边有单位指示灯：

Hz 灯亮——显示频率。

A 灯亮——显示运行电流。

V 灯亮——显示运行电压。

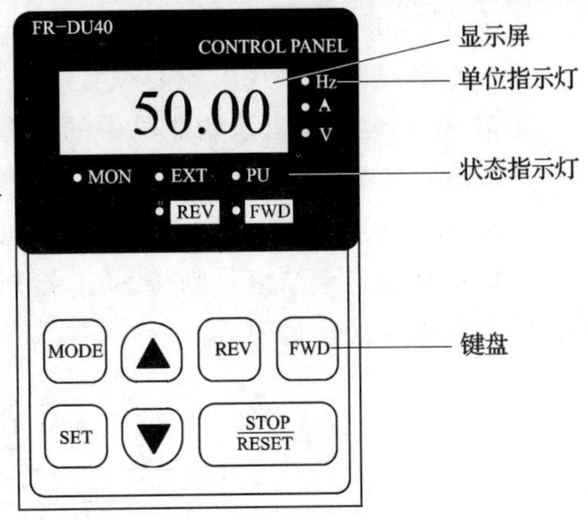

图 33—17　FR－F540 的操作面板

显示屏下方有 5 个状态指示灯：

MON——模式指示，在监视显示模式下指示灯亮。

EXT——外部操作模式，即用外接端子控制时亮。

PU——PU 操作模式，即用键盘控制时亮。

FWD——正转运行时闪烁。

REV——反转运行时闪烁。

②键盘。键盘中各键的功能如下：

MODE 键——用于切换工作模式（监视模式、频率设定模式、参数设定模式、运行模式或帮助模式）。

▲键和▼键——在频率设定模式下，用于增、减给定频率；在参数设定模式下，用于更改参数号或参数设定值；在运行模式下，用于在外部操作模式和 PU 操作模式之间切换。

SET 键——用于频率和参数的设置。

FWD 键——向变频器发出正转指令，仅在键盘运行方式下有效。

REV 键——向变频器发出反转指令，仅在键盘运行方式下有效。

STOP/RESET 键——当变频器正在运行时，向变频器发出停机指令；当变频器发生故障并修复后，用于使变频器复位。

2）键盘操作。接通电源，打开电源开关后，LED 显示屏将显示 0.00 Hz。按 MODE 键，切换到运行模式，通过按▲键或▼键切换到 PU 操作模式，然后再按 MODE 键，可在监视模式、频率设定模式、参数设定模式、运行模式或帮助模式之间进行切换。最后，可通过下述方法在面板上以键盘进行各种操作。

①运行。在频率给定模式下，可按▲键或▼键，使给定频率变为所需数值，如 30 Hz。当数值设好后，按 SET 键以确定所设的给定频率。再按 FWD 键或 REV 键，则变频器的输出频率即按预置的升速时间开始上升到给定频率，电动机的运行方向由所按的键决定。

②升速及降速。在运行过程中，按▼键，频率按预置的降速时间下降；按▲键，频率按预置的升速时间上升。

③停止。按 STOP/RESET 键，输出频率按预置的降速时间下降至 0 Hz。

④查看运行参数。在监视模式下，可以通过按 SET 键，更改 LED 显示屏的显示内容，以便查看在运行过程中变频器的输出电流或输出电压。每次按 SET 键，显示内容依次是频率→电流→电压→报警→频率。

3）参数设置的操作流程。FR－F540 系列变频器的参数设置流程如图 33—18a 所示。以把升速时间（参数号为 Pr.7）从 5 s 增加到 20 s 为例，其显示屏对应的状态如图 33—18b 所示。设置参数的操作步骤如下：

①按 MODE 键，使变频器进入参数设定模式，显示屏显示“Pr..”。

②按▲键或▼键，找出所需预置的参数号“Pr. 7”。

③按 SET 键，读出该功能码中的原有参数值“5.0”。

④按▲键或▼键，将数据码调整为“20.0”。

⑤按 SET 键 1.5 s，写入新设定值，此时新参数值与“Pr..”交替显示。

⑥如功能预置未结束，则按 SET 键转入第②步；如功能预置已经结束，则按 MODE 键，使变频器转为运行模式。

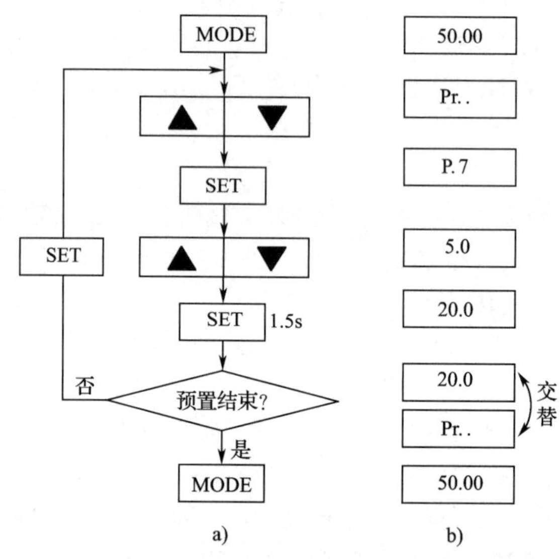

图 33—18　FR－F540 的参数设置流程及显示状态

a）流程图　b）显示状态

二、数字式多功能 PID 调节器 PXR－5 的应用

本实例中，使用了独立的 PID 调节器来实现对供水管网压力的闭环控制。该调节器选用的是富士公司生产的 PXR－5 型微型数字温控表。PXR－5 型温控表虽然是为温度控制而设计的，但由于它不仅具有丰富的控制、报警、通信功能，以及简单方便的操作方法和直观醒目的数字显示，而且体积小（相当于 1 个中间继电器的大小）、价格低，因此常常被作为通用的 PID 控制器，在温度、压力、流量等控制系统中得到了广泛的应用。

1. 数字式多功能 PID 调节器 PXR－5 的功能特点

（1）前面板 IP66 防水结构，三键式菜单操作。

（2）标准螺钉接线，不需插座。

（3）纵向尺寸短，只有 78 mm。

（4）测量值和给定值在面板上以大字红色显示。

(5) 具有多种控制功能。简单 ON/OFF 控制、PID 带自动调节控制、模糊及 PID 带自动调节控制、PID 自适应调节控制。

(6) 具有数据再传输功能，传感器测量值可以用 4～20 mA 电流形式传送到 PHR 型数据记录仪、PLC 或计算机中。

(7) 选用 RS485 通信功能选件，可与 FUJI POD 及计算机通信。

(8) 可选数字输入控制功能选件通过设置某点开关量 ON/OFF，可改变 SV 的设定值，以控制动作的启/停、斜坡/保温控制的开始/复位、自动调节功能的启/停、报警锁存的复位、定时器计时开始。

本实例选用的控制器型号为 PXR5BEY1 - 8N000，该控制器面板尺寸为 48 mm×96 mm，有 1 个控制输出端，输出类型为 4～20 mA 直流电流，具有 1 个报警输出，电源电压为 AC 100～240 V，无附加功能。

PXR - 5 的外形如图 33—19 所示，尺寸为 48 mm×96 mm×78 mm（宽×高×深）。

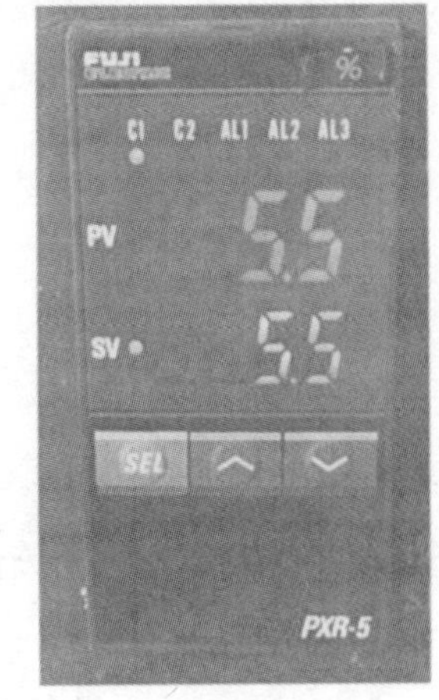

图 33—19 PXR - 5 的外形

2. PXR - 5 的接线

PXR - 5 的各接线端子如图 33—20 所示，实际接线时，接线端子在调节器的背面通过螺钉与导线连接。

由于受本实例所选的 PXR - 5 型号所约束，图 33—20 可以确定电源端子⑪⑫为 AC 100～240 V；控制输出 1 端子㉛㉜为电流输出；测量值输入端子㉟㊱为电流/电压输入，并应在端子㉟㊱之间并接 250 Ω 电阻；报警 AL1 输出端子⑦⑧为常开触点。据此，可画出 PXR - 5 与 PLC、变频器的接线图，如图 33—21 所示。

在图 33—21 中，管网压力通过压力变送器输出 4～20 mA 电流信号送到 PXR - 5 的输入端，作为反馈值。压力变送器采用宝鸡华水自动化工程有限责任公司生产的 HSA 变频专用压力变送器，型号为 PB - DA - 2YA，量程为 0～1.0 MPa，输出信号为 4～20 mA。PB - DA - 2Y 系列产品是 1 种新型的压力变送器，广泛应用于冶金、电力、自来水、化工、石油等工业现场，实现远程监控和控制。该压力变送器的外形如图 33—22 所示。

PB - DA - 2Y 系列产品采用的传感器部件为光刻箔式电阻应变计，它设计新颖独特，工艺先进，信号输出稳定，信号输出精度达 1.0 级，表面指针精度为 1.5 级。使用环境温度为－20～45℃，相对湿度不大于 80%。仪表接线为三线制：黑色——电源正极；红色——输出正极；蓝色——公共负极。接头螺纹选用 ZG1/2，与管道直接相接。在本实例中，压力变送器安装在水泵出水口的管道上，如图 33—23 所示。

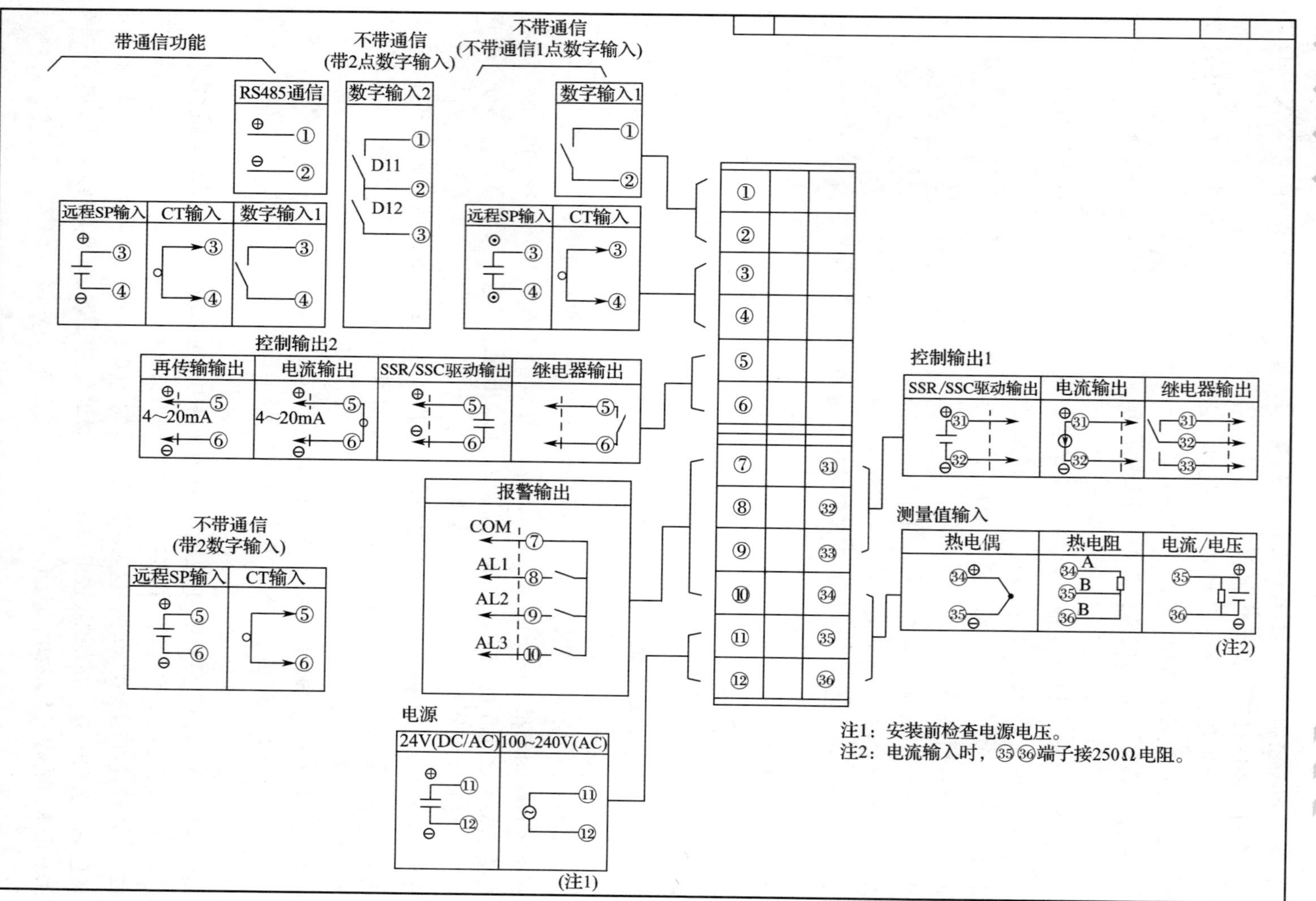

图 33—20　PXR－5 端子接线图

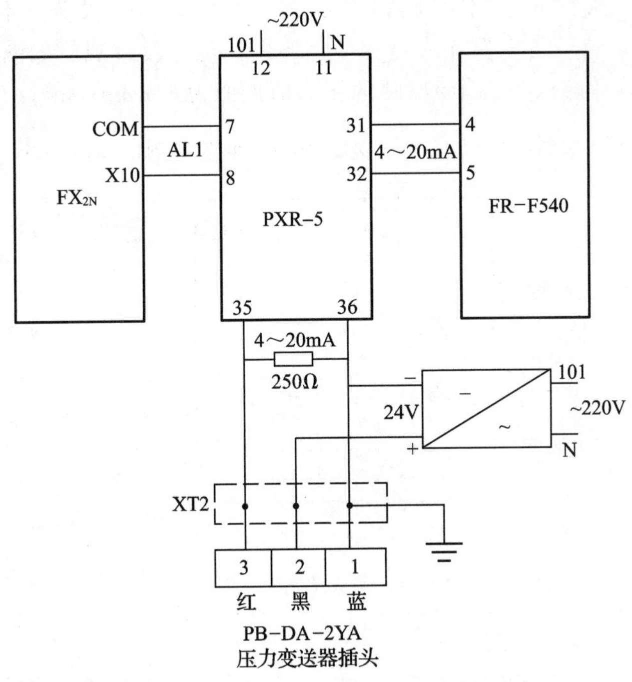

图 33—21　PXR－5 与 PLC、变频器的接线图

图 33—22　压力变送器外形

图 33—23　压力变送器安装位置

3．PXR－5 的控制面板和操作方法

PXR－5 的控制面板如图 33—24 所示，各指示灯在执行相应操作时点亮，C2，AL2，AL3 在本实例中未配备，故不会点亮。PV 为输入测量值，实时显示从压力变送器输入到 PID 调节器的实际压力值；SV 为压力给定值，由面板上键盘设置。在本实例中，由于指定输入信号为 4～20 mA 电流，则 PV 和 SV 的值规定以百分比的形式显示，显示范围为 0%～100%。4～20 mA 电流实际反映的管网压力范围为 0～1 MPa，即显示数值为 1 时（1%）表示压力为 0.01 MPa。因为 1 MPa＝10.204 kg/cm^2，近似为 10 kg/cm^2，所以

0.01 MPa 近似为 0.1 kg/cm²。本实例将显示面板中的小数点设为 1 位，则 1%显示为 0.1，与压力值对应，比较符合操作人员的使用习惯，也比较直观。如图 33—19 所示，显示值为 5.5，实际 SV 值为 55%，即反映的压力值近似为 5.5 kg/cm²。

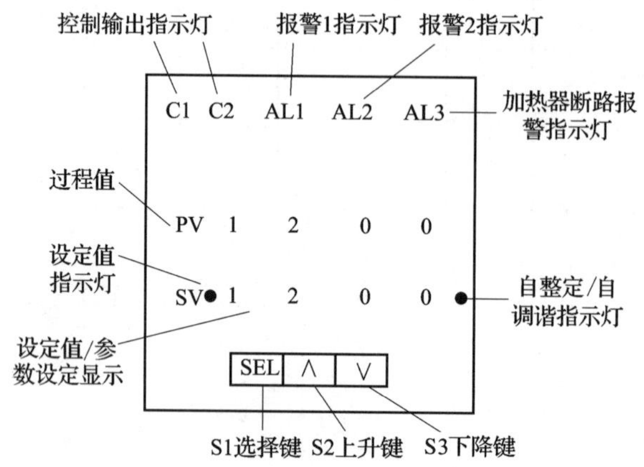

图 33—24 PXR－5 的控制面板

在操作面板上有 3 个键：SEL 键、∧键、∨键。其中，SEL 键是选择键，用于选择参数组、确认参数值的读入和修改，以及返回工作状态；∧键和∨键为增大和减小键，用于选择参数及改变参数值。其参数设置的操作步骤如下：

（1）通过∧键或∨键，选择希望设置的参数。

（2）按 SEL 键，使该参数允许被修改。

（3）用∧键或∨键修改其参数值。

（4）参数修改后，按 SEL 键确认参数值的修改。

（5）要继续设置，可通过∧键或∨键，选择希望设置的其他参数，如设置完成，可长按 SEL 键 2 s，使仪表返回工作状态。

4. 参数的设置

根据本系统对 PID 调节器的要求，PXR－5 应实现对压力偏差的 PID 运算，输出控制信号来作为执行部件——变频器的频率给定信号；在压力达到给定值时应向 PLC 发出报警信号。为实现这些任务，应对 PXR－5 进行相应的参数设置；同时针对输入信号是 4～20 mA 电流，也要通过相应的参数设置来指定 PXR－5 的输入量程。

管网压力的给定值在调节器处于工作状态时，可以随时用操作面板上的∧键或∨键直接进行修改，修改后等待 3 s，该给定值即自动保存，并以红色的大字显示在面板中 SV 后的位置上。其他功能的设置，则必须在调节器处于参数设置状态时通过参数值的修改来加以确定。按 SEL 键可以使调节器在工作状态和参数设置状态之间切换。

该调节器的参数分为 3 组，可以根据不同要求分别设置，这 3 组参数的分类及各自参数的定义分别见表 33—3、表 33—4 和表 33—5。在需要设置其中的有关参数时，按住 SEL 键保持 1 s（或 2 s，3 s）就可以分别进入第一组（或第二组、第三组）参数的设置状态，使用∧键或∨键可以在本组参数中选择需要设置的参数并进行修改。当该组参数设置完成后，按 SEL 键保持 2 s 就可返回工作状态，可继续进入其他参数组进行设置，也可保持在工作状态进行控制。

表 33—3　　　　PID 调节器第一组参数

<table>
<tr><th>参　数
(显示形式)</th><th>参数定义</th><th colspan="5">设置范围</th><th>出厂设定值</th><th>dsp 规定</th></tr>
<tr><td rowspan="2">STby</td><td rowspan="2">暂停设置（在运行/待机间转换）</td><td colspan="5">ON：控制暂停（输出：停止；报警：停止）</td><td rowspan="2">OFF</td><td rowspan="2">dsp1 - 1</td></tr>
<tr><td colspan="5">OFF：运行</td></tr>
<tr><td rowspan="3">ProG</td><td rowspan="3">斜坡/保温控制（启动/停止/暂停）</td><td colspan="5">OFF：停止</td><td rowspan="3">OFF</td><td rowspan="3">dsp1 - 2</td></tr>
<tr><td colspan="5">RUN：开始</td></tr>
<tr><td colspan="5">HLd：暂停</td></tr>
<tr><td rowspan="2">LACH</td><td rowspan="2">解除报警闩锁</td><td colspan="5">0：有效</td><td rowspan="2">0</td><td rowspan="2">dsp1 - 4</td></tr>
<tr><td colspan="5">1：无效</td></tr>
<tr><td rowspan="3">AT</td><td rowspan="3">自整定，用于设置 P，I，D 常数</td><td colspan="5">0：OFF</td><td rowspan="3">0</td><td rowspan="3">dsp1 - 8</td></tr>
<tr><td colspan="5">1：标准</td></tr>
<tr><td colspan="5">2：低 PV</td></tr>
<tr><td>TM - 1</td><td>显示时间继电器 1 的剩余时间</td><td colspan="5">单位：s</td><td>—</td><td>dsp1 - 16</td></tr>
<tr><td>TM - 2</td><td>显示时间继电器 2 的剩余时间</td><td colspan="5">单位：s</td><td>—</td><td>dsp1 - 32</td></tr>
<tr><td>AL1</td><td>报警 1 设定值</td><td colspan="5" rowspan="3">绝对值报警 0～100FS
偏差报警：－100％～100％FS</td><td>10</td><td>dsp1 - 128</td></tr>
<tr><td>A1 - L</td><td>报警 1 下限值</td><td>10</td><td>dsp2 - 1</td></tr>
<tr><td>A1 - H</td><td>报警 1 上限值</td><td>10</td><td>dsp2 - 2</td></tr>
<tr><td>AL2</td><td>报警 2 设定值</td><td colspan="5" rowspan="3">绝对值报警 0～100FS
偏差报警：－100％～100％FS</td><td>10</td><td>dsp2 - 4</td></tr>
<tr><td>A2 - L</td><td>报警 2 下限值</td><td>10</td><td>dsp2 - 8</td></tr>
<tr><td>A2 - H</td><td>报警 2 上限值</td><td>10</td><td>dsp2 - 16</td></tr>
<tr><td rowspan="9">LoC</td><td rowspan="9">键锁</td><td colspan="5">设置</td><td rowspan="9">0</td><td rowspan="9">dsp3 - 1</td></tr>
<tr><td>LoC</td><td colspan="2">所有参数</td><td colspan="2">SV</td></tr>
<tr><td>设定值</td><td>键</td><td>通信</td><td>键</td><td>通信</td></tr>
<tr><td>0</td><td>O</td><td>O</td><td>O</td><td>O</td></tr>
<tr><td>1</td><td>X</td><td>O</td><td>X</td><td>O</td></tr>
<tr><td>2</td><td>X</td><td>O</td><td>O</td><td>O</td></tr>
<tr><td>3</td><td>O</td><td>X</td><td>O</td><td>X</td></tr>
<tr><td>4</td><td>X</td><td>X</td><td>X</td><td>X</td></tr>
<tr><td>5</td><td>X</td><td>X</td><td>O</td><td>X</td></tr>
</table>

注：O——设置可能，X——设置不可能。

表 33—4 **PID 调节器第二组参数**

参 数 （显示形式）	参数定义	设置范围	出厂设定值	dsp 规定
P	比例带（0：为 2 位置控制）	0.0%～999.9%	5	dsp3 - 2
I	积分时间（0：积分 OFF）	0～3 200 s	240	dsp3 - 4
d	微分时间（0：微分 OFF）	0.0～999.9 s	60.0	dsp3 - 8
HyS	2 位置控制的滞后宽度	0%～50%FS	1℃	dsp3 - 16
CooL	冷却侧比例带系数	0.0～100.0	1.0	dsp3 - 32
db	冷却侧比例带的位移(死区)	－50.0～＋50.0	0.0	dsp3 - 64
bAL	输出补偿值	－100%～＋100%	单 0.0，双 50.0	dsp3 - 128
Ar	积分动作禁止点	0%～100%FS	100%	dsp4 - 1
CTrL	控制方式	PID：PID 控制 FUZY：PID＋模糊控制 SELF：PID 自主整定	PID	dsp4 - 2
SLFb	PV 测量值稳定范围	0%～100%FS	2%FS	dsp4 - 4
onoF	设置 HYS（滞后宽度）模式	OFF：在 SV ＋ HYS/2 和 SV － HYS/2 的值时 ON/OFF 控制开始 ON：在 SV 和 SV＋HYS 或 SV 和 SV－HYS 的值时 ON/OFF 控制开始	OFF	dsp4 - 8
TC	输出 1 比例周期	1～150 s	继电器：30 SSR/SSC：2 4～20 mA：0	dsp4 - 16
TC2	输出 2 比例周期	1～150 s	30	dsp4 - 32
P - n2	输入信号代码	1～16	3（或订购时指定）	dsp4 - 64
P - SL	量程下限设置	－1 999～9 999	0（或订购时指定）	dsp4 - 128
P - SU	量程上限设置	－1 999～9 999	400(或订购时指定)	dsp5 - 1
P - dP	小数点位置设置	0～2	0	dsp5 - 2
P - F	℃/℉指定	—	℃	dsp5 - 4
PUoF	PV 测量值补偿	－10%～＋10%FS	0	dsp5 - 8
SUoF	SV 设定值补偿	－50%～＋50%FS	0	dsp5 - 16
P - dF	输入滤波器时间常数	0.0～900.0 s	5.0	dsp5 - 32
ALM1	设置报警 1 动作模式	0～31	0（无报警） 5（带 1 报警）	dsp5 - 64
ALM2	设置报警 2 动作模式	0～31	0（无报警） 9（带 2 报警）	dsp5 - 128

续表

参　数（显示形式）	参数定义	设置范围	出厂设定值	dsp 规定
STAT	斜坡/保温程序段当时位置（只显示）	—	OFF	dsp6－2
PTn	选择斜坡/保温程序的工作模式	1：执行第 1～4 段	1	dsp6－4
		2：执行第 5～8 段		
		3：执行第 1～8 段		
SV－1	目标值 1	在 SV 限制内	0	dsp6－8
TM1r	斜坡 1 段时间	0～99 h 59 min	0.00	dsp6－16
TM1S	保温 1 段时间	0～99 h 59 min	0.00	dsp6－32
SV－2	目标值 2	在 SV 限制内	0	dsp6－64
TM2r	斜坡 2 段时间	0～99 h 59 min	0.00	dsp6－128
TM2S	保温 2 段时间	0～99 h 59 min	0.00	dsp7－1
SV－3	目标值 3	在 SV 限制内	0	dsp7－2
TM3r	斜坡 3 段时间	0～99 h 59 min	0.00	dsp7－4
TM3S	保温 3 段时间	0～99 h 59 min	0.00	dsp7－8
SV－4	目标值 4	在 SV 限制内	0	dsp7－16
TM4r	斜坡 4 段时间	0～99 h 59 min	0.00	dsp7－32
TM4S	保温 4 段时间	0～99 h 59 min	0.00	dsp7－64
SV－5	目标值 5	在 SV 限制内	0	dsp7－128
TM5r	斜坡 5 段时间	0～99 h 59 min	0.00	dsp8－1
TM5S	保温 5 段时间	0～99 h 59 min	0.00	dsp8－2
SV－6	目标值 6	在 SV 限制内	0	dsp8－4
TM6r	斜坡 6 段时间	0～99 h 59 min	0.00	dsp8－8
TM6S	保温 6 段时间	0～99 h 59 min	0.00	dsp8－16
SV－7	目标值 7	在 SV 限制内	0	dsp8－32
TM7r	斜坡 7 段时间	0～99 h 59 min	0.00	dsp8－64
TM7S	保温 7 段时间	0～99 h 59 min	0.00	dsp8－128
SV－8	目标值 8	在 SV 限制内	0	dsp9－1
TM8r	斜坡 8 段时间	0～99 h 59 min	0.00	dsp9－2
TM8S	保温 8 段时间	0～99 h 59 min	0.00	dsp9－4
Mod	指定斜坡/保温段前和后的控制方式	0～15	0	dsp9－8

表 33—5　　PID 调节器第三组参数

<table>
<tr><th>参　数
(显示形式)</th><th>参数定义</th><th>设置范围</th><th>出厂设定值</th><th>dsp 规定</th></tr>
<tr><td>P－n1</td><td>控制动作设置</td><td>0～19</td><td>订购时指定</td><td>dsp9－16</td></tr>
<tr><td>SV－L</td><td>SV 设置值下限</td><td>0%～100%FS</td><td>0%FS</td><td>dsp9－32</td></tr>
<tr><td>SV－H</td><td>SV 设置值上限</td><td>0%～100%FS</td><td>100%FS</td><td>dsp9－64</td></tr>
<tr><td>dLy1</td><td>报警 1 延时时间</td><td>0～9 999 s</td><td>0</td><td>dsp9－128</td></tr>
<tr><td>dLy2</td><td>报警 2 延时时间</td><td>0～9 999 s</td><td>0</td><td>dsp10－1</td></tr>
<tr><td>CT</td><td>显示电流 CT 的输入值
(只显示)</td><td>—</td><td>—</td><td>dsp10－4</td></tr>
<tr><td rowspan="2">Hb</td><td rowspan="2">设置加热器断线报警的
动作值</td><td>0～50.0A</td><td rowspan="2">0.0</td><td rowspan="2">dsp10－8</td></tr>
<tr><td>0.00 为 HB 无效</td></tr>
<tr><td>A1hy</td><td>报警 1 滞后宽度</td><td>0%～50%FS</td><td>0</td><td>dsp10－16</td></tr>
<tr><td>A2hy</td><td>报警 2 滞后宽度</td><td>0%～50%FS</td><td>0</td><td>dsp10－32</td></tr>
<tr><td>PLC1</td><td>输入 1 最小 ON 脉冲宽度</td><td>－3.0%～103.0%</td><td>－3.0</td><td>dsp11－4</td></tr>
<tr><td>PHC1</td><td>输入 1 最小 OFF 脉冲宽度</td><td>－3.0%～103.0%</td><td>103.0</td><td>dsp11－8</td></tr>
<tr><td>PLC2</td><td>输入 2 最小 ON 脉冲宽度</td><td>－3.0%～103.0%</td><td>－3.0</td><td>dsp11－16</td></tr>
<tr><td>PHC2</td><td>输入 2 最小 OFF 脉冲宽度</td><td>－3.0%～103.0%</td><td>103.0</td><td>dsp11－32</td></tr>
<tr><td>PCUT</td><td>输出限制种类设置</td><td>0～15</td><td>0</td><td>dsp11－64</td></tr>
<tr><td>OUT1</td><td>输出值 1（MV 值）显示</td><td>—</td><td>—</td><td>dsp11－128</td></tr>
<tr><td>OUT2</td><td>输出值 2（MV 值）显示</td><td>—</td><td>—</td><td>dsp12－1</td></tr>
<tr><td rowspan="2">rCJ</td><td rowspan="2">RCJ 补偿设置</td><td>ON：RCJ 有效</td><td rowspan="2">ON</td><td rowspan="2">dsp12－2</td></tr>
<tr><td>OFF：RCJ 无效</td></tr>
<tr><td>GAIn</td><td>PV 斜率设置</td><td>0.001～2 000</td><td>1.000</td><td>dsp12－4</td></tr>
<tr><td>AdJo</td><td>用户零点调整</td><td>－50%～50%FS</td><td>0</td><td>dsp12－8</td></tr>
<tr><td>AdJS</td><td>用户满度调整</td><td>－50%～50%FS</td><td>0</td><td>dsp12－16</td></tr>
<tr><td>dI－1</td><td>DI1 动作设置</td><td>0～12</td><td>0：OFF</td><td>dsp12－32</td></tr>
<tr><td>dI－2</td><td>DI2 动作设置</td><td>0～12</td><td>0：OFF</td><td>dsp12－64</td></tr>
<tr><td>STno</td><td>通信站号设置</td><td>0～255</td><td>1</td><td>dsp12－128</td></tr>
<tr><td rowspan="3">CoM</td><td rowspan="3">奇偶选择设置</td><td>0：奇数</td><td rowspan="3">0</td><td rowspan="3">dsp13－1</td></tr>
<tr><td>1：偶数</td></tr>
<tr><td>2：无</td></tr>
<tr><td>PyP</td><td>PYP（彩色触摸屏）输入
类型设置</td><td>0～235</td><td>34</td><td>dsp13－2</td></tr>
<tr><td>dsp1～dsp9
dsp10～dsp13</td><td>参数显示屏蔽代码</td><td>0～255</td><td>—</td><td>—</td></tr>
</table>

在本实例中，该调节器是作为压力调节使用的，不需要较复杂的多段升温、保温的程序，只需使其进行简单的PID运算即可，因此需设置的参数不多。本实例中所设置的参数如下：

(1) 运行控制参数STby（第一组）。参数STby可以使仪表在控制待机状态和控制运行状态（即工作状态）之间切换。设置STby为ON则是待机状态，此时可以进行参数设置，但控制和报警都无输出；STby为OFF则是运行状态，控制及报警功能正常进行。在此状态下也可通过SEL键进入参数设置状态。

(2) 报警1动作值参数AL1，A1－L，A1－H（第一组）。这3个参数都是对报警1的动作值进行设置的。AL1是设定值，A1－L是报警1下限值，A1－H是报警1上限值，要根据所用报警方式的不同，在这3个参数中进行选用。例如，报警方式是高、低限报警时，即测量值超出高限或低限要报警，在高、低限之间不报警，就要分别设置A1－H和A1－L；而若使用高（或低）报警方式，即测量值超出高限（或低限）时报警，低于高限（或高于低限）时不报警，就只要对AL1设置即可。本实例中使用高报警方式，因此对AL1进行设置，设置AL1＝10，即压力测量值超出给定值10%时报警。

(3) 控制方式参数CTrL（第二组）。可设置3种控制方式：PID控制、模糊控制及PID自整定方式。本实例选用PID控制方式，因此设置CTrL＝PID。

(4) 输入信号代码P－n2（第二组）。PXR－5系列温度控制器允许使用热电阻或热电偶测量温度，也可直接输入1～5 V直流电压或4～20 mA直流电流。各种不同的输入信号以不同的代码来表示，见表33—6。本实例中用4～20 mA直流电流输入，因此设置P－n2＝16。

表33—6　　温度控制器的输入信号代码表

输入信号	输入量程（℃）	输入量程（℉）	代码（P－n2）
热电阻			
Pt100Ω	0～150	32～302	1
Pt100Ω	0～300	32～572	1
Pt100Ω	0～500	32～932	1
Pt100Ω	0～600	32～1 112	1
Pt100Ω	－50～100	－58～212	1
Pt100Ω	－100～200	－148～392	1
Pt100Ω	－150～600	－238～1 112	1
Pt100Ω	－150～850	－238～1 562	1
热电偶			
J	0～400	32～752	2
J	0～800	32～1 472	2
K	0～400	32～752	3
K	0～800	32～1 472	3

续表

输入信号	输入量程（℃）	输入量程（℉）	代码（P-n2）
K	0～1 200	32～2 192	3
R	0～1 600	32～2 912	4
B	0～1 800	32～3 272	5
S	0～1 600	32～2 912	6
T	−199～200	−328～392	7
T	−150～400	−238～752	7
E	0～800	32～1 472	8
E	−199～800	−328～1 472	8
N	0～1 300	32～2 372	12
PL2	0～1 300	32～2 372	13
DC 电压：1～5 V	刻度范围：−1 999～9 999		16
DC 电流：4～20 mA	对电流输入，应并接 250 Ω 电阻，等效转换为 DC 1～5 V输入		

（5）小数点位置设置 P-dP（第二组）。输入类型设置为 4～20mA 电流后，仪表已规定显示形式为百分比，且显示范围为 0%～100%，即参数显示为 0～100。显示 1 即代表 4～20 mA 量程的 1%。由于输入电流是压力变送器输出的，而压力变送器量程为 0～1 MPa，当对应输出 4～20 mA 电流时，则量程的 1%就对应 0.01 MPa。而压力值 0.01 MPa 近似为 0.1 kg/cm²，因此设置小数点位置为 1 位，即参数 P-dP=1，这样 1%的显示形式就变为 0.1，可近似看作是 0.1 kg/cm²的压力值。

（6）设置报警 1 动作模式 ALM1（第二组）。PXR-5 系列调节器具有 31 种报警方式，可通过对参数 ALM1 设置不同的报警代码来设定。各种报警动作的模式见表 33—7。

表 33—7　　调节器报警代码表

模　式	标准代码	类　型	作用图
—	0	无报警	PV
绝对值报警	1	高报警	ALn PV
	2	低报警	ALn PV
	3	高报警（保持）	ALn PV
	4	低报警（保持）	ALn PV

续表

模　式	标准代码	类　型	作用图
偏差报警	5	高报警	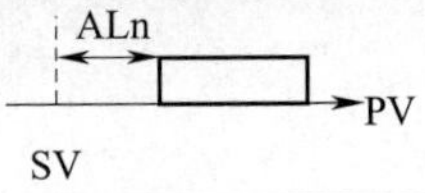 ALn SV　PV
	6	低报警	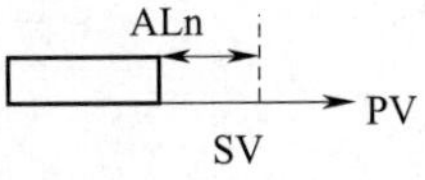 ALn SV　PV
	7	高/低报警	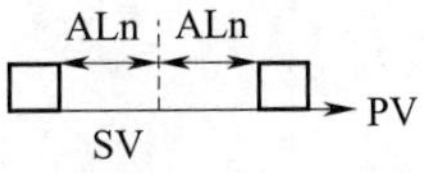 ALn　ALn SV　PV
	8	高报警（保持）	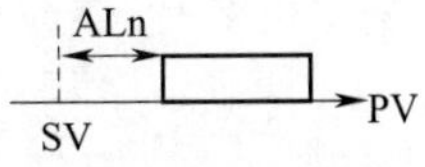 ALn SV　PV
	9	低报警（保持）	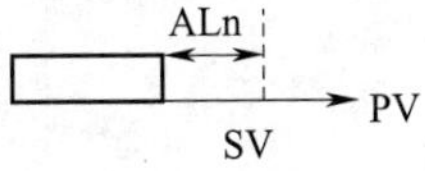 ALn SV　PV
	10	高/低报警（保持）	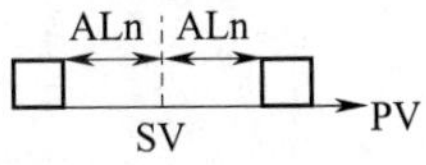 ALn　ALn SV　PV
带报警	11	高/低偏差报警（报警 1，2 独立）	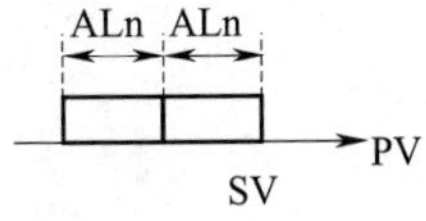 ALn　ALn SV　PV
	12	高/低绝对值报警	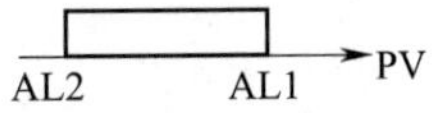 AL2　AL1　PV
	13	高/低偏差报警	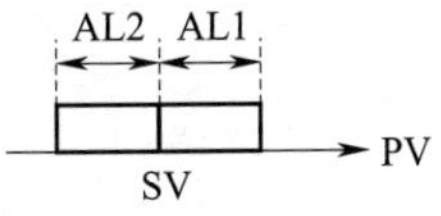 AL2　AL1 SV　PV
	14	高绝对值/低偏差报警	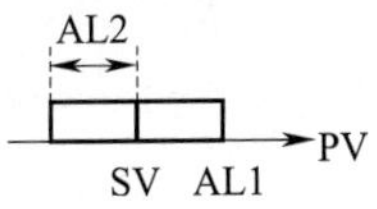 AL2 SV　AL1　PV
	15	高偏差/低绝对值报警	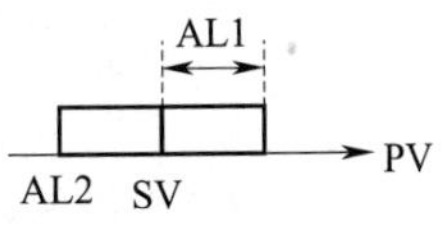 AL1 AL2　SV　PV
高/低限报警	16	高/低绝对值报警	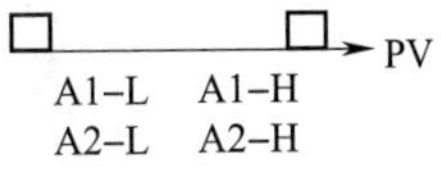 A1-L　A1-H A2-L　A2-H　PV

续表

模　式	标准代码	类　型	作用图
高/低限报警	17	高/低偏差报警	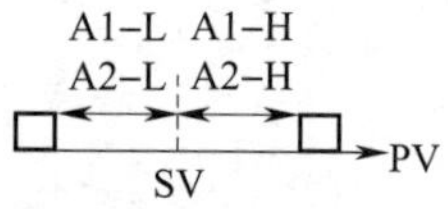 A1-L A1-H A2-L A2-H SV PV
	18	高绝对值/低偏差报警	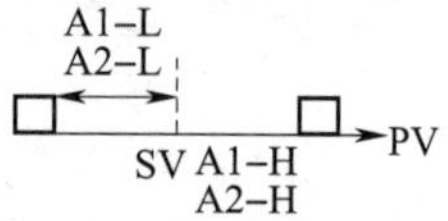 A1-L A2-L SV A1-H A2-H PV
	19	高偏差/低绝对值报警	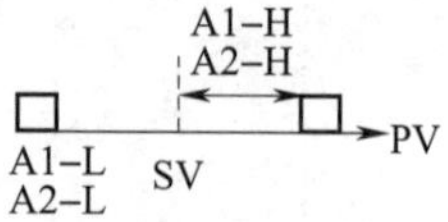 A1-H A2-H A1-L SV PV A2-L
	20	高/低绝对值报警（保持）	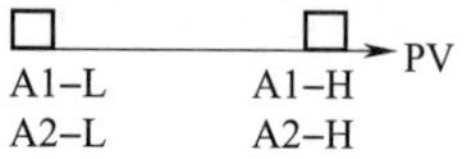 A1-L A1-H PV A2-L A2-H
	21	高/低偏差报警（保持）	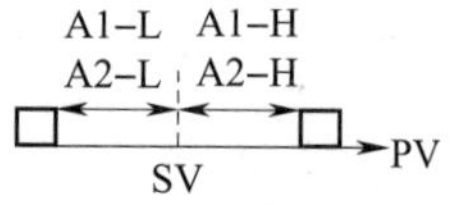 A1-L A1-H A2-L A2-H SV PV
	22	高绝对值/低偏差报警（保持）	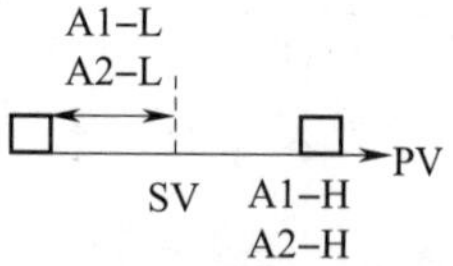 A1-L A2-L SV A1-H PV A2-H
	23	高偏差/低绝对值报警（保持）	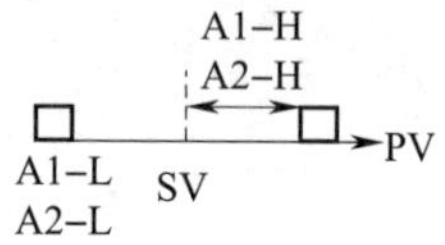 A1-H A2-H A1-L SV PV A2-L
带报警	24	高/低绝对值报警	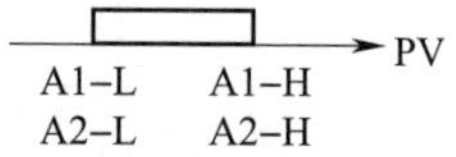 A1-L A1-H PV A2-L A2-H
	25	高/低偏差报警	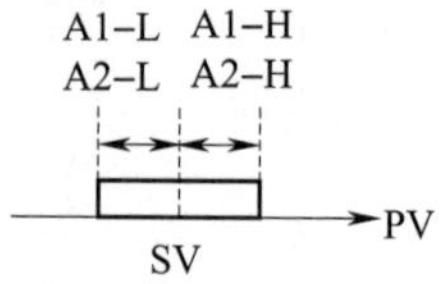 A1-L A1-H A2-L A2-H SV PV
	26	高绝对值/低偏差报警	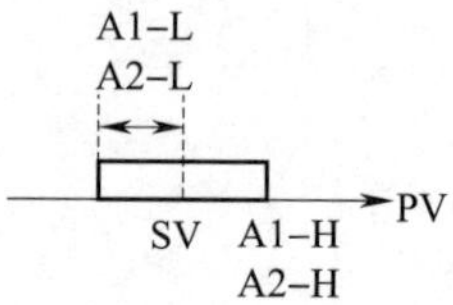 A1-L A2-L SV A1-H PV A2-H

续表

模　式	标准代码	类　型	作用图
带报警	27	高偏差/低绝对值报警	A1-H A2-H A1-L SV PV A2-L
	28	高/低绝对值报警（保持）	PV A1-L A1-H A2-L A2-H
带报警	29	高/低偏差报警（保持）	A1-L A1-H A2-L A2-H PV SV
	30	高绝对值/低偏差报警（保持）	A1-L A2-L PV SV A1-H A2-H
	31	高偏差/低绝对值报警（保持）	A1-H A2-H PV A1-LSV A2-L

注：所谓保持，即第一次进入报警状态不报警，第二次再进入时报警。

在表 33—7 中，报警代码分为标准报警代码和双报警代码。在标准报警代码中，报警动作的方式是当测量值超过参数 AL1（在表 33—7 的作用图中以 ALn 来表示，n=1，2。本实例所选型号只有 1 个报警，无 AL2，故 n 只能取 1）的设定值时，报警输出触点接通（绝对值报警模式）；或当测量值超过给定值 SV 一定的偏差（偏差即参数 AL1 的设定值）时，报警输出触点接通（偏差报警模式）。标准报警模式只用到 AL1 的 1 个参数；而在双报警代码中，报警动作的方式是当测量值超过高限或低限时，或超过 SV 的上、下偏差时，报警触点动作，要用到参数 A1-L 和 A2-H 来分别设置低限（下偏差）和高限（上偏差）。本实例采用的报警方式是上偏差报警，故设置参数 ALM1=5。因为设置 AL1=10，所以本实例中报警输出动作是在实际管网压力超出给定值 SV 的 10%时发生的。

（7）P，I，D 运算数值设置（第二组）。本调节器的主要任务是对管网压力进行 PID

控制，为了使压力的变化平稳，当用水量出现波动时，调节器要及时做出响应，使管网压力尽快满足用水量的需要，同时又不能出现过大的超调量，因此要将PID参数设置为最佳状态。在设置PID参数时，需注意的是在变频器中，内置PID调节功能的“P”参数直接预置比例增益K_p，而在专用的PID调节器中，比例增益的大小常常是通过“比例带”来进行调节的（PXR－5中即是）。所谓比例带，就是按比例放大的区域，用P表示（等于K_p的倒数），即$P=\frac{1}{K_p}$。比例增益与比例带的关系如图33—25所示。如图33—25a所示，比例增益越大，表示比例关系的直线斜率越大；而如图33—25b所示，比例增益K_p越大，对应的比例带（P）却越小。因此，在设置PXR－5的PID参数时，要注意比例带参数P越大，表示比例增益越小。本实例只使用PI控制，未使用微分控制，设置参数$D=0$，参数P和I在调试中整定。

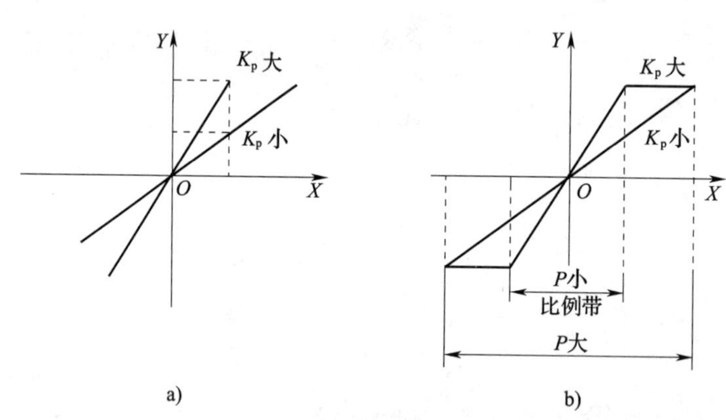

图33—25　比例增益与比例带

a）比例增益　b）比例带

（8）SV设置范围SV－L和SV－H（第三组）。参数SV－L和SV－H分别用于指定给定值设置范围的下限和上限。当在参数P－n2中设置输入信号种类是4～20 mA电流时，已规定SV和PV显示的单位是百分比，显示范围为0%～100%，因此SV－L和SV－H的数值范围必须在0～100之间。本实例要求压力值在0～1 MPa之间可任意给定，因此设置SV－L=0，SV－H=100，使SV的设置范围为0%～100%。

三、PLC及控制程序的编写

1. PLC的选用及输入/输出端口的分配

在本实例中，PLC用于对变频器的运行、停止进行控制，并负责3台电动机的切换。PLC选用三菱的FX系列产品，型号为FX_{2N}－48MR，继电器输入点24点、输出点24点。PLC的接线如图33—10所示，其I/O分配表见表33—8。

表 33—8　　输入/输出分配表

输入点	输入元件	功能说明	输出点	输出元件	功能说明
X0	SB1	启动按钮	Y0	RES	变频器复位
X1	SB2	停止按钮	Y4	KA1	变频器正转启动/停止
X2	A，C	变频器异常报警	Y5	KM10	变频器电源
X3	S02	自动/手动选择开关	Y6	KM1	一号泵变频运行
X10	AL1	PID 调节器压力报警	Y7	KM11	一号泵工频运行
X11	FU	变频器输出频率下限	Y10	KM2	二号泵变频运行
X13	SU	变频器输出频率上限	Y11	KM12	二号泵工频运行
			Y12	KM3	三号泵变频运行
			Y13	KM13	三号泵工频运行
			Y14	HL17，HA	变频器故障指示

2. 控制程序的设计思路

（1）实现目标。设计可编程序控制器程序，实现对恒压供水系统的控制，要求如下：

1）水泵的启停。根据主管道给出的压力信号决定水泵的启停，当压力低于正常压力时，先启动一台水泵进行变频运行；如果频率已达到频率上限而压力仍不够，则将第一台水泵切换到工频运行，再启动下一台水泵进行变频运行。当压力高于正常压力时，将工频运行的水泵切断，留下一台水泵进行变频运行。

2）水泵启停切换原则。恒压供水系统由 2 台水泵完成对主管道供水压力的维持，另外有 1 台水泵作为备用。考虑到对电动机的保护，要求 3 台水泵的运行时间和频率尽可能一致，即 3 台水泵应轮流进行工作。

（2）解决思路。对于恒压供水系统的实现而言，主要问题体现在两个方面：其一，如何实现根据压力变化来确定水泵的切换；其二，如何实现对水泵的先启先停控制。

水泵的切换状态控制可以考虑通过变频器输出的频率检测信号，结合 PID 调节器输出的压力检测信号，判断下一步是否启动或停止另一台泵。

实现水泵的启、停选择有很多方法，选择使用一种合理的实现方法对于程序的简洁和易读性都很有好处。通过编写顺序控制程序，3 台水泵按顺序依次启动为变频运行，压力不足时先将变频运行的水泵切换到工频运行，再启动下一台水泵进行变频运行；而压力超限时先切断工频运行的水泵。下一次压力不足时，又将变频运行的水泵切换到工频运行，再启动第三台水泵进行变频运行。这样循环处理就可以保证水泵的启停是按照先启先停的原则进行的。

通过对上述问题的分析，就能完成 PLC 对输入、输出的选择和逻辑实现方案，以顺利地进行下一步设计。

（3）控制过程逻辑分析。在正常运转状态下，对于恒压供水系统，要根据1个压力极限信号和2个频率极限信号来判断是否需要进行当前状态的转换。

当接受到启动信号后，为维持水压，先给出一个启动水泵变频运行的信号，此信号用于接通1台水泵与变频器输出的连接，并使变频器正转启动。在第一台泵投入变频运行后，如果运行频率已经达到上限，而压力仍达不到要求，则顺序启动下一台水泵，以实现状态的转移。在切断水泵的实现上，则判别变频运行的频率是否已经减小到频率下限，而压力是否仍然处于超限状态，符合这种情况则切断前一台水泵。按照类似的思路，实现水泵启动和断开的逻辑可以视为顺序控制，主要需要解决的问题在于对状态信号的转移处理。

3. 控制程序的分析

按照上述控制过程的逻辑分析，根据各个信号间的关系可以完成控制程序的编写。本实例给出的恒压供水系统控制程序没有对各个水泵电动机的电路保护等细节做过多考虑，主要的目的是突出实现水泵的顺次启、停切换。实际控制可以根据需要，考虑更多的联锁保护条件。本实例的控制程序梯形图如图33—26所示。

本实例给出的恒压供水系统控制程序是利用了可编程序控制器的步进指令来实现的，能很好地实现先启先停的控制要求，具体的实现可分析程序代码。

在程序中，使用辅助继电器M0和M1作为切换标志，其中M0为水泵由变频运行切换到工频运行的转移条件，它在变频器输出频率已达频率上限但实测压力仍未达到给定值时有效；M1为切断水泵工频运行的转移条件，它在变频器输出频率已低于频率下限但实测压力仍高于给定值时有效。

在切换过程中，必须考虑切换的安全性。对此，程序中采取了以下两个措施：

（1）当水泵由变频运行切换到工频运行时，先切断KA1，一方面切断STF信号使变频器停止运行，电压、频率按减速时间下降至零；另一方面接通MRS，立即停止变频器输出到电动机，让电动机受惯性作用自由旋转，转速不至于下降过多，以避免切换到工频时产生过大的冲击电流。延时1 s后切断变频运行接触器KM1（或KM2，KM3），然后接通工频运行接触器KM11（或KM12，KM13）使该电动机被切换到工频运行。

（2）在前一台水泵被切换到工频运行后，要延时5 s后才将后一台水泵的变频运行接触器KM2（或KM3，KM1）接通，再过1 s后才发出变频器正转启动信号STF。这样加延时的作用一方面是保证不会发生两台电动机同时接在变频器上的情况，更重要的另一方面是让变频器的输出电压和频率有足够的时间，从前一台电动机变频运行时的上限值下降到零后再重新启动。因为在切换时，由于管网的实际压力尚未达到给定值，PID调节器中的压力偏差不为零，在积分环节的积累作用下，其输出到变频器的频率给定信号是较大的。若变频器的输出频率还未下降到零就直接切换到第二台电动机，且STF信号有效，变频器就直接输出较高的电压和频率到第二台电动机进行启动，这时将产生很大的冲击电流，情况严重时会损坏变频器。

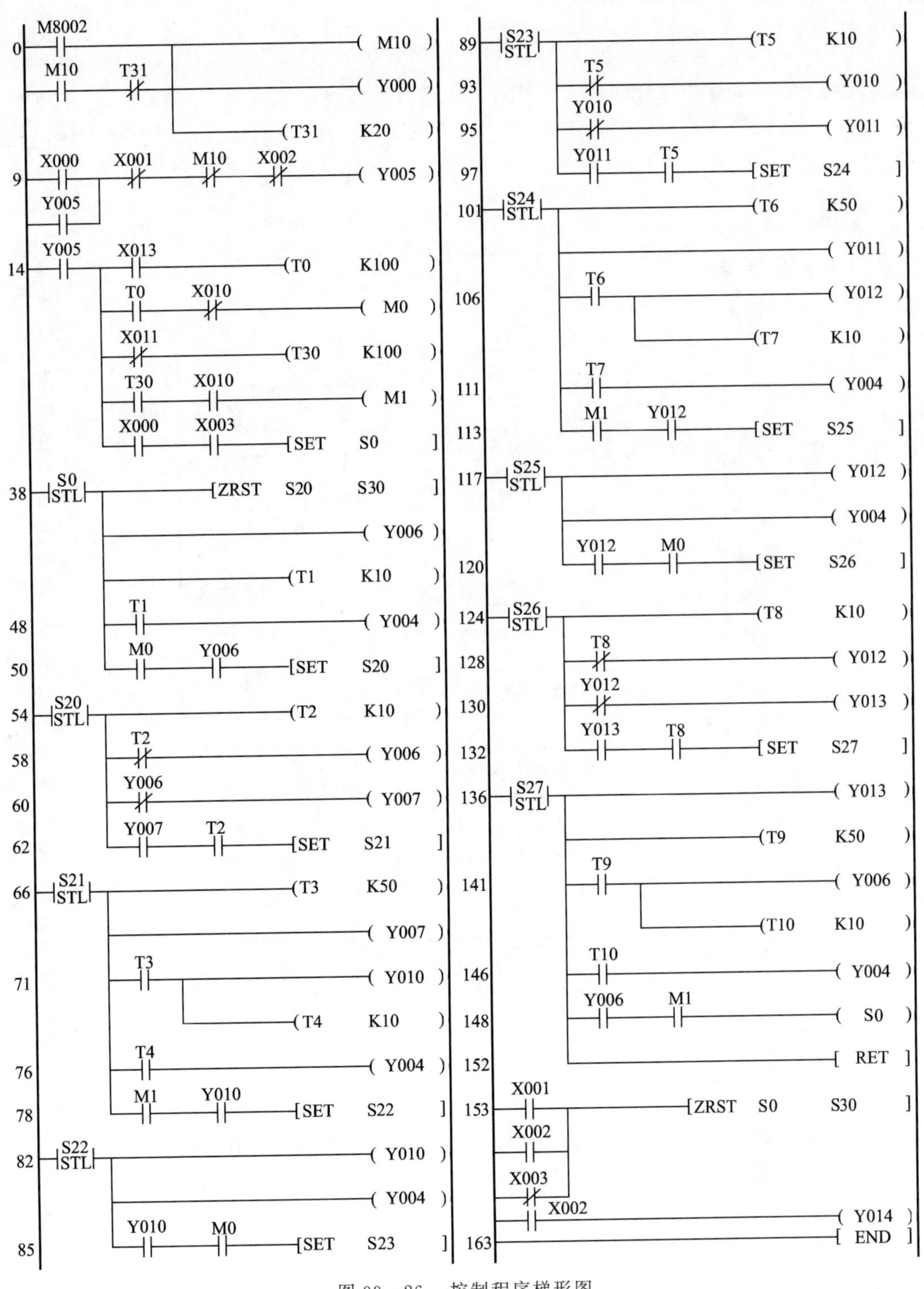

图 33—26　控制程序梯形图

四、系统工作过程分析

本系统设有运行和检修两种工作状态，由选择开关 S01 决定，此检修开关安装在控制柜内。当 S01 转到运行位置时，系统可由 PLC 控制电动机自动运行；而当 S01 转到检修位置时，电动机不再受 PLC 控制，由检修工手动操作。系统控制柜操作面板如图 33—27 所示。

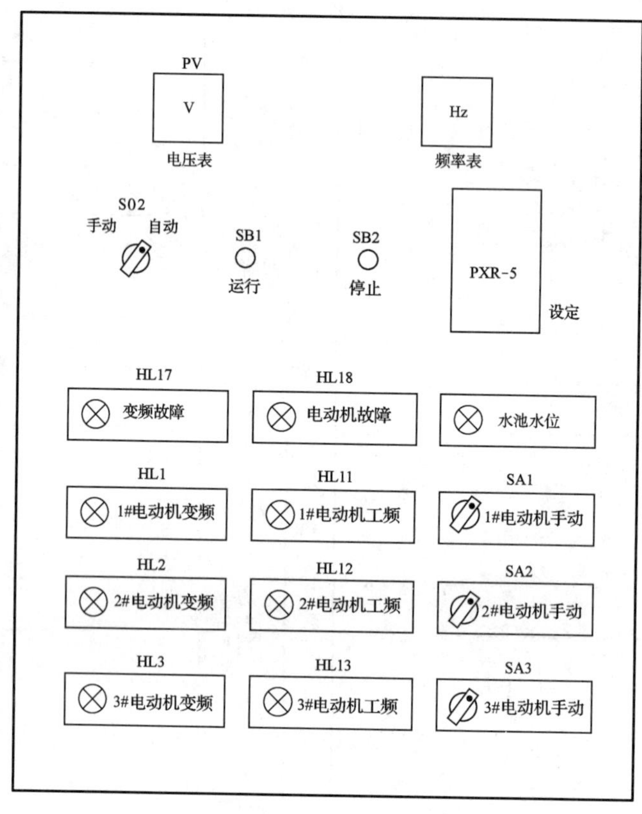

图 33—27　系统控制柜操作面板示意图

1. 检修工作状态

当 S01 选择检修工作状态时，3 台泵只能工频运行，具体哪一台工作决定于操作面板上的“电动机手动”开关 SA1，SA2，SA3 的选择。如图 33—10 所示，S01 是 1 个组合开关，图中 S01 转到左面位置时是检修位置，103 与 101 接通，而 105 与 101 断开。这时，KA1，KM10，KM1～KM3 都被切断电源，变频器停止工作，3 台电动机只能受 KM11～KM13 控制。KM11～KM13 分别由选择开关 SA1，SA2，SA3 进行选择，选中哪一台电动机手动接通，KM11～KM13 中对应的 1 个保持吸合，则这台电动机为工频运行，对应的“电动机工频”指示灯点亮。

2. 自动工作状态

当S01在运行位置，且操作面板上的“自动/手动”选择开关S02选择自动时，电动机由PLC控制。此时，PXR－5调节器中已设置了压力给定值，管网压力由安装在水泵出水口主管道上的PB－DA－2YA变频器专用压力变送器以4～20 mA电流的形式送到PXR－5调节器的㉟㊱端子上，在这2个端子上并联了1个250 Ω的电阻，因此4～20 mA电流被转换为1～5 V电压，作为反馈量输入到调节器中。

在PXR－5处于工作状态时，将此反馈量与给定值进行比较，比较后的偏差值经PI运算后向变频器输出4～20 mA电流形式的频率给定信号。但变频器的工作状态由PLC控制，在PLC程序运行的初始状态时变频器已被复位，未启动之前，中间继电器KA1未吸合，变频器控制输入端STF＝OFF，MRS＝ON，变频器处于停止输出的待机状态。

当按下启动按钮SB1后，PLC输出Y5＝ON，接触器KM10吸合，变频器电源接通。在S02选择“自动”的条件下，PLC的输入继电器X3＝ON，控制程序进入3台水泵轮流切换运行的顺序控制流程，输出Y6＝ON，KM1吸合，一号泵电动机接到变频器输出端U，V，W上。延时1 s后Y4＝ON，KA1吸合，变频器控制端MRS＝OFF，STF＝ON，变频器按设置的加速时间启动升速，一号泵启动运行。

在一号泵变频运行的过程中，PXR－5不断将压力给定值与压力反馈值进行比较，并对其偏差值按PI控制规律进行运算。根据运算结果不断调整送到变频器的频率给定信号，使变频器输出随用水量的变化而不断调整，水泵转速也随之变化，使管网压力始终保持在给定值上。

若用水量较大而使管网压力减小时，压力变送器输出到PXR－5的反馈信号减小，使压力偏差增大，则送到变频器的频率给定信号增大，水泵电动机加速产生更大的流量。但如果用水量很大，水泵会不断升速，当升速到运行上限频率（即达到48 Hz）时，变频器的控制输出端SU＝ON，使PLC的X13＝ON。PLC检测到X13＝ON后延时10 s，若在这10 s内因用水量减少而使管网压力增大，压力偏差减小会使频率给定信号回落，则SU信号自动消失，PLC停止延时；而若10 s延时后频率还在上限，但管网压力值仍未达到给定值，PXR－5的压力报警信号AL1＝OFF，使PLC的输入X10＝OFF，则工频切换状态转移条件M0＝1，PLC控制流程进入下一个状态：Y4＝OFF，切断KA1，变频器停止输出，变频器的运行频率将下降到零。一号泵在惯性下运转1 s后，Y6＝OFF，KM1被切断；而Y7＝ON，KM11吸合，使一号泵切换到工频运行。再经过5 s延时，Y10＝ON，KM2吸合，二号泵电动机被接到变频器上。然后，再经过1 s延时，Y4＝ON，重新吸合KA1，使变频器从零速开始按加速时间驱动二号泵电动机启动升速。这样，就有两台泵同时运转，一台工频运行，另一台变频运行，以满足用水量的需要。随着两台泵的运行，管网压力上升，直到与给定值相同，二号泵稳定运行。

在二号泵运行中，调节器可根据管网压力的变化进行自动调节；而当用水量减少、变频器输出频率不断下降直到下限而压力仍超出给定值时，变频器频率检测信号FU＝OFF，

PXR－5 压力报警信号 AL1＝ON，使 PLC 的 X11＝OFF，X10＝ON，当经 10 s 延时后仍保持这种状态时，切断工频运行状态转移条件 M1＝1，控制流程又进入下一个状态，即 Y7＝OFF，KM11 失电释放，使一号泵停止运行，只剩下二号泵变频运行，以适应较低的流量要求。

在二号泵单泵变频运行中，若流量又变大使二号泵已运行到上限频率而压力还不够时，则又会使工频切换状态转移条件 M0＝1，控制程序又会将二号泵切换为工频运行而将三号泵启动为变频运行。当 2 台泵同时运行而用水量又下降，使变频泵运行在下限频率而压力还太大时，控制程序又会切除工频运行的二号泵，只留三号泵变频运行。然后又将三号泵切换到工频运行，启动一号泵变频运行，继而切除三号泵，只剩一号泵变频运行。如此循环往复，使 3 台泵轮换工作。直到按下停止按钮或选择手动操作方式，PLC 控制程序停止自动循环流程，回到初始状态。运行中若发生变频器故障，变频器故障报警触点 A 和 C 接通，PLC 的 X2＝ON，则 PLC 在切断所有电动机运行、切断变频器主电源、停止控制流程的同时，发出声光报警。

3. 暂停（睡眠与苏醒）功能

在生活供水系统中，夜间的用水量常常是很少的，即使只有 1 台水泵以下限频率运行，供水压力仍可能超过给定值，这时可使主水泵暂停运行，此为暂停运行（睡眠）功能。一般风机、水泵专用变频器都具有这种睡眠与苏醒功能。水泵在恒压供水过程中，当由于用水流量太小而使压力超过某给定值时，PLC 便开始计时，如果在预置的时间内压力又低于给定值，则不必暂停（苏醒）；如果压力大于给定值的时间超过了一定时间，则令主水泵暂停（睡眠）。在主水泵停机期间，为了不影响个别用户的用水，应启动附加的小水泵，以保证供水；也可以采用气压罐来保持一定的供水压力。本实例即配有 2 个气压罐。在睡眠状态中，当由于用水流量增大而使供水压力低于压力下限值时，应暂停中止（苏醒），重新进入正常的恒压供水运行状态。在本实例中，PLC 的控制程序也可以很方便地实现此功能，但为简明起见，本实例未提供此程序，读者如有兴趣可自行考虑如何实现此功能。

第 3 节 变频调控系统的调试

一、PLC 控制系统的调试

PLC 控制系统一般都包含各种检测部件、驱动部件和控制部件，其中最常见的是由 PLC、变频器、传感器或变送器，以及强电控制电路组成的闭环控制系统。由于这类系统所采用的部件往往是商品化的产品，故其一般是将这些产品集成起来加以应用。因此，在对这类系统进行调试时，通常只是检查：各部件的工作环境是否符合该部件的使用条件，部件各种功能的使用方法是否正确，各类信号之间的传输在逻辑、时间、电平上是否协调，所设置的参数、编制的程序是否符合实际要求等。一般不需要对部件内部的线路再进行调试。在这点上，本实例与前面所介绍的几个实例有所不同。尽管各种系统在组成、功能、控制要求等方面各不相同，但调试的一般原则是类似的，即先部件、后整体，先开环、后闭环，先静态、后动态，先空载、后带载，先轻载、后满载。现分别对变频器、PLC 的调试步骤及方法做简单的介绍。

1. 变频器的调试

(1) 通电前的检查。变频器安装、接线完成后，通电前应进行下列各项检查。

1) 外观、构造检查。此项检查包括检查变频器的型号是否有误、安装环境有无问题、装置有无脱落或破损、电缆的直径和种类是否合适、电气连接有无松动、接线有无错误、接地是否可靠等。

变频器接线的注意事项包括以下几点。

①主电路的接线方法。电源进线应接变频器的输入端 R，S，T，输入端和输出端绝对不允许接错。如果输入电源接到了 U，V，W 端，则不管变频器的哪个逆变管导通，都将引起短路而使逆变管迅速烧坏。变频器与电动机之间的电缆长度应满足规定。注意，不能用接触器的触点来控制变频器的运行和停止，而应用控制面板上的操作键或接线端子上的控制信号；变频器的输出端不能接电力电容或浪涌吸收器；电动机的旋转方向如果和生产工艺要求不一致，最好采用调换变频器输出相序的方法，不要用调换控制端子 STF 或 STR 的控制信号来改变电动机的旋转方向。

②控制电路的接线。模拟量控制线主要包括输入侧的给定信号线和反馈线，也包括输出侧的频率信号线。模拟量信号的抗干扰能力较低，必须使用屏蔽线；屏蔽层靠近变频器的一端，应接到控制电路的公共端，而不要接到变频器的接地端 (E) 或大地，因为后者会使屏蔽层的另一端悬空。

启动、停止、复位、报警输出等都是开关量控制线，一般来说，模拟量控制线的接线原则也都适用于开关量控制线。由于开关量的抗干扰能力较强，故在距离不很远时，可以不使用屏蔽线，但同一信号的两根线应使用双绞线。

③变频器的接地。所有变频器都有 1 个接地端 (E)，接线时应将此端与大地相接。当变频器和其他设备，或多台变频器一起接地时，每台设备都必须分别和大地相接。可使用 1 点接地，但不允许将一台设备的接地端和另一台设备的接地端相接后再接地。

2) 绝缘电阻的检查。测量变频器主电路绝缘电阻时，必须将所有输入端 (R，S，T) 和输出端 (U，V，W) 都连接起来后，再用 500 V 兆欧表测量绝缘电阻，其值应在 10 MΩ以上；而控制电路的绝缘电阻应用万用表的高阻挡测量，不能用兆欧表或其他有高电压的仪表测量。

3) 电源电压检查。检查主电路电源电压是否在允许电源电压范围以内。

(2) 电动机的空载试验。在变频器参数设置后，可进行电动机的空载试验。将变频器的输出端接上电动机，使电动机尽可能与负载脱开，管道阀门关闭，进行通电试验。观察变频器配上电动机后的工作情况，同时校正电动机的旋转方向。其步骤如下：接通电源后，先切换到 PU 操作模式下进行试验，从零开始慢慢提升工作频率，观察电动机的启动情况及旋转方向是否正确；将频率升到额定频率，观察电动机运行一段时间的工作状态，如一切正常，再选几个常用工作频率，再观察一段时间；待电动机运动正常后切换到外部控制模式，在模拟量输入端接上模拟电流源，调整电流为 4 mA，将正转启动控制端 STF 与 SD 接通，电动机应开始转动并以下限频率 15 Hz 运行。调整电流使其增大至 20 mA，电动机应随之加速，直至以最大频率 50 Hz 运行；将给定频率信号突降至零，观察电动机的制动情况。

（3）拖动系统的启动和停机。将电动机的输出轴与机械装置（即离心泵）连接起来，进行下列各项试验。

1）起转试验。使工作频率从 0 Hz 开始慢慢升高，观察水泵能否起转，在多大频率下能起转。如果水泵起转比较困难，应增大启动转矩，具体方法是升高启动频率或采用矢量控制等。

2）启动试验。将给定信号调至最大，按启动键，观察启动电流的变化，以及水泵在升速过程中运行是否平稳。如果拖动系统因启动电流过大而跳闸，则应适当延长升速时间。

3）停机试验。将运行频率调至最高工作频率，按停止键，观察拖动系统的停机过程是否会因过电压或过电流而跳闸，如有跳闸现象出现则需要适当延长降速时间。当输出频率为 0 Hz 时，观察电动机是否有爬行现象，如有则可延长直流制动的时间。

（4）拖动系统的负载试验。负载试验的主要内容是最高频率时的拖动系统带负载能力试验，观察在正常负载下拖动系统能否拖动。在负载所要求的最低工作频率下，观察电动机的发热情况。当水泵工作在负载所要求的最低转速下时，将进水管道阀门打开至最大开度，进行从低速到高速的连续运行试验，观察电动机的发热情况。

2. PLC 的调试

（1）PLC 控制系统设计的一般步骤。PLC 控制系统的一般设计步骤可以分为：熟悉控制对象、PLC 选型和确定硬件配置、设计 PLC 的外部接线、设计控制程序、程序调试和编制技术文件。其设计步骤如图 33—28 所示。

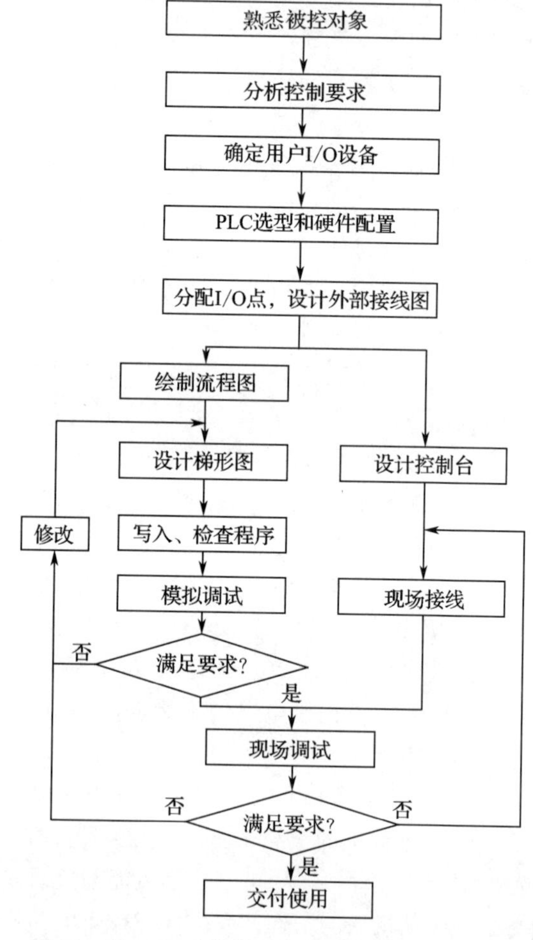

图 33—28　PLC 控制系统的一般设计步骤

1）熟悉被控对象。这一步是系统设计的基础。首先应详细了解被控对象的全部功能及其对控制系统的要求。例如，机械的动作有哪些，机械、液压、气动、仪表、电气系统之间的关系如何，系统是否需要设置多种工作方式（如自动、半自动、手动等），PLC 与系统中其他智能装置之间的关系如何，是否需要通信联网功能，是否需要报警，电源停电及紧急情况怎样处理等。

在这一阶段，还要选择用户输入设备（按钮、操作开关、限位开关、传感器等）、输出设备（继电器、接触器、信号指示灯等执行元器件），以及由输出设备驱动的控制对象（电动机、电磁阀等）。

此时，还应确定哪些信号需要输入给 PLC、哪些负载由 PLC 驱动，并分类统计出各输入量和输出量的性质，是开关量还是模拟量，是直流量还是交流量，以及电压的大小等级，为 PLC 的选型和硬件配置提供依据。

2）确定硬件配置，设计外部接线图。正确选择 PLC 对于保证整个控制系统的技术与经济性能指标起着重要的作用。选择 PLC 包括机型的选择、容量的选择、I/O 模块的选择、电源模块的选择等。根据被控对象对控制系统的要求，以及 PLC 的输入量、输出量的类型和点数，确定 PLC 的型号和硬件配置。对于整体式 PLC，应确定基本单元和扩展单元的型号；对于模块式 PLC，应确定框架（或基板）的型号，以及所需模块的型号和数量。

PLC 硬件配置确定后，应对 I/O 点进行分配，确定外部输入、输出元器件与 PLC 的 I/O 点的连接关系，完成 I/O 点地址分配表。

分配好与各输入量、输出量相对应的元器件后，设计 PLC 的外部接线图，以及其他部分的电路图、接线图和安装所需的图样，以便进行硬件装配。

3）设计控制程序。在硬件设计的基础上，通过控制程序的设计完成系统的各项控制功能。对于较简单系统的控制程序，可以使用经验法直接设计梯形图。对于比较复杂的系统，一般要先画出系统的工艺流程图，然后再设计 PLC 的控制状态转移图、梯形图及功能语句表。

4）程序调试。控制程序是控制整个系统工作的软件，是保证系统工作正常、安全、可靠的关键。因此，控制程序的设计必须经过反复调试、修改，直到满足要求。

5）编制技术文件。系统调试好后，应根据调试的最终结果，整理出完整的技术文件，如硬件接线图、功能表、带注释的梯形图、必要的文字说明等。

（2）软件的模拟调试。设计好用户程序后，一般先进行模拟调试。有的 PLC 厂家提供了能够在计算机上运行，可以用来代替 PLC 硬件来调试用户程序的仿真软件。例如，西门子与 STEP 7 编程软件配套的 S7 PLCSIM 仿真软件、三菱与 SW3D5C－GPPW－C 编程软件配套的 SW3D5C－LLT－C 仿真软件。在仿真时按照系统功能的要求，将某些位输出元器件强制为 ON 或 OFF，或改写某些元器件中的数据，监视系统功能能否正确实现。

如果用 PLC 的硬件来调试程序，可以用接在输入端的小开关和按钮来模拟 PLC 实际的输入信号，用它们发出操作指令，或在适当时候用它们来模拟实际的反馈信号，如启动按钮、选择开关、极限信号触点的接通和断开。通过输出模块上各输出点对应的发光二极管，观察输出信号是否满足设计要求。

调试顺序控制程序的主要任务是检查程序的运行是否符合顺序功能图的规定，即实现某一转换时，步活动状态是否发生正确的变化，该转换所有的前级步是否变为不活动步，所有的后续步是否变为活动步，以及各步被驱动的负载是否发生相应的变化。

在调试时，应充分考虑各种可能的情况，如系统各种不同的工作方式、顺序功能图中的每一条支路、各种可能的进展路线都应逐一检查，不能遗漏。发现问题后及时修改程序，直到在各种可能的情况下，输入信号与输出信号之间的关系都完全符合要求。

如果程序中某些定时器或计数器的设定值过大，为了缩短调试时间，可以在调试时将它们减小，待模拟调试结束后再写入它们的实际设定值。

在编程软件中，可以用梯形图来监视程序的运行，触点和线圈的 ON/OFF 状态用不同的颜色来表示；也可以用元件监视功能来监视、改写或强制设定所需的编程元件。

（3）硬件调试与系统调试。在对程序进行模拟调试的同时，可以设计、制作控制柜，除 PLC 外其他硬件的安装、接线工作也可以同时进行。完成控制柜内部的安装接线后，应对控制柜内的接线进行测试。可以在控制柜的接线端子上模拟 PLC 外部的开关量输入信号，或操作控制面板上的按钮和指令开关，观察对应 PLC 输入点的状态变化是否正确。用编程器或编程软件将 PLC 的输出点强制为 ON 或 OFF，观察对应 PLC 的负载（如外部的继电器、接触器）动作是否正常，或对应控制屏接线端子上输出信号的状态变化是否正确。

在现场安装好控制柜后，接入外部的变送器和执行机构。与控制柜内的调试类似，先检查控制柜外的输入信号是否能正确地送到 PID 调节器的输入端、PLC 的输出信号是否能正确操作控制柜外的水泵。完成上述调试后，将 PLC 置为 RUN 状态，运行用户程序，检查控制系统是否能满足要求。

在调试过程中，对所暴露出的硬件问题及梯形图设计中的问题，在现场应加以解决，直到完全符合要求。现场调试后，一般将程序固化在有长久记忆功能的电可擦可编程只读存储器（EEPROM）中长期保持。

二、恒压供水系统的调试

在变频器和 PLC 部分调试完成、控制柜内硬件接线检查正确、各执行部件（如接触器和开关）动作正常后，可对恒压供水系统进行整体调试。

1. PID 调节器的调试

（1）外观、接线检查。该项检查包括检查调节器的型号是否有误、装置是否脱落或破损、电缆的直径和种类是否合适、电气连接是否松动、接线是否错误、250 Ω 电阻是否接上等。

（2）检查压力变送器的信号是否正确。检查调节器㉟㊱端子上电压的极性是否正确，其幅值是否在1～5 V范围之内，以及其是否会随管网压力而变化；否则检查24 V开关电源和压力变送器，以及接线是否正常。

（3）检查调节器的线性和报警功能。变频器不运行，断开从压力变送器反馈的电流信号，临时在调节器㉟㊱端子频率给定输入端接上0～5 V可调直流电源，将PXR－5的参数I和D设为零，比例带参数P使用出厂设定值，调节器设置为运行状态。将可调直流电源先调到1 V，改变调节器给定值，从0开始逐步增大至100，通过串联在调节器控制输出端的电流表观察输出电流是否从4～20 mA线性增大。若输出范围错误，可使用SV设定值补偿参数SVOF进行补偿。再将可调直流电源从1～5 V逐渐增大，观察输出电流是否从20 mA线性减小至4 mA。若错误，也可使用PV测量值补偿参数PVOF进行补偿。然后将可调直流电源仍调到1 V，给定值设置为50，再将直流电源增大，观察PXR－5面板上显示的PV测量值是否随之增大。当直流电压为3.2 V时，PV应显示为55，表示超出给定值10%，观察PLC输入端X10的LED指示灯是否点亮。若未点亮，可减小PXR－5中参数AL1的设定值。

（4）调整PI参数。恢复正常接线，在变频器STF与SD之间连线使变频器运转，将PXR－5的给定值调小些，使水泵以较低转速运转供水。PXR－5的参数P先仍用出厂设定值，参数D设为零（只用PI调节），将积分时间参数I适当调大些，如调到60 s，观察电动机的运转是否能够保持稳定。若运转不稳定，将比例带参数P调大些（即比例增益减小），再观察是否稳定；若还不稳定，可继续调大P的参数值，也可适当调大积分时间I的参数值，直至电动机运转稳定。若管网压力变化时，电动机转速调节响应很慢，则可适当减小积分时间I的参数值。当运行稳定时，可将P，I的参数值再略为减小一点，使电动机在保持稳定运行的前提下响应速度再快些。

2. PLC切换控制性能的调试

（1）测试能否由1台水泵运行切换到2台水泵运行。当实际压力达不到给定值时，水泵的电动机就会升速，在水泵运行频率已达到最高频率而压力仍未达到给定值时，应切换到2台水泵同时运行。由于实际压力值的变化是很缓慢的，较难人为快速调节，因此可采用改变给定值的方法进行检验。将调节器PRX－5的给定值调到100，按启动按钮后，一号泵应启动并加速。观察一号泵是否升速到48 Hz后切换到工频运行，以及经延时后二号泵是否以变频运行启动。

（2）测试能否由2台水泵运行切换到1台水泵运行。在2台水泵同时运行的状态下，将调节器PRX－5的给定值调到30或更小，观察一号泵是否停止运行。

（3）测试能否使3台泵轮换运行。再次增大PRX－5的给定值，观察二号泵是否升速到48 Hz后切换到工频运行，以及经延时后三号泵是否以变频运行启动。然后重复上述（1）和（2）项的步骤，观察3台泵能否轮换运行。

（4）测试PLC的停止和报警功能。在运行过程中按下停止按钮，或人为接通X2，或将选择开关转到手动位置，观察水泵是否停止。在模拟故障的情况下，观察 PLC 是否点亮故障报警灯并使蜂鸣器响。

在进行以上测试中，若 PLC 未按照正常规律动作，则应通过 PLC 的输入、输出指示灯来判断是 PLC 外部信号问题还是 PLC 控制程序问题，并做出相应修改。

在各种动作全部正确后，将 PRX－5、变频器的设定值恢复到正常值，最后按系统验收规程的要求，对整个系统进行逐项验收，合格后交付使用。

思 考 题

1. 三菱 FR－F540 变频器有哪些控制输入和输出端口？其功能各是什么？

2. 如何才能使 FR－F540 变频器以 4～20 mA 电流输入作为频率给定信号运行？

3. FR－F540 变频器中的输出频率检测信号和频率到达动作范围信号有何区别？它们分别在什么情况下动作？怎样动作？

4. 请分析压力调控仪的组成及其作用，并说明 PID 参数的作用。

5. 请分析供水系统控制电路电气原理图中的有关电路，说明压力调控仪是怎样接线的，各端子分别连接到什么部件上，各起什么作用。

6. PXR－5 有哪几类报警方式？绝对值报警、偏差报警和带报警有何区别？若要使 AL1 在实际测量值超过给定值＋5％或－10％时报警，应如何设置参数？

7. 请结合本实例具体说明 PLC 程序设计的步骤。

8. 请分析变频水泵恒压供水控制电路电气原理图中 PLC 的输入、输出接线有哪几个输入点和输出点，在进行 PLC 控制程序的模拟调试时应如何具体操作。

9. 根据变频水泵恒压供水的工艺要求，说明电动机的启动、停止、自动与检修应如何实现，电控箱控制面板上的主令电器和控制箱内的选择开关应如何操作，监视装置应怎样动作。在此过程中，压力调控仪和变频器应如何控制？

10. 结合电气原理图中的有关电路，分析梯形图中关于电动机启动、停止、故障、自动与手动控制的有关程序，说明其是如何实现变频水泵恒压供水的工艺要求的。

11. 根据变频水泵恒压供水系统的工艺流程，说明 3 台水泵应如何轮流切换工作，在水泵电动机由变频运行切换到工频运行时需要什么信号，这些信号从何而来，切换过程中变频器应如何控制。

12. 请分析电气原理图和梯形图中的有关程序，说明水泵电动机从变频到工频、从工频到变频的切换过程。

技能考核模拟试卷（一）

模块 1　可编程序控制器应用技术（100 分）

试题名称：用 PLC 来控制反应炉的动作。

考核时间：90 min。

1. 操作条件

（1）PLC 鉴定装置 1 台。

（2）计算机 1 台（必须装有鉴定软件和编程软件）。

（3）鉴定装置专用连接电线若干根。

（4）调试完成后在外部接线或用户程序中设置 1 个故障。

2. 操作内容

（1）根据控制要求绘制状态转移图。

（2）写出梯形图程序或语句表（考生自选其一）。

（3）使用计算机软件进行程序输入并向 PLC 下载程序。

（4）在鉴定装置上接线并进行调试。

（5）故障排除。在 PLC 外部设备接线或用户程序中设置 1 个故障，考生通过观察故障现象、分析故障原因、测试和监控找出故障点。

3. 操作要求

反应炉工艺共分为如下三个过程（见图卷 1—1）。

第一个过程为进料过程。当液面低于下液面（SL2＝1）、温度低于低温（ST2＝1）、压力低于低压（SP2＝1）时按启动按钮 SB1，排气阀（YV1）和进料阀（YV2）打开，液面上升至上液面（SL1＝1），关闭排气阀和进料阀，延时 3 s 打开氮气阀（YV3），反应炉内压力上升至高压（SP1＝1），关闭氮气阀，开始第二个过程。

第二个过程为加热过程。加热接触器 KM 吸合，温度上升至高温（ST1＝1），保温 4 s，然后断开加热接触器降温，待温度降至低温（ST2＝1）时，开始第三个过程。

第三个过程为泄放过程。打开排气阀，气压下降至低压（SP2＝1）后，再打开泄放阀，待液位下降至下液面（SL2＝1）时，关闭排气阀和泄放阀。以上三个过程为一个循环。

（1）控制要求。按下启动按钮，反应炉开始工作，一直循环下去，直到按了 SB2 停止按钮，工艺完成当前一个循环后停止。

在第一、第二个过程中，如按下急停按钮 SB3，则立即关闭进料阀、氮气阀、加热接触器，待温度降至低温（ST2＝1）时，打开排气阀使压力降至最低（SP2＝1），再打开泄放阀将炉内液体放完后停止。（输入输出端口配置见表卷 1—1 和表卷 1—2）

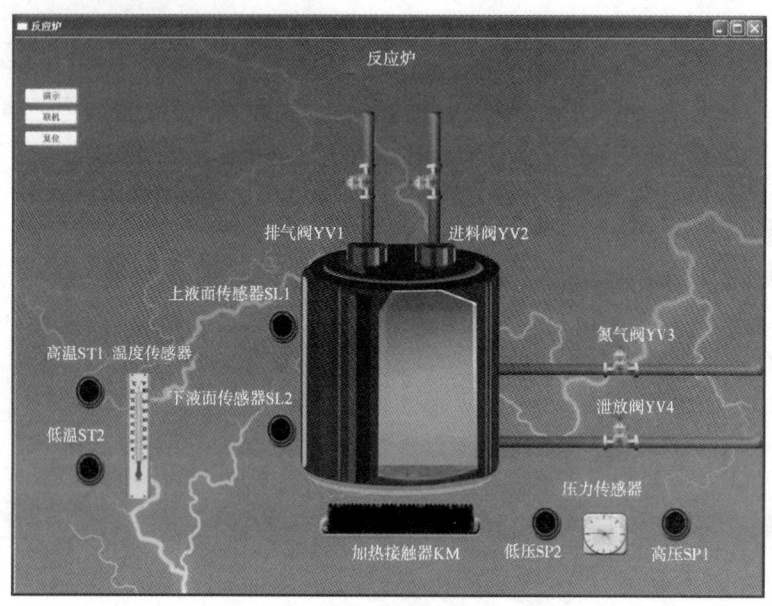

图卷 1—1　反应炉仿真动画画面

表卷 1—1　　输入端口配置表

输入设备	输入端口编号	考核箱对应端口
高压传感器 SP1	X0	计算机和 PLC 自动连接
低压传感器 SP2	X1	计算机和 PLC 自动连接
高温传感器 ST1	X2	计算机和 PLC 自动连接
低温传感器 ST2	X3	计算机和 PLC 自动连接
上液面传感器 SL1	X4	计算机和 PLC 自动连接
下液面传感器 SL2	X5	计算机和 PLC 自动连接
启动按钮 SB1	X6	普通按钮
停止按钮 SB2	X7	普通按钮
急停按钮 SB3	X10	普通按钮

表卷 1—2　　输出端口配置表

输出设备	输出端口编号	考核箱对应端口
加热接触器 KM	Y0	计算机和 PLC 自动连接
排气阀 YV1	Y1	计算机和 PLC 自动连接
进料阀 YV2	Y2	计算机和 PLC 自动连接
氮气阀 YV3	Y3	计算机和 PLC 自动连接
泄放阀 YV4	Y4	计算机和 PLC 自动连接

（2）考试要求

1）能够绘制状态转移图，能够编写梯形图程序或语句表。

2）能够使用计算机软件进行程序输入。

3）能够在鉴定装置上接线，能够用计算机软件模拟仿真进行调试。

4）能够根据故障现象分析故障原因并排除故障。

5）能够根据给定的设备和仪器仪表，在规定时间内完成上述各项工作，达到考试规定的要求。调试过程中一般故障自行解决。

6）未经允许擅自接通 PLC 外部线路电源，造成设备损坏者该项目零分。

模块 2　电气自动控制技术（100 分）

试题名称：具有五段速及正、反向点动的矢量（SLVC）闭环控制交流变频调速系统。

考核时间：90 min。

1. 操作条件

（1）西门子 MM440 交流变频调速装置 1 台。

（2）三相交流异步电动机：YSJ7124。

（3）P_N＝370 W，U_N＝380 V，I_N＝1.12 A，n_N＝1 400 r/min，f_N＝50 Hz，$\cos\phi_N$＝0.72。

（4）鉴定装置专用连接电线若干根。

（5）万用表。

2. 操作内容

（1）根据工艺控制要求画出具有五段速及正、反向点动的矢量（SLVC）闭环控制交流变频调速系统接线图，标明各设备元件名称与编号，并在实训装置上完成系统接线。

（2）根据工艺控制要求写出变频器参数清单，并对变频器进行设置及调试运行，达到上述控制要求。

（3）调整变频器的参数，读取相应的转速、频率、电压、电流值，以及“变频器输出电压”仪表的读数。

（4）系统分析。在实际应用中，应该如何选择变频器的容量？

（5）故障分析及排除。调试运行完成后在外部接线或变频器参数中设置 1 个故障，进行故障分析及排除。

3. 操作要求

（1）工艺控制要求。交流变频调速系统的主电路设有自动空气断路器和熔断器。系统采用数字量输入端口操作运行状态，控制方式采用无速度传感器的矢量控制方式。

交流变频调速系统五段固定频率（转速）运行采用直接选择＋ON 方式，由控制按钮控制，五段固定频率（转速）运行要求如下。

第一段转速为正向 500 r/min。

第二段转速为正向 1 250 r/min。

第三段转速为正向 750 r/min。

第四段转速为反向 750 r/min。

第五段转速为反向 1 400 r/min。

电动机从 0 r/min 到 450 r/min（同步转速）加速上升时间为 3 s，从 750 r/min（同步转速）到 0 r/min 减速下降时间为 1.5 s。

正、反向点动由正、反向点动按钮控制，正向点动频率为 6.5 Hz，反向点动频率为 6.5 Hz，点动上升时间为 10 s，点动下降时间为 8 s。

交流变频调速系统设有“变频器正在运行”和“变频器故障”2 个指示灯，具体由变频器开关量输出（继电器）控制。“变频器正在运行”和“变频器故障”2 个指示灯采用 DC 24 V 电源。

交流变频调速系统设有“变频器输出电压”指示仪表，具体由变频器模拟量输出控制。“变频器输出电压”指示仪表采用量程为 0～20 mA 的电流表改制。

该交流变频调速系统还具备模拟量给定操作运行的功能。

（2）根据上述工艺控制要求，在图卷 1—2 上画出具有五段速及正、反向点动的矢量（SLVC）闭环控制交流变频调速系统接线图，标明各设备元器件名称与编号，并在实训装置上完成系统接线。

（3）交流变频调速系统参数设置及通电调试运行要求

1）交流变频调速装置模拟量给定操作运行。将变频器设置成数字量输入端口操作及模拟量给定操作运行状态，改变给定电位器，观察并记录上述五段速所对应的频率，向考评员演示结果。

2）根据上述工艺控制要求，写出变频器参数清单，并对变频器进行参数设置及调试运行，并向考评员演示结果。

（4）调整变频器的参数，读取相应的转速、频率、电流、电压值，以及“变频器输出电压”仪表的读数，并填入表卷 1—3。

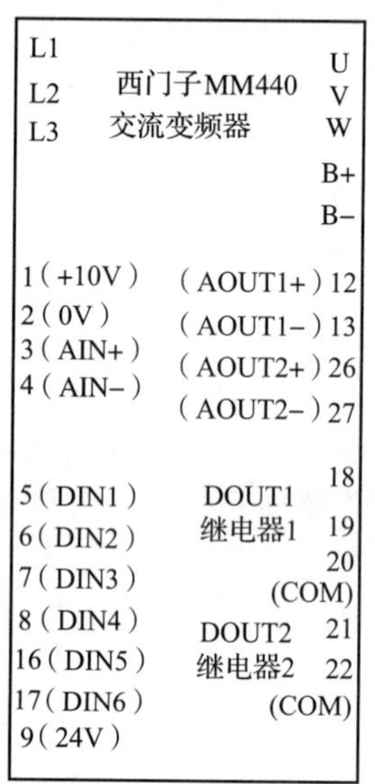

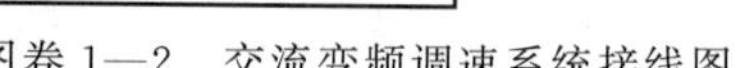
图卷 1—2　交流变频调速系统接线图

表卷 1—3　　**测量结果记录表**

项目	第一段速	第二段速	第三段速	第四段速	第五段速
频率（Hz）					
转速（r/min）					
电流（A）					
电压（V）					
变频器输出电流表					

（5）系统分析。在实际应用中，请分析如何选择变频器的容量。

（6）故障分析及排除。根据系统故障现象，分析故障原因并排除故障，使系统正常运行。

（7）根据给定的设备和仪器仪表，在规定时间内完成上述各项工作，达到考试规定的要求。调试过程中一般故障自行解决。

（8）未经允许擅自接通电源，造成设备损坏者该项目零分。

模块 3　应用电子技术（100 分）（在电子技术与电力电子技术中抽考 1 题）

一、电子技术

试题名称：组合逻辑控制移位寄存器。

考核时间：90 min。

1. 操作条件

（1）电子技术实训台。

（2）双踪示波器 1 台。

（3）万用表 1 个。

（4）集成芯片 40194，555，4011，4012，以及逻辑开关、电阻、电容、连接导线等。

（5）调试完成后在外部接线的任意位置设置 1 个故障。

2. 操作内容

（1）根据要求进行设计，画出电路图并标明相关的元器件参数。

（2）在电子技术实训装置上进行接线、调试，并演示其功能。

（3）正确使用示波器测量并记录有关波形及时序图。

（4）观察故障现象，查找故障位置，分析故障原因并排除，使系统运行正常。

3. 操作要求

（1）设计及接线。设计如图卷 1—3 所示的四位移位寄存器构成的扭环形计数器电路，并在电子技术实训装置上进行电路接线。

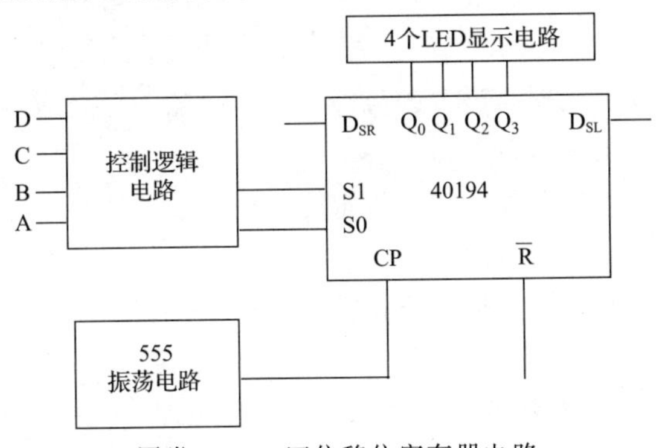

图卷 1—3　四位移位寄存器电路

1）图卷 1—3 中的振荡电路是一个由 555 集成电路组成的多谐振荡器，要求元器件参数 R_1 为 220 kΩ、R_2 为 10 kΩ、电容为________μF，使其频率为 6 Hz。设计该电路，画出其电路图，并列出计算公式，确定元器件参数。

2）用与非门设计控制逻辑电路，使输入的四位二进制数 DCBA 小于等于 X=1，2，4，5，6，8，9，10，12（由考评员选择其中之一，下同）时，移位寄存器左移（或右移）；输入的四位二进制数 DCBA 大于 X 时，移位寄存器右移（或左移），要求写出设计过程，画出其电路图。

（2）通电调试运行

1）向考评员演示电路功能已达到试题要求。

2）把振荡频率提高 100 倍，用双踪示波器实测 555 集成电路组成的多谐振荡器 Q 端（或 D 端或 TH 端）的波形，在图卷 1—4 上记录波形并在波形图上标出周期及幅值。

图卷 1—4　记录波形图

3）把移位寄存器接成右移（或左移）的扭环形计数器，用双踪示波器观察并在图卷 1—5 上画出 40194 集成块输出端 Q_0，Q_1 随 CP 脉冲变化的时序图。

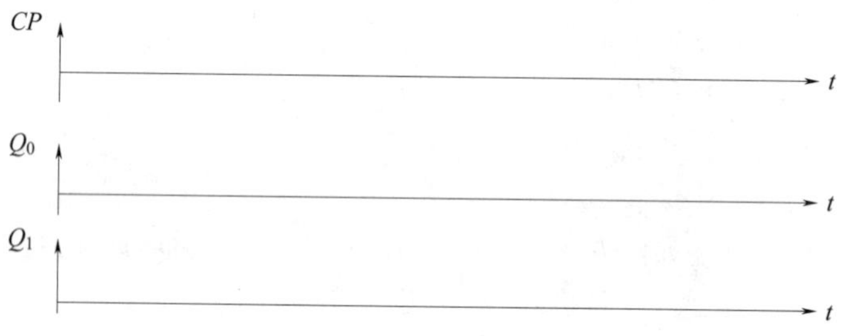

图卷 1—5　记录时序图

（3）故障分析及处理。根据所设置的故障，观察故障现象，查找故障位置，分析故障原因，进行故障排除，使系统运行正常。

（4）根据给定的设备和仪器仪表，在规定时间内完成上述各项工作，达到考试规定的要求。调试过程中一般故障自行解决。

（5）未经允许擅自接通电源，造成设备损坏者该项目零分。

二、电力电子技术

试题名称：带电阻-电感负载的三相全控桥式整流电路。

考核时间：90 min。

1. 操作条件

（1）带有三相交流电源的电力电子实训台。

（2）双踪示波器1台。

（3）电阻-电感负载箱。

（4）万用表。

（5）调试完成后在外部接线的任意位置设置1个故障。

2. 操作内容

（1）根据已知整流变压器TR和同步变压器TS的联接组别号画出其接线图，标明相序。

（2）画全三相桥式全控整流电路带电阻（白炽灯）-电感性负载的系统接线图。

（3）在电力电子技术实训装置上进行接线、调试，并演示其功能。

（4）正确使用示波器测量并记录有关波形。

（5）观察故障现象，查找故障位置，分析故障原因并排除，使系统运行正常。

3. 操作要求

（1）根据给定的设备和仪器仪表，在规定时间内完成下述各项工作，达到考试规定的要求。调试过程中一般故障自行解决。

（2）根据已知整流变压器TR和同步变压器TS的联接组别号（具体要求由考评员在附表中选择其中一个方案，见表卷1—4，下同），在图卷1—6中画出其接线图，标明相序。要求画全三相桥式全控整流电路带电阻（白炽灯）-电感性负载的系统接线图，然后在电力电子技术实训装置上完成其接线。

表卷1—4　　附　表

方案	整流变压器TR	同步变压器TS	同步电压	锯齿波电压	当 $\alpha=$__°时，u_d，$u_{P\_}$，$u_{VT\_}$
1	△/Y-5	Y/Y-4	u_{sb}	u_a	$\alpha=15°$，u_d，u_{P2}，u_{VT6}
2	△/Y-3	Y/Y-2	u_{sc}	u_b	$\alpha=30°$，u_d，u_{P4}，u_{VT3}
3	△/Y-7	Y/Y-6	u_{sa}	u_c	$\alpha=45°$，u_d，u_{P6}，u_{VT5}
4	△/Y-9	Y/Y-8	u_{sb}	u_a	$\alpha=60°$，u_d，u_{P1}，u_{VT2}
5	△/Y-1	Y/Y-12	u_{sa}	u_b	$\alpha=75°$，u_d，u_{P3}，u_{VT4}
6	△/Y-11	Y/Y-10	u_{sb}	u_c	$\alpha=90°$，u_d，u_{P5}，u_{VT1}

（3）测定交流电源的相序，正确选择“单脉冲”或“双脉冲”，在触发电路正常后，适当调整同步电压相位，调整电位器和总偏移电位器，使输入控制电压 $U_C=0$ V时，初始脉冲对应在 $\alpha=90°$ 处，输出 $U_d=0$ V。

（4）调节 U_C 电位器，用示波器观察 α 从90°～0°变化时 u_d 的波形，要求输出电压6个波头均匀平整、不缺相，并向考评员演示。

（5）用示波器观察，并在图卷1—7中记录同步电压及锯齿波电压的波形，同时记录 α 为某角度时的输出电压 u_d 和晶闸管VT两端的波形，以及触发脉冲的波形（具体要求由考评员在表卷1—4中选择其中一个方案）。

（6）故障分析及处理。根据故障现象，分析故障原因并排除故障，使系统运行正常。

（7）电路分析。本试题的电路中，是否需要接续流二极管，请分析原因。

（8）未经允许擅自接通电源，造成设备损坏者该项目零分。

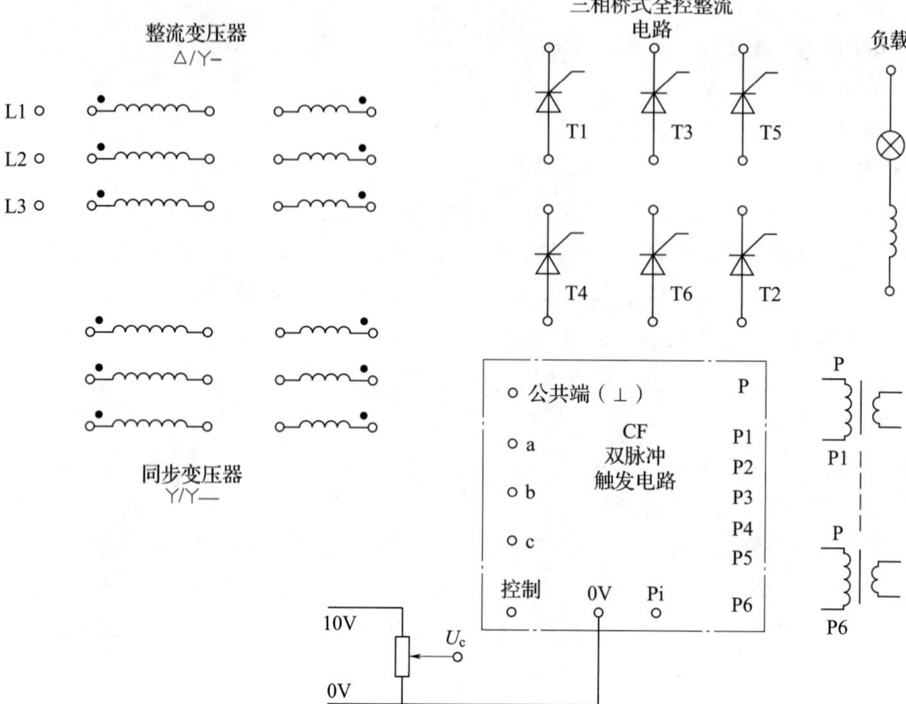

图卷 1—6　三相全控桥式整流电路

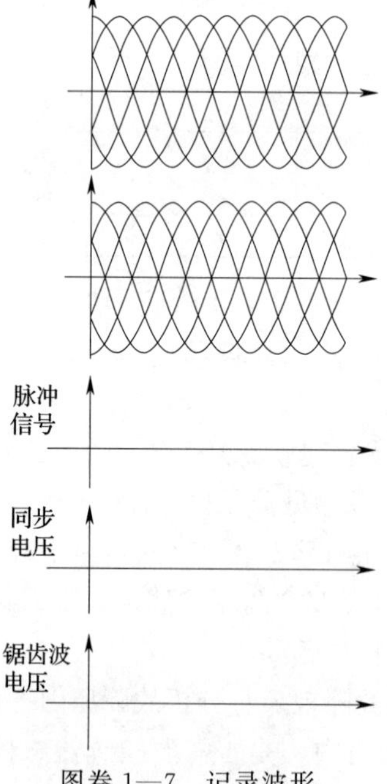

图卷 1—7　记录波形

技能考核模拟试卷（二）

模块1　可编程序控制器应用技术（100分）

试题名称：人机界面控制指示灯循环显示。

考核时间：90 min。

1. 操作条件

（1）PLC鉴定装置1台。

（2）计算机1台（必须装有鉴定软件、编程软件、人机界面编程软件）。

（3）调试完成后在用户程序或人机界面参数中设置1个故障。

2. 操作内容

（1）根据控制要求画出控制流程图。

（2）写出梯形图程序或语句表（考生自选其一）。

（3）使用计算机软件对人机界面进行编程并下载程序。

（4）使用计算机软件对PLC进行程序输入并向PLC下载程序。

（5）通过人机界面和计算机监控进行调试。

（6）故障排除。在人机界面窗口里的元件参数或程序中设置1个故障，考生通过观察故障现象、分析故障原因、测试和监控找出故障点。

3. 操作要求

（1）控制要求。人机界面屏幕上有8个指示灯对应于Y0～Y7，当按了启动按钮SB1后，指示灯按设置的方式开关K01状态进行循环显示，按停止按钮SB2后，指示灯停于原处（每1 s移一次），如图卷2—1所示。

（2）考试要求

1）能够绘制控制流程图。

2）能够写出梯形图程序或语句程序（考生自选其一）。

3）能够使用计算机软件进行人机界面编辑和PLC程序输入。

4）能够在鉴定装置上接线，并通过人机界面屏幕上设置的按钮、开关及指示灯进行调试。

5）能够根据故障现象分析故障原因并排除故障。

6）根据给定的设备和仪器仪表，在规定时间内完成上述各项工作，达到考试规定的要求。调试过程中一般故障自行解决。

7）未经允许擅自接通PLC外部线路电源，造成设备损坏者该项目零分。

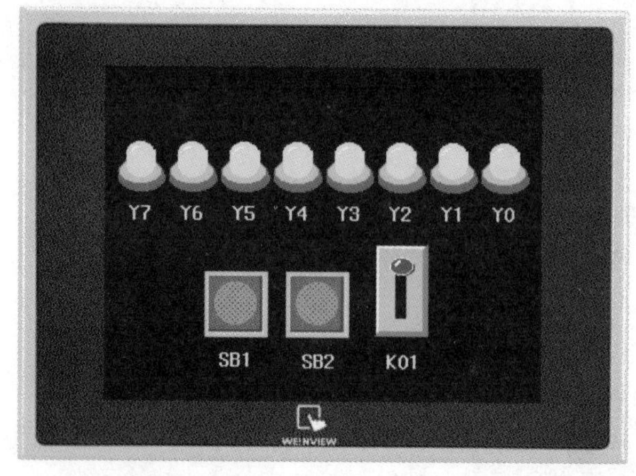

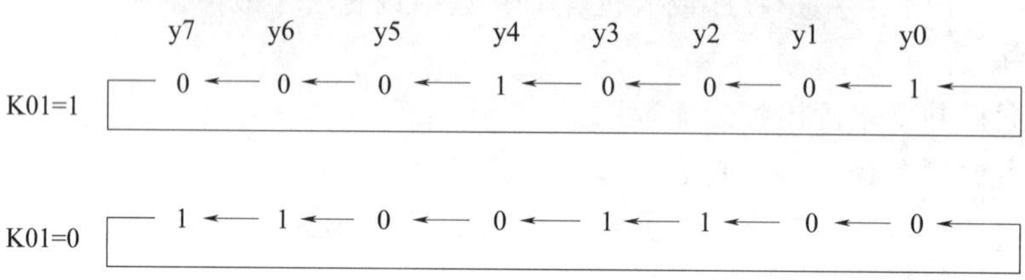

图卷 2—1 人机界面屏幕和控制要求

模块 2 电气自动控制技术（100 分）

试题名称：逻辑无环流可逆直流调速系统 1。

考核时间：90 min。

1. 操作条件

（1）514C 直流可逆调速系统鉴定装置。

（2）直流电动机-发电机组：Z400/20－220，$P_N=400$ W，$U_N=220$ V，$I_N=3.5$ A，$n_N=200$ r/min；测速发电机：55 V，2 000 r/min。

（3）鉴定装置专用连接电线若干。

（4）万用表。

2. 操作内容

（1）根据系统控制要求画出直流可逆调速控制系统接线图，标明各设备元件名称与编号，并在实训装置上完成系统接线。

（2）根据系统控制要求，调整系统相关参数，使系统达到控制要求和稳定运行。

（3）直流调速系统特性曲线的测量与绘制。

（4）画出逻辑选触无环流可逆直流调速系统（具有“推 β”环节）原理图，并标出正向运行时系统的工作状态（各物理量的极性）。简要分析说明正向启动运行时系统的工作过程。

（5）画出电动机从正向（1 000 r/min）运行到反向（1 000 r/min）运行时 $n=f(t)$ 和 $I_d=f(t)$ 的波形图，并加以简单说明。

（6）调试运行完成后在外部接线中设置 1 个故障，进行故障分析及排除。

3. 操作要求

（1）系统控制要求。可逆直流调速系统设有电动机的电枢电流表、电枢电压表、励磁电流表、转速表以监视系统运行状况。

系统主电路设有自动空气断路器和熔断器保护。系统分别设有正向和反向转速给定电位器，要求正向和反向转速给定电压 U_n^* 为 0～±5 V 时，电动机的转速为 0～±1 200 r/min。系统还设有外接电流限幅调节电位器。系统采用电动机-发电机组和可变电阻箱作为负载。

（2）根据上述控制要求和调试运行测量所用的给定电压表和测速发电机两端电压表的要求，在图卷 2—2 上画出直流可逆调速系统接线图，标明各设备元件名称与编号，并在实训装置上完成系统接线。

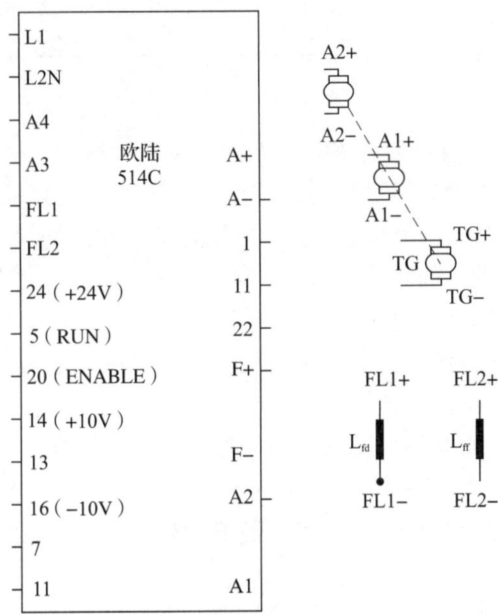

图卷 2—2　直流可逆调速系统接线图

（3）根据上述控制要求，调整直流调速系统的相关参数，使直流调速系统达到上述控制要求并稳定运行，向考评员演示结果。

（4）直流调速系统特性曲线的测量与绘制

1）调节特性曲线的测量与绘制。改变转速给定电压 U_n^*，测量电动机转速 n 和测速发电机两端电压 U_{Tn}，并将实测的给定电压 U_n^*、转速 n 和测速发电机两端电压 U_{Tn} 的值填入表卷 2—1。

表卷 2—1　　测量结果记录表

U_n^*（V）						
n（r/min）						
U_{Tn}（V）						

绘制调节特性曲线 $n=f$（U_n^*）。

2）静特性曲线的测量与绘制。具体测量与绘制经过该点（$I_d=-1$ A，$n=-1\ 000$ r/min）的静特性曲线 $n=f$（I_d）。将实测的电动机电枢电流 I_d、电枢电压 U_d、转速 n 和测速发电机两端电压 U_{Tn} 的值填入表卷 2—2。

表卷 2—2　　测量结果记录表

I_d（A）	空载					
U_d（V）						
n（r/min）						
U_{Tn}（V）						

绘制静特性曲线 $n=f$（I_d）。

（5）画出逻辑选触无环流可逆直流调速系统（具有“推 β”环节）原理图，并标出正向运行时系统的工作状态（各物理量的极性），简要分析说明正向启动运行时系统的工作过程。

（6）画出电动机从正向（1 000 r/min）运行到反向（1 000 r/min）运行时的 $n=f(t)$ 和 $I_d=f(t)$ 的波形图并加以简单说明。

（7）能够根据故障现象分析故障原因并排除故障。

（8）根据给定的设备和仪器仪表，在规定时间内完成上述各项工作，达到考试规定的要求。调试过程中一般故障自行解决。

（9）未经允许擅自接通电源，造成设备损坏者该项目零分。

模块 3　应用电子技术（100 分）（在电子技术与电力电子技术中抽考 1 题）

一、电子技术

试题名称：四人抢答电路。

考核时间：90 min。

1. 操作条件

（1）电子技术实训台。

（2）双踪示波器 1 台。

（3）万用表 1 个。

（4）集成芯片 40175，4547，4011，4012，以及逻辑开关、电阻、电容、连接导线等。

（5）调试完成后在外部接线的任意位置设置 1 个故障。

2. 操作内容

(1) 根据要求进行设计，画出电路图并标明相关的元器件参数。

(2) 在电子技术实训装置上进行接线、调试，并演示其功能。

(3) 正确使用双踪示波器测量并记录有关波形。

(4) 根据题意，画出 40175 集成块输出端 Q_1，Q_2，Q_3，Q_4 随 CP 脉冲变化的时序图。

(5) 观察故障现象，查找故障位置，分析故障原因并排除，使系统运行正常。

3. 操作要求

(1) 设计及接线。设计如图卷 2—3 所示的一个四人抢答电路，可同时满足 4 名选手参加比赛，按钮的编号为 X，Y，Z，F（由考评员在表卷 2—3 中选择一种方案），抢答器具有数据锁存和显示抢答者编号的功能，列出设计过程并在电子技术实训装置（见图卷 2—3）上进行电路接线。

表卷 2—3 附 表

方案	按钮编号			
	X	Y	Z	F
1	1	3	5	7
2	2	4	6	8
3	3	4	5	6
4	2	3	4	5
5	2	4	5	6
6	3	5	7	9

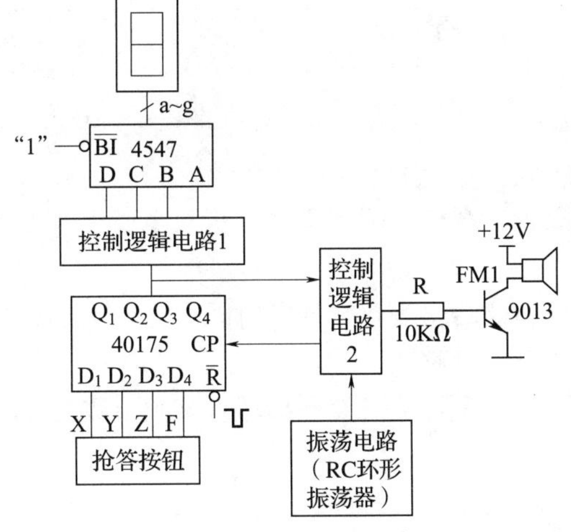

图卷 2—3 四人抢答电路

1）图卷 2—3 中的振荡电路是一个由 3 个非门与 RC 组成的环形振荡器，要求其元器件参数 R 为 68 kΩ、电容 C 为______μF 时频率为 100 Hz。设计该电路并画出电路图（用 4011 代替非门），列出计算公式，确定元器件参数。

2）用与非门设计控制逻辑门电路，当 4 组中有 1 组按下按钮后，40175 集成块中相应的 D 触发器输出为 1，显示器显示该组组号，同时扬声器发响，表示抢答成功；另外应同时封锁时钟信号 CP，使再有其他组按下按钮并不起作用，显示器应保持原显示。当需要进行下一轮抢答时，按复位即可。画出控制逻辑门电路图，要求写出设计过程。

（2）通电调试运行

1）向考评员演示电路已达到试题要求。

2）用双踪示波器实测振荡电路的输出波形，在图卷 2—4 上记录波形，并标出周期及幅值。

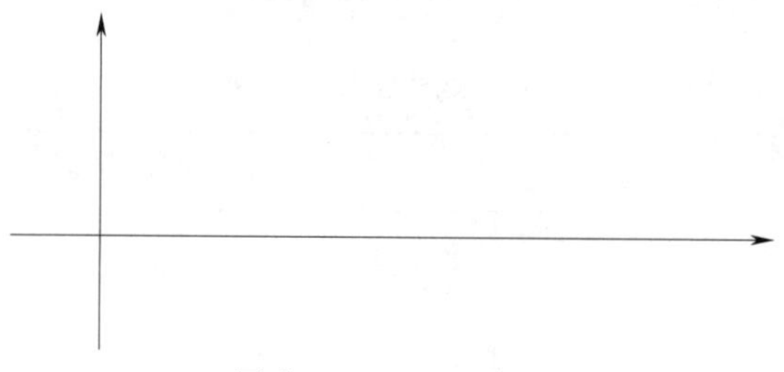

图卷 2—4　记录波形

3）在图卷 2—5 上画出当第______个 CP 上升沿到来前的瞬间，______号按钮按下时，40175 输出端 Q_1，Q_2，Q_3，Q_4 随 CP 脉冲变化的时序图。

图卷 2—5　记录时序图

（3）根据所设置的故障，观察故障现象，分析故障原因，查找故障位置，进行故障排除，使系统运行正常。

（4）根据给定的设备和仪器仪表，在规定时间内完成上述各项工作，达到考试规定的要求。调试过程中一般故障自行解决。

（5）未经允许擅自接通电源，造成设备损坏者该项目零分。

二、电力电子技术

试题名称：升压/降压型直流斩波电路。

考核时间：90 min。

1. 操作条件

（1）带有三相交流电源的电力电子实训台。

（2）双踪示波器 1 台。

（3）电阻-电感负载箱。

（4）万用表。

（5）调试完成后在外部接线的任意位置设置 1 个故障。

2. 操作内容

（1）根据已知整流变压器 TR 的联接组别号画出其接线图、标明相序。

（2）画全升压/降压型直流斩波电路带电阻性负载（白炽灯）的系统接线图，并在图中标明输出电压 u_o与负载中电流 i_o的参考方向。

（3）在电力电子技术实训装置上进行接线、调试，并演示其功能。

（4）正确使用示波器测量并记录有关波形。

（5）故障分析及处理。观察故障现象，查找故障位置，分析故障原因并排除，使系统运行正常。

3. 操作要求

（1）根据已知整流变压器 TR 的联接组别号，在图卷 2—6 中画出其接线图、标明相序，要求画全升压/降压型直流斩波电路带电阻性负载（白炽灯）的系统接线图，并在图中标明输出电压 u_o 与负载中电流 i_o 的参考方向。然后在电力电子技术实训装置上完成其接线。

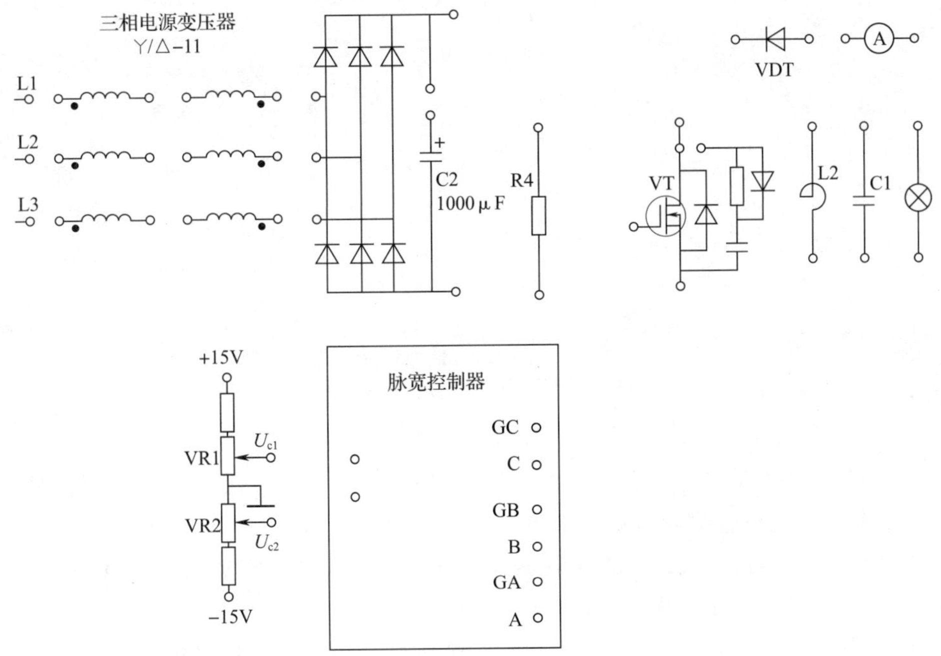

图卷 2—6　升压/降压型直流斩波电路

（2）测定交流电源的相序，在控制电路正常后，适当调节 VR4 电位器使控制脉冲振荡频率为 500 Hz。调整 U_{C1} 使控制脉冲宽度达到最大时，改变 TL494 上 4＃脚外接电位器 VR3 阻值，观察 PWM 信号 U_B 波形中死区时间的变化情况。调整 VR3 阻值使死区时间为振荡周期的 30％，并向考评员演示。

（3）调整偏移电位器改变 U_{C2}，使输入控制电压 $U_{C1}=0$ V 时，控制脉冲的宽度为零。然后调整控制电压 U_{C1}，用示波器观察并记录 U_{C1} 为不同值时控制脉冲的宽度 t_{on}，计算占空比 α 填入表卷 2—4。在图卷 2—7 上记录最大占空比 α_{max}，画出 $\alpha=f$（U_{C1}）特性曲线，并画出 $\alpha=30\%$，40％，50％，60％（由考评员任选 1 种）时锯齿波电压 u_A 与 PWM 信号 u_B 的波形。

表卷 2—4　　测量结果记录表

U_{C1}（V）	0.5	1	1.25	1.5	
t_{on}（ms）					
α（％）					$\alpha_{max}=$

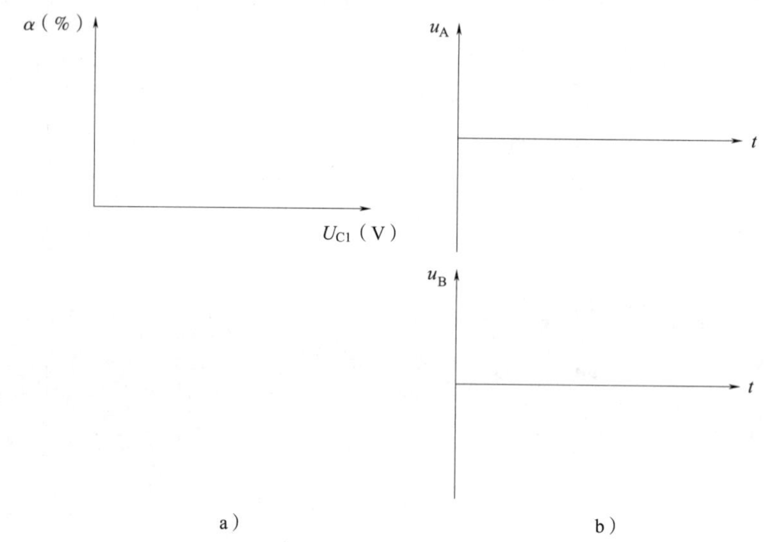

图卷 2—7　记录特性曲线及波形

a）$\alpha=f$（U_{C1}）特性曲线

b）$\alpha=$ ____ ％时锯齿波电压 u_A 与 PWM 信号 u_B 的波形（在波形图上标出幅值和周期）

（4）调节 $U_{C1}=0$ V，接通主电路电源，负载接白炽灯，把电流表与负载串联，将有效值电压表接在整流桥直流侧，记录直流输入电压 U_i 的平均值。

（5）调节 U_{C1} 电位器，用示波器观察 α 从 0％～70％变化时输出电压 u_o 的波形，要求输出电压的平均值能平滑调节。改变 U_{C1}，记录 $\alpha=30\%$，40％，50％，60％，70％时的输出电压 U_o 和输出电流 I_o。将实测的输出电压 U_o 和输出电流 I_d 的值填入表卷 2—5。

表卷 2—5　　测量结果记录表

α	30%	40%	50%	60%	70%
U_o（V）					
I_o（A）					

（6）调节 U_{C1} 使占空比 $\alpha=60\%$，观察并在图卷 2—8 中记录 u_o 与 i_o，以及 MOSFET 管 VT 两端的电压 u_{VT} 的波形，并向考评员演示。

（7）根据故障现象，分析故障原因并排除故障，使系统运行正常。

（8）请分析本试题电路的工作原理，并说明输出电压 U_o 与占空比 α 的关系。

（9）根据给定的设备和仪器仪表，在规定时间内完成上述各项工作，达到考试规定的要求。调试过程中一般故障自行解决。

（10）未经允许擅自接通电源造成设备损坏者该项目零分。

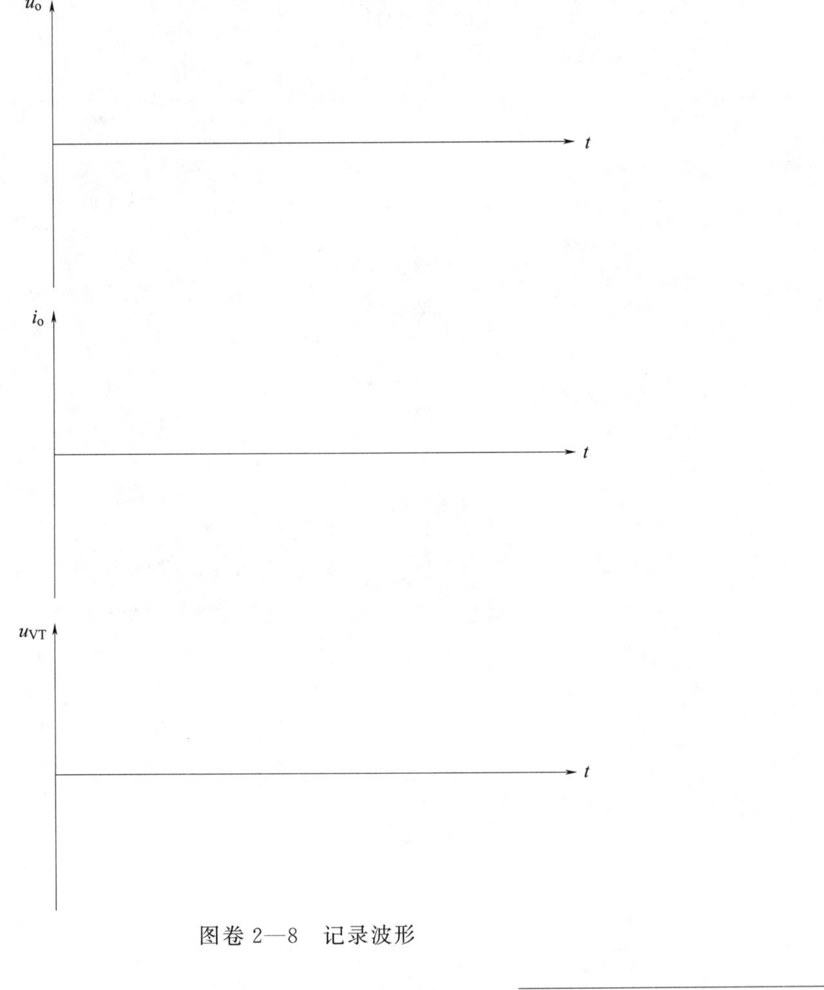

图卷 2—8　记录波形

附录 1

西门子 MM440 变频器部分参数、故障与报警信息

附表 1—1　　西门子 MM440 变频器部分参数

参数代号	功能	参数范围	说　明
P0003	用户访问级	0～4 缺省值：1	0：用户定义的参数表 1：标准级 2：扩展级 3：专家级
P0005	显示选择	2～4 000 缺省值：21	21：实际频率 22：实际转速 25：输出电压 26：直流回路电压 27：输出电流
P0010	调试参数过滤器	0～30 缺省值：0	0：准备 1：快速调试 30：工厂的设定值
P0100	使用地区 欧洲/北美	0～2 缺省值：0	0：欧洲（kW），频率缺省值为 50 Hz 1：北美（hp），频率缺省值为 60 Hz 2：北美（kW），频率缺省值为 60 Hz
P0205	变频器的应用	0～1 缺省值：0	0：恒转矩 1：变转矩
P0300	选择电动机的类型	1～2 缺省值：1	1：异步电动机 2：同步电动机
P0304	电动机额定电压	10～2 000 缺省值：230	电动机额定电压（V）
P0305	电动机的额定电流	0.01～10 000.00 缺省值：3.25	电动机的额定电流（A）
P0307	电动机的额定功率	0.01～2 000.00 缺省值：0.75	电动机的额定功率（kW 或 hp）
P0308	电动机的额定 功率因数	0.000～1.000 缺省值：0.000	电动机的额定功率因数（$\cos\varphi$）
P0309	电动机额定效率	0.0～99.9 缺省值：0.0	电动机额定效率

续表

参数代号	功能	参数范围	说　明
P0310	电动机额定频率	12.00～650.00 缺省值：50.00	电动机的额定频率（Hz）
P0311	电动机额定转速	0～40 000 缺省值：0	电动机的额定转速（r/min）
P0335	电动机的冷却	0～3 缺省值：0	0：自冷，采用安装在电动机轴上的风机进行冷却 1：强制，冷却采用单独供电的冷却风机进行冷却
P0640	电动机过载系数（%）	10.0～400.0 缺省值：150.0	以电动机额定电流 P0305 的百分比值表示的电动机过载电流限值
P0700	选择命令源	0～6 缺省值：2	0：工厂的缺省设置 1：BOP 键盘设置 2：由端子排输入
P0701	数字输入 1 的功能	0～99 缺省值：1	0：禁止数字输入 1：ON/OFF1 接通正转/停车命令 1 2：ONREVERSE/OFF1 接通反转/停车命令 1 3：OFF2 停车命令 2，按惯性自由停车 4：OFF3 停车命令 3，按斜坡函数曲线快速降速停车 9：故障确认 10：正向点动 11：反向点动 12：反转 13：MOP 升速（增加频率） 14：MOP 降速（减少频率） 15：固定频率设定值直接选择 16：固定频率设定值直接选择+ON 命令 17：固定频率设定值二进制编码选择+ON 命令 25：直流注入制动 29：由外部信号触发跳闸 33：禁止附加频率设定值 99：使能 BICO 参数化
P0702	数字输入 2 的功能	0～99 缺省值：12	可能的设定值，参看 P0701（数字输入 1 的功能）
P0703	数字输入 3 的功能	0～99 缺省值：9	可能的设定值，参看 P0701（数字输入 1 的功能）
P0704	数字输入 4 的功能	0～99 缺省值：15	可能的设定值，参看 P0701（数字输入 1 的功能）

续表

参数代号	功能	参数范围	说　明
P0705	数字输入 5 的功能	0～99 缺省值：15	可能的设定值，参看 P0701（数字输入 1 的功能）
P0706	数字输入 6 的功能	0～99 缺省值：15	可能的设定值，参看 P0701（数字输入 1 的功能）
P0725	PNP/NPN 数字输入	0～1 缺省值：1	0：NPN 方式（低电平有效） 1：PNP 方式（高电平有效）
P0731	数字输出 1 的功能	0.0～4 000.0 缺省值：52.3	52.0：变频器准备，0 闭合 52.1：变频器准备运行，0 闭合 52.2：变频器正在运行，0 闭合 52.3：变频器故障，0 闭合 52.4：OFF2 停车命令有效，1 闭合 52.5：OFF3 停车命令有效，1 闭合 52.6：禁止合闸，0 闭合 52.7：变频器报警，0 闭合 52.A：已达到最大频率，0 闭合 52.B：电动机电流极限报警，1 闭合 52.C：电动机抱闸（MHB）投入，0 闭合 52.D：电动机过载，1 闭合 52.E：电动机正向运行，0 闭合 52.F：变频器过载，1 闭合 53.0：直流注入制动投入，0 闭合
P0732	数字输出 2 的功能	0.0～4 000.0 缺省值：52.7	可能的设定值，参看 P0731（数字输出 1 的功能）
P0733	数字输出 3 的功能	0.0～4 000.0 缺省值：0.0	可能的设定值，参看 P0731（数字输出 1 的功能）
P0756	ADC 的类型	0～4 缺省值：0	0：单极性电压输入 0～+10 V 1：带监控的单极性电压输入 0～+10 V
P0771	DAC 的功能	0.0～4 000.0 缺省值：21.0	21：实际频率按 P2000 标定 24：实际输出频率按 P2000 标定 25：实际输出电压按 P2001 标定 26：实际直流回路电压按 P2001 标定 27：实际输出电流按 P2002 标定
P0776	DAC 的类型	0～1 缺省值：0	0：电流输出 1：电压输出 模拟输出是按 0～20 mA 的电流输出来设计的 在模拟输出电压为 0～10 V 的情况下，端子（⑫和⑬或㉖和㉗）上接有 500 Ω 的电阻

续表

参数代号	功能	参数范围	说 明
P0970	工厂复位	0～1 缺省值：0	0：禁止复位 1：参数复位
P0971	从 RAM 到 EEPROM 的数据传输	0～1 缺省值：0	0：禁止传输 1：启动传输
P1000	频率设定值的选择	0～77 缺省值：2	0：无主设定值 1：MOP 设定值 2：模拟设定值 3：固定频率 23：固定频率＋模拟设定值 32：模拟设定值＋固定频率
P1001	固定频率 1	－650.00～650.00 缺省值：0.00	定义固定频率 1 的设定值
P1002	固定频率 2	－650.00～650.00 缺省值：5.00	定义固定频率 2 的设定值
P1003	固定频率 3	－650.00～650.00 缺省值：10.00	定义固定频率 3 的设定值
P1004	固定频率 4	－650.00～650.00 缺省值：15.00	定义固定频率 4 的设定值
P1005	固定频率 5	－650.00～650.00 缺省值：20.00	定义固定频率 5 的设定值
P1006	固定频率 6	－650.00～650.00 缺省值：25.00	定义固定频率 6 的设定值
P1007	固定频率 7	－650.00～650.00 缺省值：30.00	定义固定频率 7 的设定值
P1008	固定频率 8	－650.00～650.00 缺省值：35.00	定义固定频率 8 的设定值
P1009	固定频率 9	－650.00～650.00 缺省值：40.00	定义固定频率 9 的设定值
P1010	固定频率 10	－650.00～650.00 缺省值：45.00	定义固定频率 10 的设定值
P1011	固定频率 11	－650.00～650.00 缺省值：50.00	定义固定频率 11 的设定值

续表

参数代号	功能	参数范围	说明
P1012	固定频率 12	−650.00～650.00 缺省值：55.00	定义固定频率 12 的设定值
P1013	固定频率 13	−650.00～650.00 缺省值：60.00	定义固定频率 13 的设定值
P1014	固定频率 14	−650.00～650.00 缺省值：65.00	定义固定频率 14 的设定值
P1015	固定频率 15	−650.00～650.00 缺省值：65.00	定义固定频率 15 的设定值
P1016	固定频率方式位 0	1～3 缺省值：1	1：直接选择 2：直接选择＋ON 命令 3：二进制编码选择＋ON 命令
P1017	固定频率方式位 1	1～3 缺省值：1	1：直接选择 2：直接选择＋ON 命令 3：二进制编码选择＋ON 命令
P1018	固定频率方式位 2	1～3 缺省值：1	1：直接选择 2：直接选择＋ON 命令 3：二进制编码选择＋ON 命令
P1019	固定频率方式位 3	1～3 缺省值：1	1：直接选择 2：直接选择＋ON 命令 3：二进制编码选择＋ON 命令
P1040	MOP 的设定值	−650.00～650.00 缺省值：5.00	确定电动电位计控制（P1000＝1）时的设定值
P1058	正向点动频率	0.00～650.00 缺省值：5.00	确定正向点动频率的设定值
P1059	反向点动频率	0.00～650.00 缺省值：5.00	确定反向点动频率的设定值
P1060	点动的斜坡上升时间	0.00～650.00 缺省值：10.00	设置斜坡曲线的上升时间，这是点动所用的加速时间（s）
P1061	点动的斜坡下降时间	0.00～650.00 缺省值：10.00	设置斜坡曲线的下降时间，这是点动所用的减速时间（s）
P1080	最低频率	0.00～650.00 缺省值：0.00	设置最低的电动机频率（Hz）
P1082	最高频率	0.00～650.00 缺省值：50.00	设置最高的电动机频率（Hz）

续表

参数代号	功能	参数范围	说　明
P1120	斜坡上升时间	0.00～650.00 缺省值：10.00	斜坡函数曲线不带平滑圆弧时电动机从静止状态加速到最高频率 P1082 所用的时间（s）
P1121	斜坡下降时间	0.00～650.00 缺省值：10.00	斜坡函数曲线不带平滑圆弧时电动机从最高频率 P1082 减速到静止停车所用的时间（s）
P1130	斜坡上升曲线的起始段圆弧时间	0.00～40.00 缺省值：0.00	定义斜坡函数上升曲线起始段平滑圆弧的时间（s）
P1131	斜坡上升曲线的结束段圆弧时间	0.00～40.00 缺省值：0.00	定义斜坡函数上升曲线结束段平滑圆弧的时间（s）
P1132	斜坡下降曲线的起始段圆弧时间	0.00～40.00 缺省值：0.00	定义斜坡函数下降曲线起始段平滑圆弧的时间（s）
P1133	斜坡下降曲线的结束段圆弧时间	0.00～40.00 缺省值：0.00	定义斜坡函数下降曲线结束段平滑圆弧的时间（s）
P1134	平滑圆弧的类型	0～1 缺省值：0	0：连续平滑 1：断续平滑
P1135	OFF3 的斜坡下降时间	0.00～650.00 缺省值：5.00	发出 OFF3 命令后，电动机从最高频率减速到静止停车所需的斜坡下降时间
P1232	直流制动电流	0～250 缺省值：100	确定直流制动电流的大小，以电动机额定电流 P0305 的百分比值表示
P1233	直流制动的持续时间	0～250 缺省值：0	0：OFF1/OFF3 停车命令之后不投入直流制动 1～250：在规定的持续时间内投入直流制动
P1234	直流制动的起始频率	0.00～650.00 缺省值：0	设置发出 OFF 命令后投入直流制动功能的起始频率
P1300	变频器的控制方式	0～23 缺省值：0	0：线性特性的 V/f 控制 1：带磁通电流控制 FCC 的 V/f 控制 2：带抛物线平方特性的 V/f 控制 3：特性曲线可编程的 V/f 控制 5：用于纺织机械的 V/f 控制 6：用于纺织机械的带 FCC 功能的 V/f 控制 19：具有独立电压设定值的 V/f 控制 20：无传感器的矢量控制 21：带有传感器的矢量控制 22：无传感器的矢量-转矩控制 23：带有传感器的矢量-转矩控制

续表

参数代号	功能	参数范围	说　明
P1800	脉冲频率	2～16 缺省值：4	设置变频器功率开关的调制脉冲频率，这一脉冲频率每级可改变 2 kHz
P1910	选择电动机数据是否自动检测识别	0～20 缺省值：0	0：禁止自动检测功能 1：所有参数都自动检测，并改写参数数值 2：所有参数都自动检测，但不改写参数数值 3：饱和曲线自动检测，并改写参数数值 4：饱和曲线自动检测，但不改写参数数值
P2000	基准频率	1.00～650.00 缺省值：50.00	串行链路（相当于 4 000 Hz）模拟 I/O 和 PID 控制器采用的满刻度频率设定值
P2001	基准电压	10～2 000 缺省值：1 000	经由串行链路（相当于 4 000 Hz）传输时采用的满刻度输出电压，即 100%
P2002	基准电流	0.10～10 000.00 缺省值：0.10	经由串行链路（相当于 4 000 Hz）传输时采用的满刻度输出电流
P3900	结束快速调试	0～3 缺省值：0	完成优化电动机的运行所需的计算。在完成计算后，P3900 和 P0010 自动复位为它们的初始值 0 0：不用快速调试 1：结束快速调试并按工厂设置使参数复位 2：结束快速调试 3：结束快速调试并只进行电动机数据的计算

附表 1—2　　西门子 MM440 变频器故障及其处理措施

故障代号及名称	故 障 原 因	故障诊断和处理措施
F0001 过电流	（1）电动机的功率（P0307）与变频器的功率（P0206）不对应 （2）电动机的电缆太长 （3）电动机的导线短路 （4）有接地故障	（1）电动机的功率 P0307 必须与变频器的功率 P0206 相对应 （2）电缆的长度不得超过允许的最大值 （3）电动机的电缆和电动机内部不得有短路或接地故障 （4）输入变频器的电动机参数必须与实际使用的电动机参数相对应 （5）输入变频器的定子电阻值 P0350 必须正确无误 （6）电动机的冷却风道必须通畅，电动机不得过载 1）增加斜坡时间 2）减少提升的数值

续表

故障代号及名称	故 障 原 因	故障诊断和处理措施
F0002 过电压	（1）直流回路的电压R0026超过了跳闸电平P2172 （2）由于供电电源电压过高或者电动机处于再生制动方式下引起过电压 （3）斜坡下降过快或者电动机由大惯量负载带动旋转而处于再生制动状态下 （4）禁止直流回路电压控制器（P1240=0）	（1）电源电压P0210必须在变频器铭牌规定的范围以内 （2）直流回路电压控制器必须有效（P1240），而且正确地进行了参数化 （3）斜坡下降时间P1121必须与负载的惯量相匹配 （4）要求制动功率必须在限定值以内
F0003 欠电压	（1）供电电源故障 （2）冲击负载超过了限定值	（1）电源电压（P0210）必须在变频器铭牌规定的范围以内 （2）检查电源是否短时掉电或有瞬时的电压降低
F0004 变频器过温	（1）冷却风量不足 （2）环境温度过高	（1）负载的情况必须与工作/停止周期相适应 （2）变频器运行时冷却风机必须正常运转 （3）调制脉冲的频率必须设置为缺省值 （4）环境温度可能高于变频器的允许值
F0005 变频器 I^2t 过热	变频器过载： （1）工作/停止间隙周期时间不符合要求 （2）电动机功率（P0307）超过变频器的负载能力（P0206）	（1）负载的工作/停止间隙周期时间不得超过指定的允许值 （2）电动机的功率P0307必须与变频器的功率P0206相匹配
F0023 输出故障	输出的一相断线	—
F0041 电动机参数自动检测故障	电动机参数自动检测故障	（1）检查电动机是否与变频器正确连接 （2）检查输入变频器的电动机数据是否正确

附表 1—3　　西门子 MM440 变频器报警信息

故　障	引起故障可能的原因	故障诊断和应采取的措施
A0501 电流限幅	（1）电动机的功率与变频器的功率不匹配 （2）电动机的连接导线太短 （3）接地故障	（1）电动机的功率（P0307）必须与变频器功率（P0206）相对应 （2）电缆的长度不得小于最小允许值 （3）电动机电缆和电动机内部不得有短路或接地故障 （4）输入变频器的电动机参数必须与实际使用的电动机一致 （5）定子电阻值必须正确无误 （6）电动机的冷却风道是否堵塞、电动机是否过载 1）增加斜坡上升时间 2）减少提升的数值
A0502 过电压限幅	达到了过电压限幅值 斜坡下降时如果直流回路控制器 P1240＝0 就可能出现这一报警信号	（1）电源电压（P0210）必须在铭牌数据限定的数值以内 （2）禁止直流回路控制器（P1240＝0），并正确地进行参数化 （3）斜坡下降时间（P1121）必须与负载的惯性相匹配 （4）要求的制动功率必须在规定的限度以内
A0503 欠电压限幅	供电电源故障（供电电源电压瞬时中断或下降），供电电源电压（P0210）及与之相应的直流回路电压（R0026）低于限定值	电源电压 P0210 必须在铭牌数据限定的数值以内
A0504 变频器过温	变频器散热器的温度 P0614 超过了报警电平，将使调制脉冲的开关频率降低和/或输出频率降低	（1）环境温度必须在规定的范围内 （2）负载状态和“工作/停止”周期时间必须适当 （3）变频器运行时冷却风机必须投入运行 （4）脉冲频率（P1800）必须设置为缺省值
A0541 电动机数据自动检测已激活	已选择电动机数据自动检测（P1910）功能，或检测正在进行	—
A0910 直流回路最大电压 U_{dcmax}控制器未激活	直流回路最大电压 U_{dcmax} 控制器未激活，是因为控制器不能把直流回路电压 R0026 保持在 P2172 规定的范围内 （1）如果电源电压 P0210 一直太高，就可能出现这一报警信号 （2）如果电动机由负载带动旋转，使电动机处于再生制动方式下运行就可能出现这一报警信号 （3）在斜坡下降时，如果负载的惯量特别大就可能出现这一报警信号	（1）输入电源电压 P0756 必须在允许范围内 （2）负载必须匹配

续表

故 障	引起故障可能的原因	故障诊断和应采取的措施
A0911 直流回路最大电压 U_{dcmax} 控制器已激活	直流回路最大电压 U_{dcmax} 控制器已激活，因此斜坡下降时间将自动增加，从而自动将直流回路电压 R0026 保持在限定值 P2172 以内	—
A0912 直流回路最小电压 U_{dcmin} 控制器已激活	如果直流回路电压 R0026 降低到最低允许电压 P2172 以下，直流回路最小电压 U_{dcmin} 控制器将被激活 (1) 电动机的动能受到直流回路电压缓冲作用的吸收从而使驱动装置减速 (2) 短时的掉电并不一定会导致欠电压跳闸	—
A0922 变频器没有负载	(1) 变频器没有负载 (2) 有些功能不能像正常负载情况下那样工作	(1) 检查加到变频器上的负载 (2) 检查电动机的参数是否与实际使用的电动机相符 (3) 由于没有正常的负载条件，有的功能可能不正常工作
A0923 同时请求正向和反向点动	同时具有向前点动和向后点动 P1055/P1056 的请求信号，这将使 RFG 的输出频率稳定在它的当前值	确认向前点动和向后点动信号没有同时激活

附录 2

安川 G7 变频器部分参数和故障显示、原因及其处理措施

附表 2—1　安川 G7 变频器部分参数

参数代号	名　称	内　　容	设置范围	出厂设定值
A1－00	选择 LCD 操作器语言	选择 LCD 操作器语言 0：英语　1：日语 2：德语　3：法语 4：意大利语　5：西班牙语 6：葡萄牙语 无初始化	0～6	1
A1－01	参数的存取等级	设置参数的存取等级 0：监视专用 1：用户选择参数 2：ADVANCED	0～2	2
A1－02	选择控制模式	选择变频器的控制模式 0：无 PG 的 V/f 控制 1：带 PG 的 V/f 控制 2：无 PG 矢量控制 1 3：带 PG 矢量控制 4：无 PG 矢量控制 2 无初始化	0～4	2
A1－03	初始化	0：不进行初始化 1110：用户设置的初始化 2220：二线制程序的初始化（出厂时设定值的初始化） 3330：三线制程序的初始化	0～3 330	0
A1－04	密码	用已设置 A1－05 的密码输入	0～9 999	0
A1－05	设置密码	用 4 位数字设置想要设置的密码	0～9 999	0
b1－01	选择频率指令	设置频率指令的输入方法 0：数字式操作器 1：控制回路端子（模拟量输入） 2：MEMOBUS 通信 3：选择卡 4：脉冲序列输入	0～4	1

续表

参数代号	名 称	内 容	设置范围	出厂设定值
b1-02	选择频率指令	设置运行指令的输入方法 0：数字式操作器 1：控制回路端子（顺控器输入） 2：MEMOBUS 通信 3：选择卡	0～3	1
b1-03	选择停止方法	设置在已设置了停止指令场合的停止方法 0：减速停止 1：自由滑行停止 2：全领域直流制动（DB）停止 （不再生动作，让自由滑行快速停止） 3：有时间限制的自由滑行停止 （可忽略在减速时间内的输入运行指令）	0～3	0
b1-04	选择反转禁止	0：可以反转 1：禁止反转	0，1	0
b2-01	零速度电平（直流制动开始频率）	减速停止时，设置直流制动开始频率（Hz），如果在 b2-01<E1-04 的场合，直流制动从 E1—09 开始（带 PG 矢量控制中 b2-01 控制零速度）	0.0～10.0	0.5 Hz
b2-02	直流制动电流	变频器的额定电流为 100%，设置直流制动电流（%）（带 PG 矢量控制的直流是根据 E2-03 的参数设置）	0～100	50%
b2-04	停止时直流制动时间（初期励磁）	设置停止时直流制动的时间（带 PG 矢量控制中 b2-01 控制零速度） 因惯性无法停止时使用 设置为 0.00 时，停止时直流制动无效	0.00～10.00	0.50 s
C1-01	加速时间 1	设置从最高输出频率的 0%～100%的加速时间（s）	0.0～6 000.0	10.0 s
C1-02	减速时间 1	设置从最高输出频率的 100%～0%的减速时间（s）	0.0～6 000.0	10.0 s
C1-03	加速时间 2	多功能输入“加减速时间选择 1”为 ON 时的加速时间	0.0～6 000.0	10.0 s

续表

参数代号	名 称	内 容	设置范围	出厂设定值
C1-04	减速时间 2	多功能输入“加减速时间选择 1”为 ON 时的减速时间	0.0～6 000.0	10.0 s
C2-01	加速开始时的 S 形特性时间	设置各部分的 S 形特性时间（s）	0.00～2.50	0.20 s
C2-02	加速结束时的 S 形特性时间		0.00～2.50	0.20 s
C2-03	减速开始时的 S 形特性时间		0.00～2.50	0.20 s
C2-04	减速结束时的 S 形特性时间		0.00～2.50	0.00 s
C6-02	选择载波频率	选择载波频率的固定曲线，如果选择 F，可使用 C6-03～C6-05 参数设置	1～F	6（出厂设定值随变频器容量大小而不同）
d1-01	频率指令 1	用在 O1-03 已设置了的单位设置频率指令	0～400.00	0.00 Hz
d1-02	频率指令 2	多功能输入“多段速指令 1”为 ON 时的频率指令	0～400.00	0.00 Hz
d1-03	频率指令 3	多功能输入“多段速指令 2”为 ON 时的频率指令	0～400.00	0.00 Hz
d1-04	频率指令 4	多功能输入“多段速指令 1”“多段速指令 2”为 ON 时的频率指令	0～400.00	0.00 Hz
d1-05	频率指令 5	多功能输入“多段速指令 3”为 ON 时的频率指令	0～400.00	0.00 Hz
d1-06	频率指令 6	多功能输入“多段速指令 1”“多段速指令 3”为 ON 时的频率指令	0～400.00	0.00 Hz

续表

参数代号	名　称	内　　容	设置范围	出厂设定值
d1-07	频率指令 7	多功能输入“多段速指令 2”“多段速指令 3”为 ON 时的频率指令	0～400.00	0.00 Hz
d1-08	频率指令 8	多功能输入“多段速指令 1”“多段速指令 2”“多段速指令 3”为 ON 时的频率指令	0～400.00	0.00 Hz
d1-17	点动频率指令	多功能输入“选择点动频率”“FJOG 指令”“RJOG 指令”为 ON 时的频率指令	0～400.00	6.00 Hz
d2-01	频率指令上限值	最高输出频率为 100%，设置输出频率指令上限值（%）	0～110.00	100%
d2-02	频率指令下限值	最高输出频率为 100%，设置输出频率指令下限值（%）	0～110.00	0.0%
E1-01	设置输入电压	设置变频器的输入电压。这个设置值作为保护功能的基准值	155～255 （310～510）	200 V （400 V）
E1-03	选择 V/f 曲线	0～E：从 15 种固定 V/f 曲线选择（可以设置 E1-04～E1-10 的参数） F：任意 V/f 曲线	0～F	F
E1-04	最高输出频率	最高输出频率	40.0～400.0	60.0 Hz
E1-05	最大电压	最大电压	0.0～255.0 （0.0～510）	200 V （400 V）
E1-06	基频	基本频率	0.0～400.0	60.0 Hz
E2-01	电动机额定电流	设置电动机额定电流（A），这个设定值作为电动机保护、力矩限制、力矩控制的基准值。自学习时，自动设置	0.32～6.40	1.90 A（出厂设置随变频器容量大小而不同）
E2-11	电动机额定容量	设置电动机额定容量（0.01 kW）。自学习时，自动设置	0.00～650.00	0.40

续表

参数代号	名　称	内　容	设置范围	出厂设定值
F1-01	PG参数	设置使用PG脉冲编码器的脉冲数用电动机转1圈相当的脉冲数，设置不递增的值	0～60 000	600
F1-05	设置PG旋转方向	0：电动机正转时A相超前（电动机反转时B相超前） 1：电动机正转时B相超前（电动机反转时A相超前）	0，1	0
H1-01	选择端子S3的功能	多功能输入1（其功能见附表2—2）	0～78	24
H1-02	选择端子S4的功能	多功能输入2（其功能见附表2—2）	0～78	14
H1-03	选择端子S5的功能	多功能输入3（其功能见附表2—2）	0～78	3（0）
H1-04	选择端子S6的功能	多功能输入4（其功能见附表2—2）	0～78	4（3）
H1-05	选择端子S7的功能	多功能输入5（其功能见附表2—2）	0～78	6（4）
H1-06	选择端子S8的功能	多功能输入6（其功能见附表2—2）	0～78	8（6）
H1-07	选择端子S9的功能	多功能输入7（其功能见附表2—2）	0～78	5
H1-08	选择端子S10的功能	多功能输入8（其功能见附表2—2）	0～78	32
H1-09	选择端子S11的功能	多功能输入9（其功能见附表2—2）	0～78	7
H1-10	选择端子S12的功能	多功能输入10（其功能见附表2—2）	0～78	15
H2-01	选择端子M1-M2的功能	多功能输出	0～37	0
H2-02	选择端子P1的功能	多功能输出1	0～37	1
H2-03	选择端子P2的功能	多功能输出2	0～37	2
H2-04	选择端子P3的功能	多功能输出3	0～37	6
H2-05	选择端子P4的功能	多功能输出4	0～37	10
H3-01	选择频率指令（电压）端子A1信号电平	0：0～+10 V 1：0～+10 V	0，1	0
H3-02	选择频率指令（电压）端子A1输入增益	以最高输出频率作为100%，设置10 V输入电压时的频率（%）	0.0～1 000.0	100.0%
H3-03	选择频率指令（电压）端子A1输入偏置	以最高输出频率作为100%，用%为单位设置0 V输入电压时的频率	−100.0～+100.0	0.0%

续表

参数代号	名 称	内 容	设置范围	出厂设定值
H3－05	选择多功能模拟量输入端子 A3 的功能	在端子 A3 设置多功能模拟量输入，请参照参数 H3－05，H3－09 的设置内容表	0～1F	2
H3－09	选择多功能模拟量输入端子 A2 的功能	在端子 A3 设置多功能模拟量输入，请参照参数 H3－05，H3－09 的设置内容表	0～1F	0
H4－02	多功能模拟量输出 1 端子 FM 输出增益	设置多功能模拟量输出 1 的电压值增益。设置监视项目的 100%输出是 10 V 输出的倍数	0.00～2.50（0～1 000.0）	1.00（100%）
H4－05	多功能模拟量输出 2 端子 AM 增益	设置多功能模拟量输出 2 的电压值增益。设置监视项目的 100%输出是 10 V 输出的倍数	0.00～2.50（0～1 000.0）	0.50（200%）

附表 2—2 安川 G7 多功能输入 H1 的部分功能表

设定值	功 能
0	三线制顺序（正转/反转指令）
1	本地/远程选择（ON 时操作器，OFF 时参数设置）
3	多段速指令 1，如果已设置参数 H3－09＝2，则与主速/辅助速切换兼用
4	多段速指令 2
5	多段速指令 3
6	点动（JOG）频率选择（比多段速优先）
7	加减速时间选择 1
8	基极封锁指令 NO（a 接点 ON 时基极封锁）
9	基极封锁指令 NC（b 接点 OFF 时基极封锁）
A	保持加减速停止（ON 时停止加减速，保持输出频率）
C	多功能模拟量输入选择（ON 时多功能模拟量输入有效）
10	UP 指令（必须和 DOWN 指令一起设置）
11	DOWN 指令（必须与 UP 指令一起设置）
12	FJOG 指令（ON：dl－17 正转运行）

续表

设定值	功　　能
13	RJOG 指令（ON：dl－17 反转运行）
14	故障复位（在 ON 的上升复位）
15	非常停止（a 接点 ON 时，C1－09 时减速停止）
16	电动机切换指令（选择电动机 2）
17	非常停止（b 接点 OFF 时，C1－09 时减速停止）
1A	加减速时间选择 2
20～2F	外部故障（可任意设置）输入模式：a 接点/b 接点
32	多段速指令 4
60	直流制动指令（ON：直流制动指令）

附表 2—3　　安川 G7 部分故障显示、原因及其处理措施

故障显示	故障内容	故障原因	处理措施
OC	过电流——变频器的输出电流超过过电流检出值（约额定电流的 200%）	（1）变频器输出侧发生短路、接地（由电动机的烧毁、绝缘劣化、电缆破损引起的短路、接地等） （2）负载过大时，过度缩短加减速时间 （3）使用特殊电动机或最大适用容量以上的电动机 （4）在变频器输出侧，电磁启动器 ON/OFF 动作	调查原因，实施对策后进行复位
GF	接地——在变频器输出侧的接地电流超过了变频器额定输出电流的约 50%	在变频器输出侧发生接地（由电动机的烧损、绝缘劣化、电缆破损引起的接触接地等）	调查原因，实施对策后进行复位
PUF	熔丝熔断——装在主回路的熔丝被熔断	因变频器输出侧的短路、接地，输出晶体管损坏。在以下的端子之间确认是否短路，如短路则是输出晶体管被损坏	调查原因，实施对策后更换变频器

续表

故障显示	故障内容	故障原因	处理措施
OV	主回路过电压——主回路直流电压超过过电压检出值 （1）200 V级：～410 V （1）400 V级：～820 V	（1）减速时间太短，电动机产生的能量太大 （2）电源电压太高	（1）延长减速时间或连接制动电阻（制动电阻单元） （2）在电源规格范围内降低电压
UVl	主回路低电压——主回路直流电压降到L2－05（低电压检出值）的设定值以下 （1）200 V级：～190 V （2）400 V级：～380 V	（1）输入电源发生缺相 （2）发生瞬时停电 （3）输入电源的接线端子松动 （4）输入电源的电压变动太大	调查原因，实施对策后进行复位
UV2	控制电源异常——控制电源的电压太低	—	（1）试拔插电源的ON/OFF （2）连续发生故障时更换变频器
PF	主回路电压故障	（1）输入电源发生缺相 （2）输入电源的接线端子松动 （3）输入电源的电压变动太大 （4）相电压的平衡不好 （5）发生瞬时停电	调查原因，实施对策后进行复位
LF	输出缺相——在变频器输出侧发生缺相（设置为L8－07有效时检出）	（1）输出电线断线 （2）电动机绕组断线 （3）输出端子松动	—
		使用变频器最大适用电动机容量的1/20以下的电动机	调整变频器容量或电动机容量
OH （OH1）	散热片过热 （1）变频器散热片的温度超过了L8－02的设定值或105℃ （2）变频器内部冷却风扇停止（18.5 kW以上）	（1）周围温度过高 （2）周围有发热体 （3）变频器冷却风扇停止运行	（1）设置冷却装置 （2）清除发热体
		变频器冷却风扇停止运行	更换冷却风扇

续表

故障显示	故障内容	故障原因	处理措施
OH3	电动机过热报警——按照 L1-03 的设定值，变频器停止或继续运行	电动机过热	（1）调整负载的大小和加减速时间 （2）调整 V/f 特性 （3）确认 E2-01（电动机额定电流）的设置
RR	内置制动晶体管故障——制动晶体管已动作故障	—	（1）调试电源 ON/OFF （2）连续发生故障时，更换变频器
PGO	PG 断线检出——变频器在输出频率状态，PG 脉冲不被输入	（1）PG 连线断线 （2）PG 接线有误 （3）PG 无电源供电	（1）修理断线处 （2）修理接线 （3）电源正确供电

参考文献

1 范志忠，冯荣达，顾永杰，等．实用数字电子技术（第2版）．北京：电子工业出版社，2003

2 刘建清．从零开始学CPLD和Verilog HDL编程技术．北京：国防工业出版社，2006

3 王兆安，黄俊．电力电子技术（第4版）．北京：机械工业出版社，2000

4 刘志刚．电力电子学．北京：清华大学出版社，2004

5 黄家善．电力电子技术（第2版）．北京：机械工业出版社，2004

6 陈伯时．电力拖动自动控制系统（第2版）．北京：机械工业出版社，2005

7 柴敬镛，王照清．维修电工（高级）．北京：中国劳动社会保障出版社，2003

8 李良仁．变频调速技术与应用．北京：电子工业出版社，2004

9 孔凡才．晶闸管直流调速系统．北京：北京科学技术出版社，1985

10 芜湖机械学校．电机原理及应用．北京：机械工业出版社，1979

11 王仁祥．通用变频器选型与维修技术．北京：中国电力出版社，2004

12 张燕宾．电动机变频调速图解．北京：中国电力出版社，2003

13 冷增祥．电气传动控制．南京：江苏科学技术出版社，1984

14 史国生．交直流调速系统．北京：化学工业出版社，2002

15 陈渝光．电气自动控制原理与系统．北京：机械工业出版社，2002

16 张万忠．可编程控制器应用技术．北京：化学工业出版社，2005

17 廖常初．FX系列PLC编程及应用．北京：机械工业出版社，2005

18 三菱FX系列微型可编程控制器编程手册

19 安川电机Varispeed G7使用说明书

20 西门子MicroMaster 440通用型变频器使用大全

21 SIMOREG DC-MASTER 6RA70系列全数字直流调速装置使用说明书

22 WEINVIEW MT500系列人机界面．EasyBuilder500使用手册

23 三菱变频调速器FR-A500-CH使用手册

24 安川H1000重负载高性能变频器技术手册

25 FX_{2N}-10GM和FX_{2N}-20GM硬件/编程手册

26 廖常初．S7-300/400 PLC应用教程．北京：机械工业出版社，2009